谨以此书献给

为建设汽车强国而

努力奋斗的中国汽车人

徐秉金　欧阳敏

中国轿车风雪

1953-2010

欧阳敏
徐秉金 著

企业管理出版社
ENTERPRISE MANAGEMENT PUBLISHING HOUSE

图书在版编目（CIP）数据

中国轿车风云（1953—2010）/徐秉金，欧阳敏著．—北京：企业管理出版社，2011.12

ISBN 978-7-80255-960-8

Ⅰ．中…　Ⅱ．①徐…　②欧阳…　Ⅲ．轿车—汽车工业—工业史—中国　Ⅳ．F426.471

中国版本图书馆 CIP 数据核字（2011）第 258509 号

书　　名：中国轿车风云（1953—2010）
作　　者：徐秉金　欧阳敏
责任编辑：涂　一
书　　号：ISBN 978-7-80255-960-8
出版发行：企业管理出版社
地　　址：北京市海淀区紫竹院南路 17 号　　**邮编**：100048
网　　址：http：//www.emph.cn
电　　话：发行部（010）68701638　编辑部（010）68414643
电子信箱：80147@sina.com　zbs@emph.cn
印　　刷：香河闻泰印刷包装有限公司
经　　销：新华书店
规　　格：170 毫米×240 毫米　16 开本　26.5 印张　560 千字
版　　次：2012 年 1 月第 1 版　2012 年 1 月第 1 次印刷
定　　价：58.00 元

目　录
CONTENTS

四、上海桑塔纳：中国合资轿车第一品牌

五、一汽大众：哈恩的第二只钓钩

六、二汽：起了个大早，赶了个晚集

七、"战国时代"

引 子

改变世界的机器

汽车是人类社会进步的产物，从发明到现在，作为一个会跑的钢铁怪物，它的出现改善了人类的生活和工作条件，经过不断改进和发展，汽车最终成为推动社会前进的工具，成为人类须臾不可离开的工具。今天，世界生产力高度发达，各类商品数不胜数，但在所有的商品中，从其科技含量、价值以及与人们生活联系的程度来看，汽车无可争议地成为世界第一大商品。汽车贸易额占世界商品贸易总额的15%，汽车工业是世界上最大的生产部门，也是世界上所有经济强国的支柱产业。

让我们将目光从车流滚滚的大街上移开，穿过时光隧道，回到人类发明汽车的历史中去，看一看汽车从诞生以来所走过的历程。

自从瓦特发明蒸汽机以后，世界才有了真正意义上的机器动力。1768 年，拿破仑横行欧洲，炮兵是他打击敌人的主要武器，但大炮太笨重了，需要很多匹马来拉，看着在路上慢吞吞挪动的炮车，拿破仑既着急又毫无办法。他曾对他的将领们说，如果我有比马的力气更大的家伙来拉炮，那我的军队将所向无敌。得知拿破仑的想法后，法国一位名叫邱纽的工程师将一台烧煤的锅炉安装在一辆三轮车上，想以蒸汽为动力驱动的三轮车来代替马为拿破仑的军队拉炮车。但是，这种黑烟滚滚、开动起来隆隆作响的“汽车”时速仅 4 公里，而且每 15 分钟就要停下来向锅炉中加煤，非常麻烦。由于结构不合理，道路条件也差，这辆车很难控制，在一次行进中，一头撞到路边的砖墙上，碰得支离破碎。直到滑铁卢惨败后，拿破仑也没能见到他所希望的“比马的力气更大的家伙”。

这种以蒸汽为动力的尝试为汽车的发明提供了借鉴和教训，从某种意义上说，邱纽的“汽车”也可算是汽车的鼻祖。

蒸汽机的发明与普及，将人类社会带入了工业时代，在蒸汽机的发源地欧洲，到处都可见喷烟吐火的蒸汽机，社会生产力迅速发展，这就是史称的第一次工业革命。

但蒸汽机是煤在锅炉里燃烧，产生的高压蒸汽推动活塞运动，以此产生动力，就结构而言，蒸汽机是一种“外燃机”。因为锅炉体积庞大，需要随时加煤加水，在体积有限的车上用它作动力很不方便。如果能省掉巨大的锅炉，直接在气缸内燃烧，产生压力推动活塞上下运动，再带动曲轴旋转，就可以称为“内燃机”了。1876 年，德国人奥托制造出第一台以煤气为燃料的四冲程内燃机，成为风行一时的小型动力机。1878 年巴黎万国博览会上，这种新型内燃机被认为是“自瓦特以来在动力方面取得的最大成就”。内燃机的发明和使用给汽车登上历史舞台创造了条件。

虽然奥托发明了四冲程内燃机，但使内燃机与车结合起来的却是另外两个德国人——戈特利布·戴姆勒和卡尔·本茨。

1834年3月17日，戈特利布·戴姆勒出生于德国符滕堡州雷姆斯河畔一个叫舍恩多夫的小镇。戴姆勒的父亲是一个面包师，但他并没有跟着父亲去学做面包，而是从小就喜欢摆弄各种机械零件。1852年，戴姆勒就读于斯图加特工程学院，毕业后成为一名机械工程师。1883年，戴姆勒在法国勒努瓦工厂生产的勒努瓦煤气内燃机和德国奥托工厂生产的奥托煤气内燃机基础上，研发出了以汽油为燃料用电火花为发动机点火的世界上第一台单缸四冲程往复式汽油内燃机。戴姆勒的汽油内燃机转速高达800～1000转/分，输出功率为1.5马力。这台内燃机马力大，重量轻，体积小，效率高，特别适于作为车辆的动力。1885年8月29日，戴姆勒将新研制的发动机安装在一辆木制双轮车上，这辆车被命名为“骑式双轮车”，获得德国专利，它也是世界上第一辆摩托车。1886年，戴姆勒又将汽油发动机安装在为妻子43岁生日而购买的马车上，制造出了第一辆“汽车”。这辆以内燃机为动力的汽车，时速达到18公里。在斯图加特城乡的道路上，人们都以惊异的目光看着这个不用马拉的车辆隆隆行进。

就在戴姆勒发明了汽油内燃机并制造出以此为动力的汽车的同时，他的德国同胞卡尔·本茨正在做着同样的工作。

卡尔·本茨生于德国西部的卡尔斯鲁厄，是一位火车司机的儿子。1860年，本茨进入卡尔斯鲁厄综合科技学校学习，毕业后，先后在卡尔斯鲁厄机械工厂和文基塞尔蒸汽机公司担任工程师。1882年，本茨在曼海姆成立了以自己名字命名的发动机公司，并研制出单缸输出功率0.8马力的汽油内燃机。在1885年比利时安特卫普世界博览会上，本茨展示了自己研发的这款汽油发动机，引起轰动。

1885年秋天，本茨成功地将这款汽油机装载在一台三轮车上进行行走试验。试验成功后，本茨申报了发明专利并于1886年1月29日获得批准。三轮汽车专利的取得，标志着世界上第一辆汽油发动机汽车的诞生。德国人把1886年称为汽车诞生年。令人吃惊的是，就在卡尔·本茨制造出以内燃机为动力的三轮汽车后，他的夫人波塔竟然瞒着他，自己驾车带着两个儿子从曼海姆回到了106公里以外的娘家。这是汽车问世以来的第一次长途旅行，波塔的行为震惊了社会，也鼓励了本茨。

1893年，本茨研制成功了一款装有3升发动机的“维克托得亚”牌汽车，这款车使用了很多机械工业的最新发明，但由于售价昂贵，无人问津。1894年，本茨公司开发生产了一种相对简单的汽车，定价2000马克。这是世界上第一种批量生产的机动车，由于价格便宜，一年时间内销出了125辆，给本茨带来了较高的利润。

1887年戴姆勒和迈巴赫组建了戴姆勒股份公司开始生产以汽油机为动力的汽车。1889年，奥匈帝国驻法国尼斯的领事埃米尔·杰利内克订购了3辆戴姆勒公司生产的戴姆勒凤凰牌轿车，并用自己钟爱的女儿的名字——梅塞德斯（温文尔雅之意）为它们命名，杰利内克开着车参加了尼斯汽车拉力赛，获得了第3名。他认为这是女儿的名字带来了好运，便建议戴姆勒公司将其生产的轿车用梅赛德斯命名。

杰利内克虽然是外交官，但他同时也是戴姆勒公司的主要投资人，戴姆勒汽车的热情支持者。一战前的奥匈帝国是欧洲也是世界举足轻重的大国，杰利内克的希望自然得到满足，于是戴姆勒公司生产的轿车被命名为“梅赛德斯”。

早在1873年，戴姆勒给妻子寄去一张明信片，他在明信片上信手画上了一颗三叉星以代表他当时的住处，并称：总有一天，这颗吉祥之星将会照耀我毕生的工作。成立了自己的公司后，戴姆勒便将自己当时信手画的那颗吉祥星作为一种标志用于公司的产品上。1909年6月，戴姆勒公司申请了三叉星做为自己产品的标志，意味着自己希望在陆海空三个领域实现机动化，从此被戴姆勒称为“吉祥之星”的三叉星便一直挺立在“梅赛德斯”轿车的车头。1916年，戴姆勒公司又将梅赛德斯与三叉星组合在一起，将公司商标重新注册并使用至今。

同为德国人的戴姆勒与本茨两人一直是各干各的，直到1926年6月29日才携手合作，产生了大名鼎鼎长盛不衰的“戴姆勒 · 本茨”公司，今天人们以其谐音简称为“奔驰”。

汽车在欧洲发明，却是在美国兴起。作为新奇的机器怪物，汽车很快传到美国并在美国大行其道。由于速度、舒适、豪华的外观以及昂贵的价格，汽车成为上流社会富人竞相追逐和炫耀身份的资本。需求推动市场，1900年，美国注册的汽车公司多达500余家。但由于生产力所限，当时汽车全部是手工生产，零部件也没有统一的标准和尺寸，这些汽车公司的年产量从几十辆到上千辆不等。

汽车工业刚开始起步时，生产条件极其简陋，从车身到发动机到底盘全部靠手工生产，作坊的师傅根据自己的想象和理解，用木料、铁皮或是铝皮外加铸铁敲敲打打，再用螺丝或者焊接等办法将它们连接起来。因此，当时路上跑的车形状千奇百怪，很少有完全相同的。手工方式使得汽车的生产效率低，生产成本高，产品的可靠度低，维修困难。面对社会需求和产量不足的矛盾，美国福特公司的亨利 · 福特反复考虑，怎样才能生产一种能够大批量快速生产以降低成本，使更多的人能够买得起的车呢？

福特公司一名名叫威廉 · 克莱恩的工程师在参观芝加哥的一家屠宰厂时，被屠宰场内肢解动物的程序所吸引。屠宰车间内，工人在传送带边重复地做着几个肢解切片的动作，这种动作效率极高，一头牛很快地就变成规格大小一样的切片被分别送到不同的工位。这种以传送带为基础，工人只做反复相同动作的高效率工作引起了他的注意与思考，如果也能像这样在传送带上制造汽车，那汽车生产的效率不是也能大大提高吗？威廉 · 克莱恩将参观屠宰场受到启发的报告交给了工厂的生产主管彼得 · 马丁，彼得 · 马丁将此事报告给了亨利 · 福特，引起福特的高度关注，福特指派彼得 · 马丁带人开始了相关研究。

经过对所有汽车结构的仔细观察，彼得 · 马丁等人发现，这些车虽然形状各异，但有几点是完全相同的，即它们都有发动机，都有推动车轮前进的底盘，都有供人乘坐的座位，也就是说，车的主要结构基本都是一模一样的，问题在车身。由于车身只能一个一个用手工来制作，这是最费时间，也是费用最为昂贵的一部分。如果能够将车身尺寸和技术要求统一起来，用机械来制作，最终生产完全一样的车身，那就有可能在生产线上将它们拼装起来，这将会有效地提高生产速度。

如何能够快速生产完全一样的车身成了问题的关键。首先的问题是车身的材料，木板、铁皮、铝皮、钢板、铜皮都是福特考虑的对象，由于当时的模具和冲压技术不成熟，经过无数次的实验后，福特工厂的工程师们选择了使用强度较低、易于成型的锡片（tin）来做车身的基本材料。他们将车身分解成几大块，然后将尺寸完全一样的锡片在模具里预压成型，再将预压成型的锡片焊接组装，这样，尺寸完全一样的车身出现了，由于尺寸完全一样，也为组装线上批量生产创造了条件。车身问题解决后，他们再如法炮制，将底盘、车架等重要总成的尺寸规格完全统一。为了降低生产成本，福特要求，在设计时将车上所有多余的物件全部去掉，然后根据组装秩序，让工人们在生产线上按序操作，每个人只做一件相同的动作，这样一个一个连接起来，组装一辆汽车的时间大大缩短。这样的设计有效地降低了生产成本，提高了生产效率。因为车身是用锡片（tin）制成，于是，福特将这种车用锡片"tin"的第一个字母简称"T"型（T model）车，也称"Tin Lizzie"（T"莉荠"）。

1908年，福特公司在美国密歇根州底特律市的皮科特（Piquette）厂创立了"T"型车生产线，将所有的零部件统一规格实行标准化生产。9月27日，第一辆成品T型车由流水线生产的创始人威廉·克莱恩驾驶下线，世界上第一条汽车生产流水线诞生，从此汽车生产开始进入现代化大规模流水化生产阶段。

福特"T"型车是世界上第一条装配流水线的产物，它的出现，使得用手工逐辆制造汽车的时代宣告结束，此时距离汽车问世不过22年。由于采用了流水线大批量生产，福特汽车的价格仅为同时汽车价格的1/2左右，上市第一年就卖出1.9万辆。从此美国取代法国成为最大的汽车生产国。

观察与思考带来了创造与价值，今天，在美国亨利·福特博物馆的档案室中还保存着威廉·克莱恩关于参观屠宰厂受到启发写给福特公司的报告。

汽车问世之初，受限于当时的工业基础，所有的汽车都是手工打造，汽车公司只能称为汽车作坊。纯手工制造出来的汽车十分简陋，由于没有规范的尺寸，甚至车与车之间相同的零部件也无法通用，完全没有现代意义上的车身、车架、底盘，更没有车灯和刹车系统，控制方向的是一个类似自行车把的转向器。发动机没有消声装置，工作时如同一门连发的大炮，"嗵嗵"作响，车轮没有减震装置，乘坐起来颠簸不堪。汽车所到之处，"轰轰"作响，尘土飞扬，闹得四周鸡飞狗跳，人们既怕又惊。这种汽车除了给人新奇感之外，没有得到任何人的喜欢。因为汽车的出现影响了马车的生意，一些马车行的老板将汽车诅咒为"魔鬼的机器"，有的还唆使孩童向汽车扔石头，美国有的州甚至立法限制汽车。但汽车一经问世，便显示出强大的生命力。如同一只丑小鸭，在成长的过程中，逐步褪变成为美丽的天鹅。

充满挑战的环境是汽车逐步完善成熟并成为社会生活不可或缺乃至带动世界

经济发展的重要动力。本茨和戴姆勒当时谁也没想到，他们发明的这个新奇的玩意儿，竟会成为“改变世界的机器”。

让我们循着时间的轨迹，看看汽车是怎样逐步完善并进入我们的生活的：

1886 年：本茨发明汽车并获得德国专利，从此汽车问世。

1888 年：英国发明家邓洛普 · 约翰 · 博伊德发明了充气轮胎。

1889 年：戴姆勒首先采用了有滑动小齿轮的 4 速齿轮变速器。戴姆勒的 V 型发动机获得了德国专利。法国人标致研制成功齿轮变速器和差速器。

1890 年：法国人勒内 · 庞阿尔和埃米尔 · 勒瓦索购买了戴姆勒的汽车专利，并对其进行了重要的改进，双缸引擎被放在前面的方形车罩下，这样可使车身重量分布均匀，改善转向轮子与道路的附着力。引擎通过摩擦离合器和滑动齿轮驱动车辆前进，由此形成现代汽车的典型设计。

1891 年：美国芝加哥制造出了一辆斯特哥斯牌电动汽车。同年，法国人标致设计制造首次采用前置发动机和后轮驱动的汽车。

1892 年：德国人梅巴赫发明了平板型喷雾化油器，一年后又研制出浮子式化油器，与老式的吸油芯式和表面蒸发式供油装置相比，这是一个重大的技术进步。

1893 年：法国巴黎开始实行车辆登记和使用车牌。博世公司制造出了一种高压点火磁电机。美国杜里埃兄弟研制出第一辆使用蓄电池点火的汽车。

1894 年：法国人米其林兄弟发明了可拆卸的充气橡胶轮胎。

1895 年：美国出版发行世界上第一本汽车杂志《无马时代》。瑞士人埃格研制出手柄操纵的齿轮变速箱。

1896 年：5 月 9 日 ~ 8 月 8 日，第一届国际汽车博览会在伦敦举行，参展的车辆有小轿车、客货两用车和电动车。11 月 2 日，英国事故保险公司接受了世界上最早的汽车保险。

1898 年：法国人路易 · 雷诺将驾驶员坐的地方加上了一个罩子，这是世界上第一辆装有驾驶室的汽车。驾驶室的使用使得司机从此不再受风雨之苦。

1899 年：雷诺与弟弟马塞尔创立了雷诺兄弟公司。雷诺公司生产的汽车以传动轴代替链条传动，以后雷诺又发明了滑动齿轮变速器，有 3 个前进档和 1 个倒车档。现代汽车的雏形基本展现。同年，戴姆勒在汽车生产中采用了带有整体水箱的蜂窝式散热器、四档变速器和油门踏板。

1900 年：世界汽车产量达到 1 万辆。本茨公司推出冲压成型的钢板车架，取代了从前的木板车架。美国《星期六晚邮报》登出全球第一份汽车广告。美国俄亥俄汽车公司首创圆形方向盘。纽约市政当局颁发第一份驾驶执照，当时称“工程师证书”。

1901 年：美国汽车俱乐部设计出从纽约到波士顿的交通方向标志图案。美国纽约州开始发放汽车牌照，牌照为带号码的铝质圆盘。美国康涅狄格州颁布第一项交通法。美国奥兹莫比公司首先给汽车装上车速表。第二届国际汽车博览会开幕，共展出 88 种汽车，法国的后开门式轿车倍受青睐。

1902 年：美国汽车协会在芝加哥成立。

1903 年：英国正式颁发汽车驾驶执照。伦敦开始出现出租汽车。美国古德伊尔轮胎公司的奇非尔德获得了无内胎轮胎专利。

1904 年：柏林市内出现第一辆双层公共汽车。

1907 年：美国汽车制造商协会公布了计算汽车功率的公式，该公式后来被一些国家采用，作为汽车征税的依据。

1908 年：福特汽车公司的“T”型经济车面世，T 型车采用 20 马力的四缸发动机，时速可达 72 公里，成为世界最早批量生产的大众化汽车。

1908 年，美国开始在汽车上采用电喇叭、速度表和挡风玻璃，并开始利用发动机排气采暖。

1909 年：美国人约翰 · 兰姆西夫人驾车从纽约到旧金山旅行，行程 53 天，成为第一个驾车横穿美国的妇女。美国的印第安纳州建成第一条高速公路，并举行了第一次汽车比赛。

1910 年：凯迪莱克公司开始制造封闭式车身，并提出零部件的标准化概念，要求将车上 112 个零件的公差控制在 0.001 英寸以内，使零件具有互换性。

1911 年：美国人艾德瓦德 ·N· 西恩斯在底特律的公路上首次标出了中心线。德国科学家卡门发现了空气中运动的物体后部产生涡流，并提出了流线型概念。美国哈德曼轮胎及橡胶制品公司采用橡胶和织品制成外胎，使充气轮胎完全成功。

1914 年：美国底特律出现了第一个管理交通的信号灯。福特公司在全球首次实现了汽车装配全过程链式总装传送带，当年该公司“T”型车产量再度翻番，装配线上的工人数从 14336 名减少到 12880 名，车价由最初的 800 美元降至 500 美元。

1915 年：福特再次推动汽车生产的革命，开始生产箱型车身。采用箱型车身的“T”型车装配大大简化，年产量一跃达到 308213 辆，这标志着人类真正跨入了现代化汽车的时代。“T”型车的价格也降至 265 美元。1915 年，世界汽车产量达到 101 万辆，其中美国产量高达 97 万辆，而德国汽车产量仅为 2 万多辆。

1916 年：由于生产线的成熟，福特汽车公司当年产“T”型车 1525578 辆，成为世界上产量最高的厂商，也是世界上第一个产量过百万辆的厂商。这一年，汽车问世仅 30 年。为了适应汽车的高速发展，美国决定在全国范围内发展公路网。美国政府颁布了联邦政府公路建设资助法，要求全国各州都要建设农村公路，使邮车可以到达。各州成立公路局，联邦政府提供资金补助。

19 世纪末 20 世纪初，欧洲和美国的汽车研究你追我赶，合成橡胶轮胎、倾斜式挡风玻璃、手动刮水器、汽车转向闪光信号灯、后视镜、盘式制动器、液压制动器、螺旋伞齿轮差速器、梯形连杆式转向机构、增压技术、V6 发动机和四轮独立悬挂……新的技术与发明一个接一个层出不穷，在这种竞争的环境里，汽车工业在欧洲和美国得到了长足的发展。到了 1925 年，此时生产的标准配置的轿车已经采用空气滤清器、汽油滤清器、机油滤清器、后视镜，全部带有后座位、整体式挡风玻璃、车内壁用毛纺制品装饰、手摇式车窗升降机以及色彩明亮的漆面车身。车内的附属装置有千斤顶、停车信号灯、水箱锁盖、行李架、反光灯、烟灰盒、点烟器和水温计。

1925 年的 10 月 30 日，福特公司“T”型车生产线实现每 10 秒生产一辆，一天生产 9109 辆。由于过度追求产量，福特公司的产量超过销量，产品开始出现积压。汽车生产进入了大规模生产阶段。

汽车从问世时的丑小鸭渐渐演变成为美丽动人的天鹅。

就汽车本身而言，它只是一个代步的工具，但汽车的出现引发了新的产业革命，促进了生产力发展，彻底改变了人类的生活方式，提高了人类的生活质量，人类一旦接触到它便再也无法离开。今天，人类生活和社会发展已经须臾离不开汽车，人们无法想象没有汽车的日子怎么过。

汽车——改变世界的机器。

一、摇篮曲

“我们也要有这样的汽车厂”

1949年12月16日，苏联，莫斯科雅罗斯拉夫火车站。连续几天的风雪让莫斯科的气温降到零下二十多度，整个城市到处冰封雪盖、银装素裹。虽然莫斯科天寒地冻，但雅罗斯拉夫车站大厅内却热气腾腾，挤满了人群，其中最为引人注目的是，除了斯大林外，苏共中央政治局全体成员都集中在大厅内。可以看出，这些人不是搭乘火车的乘客，而是聚集在这里等候一位来自远方的尊贵客人。那么，这位尊贵的客人是谁呢？

雅罗斯拉夫车站站台上，苏联红军仪仗队军容严整，枪刺上闪耀着寒光，身材魁梧的战士们排成整齐的迎宾队列，在严寒中一动不动，如同一组雕像。

莫斯科时间12时整，一辆机车喷吐着白色的烟雾，拉着一列车厢缓缓进站，新中国首任国家主席毛泽东的专列在雅罗斯拉夫车站的站台边稳稳停下。苏共中央政治局委员莫洛托夫以及其他苏共中央政治局委员一起来到车厢门口迎接远道而来的毛泽东。身穿深咖啡色外套，头戴皮帽的毛泽东面带笑容走下车来，与前来迎候的莫洛托夫等苏共中央领导一一握手问候。在高亢的“乌拉”欢呼声中，毛泽东检阅了苏军仪仗队，紧接着又发表了简洁的讲话。欢迎仪式结束后，毛泽东一行立即驱车前往位于莫斯科郊外的斯大林孔策沃别墅，根据苏方的安排，毛泽东访苏期间便下榻于此。当日下午6时，毛泽东与斯大林的双手紧紧握在一起，中苏两国领袖开始了历史性的会晤。

1950年2月14日，作为毛泽东这次出访的成果，中苏双方签订了《中苏友好同盟互助条约》《关于中国长春铁路、旅顺口及大连的协定》和《关于苏联贷款给中华人民共和国的协定》。通过这些协定，中苏双方商定了苏联对中国经济建设的援助项目。

其实，中苏之间关于经济援助的问题早在1949年年初就开始商议了，只是那时中华人民共和国尚未成立。

1946年，国共谈判彻底破裂，中国内战再起。在全国人民的支持下，共产党领导的解放军攻城略地，越打越强，仅仅三年时间，解放了全国绝大部分领土，消灭了国民党蒋介石集团400万反动军队。到了1949年，甚至连中国的敌人也不怀疑中国共产党即将在全国取得胜利。

如何在战争的废墟上迅速实现国家工业化？胜利后中国经济建设的蓝图开始在中国共产党领导层尤其是在毛泽东的脑海中酝酿。根据当时的国际政治环境，新中国实行“一边倒”的外交政策，即完全站在以苏联为首的共产党国家一边，在经济建设上，中国共产党人寻求援助的目光自然投向同是共产党领导的北方邻国苏联。

受斯大林的委派，1949年1月30日，苏共中央政治局委员米高扬同苏联铁道部部长科瓦廖夫一起来到河北平山县西柏坡，与中共中央领导人会谈。会谈时间长达6天，讨论的内容非常广。在谈到中国军事工业及经济建设问题时，中共中央的领袖们提出：鉴于中国经济发展的现状，希望苏联帮助我们进行东北的工业开发，向中国派遣经济建设的专家和提供包括汽车在内的各种重要物资援助。毛泽东专门强调，我们也不是白要你们的援助，我们将在几年后用物资偿还这笔贷款。

米高扬回去后向斯大林做了详细汇报，斯大林决定，请中国同志到苏联来具体商定。

1949年4月21日，解放大军千军万马渡过长江，摧枯拉朽，国民党军队一败涂地，南京城升起鲜艳的红旗。南京的陷落意味着国民党反动政权灭亡。毛泽东兴奋地赋诗“宜将剩勇追穷寇，不可沽名学霸王”。随着解放大军南下西进，全国各地红旗飘扬，全国解放形势大定。解放后全国的经济建设成为日益紧迫的现实问题。

战争虽然打胜了，但中国共产党人面对的却是一个残破凋零的烂摊子。

由于长期战乱，大量厂矿倒闭，耕地荒芜，生产凋敝，国内经济一派萧条。以铁路运输为例，当时全国有上万公里铁路线路、3200多座桥梁和200多座隧道被毁，连通东南西北的津浦、京汉、粤汉、陇海、浙赣等主要干线没有一条能全线通车，1/3的机车因破损严重不能投入运营。

厂矿倒闭导致工人大量失业，1949年，全国失业工人多达400万，几乎占全国职工总数的一半。国民党反动政府的通货膨胀政策，又使得物价以天文数字飞涨。在刚刚解放的地区，投机资本家操纵金融黑市，套购粮食、棉纱、燃料等重要生活物资，哄抬物价，扰乱市场，一些地方出现恶性通货膨胀。1949年11月，上海刚解放不久，城市里的粮食、棉纱、五金、化工产品等每天上涨20%～30%，造成社会动荡，人心惶惶。

为了消灭残余的国民党军队，继续解放中南、西南、西北等大片国土，新政权还要支付庞大的军政费用，1949年，军费开支占全国财政收入50%以上。随着新解放地区的扩大，管理机构和行政人员也相应增加。1949年，全国支出的各项费用，折合小米567亿斤，而当年的收入只有303亿斤，赤字达264亿斤。残破的经济现状使得1949年的中国成为世界上最穷的国家之一，当年的国民生产总值仅仅700亿元，年人均国民收入只有27美元，远远低于当时整个亚洲44美元的人均收入。针对这样一份家底，经济建设成为新中国的头等大事。在谈到恢复经济建设时，毛泽东扳着指头历数道：

现在我们能造什么？能造桌子椅子，能造茶碗茶壶，能种粮食，还能磨成面粉，还能造纸。但是，一辆汽车、一架飞机、一辆坦克、一辆拖拉机都不能造。

6月21日，受毛泽东的指派，中央政治局常委刘少奇率中共中央代表团赴苏联。7月30日，刘少奇和马林科夫分别代表中国和苏联签订贷款协定。8月4日，毛泽东复电刘少奇等，鉴于中国国内现状，希望斯大林同意先派人来华组织“中苏共同委员会”，最好先带铁路、电力、钢铁、煤矿、煤油矿、军事等方面的专家共同来商定中国经济建设的具体项目。苏共中央同意了毛泽东的提议，决定由柯瓦廖夫具体负责此事。8月14日，刘少奇与科瓦廖夫及第一批苏联专家220人一起离莫斯科回国。此后，中苏两国专家初步商定苏联帮助中国建设的具体项目。虽然有了商定的意见，但这些都需要中苏两党的领袖最后敲定。

新中国成立前后，中国共产党的领袖们宵衣旰食，极为忙碌，他们既要指挥消灭残余的国民党军队，又要组建新国家机器，还要考虑新中国成立后内政外交的大事。毛泽东一直无法抽身到苏联去与斯大林会谈，直到1949年即将结束，毛泽东才得以动身赴苏联访问。

由于要谈的问题太多，毛泽东在苏联停留了两个多月。其间，毛泽东参观了很多苏联企业，在斯大林汽车厂，看到流水线上鱼贯而出的汽车，毛泽东兴奋地用浓重的湖南口音对随行人员说：“我们也要有这样的汽车厂。”以后毛泽东在与斯大林会谈时对斯大林说，我们要搞一个“既好吃，又好看”的东西。他的意思是，中苏两国要签订一个有实际内容的援助方案。毛泽东去苏联后不久，根据谈判的需要，政务院总理周恩来率领李富春等一大批负责经济建设的领导人来到苏联，与苏方具体商定苏方援助中国的经济建设项目。

在商谈工业建设项目时，苏方指出，汽车在国民经济建设中具有重要的基础地位，几乎什么建设都离不开作为运输工具的汽车，建议中国尽快建设一座像斯大林汽车厂那样的综合性汽车制造厂，并表示，斯大林汽车厂有什么样的设备，中国的汽车厂就要有什么样的设备；斯大林汽车厂有什么样的水平，中国的汽车厂就要有什么样的水平。除了建设一座汽车厂外，同时再建一座轻型汽车装配厂，以适应短期需要，以后再扩建成制造厂。1950年1月，中方代表团与苏方商定，由苏联援助中国建设一座中型载货汽车制造厂。

1950年2月14日，中苏两国正式签订了《中华人民共和国中央人民政府　苏维埃社会主义共和国联合政府　关于贷款给中华人民共和国的协定》，敲定了一批苏联援助中国建设的重点工业项目。1950年先建设第一批共50项，其中包括一个汽车厂项目。条约签订以后，2月17日，毛泽东、周恩来等一行14人启程回国。由李富春、王稼祥、叶季壮、刘亚楼、赛福鼎 · 艾则孜、伍修权组成新的中国政府代表团，留在苏联继续进行苏联援助中国经济建设具体项目的谈判。中苏双方关于经济建设的谈判一直持续到1952年，以后又经过一些反复，最后确定苏联对中国经济建设的156个项目提供援助。

20世纪50年代初，中苏关系亲如兄弟，由于苏联是世界上第一个建成的社会主义国家，苏联的工业建设成为中国工业建设效仿的榜样，向“苏联老大哥”学习是当时喊得最响亮的口号。老大哥要援助中国建设汽车厂，老大哥自身的汽车工业如何呢？

在沙皇俄国时代，俄罗斯的机械工业非常落后，1910年，沙俄也随着德、法、美等国后生产出了自己的汽车，但由于基础工业落后，敲敲打打手工方式生产出来的汽车，无法形成规模。十月革命胜利后，苏联国内只有几家手工的汽车装配厂和维修作坊，没有现代意义上的汽车厂。1929年，苏联的汽车年产量只有2000辆，供不应求，苏联所需汽车90%依靠进口。列宁曾经说道："我们需要的不仅仅是汽车，更需要的是汽车制造技术。"发展汽车工业成为苏联第一个五年计划的重点。鉴于苏联国内工业基础薄弱，自己制造力不从心，苏联开始积极寻找快速发展汽车制造工业的技术。根据苏联当时的经济和工业实力，摆在苏联面前的只有两个办法，一是大批量地从国外购买汽车，然后仿制；二是向西方购买成套的汽车工厂由本国自己生产。

第一个方案可以快速得到制造汽车的技术，但始终只能跟在别人后面照抄，且需要相当大的外汇开支。第二个方案较为复杂，需要大力加强培养专业知识分子、工程师、技术人员以及工人，同时也需要培养围绕汽车发展的冶金、机械等其他工业能力。经过比较，最后决定与外国合作，购买一座汽车制造厂回来。1929年3月4日，苏维埃最高委员会颁布了一条主席令，决定在高尔基市建造一座年产量10万辆的汽车制造厂。当时世界上只有美国的福特和通用两家公司有这样的生产规模，要购买美国的整座汽车工厂，美国政府会同意将这么重要的战略物资卖给苏联吗？

20世纪二三十年代，全世界只有苏联一个社会主义国家，新生的苏联以资产阶级为革命对象，是美、英、法等主要资本主义国家的眼中钉、肉中刺，它们对苏联采取包围、封锁和军事干涉，出钱出枪甚至直接出人，希望将这个新生的苏维埃政权绞杀掉，它们怎么会支持苏联国内的经济建设，卖成套设备给它呢？

1929年，世界性的经济危机席卷全球，美国受到的冲击最大。经济危机使美国经济直线下滑，其中汽车产量下降80%，成千上万的人失业，经济危机造成美国政局剧烈动荡。就像落水的人要求生一样，谁给他一个救生圈他都要紧紧抓住不放。此时苏联政府看准机会，提出向美国购买全套的汽车厂，斯大林给美国的救生圈是黄金，苏联政府用自己的库存黄金换回福特公司旗下一个叫"卢吉"的汽车厂。"卢吉"厂建在伊利湖的支流卢吉河边，它是世界上第一座综合性的、大量采用流水线生产的汽车厂，一个卢吉厂包括炼钢、轧钢、轮胎、玻璃、汽车各个总成、总装线在内的十几个专业厂，厂区绵延几公里，规模极其宏大。

1929年，苏联派出了代表团前往美国与福特公司就购买汽车厂的事宜进行谈判。福特原先把苏维埃看做"势不两立的敌人"，声称除非苏联的意识形态变得适合他的口味，否则他"不会运一个螺帽去那儿"。但早就与苏联做生意的美国著名石油大王哈默劝他说："要是这样，你会有太长的时间没法在那里做生意，那里可是一个巨大的市场。"

福特最终没能挡住经济危机的压力与苏联黄金的诱惑。1929年5月31日，苏联政府与福特汽车公司签署了合同。根据合同，福特公司向苏联提供了Ford-A，

Ford-AA 和 Ford-Timken 三种卡车的设计图纸。从 1929 年 3 月到 1934 年 3 月，每年都有 50 名苏联专家以及实习生进入美国的工厂进行学习。苏联买下了“卢吉”厂的全套图纸和生产设备后，自己动手，在伏尔加河畔的高尔基市建设了“高尔基汽车厂”。1931 年 11 月 6 日，高尔基汽车厂第一辆自己生产的汽车下线，1931 年，高尔基汽车厂开始批量生产，其产品就是以后大名鼎鼎的“嘎斯”车。

苏联利用西方迫切需要向外国输出资本、技术以摆脱危机的有利时机，大量引进西方先进技术、技术人员和资金，在各主要工业部门建立了一大批骨干企业，使苏联初步奠定了现代工业的基础。

1933 年，国际法西斯势力日益猖獗，国际形势紧张，苏联经济和国防建设急需大量汽车，按当时的要求，仅一个步兵师就需要配 558 辆汽车，而苏联有数百个师。供不应求的形势下，1933 年 8 月 21 日，苏维埃最高委员会决定将高尔基汽车厂进行扩建改造，要在另外两个城市新建两座汽车生产工厂，并要求在 1938 年以前达到年产 30 万辆的规模。到了 1941 年 6 月，高尔基汽车厂的产量勉强达到 29 万辆，供需缺口仍然不小。

除了高尔基汽车厂外，苏联另一个著名的汽车厂就是斯大林汽车厂。斯大林汽车厂的前身叫“阿莫（AMO）”汽车厂。它是沙俄政府从意大利“菲亚特”公司引进卡车产品技术，从美国、瑞士等国家购买生产装备建成的一个汽车装配厂。1917 年投产时，正逢十月革命，沙皇政府倒台，工厂处于严重瘫痪状态。以后，“阿莫”汽车只能搞点汽车修理，直到 1924 年 11 月 1 日才生产出第一辆“阿莫 15”型汽车，1926 ~ 1927 年，“阿莫”汽车厂总共只生产了 425 辆汽车。

1929 年，“阿莫”工厂被苏联政府列为第一个五年计划重点项目，从资金物资上给予全面保障。与高尔基汽车厂不同，“阿莫”汽车厂没有从国外全盘购买整个汽车厂，而是采取更为科学的“点菜”方式，在西方资本主义国家分别购买各种设备，然后自己将其组装成生产线。苏联政府动员全部力量，在莫斯科市南郊的裘菲列夫丛林地带，填平泥沼和水塘，处理空地上森林和荆棘，建起面积达 120 万平方米的巨大厂房，整个工厂占地 500 公倾，职工 2.5 万人，工厂建成后，年产能力达到 2.5 万辆。1931 年 10 月 21 日，新建工厂第一辆汽车下线，产品就是“吉斯”。1931 年 10 月 1 日，“阿莫”工厂被命名为斯大林汽车厂。1934 ~ 1937 年，斯大林汽车厂又进行第二次扩建工程，生产新型的“吉斯 5”型载重车。到 1937 年，斯大林汽车厂的年产量超过 6 万辆。

此时，全世界战火连天，日本在亚洲，德国在欧洲，意大利在非洲，相继发动侵略战争，德、日从东西方向苏联施加压力，苏联处在战争的边缘。

面对日益恶化的欧洲亚洲局势，苏联开始将部分工业企业迁移到乌拉尔山以东的亚洲部分。但希特勒已经急不可耐，1942 年 6 月，德国突然袭击苏联，苏联陷入战争之中。战争初期，苏联节节败退，苏联欧洲部分的工业基本上被战争摧毁，苏联政府在乌拉尔山以东亚洲部分建设的战备企业尚未开始生产，为了解决苏军装备问题，根据租借法案，美国向苏联提供了大量战争物资，包括大量的汽车。到了1944年，美国供应苏联的汽车总数达34.5万辆，其中就包括美国万国卡车公司生产的万国牌卡车。这种卡车是美国以及盟军的主战装备，具有较高的技术性能。1943年，斯大林汽车厂以万国卡车为原型，改造后的产品即“吉斯150”。二战胜利后，1946年3月，苏联政府对斯大林汽车厂进行第三次扩建改造，到1948年年底，“吉斯150”已达到日产250辆规模。这一次，苏联援建中国的型号就是吉斯150。中国的型号为CA10型，包括CA10、CA10B、CA10C等型号。C是中国的第一个字母，A表示第一，10为卡车的序列号。

三年建成一汽

因为承担着新中国经济恢复和建设重任，新成立的重工业部分外繁忙。1950年2月22日，重工业部召开了全国机械工作会议，会议由时任重工业部副部长刘鼎主持。刘鼎是原浙江省立高等工业学校电机专业的高材生，曾担任过张学良的副官，后被党派遣到苏联学习军事机械，回国后在八路军太行根据地长期组织军工生产，担任八路军军工部部长。新中国成立后任重工业部副部长、二机部副部长、航空工业部顾问等职。这次会议提出，要建立新中国独立自主的机器工业，特别要建立中国自己的汽车制造工业。重工业部决定，立刻开始中国汽车工业的筹备工作，并指示成立汽车筹备组。成立筹备组容易，谁来挑大梁呢？刘鼎的眼光盯在了重工业部专家组办公室主任郭力身上。

郭力原名高崇岳，1916年出生于河北省河间县高家庄一个书香门第家庭。1932年考入哈尔滨高等工业专科学校，1933年加入中国共产党。抗日战争爆发后，郭力回到河北老家，利用自己的工业知识在根据地组织兵工生产，制造枪支弹药。一个哈尔滨高等工业专科学校毕业的高材生，熟识军工生产，又懂外语，这样的人才到哪里去找？在当时，一个高小毕业生就算知识分子，何况一个大学生？

1950年3月27日，重工业部正式成立汽车工业筹备组，郭力被任命为主任，孟少农、胡云芳为副主任。

孟少农，原名孟庆基（参加革命后改为孟少农），湖南桃源人。1936年，孟少农考入清华大学机械工程系。1941年考取留美公费生，进入麻省理工学院机械系学习。在校学习期间，先后在美国福特等著名汽车公司担任实习工程师，因为他学习、工作极为严谨认真，成绩突出，福特等几家公司很器重他，希望他留下来，答应给他提供优越研究条件和优裕生活待遇。孟少农谢绝了所有聘请，1946年5月，搭乘战后中美通航第一班轮船离开了美国回国，他要用自己所学的知识为中国的汽车工业服务。回国后，孟少农回到母校清华大学执教，先后任机械系副教授和教授。1947年7月，孟少农参加了中国共产党，1948年9月，奉命奔赴解放区参加革命工作，他是当时中国共产党党内极为稀少的共产党员教授。1950年1月，刘鼎找孟少农谈话，要他立即着手筹备创建我国汽车工业。就这样，郭力与孟少农一起拉开了中国汽车工业创业的大幕。

孟少农是留过洋的，也在福特这样的大公司工作过，懂得建立汽车工业应从哪里下手。汽车筹备组成立后，他与郭力首先抓了两件事：一是调查研究，收集旧中国有关汽车和汽车工业的基本情况。二是集结和培养技术骨干。孟少农凭着原来在清华大学任教等诸多条件，广泛招集人才。筹备组从清华大学、上海交通大学、北洋大学、南开大学、北京大学、燕京大学、同济大学等国内知名院校抽调了一百多名学生，同时将分散在上海、重庆、昆明等地的汽车技术人员和极少数的留学归国人员陆续选调集中。

抗战胜利后，国民政府为发展自己的汽车工业，曾选派两批共40 ~ 50名技术人员到美国去学习汽车技术。新中国成立后，这批在美国学习的人员处于尴尬境地，他们不甘心跟着国民党政府跑到台湾去，但又不知道新中国的人民政府是否欢迎他们回来。郭力了解到这个情况后，立即表示欢迎这些技术人员回国参加汽车工业筹建工作。得知祖国欢迎自己，那些留美的工程技术人员立刻踊跃归国，张德庆、陈继善、张树梅、吴敬业、彭定一、王玉京、陈乃隆、杨南生、桂同申、张胜瑕、孙顺理、刘炳南、史汝楫、冯辅晋、陆孝宽、茅於恭、支德瑜、俞云焕等50多位学有专长的技术人员先后来到筹备组。这批宝贵的技术人才成为新中国汽车工业建设的重要力量。汽车筹备组里还有1949年9月来华的3位苏联专家，其中一位是苏联斯大林汽车厂的总设计师斯莫林。

汽车筹备组刚成立时，只有十几个人，办公地址设在北京灯市口西口的中国工程师学会旧址内，这里只有几间平房，一二十个人挤在里面还凑合，随着队伍逐渐扩大，百十个人挤在一起就转不过身来。北京鼓楼有一个胡同叫扁担厂，以前是制作扁担的作坊。1952年秋，汽车筹备组搬到了这里，昔日冷清的胡同一下子热闹起来，

1950年7月，筹备组在南池子成立了由吴敬业为主任的汽车实验室，孟少农利用自己在清华大学任教的关系，委托清华大学机械系为筹备组办了一个实习班，为筹备组培训专业人才。同时又在扁担厂胡同成立汽车设计室，进行汽车先期的设计研究和培训工作。从1950年3月到8月，几个月的时间里，在一穷二白的基础上，汽车筹备组拳打脚踢，硬是将中国汽车工业筹备组的基本框架撑起来了。

1950年8月2日，刘鼎主持召开了汽车工作会议，讨论中国汽车工业建设的方针步骤，会议决定，即将建设的中国汽车工厂的设计工作请苏联专家承担。经过一系列商讨，12月2日，苏联政府应邀派出苏联汽车拖拉机工业部工厂设计专家沃罗涅茨基、设计师基涅谢夫到达北京，他们计划在3个月的时间内了解中国工业基础情况，选定厂址等前期准备工作。

汽车制造厂建在哪里，选址是关键。在此之前，汽车筹备组已经做了一些选址工作。

由于苏联的斯大林汽车厂厂址在莫斯科，因此苏方建议，中国的第一个汽车厂也要建在首都或首都附近。陈云当时兼任重工业部部长，主持第一汽车制造厂的筹备工作。他主张索性再远点，将厂址设在西安。但在讨论选址条件时，苏联专家提的几个问题让他再三斟酌。

苏联专家指出，建设一个大型的现代化汽车制造厂，首先需要考虑电力供应、钢材供应、铁路运输、地质、水源等基础条件。按年产 3 万辆卡车计算，一年需要电力 2.4 万千瓦，而 1950 年西安的发电厂只有 9 千千瓦的能力，要解决供电问题需要新建电站，这又需要新的投资还要耗费大量时间。一年要 20 多万吨钢材，而西安没有大型冶金企业，北京只有一座石景山钢铁厂。1950 年石景山钢铁厂的钢产量不足 10 万吨，要满足 20 多万吨钢材的需求，要改造扩容，这也需要新的投资和耗费数年的时间。除了电力和钢材外，厂房建设和正常生产还需要 2 万立方米木材，这也是西北无法解决的。汽车厂建成后，还有原材料运进和产品运出问题，每年的铁路运输量就高达 1000 多万吨，而 1950 年西安到潼关铁路的运输量不足 200 万吨，明显难以承受。

依照条件列入备选范围的有石家庄、太原、西安、宝鸡、湘潭、株洲等地，又都被一一排除。最后，经过充分比对，陈云认为，东北尤其是长春周边符合条件。当年日本帝国主义为了掠夺东北丰富的资源，在那里建设了较完备的工业基础。吉林省吉林市南 24 公里处的松花江上装机容量 60 万千瓦的小丰满水电站离长春不远，完全可以满足电力供应。东北的鞍钢是当时国内第一大钢厂，可以满足钢材的供应。东北的铁路交通基本形成网络，煤矿、森林资源极为丰富。从政治上考虑，东北离苏联较近，安全上也有保障。经过反复权衡，将第一汽车制造厂放在东北成为共识。

1950 年 12 月 28 日，政务院财经委员会计划局就新建汽车厂的选址问题召开会议，会议决定，在吉林省四平至长春一线选择厂址。1951 年 1 月 3 日，周恩来批示："可将嘎斯装配厂设于北京，吉斯制造厂（指一汽）设于东北长春附近。"

1951 年 1 月 26 日，政务院财经委下达"计建字 37 号"文件：

第一汽车制造厂厂址决定在四平至长春之间选择。

1 月 30 日，汽车筹备组处长胡亮立即带人奔赴东北进行初步调查，2 月 10 日，孟少农陪同苏联汽车拖拉机设计院总设计师沃罗涅茨基来到长春孟家屯考察。经过对四平、公主岭、长春三个城市的人口、城市规模，供电能力、交通条件及地理环境等方面的调查分析，最后将长春市孟家屯车站铁路以北作为厂址选择对象。该地区的优点是接近城市，地形开阔，周围有铁路、车站和敌伪遗留下的房屋，京哈铁路紧临厂区。将汽车制造厂设于长春，既便于建厂时大量苏联设备的输入，也便于投产后就近利用东北的钢铁、煤炭、木材、水电资源，经过反复比对，沃罗涅茨基、孟少农等决定厂址定在长春市西南孟家屯车站西北侧。这一方案很快得到中央财经委的批准。

厂址确定后，汽车厂进入设计阶段。苏联专家小组很快拿出第一汽车制造厂的计划任务书，计划任务书规定了汽车厂的生产纲领等设计条件。1951 年 4 月 25 日，重工业部发出“动刘字第 169 号”文件：

批准中国第一汽车制造厂设计计划任务书。

任务书规定，第一汽车制造厂生产吉斯 150 型 4 吨卡车，年生产能力 3 万辆。

1953 年开始建厂，1957 年建成投产。

1952 年 4 月 19 日，郭力被任命为一汽厂长，这一年他才 36 岁，正是人生年富力强风华正茂的时期。没想到，郭力到任后不久，便引出了一个“厂长找厂长”的动人故事。

接到中央的任命后，郭力告别家人来到长春。此时的一汽建设现场荒野一片，只有原日本 731 细菌部队遗留下来的几座建筑物的残垣断壁。就在这些废墟的基础上，郭力开始全身心地投入到一汽建设的组织指挥之中。建设新中国第一个现代化的汽车厂，这在中国历史上也是第一次，其任务之艰巨可想而知。虽然有苏联方面的大力援助，但在一穷二白的基础上搞建设，指挥调动千军万马，协调上下左右各方面的关系，刚刚从北京来的郭力感觉到人生地不熟给工作带来的诸多不便。工作了几个月后，从汽车厂建设的大局着眼，郭力开始有了自己的考虑。自己是一汽建设的总负责人，但自己过去的工作经历中还没有过如此大规模的组织大企业建设的经验，再加上自己原来不在东北工作，对东北地方情况不熟，没有广泛的社会关系。一汽建在东北，需要对东北社会民情的透彻了解，需要东北的党政部门以及各类生产企业的大力支持，协调好各方面的关系对一汽建设有着直接的影响，情况不熟和经验不足会直接影响工作。为保证一汽顺利建成，希望中央能选一位熟悉当地情况、有更强工作能力和崇高威望的同志来接替厂长职位，自己愿意退居次要岗位，协助新厂长进行建设工作。

退出一把手的位置，对个人声誉、利益都会有一定的影响，在个人得失与国家利益的大局面前，郭力毫不犹豫地站在国家利益上，表现出共产党人的高风亮节。

郭力的女儿郭栖栗回忆，郭力对自己身边一位工作人员说了自己的想法：“汽车厂地处东北，应当有一位熟悉东北情况，资格老一点、位置高一点的同志来当厂长，这样更有利于调动地方民众支持我们。汽车厂建成投产时间有限，基建必须和生产同步进行。工厂由苏联援建，我必须尽快带队到苏联去，审查、熟悉工厂组织设计，请专家到工厂来，派实习生去苏联，现场指挥、组织生产，这是我的长处。”

考虑到此事事关重大，郭力决定，自己当面向党组织汇报。他先是到沈阳向东北局的领导谈了自己的想法，然后又去北京，向一机部的领导提出请调厂长的申请。郭力的想法被中央采纳，中央开始考虑新厂长的人选。

就在这个时候，一个从未接触过机械工业的人得知中央正在挑选一汽厂长的消息后，主动向中央提出，要求到一汽来工作，他就是饶斌。

饶斌祖籍南京，生于吉林，原名饶鸿熹，早年学医，1933 年加入中国共产主义青年团，1937 年加入中国共产党。参加革命后，年轻的饶斌来到烽火连天的山西，投身于抗日战场。曾任中共晋西北临时省委秘书长，静乐地委副书记，中共晋西北八分区地委书记，中共中央晋绥分局党校教育长，中共辽宁省委组织部副部长，抚顺、吉林市委书记，东北民主联军驻图们卫戍司令部司令员，哈尔滨市市长，中共松江省委副书记、松江省副主席。

一汽挑选厂长的事情惊动了中央，一汽厂长候选人问题也进入了中央政治局的议题。在讨论厂长候选人时，毛泽东发话了："是那个在哈尔滨当市长的白面书生吗，他够厉害吗？"在得到肯定的回答后，毛泽东点点头。1952 年 12 月 28 日，一机部（52）机干技字第 27 号文件正式任命饶斌为汽车工业筹备组组长、长春 652 厂（第一汽车制造厂）厂长，郭力、孟少农、宋敏之为副厂长。

当郭力得知中央决定派曾当过哈尔滨市市长、松江省副主席的饶斌前来接替他的工作时，他非常高兴，立即派江华前往沈阳迎接。江华临行前，郭力对他说："中央任命饶斌同志为厂长，确实是天时、地利、人和三者都顺。所谓'天时'，就是我们厂正处在建厂的关键时刻，很需要强有力的人来加强领导，这方面饶斌同志比我强。他对中央及东北局的一些领导同志都很熟悉，对解决我们建厂中的困难非常有利。所谓'地利'，是因为饶斌同志是个'老东北'，在东北工作多年，我们建厂离不开地方的支持，如抽调干部，招收工人，解决征地、修路以及解决职工的吃住等问题，都要与地方打交道。这方面，我也不如饶斌同志。所谓'人和'，是因为我们厂将有一支来自五湖四海的庞大队伍，需要饶斌同志这样水平更高、能力更强的人来带这个队伍。另外，我们还要和苏联谈判，要聘请一大批苏联专家。我虽然懂俄语，但在处理国际事务方面不如饶斌同志有经验。我说的这些是心里话，都是实际情况。你快去，就说我请他快点来。"

郭力的肺腑之言，充分表现出了一位老共产党员以革命事业为重的党性原则；以大局为重，谦逊、朴实、坦诚、宽广的胸怀。郭力"当着厂长找厂长"，成了当时的一段佳话。

郭力让贤的佳话流传至今，虽然郭力是主动让贤，但其中究竟有没有什么别的原因呢？郭力的老朋友，原一汽副厂长、铸造专家、二汽副厂长李子政多年后讲述了郭力当时的想法。

李子政是老中共地下党员，参加过抗联，当过军工厂厂长，是一个有着传奇经历的老革命，同时李子政是当时全国也少有的八级铸造工，由于出身好，工作能力强，遇事坚持原则，为人敢说话，特别是敢于说真话，敢于为人打抱不平，为此在一汽外号"李青天"。1951 年，李子政在哈尔滨坦克厂时就与郭力认识，以后李子政调来支援一汽建设，郭力看李子政为人正派，胸怀坦荡，经常向他讲一些自己过去复杂的经历，时间一长，两人成了无话不谈的朋友。1953 年有一段时间，郭力住在苏联，代表一机部专门负责一汽设计图纸审查，与同在苏联负责留学生工作的李子政交谈过辞掉厂长的想法，除了纯粹工作原因外，也有一些个人的难言之隐。

郭力是河北人，小时候被在吉林做买卖的爷爷带到吉林。在吉林高中毕业后，郭力考入哈尔滨高等工业学校（哈工大前身），1933 年在学校加入地下党组织。毕业后到绥芬河检车段做检车员，他的组织关系隶属于哈尔滨市地下党。1936 年，东北地下党组织被日本鬼子破坏，郭力的单线联系人被捕，郭力也与组织失去了联系。当时整个东北一片白色恐怖，不得已，他只好回到河北老家。回到老家后，郭力到处寻找党组织，北京、石家庄等地都跑过了，但没能与党组织取得联系。无奈之下他听从父亲的劝告，留在当地做了教员。直到许世友的部队经河北到山东建立抗日根据地，郭力才与组织取得了联系。许世友的部队在河北停留了两三个月，建立起了根据地，许世友带领的大部队走后，郭力留下来组织了游击队，他带领大家挖地道，打游击，以后又负责根据地的军工生产。1949 年天津解放后，党组织安排郭力在天津负责组织军工生产，建国后，郭力又被调到中央重工业部工作。

刚解放时，组织上搞过多次干部审查，郭力从东北回老家的经历成了审查中的问题。在一次又一次的干部登记、调查中，郭力反复被问到："你是哈尔滨地下党，怎么跑回家了？"当郭力解释说没有找到党组织时，总是有人不相信："怎么会找不到党，难道连一个党员也找不到？"尽管郭力一次次地解释，但怎么解释也没用。有时候还得关起来审查，不能回家。一次次的审查，一次次不信任的口气、眼光深深伤害了郭力的心。虽然对这段经历组织上没有做结论，但当时审查人员的口气让人没法接受："你怎么能从东北跑到关内来呢？"按照他们的逻辑，你私自离开东北就是逃跑，逃跑就意味着背叛。

李子政回忆："郭力推心置腹地对我讲，中央派我到一汽厂当厂长，我不干。我已经被审查够了，但这个事情我怎么说也说不清楚，将来再审查还是说不清，作为国家这么大个工厂的负责人，怎么能老是被人审查呢？郭力讲着讲着就流泪了。但国家任命了，不干也不行，刚好在工作中也遇到一些具体问题，郭力认为，从党的事业考虑，应该有一个熟悉当地情况的，和长春、吉林都有关系的东北人来当厂长，他当副厂长。抱定这个想法后，他就一次次给上级甚至给中央写报告，直到中央同意了他的意见。这次谈话让我对他更加尊重。"

郭力让贤，饶斌出山，就这样，中国汽车工业发展史上，饶斌横空出世，为中国的汽车工业奋斗终生，成为当之无愧的中国汽车工业奠基人。

汽车厂的项目定下来了，但将设想变为现实，第一步就是设计。要设计一座年产三万辆的现代化汽车厂，需要大量机械、汽车、建筑等专业的技术人才，对于刚刚成立的新中国而言，这是无法办到的事情。经过与苏联有关方面协商，一汽的建设全部委托苏联，由苏联方面负责包建。

1951 年 11 月 13 日，中国重工业部与苏联汽车拖拉机工业部签订了第 00831 号合同，即"中苏关于一汽的设计合同"，合同规定了苏联于 1951 年 12 月完成中国第一汽车厂的初步设计，1952 年 12 月完成中国第一汽车厂（以下简称“一汽”）的技术设计。

1952 年 1 月 23 日，苏联汽车拖拉机设计院完成一汽的初步设计，设计图纸由一汽的“第一名职工”陈祖涛从莫斯科带回北京。

陈祖涛是红四方面军总政委陈昌浩的二儿子，1939 年随陈昌浩从延安来到苏联，在苏联度过了自己的少年和青年时代。1951 年 8 月，陈祖涛从苏联鲍曼工学院毕业后回到中国，在北京他见到周恩来。由于长期在苏联生活，陈祖涛能操一口流利的俄语，汉语水平甚至不如俄语流畅。周恩来详细询问了他的学习情况和所学专业后告诉他，苏联正在援助中国建设一汽，非常需要专门技术人才，你就到一汽去工作。现在你立刻到苏联去，以一汽代表的身份参加中方与苏方的谈判。周恩来给中国驻苏大使张闻天写了一封亲笔信交给陈祖涛，带着周恩来的“介绍信”，陈祖涛回到了莫斯科。陈祖涛回忆道：

1951 年 9 月，我带着周总理的信回到莫斯科。总理给我的任务有两个，一是以第一汽车厂的代表，参与和苏联的谈判，第二个是到苏联的斯大林汽车厂去实习。张闻天是中国革命的元老，党内著名的理论家，为人和善，温文尔雅，讲话不急不慢，平易近人，一点架子也没有。他看了周总理的信，高兴地说：“好，你就到商务代表处去报到吧。”我在那里具有几重身份，一是第一汽车厂的代表，当时苏联援建的 156 个项目，每个项目都有人长驻商务处随时处理各种事务；二是使馆的翻译，我的俄文好，经常参加使馆的一些对外交往活动；三是为国内临时来苏联的各个代表团充当中苏双方的联系人，帮助他们开展工作。

1952 年 1 月 21 日，一汽的初步设计做完了，设计院通知我去，把厚厚的几十本设计书和图纸交给我，整个汽车厂的设计分初步、技术和施工图三个阶段。当时中苏双方关系很好，这么多的设计资料交给我，既无什么仪式，也不要繁杂的交接手续，就这么直接交给我，连收条都没有。此时我的身份又变成外交部的信使，我用外交邮袋装上设计资料，一个人从莫斯科直飞北京，下了飞机后，专车接我直奔汽车局筹备处（今北京鼓楼扁担厂的一个小四合院内），把图纸交给郭力，筹备组立刻组织翻译组开始进行紧张的翻译审核工作。

（陈祖涛口述欧阳敏著《我的汽车生涯》人民出版社）

到 1952 年 2 月下旬，图纸翻译全部完成。中央财经委主任陈云召集相关部委对苏方的设计进行审核。当时新中国刚刚成立，中国也缺乏专门的技术人才对苏联的设计进行技术审查，基本上是苏联提供什么样的设计，中国就同意什么样的设计，再加上当时中苏双方的火热关系，审核很快通过了。1952 年 4 月 4 日，汽车筹备组代表财经委起草了审批文件，大意是：中华人民共和国政府同意苏联政府对中国第一汽车厂的初步设计。

设计完成后，下一步就需要订购设备。根据协议，一汽的设备基本都由苏联政府代为订购，苏联自己能生产的都在苏联订货，苏联自己暂时不能生产的，则由苏联向世界各国订购。虽然由苏方代为订货，但每一项订货内容，中方都必须派人参与。中央财经委迅速决定，派遣由孟少农、李刚、陈祖涛、潘承烈组成的订货代表小组去莫斯科办理设计联络、设备分交、聘请专家、派遣实习生等具体事宜。

技术设计完成后便需要根据技术要求设计施工图。汽车厂的施工图设计是非常复杂的，它要按照技术设计的要求，把每个车间包括车间里的每台设备以及所有的工模夹具，包括厂房结构、供电、供水等都要精确地定位。偌大一个汽车制造厂，几百个车间厂房，数百万台的设备、工模夹具，要将这些精准地在图纸上定位，工作量极其巨大。由于施工图设计的工作量太大，苏联政府决定由斯大林汽车厂负责全面包建一汽，包括提供产品设计、组织工艺和施工设计。苏方以斯大林汽车厂为主，联合 26 个苏联设计单位，共 600 多位设计人员，完成了一汽的全部工艺和施工设计，并向中方提供了产品的全部设计图纸和技术资料。

斯大林汽车厂专门成立了由总工艺师茨维特科夫总负责的“A3 ~ 1”（即中国一汽）设计组和“援建中国‘一汽’办公室”。全厂每个车间的技术科长都作为设计组的成员参加进来。在斯大林汽车厂的努力下，1953 年 4 月 6 日，苏联设计的第一批建筑施工图纸送达长春。6 月 23 日，苏联贸易部通知中方，已经批准由苏方供应一汽生产所需的全部工具、夹具、辅具的图纸及其中较为复杂的工具的制造。

按照规范，设计单位完成设计后，需要由委托设计单位对设计结果进行审查，但当时中方基本不具备对设计结果进行审查的技术能力，而且这种审查在中苏两国来回倒腾，费时费力。考虑到现实情况，1954 年 2 月，一机部授权郭力在莫斯科批准苏方对一汽的技术设计。

一汽开始设计后，各项建设准备工作也紧锣密鼓地展开。一座现代化汽车制造厂的建设工程涉及工业建设安装等很多方面，中方根据自身的经济发展水平和能力，将一汽的建成时间定为 4 年，即 1953 年 1 月开工至 1957 年 3 月正式投入生产。但苏联方面对此却不认可，苏方表示：斯大林同志对援建中国汽车厂非常关注，重大事情都亲自过问，并且希望尽快建成，所以苏方安排的建成时间是 3 年，希望中方在建成时间上能和苏联协调一致，并提交了 3 年建成的进度表。一机部部长黄敬和副部长段君毅认为这件事情非同小可，于是直接向党中央、毛主席汇报。一机部在报告中说：“按我部现有力量，4 年完成犹有困难，3 年完成更无把握……将会带来进口设备积压和专家延聘等一系列问题。”

一机部的报告被提交中央政治局讨论，段君毅列席了会议。毛泽东、刘少奇、周恩来、朱德、邓小平等都发了言，他们认为，提前一年虽然有很多困难，但可以全国动员支持一汽建设，而一汽提前一年建成，对中国经济将有很大的好处，对全国人民也会有极大的鼓舞作用，会议决定，举全国之力，用三年时间建成一汽。1953 年 6 月 9 日，毛泽东亲自签发了“中共中央关于三年建设长春汽车厂的指示”：

有必要通报全国，责成有关部门，对长春汽车厂的建设予以最大的支持，力争 3 年内建成。并具体规定目前所需技术干部和行政管理干部，中央组织部应迅速尽量予以调配，将来该厂需要在国内制造的设备，各企业应尽量优先予以制造，并切实保证质量，在材料和物资供应上，国家物资分配应优先予以调拨，交通部门应保证及时运输。

建国之初，党中央为一个企业建设发出文件，在党的历史上还是第一次，它说明一汽建设对全国政治和经济发展的重要意义。根据中央的这个文件，一机部立刻开始按照苏联的进度表调整建设安排，并报党中央批准。于是，在1953年国内恢复经济、支援抗美援朝的热潮中，又多了一项支援一汽建设的热潮。“三年建成一汽”成为当时最鼓舞人心的口号。

1953年6月，毛泽东为一汽奠基题词。7月15日，长春天晴气朗，一汽举行了隆重的开工仪式。一汽一号门前广场上彩旗飘扬，人头攒动，广播喇叭里播放着激昂的乐曲，两辆大起重机将两面五星红旗徐徐升起，李岚清、王恩魁、李柏林、周同义、贾志学等六名青年共产党员将刻有毛泽东题词“第一汽车制造厂奠基纪念”的汉白玉基石放置在厂区中心广场基座上，东北人民政府副主席林枫、一机部部长黄敬、一汽厂长饶斌挥锹铲土，中国汽车工业史上第一场规模空前的建设工程开始了。

一汽整个建设工程共有106个项目，要在三年时间内完成，困难非常之大。中央关于三年建成一汽的指示，造成了全国各行各业支援一汽的局面，大大加快了一汽建设的进度。到1956年，一汽共完成建筑面积702480平方米，安装设备7552台，铺设管道86290米，制造工艺装备2万多套。

一汽的设备总数达到8000多台，占总量38.4%的大型复杂设备都购自苏联和其他国家，成套设备的80%由苏联提供，为一汽承担设备制造的苏联企业有200多家，其中包括苏联所有著名的机械设备制造厂。如螺旋伞齿轮切齿机、曲轴连杆轴径切割机、缸体多头铣床、缸体轴孔镗床、锻造机械压力机等高精尖设备在苏联的一些机床厂也是第一次设计和试制。斯大林汽车厂试制了两台3500吨大梁压床，一台自用，一台就提供给一汽。这个庞然大物重660吨，十几米高，为了将它从苏联运到中国，苏联专门制造了有16轴载重185吨的凹形列车。所有的这些机床设备，在苏联试制完成后要进行严格的试用检测，完全合格后才运往中国。有些设备苏联自己也不能生产，于是便由他们进口再转往中国。如英国造的可锻铸铁矫正油压机、东德的pele压床、捷克的vr–2攻丝机等。根据生产需要，非标准工具22524种，苏联供应的就有11941种。

成千上万台套设备集中堆放在一起，要把它们准确地安装到车间去，同时要将与之相关的工、卡、模具准确地定位到每一个车间、每一台设备；生产所需的水、电、汽、油、路都要配套到每一个工位，这些头绪纷繁复杂，如同把几百上千个蚕茧放到一个槽子里同时抽丝，稍有不慎，就会乱成一团，下游的施工、安装、调试、生产都没法进行。中国是第一次自己建汽车厂，没有经验，一汽人采用最简单也是最直观的办法，他们在苏联专家组组长专家西加乔夫协助下制造出整个工厂模型，然后将设备在每个车间模型上反复摆放编号，创造性地提出了“一号表”“二号表”制度，各个车间根据填写“一号表”“二号表”的内容到仓库里领出自己的设备及相关的工、卡、模具，然后进行安装调试，整个生产准备的工作做到了忙而不乱，有条不紊。“一号表”“二号表”制度的实行，有效地控制了生产准备进展情况，保证了生产准备工作有序进行。

尽管建设者有着很高的政治热情，但一汽建设实际上是处在一边施工，一边集结建设力量的过程中，机构、制度尚不健全，建设者绝大多数都是刚刚放下锄头的农民，热情高、干劲大，但缺乏技术知识，不少管理者也从未有过这种大型工业建设的组织指挥经验，因此，建设过程中，暴露出不少问题。首先是基建工地。为了求快，施工人员在厂房基座浇筑时，混凝土的配比、钢筋在混凝土中摆放、捆扎等都未能按照要求来，现场的技术人员也不监督质量，苏联专家在质量检查时发现大量问题。在一个车间里，20 根承重的梁柱，就有 6 根共 14 处露出钢筋，浇筑完的表面全部都是密密麻麻的坑窝。热电站厂房承重的 40 根梁柱，浇筑完成后才发现，水泥与砂石骨料根本没有搅和，水泥在上面，沙石在下面，几十根梁柱全部报废。苏联专家发现问题后向他们指出，反而被施工人员认为是大惊小怪，多此一举，更有甚者，竟用沥青涂盖表面意图蒙混过关。施工人员对此的解释是“为了赶进度”。饶斌对发现的问题很震惊，他一面召开大会，痛斥这种不负责任的做法为“犯罪”，当场要求将已浇筑的不合格基柱推倒重来。

大型现代化汽车制造厂的建设极其复杂，从基础开挖到土建到电气管道铺设到设备进场安装、调试、生产，头绪众多，需要组织者具有大工业建设的知识以及科学的管理与协调交叉的智慧。如同一个庞大的乐队，只有通过乐队指挥，众多的乐器才能演奏出华美的乐章，反之则难以设想。在这方面，一汽建设也付出了代价。例如，在苏联专家制订的一汽建设进度安排表上，1954 年二季度开始机械安装工程。所有的机械设备全部由苏联订购，很多订购的设备并没能按时到货。但负责安装的方面并没有了解机械设备到货的情况，便根据原定的时间将建筑安装队伍大量集结进场，数千人的机械安装队伍进场后才发现土建任务尚未完成，订购的机械设备也未能按时到货，数千人的机械安装人员闲置无事，也使本来就紧张的住宿和生活后勤供应又增添了新的困难。

有的部门对自己本部门工作内容不了解，领导凭拍脑袋决定，结果出现很多不应有的错误。如热电站计划购买 7000 吨石灰，结果事后才发现只需要 19.5 吨，后勤供应部门制订计划要购买 120 吨工业用盐，使用时才发现只需要 25 吨。1953 年购进的 2600 吨工业用煤，一直堆放在露天日晒雨淋，直到 1955 年也没有动用。一些职能处室向总厂提出需要购买大量的仪器设备，结果多达 490 台套的设备是属于闲置无用的。更有粗心大意的“笑话”，一个部门提出要买 76 吨耐火黏土材料，但采购部门却将 76 看成 760，多采购了 684 吨。油漆车间需要油漆喷枪，采购人员竟将儿童玩具手枪购回。仓库管理人员不懂得设备进库分类，来了货就入库，到了需要出库时却因货物太多不知道在哪里。

由于不懂技术，不照章办事，建设工程中事故不断。1954 年 1 ~ 10 月，发生工伤事故 152 次，一个 320 人的运输装卸大队，绝大多数人没有工业装卸运输的常识，装卸运输中事故不断，仅 1955 年 1 ~ 7 月的半年时间，就造成人身伤亡事故 104 次，轻伤 118 人，重伤 3 人，占到全队 1/3，很多机械设备也受到损伤。

1956 年 1 ~ 3 季度，全厂发生人身事故 43 起，死亡 1 人，重伤 34 人；设备事故 114 起，其中大型事故 8 起，中型事故 106 起，共计停工 3229 台时。生产出的汽车质量不稳定，第三季度新车大修率高达 30%，零件废品率很高，10 月份发动机车间活塞环的废品率高达 46%，底盘车间的轴承套废品率竟达 71%。开工仅数月，全厂停机 3 小时以上的事故多达 563 台次，其中错误操作 259 台次，对设备维护保养不良造成事故的 171 台次。

大量的问题说明，提高人员的技术和文化素质，掌握科学管理和生产技术已是刻不容缓的重大问题。

一汽是新中国建设的第一座大型现代化企业，除了苏联专家和少数工程技术人员外，几乎绝大多数的干部工人都没有大型工业企业建设的经验和知识。当时刚刚解放不久，国家底子薄，技术人才极为缺乏，相当多的干部和工人，无论是管理上还是施工上，不懂技术，不具备常识，不遵循规律的现象大量存在，如果不在短期内迅速解决这一问题，一汽的建设将成问题，建设好后，能否正常运转生产合格的汽车也成问题。

在这方面没有任何捷径可走，唯一的办法就是强化学习，掌握科学技术，建立一套科学完整的管理制度。

饶斌是学医的，他明白，要当好医生，一定要掌握基本的医疗理论，要建设现代化的大型汽车制造企业，一定要懂得大型企业的管理和基本的机械工业和汽车常识，“白帽子（不懂技术）”生产不出汽车，即使生产出来了，也不可能是质量好的汽车。饶斌举一反三，号召全厂干部工人大力学习技术，坚决摘掉“白帽子”，建立规章制度，并严格执行。他严肃地提出，要想在一汽工作下去，就要认真学习，提高素质，掌握技术，坚决摘掉“白帽子”。

1954 年 3 月起，一汽全厂掀起学习高潮，根据安排，工人要完成业余文化学习和技术学习规划。在 6 个月内，厂级、处级和部分科级干部要组织学习《汽车构造》《金属材料》《汽车制造工业》《技术设计》《生产组织与管理》等方面的基本知识。学习完后还要接受考试，不合格的要“返工”。对文化低的人，除了学习技术外，还要补习文化。所有的干部早上 6 点钟起床，7 点钟上课，9 点钟下课后开始上班。晚上 7 点钟后开始上课，9 点钟下课，这才下班回家。每个星期天全体学员半天上课。厂里的大门口张贴着巨富的宣传画，画中的人面向每一位来上班的人发问道：“你今天学习了吗”，“学习、学习、再学习”，“用知识武装起来才有力量”，这类标语到处可见。不仅如此，连节日的灯谜内容都是与汽车技术有关的问题。

一汽举办了各种层次的业余文化学校、中等技术夜校、夜大学，机械部与教育部还在长春创办了长春汽车拖拉机学院，由饶斌担任院长。建工部也将一汽作为培训干部和人才的基地，建工部副部长周荣鑫带领一百多名干部来到长春蹲点，学习建筑结构装配技术和现场施工的组织管理。清华大学、同济大学、天津大学、哈尔滨工程大学纷纷组织教师到一汽工地讲课，学生到一汽工地实习。在一汽，到处都可以看到各类学习班、培训班、讲习班等，干部工人上班上工时，几乎人人手里都提着个书包。仅 1954 年一年，一汽举办全厂性的汽车专业班、企业管理班、生产管理讲习班、干部业务学习班、工具机修专业班、汽车产品图纸班、统计人员专业班等共 51 个，培训学员 2059 人。培训班的要求是：对照要求，联系实际，干啥学啥，学啥用啥。

除了自己组织学习外，苏联专家也出面帮助制定一套正规的业余文化学习和技术学习规划。几十名苏联专家根据自己所长，对中国的管理干部和技术工人进行各种短期培训。3 年建厂期间，苏联专家共举办各种培训班讲座 1800 多次，为一汽培养了 240 多名管理干部和技术骨干。

除了组织大家学外，饶斌自己也虚心地当小学生。饶斌不是学工的，对于现代汽车制造是门外汉，为了能够适应形势的需要，除了参加厂级干部学习班外，他还请了一些专家教授做他的老师，除了在课堂里学，他更多的是到建设工地、到生产车间现场学。为了解决厂房水泥浇筑质量问题，他硬是到现场和工人一起推着小车运水泥和砂石料，拿着铁锹和工人一起搅拌水泥，直到了解到水泥要搅拌到什么样才能浇筑，浇筑多长时间才能凝固，凝固后需要养护多长时间才能使用。在苏联斯大林汽车厂实习时，每天早上他和工人一起上班，一个工位一个工位地学习。一个工位的任务、职能、质量要求没有搞清楚，他就不离开，直到搞清楚为止。刻苦学习和努力实践，饶斌迅速适应了角色转换，成为中国汽车工业第一位既有理论知识又有实践能力的组织者和指挥者，成为名副其实的中国汽车工业的奠基人。

强化学习有效地提高了全厂干部工人的专业技术水平和文化水平，为一汽建设提供了保障。

除了中国人民的努力外，苏联政府和苏联专家在三年建成一汽的行动中起到了重要的保障作用。苏方先后向一汽派遣 180 多名教育、设计、机械、土建、冶金、动力、工艺、工具技术检验、设备维修、生产组织等各方面的专家，苏联首席专家西加乔夫、总训练专家布列托夫统筹全局，亲自参与到建设的每一个步骤，带领所有的苏联专家在现场手把手地教中方人员，传授技术和管理经验，指导施工安装和生产准备。生产调试阶段是工厂建设的关键阶段，需要有经验丰富的车间和岗位技术骨干在现场调试设备，针对中国技术骨干缺乏的现实，苏方将 50 名斯大林汽车厂生产岗位上的生产调整工程师、调整工长等技术骨干全部派往一汽，现场调试，现场指导。这些苏联专家除了直接参与建设、培训外，还主动发现问题，解决问题并向中方提出建议，从 1953 年 7 月到 1956 年 12 月，苏联专家就基建、安装、生产、质量、安全和节约等方面提出书面和口头建议 19903 条。这些建议对于保证建设进度与质量起到了重要的作用。

苏联专家组认为：中方非常缺乏现代化汽车制造厂从领导生产的管理者到每一个工位前的熟练操纵者。这样，一旦苏联专家离去后，工厂就会难以保持正常运作。斯大林汽车厂援建一汽负责人、厂长克雷罗夫及具体负责的副总工程师博依科多次向中方提出："中国第一次建设这么大的厂，为了保证投产后的生产和管理，现在就要考虑派实习生来我们这里跟班实习，否则掌握不了生产设备、生产工艺和各项管理。"

苏方提出了一个从生产到管理的各个部门、各道生产程序所需的完整的人员清单，以后考虑到实际需要，又增加了一些单独设置的工位如精密加工设备的操作岗位，这样，实习人数逐步增加。最终，落实了从厂长饶斌直到普通的调整工共 518 人的实习生队伍。国家对这批赴苏学习人员高度重视，虽然援朝战争还在继续，经济上还很紧张，但对这 500 多实习生仍旧安排了高规格的生活待遇。每个人每月生活费 700 卢布（按苏联当时的生活水平，400 卢布就很好了），每人都配备了皮大衣、呢大衣、毛料大衣、毛料西服等。

苏方对中国的实习生很重视，除了安排到车间跟着工程师和老工人学习外，还根据专业安排了专家一对一的讲课。讲课的时间为：工人 300 小时，管理干部 400 小时，技术人员 500 小时。为了充分利用这段宝贵的实习时间，厂里还要求所有的实习生和他们的老师们共同生活和工作，把讲授的技术知识和生产操作结合起来，进一步提高动手能力。

厂长饶斌是 1954 年初冬来到莫斯科实习的。苏方对饶斌的实习很重视，斯大林汽车厂厂长克雷罗夫亲自圈定他要实习的部门，全厂每个处室和生产岗位都包括了，他们的意图就是让饶斌把汽车生产的全过程都熟悉一遍。

饶斌极为勤奋好学，在莫斯科实习的日子，除了吃饭睡觉，他天天一个一个车间、一个一个生产工位仔细地看，边看边问边记，一点没有看清楚，他就守在工位旁边不走，直到弄明白为止。短暂的实习为饶斌了解汽车生产和管理打下了重要的基础。

短时间的强化学习，一汽人的综合素质有了明显的提高，各项规章制度也得以逐步建设和完善，投产的条件基本具备。

中国人的"解放"

通过中央"三年建成一汽"的号召和一汽建设者的忘我劳动，解放牌汽车犹如一个婴儿，渐渐发育成熟。一汽生产的汽车叫"解放"，这一名字是怎样来的呢？

1953 年下半年，一汽的生产准备正在紧锣密鼓地进行。按照协议，斯大林汽车厂开始为中国的新车准备各类模具了。按照国际通用的习惯，每一款汽车产品都有自己的名字，并要将其标在最醒目的地方，这就需要将新车的名字刻在模具上。但是中国的新车叫什么名字呢？斯大林汽车厂“援建中国‘一汽’办公室”的负责人找到正在苏联的一汽副厂长孟少农，提出了新车命名的问题，并要求中方尽快起好名字，不影响苏方的模具制作。孟少农立即将苏方的意见转告国内，饶斌立即组织一汽厂务会多次研究，同时也向一机部报告了关于新车命名的问题。一机部除了专门开会研究外，还搞了车名征集活动，但众说纷纭，一直未能定下来。

命名问题一直到了中央，一次政治局会议上，段君毅提到新车命名的问题。朱德说，我们的部队叫解放军，我们造的汽车也叫“解放”吧，到会的其他中央领导包括毛泽东都表示赞同，“解放”的名字就这样定了下来。段君毅将命名的情况通知了一汽。名字定下来了，但谁来为新车书写名字呢？经过反复讨论，决定就用毛泽东为《解放日报》题字的“解放”二字的手写体，由苏联莫斯科斯大林汽车厂放大后，刻写到汽车车头第一套模子上。由党和国家最高领导为新中国的第一种汽车命名，这是一汽人的殊荣，也是绝无仅有的。

1955 年是一汽建设的高峰时期，一些车间已经陆续建成，一些设备也陆续安装，生产前的调试工作也在紧锣密鼓地进行。土建、设备安装、生产准备三条战线同时作战，很多矛盾交叉出现，互相制约。从客观条件看，在工业基础极为薄弱、人才极为匮乏的条件下，三年建成一个年产 3 万辆的大型现代化汽车厂，确实是有点过急了。虽然中苏双方为一汽的建设竭尽全力，但到了 1955 年中旬，按照进度看，距中央要求的 3 年建成尚有距离，主要是一些关键设备和材料的订货未能按时交付，其中最棘手的是铸造车间、发动机车间、车身车间尚未完工。其中铸造车间难以按时完工，铸造车间不能完工，按时出车就无法实现。此外还有耐热钢等重要材料的订货难以解决，部分 1955 年交付的设备要推迟到 1956 年交付。经过对一汽现有能力推算，到 1956 年 7 月，一汽无法正式投产。经过与苏联外贸部及汽车工业部几次讨论，如果要等到铸造车间建成，中方自己生产铸件，无法按照中央要求的时间出车。经过与苏联专家商量，苏联专家提出“一个工部、一个工段够条件的就立即投入生产”，也就是成熟一个，投产一个，不成熟的暂时外购。

1956 年 5 月 5 日，饶斌和一汽党委书记赵明新联合署名向中央发出一份《第一汽车制造厂给中央的报告》，详细报告了一汽建设的进展和存在的问题。报告提出：

……

其中最突出的矛盾是：工厂内部的技术水平与管理水平远远不能适应现代化汽车制造工业的要求。再则是工厂外部的原材料供应、协作产品供应和汽车生产的矛盾。汽车是现代化生产，是大量流水作业，对所需的原材料和协作产品，在质量、技术上要求严格稳定，产品零部件需求数量大，品种多，要求货源稳定，这些都给我国冶金工业和其他配合汽车生产的企业带来新的课题。

……

请求国家解决以下几个问题：

迅速扩大货源……如以年产3万辆计，需要各种金属13万吨，目前国内只能解决28%，72%靠国外解决。但冷轧钢板、冷轧钢带等材料，靠国外解决也是困难的。我厂1956年国外订货8600辆份，至今才到3200辆份，目前有369种材料尚未到厂，国内订货也有105种材料未到厂，如不从国内外两方面解决问题，1957年初即有全厂停产的危险。

中央对这份报告高度重视，立即指示饶斌去苏联，向已在苏联谈判的国家计委主任李富春和一机部部长黄敬汇报，由他们直接与苏联有关部门商谈，争取尽快解决问题。1956年5月20日，饶斌与陈祖涛直飞莫斯科，李富春与黄敬对他们的汇报极为重视，立即与苏联贸易部联系，请他们协助解决中方的困难。考虑到中央三年建成一汽的时限是7月，如不能按时完成中央的要求会造成重大的政治影响，也将影响一汽在全国人民心目中的形象。饶斌提出，先向苏联李哈乔夫汽车厂借100辆份吉斯150的材料以及300辆份金属材料，200辆份轴瓦材料，保证1956年7月出车，中方几个车间的扫尾工作完成后就能接上。

苏方同意先满足中方的部分要求，不日即发货，但指出一汽所要求的940吨厚钢板苏方无法解决，苏联外贸部副部长表示，苏联的部分钢板也要进口，希望中方自己也派人到西德等资本主义国家去采购。经过请示，李富春，饶斌决定与陈祖涛一起先到民主德国去采购钢板、砂轮等急需物品。在民主德国解决了部分材料，但钢板仍未解决。他们从民主德国得知，联邦德国有中国需要的钢材。由于时间临近投产，加上此时国内即将召开党的“八大”，饶斌是“八大”代表，饶斌决定自己赶回国内，由陈祖涛到联邦德国去向资本主义国家采购钢板。陈祖涛回忆：

那时我还是个28岁的青年，参加工作也只有几年的时间，薄板事关一汽生产，这么大的事情就交给我一个人，而且还是在外国，我的肩头顿时感到千斤重担，这是我参加工作以来所没有过的，我当时唯一的依靠就是我国大使馆。我国驻东德大使曾涌泉非常热心地帮我找有关方面联系，对我的工作给了很多支持。

就在我为钢板在东德发愁的时候，突然出来了一个意外插曲，国内开“八大”，需要60辆高档的奔驰300轿车。当时外贸部驻东德的代表林海云找到我，他对我说：“祖涛，你是汽车厂的，你懂车，这件事情就由你来负责吧。”

通过东德方面，我们和西德奔驰公司取得联系，西德奔驰公司立刻就派人到东柏林来与我们见了面。听说我们要买60辆奔驰300轿车，奔驰公司的代表显得很吃惊，一次购买60辆，这在当时是一笔大买卖。和总部联系后他们告诉我，他们的库存没有这么多车，希望我们给他们几天时间，他们把世界各地的展览样车调回来满足我们的需求。他们说，这是奔驰第一次和中华人民共和国做生意，他们要讲信用，也希望今后和我们这样一个大国建立长期的商贸往来。奔驰公司的代表郑重地提出：“陈先生，我们邀请您到我们奔驰公司参观。”

我告诉他，我国和西德没有外交关系，我们没有办法过境。奔驰公司的代表称，没有问题，我们24小时内给你们办妥。果然，他们不到24小时就给我和外贸部的二位同志办妥了全部过境手续。我们这才明白，在西方，这些大公司有很强的话语权，政府就是这些公司的代言人，政府就要全力为企业服务，以换取企业对政府的支持。奔驰公司的总部在斯图加特，我们首先去参观奔驰公司的汽车博物馆。奔驰公司的汽车博物馆有一个规定，哪一个国家的贵宾来了，要悬挂这个国家的国旗。我们一走进展览大厅，就看到鲜艳的五星红旗，心里顿时一阵激动。当时我们国家和西德没有外交关系，我们两国是分属于两大敌对阵营的，悬挂中国的五星红旗表明他们对我们国家的尊重，也是对我们的尊重。

在西德，我向奔驰公司提出，可否通过他们帮助购买薄板的要求，他们非常爽快，立刻和生产薄板的工厂联系，薄板厂在莱因河边的拉希斯太因。这个厂设备先进，管理一流，薄板质量完全达到我方要求。他们满口答应："薄板不成问题，要多少给多少。"几万吨的薄板就这样解决了，我当时真是又惊又喜，让我和饶斌日夜发愁的事，就这样，不费吹灰之力就解决了。这件事也让我认识到了市场经济中，国外大公司对于商业信誉的重视和快捷的效率。因为质量好，这一批薄板用完了以后，我们又续订了几次，由于双方讲信用守合同，一汽和这个厂也建立了长期供货关系。

（陈祖涛口述欧阳敏著《我的汽车生涯》人民出版社）

从1953年起到1956年，短短的3年时间，原来荒凉的孟家屯出现了一座图画中才能看到的宏伟壮观的汽车城。工厂区占地150公顷，建筑物总面积38万平方米，安装设备7552台（套），电气网络18700米。厂区内宽阔的中央大道，道路两边绿树成荫，高大的厂房，成排成栋，整洁的住宅区里红花绿树，芳香宜人。整个一汽厂区如同美丽的花园。三年前栽下的果树，已生根发芽，就要结出醇香的果实。

1956年7月是中央三年建成一汽的最后时限。在此之前，一汽的各个车间里已经在热气腾腾地进行各项生产准备和设备调试了。3月26日，铸工车间炼出第一炉铁水；4月3日，底盘车间流水线开始试运行；5月8日，锻工车间的锻压机开始批量试生产；6月21日，发动机车间开始流水试生产；6月30日，409项协作配套产品中404项合格；7月2日，冲压车间的设备开始试生产；7月9日，解放牌汽车驾驶室试制成功。

7月13日，一汽总装车间人群涌动，人们如同过节般兴奋，总装线上，随着一个个零部件的组装，一辆解放牌汽车渐渐成型，上午10点钟，中国第一辆解放牌汽车缓缓驶下生产线，一汽副厂长孟少农登上汽车，点火发动马达，松开离合器，轻加油门，随着一声喇叭长鸣，崭新的解放牌汽车平稳启动。在场的干部群众掌声欢呼声响成一片，不少人手抚汽车，热泪涟涟，年轻的女工们将早已准备好的大红花扎在车头。这一刻是中国汽车工业分娩的日子，响亮的汽车喇叭声，是婴儿的第一声啼哭。

7月14日下午1时，12辆新下线的解放牌卡车披红挂彩，绕厂区一周后浩浩荡荡驶向长春市区向吉林省委省政府、长春市委市政府报捷。这一天，长春全市也披上节日盛装，道路两旁彩旗招展，锣鼓喧天，路上挤满热情的群众，大家争先恐后地一睹中国国产汽车的风姿。人们不断地向车队抛撒五彩的纸花，没有纸花的人竟然拿高粱、谷子、玉米向车上抛撒。在市政府门前，吉林省、长春市的全部领导在门口鼓掌祝贺，道路完全被热情的人群阻塞，一些人蜂拥着爬上汽车。车厢里挤满了，就站在车门边的踏板上，最后连车头的翼子板上、车前的保险杠上都坐满了人，在欢呼的人海里，在长春市热情的群众簇拥下，车队只能缓缓向前蠕动。

中国的汽车工业在中央领导的关怀下，在全国人民的关注下，开始了自己漫长的历程。

8月21日，第一批10辆解放牌汽车运到北京，在天安门广场向首都人民亮相，受到首都群众的热烈欢迎和赞扬。

9月22日，解放牌汽车开始作为国家重点物资正式出售。

10月14日，由国家建委副主任孔祥祯、吉林省省长栗又文、建工部副部长宋裕和、一机部副部长曹祥仁组成的国家验收委员会通过一汽建设验收。

10月15日，一汽举行隆重的开工典礼，宣布全厂开始投入生产，并将一辆编号000002号的解放牌汽车赠送给苏联人民。

截至1956年12月底，一汽共生产解放牌汽车1654辆，大大超过原定的计划。

1957年7月1日，为纪念中国建成现代化汽车厂，正式生产汽车的历史性时刻，邮电部发行了一套名为《我国自制汽车出厂纪念》纪念邮票，邮票共2枚，票面分别是一汽厂区全景和总装流水线。

1957年10月18日，在中国第二届出口商品交易会上，约旦商人比塔先生订购了3台解放牌汽车，自此，中国实现有史以来第一次向外出口整车。

中国的第一款解放牌汽车简历：型号，CA-10，空重3900公斤，90马力直立式6缸4冲程发动机（71kW），最大时速65公里，载重量4吨。

一汽建成后，苏联专家逐步撤回，一汽的生产管理全部由一汽人自己掌握。虽然一汽建成投产，但中国工业基础差，专业人才少，工人技术水平低的问题不可能短时间内解决，由此带来的质量问题始终困扰着一汽。特别是那个沸腾的1958年，由于只讲速度不讲质量，汽车废品损失率逐月上升。如制造活塞使用的铝合金由外购改为自配料生产材料，结果活塞内出现大量气泡，废品率大幅上升；制造进排气管使用大跃进时自己炼制的“土铁块”，由于焦炭质量差，浇注温度低，造成“土铁块”含硫量高，生产出的产品砂眼、裂纹显著增多，一个季度的废品超过1957年全年的废品；机加工质量粗糙，生产的零部件光洁度达不到要求、毛刺清除不干净更是普遍现象；对复杂的机床使用缺乏经验，机床调整不规范，造成批量产生废次产品。再加上对管理制度缺乏科学的认识，随意修改，有的形同虚设。据张茅著《饶斌传记》记载：一汽 1959 年 3 月份的质量检查报告，冲压车间发现问题 141 个，发动机车间发现问题 78 个，总装车间发现问题 82 个，底盘车间发现问题 72 个，协作件发现质量问题 56 个，大量的问题造成整车质量下降。1959 年一季度，汽车大修率上升到 22.3%，创一汽生产以来质量最差的记录。1959 年 3 月份生产 1000 辆军车，24 辆存在严重质量问题。由于产品质量问题给用户带来损失，一汽解放牌汽车质量受到广泛批评。投产不到 3 年，一汽带病设备高达 1609 台，占全厂设备的 30%，由于保管和使用不当，冲压车间焊缝机多次出现问题，严重的一次造成全厂停产达十多天。

其实问题并不光出在一汽，整个机械行业质量问题大量出现。1959 年 6 月，一机部部长赵尔陆专门发出《关于整顿生产秩序，提高产品质量问题给机械工业系统各级领导的一封信》：

机械产品是我国社会主义建设中重要的设备，产品质量不好，会给使用部门和整个国家带来很大的损失。不要把主观能动性估计得超过了客观可能性。需要着重研究一下整顿企业生产秩序问题，把各个环节组织成一个有机整体，才能制造出质量好成本低的产品。

生产技术上的规章制度是国内外长期生产实践积累的宝贵经验，它反映了生产技术活动的规律。如果随意破坏规律，则会造成生产上的紊乱。在整顿生产技术过程中，要抓紧图纸管理和新产品试制，试制要经过审查批准，鉴定试验未合格之前，一不登报，二不献礼。第二要抓工艺纪律，工艺管理规程不下放。新材料新工艺的使用，要经过试验肯定后才能纳入工艺规程。第三要严把产品质量。

……

不能不看到，在此之前，中国毕竟工业基础薄弱，以其社会环境和思想认识而言，虽然领导者和广大的建设者都有着强烈的建设热情，但综合素质的养成、科技水平的提高、规章制度的建设与完善非一日之功，无论是领导者还是建设者对于现代化工业建设、发明创造所需的科技意识和社会环境还远远没有本质的认识。政治挂帅、急功近利，运动频繁，使得一汽直到 20 世纪 60 年代中期才达到 3 万辆的设计产量，产品质量与其母本吉斯 150 和美国万国卡车仍有很大差距，这是当时的社会环境使然。

一汽建设成功后，结束了中国不能造汽车的历史，奔驰在城乡各地的解放牌汽车大大鼓舞了全国人民的士气，增强了民族自信心，也造就和培养了一大批汽车专业人才，一汽成了中国汽车工业的摇篮。但随着时间的推移，笼罩在解放牌汽车身上的光环逐渐消退，汽车自身存在的各种问题也逐步显现出来，如吨位小、油耗大、车速低、各项技术指标低，已经明显地落后于时代，人们称其为“老解放”，言语中包含无奈与悲凉。一汽从 1956 年投产到 1983 年改型为止，一共生产了 26 年。在这 26 年里，虽然在原来的基础上有一点小修改，但没有大的改动，汽车界称为“几十年一贯制”。

到了20世纪80年代，一汽的老解放已经明显地不适应市场的需求，国内同行对他们的压力也越来越大，比如二汽的发动机135马力，解放的发动机95马力，二汽的车载重5吨，解放的4吨，二汽的车能跑90公里时速，解放只能跑75公里时速，两相比较，经济效费比的差距非常明显。随着改革开放的深入，市场作用日益明显，一汽面临非改不可的，不改不行的局面。

一汽是国有企业，每年有给国家上缴利润的责任，一汽党委决定，既要保证正常生产以完成利润上缴，又要进行换型转产，一汽人称为“垂直转产”。

后人曾评价说，垂直转产的难度不亚于建设一个新厂，甚至比建设一个新厂还要难呢。建设新厂是在空地上搞建设，没有碍手碍脚的东西，而垂直转产则是在原来摆满设备的厂房里重新换上新设备来生产新产品，而同时原来的老设备还要保证老产品的正常生产和部分新产品零部件的生产，就是那么大的空间，就是那么多的时间，要把新的装进去，老的撤出来，新老交替，还要保证老产品正常生产，这还不难吗？

要实现垂直转产，4046个老零部件中，78.2%要重新进行设计、试制和试验；原有工装设备20324种，要重新安装24870种工装设备、1847台非标设备、168台组合机床；原有生产设备7800台，要重新安装调试11574台。这么大量的设备转移换位，除了新建少数车间外，其余全部在原来近38万平方米的车间里调整。工程本身还要涉及产品的验证和攻关、工艺试验与攻关、设备设计与制造、设备定货与到货、土建施工、设备搬迁、老生产线的改造和新生产线的建设、产品扩散、外协产品定点、技术引进、零件调试与小批量生产、改装车同步生产等14条战线，涉及一汽内部25个专业厂、17个后方单位、全国95个配套厂，以及美、英、日、德、苏等国外设备订购企业，这么多的内容和企业要全部按照规定的时间统一行动。同时还要在全厂不停产的情况下进行，也就是要在同一块面积上同时进行老产品的生产和技术改造，这是极为困难的。

一汽的换型改造引起了国际上大的汽车公司的关注，日本分别来了“丰田、日产、五十铃、日野”等几家公司，几十个专家在一汽考察了三四个月。考察结束后提出由他们承包一汽的换型转产，价格为25亿～27亿人民币，并提出只能停产换型。这是不可能的条件，且不说一汽没有20多亿，停产也是不能接受的。

一汽人决心以当年建设一汽的拼搏精神，自己动手实现垂直转产。

1986年7月15日，和当年一汽建成投产时一样，一汽厂区披红挂彩，锣鼓喧天，鞭炮齐鸣，全厂都沸腾了。全新的具有80年代水平的新“解放”CA141缓缓驶下自动装配线，许多老汽车人脸上流下激动的泪水。

新车型135马力，载重5吨，驾驶室，前后桥、转向等几大总成都做了较大改动，已经具备了国内同类车型的先进水平。这次转产被称为“一步跨越30年”，一汽从此开始了新的历程。1987年9月，新解放被评为国家一等品，在市场上逐步建立了良好的信誉。当年，一汽从建厂到达到3万辆生产能力花了9年时间，而这次换型转产，仅用了半年的时间就达到6.8万辆的设计能力，第二年年产量达到8万辆，超过设计能力30%。1987年7月15日，一汽换型工程顺利通过国家验收。时任国家经贸委副主任的朱镕基称：“一汽换型成功是个奇迹。”一机部的老部长周子健说：“通过换型改造，开发了一个具有先进水平的国家级新产品；通过换型改造，使工厂的制造技术、工艺装备有了显著的提高，一汽具备了一定的自我改造和自我发展的能力；通过换型改造，使一汽进入了产品系列开发的新阶段；通过换型改造，进一步提高了职工的综合素质，培养了大批人才；通过换型改造使一汽的综合管理水平有了大幅度的提高。”

换型转产展现了中国汽车人身上蕴藏的一种精神：敢想而讲科学，敢干而不蛮干。和一汽一样，国家有很多50年代建设的企业，经过几十年的岁月，它们为国家做了大量贡献，是让它光荣退休还是让它们改型换代，继续焕发青春？一汽人用实际行动做了回答。

一汽老办公楼前有一片青翠的松林，松林里矗立着一个高5米宽2.5米紫红色大理石的纪念碑，碑的左上方镶嵌着一枚做工精致重达一吨的铜奖章，奖章下面镌刻着时任国务院总理李鹏题词：“第一汽车制造厂产品换型工厂技术改造纪念”。纪念碑庄重地耸立在蓝天绿树之间，记录着中国汽车工业发展中那一段激动人心的历史。

经过几十年的建设和发展，一汽确实做到了出汽车、出人才、出经验。现在全国很多汽车厂的领导或是技术骨干，几乎都在一汽工作过、学习过、生活过，一汽是名副其实的新中国汽车工业的摇篮。让我们永远记住在一汽建设发展过程中的这些名字：江泽民、李岚清、饶斌、郭力、孟少农、陈祖涛、方劼、吕福源、刘守华、李刚、耿昭杰、徐元存、黄兆銮、李治国、韩玉麟、徐兴尧、范恒光、刘经传……

二、“红旗”飘飘

“坐上我们自己制造的小汽车了”

1958年5月21日下午，一辆崭新的小轿车驶进中南海，停在怀仁堂前的小花园旁边。此时恰逢中共八届二次全会在北京召开，不少代表围着车子观看。不一会儿，毛泽东与林伯渠来到轿车前，毛泽东满面笑容，在车子周围看了看，然后与林伯渠一起坐上车。轿车围着小花园转了两圈，毛泽东高兴地说：“坐上我们自己造的小汽车了”。此时距离毛泽东1956年4月在中央政治局会议上说：“什么时候能坐上我们自己生产的轿车开会就好了”的话刚刚过去2年。正是有了毛泽东的这句话，才促成了中国轿车工业迈出了第一步。

1956年的中国万象更新，百花齐放，社会主义建设在各条战线取得伟大的成就，由于苏联的帮助，中国开始建设自己的工业体系，钢铁、煤炭、电力、汽车、飞机、轮船、坦克等工业部门建设初见成效。1956年4月，中央政治局扩大会议在北京召开。面对满场代表，毛泽东红光满面，侃侃而谈。毛泽东的这次讲话，就是著名的《论十大关系》。他在讲话中谈到了即将投产的中国汽车，并发出了内心的希望：“什么时候能坐上我们自己生产的轿车开会就好了”。

官员用车与政治有关。作为政府官员，尤其是党和国家的主要领导人，乘坐本国生产的轿车，既是民族自尊心的需要，也是政治需要。绝大多数能生产轿车国家领导人基本上都是乘坐本国生产的轿车。早期的苏联，斯大林等苏共领导人全部都是乘坐苏联自己生产吉姆牌高级轿车。中国没有造车能力，解放之初，中国官员乘坐的轿车只有两个来源，一是缴获敌方，一是外购。1949年，毛泽东在开国大典上乘坐的轿车就是斯大林送给他的吉斯110防弹轿车。

说者无意，听者有心。按照中国当时的生产水平，生产轿车还不现实，毛泽东的话只是表明了一种希望。但参加会议的一机部部长黄敬却将毛泽东的话听进去了，作为汽车生产的主管机关，他要将毛泽东的希望变为现实。

1957年4月，黄敬到一汽来检查工作时与饶斌等人谈到了毛泽东的讲话，要求一汽要准备试制轿车和越野车。一个月后，1957年5月，一机部正式给一汽下达了生产小汽车的任务，并要求“越快越好”。这是中国第一个关于生产轿车的正式文件。这份文件第一次吹响了中国发展轿车的进军号。

根据今天的分类，卡车为商用车；轿车为乘用车。汽车发明之初，就是取代马车给人乘用的，所以在国外，轿车的研制生产一直走在卡车前面，轿车的生产规模也要远远大于卡车。但在中国，由于特殊的历史背景，中国只能先发展卡车。

一辆轿车由发动机、底盘、车身、电气设备等几部分组成，共有约2万多个零部件，这些零部件形状各异，由钢铁、橡胶、塑料、玻璃、电子等各种不同的材料制成，安装在汽车上组合成一个完美的系统工程，它们分工合作各司其职，保证汽车安全行驶。要使得这几万个零部件按照规范的要求相互配合，完好地工作，对机械、冶金、石化、纺织等基础行业都有着严格的要求，尤其是机械加工工业。人类最新发明的机器人、数控机床、自动生产线等高精尖设备都是在轿车的生产需求下应运而生的。轿车的发展历史说明，轿车生产能力是一个国家综合实力的反映，也是一个国家工业进步的动力来源之一。

卡车与轿车因为功用不同，在设计与生产上都有着很大的差别。卡车的功能是载货，要求坚固结实，马力大。轿车的功能是人乘坐，因此，人类对轿车的安全、舒适、美观有着更高的要求，较卡车而言，制造的难度也就更高。人们常用一种通俗的比喻，如果将卡车生产看成是小学水平，那么轿车生产就是大学水平。这中间相隔几个数量级。不谈这种比喻是否科学，但它说明轿车从设计到制造有着更大的难度，由于人类对"更好"的不断追求，使得轿车产品不断更新换代，可以毫不夸张地说，每一辆轿车都是当代高新技术的结晶。

一汽是按照卡车厂设计的，所有的机械和工装设备都是按照卡车生产配备的。从当时的设备与技术条件来说，一汽不具备生产轿车的条件。但毛泽东的希望就是动力，一机部下达的文件就是压力。虽然客观条件不具备，但将生产轿车作为重要的政治任务，一汽人还是想方设法迈开了轿车制造的第一步。

根据一机部的要求和一汽的现实，饶斌提出"仿造为主，适当改造"。仿造的工作由孟少农具体领导。

要仿造就得有对象，一汽从世界各汽车生产大国购回一批产品，有苏联的"胜利"、德国的"奔驰"、法国的"西姆卡"、英国的"福特赛飞"、日本的"丰田"等。朱德委员长在视察一汽时得知一汽要自己生产轿车，非常支持，立即将捷克斯洛伐克政府送给他的"斯柯达"高级轿车赠送给一汽作为样车。

经过对样车的测绘和研究，在比较分析的基础上，孟少农确定了产品设计方案，要求试制的轿车有"胜利"那样良好的通过性，奔驰和丰田那样的经济型，有奔驰和"西姆卡"的舒适性，像福特和"西姆卡"那样结构简单。把这些优点集中起来，发动机和底盘仿造奔驰 190，加大轮胎宽度，提高底盘与地面间隙，保证良好的通过性。加大后桥变速比，采用奔驰的 4 挡变速箱以提高爬坡能力。车身结构仿造法国"西姆卡"，外形和内饰件在"西姆卡"的基础上做一些改进。

孟少农绘制了"构想图"。根据孟少农绘制的构想图，轿车设计自重 1230 公斤，总重（乘坐 6 人及行李）1650 公斤。最高车速 128 公里 / 小时，经济车速 30 ～ 50 公里 / 小时，平均油耗不大于 9.5 公升 / 百公里。动力性低于奔驰但高于"胜利"和丰田；经济性接近奔驰和丰田优于"胜利"和"西姆卡"、福特；座位宽敞舒适，优于奔驰和"西姆卡"，成本低于奔驰接近"西姆卡"。

试制轿车设计方案出来了，产品号为 CA71，CA 为生产厂家一汽的代码，7 为轿车的编码，1 表示第一辆。但叫什么名字呢？一时间众说纷纭。黄敬提出，当时的国际国内形势是“东风压倒西风”，中国地处社会主义的东方，就定名为“东风”。

孟少农是留美的高材生，中国的汽车专家，他懂得轿车生产与卡车生产之间的巨大差距，虽然是仿制，但仍然要按照汽车生产的规矩，从最基础的绘图开始。

由于一汽毕竟没有生产过轿车，虽然有了对外国轿车的分析比较，也有了测绘图和试制图，在试制过程中改动不断，边制边试，边试边改。如试制过程中，有人提出中国的轿车要体现出中国的民族风格，要融进中国元素。这种意见在当时是很有市场的，但车的底盘、动力与中国风格无关，也没有能力动，最后只能在外形上下工夫。经过反复研究，最后将尾灯做成宫灯造型，车头上镶嵌一条昂首向上的小金龙做为车标，车门两边的装饰条上有毛泽东手书的“中国第一汽车厂”几个字，车身由中国人喜爱的具有大福大贵意味的紫红色为主色调，顶部则为爽目的银灰色，整个东风轿车的车身全部由手工敲制。

1958 年 5 月 10 日，第一辆东风轿车试制完成，欣喜的一汽人立即将这辆中国自己制造的第一部轿车送往北京，向毛泽东和党中央报喜。汽车先送到一机部，经过一机部审看。正在参加八届二次会议的饶斌向中办主任杨尚昆汇报，想请毛泽东以及其他中央领导检阅这辆车，谁知道这一下子引出一个插曲。

5 月 15 ~ 23 日，中共八届二次全会正在中南海召开，杨尚昆指示先将车放到中南海的一块草坪上供参会代表参观。第二天东风轿车开进中南海，杨尚昆立即来到车边仔细观看。杨尚昆看着看着发现问题，他问饶斌说：“车头一排外文是什么？”

饶斌解释，那不是外文，是东风的汉语拼音。杨尚昆指出，有多少人能认出这个拼音字母呢？明明是我们自己制造的轿车，弄不好，别人还以为是外国车呢。他要求立刻改过来。饶斌立刻与送车的同志商量，决定将镶嵌在车头上的拼音字母取下来再换“东风”两个字上去。工作量不大，但现在是在远离一汽的北京，要在一两天之内换下来很不方便。另外，“东风”两字用什么体呢？一时间大家非常紧张。经过多方奔走，最后决定，“东风”两字用毛泽东的手写体。他们了解到人民日报社有毛泽东“东风压倒西风”的题词，立刻赶到人民日报社，讲明原委。报社的同志很支持，立即将“东风”两字影印下来交给他们。他们在北京找到一家汽车修理厂，请钣金工人将两字用薄金属板雕刻下来后拿去镀金，再将金光闪闪的“东风”两字镶嵌在车头，紧赶慢赶，终于在一天之内全部完成。第二天，“东风”轿车再度来到中南海。这一次杨尚昆很满意，为了让与会代表都能看到一汽产的东风轿车，他让工作人员在每一位八届二次会议主席团成员的桌子上放一份一汽带来的东风轿车的资料和照片。这样，中央领导和代表们就可以知道东风轿车在中南海展出了。听说中国自己造的轿车来展出，大家都很兴奋，那几天，崭新的东风轿车周围总是围满了开会的代表。

5 月 16 日下午，朱德和彭真来到车边，饶斌拉开车门，请两位领导上车乘坐，并详细介绍了东风轿车的性能和试制情况。朱德笑眯眯地说："不错，不错，咱们一汽工人真不简单，说造轿车就把轿车造出来了。"他又指着车头的小金龙问："这个金龙是用什么材料做的？"饶斌说："铜做的。"朱德频频点头。

21日下午2点40分，毛泽东和林伯渠一起来到车边。毛泽东满面笑容，与守候在车边的5位职工一一握手，并问他们每个人的姓名和工作，然后，毛泽东和林伯渠围着车子仔细地端详。工作人员请毛泽东和林伯渠上车试乘一下，毛泽东操着浓重的湖南口音说："好啊，我们来坐一下。"他拉开车门，请林伯渠先上车，然后自己坐进去。司机钱海贵稳稳地启动，东风轿车围着中南海的小花园转了两圈。林伯渠问钱海贵："这个车能开多大速度？"

钱海贵回答："每小时128公里。"

毛泽东笑呵呵地说："这么快呀，我还没坐过这么高速的车呢。"

车停下来后，毛泽东意犹未尽地说："坐上我们自己制造的小汽车了。"

在中南海展出期间，代表们问的最多的话是，你们今年能生产多少？什么时候能批量生产？八大的代表绝大多数是全国各省市和中央各机关的领导同志，由于外购轿车数量有限，他们有很多还是乘坐战争年代缴获的美式吉普车，能乘坐自己的国产轿车，成为他们的心愿。

除了代表们外，还请了在京的苏联专家、有关大学的教授、工程技术人员和美术家来参观，请他们对东风轿车提意见。这些专家们以行家的眼光，提了很多建设性的意见。如整车布置合理，重量分配较好，油耗也不高。但总的感觉是外表粗糙，车身衔接部分的缝隙太大，门开关不灵活。他们提出，在批量生产前，一定要先进行可靠性道路试验。

首辆东风轿车在北京成功展出，给了一汽人极大的鼓励，5月16日，一汽开始布置小批量生产，首批100辆。但无论从厂内的零部件生产还是厂外协作产品的制造，都表示难以完成。一辆轿车需要数万个零部件，需要专用的场地、模具，所生产的各种零部件需要材料、设计、试制、开模，这些都需要高昂的费用和专门的技术人才，有些材料国内根本无法解决，如制造车身所需要的镀锌薄板，这些是一汽也包括很多协作企业所无法做到的。有些协作企业提出，只试制，不签订合同。批量生产遇到难以解决的困难。

东风轿车是中国轿车工业的第一个婴儿，在一无经验二无技术三无人才的情况下，凭着冲天的干劲，使用手工生产出来的，存在很多不足在所难免，但它的意义在于，中国人终于在自己动手制造轿车的路上迈开第一步。

乘东风展红旗

1955 年 7 月 8 日，李富春副总理在第一届全国人民代表大会第二次会议上所做的政府工作报告中指出：

我国在建设社会主义的过程中，在进行社会主义工业化和社会主义改造的时候，都应该按照我国当前的实际情况，采取切实可行的办法，逐步地实现。在工业建设中，必须根据资金和技术力量的可能，贯彻重点建设的方针来进行建设，那种不分轻重缓急，认为要建设就应该处处大规模和样样现代化，这种想法和做法，对实现社会主义工业化是有害的。建设一个现代化的重工业企业，一般都要有五年左右的时间，要进行一系列的繁重的工作，要有各个方面的配合。我们要建设起很多用现代技术装备起来的工业企业，才能达到工业化，哪能希望在一个短时期内，不费什么力气就建设成功呢？

报告对于汽车工业的要求是：

五年内建设并完工的第一汽车制造厂，在它发挥了生产能力以后，每年能够出产载重汽车三万辆，供应运输业的需要。设计能力比第一汽车制造厂大一倍的第二汽车制造厂，也将在第一个五年计划期间开始建设。这两个汽车制造厂将为我国建立汽车制造工业的基础。

遗憾的是，1958 年的政治与经济形势使得报告的内容未能实现，克服急躁情绪的意见也未能贯彻执行。

在大跃进的背景下，一机部汽车局拿出了中国汽车工业发展意见，这个意见相当于中国的第一部汽车产业政策。意见认为，中国是社会主义国家，在现有生产水平下，汽车生产的主要方向是解决生产和人民大众生活需要的交通工具。要多生产一些公共汽车，搞好公共交通，多开线路，做到四通八达。小轿车的使用对象主要是领导机关和对外接待，需要的是高级轿车而不是像东风轿车那样的中级轿车。

根据一机部的意见，一汽放弃量产东风轿车的计划，开始布置生产高级轿车。

1958 年 6 月 25 日，一汽团委书记王道义在传达团中央会议精神时，告诉了与会者一个消息，北京市要试制高级轿车，向国庆献礼。这个消息让参加会议的人坐不住了，一汽是中国新建的第一座现代化的汽车厂，生产轿车是一汽人当仁不让的责任，我们不能落在北京的后面。王道义向与会者提问："我们一汽能否在国庆节前试制出高级轿车？"

他的话如同一把火点燃了大家的情绪。当天晚上，一汽设计处处长陈全立即召集设计处的全体人员开会讨论王道义的建议，众人议论纷纷，但观点完全一致：一汽一定要把研制中国第一辆高级轿车的'第一'抢到手。这次会议上，制订了研制高级轿车的时间表：7月末底盘设计科交出底盘图；9月车身设计科试制出车身。

一汽党委采纳了设计处的意见，决定立即投入研制国产高级轿车，并向吉林省委作了汇报。吉林省的党政领导非常高兴，要求一汽尽快投入试制。时任吉林省委书记吴德根据当时中央“高举总路线、大跃进、人民公社三面红旗开展社会主义建设”的号召，建议新试制的高级轿车就叫“红旗”吧。这样，一个具有浓厚政治寓意的名字在中国汽车工业叫响，“红旗”至今仍在一汽飘扬。

从诞生的那一天起，红旗轿车身上就有着明显的政治商标。

高级轿车长什么样？高级在哪里？一汽设计处的人谁也没有见过外国的高级轿车，连高级轿车高级在哪里都不知道，该如何着手设计呢？和试制东风轿车一样，一汽决定先以外国高级轿车作为参照。但当时全国轿车少得可怜，高级轿车更是难得一见。陈全是个说干就干的人，召开完设计处会议后第二天，也就是6月26日上午，他就赶到吉林工大，向吉林工大说明来意，将吉林工大教学用的一辆美国克莱斯勒1955型“帝国”牌C69高级轿车借来，开进了试制车间。为了支持一汽试制高级轿车，一机部汽车局送来了一辆美国林肯牌高级轿车，周恩来把他的法国雷诺高级轿车也作为样车送来。时任国务院副总理兼外交部长陈毅的坐车是一辆德国奔驰600高级轿车，听说一汽要试制高级轿车，陈毅也将它送给了一汽。陈毅送轿车给一汽还有一个小故事。

一汽负责轿车试制的王振听说，北京有一辆全国唯一最高级的轿车也就是外交部长陈毅乘坐的奔驰600。他决定到北京去亲眼看一看这辆奔驰600，增加一些高级轿车的感性认识。王振带上几个技术人员赶到北京，经过一机部介绍见到了陈毅的那辆车，试乘后感觉确实很先进。听说一汽要试制高级轿车，陈毅的司机李师傅挺高兴。他说：“陈老总是外交部长，天天要和外国人打交道，他说了多次，他不愿坐外国车，可是中国没有国产轿车！你们要是早点造出高级轿车来，陈老总就可以早点换车。”

奔驰600的高级在哪里？只有将它分解开后才能了解到所以然。要是能将这辆车借回去看个究竟，对试制高级轿车会有很大的帮助。王振把这个想法告诉了一机部汽车局局长胡亮。胡亮说，我们来想想办法吧。他很快将这个消息传递给了周恩来。周恩来转告了陈毅，豪爽的陈毅立即高高兴兴地把这辆奔驰600送给了一汽。

经过对几辆高级轿车进行反复比对，一汽决定以克莱斯勒“帝国”C69作为主要参照对象。

1958年，全国都处在大跃进的热潮中，人们分外躁动，到处都在放卫星，作为中国唯一的汽车制造厂，一汽自然不甘人后。1958年7月，一汽下达试制任务书，要求1958年8月1日建军节前拿出第一辆车，仔细算下来，满打满算不到30天。紧接着，任务再度加码，要求8月15日前，再生产一辆红旗敞篷车，年底共生产5辆红旗高级轿车。

在如此短的时间里要试制出高级轿车，这在今天是无法想象的。但在人有多大胆、地有多高产的年代，一汽人在看似难以完成的任务面前大胆“革新”。他们将仿制对象轿车全部分解开来，数百个大小零部件总成逐一摆放，然后由全厂工人群众前来主动承接任务，谁能接下哪个零部件，谁就签下协定，协定的内容是：我保证在规定的时间内，保质保量地完成任务。他们将这种做法形象地称之为“赶庙会”。特殊时期，人的精神作用所产生的力量是不可低估的。通过“赶庙会”，需要仿制的所有的零部件被热情激荡的工人群众一抢而空。那段时间，全厂所有的车间处室都投入到红旗轿车的试制，当时的口号是：“乘东风展红旗，造出高级轿车去见毛主席。”

在一般人眼里，一辆轿车最抢眼的是车身，给人印象最深的也是车身。仿制轿车的主要问题是要有一个有中国人认可的，具有中国民族文化特色的车身。从轿车制造的工艺流程上说，车身也是轿车最重要的关键总成。它的尺寸要与底盘、发动机、轮胎等相匹配，为减少风阻，需要有良好的流线型外形，这些都需要精确的计算。在既无计算机，更无风洞的条件下，试制本身就难上难，一汽党委要求，一个星期拿出车身。按照今天的认识，一个星期连画草图的工夫都不够，当时也确实没有完整的工艺图纸，这真是难为人了。但一汽人艺高胆大，在与动力、底盘等结合部的基础数据定下来后，大胆设想，先做一个全尺寸的油泥模车身，这样可随时修改。党委书记赵明新、厂长饶斌、副厂长郭力、方劼等厂领导轮番来到模型组，和工人群众一起，日夜加班。

除了车身外，制造V 8顶置气门的发动机成为一大难题。V 8发动机的气缸体形状复杂，铸模、倒模、铸造、加工等工艺环节不能少，尤其是汽缸体的铸造成为难关。一汽集中全厂铸造高手参战。然而制造缸体毕竟不同于车身，V 8汽缸体的技术实在不是可以用简单的手段在短期内取得成功的，经过多轮突击后，绝大多数产品都不合格。时间不等人，无奈之下，最后百里挑一，选用极少数合格的铸件毛坯进行加工。最后终于将发动机这块硬骨头“啃”下来。但在成功的发动机旁，废品堆积如山。其实何止是车身和发动机，几乎每一个产品的背后都有一个不计成本“刻苦攻关”的故事。

除了一汽外，红旗轿车的试制还有大量的协作件，涉及全国11个城市和大量的工厂。一听说是为毛主席造红旗轿车，这些工厂也是将其作为压倒一切的政治任务，不计成本地干。长春市玻璃厂为红旗轿车制作玻璃仪表盘罩，上海昌明钟表厂为红旗制造高级电钟，上海延安电器厂为红旗制作电器，沈阳床垫厂为红旗制造坐垫，南京电瓷厂为红旗制造火花塞，哈尔滨轴承厂为红旗制造特种轴承，哈尔滨仪表厂为红旗制造仪表……

最后的难点又回到车身。油泥模车身完成后就要制作正式的车身。按照常规，正式的车身需要模具来压制，所以需要先制作模具，薄板在压制过程中需要分多次才能成型，所以需要多套模具，以轿车生产的投入而言，制造模具（俗称“开模”）是轿车制造中投入最大的项目之一。制造车身模具的首要条件是充足的资金，而且需要较长的时间，但这些对一汽人而言，都是难以实现的，一汽人决定采用最原始的办法：用榔头将车身敲出来。车身制作的工序称为“钣金”，用榔头敲出车身的需要七八级以上的高级钣金工。一汽全厂也没有这么多高级钣金工。在当时，造红旗已经成为压倒一切的政治任务，它不光是一汽的事，也是全国的事。上海是中国资格最老的工业城市，那里藏龙卧虎，有着大量的能工巧匠。一汽与上海联系，请到了十几名高级钣金工。上海师傅陈福贵长期修理外国轿车，有着丰富的经验。在没有样图的情况下，他带着两名徒弟，自己在地上放样，硬是用手工敲出全部钣金件。在陈福贵的带领下，这些上海师傅日夜连班倒，车间里整日响着疾风暴雨似的榔头声，他们全凭手摸榔头敲，硬是在规定的时间内用手工把红旗车身敲出来了。

经过一汽人和全国有关厂家共同努力，整整33天，1958年8月1日，中国的第一辆红旗高级轿车诞生了。

新红旗外观庄重大方，车内宽敞舒适，内外装饰充分体现了中国民族风格，扇面形状的水箱格栅，宫灯形的尾灯，仪表盘采用福建大漆“赤宝砂”（这是一种工艺复杂、但视觉效果极佳的传统工艺漆），座椅及门护板面料采用杭州云纹织锦，显得富丽华贵。

第一辆红旗试制成功后，一汽立刻投入第二辆红旗，也就是红旗敞篷检阅车的试制。

9月19日，时任中央总书记的邓小平和李富春、杨尚昆、蔡畅等前来一汽视察，在试制的红旗车旁，听取了饶斌的现场汇报。邓小平问饶斌：“红旗比伏尔加怎么样？”

饶斌回答：“比伏尔加高级。”

邓小平又问：“比吉姆呢？”

饶斌答：“比吉姆高级。”

邓小平兴奋地说：“喔，比吉姆还高级，那你们可以多生产，油不够就烧酒精，反正做酒精的红薯干有的是，只要不烧茅台就行。”

同样是一个多月，1958年9月26日，红旗敞篷检阅车试制成功，经过调试后，9月28日当夜运往北京，向建国9周年献礼。遗憾的是，由于试制时间短，又没有经过全面检测，这2辆红旗牌CA72高级轿车在北京期间毛病不断，质量问题多达537个，最终未能参加国庆阅兵。

虽然没有参加国庆9周年的游行，但一汽在短短的两个多月时间里试制出两辆红旗轿车，给了一机部极大的信心，也给了中央极大的信心。1959年1月7日，中央书记处给一汽发来指示，要求一汽在1959年要“确保红旗轿车生产”。1月21日，一汽党委决定，竭尽全力确保中央书记处下达的红旗高级轿车生产任务，决定立即将原东风轿车的工艺装备设计和制造全部停下来，全力以赴保红旗轿车的生产，并派副厂长王少林出国考察轿车车身制造问题。

1958年试制的红旗，所有部件全部是手工完成，批量生产就不能再采取这个办法了。为确保红旗批量生产，除部分产品借用卡车的生产设备外，需要新建专门的厂房和工装设备。经过计算，需要新工艺装备6222套，新增发动机车间、冲压车间以及部分附件的专用车间，共需新增基建面积17500平方米，外协件共12种733项，分布全国11个城市60多个工厂。

批量生产红旗，关键在车身，车身的关键是冲模。一汽提出，要在两三个月内完成百余套大型冲模，千余套中小冲模。要做冲模首先要设计、要绘图。几千套冲模仅图纸就得上万份，两三个月内完成上万份图纸，相当于每天要出200多份图纸，在当时的条件下，这个任务几乎不可能完成。

关键时刻，见出饶斌的生产组织能力。他将全厂工具、发动机、冲压等车间以及部分职能处室的全部工程技术人员共50人以及高级技工40人外带10名领导干部组成“冲模设计联合突击队”，再将这些人分别组成13个突击小组，每组工人3～4人，工艺员2～3人，设计师1～2人。采取“四包”“三边”“五比”的做法，即：包设计、包生产准备、包制造、包合格产品。边设计、边做生产准备、边制造。比思想、比干劲、比速度、比质量、比协作。一汽到处悬挂着“时间就是红旗”的口号。经过全厂共同努力，1959年2月15日，红旗轿车冲模设计的全部图纸完成并送到生产车间。

不久，王少林外出考察车身归来，他们到苏联、捷克共考察了吉尔111、莫斯科人、海鸥、伏尔加、太脱拉603、斯柯达440等轿车车身制造情况。除了伏尔加和斯柯达440是日产100辆的批量生产外，其余的几乎都是小批量的手工生产。苏联方面告诉他，小批量生产如果采用机械化流水形式，经济上极为不合算，如果生产批量不大，完全可以采用手工生产。手工小批量生产对改型也有很大的方便，但手工小批量生产一定要注意模具的质量。根据王少林介绍的情况，一汽党委决定由王少林负责红旗轿车生产。

1959年国庆是中华人民共和国成立10周年大庆，北京要举行隆重的阅兵典礼和群众游行庆祝活动。中国自己制造的红旗敞篷轿车将作为阅兵指挥车第一次正式向全国人民和世界人民亮相。对一汽来说，这既是荣耀，更是压力。与世界上其他高级轿车相比，红旗的生产条件显然不如它们，那么，质量是否可靠呢？要是在检阅途中因质量问题而抛锚，那可就是谁也担待不起的重大政治问题。从这个意义上讲，保证红旗轿车的质量问题，成了重大的政治问题，必须要做到慎之又慎，稳妥可靠，万无一失。

为了保证质量，一汽党委召开全厂会议，号召人人都来保质量找问题。在一汽团委的建议下，王少林成立了“红旗质量监督总岗”，各个车间成立“分岗”，让每一个人都来监督红旗轿车生产中的每一个细节。同时，按照新车试验规范，对新红旗进行全面质量检测。8月，3辆新装配的红旗开始进行台架和专项道路试验，9月1日，2辆新红旗在沈阳、大连、丹东三角地带进行25000公里的可靠性试验。平均日行驶里程达到400公里，最高达到1000公里。从出发时的夏天到冬天，气温从零上28度到零下30度，红旗经历了雨雪冰霜等各种严酷天气的考验，到12月9日共100天，两辆红旗轿车顺利完成25000公里的可靠性试验。

经过一系列的保障措施，新的红旗轿车陆续下线。按照一机部的要求，从下线的红旗轿车中挑选30辆（其中2辆敞篷检阅车）送往北京，两辆敞篷轿车作为国庆10周年阅兵检阅车，其余28辆配给中央领导使用。为保证车辆完好，一汽副厂长范恒光、陈子良带领30名技工组成特别保障队进京跟车服务。

国庆节前的北京张灯结彩，喜气洋洋。从9月中旬起，新红旗分批次陆续来到北京，一机部汽车局的领导像迎接新娘一样迎接每一批到京的红旗。每批车辆到了后，他们都要逐辆检查，并让其试行一段距离。为了保证车辆以最好的状态交接，首都汽车公司让出了自己最好的车库和维修场地。20多名司机开着它们轮番在京城各条大街上奔跑调试，东西长安街、八达岭、十三陵、香山和卢沟桥等地都留下了第一批国产红旗的身影。中国人自己造的红旗高级轿车批量到达北京成为北京市的一大新闻。

虽然经过严格的质量检查，但由于基础条件太差，很多零部件的精度难以保证，第一批量产的红旗质量问题仍旧不断。维修队的全体技术人员几乎整天24小时不间断地维修，但试乘人员还是指出车辆存在这样那样的问题。看着故障频发的红旗，范恒光、陈子良等人心中极为不安，这样的状况能顺利交接吗？他们找到正在北京开会的饶斌，向他报告送到北京的红旗的现状，要求增加技术维修人员。

作为一汽的厂长，饶斌当然了解红旗的现状，但现在在北京的30辆红旗已经万众瞩目，况且中央办公厅已经通知他，9月29日，就要将这些红旗分配给中央领导乘坐，10月1日，红旗敞篷检阅车要作为阅兵总指挥的检阅车，因此一定要做到万无一失。饶斌要求维修队的全体人员不怕疲劳，加紧维修调试，对个别问题较大，短时间无法修复的可以暂时不交车，等国庆节后再从一汽调新车来补交。同时与时任北京市副市长的万里联系，请求支援维修人员。万里很理解饶斌此时的心情，他说："中国的基础差，自己能够生产这样的高级轿车已经很不简单了，存在问题不要紧，加紧维修嘛。人手不够，我从北京给你们调。"

9月27日深夜了，北京市政府车务科的几位负责人奉命来到首都汽车公司停车场，他们除了带来了一批经验丰富的技术维修人员外，还给即将交付的每一辆车带来了崭新的牌照。他们说："为国产红旗轿车开绿灯，放行。"他们的行动表明了首都人民对红旗车的高度信任，这给忐忑不安的一汽维修队巨大的鼓励。又经过一天多的努力，这一批30辆红旗的绝大部分基本保持正常的运行状态。

9月29日下午，庄严雄伟的大会堂内正在举行建国10周年国庆招待会。和以往一样，大会堂外停满了参加会议的中央领导和各国贵宾的车辆。但与以往不同的是，大会堂东门外广场专门开辟了一块地方，集中停放了20辆崭新的红旗轿车。在秋日艳阳的照耀下，20辆红旗轿车犹如20颗巨大的钻石，璀璨夺目，熠熠生辉。20辆一模一样的红旗组成一个巨大的方阵，与周围各色国外轿车相比，格外醒目。

5时左右，国庆招待会结束。事先已经安排好的中央首长的秘书们兴冲冲地来到停放的红旗边，看到崭新气派的红旗，一个个喜不自禁，车内车外又看又摸。那时轿车交接没有多余的手续，秘书们选定后，打个收条就把车开走了。第一批乘坐红旗的领导是：彭真、李富春、李先念、贺龙、聂荣臻、叶剑英、薄一波、习仲勋、杨尚昆、李维汉、林枫、吕正操、杨勇、章汉夫等。

10月1日，北京晴空万里，红日高照。毛泽东、朱德、刘少奇、周恩来等全体中央领导与应邀参加庆祝活动的外国贵宾齐聚在天安门城楼上。正对城楼的天安门广场上五星红旗高高飘扬，广场上聚集了数万兴奋的群众，鲜艳的花朵、迎风飘扬的彩旗、欢快的音乐，使得这里成为欢乐的海洋。宽阔的长安街上，雄师列阵，旌旗猎猎。上午10时整，隆隆的礼炮响起，时任国务院副总理兼国防部长林彪在阅兵总指挥杨勇陪同下，乘坐一汽的红旗检阅车检阅了受阅部队。建国10周年阅兵是新中国第一次全部以国产装备接受检阅，国产最新式的歼5飞机、59式坦克、105毫米榴弹炮、自行火炮、双三七高炮等方阵如铁流滚滚，隆隆驶过天安门城楼前，其中就有一汽生产的CA30解放新型越野军车和CA72红旗高级轿车。

这是一汽的红旗第一次向全国人民亮相，从此，全中国人民都知道了中国有了自己生产的红旗高级轿车。红旗这个名字也由此开始在神州大地回响，红旗也在每一个炎黄子孙的心中飘扬。自这一次开始，以后历年的阅兵检阅车都是由红旗承担。从此，红旗和民族汽车工业的兴衰系在一起了。很多人给机械工业部、给国务院甚至给中央写信，要求公开展示红旗轿车，让更多的中国人能近距离地观看中国自己生产的红旗轿车。为了满足群众的要求，1959年12月上旬，一机部专门与一汽和北京汽车厂联系，调来8辆红旗和2辆北京牌轿车停放在天安门广场，让首都群众前来参观。12月的北京天寒地冻，但这并没有挡住群众参观红旗轿车的热情，数千名群众在广场上排成长队来参观，北京日报上也刊发了群众参观的照片和文章。

从“小红旗”到“大红旗”

红旗轿车的问世，政治影响大于实际意义，因为当时全国人民并不知道造轿车的难度，不知道红旗轿车是怎样造出来的，所以普遍对红旗轿车寄予很高的期望，特别是CA72双排座红旗轿车在建国10周年亮相后，各方面的要求随之而来。国务院机关事务管理局要求为部以上领导配车，外交部要求为礼宾司和驻外使领馆配车，国际贸易促进会要求首先满足他们出国展览的需要等。在平衡各方面的要求后，1960年，一机部给一汽下达了生产2000辆CA72红旗轿车的任务。以后又以密件形式通知一汽，根据薄一波副总理的指示，在建党40周年前要生产出300辆供节日期间接待外宾用。

一汽当时是利用生产解放牌卡车的阵地，小批量地试生产红旗轿车。现在需要如此大的批量，靠卡车阵地生产的零部件在质量和数量上均不能满足要求。一汽党委决定为红旗轿车生产开辟专门的阵地。从1961年到1964年，一汽花了3年多的时间将原来分散在卡车发动机、底盘、车身、附件等车间的1268种零部件和机电分厂生产的液压变速箱全部集中到轿车车间，相应的生产人员和专业技术人员也全部集中到轿车车间。此时的轿车车间已经能够利用其他车间提供的铸锻件，独立地生产发动机、变速箱、底盘、车身和车架等轿车的主要总成，一汽初步具备试制和小批量生产红旗轿车的能力。

1964年6月，一汽将轿车车间正式命名为轿车分厂。1973年，为了适应需求增加，提高产品质量，一机部下令一汽扩建轿车厂，要保证年产300辆的能力。1973年，轿车厂扩建工程开始动工，1975年9月，扩建工程完工，一汽红旗轿车的生产能力基本达到年产300辆。

20世纪60年代初，国家负责接待外国元首的国宾车队装备的主要是苏联产的吉斯和吉姆高级轿车。随着中苏关系的恶化，无论从政治上还是民族感情上，用国产轿车取代苏联轿车已是大势所趋。1962年6月，周总理来一汽视察工作时乘坐了改进后的CA72红旗轿车，他对造型美观、舒适大方的红旗很满意。1962年12月，锡兰总理班达拉奈克夫人访华，周恩来突然想到了自己在一汽乘坐过的红旗轿车，他认为，这是在外国友人面前展示国产轿车的很好机会，于是立即要求一汽将他视察时曾乘坐过的那辆红旗轿车送到北京来接待锡兰总理。将红旗作为接待外国元首的专车，这对红旗对一汽都是崇高的荣誉。一汽立即将那辆红旗车仔细保养、装饰一新后送到了北京中南海。细心的周恩来仔细查看并再次乘坐了这辆红旗，并与自己乘坐的吉斯115对比，他说："红旗车就是敞亮吗！明天就用这辆车接锡兰总理。"

1962年12月31日，锡兰总理班达拉奈克夫人先是乘坐这辆红旗车从机场到市内，然后又换乘红旗检阅车接受几十万群众的夹道欢迎。在周恩来的精心安排下，红旗轿车第一次承担接待外宾的礼仪活动。

通过这次接待工作，有关部门提出，国宾接待车队换装红旗，10月1日建国15周年时，正式承担外宾接送任务。一汽也将40辆崭新的红旗送到了北京。但也有人对红旗的性能和质量心存疑虑，于是，中央有关部门决定，通过道路对比试验择优而定。1964年9月下旬的一个清晨，40辆崭新的红旗CA72型双排座轿车和40辆苏联吉斯、吉姆轿车分成两队，由首都汽车公司国宾车队司机驾驶，从首都机场出发，经天安门驶向钓鱼台国宾馆。按试验要求，从机场至建国门路段以正常速度行驶，天安门至钓鱼台路段限速5～10公里/时。结果，40辆红旗全部顺利驶抵终点，一辆吉斯因水箱问题抛了锚。

从此，红旗被国家正式指定为国宾车队的礼宾车，代表国家形象参与重大国事和礼仪活动。

20 世纪 60 ~ 70 年代，红旗轿车曾出口缅甸、朝鲜、东欧等国家，并被作为国礼赠送给金日成、胡志明、西哈努克等外国元首。据说当时外国政要访华所期盼的最高礼遇有三项："见毛泽东、住钓鱼台、坐红旗车。"日本首相田中角荣、印尼总统苏加诺、苏联部长会议主席柯西金、英国首相希思、巴基斯坦总统布托等来华访问，乘坐的都是红旗轿车。德国总理科尔身材高大，访华前，他特意点名一定要乘坐中国的红旗轿车，走下飞机舷梯，科尔如愿以偿地乘坐上了 CA772 防弹型红旗轿车，尽管他身材高大，但他仍觉得非常满意。1972 年美国总统尼克松访华，美方提出，按美国惯例，总统出访要乘坐由专机运送的总统保险专车。周恩来坚决地表示，"中国有最高级的红旗轿车，可以接待最高级的客人。"尼克松率领的美国代表团人数多达 500 人，到达首都机场时，周恩来亲自到机场迎接，并把自己的"6 号"红旗车给尼克松使用，尼克松夫人乘另外一辆 CA772。访问结束后，尼克松对中国的红旗轿车连声称赞。

在某种意义上，红旗轿车成了中国进步发展的政治标识。

使用多了，意见也逐渐出来，除了要求提高质量以外，主要是嫌 CA72 红旗小了，特别是作为国家的外宾接待车，有时需要翻译和警卫同时乘车，两排座的红旗便无法满足需要，舒适性也较差。根据各方意见，一汽决定重新设计新型的三排座红旗轿车。主要是拉长车身，在前后排中间增设一个中间墙，并装有自动升降隔音玻璃。中间座为活动座椅，后排座可以自动前移，靠背放下可以半卧休息。增加了一排座位，也便于在接待外宾时安排翻译和保卫人员。发动机提高到 150 千瓦（210 马力），最高车速达到 185 公里，采用液压变速箱，气液双制动系统。新车定名为 CA770 红旗高级轿车。

1965 年 9 月 12 日，第一辆 CA770 红旗三排座高级轿车问世，1964 年 9 月 19 日，新车送进中南海后，时任中央办公厅主任杨尚昆立即安排人试车，并找来毛泽东、周恩来的专车司机评车。试驾后，他们都对新的三排座红旗赞不绝口。时任中央书记处书记兼任北京市委书记的彭真乘坐了 CA770 后说："这个世界上还有皇帝、总统，我们还要和他们打交道，用这个车接送他们就够规格了。"

1966 年，一汽首批生产的 20 辆三排座红旗高级轿车进京，正式给中央领导换车。朱德、邓小平、陈毅、贺龙、李先念等领导都换上了新的三排座红旗。他们对新车很满意，认为乘坐自己生产的轿车与外国的领导人在一起，特别长志气。

由于红旗全靠手工生产，产量太低，供不应求，所以，当时配车的标准是"四副一高"即：副主席、副总理、副委员长、政协副主席和最高法院院长以上人员。以后车出多了，又扩大到了国家各部委的正职和各省（市）领导，以及驻外使馆等。

CA770 投入生产后，使用单位反映车身过重、发动机油耗较大等缺点，一汽开始考虑改进 CA770。此时已是"文革"时期，一汽轿车分厂的设计科被撤销，全部设计人员下放到车间劳动。总装车间的部分工人自行将 CA770 的产品结构进行改变，取消了中隔墙，减小前悬以及后行李箱的尺寸，车轮箍改用小型装饰面罩，经过改进后的红旗车身全长比CA770减少400毫米，车的整体重量减轻，油耗也相对减少，这型车被命名为红旗CA773。

1968年12月，红旗CA773诞生，1969年开始投入批量生产。由于CA773比CA770要稍短一点，于是人们将CA770称为“大红旗”，CA773称为“小红旗”。从1969年到1976年，CA773累计生产291辆。

在换乘红旗以前，中央领导的坐车全部都是购自苏联的吉斯110和吉斯115（防弹）高级轿车。吉斯110和吉斯115也是脱胎于美国。1936年，斯大林汽车厂以美国豪华轿车帕克德（Packard）为蓝本，仿制出供政府公务专用的8缸高级轿车吉斯101。按照斯大林的命令，首批吉斯101配备给了当时苏共中央主席团全体成员和苏军5位元帅乘用。1945年6月底，斯大林汽车厂在吉斯101基础上改进生产出吉斯110型豪华轿车。吉斯110装有8缸6L发动机，车速每小时135公里。斯大林对吉斯110的性能很满意，下令将该车作为苏共中央主席团委员的专用座车。以后，中国领导的坐车也全部采用苏联生产的吉斯110。鉴于中国自己已经能够生产三排座的红旗高级轿车以及中苏关系的现状，彭真决定，用新生产的红旗三排座桥车逐步取代苏联的吉斯车。但又出现了另一个问题，毛泽东等少部分中央主要领导乘坐的吉斯115是防弹车。

吉斯115是斯大林汽车厂在吉斯110基础上制造的防弹车，吉斯115整个车身安装了8毫米厚的装甲和70毫米厚的防弹玻璃，能有效阻挡子弹及弹片。车身底部也安装了厚厚的防弹装甲，能经受步兵地雷的爆炸冲击。车厢内还有一道可升降的中隔玻璃，能与前面驾驶舱隔开，既防弹又保密，整个轿车自重达到7.5吨堪称轻型装甲车。

1949年，这款车刚刚研制成功，毛泽东访苏时，斯大林将刚刚生产出的吉斯115送给毛泽东。从此，这辆吉斯115就一直伴随着毛泽东出行。1951年，苏联政府又将5辆吉斯115防弹高级轿车送给中国领导人使用。红旗轿车取代吉斯以后，中央警卫局提出，新的红旗三排座高级轿车没有防弹型，领导人的安全得不到保障，为此，中央警卫局给彭真打了一份报告，要求制造一批防弹的红旗高级轿车给首长使用。1966年1月5日，彭真批示“拟同意”，第二天，邓小平和周恩来都圈阅同意。由此又推动一汽研制新的红旗防弹高级轿车。

红旗防弹轿车编号为CA772，由于新车事关中央主要领导的安全，中央高度重视，专门成立“CA772领导小组”，组长为中南海警卫局局长毛维忠，副组长为一机部副部长郭力，后改为周子健。领导小组成员有：一机部、五机部、化工部、建材部、一汽，一汽轿车厂副厂长李中康担任CA772总设计师。在那个特殊的年代，这是一项重大的政治使命，整个研制工作都是在极其保密的状态下封闭进行的，领导小组并从全国抽调了一批防弹装甲专家组织攻关。为保证秘密不泄露，参加试制的人员一律要经过严格的政治审查，试制过程中，连零件加工的铁屑都要及时回收处理。

CA772 整体造型与 CA770 相同。整车重 4930 公斤，装配 250 马力发动机，后觉得动力不足，又改装 V8 发动机，马力增加至 300 匹，最高时速 130 公里，防弹装甲 4 ~ 6 毫米，防弹玻璃厚 65 毫米，采用可以自动补漏的轮胎，轮胎被子弹击穿后可继续行使 100 公里。该车被誉为世界上保险系数最高的轿车。

1969 年 4 月 10 日，第一辆红旗 CA772 研制成功送往中南海。该车首先交由林彪试用。以后又制造出了几辆 CA772，林彪又换了一辆“4 号”CA772。1972 年“9·13”事件中，林彪由北戴河驻地到山海关机场乘坐的就是这辆“4 号”CA772。在与警卫部队的交火中，枪弹仅在车窗玻璃上留下了浅浅的弹痕，足见其防弹功效。以后“4 号”车改为“0 号”车，交给时任中央副主席王洪文使用，“四人帮”垮台后，这个“4 号”车就没有人坐了，最后被送给西安市政府做外事接待用车。

周恩来配备的是 5 号车，1972 年又换了改进型的 6 号车，1972 年，毛泽东的专车才由吉斯 115 换成了红旗 CA772，车号为 7 号。由于他年纪大，腿脚不方便，为方便他上下车，又给他的车特别装备了电控升降的脚踏台阶，毛泽东是中国最高领导人中最后坐上红旗轿车的。从当年提出：“什么时候能座上我们自己造的小汽车？”到在中央领导中最后一位坐上中国自己生产的最高级的轿车，这个过程给人太多感慨。

从 1969 年到 1983 年，一汽共生产了 12 辆 CA772 三排座特种保险车，这 12 辆车成为红旗轿车系列中最辉煌的一个品种。

高高飘扬的红旗

红旗轿车为一汽也为中国赢得了巨大的声誉，在每年两度的广州出口商品交易会上，红旗轿车总是被陈列在最醒目的位置，成为中国工业的骄傲。有这样一个故事：一位双目失明的老华侨从海外回国参加广交会，听说展览会上有一辆中国产的红旗高级轿车，他立刻要求去参观，双目失明的老人坐着轮椅让家人推着来到展览会，来到红旗轿车前，老人用手一遍遍抚摩轿车前面的红旗车标，忍不住老泪纵横。老人对身边的人说，中国能够生产高级轿车，这是我们每个海外华人的骄傲。

红旗轿车也是中国驻外大使最醒目的标志之一，每逢红旗轿车停在街上，总是有些外国车迷围观。他们无论如何也不相信，汽车工业如此落后的中国能够自己生产红旗高级轿车，有的人心存疑虑，非要司机打开前盖，看一看是不是装有外国的零部件，仔细审视完毕，他们才翘起大拇指：“中国 OK”。

毋庸讳言，中国汽车工业的基础决定了红旗轿车的质量难以尽如人意。红旗轿车从诞生起就是手工生产的仿制车型，中国汽车技术力量薄弱，没有一支专门的轿车技术研究队伍，基本没有自己的技术研究，也谈不上技术储备，像这种不惜成本，手工作坊式的生产，质量问题在所难免。使用起来故障很多，这些问题影响了红旗轿车的声誉和形象。有的驻外大使反映：有几次，到机场去接外国总统，跑到半道，红旗轿车“抛锚”了，眼睁睁地看着别国的车飞驰而去，急得直跺脚。误了接人事小，影响了两国关系事就大了。

万里是很钟爱红旗的，但他也碰到了红旗抛锚的尴尬事：“我很喜欢红旗轿车，自己生产的嘛。但坐红旗我碰上两次麻烦事。一次是到机场去接领导，临到要走了，车却发动不起来。另一次在安徽，走在路上，车突然抛锚了，没办法，我只好坐公共汽车回来。为了不影响工作，我只好换车了。”

改革开放后，中国国门打开，外国轿车开始大规模进入中国。美国、德国、日本、法国，各国的轿车外观漂亮，乘坐舒适，质量稳定可靠，和红旗轿车比，如同城市的大姑娘与乡里媳妇，质量差距明显表现出来，很多领导干部开始放下红旗轿车，乘坐起国外的高级轿车。但从形象考虑，中央主要领导乘坐的还是红旗轿车，为了防止出问题，中央主要领导外出时，有关部门总是要多备一辆红旗随行。

1981 年年初，时任国务院总理赵紫阳乘红旗外出时，行驶途中，车子突然冒烟了，工作人员们慌得手忙脚乱，马上中途换车，事后检查是化油器的毛病，属于小问题，但影响形象啊。

1981 年 5 月 14 日，《人民日报》登出了国务院下达的“第三号节油令”：“红旗牌轿车因油耗高，从 1981 年 6 月停止生产”。当年万众景仰的红旗落到关门下课的下场，无论是中国汽车人还是全国老百姓的心里都是不好受。红旗轿车是先天不足，后天难补啊！

红旗轿车毕竟是中国轿车的第一个知名品牌，尽管是仿制的，但经过十几年的生产，红旗轿车在中国早已家喻户晓，它已经成为一个凝固的符号，牢牢地镌刻在中国人民的记忆中。有过辉煌经历的红旗轿车究竟还要不要？这是摆在中国汽车人面前的难题。更为现实的是，红旗轿车停产了，但国家在公务活动中还是需要防弹高级轿车，为此，国家不得不花费大量外汇购进了几辆外国保险车。经过比较，进口产品的舒适性以及防护性都不如我们自己的红旗 CA772。自己的有毛病不要了，买来的又不如自己的，经过比较和鉴别，红旗轿车的再生被提上了议事日程。

1983 年 9 月 30 日，一汽正式向国务院递交了红旗轿车技术改造建议书。10 月 22 日，田纪云在国务院主持召开了生产红旗检阅车和红旗轿车改造汇报会，听取中汽公司和一汽关于重新生产红旗的汇报。

中汽公司的陈祖涛和一汽厂长黄兆銮、一汽轿车厂厂长范恒光等参加会议。在会上，陈祖涛、黄兆銮、范恒光做了红旗轿车改进工作的汇报：

1. 红旗轿车存在的问题有其历史原因。中国生产轿车是靠手工敲敲打打起步的，产品主要是仿制，没有技术储备。

2. 没有资金来源。红旗轿车自 1959 年投入生产至 1981 年停产，共生产 39 种车型1542辆车，平均年产70辆。而从生产投入来看，每车最低成本6万元，最高22万元，而卖给国家只有一个价：4万元，政策性亏损累计超过6000万元。

但国家对一汽的轿车没有任何资金支持，一汽全靠以卡车养轿车，不堪重负。没有投入，哪来产出？没有资金来源，企业也无力研制或进口关键生产设备，个别总成如车身全靠手工生产，质量自然难以保障。

3. 没有专业的轿车技术研发人员，即使发现问题，也无人来解决问题。

4. 红旗轿车的问题在个别总成而不在总体。红旗的使用对象特殊，一汽对红旗轿车的生产高度重视，从开始研制那天起就是作为政治任务来完成的，可以说是精雕细刻，车的总体指标并不差，完全可以和进口车一比高低。现在的关键问题是有些重要的总成如发动机、转向、刹车等存在质量问题，这些总成对材料和加工精度要求很高，一汽是用加工卡车的设备来生产高级轿车，生产精度相差好几个等量级，所以产品质量难以保证。要解决这些关键总成的质量问题需要解决高质量的生产设备，但进口生产设备很贵，红旗轿车的生产批量又太小，不值。最好的办法是直接进口这些关键总成，有了这些质量有保障的关键总成，红旗轿车的质量绝对没有问题。

他们提出，红旗轿车是我们中国人自己创立的品牌，在国内、国际都有重要的影响，也是中国轿车工业的先锋，红旗轿车停了，政治影响大于经济影响。陈祖涛郑重地向田纪云提出："红旗轿车改进质量后恢复生产。"

这些意见分析中肯到位，建议也切实可行。田纪云表示赞同："红旗轿车在国内、国际都是有重要影响的产品，它的质量好坏，影响着我们国家的形象，红旗轿车改造和研制第二代红旗这个路子我是赞成的，我们这么大个国家，总得搞一些轿车，总得搞一些自己的王牌，牌子不能丢，但质量要提高。活动篷检阅车可以立刻动手搞，先了解哪个国家的活动机构好，可以进口10套装车试试，如果好的话，再进口一些。"

会后，田纪云向时任总书记胡耀邦汇报了红旗轿车的情况，并提议红旗轿车改进质量后重新开始生产。胡耀邦表示，赞同红旗轿车重生，但一定要保证质量，并指示，1984年邓小平国庆阅兵车就用红旗轿车。胡耀邦的指示使得红旗轿车得以重新站立起来。

田纪云特批了300万美元用于进口关键总成，保证了进口所需的资金。

1983年12月2日，中汽公司正式向一汽下达了红旗检阅车的生产任务，拉开了红旗复产的序幕。12月3日，中央警卫局提交了对红旗检阅车的技术要求。

红旗轿车改造过程中出现过一个小的故事。国家要订购400辆奔驰轿车，为节省资金，经过谈判，决定由一汽进口400套散件自己组装。德国奔驰公司是世界上最为著名的汽车公司，奔驰轿车是世界驰名的顶尖品牌，如果与奔驰公司合作，通过红旗轿车改造过程，可以学习世界上最先进的高级轿车设计理念和制造工艺，而且奔驰高级轿车外形与红旗高级轿车相近，只需将前部、尾部外形稍加改动即可。

一汽的想法得到中汽公司的赞同，中汽公司出面与德国奔驰公司经过三轮谈判，双方达成协议。中德双方采用技贸结合方式改造红旗轿车，车型选定奔驰 123 系列 200 型、230E 型和加长型三种，先通过 SKD 和 CKD 形式组装 1000 台，由奔驰公司提供焊装线、油漆线设计和总装线部分专用工装夹具，总费用 367 万马克。第一期使用奔驰商标，但在车身侧方加上“长春制造”标志。第二期由奔驰公司提供 400 套冲模，3 ~ 4 年后再提供剩余的 175 套冲模，费用 400 万马克。奔驰公司同时拿出由奔驰老设计专家设计的红旗高级轿车的 5 种外形效果图。

红旗轿车是中国轿车行业唯一的自主品牌，这一方案几乎是用奔驰完全取代红旗，意味着红旗品牌完全放弃，这与红旗轿车改进质量后再生的意图不符，最终被有关方面否决。改造红旗轿车还是得靠自己。

一汽决定还是采用原定的外购关键零部件总成的办法改造红旗轿车。中汽公司向一汽提出：要抓住机遇，组织力量，下大力气改进。红旗轿车的改造要“脱胎换骨”，但不能“改头换面”，因为红旗的外型已得到全国人民的认可。

1985 年 10 月 10 日，关键总成换成进口产品的新型红旗高级轿车 CA770G 试制成功，新的红旗轿车动力性、操纵性、可靠性均有了明显的改善，整车质量有了很大提高。一汽将改进的红旗送到北京审查。时任一机部部长周子键乘坐后很满意，他说：“这车改得好，你们保留了红旗轿车的生机，我谢谢你们。”

新红旗轿车送到中南海，胡耀邦总书记非常高兴，他仔细地观看并询问新红旗轿车的各项性能，并试乘了这辆新红旗轿车。胡耀邦下车后满意地说：“我举双手赞成恢复红旗轿车生产。”

经过中央领导的支持和一汽的努力，红旗轿车重新站立起来。

红旗检阅车就不这么简单了。1983 年 12 月 2 日，中汽公司给一汽正式下达了研制红旗敞篷检阅车的任务，中汽公司在文件中特别注明：研制红旗检阅车是迎接建国 35 周年的第一任务。

根据中央警卫局的要求，新研制的红旗检阅车要有自动升降活动篷，活动篷收落后要落入后行李箱指定空间。要有自动升降底板以调整检阅时检阅者之间的高度。最难的地方在于，可升降活动蓬要能够防弹。一汽曾经生产过 13 辆红旗检阅车，但从未有过防弹的可升降活动蓬。对一汽而言，可防弹的活动升降蓬闻所未闻，见所未见，既无感性认识，又无相关技术资料。中汽公司帮他们拿到一些国外的广告图片和有关改装厂概况，就是他们唯一的参考资料，至于防弹的核心技术更是无从谈起。

1984 年 1 月 2 日，一汽成立了检阅车领导小组，组建专用车车间，同时将主要项目落实到专人，组织采购小组赴美采购防弹布，订购活动篷结构，向英国史密斯液压件厂订购活动篷动力装置。防弹活动篷采用的是凯芙拉纤维，这是当时最先进的防弹材料，当时这种材料只有美国友升公司生产。一汽花了 18000 美元向美国友升公司订了两套全结构活动篷，但装车试验后发现达不到要求。一汽向美国有关公司咨询，但对方狮子大开口，咨询费就要两万美元，而且出多少钱都不卖专利。最终还是国内的军工系统解决了这个问题。

1984年8月20日，两辆红旗CA770JY活动篷检阅车试制成功，又用5天时间对其进行路试。9月3日，一汽轿车厂副厂长郝世跃和崔洪松带领专业设计师及汽车调整、电气、缝纫、钣金等工种25人将检阅车送往北京。车子首先停在一机部和中汽公司，饶斌和周子键对红旗检阅车进行了第一道“验收”。9月6日，陈祖涛与郝世跃、崔洪松一起将崭新的检阅车开进中南海，中央警卫局副局长杨德中带人对车进行了严格的检验，完全合格后，正式办理了交接手续。

1984年10月1日建国35周年的盛大阅兵式上，中央军委主席邓小平以及阅兵总指挥秦基伟分别乘坐这两辆红旗检阅车检阅了中国人民解放军受阅部队。

因为一汽对这两辆特制红旗检阅车的重要贡献，11月3日，邓小平和秦基伟分别给一汽轿车厂签发了嘉奖令和慰问信，表彰他们在国庆阅兵中做出的杰出贡献。

1984年大阅兵后整整15年，1998年3月，一汽接到指示，为建国50周年准备新的红旗检阅车，这项任务被命名为“9910工程”。经过认真研究，一汽准备了两套方案。1号方案是利用一汽现产的CA7460红旗“旗舰”为基础与美国公司联合开发新型检阅车。2号方案则是在上一代的CA770JY检阅车上改进。两个方案同时开始推进，最后供中央选择。但谁也没想到，巴尔干半岛的一声轰炸，中断了中美合作方案。

20世纪90年代下半叶，巴尔干半岛民族冲突不断，最后演化成科索沃危机。1998年底起，以美国为首的北约开始军事介入科索沃危机。北约凭借占绝对优势的空中力量和高技术武器，对南联盟的军事目标和基础设施进行了连续78天的轰炸，给南联盟造成了重大财产损失和环境破坏，也造成了许多无辜平民（包括阿族难民）的伤亡。中国政府对科索沃局势极为关注，坚决反对美国为首的北约军事干涉南联盟，但美国对中国却采取了令人意想不到的手段。格林威治时间1999年5月7日夜，美国出动B2战略轰炸机，悍然轰炸了中国驻南联盟大使馆，使馆建筑遭到严重破坏，3名中国记者牺牲多人受伤。美国公然破坏国际关系准则，严重侵犯了中国的主权，激起了海内外中国人的极大愤慨。中美之间的一切政治经济往来全部中断，两国关系跌到冰点。事件发生后，中央决定，停止与美方的合作，红旗检阅车采用第二套方案，在CA772基础上加以改进。

1999年8月，改进后的新红旗阅兵车送到北京，新车加装了电动天窗、可翻转式脚踏板，扶手等检阅装置。为增加美观性，阅兵车采用了新式轮辋和装饰罩，整车的防弹性也有了改进。

1999年10月1日，中央军委主席江泽民乘坐新型红旗检阅车，检阅了陆海空三军受阅部队。

2009年10月1日，中央军委主席胡锦涛乘坐新型红旗检阅车，检阅了陆海空三军受阅部队。

红旗轿车作为共和国最高典礼活动的专用工具，将永远伴随着共和国的脚步前进。

红旗轿车是中国第一个自主轿车品牌，也是深入人心、老少皆知的轿车经典品牌。从1958年手工生产的第一槌开始，伴随着中国的政治风云和汽车工业进步，它一直风雨兼程并在不断改进。1996年一汽用克莱斯勒2.2升发动机配奥迪100轿车的车身，生产出了红旗CA7220，1998年又推出全新的红旗CA7460。随着中国汽车工业的进步，红旗轿车还将不断改进。但无论怎样改，中国汽车工业的第一面红旗，将永远飘扬在全国亿万人民心中。

在赞赏红旗时，我们也不得不面对一个尴尬的事实，由于缺乏必要商业利益驱动以及市场竞争压力推动，尽管一汽为了红旗轿车的生产使出吃奶的劲，但从1958年到2000年以前，红旗轿车的生产设备和工艺水平都没有实质性的改变，基本上还是在仿制的基础上手工作坊式生产。1975年，日本丰田汽车公司代表到一汽考察后，说了两个没想到：没想到20世纪50年代一汽就能造出这样水平的高级轿车，当年的丰田也没这个能力；没想到几十年过去了，一汽生产的红旗轿车还是那个水平。其实一点也不奇怪，在当时的环境与条件下，红旗轿车是给少数中央领导人使用的“政治车”，产量受到严格限制，无法形成经济规模，国家对红旗轿车的生产只是作为政治任务来安排，没有必要的资金投入。投入少产出低又没有市场竞争的压力，提高技术水平自然无从谈起。相信这一问题在新的世纪能够得到解决。

“凤凰”与“井冈山”

继1958年红旗轿车开进中南海报捷后，1959年2月15日，一辆由上海汽车修理厂试制的名为“凤凰”的轿车也开进了中南海向中央报捷。

1958年起，在党中央的号召下，中国全民投入社会主义建设高潮，掀起了轰轰烈烈大跃进运动。大跃进是特殊时代的产物，但它在客观上解除了人们思想上的禁锢，敢想敢干蔚然成风，而破除思想禁锢正是创新的前提条件。但过犹不及，真理与谬误之间就是一步之遥，没有科学依据敢想敢干，成为那个年代的一大特色。“天上没有玉皇，水中没有龙王，我就是玉皇，我就是龙王，喝令三山五岳开道，我来了。”在如此的气魄下，“人有多大胆，地有多高产”，各行各业的“卫星”一个接一个上天，汽车行业在这场狂热的运动中也不甘落后，无论有无条件，各地纷纷造出自己的汽车，其中也不乏轿车的身影。从某种意义上讲，这正是中国轿车的发端。中国工程技术人员和工人群众打破对轿车的神话和迷信，虽然也是依样画葫芦，但对轿车的基本结构和功能有了初步的认识，为以后发展轿车工业迈出了极为可贵的第一步。

上海汽车工业起步于汽车零配件制造。20 世纪上半叶，随着外国汽车的进入，汽车修配业在上海应运而生。1901 年，上海首次出现了两辆奥尔治摩别尔牌汽车，成为中国最早出现汽车的城市。到了二三十年代，外商开始在上海经销汽车，至四十年代，上海的机动车保有量已达 3 万辆，是中国汽车保有量最多的城市。由于世界各国的汽车品牌几乎都在这里汇集，上海又被称为“万国汽车博览会”。

随着国外汽车的不断增加，上海出现了中国最早的汽车修理业。1928 年福特汽车公司在上海开办了一所汽车修理学校培养修理技工，至 1949 年，上海经营汽车修理的商行近 200 家，从业人员 1200 人。

新中国成立后，上海汽车工业开始从修配业向整车制造过渡，1951 年，上海公交修造厂（后为上海汽车发动机厂、上海客车厂）试制成 1000 型无轨电车。1957 年 9 月，上海汽车装修厂（后为上海汽车厂）试制成 58 型越野车。1957 年 12 月，上海汽车装修厂又试制成 58-I 型三轮汽车。同年，上海客车厂试制成 57 型公共汽车。

大跃进也燃起了上海工人制造轿车汽车的热情，听说一汽工人造出东风轿车后，上海汽车装修厂的工人师傅们不甘落后，也开始了轿车试制。

与一汽试制东风轿车时一样，他们也是首先确定造车的“参照物”，工人师傅们借来的一辆波兰产的“华沙”牌和一辆“顺风”牌轿车为样本，“大卸八块”之后，车身参照“顺风”轿车，底盘参照“华沙”轿车的结构，动力采用南京汽车厂生产的 M20 型 4 缸 50 马力发动机，整个车身全部靠人工用榔头一点一点敲出来。据说，一个车身需要敲 10 万多次，一些钣金工师傅夜以继日，胳膊敲肿了，吃饭都拿不住筷子。仅仅一个多月，一辆汽车就“试制”出来了。手工敲打出来的车身，刮上腻子，喷上油漆，看起来铮明瓦亮，煞是好看。因为一汽试制的轿车叫“东风”，车头上装有一条龙，以龙凤呈祥为寓意，上海汽车装修厂的工人师傅们给自己的轿车起名叫“凤凰”。

凤凰轿车的参照物华沙轿车属于普及型轿车，为了提高档次，1959 年 1 月，他们又以苏联“吉姆”牌高级轿车为蓝本，试制高档凤凰轿车。这一辆凤凰轿车采用嘎斯 51 型的 70 马力发动机，自己用无缝钢管焊接做后桥，很快试制出第二辆档次稍高的凤凰轿车。工人师傅们兴高采烈地开着这辆凤凰轿车到市委去报喜，在上海市委领导的鼓励和支持下，他们又到北京去向中央报喜。1959 年 2 月 15 日上午 9 时，报捷的凤凰轿车开进了中南海。周恩来乘坐这辆凤凰轿车在中南海里兜了一圈，下车后语重心长地说：“还是水平问题啊！”

1959 年上半年，一机部汽车局召开轿车工作会议，要求上海进行新一轮轿车试制，向国庆 10 周年献礼。上海汽车工业总公司的前身上海市动力机械制造公司决定以奔驰 220S 型轿车为样板，试制新的更高档的凤凰轿车。他们将从锦江饭店借来的奔驰 220S 分解开，由全市几十个最有实力的工业企业参与相关总成的试制。上海内燃机配件厂试制发动机，上海郑兴泰汽车机件厂试制变速器总成，上海汽车底盘厂用7个月时间完成了悬架、转向器、前减震器、传动轴、制动器等18个总成，上海汽车装配厂试制车身并总装，各个企业都领到一个相关部件的攻关生产任务，然后在规定时间内把自己试制的零部件拿到上海汽车装配厂进行整车组装，经过几个月的努力，1959年9月30日，5辆新的“凤凰”诞生了。

但上海轿车工业生不逢时，坎坷不断，由于大跃进的影响，1960年开始，国民经济进入困难阶段。当时最大的问题是吃饱肚子，试制出的凤凰轿车没有量产安排，1960年全年上海一共生产了12辆，之后便偃旗息鼓。1964年，上海恢复轿车生产，凤凰牌改名为“上海牌”，在凤凰基础上改进的上海SH760轿车定型并投入批量生产。1965年12月，一机部在北京召开技术鉴定会，“上海牌”SH760轿车通过技术鉴定，成为当时中国国内生产普通型轿车唯一的生产阵地。由于投入不足，从1964年到1966年累计生产232辆。1972年，国家投入部分资金，给上海下达年产5000辆轿车扩建任务，上海汽车厂的生产条件逐步改善，有了自己的车身冲压生产线，能够自产六缸发动机。1976年，上海轿车年产达到2500辆，1980年产量突破5000辆，到1991年停产，上海轿车共生产了77054辆，并形成了一定的技术装备力量。

上海轿车是当时国内唯一普通型公务用车，也是机关、企事业单位和接待外宾的主力车型。从1956年到1982年的26年间，国家对上海汽车工业的投入一共只有8000多万元，在国家投入如此少的情况下，上海轿车工业能够发展到这个地步，实属不易。

与红旗轿车相比，由于档次低一些，上海轿车与百姓的距离也要近一些，有上海的老人回忆，20世纪60年代，上海普通百姓结婚，如果能有一辆上海牌轿车做婚车，是最有“台型”（面子）的事，能引起周边百姓的轰动和羡慕。大跃进年代一飞冲天的凤凰终于开创了上海的轿车工业，正因为有这个基础，上海才有了以后在全国率先与德国大众合资生产桑塔纳轿车的机遇。

除了普通型公务车外，1965年，上海在上海牌轿车基础上开始试制敞篷检阅车，上海检阅车从外形设计到内饰做工都达到了很高的水平。上海检阅车试制成功说明上海有着较强的工业生产能力，但全国有资格使用检阅车的地方又有几个呢？更何况一汽的红旗检阅车在全国有着无法撼动的地位，最终上海检阅车总共只生产了两辆，没有市场，没有竞争，中国社会的政治与经济现状，使得它的生命周期还没有正式开始就结束了。

除了检阅车外，上海还在SH760基础上试制成SH770防弹车。这款防弹车的各项指标都很高，但是与检阅车一样，在试制出来之后便无人问津了。

在中国，1958年生产出轿车的，除了一汽、上海外，还有北京。

1954年3月，北京市朝阳区呼家楼地区红旗飘扬，推土机、挖掘机轰鸣着刨开地面，为长春第一汽车制造厂和洛阳第一拖拉机厂配套的北京汽车附件厂正式破土兴建。当年9月，第一机械工业部汽车局决定将原有的北京汽车配件厂和新成立的北京汽车附件厂合并，定名为北京第一汽车附件厂，生产化油器、汽油泵、气缸垫、汽车灯等 17 种汽车、拖拉机的配件。

1958 年 2 月，和一汽、上海一样，在全国大跃进形势的鼓动下，并不具备生产小轿车基本条件的北京第一汽车附件厂决定开始试制小轿车。和一汽上海的过程一样，几个月后，1958 年 6 月 20 日，一辆被命名为“井冈山牌”的轿车试制成功。北京的企业有着地利上的优势，第一辆井冈山轿车试制成功那天，工厂召开了庆祝大会，第一机械工业部汽车局局长张逢时也来到会场祝贺，并宣布该厂改名为北京汽车制造厂。当天下午，北京汽车制造厂干部职工将刚刚试制出来的井冈山牌小轿车送到中南海报喜。毛泽东、刘少奇、周恩来、朱德、陈云、邓小平等国家领导人都赶来观看了这辆小轿车。朱德和李富春还乘车在中南海内转了一圈。应该厂的要求，朱德为该厂亲笔题写了新厂名。6 月 27 日下午，工厂举行改名庆祝大会。从此，北京有了第一家汽车制造厂。井冈山轿车试制成功后不久，为了迎接即将到来的国庆，工厂号召生产百辆井冈山牌小轿车迎国庆。由于生产条件不具备，尽管全厂职工们使出吃奶的劲，到国庆时也只完成了 30 多辆。由于这个车型未经过鉴定，试制出来的轿车也存在诸多质量问题，小批试制后就停止了生产。

1960 年，北京汽车制造厂又参照苏联伏尔加轿车图纸试制出“东方红牌”轿车，并拟建设年产 5000 辆的能力，但也因资金和技术力量等问题而下马。至此，北京停止了发展轿车。20 世纪 60 年代后，根据一机部和总参的安排，北京汽车制造厂开始研制军用吉普车，并生产出长盛不衰的 BJ212。

在那个年代里，一汽的“红旗”和上海的“上海”，成为支撑起中国轿车工业的两根顶梁柱。红旗轿车成为中国省部级以上官员的坐骑，上海牌轿车则成为厅局级干部公务用车的主力。

20 世纪 50 年代凤凰、井冈山等轿车的试制是那个特殊年代带有浓厚政治色彩的行为，从轿车生产所需的客观条件来看，当时无论是企业还是国家均缺乏轿车生产必须的技术、资金等必备条件，也没有市场需求拉动，基本上不具备大规模发展轿车的能力，企业试制的积极性完全是建立在强烈的民族自强精神之上。也正因为如此，试制出来的轿车仅仅限于展示能力，没有购买对象，也没有能投入批量生产。但不能不看到，红旗、凤凰、井冈山都是中国汽车人制造轿车的大胆尝试，是中国轿车发展难能可贵的第一步，其经验和教训弥足珍贵。

三、国家决策

畸形的轿车消费市场

自新中国建立一直到改革开放初，轿车一直是官员们独享的特殊专利品，解放初期到“文革”前，国家收入水平和国民经济现状决定，轿车离普通百姓的生活如同月球到地球那样遥远。虽然国民经济发展水平、产业结构决定中国轿车的生产水平和能力，但对于轿车属性认识的偏差是百姓对轿车可望而不可即的根本原因。

轿车的根本属性为代步工具。改革开放前的中国，由于生产力低下，不具备大规模生产轿车的能力，轿车只能作为各级政府官员的“座驾”。严格的社会等级制度使得轿车成为“按官分配”的“特供”产品（注意，不是商品）。轿车由国家出钱购买，再配以专职司机，专门为相应级别的官员服务。改革开放前，轿车与官员品级的具体匹配大致如下：

中央领导：大红旗；

省部级领导：小红旗；

地厅级领导：上海；

县团级领导：北京吉普。

从苏联东欧等国进口的轿车也相应匹配如下：

中央领导：吉斯；

省部级领导：吉姆（也包括海鸥）；

地厅级领导：胜利（也包括伏尔加、华沙）；

县团级领导：吉普。

这种配车模式很快为社会熟知，看到红旗与吉斯，不用说，乘车者的身份起码是省部级以上官员。伏尔加、上海的乘坐者则是厅局级官员，如果来者乘坐的是北京吉普，那么他的级别则是县团级，轿车成了官员级别与身份的名片。

在这种配给环境下，轿车代步工具的商品属性遭到扭曲，走到哪里都是风驰电掣的轿车成为权力与身份的象征。解放前有民谚：“听见皮鞋响，来的是官长”，解放后则变成了“听见喇叭响，来是官长”，以后有人调侃乘坐北京吉普的官员“听见吉普响，来的是官长，官儿也不大，顶多是团长。”

除了官员用车外，还有少量的外事接待部门需要数量有限的轿车。

由于自己不能大批量生产，轿车代步工具的属性被人淡忘而成为官员身份与地位的象征。正是从种意义上说，中国轿车的需求量取决于中国官员的数量。但中国官员数量有多少呢？这一直是一个谁也说不清的数字。1987年，中国财政经济出版社出版的《中国第三次人口普查资料分析》一书公布了中国历代官民比例：

西汉，7945∶1；唐朝，2927∶1；明朝，2299∶1；清朝，911∶1；当年，67∶1。

由此推算，1987 年全国公务员的数量接近 1800 万。即使按照 50 人里面一个够乘车级别的官员计算，仅当年就需要 36 万辆轿车，如果再加上社会上如出租车等其他需要，轿车的需求量就肯定超过 36 万辆。

关于公务员数量的组成本身就是一个大的论题，本书无意探讨。

中国社会体制决定了官员是轿车需求的主体。改革开放后，官员乘车开始打破以往的等级界限，轿车需求数量随之上升。以一个地级市为例，改革开放以前的市级领导中，只有地厅级正职有专车，其余的副职只能共用一辆或几辆车，而其他部门领导则基本无车。到了 20 世纪 80 年代中期，配车、购车的限制放松，地级市的市委、市人大、市政府、市政协四大家中，正副职主要领导基本上都有自己的专车，市里下辖的县（市、区），也有四大班子，正职领导也都有自己的专车。市里的各职能局（正处级）局长都有自己的专车，（副处级）副局长共用一辆或几辆车，以后逐步发展到正副职分别都有自己的专车。但那时用车的级别限制为“县（处）级干部”，科级干部是享受不到配车待遇的。1984 年，国家关于县团（处）级以下官员和同级企事业单位领导不得配用轿车的规定撤销，用车“紧箍咒”的撤销，官员用车数量顿时激增，随着用车制度的弱化，轿车使用范围扩大到了乡镇（科级），乘车的官员越来越多。一个地级市官员使用的轿车从原来的几辆到几十辆到几百辆到上千辆，翻着倍地往上涨。一市如此，一省乃至全国，轿车需求可想而知。

除了正规的官员外，还有大量的“相当于”县级、地级的国有事业单位和企业，这些单位和企业的正副职也比照官员享受着乘坐轿车的待遇，“官本位”体制支撑着中国轿车的需求量一涨再涨。

出租车行业是轿车需要的另一群体。改革开放使得中国的国门逐渐打开，越来越多的外国人进入，为考虑他们的出行方便与面子，各级地方政府开始建立出租车行业。广州是中国改革开放的大门与窗口，广州出租车行业也是全国最早建立的。1978 年，广州市成规模地购入了一批日本车作为出租车。丰田皇冠、日产公爵、阳光、蓝鸟、三菱和大发等车型就是那个时候登陆中国市场的。广州的这些出租车被油漆得遍体通红，分外抢眼，鲜艳的车身上还印着各个酒店的名称，如白天鹅宾馆、东方宾馆、花园酒店、中国大酒店等高档五星级酒店。这种时候的出租车司机只收取外汇兑换券，服务对象主要是外国人和香港人。继广州之后，北京、上海等一批一线城市也相继建立出租车行业。出租车行业最为青睐的全部都是进口车。

20 世纪 80 年代，经过 10 年的改革开放，中国的经济发展展现出蓬勃活力，电视、冰箱、洗衣机等千元级的高档耐用消费品已日益普及，国家需要有新的万元级的高档耐用消费品来满足人民群众不断增长的消费需求。拥有一辆私人轿车，提高效率、追求速度，享受方便与快捷，已经成为先富起来的一部分人的强烈愿望。社会需求对轿车的呼唤如同夏日里天边隐隐作响的闷雷。

“先富起来”的人是私人用车的先锋，他们绝大多数是私人老板，由于对轿车的控制，当时的政策还不准他们购买属于官员专用的轿车，于是一种适应他们需要的“农夫车”和“的士头”应运而生。“农夫车”类似于今天的双排座轻卡，前后排各有三个座位，后面拖着一个车厢，社会上将这种车统称为“农夫车”，也有人戏称为“两室一厅”。“的士头”就是今天的皮卡，在南方，出租轿车被称为“的士”，皮卡的前半部分很像轿车，因此被称为“的士头”。“先富起来”的人群多集中在广东、浙江沿海一带，根据他们的需求，1980 年起，广东省第一客车装配厂开始用进口日本丰田轻卡散件组装名为“丰田之花”的“农夫车”。日本轻卡设计精巧，乘坐舒适，比起上海轿车和北京吉普毫不逊色。这种车在市场上非常热销，组装一辆卖一辆，为了能买到一辆农夫车，有人甚至守在组装线旁，车子一下线，一手交钱一手交货。“的士头”与轿车的区别更小销售也就更俏了。随着口袋的丰盈，这些人很快便不满于这种车，开始盯上了漂亮的外国轿车。但那时购买轿车手续繁杂，要通过国营的物资公司和机电公司，要提供各种官方的证明，要经过各级“控办”复杂的审批手续，即使过了这些关卡，到了国营的物资供应部门等到的只是一句:“现在没货，等着吧。”在这种情况下，这些口袋里揣着大把现金的人也无可奈何。

供不应求的情况下，进口应运而生。作为一个人口大国，一定时期进口一定数量的汽车产品以满足市场需求缓解结构矛盾，这只能作为一种权宜之计，但中国汽车进口尤其是轿车的进口却表现出时间长，数量多的鲜明特征。

据统计，从 1950 年到 1977 年 27 年期间，中国汽车进口总量为 327491 辆。其中载重汽车 221148 辆，占进口总量 67.53%；轿车进口 15061 辆，占进口总量的 4.6%。特种车和专用车占进口总量 28%。从那个时代中国经济发展情况看，进口汽车的种类和数量都是处于严格的控制下，进口的目的也是解决国内供求矛盾，数量与金额也都在承受范围内。

改革开放之后，中国经济运行发生了深刻的变革，与此同步，中国的汽车进口也进入了一个新的时期。

首先，汽车进口数量大幅上升。据统计，从 1977 年到 1990 年的 13 年间，中国共进口汽车 1101670 辆，超过 27 年前总和 2 倍多，年均进口达到 84744 辆，为前 27 年年均进口量的 4 倍左右。其中 1985 年 1 年的进口量就达到 353922 辆，超过超过了前 27 年进口量的总和，创下汽车进口历史中年进口量的最高纪录。

其次，进口车中，轿车成为主力。进口载重车由原来占进口总量的 70%下降为 31%左右，进口轿车则高达进口总量的 52.1%。这些还不包括处于灰色地带的走私车。各种颜色，各种款式，各种档次的轿车汇聚成滚滚浪潮冲向中国各地的海关口岸，成为用汇最多的商品之一。几年之内，轿车购买数量和资金呈几何级数增加。这仅仅是通过正规渠道进口的，走私渠道则成为谁也说不清的“灰色数字”了。据一位行业内资深人士初略估计，走私的数目起码为正规渠道的 5 倍以上。

随着日、美、欧、韩等外国汽车厂商的各种各样的轿车通过各种渠道，车轮滚滚开进中国的城市，国库里白花花的银子则滚滚流入外国汽车厂商的口袋，进口的数量与金额都已经超出国家的承受能力。有人算了一笔账，进口汽车所花费的外汇相当于30年中国汽车工业总投资的2倍还要多。1984年到1988年，全国累计进口轿车24万辆，耗资11.4亿美元。1984年，诺大的中国，外汇储备仅仅只剩下14亿美元，只够半个月的经济运行所需。恰恰是这一年，国家明确下文，解除了县团级以下单位不得配用轿车的规定。犹如打开了贮存已久的需求欲望阀门，全国数万的县团级单位以及相当于县团级的企事业单位争先恐后地将各色各样的轿车、吉普车开进了自己的家门。据国家计委统计：

1988年，进口散件组装轿车28756辆。其中上海桑塔纳15000辆，北京切诺基4500辆，天津夏利3000辆，一汽奥迪500辆，广州标致4756辆，112专项1000辆。国内生产上海牌轿车5000辆，北京212吉普21000辆。从苏联东欧等国以货易货进口轿车、吉普34000辆。

1988年，全国小轿车保有量50万辆，其中50%以上行驶已超过20万公里，每年仅更新就需要10万辆，加上其他需求，每年新增轿车共计4万～5万辆。初步预算1989年国内市场轿车需求（含吉普车）约15万辆。但当年能供应的只有8.4万辆左右，供求差5万～7万辆，矛盾十分突出。

进口轿车花费了国家大量宝贵的外汇，1985年国家外汇储备只剩区区14亿美元，分管经济的副总理姚依林严令时任国家经委副主任的朱镕基采取非常手段控制进口。进口的阀门被国家强行关住了，但轿车需求仍在节节攀升，供需矛盾带来一系列“怪现象”：小批量生产的车和大批量生产的车一样赚钱；质量次和质量好的一样有销路；50年代的车与80年代的车摆在一起卖；本该淘汰的产品反而供不应求，本该迅速发展的产品却迟迟上不来。

进口关被卡住了，国内数量有限的轿车成了市场抢手的紧俏商品。计划经济年代，轿车属于生产资料，只能由国家控制的机电公司专卖。轿车从生产厂家出来后，通过计划指标分配到全国各级机电公司，再由各省、市、地区的计委层层分配指标，各级机电公司再拿着分配指标到厂家提货。各用车单位经过层层“控办”报计划批指标，拿到指标后再到当地的机电公司排队等候，有的还需要先将货款打到机电公司账户。由于轿车货源奇缺，给了很多“官倒”“私倒”渔利之机。这些人利用自己的渠道与关系，弄来轿车供货指标或者是批条，然后将其倒卖获利。这些供货指标或批条在流通领域层层转手，中间加价；也有的地方想方设法雁过拔毛，出台各种名目的收费项目，最常见的有“专控商品附加费”“特别消费税”“管理费”“保管费”等。往往一辆轿车还没见到面，仅仅在各级机电公司之间互相转手和各地以各种名目加价，车的价格便被层层加码，最后到了用户手里，一辆车的价格较原价高出许多。

以1988年的价格为例。上海桑塔纳出厂价格79200元，因为从德国进口散件需要美元，所以另加收美元额度10500元，全国统一销售价格88870元。此外还要加收车辆购置附加费、横向配套费、特别消费税、特别消费税占用流动资金补偿费等，最后卖给消费者的全国统一销售价和价外税费合计：145390元，如果不收美元现汇或额度的统一销售价和价外税费合计：179720元。从出厂的79200元到卖出的179120元，整整多出10万元整。

一辆天津夏利，出厂价为56560元，最后到用户手里为102390元。一辆广州标致出厂价为48300元，到用户手里为190180元。一辆北京切诺基出厂价为34500元，到用户手里为164170元。国产的上海轿车，出厂价为37000元，到用户手里的价格为76590元。北京212吉普，出厂价为18590元，到用户手里为40550元。所有的价格均翻一番。这些还是属于国家正常加价，如果再算上各地各种名目的加价费用，用户接收时的价格就更为吓人了。

销售价格的混乱又导致销售过程漫长且“猫腻”不断。一位买车者对当年购车的“痛苦经历”记忆犹新：

一辆轿车从销售到仓库提货要经过如下手续：首先要提出购车申请，单位领导层层审批后再到“控办”办手续。“控办”经过层层审核通过后，再到当地计划部门要“购车指标”。“购车指标”需要集中审核，一般是一个月甚至数个月才审核一次。审核通过后，再到当地物资局办手续，物资局审核通过后，再到机电经销部门办理购买手续，购买手续办妥后再到银行办理汇款手续（购车必须要外汇额度，如果购车单位没有外汇额度，便无法办理银行购车款），银行汇款手续完成后，需要等待银行划款。在没有计算机的时代，银行操作全靠手工笔记和算盘，因为业务繁忙，一般不单笔办理，需要等同类业务汇总到一定的数额后才办理一次。如此下来，购车款少则一两周，多则一个月甚至更久才能到达机电经销单位。机电经销单位收到货款后再看自己的仓库里有无轿车。如果没有，就需要耐心等候，等的时间不定，短的数月，长的半年甚至更多。等机电经销部门轿车到货后，购买单位再到机电经销部门办理提货。提货也有讲究，仓库保管员是购车的最后一道关口，如果这个过程的“功夫”不到，仓库保管员会以各种理由将你支走，只有你“研究研究（烟酒烟酒）”后，才能见到轿车。最后将车从仓库保管员手里提出来，很可能已是春秋一度。在这个过程中，还要各单位的领导层层签字盖章，少了一个环节，都意味着前面的所有功夫都白做。

这还是指所有过程顺利通过的，如果碰到哪些“卡壳”的地方，便需要通过“攻关”来解决。从申请购车到买到车，花费个半年时间是很正常的，如果碰到“问题”，购车时间更是没个准了。

整个购车过程犹如闯关破阵，重重困难，购车者逢“关”必“攻”，权利、朋友、亲戚，直至金钱全部可以发挥作用。一个批条，一个指标，一个电话就可以带来利益。

轿车销售价格混乱和销售程序繁杂使得购车单位苦不堪言，怨声载道。1989年9月27日，国务院总理办公会专门研究了关于加强小轿车销售管理问题。会议指示国务院相关部门拿出办法，刹住轿车销售中出现的混乱现象。国务院办公厅以［1989］3号文件转发国家计委《关于加强小轿车销售管理的请示》，国家计委会同物资部、中汽联、国家工商局、海关总署、财政部、国家税务局、交通部、机械电子工业部、中国工商银行等单位联合制订了《关于加强小轿车销售管理的实施办法》，在买轿车如同买白菜一样的今天，看一看这份管理办法令人恍若隔世。

关于加强小轿车销售管理的实施办法

1. 小轿车的经营单位

由国家工商局会同物资部、中汽联核定的轿车经销单位为56个（名单见附件1）。附件1所列经营单位已经登记注册的，到原登记的工商局结合年检，办理换照手续；未登记注册的，按国务院的有关规定，办理登记注册。未办理上述手续的，不准销售小轿车。

已核准的经营单位，不准开展小轿车销售联营业务，也不准另设销售小轿车的分支机构。除已核定的小轿车经销单位外，其他单位自2月1日起，一律不准销售小轿车。其现存的小轿车，由工商行政管理机关封存，经清点后，交核定的经营单位收购或代销……

2. 小轿车经营单位的经营范围

经工商行政管理机关核准登记注册的中国汽车贸易总公司及原中国机电设备总公司所属的华北、东北、华东、中南、西南、西北汽车贸易中心、广州公司可以从事小轿车批发业务，即可批发给其他核准的小轿车经营单位，也可零售给最终用户，但不准开展小轿车互相批发业务。其他经营单位只能把小轿车直接销售给最终用户。北京吉普汽车有限公司、北京汽车工业联合公司、天津汽车工业销售服务公司、长春第一汽车制造厂、上海汽车拖拉机工业联营公司、广州轻型汽车供销联营服务公司和中国金雁汽车船舶工业公司，只能把自己的产品直接销售给最终用户或委托给其他核准的经营销售单位。

经核准的经营单位，只能把小轿车销售给持有社会集团购买审批证明的用户和持有乡人民政府或城市街道办事处以上政府出具证明的纯属个人购车的用户。各地公安机关车辆管理部门凭核准的小轿车经营单位开具的并经工商行政管理机关验证盖章的发货票及“控办”证明，办理核发小轿车牌证。

3. 小轿车价格管理

由国家物价局会同物资部、机电部、中汽联有关部门逐一制订小轿车每种车型出厂价格和全国统一的销售价格（含进口小轿车的销售价格）。在全国统一销售价格外，根据市场普遍能接受的价格水平，另外加收车辆购置附加费、横向配套费、特别消费税。

……

市场紧俏，一车难求，利润丰厚，价格诱人。在高额利润的诱惑下，有的人利用各种渠道，从境外零零星星地购回一些散件，自己敲敲打打地装配起来，就是这种质量无法保证的拼装车也一样受到用户的青睐而卖出高价格。走私散件装配能够赚钱，何不干脆直接走私轿车倒卖？走私轿车便应运而生。

疯狂的走私

何谓走私？据百度词条解释：

走私是指进出境活动的当事人或相关人违反《海关法》及有关法律、行政法规，逃避海关监管，偷逃应纳税款，逃避国家有关进出境的禁止性规定或者未经海关许可并且未缴应纳税款、交验有关许可证件，擅自将保税货物、特定减免税货物以及其他海关监管货物、物品、进境的境外运输工具在境内销售的行为。

现代社会，由于生产和生活水平的差异，为追求利润差价，走私已经成为一种社会现象。一般来说，凡国内市场上紧俏，国内外差价大的商品，都有人为了利益铤而走“私”。改革开放以来，彩电、冰箱、收录机、照相机、手表、VCD、DVD等各种家用电器都有过走私热，但在各种走私热潮中，轿车可能是走私金额最高、规模最大、持续时间最长、国家打击力度最大的商品。

为控制进口轿车对国内轿车市场的冲击，国家规定对进口轿车征收关税高达200%以上，1994年，为了配合中国复关谈判，国家才将3.0以下轿车进口关税降为110%。这意味着，如果从国外进口一辆轿车，只要逃避过海关的监管，就可以有百分之二百以上的利润，这是任何商品都不可能有的高额利润。有走私贩子说，以一次走私100辆计，走私10次失败9次，只要一次成功，就可以将前面的全部损失捞回来。一方面有市场，一方面利润惊人，再加上有的地方政府出于多种因素的考虑，对走私的打击不力有的甚至参与走私从中自肥，轿车走私这棵罪恶之藤开始冒头并迅速蔓延，从少到多，从小批量到大批量，中国东南沿海的海面走私轿车的船只多不胜数，大到万吨货轮，小到打渔的渔船，都参与走私活动，它们有的遮遮掩掩，将进口轿车藏在货柜里，有的公然堂而皇之，就停放在甲板上。刚开始还是黑夜里偷偷摸摸，发展到后来大白天公然交易，从少数个人行为发展到一些政府机关甚至个别地方驻军也公然地参与其中，走私者越来越胆大，轿车走私愈演愈烈，逐渐渗透的涓涓细流演化成汹涌狂潮。各色各样的外国轿车经过走私贩子之手，通过各种渠道登陆中国的口岸。

就全国而言，走私最为严重的是广东。作为改革开放的前沿，广东面临南海，历来是中国进出口码头，当年英国商船走私鸦片危害中国，就是从这里登陆的。对于走私分子而言，这里有着地利之便，各种走私货物从绵延漫长的海岸上悄然渗透，然后再从各种渠道进入中国内地。

轿车走私的高发态势引起国家关注，1984年，中国政府开始下大力气打击汽车走私，其中最有代表性的就是海南岛汽车走私案。

1981年底，中纪委一份《信访简报》，披露了广东省一些干部，包括某些担负一定领导职务的干部极端严重的走私贩私的违法犯罪活动。当时的中央领导人胡耀邦、邓小平、赵紫阳、陈云、李先念等人先后作了批示。1982年1月5日，时任中共中央政治局常委、中央纪委第一书记陈云在简报上批示：

对严重的经济犯罪分子，我主张严办几个，判刑几个，以至杀几个罪大恶极的。雷厉风行，抓住不放，并且登报，否则党风无法整顿。

（《百年潮》2000年第五期《80年代广东的反走私斗争》）

奉中央命令，中央纪委副书记王鹤寿专程来到广东传达中央领导的批示和中央书记处关于严打走私的精神。紧接着任仲夷、刘田夫、李坚真、梁灵光、郭荣昌、吴南生等19位广东省的党政负责人被召到北京开会，将广东省委、省政府几乎全部负责人集体召到北京耳提面命，在新中国的历史上绝无仅有。随后，中央以及广东省打击走私的一套组合拳相继出台，一批走私的违法犯罪分子被抓，一些案件被公布，走私的势头得到初步遏制。

走私有如鸦片，尝到甜头后就再也难以制止内心对金钱的冲动，虽然中央领导决心下重手整治，但在高额利润的驱使下，一些人不顾悬在头上的达摩克利斯剑，依然疯狂地在走私的道路上越走越远，规模也越来越大。由于供给与需求的巨大差距，走私如同大海的涨潮退潮，一波退潮后，更大的一波走私狂潮再次出现，与以往不同的是，这一次走私倒卖轿车的主体竟然是中国最大的改革开放试点海南岛政府。

1984年，时刻监视着中国的美国间谍卫星突然发现，中国海南岛上出现成片的金属反光点，短时间内，这些金属反光点的面积越来越大，经过操作人员的仔细判读，发现那些金属光点竟然是成千上万辆的轿车，这些轿车密密麻麻地挤在一起，在阳光照射下，形成大片金属反光。对中国有着浓重好奇心的美国人纳闷了，海南岛是中国经济最落后的地区之一，怎么会一下子出现这么多轿车呢？

海南岛是中国的第二大岛，面积仅次于台湾。海南岛原是广东省的一个地区，这里光照充足，雨量丰沛，空气湿热，自然条件得天独厚，特别适宜发展热带经济作物。这里有着茂密的橡胶园、丰富的海洋资源和富饶的矿藏，具有潜在的经济优势。海南岛四面环海，与菲律宾、新加坡、越南、印尼等国隔海相望，是中国国际航运的重要港口和门户。就是这样一个南海宝岛，由于长期“闭岛锁区”，导致经济发展落后，人民生活贫困。地理位置优越，四面环海的岛屿，却没有一个深水码头；有着1580公里的海岸线，年捕鱼量还抵不上广东省的一个县；土地肥沃，却有1/3被闲置荒芜。

由于经济落后，各级财政困窘到了连几元钱都无法支出的地步。干部的工资不能按时足额发出，生病报销不了医药费，学校教室的窗户破了没钱买玻璃，教师没钱买办公用纸，只得把学生用过的考卷翻过来接着用。整个海口市没有自动拨号电话，打电话全靠那种手摇的老式电话机。海口的大街上，马路起伏不平，满是窟窿，几辆破旧的公共汽车轰轰作响地驶过，卷起一片灰尘。热带阳光照耀下的海南岛，仿佛被现代文明遗忘的角落。有一位中央的领导人说："我在访问非洲之前，以为非洲是全世界最落后的地区。现在看来，海南岛比非洲还要落后、荒凉。"

在全国改革开发大环境下，海南岛开发被提上议事日程。1980 年 6 月，时任国务院副总理谷牧在北京主持召开"海南岛问题座谈会"，会议从 6 月 30 日至 7 月 11 日一共开了 11 天，会议结束后形成《海南岛问题座谈会纪要》(国发 [1980]202 号文件)。1982 年 12 月 12 日、1983 年 3 月 18 日，国务院两次召开常务会议，讨论通过了《加快海南岛开发建设问题讨论纪要》(中发 [1983]11 号)。《纪要》指出：

海南岛战略地位十分重要。开发建设好这个资源丰富的宝岛，对加强民族团结，实现国家四化，巩固南海国防都有重要意义。中央决定加快海南的开发建设，在政策上放宽，给以较多的自主权。中央各有关部门要从人、财、物上积极给予必要的直接支持。

海南岛的开发建设，必须立足岛内资源优势，充分挖掘内部潜力，讲求经济效益，逐步建立起具有海南特色的经济结构……海南行政区可以根据需要，批准进口工农业生产资料，用于生产建设；可以使用地方留成外汇，进口若干海南市场短缺的消费品（包括国家控制进口的 ×× 种商品）……上列进口物资和商品只限于海南行政区内使用和销售，不得向行政区外转销。

1984 年，中央决定开放沿海 14 座城市，海南岛由此成为中国最大的改革开放特区。可以看出，中央对海南岛开发寄予很大希望，但谁也没想到，开放的海南岛却上演了一幕由当地政府主导轰动全国的轿车走私事件。

根据中央《加快海南岛开发建设问题讨论纪要》，当时还未建省的海南岛获得了免税进口汽车的优惠政策。但这份文件明确规定，进口汽车只允许在海南岛本地使用，不准出岛。由于当时的汽车进口税率高达 100%，这意味着进口汽车只要出岛卖掉就可以变成大把的钞票。海南岛政府的领导对中央利好政策的到来显然还没有做好心理上和精神上准备，在中央的优惠政策面前，他们迷失方向，举止失措。为了最大限度地利用优惠政策，快速解决海南岛发展中的资金短缺难题，当时的海南政府领导人决定倒卖进口汽车。海南岛政府的这个决定，开启了汽车走私的阀门。

如同魔术中的点石成金，在海南岛，人们点车成金，汽车顿时从"生产资料"变成了可以赚大钱的工具。在海南岛政府领导的推动下，海南岛的各级党政机关、企事业单位几乎全部动员起来，那一段时间里，买车与卖车成了他们的主业，而身为海南岛政府主要负责人的雷宇，每天被疯狂的人群追逐包围着干着一件最简单也是最赚钱的事情：在申请进口汽车的公文上签字。有了他的签字，海外轿车便可以堂而皇之地登上海南岛然后再加价转手倒卖到内地，人们似乎忘记了，这件事的真正名字叫"走私"。

星星之火，终成燎原之势。在利益的驱使下，海南全岛陷入疯狂，出现了人人争跑批文、个个倒卖汽车的热潮，半年时间内，全岛出现了 872 家倒卖轿车的公司。1984年上半年，海南的进口汽车才2000多辆，到7月份，当地政府共批准了1.3万辆汽车进口。当时，连岛内幼儿园都有集资买车的，海口市几乎所有的空旷地上都停满了大大小小的汽车，一些政府部门收取了几千元的办证费后就公然为汽车“合法出岛”提供便利，结果，80%的免税车便堂而皇之地出了岛驶向内地。到案发时为止，海南共签了8.9万辆汽车进口批文，对外订货7万多辆。

走私轿车又造成倒卖轿车的新局面，进口轿车并不是自己使用而是为了转手倒卖赚钱。一辆轿车不用出岛便以批文的形式，从张三手上卖给李四，李四加价后再卖给王五，王五再加价后卖给赵六。批文转了一圈，倒卖者还没见到汽车是什么样，在哪里。

那一年，日本的几大汽车公司着实火了一把，不管是什么车，只要是轿车，都有中国人来买。日本各大汽车公司生产线上成千上万的轿车直接开上大小滚装船，然后乘风破浪驶向海南岛。据非官方的数据，1985年，仅丰田公司一家经过各种途径“进入”中国的轿车就高达10万辆，这个数字令日本人都相当吃惊。以后精明的日本商人也发现，那些批量买车的中国人似乎并不太在乎车的性能状况，于是一些残次品甚至二手车也混杂在滚滚车流中开上海南岛，又从这里流向中国各地。

1985年，著名报告文学作家理由就此事件写出长篇报告文学《世界第一商品》，深刻、生动地揭示了走私狂潮下疯狂的海南岛众生相：

当访问者乘坐的民航客机飞越琼州海峡，当飞机临近海南行政区首府海口市上空时，眼前骤然变得明亮了，地面上放射出斑斓的光华。天蓝色的、鲜红色的、米黄色的、银灰色的，青黛色的、乳白色的……一大片强烈的反光物赫然扑入眼帘。那是成千上万辆汽车组成的庞大图案。在人们现代的生活中，汽车并不是鲜见的东西；然而，人们难得一眼看见那么多的汽车，而且尽是簇新的小轿车和面包车。它们密密麻麻地停放在码头边、空场上、院落中、道路旁，一望无际，几乎覆盖了海口市建筑物以外的每一块土地，犹如一片汽车的海洋，蔚为奇观。

从1984年初到1985年3月，海南行政区共批准进口89000多辆汽车，而海南岛解放30多年来使用过的汽车也不过1万辆。这个数字也超过全国每年进口小轿车和面包车的总和。这宗巨大的、突击性的贸易，一时间买光了日本某些汽车厂家的现货库存，忙坏了香港的中间代理商人，波及了国内二十几个省、市、自治区。中外舆论一片哗然。外面有的报刊率先披露其中的弊端，讥为“海南汽车狂潮”。

……尽管海南岛的许多人尚分不清丰田、皇冠、尼桑、福特、雪铁龙的区别所在，但他们已在短短的时间里懂得了这是时髦的买卖，能赚大钱。

……大街上的人们行色匆匆，疾步如飞，素以散淡悠闲著称的海南生活步调猛然加快。机关干部推开手头的公文簿，报社总编辑撂下油墨未干的校样，琼剧院长收起正在排演的剧本……人们的身上拧紧发条，梦呓般重复着同一个声音：汽车，汽车，汽车！发财近在眼前，金银唾手可得，汽车载着人们的全部梦想。

……一个农民在街头徘徊。他的衣衫褴褛，脚步蹒跚，眼角挂着黄糊糊的眼屎，手里拿着一张纸单。看样子昨天还在放牛，今早却赶到城里来参加这场空前的盛宴。他向行人们晃动着那张纸说："我有汽车，什么牌子都有，谁要谁来看。"

……不知从哪儿冒出那么多的经纪人，从二道贩子、三道贩子，依次排到n道贩子。他们推销汽车也收购汽车，左右逢源，过手渔利。当然也闹出了荒唐的笑话。据说有这么回事：一个经纪人向朋友放出风声，有一批新车待售，每辆5万元。朋友当时看了货，要他等几天。他一面等候佳音，一面招揽新的生意。他的朋友又去找朋友，朋友的朋友再找朋友，信息在酒楼、旅馆和街头传递着。不久，又一宗买卖找上门来，来者向他推销汽车。说是设备全新，看货论价，他欣然跟随前往。走过几条马路，拐进一个停车场。他不禁愕然，这里停放的正是他向朋友兜售的汽车！他好奇地问："这车多少钱一辆？"

对方说："不贵。9万。"当时，凡是头脑稍微冷静的人都觉得这样闹下去不妙。海口的一个机关干部回忆说："每天推开大门，就看到人们在街上乱嘈嘈的，做着汽车的交易。这一切太出格了，我想一定会出事的！"

……在海南岛内部，一切阀门都是大敞的。所有的监督与职能部门都失去职能，或改变了职能。在码头的人群中走动着工商管理部门的人员，他们是来雁过拔毛的。销往内地的汽车发票本来都盖着"只限岛内使用"或"不许出岛"的字样，这是销售者转嫁责任，给自己留一条后路。工商管理部门也来个红绿双灯，每辆出岛汽车罚款四五千元，加盖一枚印章："罚款放行"。被罚者面无难色，只当小意思。琼山县工商局看着眼热，居然派人跑到海口来"捞地界"，在码头、旅馆和街头招揽内地的主顾，以每辆汽车几百元的奖金，悬赏收罚；成批汽车出岛，奖金可高达上万元。罚公奖私，受罚者成了工管部门竞相争夺的上宾。儋县工商局更有奇招，索性花几块钱从税务局买来几本发票，化为公司名义给买车的主顾重新开出放行凭证，票面金额相差几千元或几万元。单靠几本发票就当了坐收其利的"三道贩子"。全岛"罚款放行"的汽车共5600多辆。这当中的漏洞百出，营私舞弊的手段贪婪而又笨拙，一个个的尾巴留得长长的。

……海南的银行店门大开。农行、建行、工商行都紧急修改制度。只要有谁搞到汽车批文，弄个营业执照，订了购销合同，总之，只要这笔汽车生意眼看可以成交，就向他大量发放贷款。汽车事件造成信贷失控，信贷失控又为汽车事件提供了金融条件。几百万元的金额不再经过审批，由各支行自行掌握，展开一场互相追逐的抛款竞赛。贷款月息扶摇直上，从六厘升到七厘、八厘、九厘。许多银行干脆把手一伸，卖车赚钱拿来一股、有利均沾。要利润、要额外的手续费，要汽车，要彩电……琼山县工商银行更是直截了当，自己给自己贷款，与人联营倒买倒卖汽车，赚了66万元。这些奇事干者不丑，闻者不怪，反而竞相效法，比赛新招。全世界站得住脚的金融家都以声誉为至上至重，而这里的银行毫无顾忌，声誉变得最不值钱。账目出现几亿元的透支也不会查封，没人来挤兑，更不至于倒闭，只要汽车继续向前开动就大吉大利。汽车交易的庞大轮子把海南经济秩序轧得天翻地覆。

……当风波稍息之后，一个年轻的理发员一面给一位来自北京的长者理着头发，一面嘟嘟囔囔地说："依我看，这场买卖是一道贩子赚二道贩子的钱，二道贩子赚三道贩子的钱，说来说去，是把国家大口袋里的钱装进海南岛的小口袋，本地人赚内地人的钱，到头来，还是外国人赚了中国人的钱！"

（理由《世界第一商品》华岳文艺出版社 1988 年 7 月版）

1985 年初，由中纪委、中央军委、国家审计署等机构 102 人组成的庞大调查组进驻海南，不久后公布的调查数据显示，在一年时间里，海南非法高价从全国 21 个省市及中央 15 个单位炒买外汇 5.7 亿美元，各公司用于进口的贷款累计 42.1 亿元，比 1984 年海南工农业总产值还多 10 亿元。

1985 年 7 月 31 日新华社发出"严肃处理海南岛大量进口和倒卖汽车等物资的严重违法乱纪事件"的电讯：

原广东省海南岛发生一起大量进口和倒卖汽车物资的严重违法乱纪事件。中共海南区党委、海南区政府的一些主要领导干部在 1984 年 1 月 1 日至 1985 年 3 月 5 日的一年多时间里，采取炒卖外汇和滥借贷款等错误做法，先后批准进口 8 万 9 千多辆汽车，已到货 7 万 9 千多辆，还有电视机、录相机、摩托车等大量物资，并进行倒卖。这是我国实行对外开放以来的一个重大事件。海南行政区党委和某些负责人违背中央关于开发海南的方针，从局部利益出发，钻政策的空子，滥用中央给予的自主权。这一严重违法乱纪行为，冲击了国家计划，干扰了市场秩序，破坏了外汇管理条例和信贷政策，败坏了党风和社会风气，不仅给国家造成很大的损害，也给海南的开发建设增加了困难，延缓了海南岛开发建设的进程。

事件发生后，中纪委、国家审计署、国家经委以及广东省委省政府等单位组成联合调查组。经过两个多月的调查，事件的真相查清。中纪委向党中央国务院转报了调查组的报告并获中央批准。中纪委的报告同意广东省委给这一事件的主要责任人雷宇的撤销其中共广东省委委员、海南区党委副书记、海南区人民政府党组书记职务的处分，并建议行政上撤销其海南行政区人民政府主要负责人的职务……

官方对海南岛事件背后的原因有诸多的表述，但客观分析，除了体制、财政等诸多因素外，市场因素或者说需求因素不可忽视。没有需求，何来走私？正是因为改革开放造成经济发展，市场活跃，中国日益增长的轿车消费市场逐渐浮出水面，但国产轿车供不应求，有市无车，这才给走私车可乘之机。

从以后的事实看，1985 年海南岛打击走私并没有能刹住轿车走私的歪风，由于消费缺口巨大，走私利润极为丰厚，铤而走险，以身试法者不乏其人。直到中国国内开始大规模生产轿车，轿车价格逐步趋向理性，走私之风才渐渐消匿。

仔细审视中国轿车现状就能发现，尽管国家外汇紧缺，但为了应付不断增长的需求，每年都不得不要花费拿出巨额外汇进口汽车。有钱买车，无钱造车，面对如此现状，从中央到地方，从专家到官员，越来越多的有识之士提出：为何不用这笔钱用来发展自己的轿车工业？

舆论先行

从1957年建立汽车工业起，中国汽车人就开始动手自己生产轿车，但直到与外国合资前，中国自己生产的轿车只有远远落后于世界水平的“红旗”和“上海”。而这些年来，世界轿车工业飞速发展，当中国人走出“文革”阴影面向世界时才发现，中国人自己生产的轿车不仅质量落后，而且数量远远供不应求，国内需要的轿车，几乎全部来自于欧、美、日等轿车生产大国，轿车成了国家用汇最多的进口商品之一。全国城乡公路上，到处跑的都是进口轿车，人民大会堂每逢开会，停车广场上就成了“万国汽车博览会”。

20世纪80年代中期以后，每年全国人大会议、全国政协会议的议题中，抨击指责进口轿车，呼吁发展民族轿车工业成为代表、委员们的传统话题。1988年两会期间，中国新闻社发表了一篇专门关于进口轿车问题的报道：

两会期间，首都北京街头长串的轿车洪流再次引起民众的议论。

……有细心人在全体会议之际，在人民大会堂前停车场上数了数轿车的数目，总计556辆，其中495辆为进口轿车，丰田、皇冠、奔驰……中外合资的24辆，纯国产37辆。上述车辆谁人乘坐？老百姓没有这个福分，一般代表委员也够不上级别。不言而喻，车的主人是“公仆”——高级官员。进口轿车太多的问题已经不止一次引起民众的议论了。有位人大代表是汽车专家，每当他赴人民大会堂议政时，一路心情非常沉重。车窗外，长安街上前不见头、后不见尾的车队，皆为丰田、奔驰、福特……唯独没有他亲手制造的红旗。故此，此次政协会议尾声时，一位名叫王洲的政协委员在讨论会议文件时提议：“建议在会议文件中，加进提倡领导干部乘坐经济型国产轿车。”

还有一位可敬的老人也将眼光盯在了人民大会堂外停车场。他是原一机部副部长，中国著名军工专家沈鸿。抗战八年中，沈鸿在延安茶坊（安塞）兵工厂亲自动手带领的技术人员和工人为子弹厂、迫击炮厂、枪厂、火药厂和前方游动修械厂设计制造了134种型号、数百台套机器设备，还为根据地的制药、医疗器械、造纸、印刷、造币、化工、炼铁、炼焦、玻璃、石油等工厂设计制造了400多台件成套机器设备，为抗战做出了巨大贡献。1942年，在边区政府发给发给沈鸿的特等劳动模范奖状上，毛泽东亲笔题“无限忠诚”四个大字。

因为坚决不坐进口轿车，为了表达对他的敬意，在沈鸿80寿辰的时候，一汽送了一辆红旗轿车给他作为贺礼。作为一个老机械专家，沈鸿对自己的乘坐的这辆红旗质量非常关注，发现什么问题都专门用笔记下来并及时反馈给一汽。以后他专门给一汽写了一封信，他在信中写道：

每次我乘坐轿车到人民大会堂去开会，大会堂前黑压压地停满了车，放眼望去，其中只有一辆国产轿车，就是我乘坐的红旗轿车。你们要努力，造出更多更好的中国车。

在当时，国民经济发展水平较低，轿车需求市场有限，主要是领导干部和部门接待以及极有限的出租，轿车属于生产资料，普通百姓基本上无权也无能力购买轿车，因此，汽车行业要求自己造轿车的要求，遇到了很大的阻力。当时一个颇为时髦的观点是：轿车是奢侈品，乘坐轿车是资产阶级享乐主义，国家提倡艰苦奋斗，不提倡享乐主义。有人提问："国家公路就那么多，造轿车在哪里跑啊？国家油就那么多，造轿车烧什么啊？"

"车多了要修路，修路要占农田，农民没田种，我们吃什么？"

"对轿车生产就是要像计划生育那样严格控制，一辆也不准多生产。"

这种认识在当时颇有市场并在相当时间内左右了国民经济发展的思路。

"文革"结束时，中国的经济发展水平还很低，国家有限的资金首先要保证国民经济急需的项目，就那么多钱，这里用了，那里就会缺，且不说能不能发展轿车，即使大量生产轿车，又有多少人买得起呢？1982 年大学毕业生每月工资为 54.5 元，而当时一辆轿车的价格起码在 3 万元以上。在当时的收入水平下，私人想拥有轿车确实是难以想象的。

1982 年，中国还没有一公里高速公路，全国公路总里程不过 90 万公里，公路上卡车、拖拉机、自行车、牛车、马车、毛驴车混行，在这样的路上，轿车多了怎样跑？1982 年，全国原油年产量仅有 1.1 亿吨，汽油、柴油作为重要的战略物资，全国计划供应，每一吨油都需要层层审批，私人轿车到哪里去买油？

在当时的经济水平下，发不发展轿车，的确是一件两难的选择。

但如果从另一个角度看问题呢？在工业生产中，轿车只是一个终端产品。一辆车由一两万个零部件组成，涉及机械、电子、化工、钢铁、橡胶、玻璃、公路运输等产业，轿车身上凝聚了几乎所有现代高新技术的精华，世界最新技术如机器人、微电子等技术都在轿车产业得到广泛应用。由于关联度极强，轿车生产能带动 100 多个相关产业的发展，从上游来讲，钢铁、机械、橡胶、石化、电子、纺织等行业都会受益；从下游来讲，保险、金融、销售、维修、加油站、餐饮、旅馆包括废品回收行业等都会得到程度不同的发展。从宏观角度而言，汽车产业可以给上下游产业带来 2.5 倍以上的波及效应，据测算，汽车制造业每增值 1 元，可以给上游产业带来 1 元以上的增加值，可以给下游产业带来 2 元以上增加值。汽车产业里一人就业，可以带动 6 ~ 7 人在社会上相关行业就业。正是由于汽车产业的市场需求量大，产品附加值高，波及效果广，对国民经济的影响超过其他行业，所以汽车产业不是一般的部门经济，它是具有战略性的带头产业，发展汽车工业，就能够有效地促进这些上下游产业发展。轿车工业是当今世界上唯一零件以万计，产量以百万计，保有量以千万计，投资以亿计，技术密集，关联面广，产业链条长的综合性大产业，对国民经济和社会发展有着巨大的推动作用。

大规模地发展轿车工业能够带动各项产业的发展，能够解决大量的社会就业，能够使我国的制造业上一个台阶，也能够减少进口，为国家节约宝贵的外汇。只有跳出陈旧的思维惯性，摒弃轿车是资产阶级生活方式的思维，让轿车回归其代步工具的根本属性，让轿车进入普通百姓家庭，成为大众的代步工具，轿车工业才会有源源不绝的发展动力，轿车工业才能成为支柱产业，中国轿车才有可能发展。

他山之石，可以攻玉。看一看汽车大国的发展情况，或许对我们开启思维会有所帮助。

美国是世界上最早全面普及轿车的大国，汽车在美国的发展，可以从一个侧面看到汽车对社会发展的推动作用。1925 年，汽车工业成为美国最大的工业部门，产值居所有工业部门之首，汽车工业的兴旺发达和全社会普及使用，带动了美国国民经济的增长和繁荣。

长期以来，有这么一种老生常谈，农民赚了钱，就买一架钢琴。现在，他一旦富裕起来，就买一辆汽车，汽车使他可以把产品运到镇上，工人会驾着汽车上工厂。汽车与其说造成人们嫉妒，不如说促进了和睦团结。

由于汽车的使用和普及，加油站如雨后春笋遍布全国，在城镇里，红绿交通灯也出现了，随着汽车的发展，轮胎制造也成了一个新兴的工业。坐汽车现在成了人们不可剥夺的一个权利。

（《美国史，从威尔逊到肯尼迪》）

在改变社会以适应汽车的流行所需巨额投资方面，以前没有人做过或者能够确切地估计所投入的巨额资金，这个数字包括合并学校、修建郊区和乡村住宅的费用、商业地点的更改以及上述的直接投资。这方面的巨额资本总额可能是 20 世纪 20 年代繁荣的主要因素，也是美国的商业兴旺发达的主要因素。

（《美国的商业体制：1900 ~ 1955 年的历史透视》）

美国“胡佛社会趋势研究委员会”在 1929 年的一份报告中写道：

在汽车和电气用品工业的带动下，大规模的生产技术广为传播……诸如汽车、电话、收音机、洗衣机已成为生活的必需品。

在战后（第一次世界大战）的年代里，美国的汽车工业取得巨大的声誉——这件事对美国社会的影响大概比它的历史上做任何一件事都来得深刻……20 世纪 20 年代的汽车把美国第一次真正的消费推向高潮。

（《美国的扩张与发展史话》）

美国当政者早在 20 世纪 20 年代就提出自己的执政目标是要“让每个家庭拥有一辆汽车”，在这种需求的推动下，美国的汽车工业快速发展，很短的时间内就实现了平均每个家庭拥有一辆以上的轿车，成了架在“车轮上的国家”，汽车工业的飞速发展也给美国经济带来了强大的活力。据 1999 年的统计数据，全美国有 87% 的从业人员是自己开车上班，82% 的人靠汽车外出度假、到教堂做礼拜、到商场购物，汽车已经成了今天美国人在任何情况下都得拥有的东西，没有汽车寸步难行并不是一句夸张的话。根据生活需要的不同，很多家庭已经有了不止一辆轿车，1/3的家庭拥有2辆轿车，1/5的家庭拥有2辆以上的车。汽车产业对美国国民经济做出了巨大贡献，据1999年的统计，美国纯汽车产值（不包括上下游相关产业）占美国国民经济总值5%，就业人数为17%，也就是说，全美国每6名职工中，有1名与汽车产业相关。

汽车工业是美国最大的工业部门，产值居所有工业部门之首，橡胶产业80%的产品用于汽车，玻璃产业75%的产品用于汽车，机床产业的25%用于汽车，钢铁产业20%的产品用于汽车，汽油生产的90%用于汽车，汽车产业促进了钢铁、化工、石油、建筑、房地产、金融保险和公路建设，从20世纪初以来，汽车工业的兴旺发达和全社会普及使用，有力地带动和促进了美国经济的增长和繁荣，奠定了美国世界第一经济体和军事强国的地位。

日本也是如此。二战结束后，日本经济残破凋零，1953年，日本汽车产量不到5万辆。在日本经济起步初期，日本国内也曾围绕着要不要发展汽车工业展开过一场讨论。日本通产省赞成而交通省则反对。日本银行总经理万田就是坚决的反对派。他说："在日本建立汽车工业是毫无意义的，现在是世界分工时代，日本最好还是依靠美国来获得汽车。"

经过讨论，多数人认为日本自己发展汽车工业可以带动和促进其他产业的发展。1955年，日本政府作出决策，支持汽车工业的发展，通产省也制订了"培养国民汽车纲领"。1963年，日本政府对经过合并后实现大批量生产的汽车企业给予长期低息贷款的扶持政策，向汽车工业投入大批资金，促进汽车生产专业化、现代化，日本汽车产业逐步突破了欧美几十年来沿用的管理体制，最后终于建立了一套如精益生产、全面质量管理等具有日本特色的管理体制，逐步建立自己的品牌和技术体系，一跃成为世界汽车生产强国。1961年年产50万辆，超过意大利，1964年年产180万辆超过法国，1966年年产231万辆超过英国，1967年超过联邦德国，1980年以年产1104万辆超过美国成为世界第一汽车生产大国，占世界总产量的1/4以上。1970年，日本汽车保有量达到1800万辆，平均每12人拥有一辆轿车，到了1980年，日本人均轿车拥有量与美国相当。

汽车产业的迅速发展促进日本的经济如同发面团一样膨胀，平均每年递增15.8%，位居各行业之首。汽车产业总产值占全国总产值1/10，为全国三大支柱产业之一。1967年，国民生产总值超过英国和法国，1968年超过联邦德国位居世界第二。日本人的人均收入也大幅提高，1965年人均收入785美元，到了1979年就达到7421美元。可以说，没有汽车产业，就没有日本的经济奇迹，今天，汽车已经成为日本走向世界的产业名片。

韩国也是一个较为典型的例子。20世纪60年代末的韩国经济水平很落后，1962年，国内生产总值只有23亿美元，人均国民收入只有87美元，还未解决温饱问题，汽车工业基础较中国要差得多，与之相关的钢铁、道路、石油等问题都很落后，但韩国政府毅然将汽车发展作为重要支柱产业，制订适合本国汽车发展的政策，1976 年开始发展轿车工业，经过短短十几年，韩国汽车工业从无到有，建立了现代、大宇、起亚 3 大汽车公司，到 1987 年，汽车产量猛增到百万辆，年平均增长达到 60%。其中现代公司 45 万辆，其中 30 万辆出口；大宇公司 14 万辆，其中 8 万辆出口；起亚公司 11.85 万辆，其中 8.5 万辆出口。1989 年，韩国汽车产量达到 250 万辆，年出口 100 万辆，成为世界第五大汽车生产国和第六大出口国。

汽车的广泛使用和家庭轿车的普及促进了韩国的公路网建设，韩国国土面积不过 99237 平方公里，还不如中国的辽宁省，但 1988 年，韩国公路铺装率为 60%，1990 年已达到 72%，公路网总里程达到 5.7 万公里。汽车工业带动韩国制造业快速增长，1985 ~ 1987 年，韩国制造业增长 45%。汽车带动经济发展的作用日益明显，1962 年韩国国内生产总值只有 23 亿美元，人均不过 87 美元，1980 年，韩国年人均收入达到 1520 美元，进入小康社会，1989 年，韩国年人均收入达到 4968 美元，一举跨进发达国家行列。

20 世纪 80 年代末期，一位韩国的官员与机械部一位官员的对话颇有代表意义：

问："贵国何时开始大力发展轿车产业？"

答："我国当前主要是解决老百姓的吃饭问题。"

没想到对方十分认真地说："韩国恰恰是在老百姓还吃不饱饭的时候，勒紧裤腰带决策发展轿车的，如果当时只是靠种地找饭吃，恐怕今天大多数韩国人还过着像北方的亲戚一样的日子，做梦也开不上自己的小汽车。"

其实，除了国民经济发展现状外，造成轿车发展滞后的原因主要是认识问题，是思想解放的程度问题，这个问题解决了，中国汽车工业、轿车工业就会有大的发展。只是中国国家大，经济发展长期落后，积累的问题多，解决认识问题需要时间，在统一思想认识上，一个十几亿人口的大国毕竟与一个几千万人口的小国有着很大的不同。

实际上，轿车作为一种代步工具，如同自行车、收音机一样，就是一件普通商品，任何有条件的人都有权自由地拥有它。需求决定发展，如果不是以社会大众需求作为出发点，势必导致中国轿车的市场容量有限，没有强劲的市场需求，轿车发展就缺乏动力。中国有十几亿人口，如果轿车进入家庭，市场该有多大?

1988 年 1 月，新华社资深记者李安定就轿车发展问题采访中汽联理事长陈祖涛，陈祖涛向李安定详细分析了轿车进入家庭的重要性和可能性：

1988 年我国城乡居民节余购买力已达数千亿元，为这些资金寻求新的消费商品，可以达到分流社会购买力、抑制通货膨胀、调整产业结构的目的。当时除了买房外，轿车是唯一单价在万元以上的商品。发展将轿车引向家庭，将为过于集中的消费打开一个泻洪口，有利于国民经济的健康运行。1988 年，全国个体户已达 357 万户，从事文艺、体育、企业等高收入人群 18 万户，留学归国人员 2.2 万户，农村富裕户60万户，这么大的一个群体的生活、工作都需要“代步”工具，如果按10%～15%来计算，那么我们的轿车需求量就会达到40万～60万辆，而且，随着经济发展，富裕户还会不断增多。这是一个要大力开发的潜在的市场。要开发这个市场要做好两个工作，一是政府要出台相应的政策，鼓励私人买车；其次是考虑到轿车建厂需要5～7年的周期，国家要为大批量生产提前做好准备，现在就要安排私人轿车的生产。

1988年1月23日，李安定在“经济参考报”上以“鼓励小轿车进入富裕家庭”为题，披露了采访内容。

李安定是新华社资深记者，长期关注中国轿车尤其是家庭轿车的发展，曾写出大量深刻反映中国轿车发展的分析文章，如“但愿不是一个梦——关于轿车私有化的思考”、“由远而近的叩门声”等引起社会高度关注。1989年，李安定在1989年第二期《嘹望》周刊撰文，“但愿不是一个梦——关于轿车私有化的思考”，文中称：

一部分先富起来的人赚钱没处花，便和那些工人、教师、公务员一样，都把钱投向吃、穿、用。不平衡的收入水平，挤在过于狭窄的消费领域，副食和日常消费品的价格不抬起来才叫奇怪！让一部分人先富起来，本是十年改革的成果之一，但是谁曾料想，他们手中较高的消费能力，又成了哄抬物价的动因。况且，将会有更多的中国人逐步富起来。为何不打开轿车私有化的闸门，缓解消费资金膨胀带来的巨大压力？有个比喻说得好：住房商品化，好比取消粮食补贴，事关家家户户的承受能力，推行的难度怎样估计也不会过分；轿车私有化却如同名烟、名酒提价，有财力、有嗜好的人，愿者上“钩”，那些平日与茅台、云烟无缘的老百姓并没有承受问题，推行起来自然要顺利许多。

从认识到现实，中国轿车还有很长的一段路要走。

消费刺激生产，生产满足消费，轿车作为新的消费热点，已成为经济发展的必然趋势。只有让轿车作为经济发展的成果进入中国千家万户老百姓的日常生活，才会形成两条腿的消费市场，中国的轿车工业才能得到持续的发展动力。

发展中国自己的轿车工业，逐渐为人们所认识并逐步成为舆论主流。为了解决发展轿车工业的认识问题，从中央领导到各有关部门的负责人到专家学者纷纷开会撰文，各抒己见，中国的轿车发展成为舆论关注的中心。

1982年3月，中汽公司成立，在中汽公司第一次会议上，国家机械委副主任沈鸿就明确表示支持发展轿车工业：

……汽车是文明的产物，我最近到海南岛去开会，坐的是日本的海斯面包车，一车9个人，1200公里的距离，一路上跑得飞快，没有停过一次车。每百公里油耗只有7公升。苏东坡当年被贬到海南岛，由于交通不便，没有到天涯海角，据说非常遗憾。现在我们乘坐小汽车，“呼”地一下就到了。

发达国家说他们的支柱产业有三个，一是建筑业，一是钢铁业，一是汽车业。

其实还有石油工业。石油工业促进汽车工业发展，汽车工业又反过来促进石油工业发展。汽车工业比哪一种工业都要复杂，投资大，关系面多，……现在全国说起来有几百个汽车生产厂，一年生产三辆车也叫汽车厂？

一说起发展轿车，有些同志尽想依靠国外，自己不想也不敢动手，什么都靠外国，恐怕靠不住。有的人一说到轿车就想到买，买也买不到"四个现代化"……好端端的阵地，大量让给外国人，是我们造不出来吗？我看是没有下工夫去做。

（《饶斌传记》张茅著）

1984 年 7 月 27 日，时任国务院总理赵紫阳召集有关部门领导，讨论中国发展自己轿车工业的问题，在听取大家的意见后，赵紫阳代表国务院明确表态要发展中国自己的轿车工业。几天之后，8 月 11 日，中央财经领导小组在北戴河开会，听取一汽汇报。国务院总理赵紫阳主持会议，万里、姚依林、胡启立、张劲夫、杜星垣、郝建秀、李鹏、田纪云、陈慕华、王丙乾、宋平、王任重等领导参加。中汽公司领导饶斌、李刚列席会议。一汽党委书记徐元存、厂长黄兆峦汇报了一汽的生产发展以及面临的困难和希望中央给予的支持问题。

这么多中央领导集中在一起听取一个汽车企业的生存与发展情况汇报，这再明确不过地说明，中央对于汽车工业发展的高度重视。不光是重视，而且有了明确的动作。到会的中央领导明确表示：中国汽车工业要大发展，要给一汽、二汽这样的国有大型汽车企业松绑放权，让他们到市场上去放手发展。这次会议的会议纪要指出：

随着国民经济的发展，小汽车的需要量会很大，如出租车，不但城市需要，中小城镇和经济发达的农村地区也很需要，家庭私人用车也会逐渐增多。汽车工业的规划和发展需要考虑到这种趋势，组织专业化、大批量生产或进口一些散件在国内组装，以缓和供需矛盾，控制盲目生产。近期不发展成本高的高级轿车，要大力发展质量好、成本低的中档以下的经济型轿车。

1984 年 12 月，"全国汽车行业工作会议"在北京召开，中汽公司在《关于中国汽车工业现状的报告》中呼吁：

要发展中国汽车工业就一定要发展中国自己的轿车，轿车工业不发展，汽车工业就不可能得到真正的发展，只有卡车和轿车统一均衡发展，汽车产业才能够真正成为支柱产业，才能够成为国民经济新的增长点。

1985 年，中共中央《关于制定国民经济和社会发展"七五"计划建议草案》中明确提出：

根据加快交通运输建设的要求，要把汽车制造业作为重要支柱产业，争取有一个较大的发展。

1986 年 7 月，国家科委、国家计委、国家经委共同组织 18 各部门的专家，对中国发展轿车工业进行了前期论证，并与 7 月 13 日将论证成果《发展轿车工业，促进经济振兴》上报国务院，论证报告提出了："把轿车作为带动国民经济发展的主导产业，国家给予重点扶植等应遵循的九条原则”。8月，时任国务院主要负责人在这份报告上批示：

是否在讨论小轿车发展规划时一并研究，请李鹏同志酌定。

1986年8月，国务院发展研究中心副主任张盘在一汽主持召开了“轿车工业政策研讨会”。在会上，国务院决策咨询协调小组成员段君毅、周子健、周建南、饶斌等机械工业部的老领导在深入调研的基础上拿出了《中国汽车工业发展战略的建议》，“建议”提出，要大力发展中国自己的轿车工业，“尽快审定汽车工业中长期发展规划和确定轿车工厂建设项目”。

那段时间，上至国家部委，下至各行各业，发展轿车工业成为最热的舆论。在所有舆论热潮中，最重要的当数1987年春天在湖北十堰召开的一次。

1987年5月，位于中国版图正中的秦巴山区万木葱茏，桃花红、梨花白，火红的杜鹃一簇簇一蓬蓬，如同跳动的火焰，满山怒放，湖北十堰春意正浓。乘着浩荡春风，中国轿车发展史上最重要的一次会议在这里召开。这次会议的全称是“中国汽车工业发展战略研讨会”。会议由国务院经济社会发展研究中心组织，国务院决策咨询协调小组负责人马洪主持，国家计委、国家经委、国家科委的官员、理论界权威、汽车界元老、专家、骨干汽车厂的负责人，如一汽的耿昭杰、二汽的陈清泰、机械工业部的老领导段君毅、周子健、祁田、饶斌以及国家各部委的领导共200多人与会。会议的核心问题是：中国到底适合发展轿车吗？

31位专家为论证会提供了25万字的研究报告，原材料、机械、电子、燃料、道路、市政等行业的代表都发表了本部门的研究结果和意见。日本的丰田、日产两家汽车公司也应邀分别派出专家组，专程从日本赶来就中国发展轿车发表自己的意见。

中国要不要发展轿车是历来就有争议的课题，中国工业基础差，国民经济发展不平衡，很多人对发展国产轿车有着不同的看法，如道路问题、汽油问题、资金问题、轿车的使用对象问题等，这次会议就是要彻底明确：中国究竟要不要发展轿车、中国能不能发展轿车这个事关国家经济发展的重大战略问题。

这次会议，发言热烈踊跃，支持发展国产轿车的观点成为会议的中心及主流。

会议的东道主，二汽厂长陈清泰首先发言，他发言的题目是:《振兴我国轿车工业的重要抉择》，陈清泰提出5个抉择：

战略重点的抉择，要从以卡车为主有计划地向以轿车为主转移；

市场目标的抉择，提倡以国际市场为目标，以国内市场为后盾的出口导向战略，取代以国内市场为目标的进口替代战略；

发展模式的抉择，主张双市场企业型的“联合开发，合资办厂”模式，抑制进口替代型企业的“技术引进、自主建厂”模式；

依托力量的抉择，反对全国支援，新建企业，主张以骨干汽车企业为主体，联合地方、军工力量建设两三个轿车基地；

筹资方式和经营主体的抉择，提倡以企业为主体，通过留利积累、集股、借贷方式筹集，反对走“国家出钱，企业建设”的老路。

陈清泰发言的核心是：以大企业为依托，出口导向、合资办厂、自筹资金，一次建成30万辆规模的轿车工业基地。

一汽厂长耿昭杰的发言为《发展我国轿车工业的几点意见》，耿昭杰强调，依据中国汽车工业的现实情况，发展轿车需要依托大企业集团的优势，起点必须要高，批量一定要大。一汽正符合这一特点。他列举了一汽发展轿车所具有的6大优势：

具有29年轿车生产的历史和实践；

具有全国最大的汽车研究所、汽车工厂设计院，集中了一批从事了20多年轿车开发工作的技术队伍和装备设计力量；

具有比较强大的后方，经历了3年换型改造的实际考验和锻炼，掌握了自主改造老厂包建新基地的技术和能力；

具有自筹资金的优势，用自筹资金完成过换型改造任务；

具有“轻（型车）轿（车）结合”的优势，已经从美国引进了轻轿通用的488发动机，轻型车、轿车所用的毛坯、车轮、化油器、散热器等零部件都已经统一做了规划布点；

已经为开发中级轿车开始了产品的开发和研制工作。

耿昭杰认为，结合中国轿车需求的现实，发展轿车需要从中高级轿车起步，轻轿结合，挡住进口，一次规划，分期实施，最终达到30万辆经济规模。建议分两步走，第一步，结合上轻型车，引进外国技术，改造红旗轿车生产基地，形成3万辆中高级轿车的生产能力；第二步，再选择外国合作伙伴，建设符合规模经济的轿车生产基地。在“七五”期间形成国产化轿车生产能力，在新的轿车更新高潮到来之前，以一定数量的国产轿车加上适当的保护政策挡住进口。

中国两大汽车企业集团，分别表态亮相，二汽提的是“出口导向”，一汽提的是“进口替代，挡住进口”，各有侧重，但都强调，发展轿车工业需要大规模高起点，起点要定在30万辆经济规模。

这是中国发展轿车工业的一次大讨论，大家争相发言，经过激烈争论，到会者一致认为：中国应该发展轿车工业，中国现在就要动手发展轿车工业，在发展轿车问题上，我们已经晚了，我们不能再晚了。

会议结束后，给中央提交了三个报告：《关于发展我国汽车工业的建议》《发展轿车工业，促进经济振兴》《关于发展轿车工业的建议》。

这次会议上有一个引人注意的走向，耿昭杰和陈清泰分别代表中国最大的两个汽车集团表态，耿昭杰的进口替代，陈清泰的出口导向。与会者的掌声全都给了出口导向，并不是陈清泰的口才比耿昭杰好，而是，中国太需要汽车出口以换回宝贵的外汇了。虽然我们希望将自己与外国人合作生产的轿车重新卖给外国人，但鼓掌者却没有仔细想一想，外国人到中国来是为了开拓新的市场，这些为赚取中国现大洋的外国人会将自己从万里之外运来的零部件组装成车，然后再自己花钱买回去吗？那不是傻子吗？从那时起直到今天，中国的汽车产量已经达到1800万辆，轿车产销也已经达到1300多万辆，但中国合资企业造的轿车一辆也没有卖到美、德、法、日等发达国家去，相反，倒是这些国家的轿车充斥在中国的城乡。“出口导向”受到热烈欢迎，那时我们的想法是多么的天真啊。

会议后不久，1987年6月25日，国务院根据中国汽车工业发展现状做出决定：撤销中国汽车工业公司，成立中国汽车工业联合会，挂靠在机械电子工业部。陈祖涛任理事长，常务副理事长蔡诗晴，吴庆时、李荫寰、丁志寰、夏德明、薄熙永、王立三任副理事长。国务院成立中国汽车工业联合会的目的就是要大力进行汽车工业领导体制的改革，为中国汽车工业大发展创造一个宽松的环境，使汽车工业尽快成为国民经济的重要支柱产业。中央的决定为中国的轿车工业起步发展准备了条件。

1987年7月16日，国务院经济技术发展研究中心向国务院提交《关于发展我国汽车工业的报告》。国务院主要负责人批示：

印发国务院常务会议，北戴河会议期间议一次。

经过从中央到地方各级部门以及大量有识之士奔走呼吁，发展轿车的意见逐渐成为主流共识。那段时间，从中央到地方，呼吁发展轿车的意见和建议如雪片般飞向北京，在众多的文章中，国务院经济技术社会发展研究中心总干事、国务院发展研究中心主任马洪的文章观点鲜明，条理清晰，受到中央决策层高度重视。马洪认为，轿车发展绝不是一个产业的问题，而是事关中国宏观经济发展的重大问题，应从国民经济发展长远考虑。1988年7月9日，马洪起草《关于发展轿车工业的若干政策建议》上报国务院。摘要如下：

……

形势紧迫

目前，国内轿车市场供求矛盾日益尖锐，几十万辆轿车的更新期即将相继到来，进口压力巨大。轿车价格畸高不下，在超高利润的刺激下，不少地方都想利用“时间差”，酝酿上轿车项目，有蜂拥而起之势，很可能冲击国家定点的轿车厂的建设和生产。我国轿车工业起步很晚，国际上强手如林，竞争激烈，我们的轿车“走向世界”，机会和风险并存，将遭到严峻的挑战。国内外形势都迫切要求我国轿车工业的发展必须坚持“高起点、大批量、专业化”的原则，一定要抢时间，快建设，早出车。正确决策之后，应当尽一切努力加快建设速度，以发挥预期的替代进口、出口导向的重要作用，不致再一次失去振兴民族轿车工业和跻身国际市场的宝贵机遇。

三大轿车基地的建设任务艰巨，一方面投资规模巨大，超过百亿，外汇平衡不易；技术集约化、生产专业化、零部件和原材料配套社会化的程度和要求都相当高。另一方面新旧体制转换阶段，宏观环境还不够理想；同时，物资紧缺，相关产业落后，也起着制约作用……当务之急主要有两件事情：一是保证轿车工业的合理布局。应当明令重申，在国家定点的企业之外，严格禁止随意上轿车项目和制造轿车，必须吸取卡车办厂“遍地开花”的教训，坚决纠正争上轿车不计后果的行为，并采取相应的行政干预和疏导措施。二是要继续严格执行国务院关于不准进口小轿车整车的决定。……为增强企业集资能力，建议国家继续对一汽和二汽实行利润递增包干制度，直到新轿车项目建成投产。一汽采取“自行滚利，以轿养轿”的办法……二汽采取“以中养轿”的办法。

一汽、二汽作为大型轿车工业基地建设的投资主体，向国家承担了巨大的责任，国家也应赋予企业相应的自主权，在宏观调控和政策指导下，具体事情放手让企业去干。建议在一汽、二汽实行轿车建设项目总承包，使企业责、权、利紧密结合。项目总承包的基本内容包括：工程概算、投产后产品的数量、品种、质量、出口数量、外汇平衡、国产化进程等。

轿车工业的建立和发展，是以零部件工业与主机厂同步或超前发展作为前提和基础的。我国零部件工业的发展滞后，还没有形成完整的体系。为尽快改变这种状况，应当抓紧大型现代化轿车厂上马的有利时机，立即着手，统一规划，集中布点，建设具有经济批量和符合通用化、标准化、系列化要求的外向型零部件生产体系……轿车工业的发展，对设备制造和钢材、有色金属材料、塑料、玻璃、橡胶、电器等产业，既有带动作用，又受其制约，有赖于这些相关产业的同步发展，而相关产业发展往往有个滞后期，建议国民经济综合管理部门，协调各有关产业部门统筹规划，及早安排。

报告认为，中国轿车工业发展存在一些体制与政策性的问题：

1. 缺乏明确的产业政策，使轿车工业的发展在理论上和政策上依据不足。

制定产业政策明确优先发展某些产业，是经济发展的一条捷径。轿车工业是否优先发展？在国民经济中的地位如何？其发展战略和发展模式是什么？需要什么样的扶持政策？国内消费政策如何制定等急需在国家总的产业政策中加以明确，否则，轿车工业只能在一种摇摆的、举棋不定的状态下发展，只能在各种政策的限制下发展，这是违背轿车工业自身发展规律的，这种状况下的轿车工业不可能得到健康发展。

2. 投资分散化趋势与轿车工业投资密集的特点相矛盾，把轿车工业全部挤到中外合资经营的狭路上。

实际情况表明，我国轿车工业起步已经为时过晚，现在刚刚处于起步阶段，为了尽快发展满足国内需求，根据轿车工业投资密集的特点，国家应在资金上重点支持。然而，产业政策的不明确，影响了投资政策对轿车工业的倾斜。已经动工的5个项目（一汽奥迪、二汽雪铁龙、上海桑塔纳、北京切诺基、广州标致），几乎没有预算内安排，专项贷款计划仅占20%（9亿～10亿人民币），而且目前也只安排了区区不足2亿元。根据日本、南朝鲜等国家和地区的经验，在国家强有力的政策支持下，轿车工业起步尚需10年，以我们目前的投资水平，真正起步恐怕要拖到2000年以后。

由于投资不足，使得我国的轿车项目不得不转而寻找合资方式（中外合资方式享受2年免税6年减半的优惠）。已决定上马的五个项目，有三个是中外合资经营项目（北京切诺基、上海桑塔纳、广州标致），一汽与二汽的项目也是中外合资。“三大三小”6个轿车项目，5个要合资（合资时间均在25～30年），剩下一个天津也在所难免，这种做法是值得认真研究的。

积极利用外资发展轿车工业是必要的，但如何利用外资，正确地选择利用外资的方式是非常重要的。如果整个轿车工业都采用这种方式，鉴于中方在技术和资金的不足，那么，中国的轿车工业将受控于国外几大汽车集团，届时，我国轿车市场将被国外几大汽车集团控制与分割，搞得不好，30年后，我国轿车工业依然是步人后尘。

3. 几个轿车项目同时起步，同时消化吸收，我国现有工业基础难以支撑。

没有大量的集中投资，换来的就是小项目的同时上马。现已开工的5个项目，其生产纲领都只是经济规模的10%～20%，6个项目引进4个国家（美、西德、法国、日本）的产品技术，由于产品标准、设计规范、用材体系、配套厂家各不相同，零部件配套很难形成系列化大批量生产，只能围绕主机厂家自成体系，无规模经济可言，无形中加大了投资，相关工业更难系统引进技术改造，在有限的投资内成分散化状态，今后的消化吸收更为困难。轿车工业对零部件和相关工业的要求比卡车工业高得多，我国现有的工业基础，不论质量、精度还是生产批量，都不适应轿车生产的要求，如果扭转不了四面出击的现状，预计到1993年以前，轿车工业还是无法摆脱CKD组装的局面。

4. 轿车市场价格扭曲造成错误信号，面临重蹈轻型车分散化覆辙。

随着“七五”计划的实施，载重汽车的发展呈现出逐渐集中的态势，而过热的轿车市场使许多地方和部门热衷于上轿车项目，使得轿车发展逐渐呈现出分散化态势。有的厂家利用原来的微型车生产点搞测绘仿制；有的搞超微小型轿车布点；有的购买国外淘汰的轿车模具，还有的利用维修旧车进口配件的机会，分散分批进口轿车总成零件非法拼装整车，严重搅乱了国内轿车市场，影响了国内轿车工业的起步发展。如果这种盲目发展轿车的势头不控制住，国内轿车市场一些“小而全”的企业将会出现抢市场、抢资金、抢资源的“混战”，这不仅会分散建设资金，使得在建项目难以形成经济规模，而且还会给国外大汽车资本集团控制中国轿车市场，从中渔利的可能。

……

马洪的这篇报告极富远见，如“以我们目前的投资水平，轿车工业真正起步恐怕要拖到2000年以后。”“如果整个轿车工业都采用这种方式，鉴于中方在技术和资金的不足，那么，中国的轿车工业将受控于国外几大汽车集团，届时，我国轿车市场将被国外几大汽车集团控制与分割，搞得不好，30年后，我国轿车工业依然是步人后尘。”“我国现有的工业基础，不论质量、精度还是生产批量，都不适应轿车生产的要求，如果扭转不了四面出击的现状，预计到1993年以前，轿车工业还是无法摆脱CKD组装的局面。”

以中国轿车工业今天的现状而言，马洪20多年前的预期都不幸言中了。

北戴河决策

北戴河，背山面海，沙软潮平，夏无酷暑，冬无严寒，长达20华里的海滩边，绿树成荫，宜人的气候，使得这里成为全国最佳的避暑胜地。每年盛夏时节，中央也在这里召开各种会议。

1987年7月，北京骄阳似火，暑气逼人。时任中汽联理事长陈祖涛与副理事长薄熙永一起到上海去看望病重住院的饶斌。两个人一路在商讨中国轿车工业发展的问题。薄熙永对陈祖涛说：“发展轿车工业牵涉到党和国家的大政方针，咱们在各个层面的工作都做了，目前中央领导都在北戴河开会，我们最好去直接向中央领导陈述咱们的意见，促使他们下决心。”

陈祖涛非常赞成薄熙永的意见，陈祖涛又通知中汽联副理事长李荫寰和二汽厂长陈清泰一起来到北戴河，向中央领导汇报了中汽联对发展轿车的认识与意见，这是一次重要的“游说”行动。

每到夏季，中央领导有到北戴河办公的传统。陈祖涛等人来到北戴河后，马不停蹄，开始约见中央有关领导。由于中央领导都很忙，他们能约见就约见，约不到的就干脆直接到领导的家里去敲门，总之，想方设法要将他们对发展中国轿车的意见直接转达给中央的决策者并影响他们的决策。

陈祖涛等人第一个汇报对象是德高望重的薄一波。薄一波是开国元老，时任中顾委常务副主任，薄一波曾任国家机械委的主任，直接分管中国的机械工业，对中国汽车工业高度关注并给予极大支持，多次过问中国汽车工业的发展，出主意想办法，帮中国汽车工业解决了很多困难。当年红旗复出后，薄一波第一个将自己的坐车换成红旗，以实际行动支持中国汽车工业。中汽公司管理体制改革，一汽、二汽等特大企业松绑放权都与薄一波有着直接的关系。经过薄熙永的联系（薄熙永是薄一波的二儿子），陈祖涛等人顺利地见到了薄一波。薄一波虽然年事已高，但精神矍铄，思想敏锐，他仔细听完陈祖涛等人的汇报后表示：“发展轿车工业是中国汽车工业跨上新台阶的重要一步，这一步走好了，对中国的汽车工业真正成为国民经济重要的支柱产业，有着极为重要的意义，我支持你们的努力，希望你们能将这个工作做好。”

陈祖涛等人的第二个汇报对象是国务院副总理李鹏。陈祖涛与李鹏都是革命后代的子女，在延安时代就认识，他们既是儿时的伙伴，又是在苏联留学时的同学。时任副总理的李鹏分管机械工业，是陈祖涛的顶头上司，对陈祖涛的工作非常支持，只要是有关汽车工业的问题和要求反映到他那里，总是得到他热情的支持。这次呼吁发展中国的轿车工业，对中国汽车工业发展有极为重大的意义，当然更需要他的支持了。

李鹏的住处就在北戴河海边，在面向大海的阳台上，几个人几把椅子围坐一圈，在阵阵涛声的伴随下，开始了有关中国汽车工业发展命运的讨论。陈祖涛向李鹏汇报了来意，详细介绍了中国汽车工业的现状和发展方向，希望中央能够因势利导，研究此事并出台相应的政策，发展中国的轿车工业。

李鹏认真地听完陈祖涛的汇报，又和陈清泰、薄熙永、李荫寰等人就轿车发展的一些有关问题展开讨论。陈祖涛回忆这段经历时说：“李鹏说，你们讲的意见很好，在中央讨论这个问题时，我会发言的。”

第三个汇报对象是时任中央政治局常委胡启立。胡启立对中国汽车工业也是非常关心的，1983 年夏天，中汽公司在北京农展馆举办第一届全国汽车展览会，展会开幕时，邀请胡启立参加，他不光参加了开幕式，还很感兴趣地看完了全部展览，胡启立边参观边与陈祖涛交谈中国汽车工业的现状和发展中的问题等。让陈祖涛没料到的是，第二天，胡启立又专门给陈祖涛打来电话，对中国汽车工业的发展表示支持。有了以前的这些铺垫，陈祖涛对向胡启立的汇报也充满信心。胡启立是中央政治局常委，工作很忙，经过和他的秘书预约，在一个晚上，陈祖涛等人到了胡启立的住所。陈祖涛等人先向他汇报了来的目的，然后详细地谈了中国发展轿车工业的重要性和必要性，发展的具体部署和设想等。胡启立的思想很开放，对发展轿车的意见和思路很赞同，并将此问题放到政治的高度来看待。他说：“汽车进口问题已经不是方法问题、经济问题了，它涉及到我们民族的自尊心、自信心和民族尊严的问题了，成了政治问题了。各国都用自己的轿车，包括印度。汽车工业发展要有战略布局，要有竞争，在竞争的基础上扶持。你们的意见很重要，我一定把你们的意见带到中央。”

第四个汇报对象是中共中央政治局常委兼国务院副总理姚依林。姚依林和薄一波、李鹏、胡启立等人不同。薄一波虽然是他们的长辈，但他是薄熙永的父亲，这样的气氛就要随和得多。李鹏与陈祖涛是同学，胡启立与他们都是同龄人，谈话的气氛很活跃。姚依林长期抓经济工作，原来是陈云的助手，在副总理中，分管经济工作。姚依林认真听完陈祖涛等人的汇报后，没有说话，严肃的脸上没有表情，陷入较长时间的沉思。看他一言不发的沉思，陈祖涛等人的心也一下子悬起来。陈祖涛事后回忆说：“当时生怕他有反对意见，毕竟中央内部对发展轿车也有不同的意见，而且他是政治局常委，一言九鼎，他要是有不同意见，那我们的工作难度就大了。”

过了好一会，姚依林开始提问了，他向陈祖涛等人提了很多关于轿车自身以及发展轿车与宏观经济等方面的问题。陈祖涛回忆说：“虽然当时我们很拘谨，但他的问题考不倒我们，我们这几个都是经济和汽车方面的专家，他提的那些问题，我们早就考虑过。听完我们的回答，他没有像前两位领导那样明确表示支持，而是说，好，你们的意见我知道了，我们先议论一下吧，我们议论完了以后再定吧。”

陈祖涛等人离开姚依林家后，心里还七上八下，担心姚依林会不会有不同意见。事实证明他们的担心是多余的，几天以后，中央在北戴河召开发展轿车工业的会议就是由姚依林主持的，这次会议上姚依林代表中央做出了发展轿车工业的重要表态。

第五个汇报的对象是时任经委副主任林宗棠，林宗棠是中国电力、机械方面的专家，20世纪60年代曾担任上海万吨水压机的副总设计师，以后还担任国家航空航天部部长，现在就分管机械工业。林宗棠是陈祖涛的老熟人，陈祖涛在莫斯科读书时就和他认识，陈祖涛的夫人赵淳媛和朱镕基、林宗棠三个人都曾在东北工业部计划处工作，陈祖涛那时与林宗棠就有工作上的来往。由于在国家经委分管机械工业，林宗棠对发展轿车持积极的态度，明确表示支持并有清晰的发展思路。

在林宗棠之后的汇报对象是国家计委副主任黄毅诚。陈祖涛与黄毅诚是老熟人，工作上联系很多，但彼此之间都是很讲原则的。陈祖涛曾提出在北京发展30万辆轿车，并将报告转交到邓小平那里，邓小平以及其他很多中央领导都批了意见，但到黄毅诚那里，他却有不同意见，最后把30万辆项目分成了两个阶段来完成。陈祖涛等人向黄毅诚汇报后，黄毅诚并未直接表态，而是说：“这件事太大了，牵涉到国家的产业政策，我们要认真研究。”

陈祖涛等人在北戴河的汇报一直持续了十来天。

8月12日，在北戴河一座绿树环绕的别墅里，中央召开会议研究汽车工业，会议由副总理姚依林主持，李鹏、张劲夫、黄毅诚、林宗棠、何光远、陈祖涛、陈清泰等参加会议，会议首先听取了陈祖涛关于轿车发展的汇报。

到会的各位领导都发表了自己的意见，姚依林在会上宣布：

中央决定，中国要发展自己的轿车工业。为了做好这件工作，决定成立国务院振兴汽车工业协调小组，由姚依林、邹家华、段君毅、周子键、陈祖涛5人组成，陈祖涛任办公室主任。会议决定：中国要发展自己的轿车工业，根据中国汽车工业的实际情况，全国建设一汽、二汽、上海三个轿车生产点，在车型及发动机档次上合理分工，一汽生产高、中级轿车，排气量2.0以上。上海生产中级的“桑塔那”轿车，排气量1.8。二汽生产普及型轿车，排气量1.3 ~ 1.6之间。天津、北京、广州三个生产点从进口轿车散件组装开始，逐步实施国产化生产。除此以外，要严格控制轿车的生产，防止一哄而上。

1987年11月13日，姚依林主持召开了国务院振兴汽车工业协调小组会议，参加会议的有邹家华、段君毅、周子键和陈祖涛以及国家计委黄毅诚、唐自元、林宗棠、吴威力等领导人。这是继北戴河会议关于中国轿车发展定调之后，具体落实北戴河会议精神的一次重要会议。

这次会议作出了以下决定：

一、关于小轿车的发展

坚持8月12日北戴河会议的决定，今后轿车生产主要依靠一汽、二汽和上海大众。一汽要抓紧3万辆轿车项目的建设，争取早日出车，近二三年内尽可能提供小批量产品。二汽要抓紧与国外谈判，谈判中要争取能出口和吸收外资的优惠条件以加快建设速度。上海大众汽车公司要抓紧实现国产化。在全国范围内不再安排新的轿车生产点。

为了限制进口并满足国内急需，目前有些地方如北京、天津、广州等地利用地方财力，在已引进的微型车和吉普车的基础上，适当生产一部分变形的轿车和民用吉普是可以的，但一定要按已于国外签订的合同内容办，不再继续发展。

已确定的三个生产轿车点的车型分工，总的原则是近期档次不要重复，从长远来说可以适当交叉。

一汽主要生产排量1.8升以上中级和中高级轿车3万辆（包括少量“红旗”），然后依靠“滚雪球”方式发展到15万辆；

二汽生产排量1～1.6升的普通型轿车30万辆，其中2/3争取出口；

上海大众汽车公司生产桑塔纳轿车，在加速零部件国产化基础上，尽快形成3万辆生产能力。

……

会议要求：三个生产点要在生产第一代车的基础上重视自行开发第二代新车型的问题。

中国轿车终于得到了起跑的号令。

基础与现状

经过北戴河会议，中国发展轿车终于从国家政策层面得到肯定。但中国的轿车是在什么样的基础上起步的呢？了解中国轿车起步的基础，就能认识与理解中国轿车发展过程中遇到的各种数不清的困难与问题，就能懂得，为什么直到21世纪的今天，社会各界仍在呼吁中国要自主发展轿车产业。

1956年，在苏联支持下，中国建成一汽，开创了中国的汽车工业。到了1958年，中国国内掀起了“大跃进”的热潮，由于当时全国实行企业管理权下放，再加上国内生产生活对汽车的强烈需求，各省市头脑发热，不顾经济建设发展的规律，不管有没有条件都一窝蜂地利用汽车配件厂和修理厂仿制和拼装汽车，仅仅几个月内，除西藏和宁夏外，全国各省市自治区几十个厂点制造出各类汽车达200余种，形成了中国汽车工业发展史上第一次热潮。这种做法的结果可想而知，造出来的汽车品种重复、技术落后、质量差、数量少。1960年全国共生产各类汽车1.6万辆，其中一汽生产1.49万辆，其余众多厂点仅生产1100辆，有的一年甚至只有几辆。

在“大跃进”惨痛的教训面前，国家采取了“调整、巩固、充实、提高”的八字方针，一机部也成立了汽车整顿小组，由汽车工业局的副局长兼总工程师胡亮任组长的整顿小组对全国的汽车厂进行评估整顿。经过“关、停、并、转”，到1963年，全国共剩下汽车制造厂18家、改装车厂45家，1963年共生产汽车约2万辆，初步形成了北京汽车制造厂、南京汽车制造厂、上海汽车制造厂、济南汽车制造厂等四个汽车生产基地。

20世纪70年代初期，由于全国汽车供不应求，加上国家再次将管理权下放，由此形成了第二次汽车发展高潮。到1976年，全国的汽车生产厂家增加到53个，专用改装厂增加到166个，同时一大批零部件和附属配件厂也应运而生。北京第二汽车制造厂、天津汽车制造厂都是这段时期的产物。20世纪80年代以后，全国经济发展持续高涨，汽车产品供不应求，汽车制造厂和改装厂再度猛增。到1993年，全国共有127家整车生产厂，600多家汽车改装厂和2000多家零部件厂。以汽车企业总数来看，中国堪称世界第一。但其中，年产10万辆以上的只有4家，1万辆左右的20余家，其余近百家企业年产量在几千辆甚是数百辆徘徊。生产规模之小也创造了世界之最。

汽车厂的数量为世界之冠，平均产量之少也为世界之冠，中国汽车工业的现状成为世界汽车业的笑柄。1970年，日产公司的年产量就为137.4万辆，丰田公司为169.9万辆。从1961年的21万辆发展到1968年的108万辆丰田用了7年；从1961年的16.5万辆发展到1969年的114万辆日产用了8年；韩国现代从1982年的9万辆发展到1990年100万辆用了8年。相比之下，中国汽车工业的现状令人汗颜。德国《商报》一记者撰文称：

中国120多家汽车厂的效率不及日本的一半，生产能力加起来还不如丰田一家多，但负债率却达到固定资产的80%。

除了厂家多，产量少以外，产品结构严重不合理。1986年，国内汽车年产量为20万辆，但这20万辆里，90%为载重汽车，轿车、吉普车加起来年产还不过万。载重汽车的结构也严重不合理，重型车、中型车、轻型车的比例为0.8∶6.2∶3。一汽和二汽分别是全国最大的两家汽车厂，它们的产品分别是载重4吨的解放和载重5吨的东风，一汽年产解放6万辆，二汽年产东风7万辆，这两款中型车占了全国汽车总产量的70%。当时中国汽车的现状是，中型车唱主角，缺重（型车），少轻（型车），轿车基本属于空白，专用车品种少，这种产品结构远远不能满足运输市场的需要。

除了数量少、产品结构不合理外，技术水平落后、质量差是中国汽车的另一突出问题。除了东风汽车相当于20世纪60年代水平，比发达国家落后20年外，一汽的解放是以原苏联20世纪40年代中期的吉斯150为蓝本生产，而吉斯150则是更老的美国万国汽车的苏联版，落后人家20～50年的解放牌卡车真正成了名副其实的“老解放”，其质量水平可想而知。

据当年中汽公司的统计数据，中国汽车与国际水平的差距主要表现在：

油耗高。我国汽车平均油耗比国外高38%～109%不等。

可靠性差。首次故障里程，国内中型车最高为900公里，国外车为30000公里；故障间隔里程，国内最高为1667公里，国外为30000公里；第一次大修里程，汽油车，国内为15万～20万公里，国外60年代即为20万公里。柴油车，国内为1520公里，国外为50万公里，。

污染物排放量大。COD排放，国内轿车为4.5%，国外小于0.5%。

科研人员和科研经费差距巨大。1978年，日本丰田公司产量200万辆，当年共有职工4.5万人，其中设计试验人员6500人，占全员的14%。三菱公司6800人，设计试验人员1100人，占全员的16.2%。1978年，中国一汽产量3万辆，职工4.3万人，设计试验人员300人，占全员的1.5%。一汽是当时国内最现代化的汽车厂，其他的汽车生产企业连一汽的水平也达不到。1978年，法国雪铁龙公司的科研经费占公司营业总额的2.5%，德国大众为2%，美国通用为1.7%。1978年，中国汽车全行业的研究费用只有753万元，只占总产值的0.31%。

设计实验费用少。1978年，日野、丰田、日产的设计试验费用都占营业额的3%，三菱占4%，一汽只占营业额的0.1%。如果看绝对数，经费差距更是没法相比了。

科研力量和经费跟不上，产品质量必然落后。西方发达国家生产的汽车自重不断减少，而载重量不断增大，耗油量不断减少。如他们4～5吨的中吨位卡车自重只有2.5～3吨，而我国的中吨位卡车的自重与载重为1∶1. 这意味着，中国每生产一辆卡车，比人家要多消耗一两吨钢材。4～5座的轿车，国际水平只有800～900公斤，而中国的上海牌轿车自重1400公斤。

至于噪音、舒适性、行驶安全性、操纵方便更是存在巨大的差距。

这就是技术差距。技术差距决定了产品差距，进而决定了国力的差距。

1983年，中汽公司曾对4种国产车型11辆样车进行25000公里的可靠性试验。其结果触目惊心：

解放牌汽车平均故障间隔里程为620.4公里，东风、北京130为540.5公里。北京212为425.5公里。而日本汽车的无故障里程为25000公里。

5辆CA15解放汽车参加实验，第一辆行驶553公里时，车门自动打开，发电机不发电。第4辆行驶1061公里时，离合器分离不彻底。第5辆行驶114.5公里时，发电机调节器损坏。

东风 EQ140 试验时，第 1 辆行驶 215 公里时自动跑偏，第 2 辆行驶 114.5 公里时，关闭电路发动机不熄火。

2 辆北京 130 试验车，第 1 辆行驶 16.6 公里时收音机损坏，引起全车电路故障。第 2 辆行驶 185 公里时，左右轮毂发热。

2 辆北京 212 试验车，第 1 辆行驶 250 公里时，变速器、同步器发响。第 2 辆刚刚开动，转向机沉重不回位。

（张茅著《饶斌传记》华文出版社）

1981 年，南京汽车厂将自己生产的跃进卡车和日本同吨位的五十铃卡车一起做了一次油耗对比道路试验。五十铃卡车载重 3 吨，南京跃进载重 2.5 吨，五十铃百公里油耗为 13.56 公升，而南京跃进则为 20.98 公升。日本车比中国车节油 1/3。

汽车质量的关键在于零部件，中国汽车产业的散、乱、差现象，在很大程度上与零部件企业的散、乱、差有直接关系。零部件是汽车工业发展的基础。中国汽车零部件企业现状又如何呢？

中国中西部，秦岭与大巴山深处有一个小镇名叫十堰。20 世纪 60 年代，按照行政区划，十堰属于湖北省郧阳地区。这里山峦起伏，地广人稀，经济落后，人民生活贫瘠。1968 年，国家投资的重点企业第二汽车制造厂在湖北十堰开工建设，现代化工业建设使得十堰如同女大十八变，10 年的工夫，随着成千上万辆东风汽车驶下生产线，这个历史上不为人知的小镇成为当时中国发展最快的城市，被称为“中国的底特律”。二汽的建设给这里带来天翻地覆的变化，其中最重要的是，这里依托二汽建设起了一个新兴的汽车零部件产业群。这个产业群分为四个层次，一是二汽建设时就规划了的如标准件、钢板弹簧、活塞及活塞环等；二是湖北省为了与二汽配套，专门规划建设的如汽车篷布、汽车工程塑料、粉末冶金、汽车电器等；三是二汽为了帮助十堰本地发展经济，将一些技术含量不高，加工手段简单的零部件交给当地政府，组织起了一些零部件企业如缸套厂、水箱及消声器厂、轮毂厂、铸造厂、改装厂等；四是为了稳定职工队伍，二汽将部分没有工作的职工家属组织起来，利用生产中的边角废料，为二汽生产一些小的零配件。人们将这种小零部件配套企业称为“五七连”，实际上就是街道小企业。除此外还有一些家庭作坊式的小企业，如同小鱼小虾围着一艘大船，拣拾一些船上掉下的食物碎渣度日。这些企业分别属于二汽、湖北省、十堰市以及附属的县、街道以及乡镇等不同级别的政府管辖，企业的上级管理部门不一样，财政投资渠道不一样，税收、利润上缴渠道不一样，互相之间没有横向联系，但有一点是相同的，这些企业都是依靠二汽给他们扩散产品而生存，二汽的技术水平决定他们的技术水平，二汽生存现状决定他们的生存现状。依托主机厂，依靠主机厂，依赖主机厂，这就是他们的共同点，放大来看，这也是中国汽车零部件企业的现状。

20 世纪 80 年代后，随着汽车工业的逐渐升温，全国更多的地方尤其是经济快速发展的东部沿海的县、乡镇，都将发展的眼光投向汽车零部件，这里的人民聪明能干，心灵手巧，他们的业务员不辞辛劳，身背着试制出的各种零部件，频繁地出现在各家汽车主机厂、总成主机厂，以接近成本有的甚至以低于成本的价格推销自己的产品，为的就是要挤进主机厂的零部件供应圈。很多主机厂为了降低成本，也将自己所需的零部件外包给这些企业，为了进一步压低价格，主机厂将配套零部件企业又分为A角、B角、C角，甚至D角，让他们之间互相竞争，由此又刺激了零部件企业的蓬勃“生长”。

据不完全统计，仅1984年，全国就有2400个汽车零部件工厂，职工47.8万人，占汽车行业总人数的50%。固定资产30.1亿元，占汽车行业的34.3%，1983年总产值为30.2亿元，占汽车行业36.6%。由于上述原因，这么多汽车零部件企业生产组织结构极不合理，如同散沙一样分散在全国各地，它们有的是20世纪70年代大办汽车工业的产物，有的是现在追逐汽车发展浪潮而崛起的，这些企业隶属于各地“经济诸侯”，它们的人、财、物、产、供、销都被各省、市、县甚至乡镇的地方政府控制，依附于各主机厂“讨生活”，给一口，吃一口，很多企业处于半死不活状态下。生产企业小、产品质量差、生产效率低，经济效益差，是这些企业共同的面貌，技改、革新、发展都是有其心无其力。饶斌曾做过调查：

北京化油器厂年产化油器20万只，人均年产280只。日本日立公司佐和工厂年产350万只，人均年产4777只。日本东京化油器制作所是一个很小的企业，化油器年人均生产2837只；

济南汽车配件厂年产气门500万只，人均年产8000只。日本富士公司年产气门4200万只，人均年产6万只；

长沙汽车电器厂年产汽车电机18万套，人均年产40套。日本电装公司安成制作所年产电机3800万套。人均年产1200套；

上海汽车底盘厂年产转向机3万套，人均年产35套。日本NSK公司年产转向机320万套，联邦德国ZF公司年产转向机140万套，占欧洲市场1/3；

二汽水箱厂年产节温器10万只，美国汤姆逊公司年产节温器4600万只，占世界市场的80%。

由于劳动生产率低，经济效益差，经费紧张，科研、设计基本无从谈起。而国外主要汽车零部件企业都拥有完整先进的开发能力和产品测试基地，科研经费占年营业额的3%～8%。

（张茅著《饶斌传记》华文出版社）

“八五”规划与中国轿车

北戴河会议决定大力促进中国轿车工业发展，建设一汽、二汽、上汽和北汽、天汽、广汽“三大三小”共六个轿车生产基地。如何落实这个决定，成为中国现代轿车工业发展的关键。此时，中国汽车工业正面临国内经济调整和管理体制结构发生重大变化的历史转折期。由于年事已高，为中国汽车工业做出卓绝贡献的饶斌已经退出中国汽车工业领导岗位并于1987年7月底病逝，饶斌的离去，是中国汽车工业难以弥补的一大损失。

随着改革的深化，中央决定，一汽、二汽两大骨干汽车企业实行计划单列而独立面向市场，中汽公司也改为以协调服务为主的中国汽车工业联合会，中国汽车企业头上的枷锁打开了。由于轿车销售的巨大利润，中国各地上百家汽车制造厂和各地“诸侯”们为利益所驱动，一个个跃跃欲试，都想在新的轿车发展中分得一杯羹，无论中央怎样三令五申不许随意上轿车项目，但大大小小的轿车项目仍不断浮出水面。有的边申报，边开工；有的先斩后奏，开工后再申报；有的将项目化整为零，糊弄国家主管部门，有的干脆绕过国家主管部门，以别的名义进口零部件组装；有的干脆不声不响，“只干不说”。中国轿车发展刚起步就面临乱局。面对混乱复杂的局面，谁来落实中央指示，把握方向，控制乱局，指挥协调，成为中国汽车工业下一步发展的关键。

邹家华，中国革命先驱邹韬奋之子，1926年10月出生，上海市人。1945年6月加入中国共产党。1944年在淮南参加新四军，1948年赴苏联莫斯科包曼高等工业学院机械制造系学习。回国后，在沈阳第二机床厂（中捷人民友谊厂）先后担任工艺师、副主任工程师、副总工程师、副厂长兼总工程师、代厂长、厂长。1964年任第一机械工业部机床研究所所长兼党委书记，“文革”中受到残酷迫害，1973年起先后担任国务院国防工业办公室副主任、党组副书记、国防科工委副主任、党委副书记。1985年任兵器工业部部长、党组书记，是中国少有的专家型领导者。1986年，邹家华受命出任国家机械工业委员会主任、党组书记，1988年任国务委员兼机械电子工业部部长、党组书记，1989年任国务委员兼国家计划委员会主任、党组书记。

国家计委是国务院最重要的综合部门，承担着国民经济建设发展全盘规划的制定与实施。国家计委的职能中有一项是：

提出全社会固定资产投资总规模，规划重大项目和生产力布局；安排国家财政性建设资金，指导和监督国外贷款建设资金的使用，指导和监督政策性贷款的使用方向；引导民间资金用于固定资产投资的方向；研究提出利用外资和境外投资的战略、总量平衡和结构优化的目标和政策；安排国家拨款的建设项目和重大建设项目、重大外资项目、境外资源开发类和大额用汇投资项目。

改革开放之初，国民经济基础薄弱，资金紧缺，全国各地无论是地方政府还是各大企业集团都希望自己的发展速度更快一点，都想方设法加快自己的发展步伐，争资源，争资金，争项目，计委成为全国各地和各大企业集团“跑部进京”的第一目标。中国汽车工业公司改为中国汽车工业联合会后，包括“三大三小”在内的汽车企业从发展计划到资金和物资的调配供应全部由国家计委统筹安排，一汽、二汽等汽车企业与外商合资谈判的全过程都要向国家计委汇报并得到国家计委的同意才能实施，从某种意义上讲，国家计委承担起了指挥协调中国汽车工业发展的重任。

20世纪80年代中期起，国家正处于深化改革的转型时期，由于过分追求不切实际的高速度，中国国民经济发展比例失调，大上大下，大起大落，由此造成市场疲软、经济效益低下、流通不畅，国家预算内亏损大幅上升，亏损面一度高达20%，国民经济出现严重的通货膨胀。为扭转不利的经济形势，国家不得不开展治理整顿，大规模压缩投资，很多企业“关、停、并、转”，国民经济出现暂时性的“抑制性平衡”。国家就是在这种困难的局面下决定大力发展投资巨大的轿车工业。

中国国民经济最大的特点是国民经济发展以五年为一个阶段，从宏观上对国民经济实行总量控制，确保重点，平衡发展。1986年，正是“七五”计划第一年，国民经济发展总盘子中能拿来发展轿车工业的资金不过区区二三十亿，离实际需要相差巨大。尽管北戴河会议作出发展轿车的决策，但由于经济困难，仍然有很多人认为中国汽车工业尤其是轿车工业发展应该暂缓一步，先把能源、交通、原材料等基础工业发展起来后再发展轿车。

邹家华为人谦逊温和，但意志坚定，柔中有刚。面对中国汽车工业发展的急需和无米之炊的困局，他处变不惊，刚柔相济，指挥有方。邹家华认为，汽车工业尤其是轿车工业是投资、技术、劳动密集型产业，产业关联度高，集现代工业之大成，对国民经济发展有着极为重要的拉动效应，发展轿车工业有利于产业结构调整，有利于提高基础工业能力，有利于国民经济发展。虽然当时国民经济处于过热后调整的不利局面，但他顶住压力，力挺轿车工业，提出：“我国轿车工业发展的方针是沿着技术集约化、组织集团化的方向发展，走高起点、大批量、专业化的道路。集中财力、物力和技术力量统一规划，合理分工，按照经济规模，采取技术引进、合资办厂等不同模式，建立独立自主的轿车工业体系，零部件工业和相关工业同步发展，加速实现引进技术的国产化。”

1988年，政府机构改革进一步深化，国家经委机电局与国家计委机电司合并，原国家经委机电局副局长徐秉金带领机电局7名工作人员合并到国家计委。国家计委将新合进来的机电工业管理职能重新整合成立工业经济综合二司负责国民经济原材料和生产。王进曾和张仁琪先后担任司长，徐秉金任副司长，分管全国机电和汽车工业。为适应汽车产业发展的形势，在徐秉金提议下，工业综合二司又专门成立了由徐秉金分管的汽车处。汽车处共4个人，梁喜闻、陈斌、陈建国、李刚，首任处长梁喜闻。从成立的那天起，这个精干短小的组织机构便承担起中国汽车工业发展的规划、组织、协调、管理等重要职能。

1988年8月上旬，国家计委召开会议，讨论二汽轿车合资项目，会上提出，计委应拿出一个对全国汽车工业发展有指导作用的发展战略。23日，时任国务院副总理李鹏在国家计委上报的“二汽轿车合资项目”纪要上批示：

整个小汽车发展战略应由国务院常务会议正式讨论后作出决定。

9月14日，邹家华批示：

建议请计委牵头，召集有关单位按照李鹏同志指示研究提出“小汽车发展战略”报国务院常务会议讨论决定。

10月10日，甘子玉批示：

委内由工业综合二司牵头办理。

根据领导批示，工业综合二司副司长徐秉金牵头组织汽车处深入调研，徐秉金亲自执笔起草了《关于我国轿车工业的发展战略》(以下简称“发展战略”)，近一年的时间里，“发展战略”广泛征求意见，几易其稿，经过国家计委办公会数次审查讨论，1988年12月4日，国家计委邀请全国部分省市、国务院有关部门代表对“发展战略”进行了深入讨论，邹家华亲自出席讨论会，并作了重要发言，强调了发展轿车工业对中国机械电子工业以及整个国民经济产生的重要意义。吸收了各方意见和反复修改后，经国务院常务会议讨论通过，1989年年底，这份对中国汽车工业发展有着重要意义的“发展战略”终于正式出台。

“发展战略”开宗明义：

轿车工业是当今世界上唯一零件以万计，产量以千万计，技术密集，关联面广，生产链条长的综合性大生产工业，对国民经济和社会发展有巨大推动作用。积极发展轿车工业，将有力地促进冶金、化工、石油、机械、电子、建材、轻工等相关工业的发展，同时也可促进道路、城市建设和第三产业的发展并有利于产业结构现代化。

“发展战略”对发展轿车工业所需的钢材、汽油、技术装备、道路交通等重要因素作了详尽的分析：

每辆普通轿车耗钢材约一吨，但国产钢材的品种和质量尚无法得到保证。

目前我国原油产量1.3亿吨，加工量0.9亿吨，生产车用汽油0.15亿吨。预计2000年我国原油加工量1.75亿吨，生产汽油0.42亿吨，柴油0.6亿吨。届时国内汽车保有量可达1250万辆，所需汽油0.33亿吨，柴油0.11亿吨。

轿车工业技术装备所需资金约占全部投资的70%左右，除部分大型关键、精密以及测试仪器需进口外，要充分利用我国机电行业和竣工的力量，组织科研攻关，自己试制生产设备。

目前，我国公路路面质量差。混流交通，通过能力低，道路发展压力大。可以通过以车养路的方式增加道路建设资金。

轿车数量的增加将加快城市建设进程，推动大城市的卫星城发展，促进城市的现代化。

“发展战略”对轿车零部件发展提出了明确原则：

1. 相对独立并适度超前。

2. 外向型发展原则。在国内轿车工业尚未达到经济规模前，必须积极打入国际市场，形成高起点、大批量、专业化的格局。

3. 统一规划的原则。要做到标准化、系列化、通用化。各轿车厂不能单独搞自己封闭的零部件生产配套体系。

4. 特殊扶持的原则。为保证轿车零部件发展所需资金，设立轿车零部件发展基金，利用每年进口整车和全套散件的调节税以及各地收取的轿车横向配套费作为基金的来源，用于全国集中安排的零部件项目。对零部件外向型企业，给予税收优惠。

冶金、化工、石油、建材、纺织、轻工、机械、电子等行业与轿车工业配套的产品，在数量、品种和质量上都应根据轿车工业的要求同步发展，列入本行业的发展规划和计划。

应该明确引进产品必须国产化，国产化的产品必须达到引进技术的标准。

“发展战略”提出发展轿车工业一定需要国家出台扶持政策：

1. 投资政策。中国轿车起步已晚，为保证发展速度，必须保持足够的资金。在投资多元化的基础上，国家应采取投资倾斜政策。

2. 关于利用外资和中外合资政策。

3. 关于轿车进口替代和出口创汇的优惠政策。

4. 实行特殊的金融政策。

5. 实行关税保护和优惠关税政策。

6. 关于治理开发和人才培养政策。

“发展战略”提出，1989 年到 2000 年的总体战略目标为：

1. 销售方向上着眼于国内、国外两个市场，2000 年以前，应以满足国内需要为主，兼顾出口。国内需求流向主要是公务、商务、旅游、出租等集团需要，少量进入家庭。

2. 生产数量上，1990 年以前，除自己生产外，极少量进口部分整车（主要从苏联东欧国家进口）；1995 年以前，除特殊专向用车外，不再进口整车；2000 年以前，基本满足国内需要，不再进口，并少量出口整车，大批量出口轿车零部件。

3. 产品发展上，1995 年以前，以引进技术消化吸收和联合开发为主，1995 年以后，以引进技术和自主开发并重，2000 年以后，以自主开发为主。

4. 技术水平上，2000 年前后，初步形成具有我国特色的轿车车型体系，质量和成本基本达到九十年代国外同类产品水平，国产化率达到 90% 左右。

5. 资金投放上，要针对我国轿车工业发展最薄弱的环节，给予适度的政策倾斜，逐步完善和确立家里车零部件工业体系和相关工业体系。

这份“发展战略”是中国汽车工业发展史上一份划时代的重要文献，文件依据中国汽车工业的现实和中央的发展要求，从实际出发，为中国轿车工业制定了发展蓝图和具体规划。即使以今天的眼光看，这份“发展战略”也仍然具有生命活力。

根据国务院轿车发展的总体安排，1989 年，国家计委工业综合二司对轿车项目所需投资做出测算：

"三大"轿车合资项目总规模为42万辆，固定资产投资约80亿元，其中利用外资约30亿元；

一汽15万辆，其中国家投资30亿元；

二汽15万辆，其中国家投资37亿元；

上海12万辆，其中地方自筹12.85亿元。

国务院作出发展轿车工业的决定时已是"七五"末期，建设三个大型轿车厂所需几十亿投资，"七五"期间已不可能安排，只能在国民经济"八五"规划中来安排了。1990年1月9日，国家计委召开主任办公会议，讨论研究国民经济"八五规划"，发展轿车工业成为会议讨论的重要内容，资金问题是讨论的焦点。此时，中汽总公司也向国家计委提交了《八五期间汽车工业基本建设安排方案》。

根据中国汽车工业发展现状，1989年，原中汽联撤销，重新恢复为中汽总公司，蔡诗晴任总经理，负责全国汽车工业发展的组织协调和行业管理。新成立不久的中汽总公司从汽车工业行业自身需要考虑，除了要求"八五"期间，一汽、二汽两个轿车厂同时上马外，还要求重型车、轻型车等项目在"八五"期间动工，要求国家在投资上平行安排。中汽总公司的方案基本内容如下：

"八五"期间共安排260个项目，投资140亿元资金，其中专项贷款资金84亿元。260个项目中，限上项目57项，投资74.3亿元。其中整车及总成项目29项，投资58亿元，零部件项目28项，投资16.34亿元。

中汽总公司设想，"八五"期间，中国轿车、轻型车、重型车齐头并进，其中仅轿车工业要形成51.5万辆的生产能力，共建设50个轿车零部件"小型巨人"。中汽总公司希望借助这次中国轿车工业发展使得中国汽车产业能够借助国家政策得到一次全面的跨越式的发展，其想法可以理解。但这个方案与国家的经济实力有着明显的差距。

拿到中汽总公司这个规划，国家计委相关司局倒吸一口凉气。140亿的投资规模远远超出了国家计委80亿的测算，即使国家计委将"八五"期间全国机电、纺织、汽车等项目所有的资金都给中汽总公司都不够。他们认为，中汽总公司的《八五期间汽车工业基本建设安排方案》与中央的要求存在很大差异。

《中共中央关于制定国民经济和社会发展十年规划和"八五"计划的建议》中，对国民经济发展有着明确的要求：

必须坚持国民经济持续、稳定、协调发展……必须坚持社会总需求与总供给的基本平衡，在经济建设和人民生活的安排上认真执行量力而行的原则，稳扎稳打，注意防止和克服急于求成的倾向。合理确定和安排国民经济发展的重大比例关系，保持全国财政、信贷、物资、外汇各自的和相互间的基本平衡。

今后十年特别是"八五"期间要立足于现有基础，少搞新建，多搞挖潜，加强技术改造，强化经济管理，为长远的经济发展创造更为良好的条件。

汽车制造工业在整个经济发展中占有重要地位，应当在全国范围内统筹规划，合理布局，促使其健康发展。

可以清楚地看出，中央对“八五“规划的要求是：“持续稳定协调发展”“坚持社会总需求与总供给的基本平衡，在经济建设和人民生活的安排上认真执行量力而行的原则，稳扎稳打，注意防止和克服急于求成的倾向”，“立足于现有基础，少搞新建，多搞挖潜，加强技术改造”，对汽车制造业更是明确要求，“在全国范围内统筹规划，合理布局，促使其健康发展”。

虽然国家计委工业二司最初为“三大三小”规划了80亿，但这仅仅是主管司局所做的测算，国家“八五”规划的“笼子”里，全国各行各业要上的项目太多，大家都往“笼子”里挤。工业二司副司长徐秉金回忆：

当时国家要上的项目太多，初期预算给机电项目的总数不过30亿。这点钱建一个汽车厂都不够，“三大三小”六个项目还有零部件项目怎么办？我们当时的做法是，对中汽总公司过大的方案拼命压，反过头来，在国家的大“笼子”里，又拼命为汽车项目争取资金。

国家计委与中汽总公司对“八五”期间中国汽车工业发展的分歧点主要集中在两个方面，一是关于整车厂，二是关于零部件企业建设。

关于整车厂，中汽总公司的意见是“三大三小”齐头并进，尤其是正在与德国大众谈判的一汽轿车项目和正在与法国雪铁龙谈判的二汽轿车项目都要同时上。

国家财力有限，整个“八五”期间，国家给机电产业包括汽车在内的投资只有不到30亿，建一个轿车厂也不够。矛盾的焦点集中在一汽、二汽两个轿车合资企业究竟是同时上还是一个先上一个暂缓。手上的钱请一桌客都不够，却有两桌客人要同时入席，怎么办？围绕着这个问题，中汽总公司与国家计委，国家计委内部，甚至国务院领导对此都提出不同看法，李鹏总理召开了两次国务院办公会议都没能协调下来。

为解决难题，国家计委内部长期司、投资司、外资司、工业二司会同机电部、中汽公司、二汽厂领导一起反复商量测算。期间，按照邹家华的指示，徐秉金带领汽车处的陈建国、陈斌等人到二汽驻京办与二汽负责人一笔一笔算账。经过反复计算与调查，写出《关于八五期间我国轿车工业发展的调整意见》（以下简称“意见”），摘要如下：

一汽1988年通过技贸结合引进西德大众公司奥迪100轿车技术，生产纲领年产3万辆中高级轿车，1989年已组装4000辆，国产化水平6.7%，在此基础上再扩大生产未来型高尔夫普及型轿车。

二汽于1989年得到国家批准同法国雪铁龙公司合资生产普及型小轿车，生产纲领15万辆。由于法国政府贷款不落实，至今尚未启动。

上海于1984年经国家批准同西德大众公司合资生产桑塔纳小轿车，生产纲领为年产3万辆，发动机10万台，经国家批准的散件组装轿车8.9万辆，到目前已生产5.2万辆，国产化水平达到28%。

北京于1984年和美国克莱斯勒公司合资生产切诺基吉普车，生产纲领年产2万辆，发动机3万台，1989年组装6000辆，国产化水平达到30%。

广州于1985年经国家批准同法国标致汽车公司合资生产标致504及其变形505。生产纲领为年产1.5万辆，发动机3万台，1989年生产3700辆，国产化水平达到24%。天津汽车公司1989年经国家批准从日本丰田汽车公司所属的大发公司引进技术生产夏利微型轿车。生产纲领为年产3万辆，发动机4万台。1989年生产4600辆，国产化水平达到40%。除了这“三大三小”外，上海每年还可生产上海牌轿车7000辆。综上所述，每年可向国内市场提供轿车资源4.33万台。这与国内最低需求标准10万辆还有相当大的差距。

目前国内轿车市场供需矛盾日益突出，前期进口的20多万辆轿车的更新相继到来，进口的压力越来越大，由于轿车的价格居高不下，在超高利润的刺激下，不少地方都想利用“时间差”酝酿上轿车项目，有蜂拥而上之势。如不加以控制，有可能冲击国家定点轿车厂的建设和生产。

“意见”最后提出：

为了抑制盲目发展趋势，根据当前我国国民经济治理整顿的要求，对原来的轿车发展方针进行适当的调整是必要的……根据我国轿车发展的实际需要，“八五”期间共需投资86.65亿元。这个方案比中汽联提出的“八五”期间发展轿车需要176亿元投资、51.5万辆总规模方案压缩了50%。在86.65亿元的总投资中，基本建设36.7亿元，其中利用外资14.62亿元；技术改造49.95亿元，其中利用外资0.88亿元。鉴于轿车发展中的关键在于零部件，总投资中，用于零部件的投资为45亿元，这在我国汽车工业发展史上是前所未有的。

我们认为，对已确定的“三大三小”轿车项目要区别情况，量力而行，不能齐头并进。“三大三小”中要优先考虑“三大”的发展，“三大”要确保一汽、二汽。一汽、二汽要根据它们的现有条件进行综合分析、比较，确定先后，错开投资高峰，在“八五”期间，集中财力建成一个。根据国家的财力和一汽、二汽现有条件，一汽先起步，“八五”内建成；二汽在“八五”期间做好前期准备，“八五”末期再考虑开工，“九五”期间建成。

这份“意见”具有明显的针对性，分析有理，具有很强的说服力，对解决问题起到了极大的作用，得到邹家华的高度重视。邹家华批示：

一汽、二汽合资要错开投资高峰，两个汽车厂的建设都要上，但要分步实施，确保重点。

国家计委最终决定：根据国家的财力和一汽、二汽现有条件，“八五”期间，一汽项目先起步，1991年开工，1994年建成；二汽项目“八五”期间做好前期准备，1994年开工，“九五”期间建成。“首先确保一汽三万辆先导工程”，国家计委将这一方案上报国务院。

1990年2月，国务院正式批准一汽15万辆轿车合资项目可行性报告。1991年

4月，全国人大七届四次会议通过国家计委起草的国民经济发展“八五计划”纲要，纲要中明确提出：

汽车制造工业在整个经济发展中占有重要地位，应当在全国范围内统筹规划，合理布局，促使其健康发展。

邹家华大力发展中国轿车工业，“八五”期间汽车工业“重点建设一汽、二汽、上海的轿车合资项目”的设想终于得以实施。

零部件工业尤其是轿车零部件工业的发展是“八五”规划中另一重大难题。

汽车生产主要指轿车和卡车，轿车生产与卡车生产相比，卡车的技术要求相对较低，而轿车的舒适性、安全性较之卡车要高得多，因此，国际汽车行业有一种共识，卡车生产是小学水平，轿车生产属于大学水平。

欧洲、美国等老牌汽车大国发展历程中，汽车首先是坐人，然后才是拉货。中国与这些国家的国情不同，国家经济落后，工业基础差，百姓生活贫穷，国家没有汽车生产能力，汽车全靠购买。解放后，为解决国民经济建设对生产运输工具的需要，在苏联的帮助下，建立起了自己的汽车工业，但只能生产单一的卡车。以后，随着需要，开始逐步发展轿车，但中国的轿车工业是在卡车工业的基础上起步的。本来就散乱差的卡车零部件企业面对技术要求完全不同的轿车零部件，显示出了极大的不适应。当刚刚开始合资的轿车企业拿出零部件要求在国内组织生产时，全国竟然没有几家企业能够生产出符合技术与精度标准要求的产品来，有的即使试制出来，但以现有的加工设备、技术水平和生产能力，也无法实现批量生产。上海桑塔纳零部件国产化的艰难和缓慢，彻底暴露了中国汽车零部件企业的真实水平。要发展中国轿车工业，一定要解决零部件企业发展问题。

在制定汽车产业“八五”规划的同时，邹家华即指示工业二司副司长徐秉金，同步安排汽车零部件产业“八五”规划。国家计委在编制“八五”规划“笼子”时，需要和相关部门协商。为此，国家计委工业二司、长期司、投资司共同与中汽总公司就“八五”期间，全国汽车零部件企业技改方案作了深入的协商。1990年8月15日，工业二司机电一处戴钦吉、李凝就协商情况写出报告：

从中汽总公司“八五”技改方案来看，与国家“八五”规划总思路及重点项目的安排原则脱节，有些项目改造内容不清，改造目的不明。

零部件是“八五”汽车工业规划的重点，中汽总公司的方案重点安排70种关键品种，170个既能国产化配套，又能出口创汇的项目，形成50家“小型巨人”。但在具体安排项目中，安排了28个限上项目，其中国内配套25个，出口项目3个，而限上项目的总投资仅占“八五”拟安排投资的22%，同时限上项目安排的原则标准说不清。有78%的投资共142个项目作为限下项目投资，这样必然造成限下项目投资分散，与国务院领导再三强调零部件企业要“高起点、大批量、专业化”及安排项目一定要考虑经济规模和面向两个市场的原则不符。

我们的意见是，“八五”技术改造规划应按照“控制总量，调整结构，提高效益，整顿秩序”的方针，针对汽车工业存在的问题和国家财力有限的实际情况，提出明确的安排原则。整车项目，应以提高产品质量，扶优治散的原则，重点支持有出口能力、替代进口、节能节汇及引进新机型的消化吸收工作。

零部件项目应在“七五”引进56项技术的基础上，择优选择一批产品具有80年代或90年代国际水平，覆盖面大，有一定经济规模，产品有一定外销比例，企业具有自我开发能力的项目，确保“八五”期间建成。资金要多渠道，集中使用，限上项目应占总投资60%～70%，要避免遍地开花不结果的现象发生。

建议中汽总公司按照家华同志和有关领导对零部件规划发展的知识精神，认真编制好“八五”技改规划。

几天后，邹家华在这份报告上做了重要批示：

我赞成狠抓一下零部件批量生产的技术改造。现在原则都有了，要研究具体意见。

1. 有多少资金？包括银行贷款、企业自筹。

2. 确定那几个零部件？

3. 按这些零部件确定一些工厂。

4. 这些工厂的技术改造内容有哪些？要达到什么目标？

5. 这些零部件都和谁配套？

6. 最后要以质量和价格的竞争力取胜。

7. 当然能干多少要看经费的可能。

8. 总之要集中力量办成几件事。

9. 其他就靠企业自筹自己解决了。

做完这些批示，邹家华意犹未尽，又在报告上补充了几句：

举个例子说，如轿车上所需要的反光镜、雨刷子、门锁。

邹家华长期在基层从事生产管理工作，对企业的想法和生产中的实际情况了如指掌。他的批示具有极强的针对性和指导性。尤其是后来举的三个产品。反光镜、雨刷子和门锁技术含量不高，生产简单，根据中国零部件企业的现状，完全可以作为“高起点、大批量、专业化”的起点，邹家华以后多次对汽车企业说，一辆车上有两个前门和后备箱共3把门锁，50万辆轿车需要多少？再加上零部件市场储备，这是多大的量？科技含量高的产品我们暂时不能生产，我们应该从这些简单产品入手，逐步向科技含量高的零部件发展，就能取得成果。

根据邹家华的指示，徐秉金代表国家计委与中汽总公司再次就“八五”期间汽车工业零部件发展规划进行了协商。虽然双方反复商讨，但未能取得一致意见。1990年8月17日，中汽总公司仍按照自己的意见向国家计委报送了《汽车零部件行业“八五”计划说明》（中汽规字［1990］438号）。

8月25日，这份文件送到邹家华的案头。在这份文件上，邹家华仅作了简短且意味深长的批示：

请工业二司研究。

经过一段时间的认真分析对比后，1991年1月30日，徐秉金给分管领导国家计委副主任郝建秀写了书面研究报告。

建秀同志：

遵照家华同志和您的批示，从去年8月份我们就同中汽公司就“八五”期间汽车零部件规划问题进行了反复协商和研究。中汽总公司很重视，并提出汽车零部件“八五”规划草案。该方案共有400项，总投资为102亿元，其中需要贷款78亿元。我们认为该方案过大，与蔡诗晴同志向家华同志汇报时提出搞几十个小型巨人的想法有较大出入。为此，我们又与中汽总公司交换意见，但中汽总公司仍坚持他们的原方案。这样就很难落实家华同志的“狠抓一下零部件批量生产，集中力量办成几件大事”的指示。为把工作落到实处，我们对中汽总公司方案逐个进行了分析，发现中汽方案的一个主要问题是项目十分分散，没有按照择优布点的原则进行安排，也没有按照每个零部件的需求量和资金承担能力来考虑重点发展的零部件项目。如照此安排很可能造成大家一起上，最后谁也上不去，即使上去了，由于拖了很长的时间，又变成落后了的局面，还得再次引进。举例如下：

散热器安排11个厂点，新增能力230万只/年，约为年需要量的2.4倍；

车桥安排9个厂点，新增能力675万根/年，约为年需要量的3.8倍；

减震器安排10个厂点，新增能力1370万只/年，约为年需要量的5倍；

活塞安排13个厂点，新增能力2175万只/年，约为年需要量的5.5倍；

活塞环安排11个厂点，新增能力20100万片/年，约为年需要量的17倍；

起动机安排16个厂点，新增能力312万台/年，约为年需要量的3.5倍；

发电机安排12个厂点，新增能力227万台/年，约为年需要量的2.6倍。

在我委研究“八五”汽车发展规划中，1995年当年汽车产量初步定为90万辆，其中轿车25万辆，按此规划并考虑留有充分余地，中汽总公司安排的零部件的项目新增能力也大大超过需求，我们认为这样的重复和浪费不能再继续下去了。

为了贯彻家华同志关于零部件项目规划安排的9点具体指示，我们认为每个零部件品种只能确定2～3个厂点，并要考虑零部件本身对车型需要的覆盖面，还要充分利用现有企业能力和竣工企业的优势来统筹考虑编制“八五”计划。目前先确定40～50个零部件项目，作为第一批零部件技改专项启动，并从中再选择几个重中之重的项目在“八五”前3年重点抓，抓出成效来。

郝建秀批示：

拟同意二司的意见。不要将摊子铺得太大，国家又没有投资，反而搞不成。还是突出重点，少而精比较好。

邹家华批示：

总的精神是对的，每一种零部件的点不能铺得太大，而且要尽可能利用现有的能力，最好能在现有的厂点中选择其班子好、质量好、技术好、基础好的厂点，重点予以支持和扶植，当然，实在选不出来也不排除新安排。不要有饭大家吃，结果一个也上不去。此件请光远、诗晴同志阅。

事情过去20多年了，徐秉金回忆此事时仍然情绪激动：

当时国家经济那样困难仍然下决心要克服困难上轿车。我们应该体谅国家困难，制定出实事求是、符合实际情况的规划。中汽总公司的方案就是“钓鱼”，先把盘子做大，然后再来慢慢向国家要钱。这种不顾国家财政现状的“钓鱼”工程造成多少“胡子工程”，浪费了国家大量的钱财，最后很多投资打了水漂，吃亏的是国家。

1991年4月，国民经济发展“八五”计划在全国人大七届四次会议通过，6月，国家计委和中汽总公司联合在广东东莞召开轿车零部件工业座谈会，这是国家计委第一次为轿车零部件发展专门召开的会议。国家计委相关司局、中汽总公司、国家海关总署、国家税务局、工商银行总行、建设银行总行、中国国际工程咨询公司、国家机电轻纺投资公司，“三大三小”六个轿车厂和部分零部件企业以及各省市的分管领导，行业主管部门都出席了会议。会议的目的是统一思想，统一认识，统一行动，是轿车零部件工业在“八五”期间有一个显著的进步。

会议开得十分热闹，虽然大家各抒己见，也有为了利益问题而争吵，但都认识到：轿车零部件是轿车工业的基础，现在这项工作已经抓晚了，如果再不加快轿车零部件工业的发展，势必打乱国家对轿车工业的整体战略部署，甚至还会影响到本世纪末实现我国汽车工业的发展和规划目标。要实现这一目标，落实“八五”轿车零部件规划必须要实现三个转移：

1. 要从发展一般汽车零部件转移到以发展轿车零部件这个中心上来；

2. 国产化工作要从试点、试制、小批量供货转移到按主机配套要求，形成一定批量，稳定质量，降低成本，严格供货期的重点上来；

3. 从一般的依靠技术进步转移到更有针对性，攻克轿车零部件技术难关和发展高技术领域方面来。

鉴于国内现有的轿车零部件企业规模小、基础差、技术水平低；产品品种少，批量小，专业化水平低，没有技术开发能力；技术改造资金极度缺乏，存在着严重的结构性缺陷，完全不适应“三个转移”的要求。要解决这些问题，必须从改善产业结构和提高企业素质着手。

1991年7月27日，国家计委工业二司副司长徐秉金与中汽总公司副总经理吕福源两人联名向国家计委副主任郝建秀和邹家华写出汇报材料，提出落实“八五”汽车零部件发展的意见：

“八五”期间轿车零部件工业发展的指导思想是：

1. 紧紧围绕“三大三小”，重点是“三大”，兼顾其他；

2. 布点选点要充分利用现有基础，每种重点关键零部件扶持1～2个点，在规划工作上，将宏观控制和引入竞争机制结合起来；

3. 集中力量建设几个具有大批量、高起点、专业化、质量优，具有一定产品开发能力的骨干企业；

4. 国家、行业以及各地要采取倾斜政策，给规划内轿车零部件企业予以扶持；

5. 通过轿车零部件工业的建设，进一步改善整个汽车零部件工业的产业结构和企业素质。

针对轿车零部件企业散、乱、差的现状，徐秉金和吕福源在汇报材料中提出，实施“八五”汽车零部件规划，一定要做到统一规划，择优布点，分步实施，重点扶持：

不论是中央还是地方，都要将建设项目和建设资金统一纳入国家的规划，在统一规划的基础上，集中力量建成几个大的零部件项目，并以这些企业为龙头，逐步形成若干个专业产品的企业集团。如办一个模具生产联合体，把国内已经形成一定能力的几家汽车模具工厂联合起来，组成全行业的模具生产联合体，同时成立模具设计开发中心，将技术、开发、信息、CAD 技术集中在中心。通过这样的组织，可是我国汽车模具的设计制造水平大大提高一步，几年后就可不再购买外国模具，再过几年就可以独立进行车身设计和开发，还可以出口模具。再譬如是否可以在现有汽车集团、军工企业、地方骨干企业中，挑一些条件比较好的零部件企业进行重点培养，发展成为行业服务的骨干零部件厂，比如一汽水箱厂、车轮厂等。

这一设想突出了集中力量办大事的体制优势，如果得以实行，中国轿车零部件的几大核心总成如发动机、变速箱、车架、车身、汽车电子、汽车模具等需要大规模投资的项目很有可能会取得突破性进展，也许中国今天的轿车发展会是另外一种格局。遗憾的是，由于多种原因，他们的这一美好设想并未得以实施。

邹家华在他们的报告上批示：

我赞成这个规划，总的原则是三条：厂点少、品种多、批量大。主机厂自制比例应是 30% ~ 50%，其余都要搞协作配套。我们的办法就是要重点扶持，每个产品扶持两三个厂。

国内汽车状况不容乐观，国际汽车发展情况如何呢？有比较才有鉴别，1990 年 6 月 27 ~ 7 月 14 日，徐秉金等人率团考察了世界汽车工业的代表企业——美国通用和日本丰田。面对世界顶级的汽车企业令人眼花缭乱的汽车新技术和新产品，中外汽车工业的差距令代表团在震惊之余也陷入深深的思考。回国后，代表团写出考察报告。摘要如下：

我们在美国通用汽车公司重点考察了技术发展研究中心，S10 及 S15 轻卡生产厂、底特律试车场、西格诺铸造厂、凡嘎特前桥传动轴全自动生产厂、别克奥斯墨比卡迪拉克集团冲压厂以及卡迪拉克分部“里阿太”高级跑车生产厂等企业。在日本丰田汽车公司重点考察了发动机厂、冲压厂、总装厂、技术培训中心、车身厂、电装公司（零部件企业）、丰田博物馆等。通过参观考察，汽车工业的专业化大生产、新技术、新工艺、新材料的应用、研究与发展，生产企业的现代化管理都给我们留下了深刻的印象。

1. 汽车工业必须走专业化大生产之路

……专业化大生产是美、日汽车工业发展的基础，可以说，没有专业化大生产就没有汽车工业，尤其是零部件工业。

通用公司别克奥斯墨比卡迪拉克集团冲压厂有23条冲压线，17条自动线，46条焊接线，这些装备绝大部分为六七十年代的老设备，通用公司并没有将这些过时的设备放弃，而是增加了由计算机控制的自控设备，使其生产能力大大提高，一个冲压厂向31家企业提供冲压件，年耗钢材21.6万吨。丰田的冲压厂也是一样，宽大的厂房里，67台从300吨到2400吨的冲床分别组成19条生产线，负责提供整个丰田所需的冲压件，年消耗钢材17万吨。通用公司的西格诺铸造厂专业化程度更高，该厂要为6个不同的发动机工厂提供铸件，平均每天生产6个品种的缸体和5个品种的缸盖共1万件缸体、1万件缸盖。

2. 高技术领域是汽车工业竞争的焦点

高科技的运用使得汽车工业在技术上始终处于其他行业的先导地位。美国通用和日本丰田为了保证汽车的高速、安全、可靠、舒适、美观、省油、豪华、排放净化，不惜斥巨资研究新技术、新工艺、新材料。通用公司每年投入30多亿美元用于物理、化学、数学、生物、电子、电器、计算机、热能、工程学、工程服务、工程机械、环境保护等方面的研究，内容极为广泛。既有基础理论，又有产品开发，很多先进和尖端的技术如超导、智能化、激光、大规模集成电路和计算机技术都已经在汽车生产和产品上采用。日本丰田公司投入巨资用于高新技术的运用，丰田推出一款大规模应用高新技术的高级轿车“塞尔希尔（Celsior）”用于与德国奔驰公司的奔驰轿车相抗衡，这款产品使得奔驰公司为之震惊。为使产品更具竞争性，丰田公司采用最新的工程经济技术，使汽车总成和零部件均能达到统一的龄期，仅此一项，就能大量节省原材料，降低生产成本，大大提高产品的经济性和竞争力。

3. 汽车工业已经进入电子化时代

以大规模集成电路和计算机为代表的微电子技术已广泛用于汽车生产和汽车产品上。通用与丰田从产品的研究开发、模具设计、生产过程控制、质量控制、性能检测、各种安全可靠性试验直至销售订货和市场信息反馈，全都广泛地采用电子技术。生产过程中，大量使用数控机床、机械手、机器人、柔性加工线、加工中心，在汽车产品上广泛采用电子点火、电子启动、电子仪表、发动机电子喷射供油、电子悬挂控制、刹车自动控制、车速控制、“无钥匙锁合系统”、具有记忆的调教装置、综合安全系统、道路识别系统以及各种维修诊断技术。可以看出，未来汽车的竞争，将主要是高技术领域中电子技术的应用。

4. 完善的产后服务体系是争夺市场的重要因素

……

5. 技术发展各具特点

除了雄厚的实力和先进的管理外，通用与丰田在技术发展上还各具特色。

美国通用公司技术中心有将近50%的课题是属于长期产品设计和基础理论研究，这种着眼长远的做法使得通用有着雄厚的技术储备，其产品始终居于全球领先地位。而丰田公司对生产管理和技术应用更为重视。丰田公司在生产阶段普遍采用其独有的“看板生产”，即利用计算机网络管理整个生产过程，动态显示车间具体的生产情况，随时处理生产中发生的问题，此举大大提高了劳动效率和产品质量，使得丰田的产品成本普遍低于国外同类产品而更具竞争力。

6. 我国汽车工业与发达国家差距继续拉大

由于高技术和先进管理理念的发展和运用，世界汽车工业发展呈现加速态势。先进的计算机辅助设计和计算机模拟实验，新车型的研制周期大大缩短，以往需要七八年时间才能推出一款新车，现在只要两三年甚至更短的时间就能推出一款新车。零部件的技术进步也是日新月异，如丰田公司的发动机，在材料和加工技术不断改进的情况下，重量减轻了48公斤，而动力增加了25马力。电装公司的汽车发电机在输出功率不变的情况下，重量减轻了1公斤。对比我国的汽车工业尤其是轿车和零部件工业，企业结构上各自为政，生产管理落后，技术陈旧，小作坊式的生产方式。我国的汽车工业与发达国家汽车工业的差距越拉越大。要改变这种不利局面，只有在“八五”期间树立明确的战略目标和发展方针，只有观点突破，才有可能使这个差距不再继续拉大。

……

要想彻底扭转中国汽车工业落后的局面，使汽车工业走上健康发展的道路，逐步缩小与国际汽车工业的差距并争取逐渐赶上，必须提高认识、改变观念，对现有的汽车工业布局做出强有力的调整，使生产厂点相对集中，加强规划统筹安排，强化管理，集中投资，确保重点，这样才能有所作为。

几点建议：

1. 强化计划管理和指导。汽车工业是高技术密度、高投入、高度专业化、大生产的工业。我国工业基础较弱，资金不足，要发展现代汽车工业需要强化计划管理和指导，通过中长期发展规划、固定资产投资、技术引进、提高管理水平，引入必要的竞争机制……要采取强有力的手段，排除各种阻力，解决生产厂点严重分散的不利局面。对整车、关键总成和关键零部件必须强调集中计划管理。

2. 增加投资，加快结构调整。“八五”和今后10年是我国汽车工业发展的转折点，尤其是轿车和零部件工业的发展，如果国家能适当增加投资强度，确保重点工程进度，支持相关工业的发展，汽车工业内部要坚定不移地在结构调整上狠下工夫，做出成效，对铸造、锻造和冲压等行业要组织和引导走专业化生产的路子。

3. 积极走合资的道路。根据我国汽车工业的现状，应该创造条件，积极走合资的路子，特别是技术和资金密集的小轿车更是如此。走合资的道路一方面可以解决资金不足的问题，另一方面可以跨越若干技术发展阶段……引进新技术和先进的企业管理经验，加快人才的培养，缩短与发达国家的差距。

4. 加快汽车工业人才的培养。要彻底改变我国汽车工业管理素质低的状况，使我国汽车工业走上良性发展的道路，关键之一是人才。今后10年，要有目的、大规模地培养自己的汽车工业人才，建立起我国汽车工业系统研究、开发、试验的力量……

5. 建立严格的的引进技术审查制度。为确保引进技术的系统性和成套性，避免引进技术的随意性，必须建立严格的引进技术审查制度。建议组织一个专家委员会，从是否符合我国汽车工业发展战略和总体部署的角度，对引进的车型、总成和关键零部件技术的先进性、适用性、系统性、继承性、消化吸收的可能性进行科学严格的评审，以帮助国家主管部门进行科学决策。

6. 筹建对外合作组织……

7. 加强汽车行业管理。目前中汽公司既是一个经济实体，管理一部分企业，又肩负着行业管理职能，任务繁重。为加强行业管理，切实做好汽车工业的统筹规划、计划以及政策的研究，建议在机电工业部增设分管汽车行业管理的机构，会同中汽总公司一起加强这方面的工作。

8. 根据我国实际，编制切实可行的汽车及零部件产品发展5年和10年规划。

邹家华在这份报告上批示：

请光远、诗晴同志阅，专业化、大批量、全国统一规划，狠抓零部件都是对的，急需落实。报告中所列的国内外的情况有道理，要和国内的实际情况结合起来落实。

国内国际轿车工业发展的情况两相比较说明，中国与世界轿车发展水平的差距正在进一步扩大，如不迅速从政策层面采取果断措施，中国轿车发展将面临政策不明、资金缺乏、技术落后、市场混乱、管理无章的极为不利局面。从以后发展的实际情况看，由于复杂的国内、国际政治经济环境，虽然国家早在1985年就做出决定："将汽车工业作为国民经济支柱产业"，但一直到1993年，国家对于轿车工业都没有明确的政策导向，对于轿车能否进入家庭都没有做出政策决断，导致轿车工业发展不时出现左右摇摆，很多与汽车产业发展相关的政策也不明朗。直到1994年，国家《汽车产业政策》出台，中国汽车工业才首次有了明确的政策依据和发展方向。

造车热，中央与地方的"博弈"

进口与走私渠道相继被卡，国内需求热又持续升温，为巨额利润所推动，很多人又打起了自己生产轿车的主意。

轿车是一个怪物，在需要者的眼里，它是身份的象征；在投资者眼里，它是获取利润的“印钞机”；在制造者眼里，它是移动的“技术堡垒”；但在有些人眼里，它不过是四个轮子上加上一对沙发，简单。既然如此，为何不自己动手？

1985年开始执行的国民经济“七五计划”将汽车工业列为国民经济发展支柱产业。为了加快本地经济发展，增加地方财政收入，安排劳动力就业，一些地方和部门不顾中央三令五申和自身能力，一哄而起，纷纷将轿车发展列为本地的“支柱产业”，自行与外商谈判合资或引进技术或自行进口散件组装，到处都在圈地建开发区、汽车厂，全国汽车制造厂如同发酵的面团迅速膨胀，数量达到百余家，除了西藏外每各省市自治区都有自己的汽车制造厂，有的省每个地市甚至包括县都有自己的汽车制造厂。仅按数量而言，中国汽车制造厂位居世界第一。除开一汽二汽上汽重汽等国家投入巨资建设的汽车厂外，其余百余家汽车制造厂产量多的年产上千辆，少的几十辆，十几辆甚至几辆，这些所谓的汽车制造厂，既无技术又无资金，几个人弄来点零件敲敲打打，拼拼凑凑就自称是造汽车。中国汽车工业出现汽车制造厂数量最多，汽车产量世界最少的“世纪笑话”。汽车工业高起点、大批量、专业化的发展战略和国家外汇收支平衡受到严重影响。

面对各地追逐轿车项目“热情”高涨，国务院曾于1985年10月15日下发《关于加强汽车进口管理的通知》，一个多月后，又批转下发国家计划委员会、国家经济委员会、机械工业部、中国汽车工业公司《关于加强宏观管理促进汽车工业健康发展的报告》，但在各地方诸侯的眼里，“通知”“报告”讲的是大道理，中看不中吃，轿车项目给地方带来的却是实实在在的利益，又好看又好吃。在地方利益的推动下，一些地区和部门不听中央的招呼，仍旧我行我素。眼看各地造汽车的热情一浪高过一浪，1987年10月31日，国务院再次发出国发［1987］97号文件《国务院关于进一步严格控制轿车进口的通知》，通知规定：

1. 除执行政府间已签订的长期贸易协定和国家批准的技术贸易合同外，所有机关、团体、学校、部队、事业和企业单位一律禁止进口轿车（含吉普车、30座以下的旅行车和工具车，下同）及其散件。对于违反者，进口的车辆及散件一律没收，并追究当事人和负责人的责任。对30座以上的大客车，也要从严控制进口。

2. 国家批准的长期贸易协定和技术贸易合同需要进口的轿车（包括散件），不论外汇来源；不分进口渠道和方式，继续由国家经委每年组织制定集中报批方案，控制指标，限量进口，报国务院批准后下达执行。在执行过程中，各地方、各部门要严格审批手续，按照现行汽车进口许可证管理制度办理……

3. 除已经国务院批准的外，在全国范围内不再安排新的轿车生产点。未经批准的地区、部门和企业不得再同外商洽谈引进轿车整车设计制造技术和装配线，或者建立这类中外合资、合作企业。

……

这份文件口气严厉，措辞强硬，但很多地方政府和部门仍然将此当作“狼来了”的故事，并未严格遵守执行，而是“看到黄灯抢着走，遇到红灯绕着走”，仍然在无序安排轿车生产点，自行进口散件组装轿车，导致进口轿车散件混乱，走私猖獗，国家外汇流失严重。

据国家计委初步统计，违背中央精神，自行上马的轿车项目有：

柳州微型汽车厂 1988 年 6 月与法国雪铁龙公司签约，引进 VISA 车身生产线、模具和夹具，合同总金额 1248 万美元，拟形成 1 万辆微型轿车生产能力。

重庆长安兵工厂拟以技贸结合方式引进日本铃木汽车公司 ALTO 微型轿车，计划投资人民币 7 亿元，形成 10 万辆生产能力，已与日方签订意向性协议。

贵州 011 基地拟购买日本富士重工“康贝”微型轿车模具和设备，计划投资 3.9 亿元人民币，形成 3 万辆生产能力，已与日方签订意向性协议。

江西景德镇 372 厂拟引进日本铃木汽车公司“卡鲁塔斯”轿车的二手模具和设备生产微型轿车，已开始与日方接触。

哈尔滨拟引进波兰 126P 微型轿车二手模具和设备，已与波兰接触。

山东省拟与韩国合作，在烟台生产微型轿车。

未经国家计委批准，已经开始自行研制微型轿车的有：

陕西 843 厂开始研制排量 0.65 升 SX720 型微型轿车，产品已通过兵器工业部鉴定，列入中汽联产品目录。

湘潭 282 厂开始研制排量 0.497 升 HN710 型微型轿车，产品已通过兵器工业部鉴定，列入中汽联产品目录。

重庆 383 厂开始研制排量 0.65 升 HN710 型微型轿车，已试制出产品。

柳州机械厂利用自产的微型发动机，试制了排量 0.65 升的微型轿车，产品已通过地方鉴定。

福建省拟与台湾、意大利合资建设 30 万辆轿车厂。

此外还有很多省都眼睁睁地盯着这些项目，看看中央如何处理，如果中央放过这些项目，那就意味着给他们开了绿灯。一位资深汽车业内人士称当时各地争上轿车的形势是：“三条大狗、三只小狗，一群野狗都在争抢中央手里的肉。”

国家计委一位领导忧心忡忡地说：“置中央的三令五申于不顾，置国家大局于脑后，为了地方和部门利益，轿车大战的趋势已现端倪。这种状况如不及时改变，我国轿车工业的发展将重蹈家电业发展的覆辙。”

广西中北部有一条秀美的江水被称为柳江，柳江两岸物阜人丰。早在汉武帝元鼎六年（公元前 111 年），这里就开始建设城池，取名潭中。唐太宗贞观八年（公元 634 年）改称柳州，唐玄宗天宝元年（公元 742 年）在此设龙城郡，故柳州又名龙城。虽然历史文化悠久，但和全国各中等城市一样，柳州的工业水平也仅限于一点敲敲打打的手工业，有几十台机床的柳州汽车修理厂就算是当地的骨干企业了。和全国很多地方一样，柳州人也希望能改变贫穷落后的面貌，早在 1969 年，就靠手工拼装出“柳江”牌汽车。虽然“柳江”牌汽车并没有给当地带来工业腾飞，但却给了他们一种信心，只要努力，就可以达成目的。

在全国各地纷纷挤着上轿车项目的时候，柳州也不甘人后，柳州以微型汽车厂为基础，与法国雪铁龙公司谈判，投资 2 亿元，引进雪铁龙公司淘汰的排量 1 升的 VISA 车全套软件技术，购置全套车身模具和部分工装设备，建设规模为年产 5 万辆的轿车厂，同时柳州机械厂也在组织生产夏利小轿车，生产规模为年产 5000 辆。

VISA 车是法国雪铁龙公司已经淘汰的产品，该公司在与一汽、二汽洽谈合作项目的时候，打算将这一款车型的全套模具与工装设备作为“添头”，无偿送给中方。1988 年上半年，柳州组团访问雪铁龙公司，表达了引进该车型的意图。法方表示，中国政府对于与外方合作发展轿车项目有相关文件控制，法方受此政策制约。柳州方向法方表示，柳州微型车厂已经同香港公司合资，合资公司可以不受国内主管部门的约束，要求雪铁龙公司有偿转让 VISA 车的技术和模具以及工装设备。原本打算无偿送出的东西现在有人上门求购，雪铁龙公司何乐而不为？于是双方未经中国主管部门审批便签署了引进 VISA 车型全套软件技术、全套车身模具和焊装夹具、1000 辆份散装件的合同，总价值 2000 万美元。法国雪铁龙公司“一个姑娘许两家”，原本送人的东西换回 2000 万花花绿绿的美元，自然乐不可支。柳州方面签署合同后，立即组织人员赴法国拆除 VISA 车的工装设备，有的已经装船起运，一锅生米即将做成熟饭。

柳州违反国家规定，擅自与国外签订协议引进轿车生产技术与设备的事情引起邹家华的高度关注。国家三令五申，但还是有人顶风作案，此风不刹，何以正人。邹家华指示，国家计委、中汽联组织调查组对此事进行认真调查。由中国国际工程咨询公司机电项目总工程师汪文江与王传太执笔的调查报告称，对柳州的做法：

应该有个明确的态度，绝不能听之任之。为了不致造成浪费和维护国务院的决定，我们建议：（一）对广西柳州市的这一做法，应在一定范围内予以通报处理，否则国务院和决策部门的有关指令将失去其严肃性。（二）根据“治理整顿”的精神，对广西柳州微型汽车厂和柳州机械厂两个项目，从实际出发，由国家计委委托中汽联牵头，提出实事求是的处理意见，及时予以处置。（三）鉴于 VISA 车是雪铁龙公司已生产多年即将淘汰的产品，与该公司现生产的 AX、BX 系列和即推出的 N2 系列车（二汽与雪铁龙合资生产的车型）在发动机、变速箱等一些部件上有通用性，而且广西柳州已经花了外汇引进了 VISA 车的技术和旧工装模具，今后广西柳州要自行发展轿车工业又不容易，建议在适当的时候可促使广西柳州微型汽车厂并入二汽集团，其轿车产品的生产由二汽统筹安排。

邹家华雷厉风行，立即批示：

先请计委通知广西，立即停止轿车生产的组织。

由于邹家华的果断处置，国家计委釜底抽薪，刹住了柳汽发展轿车的企图，柳汽也由此进入东风汽车集团联营公司，开始一心一意发展微型面包车，到了 20 世纪 90 年代，柳州微型车已经遍布全国城乡。

虽然打了柳州的屁股，但杀一只鸡并未吓住一群乱跳的猴，轿车发展乱象是由无序的需求引起，只要需求问题未解决，“跃跃欲试”者大有人在。

国家旅游局是轿车使用大户，每年都要求进口轿车，1988年7月29日，国家旅游局给国务院报告，要求大批量进口小轿车和大中型客车：

大中型客车：“七五”后三年，也就是1988、1989、1990三年，需要3500辆，其中自制试用500辆，进口整车3000辆，今年（1988）要求进口整车1000辆。

小轿车：“七五”后三年需要4000辆，其中进口散件组装2000辆，进口整车2000辆。

国家旅游局的报告到了邹家华的办公桌上。4000辆轿车是一个不小的数量，更何况，国家正在坚决堵住进口轿车的歪风。邹家华立即给国家经委副主任房维忠、物资部部长柳随年、国务院副秘书长王书明写信，旗帜鲜明地提出：

根据国家坚决控制集团购买力的要求以及我国汽车工业的实际情况，为了支持旅游事业，我认为，我国完全可以集中一批国内制造的小轿车和大型客车，优先满足国家旅游局、亚运会以及出租车的需要，坚决不进口小轿车，限制进口大中型轿车，这样也从资源的控制上支持国家关于控制集团购买力决定的执行，同时也使我国汽车工业能够正常地发展。

……所需4000辆小轿车完全从国内解决，一辆也不进口。

国家旅游局的进口要求被坚决拒绝了。但要进口轿车的何止一个国家旅游局？广州市政府打来报告，因为承办第六届全国运动会，要求进口轿车2000辆；北京市政府打来报告，因为申办第十一届亚运会，计划进口乘用车8000辆；政府国宾车队打来报告，现役车辆老旧，要求更换使用年限超过3年以上的全部奔驰轿车。还有那些雨后春笋般冒出的无数宾馆、度假村、会议中心、中外合资企业纷纷申请进口轿车。

按下葫芦浮起瓢，强劲的市场需求推动一些地方仍在以各种名目上“轿车项目”。面对这些越来越不听话的“孩子”，1988年12月14日，国务院又一次发出《关于制止擅自安排轿车生产点的通知》：

1987年10月31日，国务院发出了《国务院关于进一步严格控制轿车进口的通知》（国发［1987］97号文件），通知中明确规定，除已经国务院批准的以外，在全国范围内不再安排新的轿车生产点。但近来，有的地方和部门仍擅自同外商洽谈引进轿车的制造技术和装配生产线；有的假借微型汽车、轻型汽车和旅行车的名义发展轿车，有的盲目发展某几种轿车零部件，有的以各种方式进口轿车零部件拼装轿车。为了防止轿车工业一哄而起，盲目发展，造成大的损失，以促进我国轿车工业的健康发展，现通知如下：

一、未经国务院批准，各地区、各部门和企业不得擅自安排轿车生产点（包括限额以下项目）；不得再同外商洽谈引进轿车整车设计制造技术和生产装配线；不得进口散件组装整车，不得建立轿车中外合资、合作企业。对违反上述规定的，要追究有关领导人的责任。

二、对未经国务院批准已经投资建设的轿车项目，一律作为计划外项目清理、停建，检查清理的情况于明年1月底专题报告国家计委。

三、为了防止变相上轿车、吉普车、微型车、超微型车项目（不分限额上、限额下项目）一律报国家计委审批。

四、各地区、各部门可以向一汽、二汽、上海等轿车生产基地，按照高起点、大批量、专业化的原则，重点发展零部件生产及其相关工业，加速提高轿车生产的国产化水平，并采取多种方式扩大汽车零部件出口；也可以向三个轿车生产基地投资，在以后的轿车生产中，可以协商按照投资比例共享利益和产品。

五、对国务院批准的三个轿车生产基地和天津、北京、广州三个生产点进口的汽车散件，实行差别税率……

六、严禁用维修配件名义，进口关键总成合零部件在国内拼装轿车，今后进口维修备品配件，要与中国汽车工业联合会组织的进口汽车维修配件国产化工作结合起来，每年年底由中汽联编制下一年度进口汽车维修配件计划，经国家计委会同国务院机电设备进口审查办公室统一审批进口，不再零星审批。如果发现仍然以维修配件名义进口关键总成和零部件在国内拼装轿车，除照章征税外，还要按照《海关法》的规定严肃处理。

中华人民共和国国务院

1988年12月14日

从1985年到1988年，4年时间，3个文件，轿车生产混乱情况可想而知。中央为了控制各地乱上轿车项目三令五申，不遗余力，虽然也阻止了部分计划外项目，但仍有一些地方的轿车项目在暗里潜行。

是什么力量使得这些地方敢于不听中央三番五次“打招呼”，顶风作浪，违规而行？其实，真正在背后起作用的是市场这只“看不见的手”在推波助澜。有需求，就有人来供应；有缺口，就有人来填补。“上有政策下有对策”，“变通”是那个时候时髦的公关用语。

生产不足，市场紧缺，一汽二汽轿车项目又迟迟未能落实，怎样做才能解决眼前国内对轿车的继续呢？1988年，刚就任国家计委主任的邹家华给姚依林副总理和李鹏总理写信，提出解决困难的思路。

依林副总理并李鹏总理：

自从中央决定我国发展小轿车后，一汽和二汽目前正按货比三家的原则积极寻找合适的国外合作伙伴，至今都未最后确定。一汽正在同美国克莱斯勒公司以及西德大众两个公司谈判，二汽正在同法国雪铁龙、雷诺、意大利菲亚特、美国福特等公司谈判（原来与日本富士重工及美国通用合作的方案，即三方各投资三分之一，三方各销售三分之一的方案，由于对方内部未能一致而搁浅，现在二汽按三分之二出口与外商谈判比较困难，当前还是要以出口导向为原则，力争出口二分之一左右）。总之造成了一种竞争态势，两个厂都力争取得一个对我比较优惠条件的方案。详情待有明确意见时再报。

当前的问题是，即使很快谈成开始合作，一汽要到1991年开始批量出车，二汽则要到1993年开始批量出车，因此就存在一个从现在开始到一汽、二汽成批出车中间三五年之内，如何解决国内各用户需要车辆的问题。经和段君毅同志商量，拟提出如下几条建议：

1. 继续严格贯彻中央不从国外进口小轿车整车的政策。

2. 促进上海桑塔纳、北京切诺基、广州标致、天津夏利（广州、天津两种车型地方实际已经在生产）这4种车型国产化的同时，近几年内可根据国内市场的需要，适当增加一点进口散件由工厂装配出厂。每年的需要量由工厂分年申请报批。

3. 在对苏联、东欧贸易中适当增加一点小轿车进口数量。上述这些车型的级别都低于现在的“皇冠”“尼桑”等日本车型，更低于“奔驰”，这样也可相对抑制国内用户对高级轿车需求的胃口。

4. 抓紧“红旗”车的改型工作，加强对现有“红旗”车的维护、修理工作，以满足国内对高级车的需要。

5. 加强车辆维护修理工作，延长有些车辆的使用年限。

这样经过三五年的时间过度，一汽、二汽开始批量生产，我们的小轿车就可以走上靠自己生产，满足国内的需要和适当数量出口要求的道路上来。

姚依林在邹家华的信上批示：

第二项不宜大发展，因为外汇不足。必要时可适当增加由苏联东欧的进口，其他均同意。

李鹏批示：

同意依林同志意见。（另，可否提倡以轻型面包车作为一般公务用车以抑制消费，请酌。）

根据邹家华的意见和姚依林、李鹏的批示，中国汽车工业联合会立即作出响应：

光远副部长并转家华国务委员：

……

当前，尽管国家大力压缩财政开支，对购买小汽车实行“社控”，但由于商品经济发展，各部门、各地区对小轿车的需求量仍在不断增加……国内市场每年需新增小轿车10万～12万辆……现在国内每年生产仅3万辆（包括进口CKD装配），从苏联东欧国家进口3万～4万辆，尚缺3万～4万辆，供需矛盾十分尖锐。此问题如不妥善解决，将会再次导致大量进口轿车。

根据邹家华国务委员向姚依林副总理和李鹏总理报告的批示精神，现提出以下具体意见：

1. 继续严格控制进口轿车。坚决贯彻国务院严格控制轿车进口政策，立足国内解决轿车需求，并将此作为一项长期国策。

2. 增加进口轿车散件装车。近几年，北京切诺基、天津夏利、上海桑塔纳、广州标致、一汽轿车的装配水平不断提高，1988 年可达 3 万辆，1989 年将具有 6 万辆的装配能力。明年可在装配 3 万辆的基础上，继续提高国产化率，并增加进口 2 万辆散件，这不仅能缓和国内供需矛盾，而且对吸引外资，加快国产化进程能起到推动作用。

3. 适当增加进口苏联东欧国家的轿车数量。根据国内重型车能力扩大的现状，应大大减少重型车的进口，增加轿车的进口比重，在今年进口 2.6 万辆轿车的基数上，再适当增加数量，以弥补国内轿车需求，同时可以选用不同车型以降低出租车水平，如伏尔加、拉达、达契亚、波罗乃兹、波兰产菲亚特等车型。

4. 增加轻型面包车生产。根据李鹏总理指示，经我们调查认为，用轻型面包车代替一部分公务用车是可行的。在我国现阶段，客货流量都比较大，一般轻型面包车、吉普车、微型厢式车既可乘坐，又可载货，是一种比较合乎国情的经济型乘用车，可优先供县级以下单位以及厂矿、农村用车。明年我们拟调整产品结构，增加轻型面包车和硬顶吉普车的产量，从今年的 4 万辆增加到 5 万辆，同时根据需要，可适当进口一批空调装车作为出租车用。

……

中国汽车工业联合会

1988 年 8 月 12 日

正是有了这份报告，从 20 世纪八九十年代起，全国城乡一下子增加了成千上万辆的小面包车，这些车辆在城乡道路上走街串巷，为乘不起轿车的普通百姓提供了很大的方便，人们亲切地称为“小面”。中汽联的报告原本是将这种车配置在县级以下城镇使用，但没料到，全国各大中城市包括北京在内也涌现出无数的“小面”，由于这种车主要是用作出租，又被称为“面的”。北京的出租面的全部为黄色，又被戏称为“蝗虫”。直到 21 世纪初，中国轿车需求彻底缓解，这些“蝗虫”才渐渐淡出在京城直至销声匿迹，但这种既能载客又能运货的面包车在全国城乡仍然是广受欢迎的车型。

在中国轿车需求强劲，国内生产无法满足，国家控制进口的情况下，一种以货易货从苏联东欧等国家进口轿车的方式悄然而出。

进口西方国家的轿车需要硬通货，中国财政囊中羞涩，拿不出大把的美元，特殊环境下，中国与东欧各国的易货贸易应运而生。

苏联与东欧的罗马尼亚、波兰、捷克等国汽车工业都有一定基础，与西方发达国家相比，他们的产品粗糙，技术落后，但对于急需轿车的中国而言，这些汽车不需要硬通货，这也大大减轻了中国外汇的压力，于是，20 世纪 70 年代，中国决定采用以易货贸易的形式，从苏联东欧等国家进口一批轿车（含吉普），苏联的伏尔加、拉达，罗马尼亚的达契亚、波兰的波罗乃兹、波兰产菲亚特等车型纷纷进入中国市场，连在世界轿车工业中不起眼的罗马尼亚“阿罗”吉普车也趁机进入中国市场。

20世纪七八十年代，罗马尼亚属于苏联为首的华约集团，中国与苏联在政治上处于对抗的“反修”“反霸”阶段。罗马尼亚共产党总书记齐奥塞斯库顶住苏联的压力，力主与中国保持着较为友好的国家关系，两国间也有一定数量的经贸往来。

罗马尼亚的汽车工业有一定的基础，产品主要有“罗曼”重型卡车和“阿罗”吉普车。当时的中国济南重型汽车厂每年能生产数百辆载重8吨“黄河”牌重型汽车，但国产机床出口不畅。为解决国内机床出口，也为了帮助罗马尼亚罗曼卡车走出困境，1978年8月20日，时任国务院副总理纪登奎与罗马尼亚副总理格·奥普雷亚在布加勒斯特签订了中罗两国政府“生产技术合作协议”。协议规定：

中方用机床换回等值的罗马尼亚载重9吨的罗曼卡车。每年所进口的罗曼卡车及部件，由中国济南汽车制造厂组装。

这并不是一笔划算的买卖，协议规定，中方每年都要从罗方进口6000辆“罗曼”卡车，当时，国内除了原有的济南重型卡车厂外，新建的四川“红岩”、陕西“延安”等重型汽车厂相继建成投产，已基本能够满足国内市场需求，再进口“罗曼”汽车已成多余，大规模进口罗曼卡车，还挤占了国内自己的重型卡车产量。实际上，自1978年至1988年，中国每年只进口了1000辆左右。就是这样一笔进口业务，国家每年还要拿出八九千万人民币的财政补贴，中罗汽车合作成了中方的一大财政负担。

1988年，中罗协议的10年期限已到，中方本可以放弃“罗曼”，但若放弃“罗曼”，中国机床出口又成问题。此时，中国国内轿车供需矛盾突出，为了弥补轿车缺口，原本用作军用指挥车的北京212吉普成了颇受欢迎供不应求的轿车代用品，全国县级干部都乐呵呵地坐着北京212吉普东奔西走。但僧多粥少，北京汽车厂每年产量不过5000辆，产品供不应求，于是武汉、天津等地也照猫画虎，生产本地版的北京212吉普，就是这种山寨版的212吉普仍然成为抢手货。现在中国不需要罗马尼亚的罗曼载重车，但罗马尼亚的“阿罗”吉普还是有一定吸引力的。

“阿罗”吉普由罗马尼亚穆赛尔公司的阿罗汽车厂生产，外形与苏联“嘎斯”69相似，性能相近。批量进口，既不用硬通货，又可以缓解国内轿车紧缺，是件好事。1988年，罗马尼亚总统齐奥塞斯库将访华。在研究接待齐奥塞斯库访华的会议上，引进“阿罗”吉普成为讨论的焦点。

1988年8月和10月，机电部两次提出，减少罗曼载重卡车散件进口，改为进口“阿罗”10型吉普车散件，由济南汽车厂组装。1988年11月10日，机械电子部唐仲文副部长给国家计委写信，要求减少“罗曼”卡车进口金额，用于进口“阿罗”10型吉普散件，每年进口1000 ~ 1500辆，这样也可带动国内机电产品的出口。

国家计委基本同意机电部的意见，但在落实时又遇到问题。按照常规，引进“阿罗”散件就需要引进生产线组装，国内有的单位提出，引进“阿罗”吉普生产线自己生产，也有人反对，认为“阿罗”吉普水平太差，进口少量的只是调剂余缺，如果引进生产线则是引进落后，不合算。中汽联向国家计委建议：减少进口200辆“罗曼”卡车，用这笔外汇进口800辆“阿罗”10型吉普散件，按此方案，仅需添置部分焊接夹具和专用运输工位器具即可。这些设备全部由工厂自制，仅需人民币100万元，一年即可组装1000～1500辆车。这样做既能减轻中央财政对“罗曼”卡车的补助，又能解决济南汽车厂自身生存问题。

经过认真研究，国家计委同意了中汽联的意见，但强调，引进“阿罗”吉普只是解决市场紧缺的临时措施，国家不给财政补贴，不上新生产线，装配厂不属国家吉普车正式生产点，不签长期合同，根据销售情况，合同一年一签。

就这样，在中国轿车供应极为紧缺的情况下，罗马尼亚的“阿罗”吉普车借着罗曼卡车的渠道，也来到了中国。除了“阿罗”吉普外，苏联的伏尔加、拉达，南斯拉夫的“小红旗”，波兰的“乃茨”，罗马尼亚的“达契亚”等轿车、吉普车也先后进入中国市场。

产业政策：千呼万唤始出来

产业政策是政府直接干预产业的一种行为。它是国家为促进经济长远发展而采取的政策干预措施，新兴国家多以此作为追赶发达国家的手段和工具，对国民经济发展有着重要的指导意义。产业政策一词最早出现于日本。

日本是中国一衣带水的近邻，日本经济发展模式对中国有着重要的示范和影响。20世纪60年代中期以后，日本的经济起飞，世界称之为“东亚奇迹”。与美国、欧洲等发达的市场经济国家一直推崇“自由经济”，反对政府对经济事务的干预不同，鉴于自己的产业发展环境与条件，日本政府采取了政策干预并取得巨大成功，这就是所谓“产业政策指导下的市场经济奇迹”。为此引起了各国经济学家的高度关注。

战后的日本，满目疮痍，百废待兴，为重建经济，日本举国上下开始了艰苦的努力。为找到有效的经济发展之路，日本政府没有听任经济自由发展，而是采用了带有明显的战前和战时特点的行政手段来介入经济，强调控制和计划，这种做法有效地引导了对国民经济有重大影响的产业的发展，避免了不分主次，一哄而上争抢资源的自由经济，带有浓厚的计划经济色彩。

20世纪60年代起，日本进入经济高速成长时期。日本政府根据世界经济发展走向，及时提出“建立重化工业”“改善产业结构”，重点推动钢铁、造船、机械、重型机电设备、化学工业、汽车、石化、核能、电脑、半导体等基础与新兴产业发展。

日本政府制定产业政策也不是大包大揽和制定强制性政策，而是采用政策形式来影响产业和企业的决策，如对农业、矿业以及纺织、金属冶炼、造船、石化等正在衰落和在国际市场上处于竞争劣势的产业，采用进口许可证的授予权、日本开发银行的融资以及税收保护等政策手段予以保护。

日本的产业政策主要由政府行政主管部门主导，民间行业协会、属于政府的各个工业委员会和顾问委员会以及民间的金融、财团等团体配合协调发挥影响。

通产省是负责产业发展的最重要机构。1970 年，通产省下设的 9 个局中，就有重工业、轻纺工业、煤矿、化工、公用事业等 5 个局。局以下又分成处和科，分别负责不同产业，如重工业局里设有钢铁、工业机械、电子和电器设备、汽车、飞机等处。与各局相对应的民间机构是行业协会，如日本钢铁协会、日本汽车制造业协会、日本造船协会等。这些行业协会的主席由本行业主要企业的董事长轮流担任，与相对应局密切协作，配合政策的调研制定与实施，使出台的产业政策有利于本产业或业内主要厂商。

如 1963 年，日本政府提出了产业结构的长期展望，明确规定了“最佳产业结构”，要发展“收入需求弹性值高”“生产率增长快”的产业。为此，日本以产业立法的形式制定了《机械工业临时振兴法》《电子工业临时振兴法》等产业政策，指导日本经济发展的重点。在此政策的指导下，日本的钢铁、炼油、石化、机械等产业快速发展。虽然日本有了这些做法，但一直没有一个专有词汇来界定，1971 年日本通产省在“经济合作发展组织工业委员会”发表“日本的产业政策”为题的演说，于是“产业政策”一词问世。

日本的产业政策在国际上引起广泛关注，也受到经济正在蓬勃发展的中国的高度重视。

改革开放后，为调动地方发展经济的积极性，中央将财政、金融、投资体制等很多与经济发展紧密相关的权力下放到了地方，但由于各地经济发展水平不均衡，分权体制下，地方市场分割，以邻为壑，低水平重复建设现象纷纷出现，投资需求和消费需求急剧膨胀，导致物价上涨，产业结构恶化，经济秩序混乱。一哄而起，一哄而下，一放就乱，一乱就管，一管就死，经济乱象导致国家总体经济运行也出现较大起伏。

对于经济发展中出现的混乱情况，陈云忧心忡忡，多次在中央的有关会议上批评这些乱象。1989 年 9 月 4 日，邓小平在中央政治局常委会上说：

陈云同志讲，各路诸侯太多，议而不决，决而不行，各自为政。这个批评是正确的。中央的话不听，国务院的话不听，这不行。特别是有困难的时候，没有中央、国务院这个权威，不可能解决问题。有了这个权威，困难时也能做大事。不能否定权威，该集中的要集中，否则至少要耽误时间。

（《邓小平文选》第三卷 P319）

汽车工业尤其是轿车工业在经济发展中的混乱情况引起中央领导高度关注。国务院副总理朱镕基曾任国家经委副主任，长期分管国家汽车工业的全面规划，对汽车工业的现状与问题有着透彻的了解。1991年10月7日下午，朱镕基轻车简从来到中汽总公司视察，在听完中汽总公司负责人的汇报后，针对汽车工业乱象，提出了尖锐的批评：

我为什么老不来，就是因为汽车问题太复杂了。对汽车问题还是要有两点论，一是汽车工业有很大的发展，应该说很有成绩，不论是卡车、轿车、重型、中型、轻型都做出来了，而且有一定水平，性能在国内也还可以，对成绩要有足够的估计，这是一方面。另一方面，汽车工业确实是典型的重复建设的行业，造成极大的浪费。江泽民同志在中央工作会上，第一个点的就是汽车。问题确实严重，不知浪费了多少钱。宏观管不住，微观搞不活。投入多，产不出，花了多少冤枉钱。

汽车工业一直有一个毛病，发高烧。一直高烧不退，到处铺摊子，造成现在几千家这个局面，怎么得了？贯彻中央工作会议精神，应把汽车工业作为一个重点进行整顿。调整结构，加强宏观调控。我赞成家华同志的意见，这么搞下去，控制不住……这么下去怎么办？再不管不行了。中央工作会议提出，要把经济工作的重点转移到调整结构和提高效益的轨道上来。首先就要把汽车工业作为重点。

面对汽车行业的乱像，出台产业政策进行管制和引导已是势在必行。

产业政策最大的特点是国家对产业发展进行干预。早在1985年5月，国家计委、国家经委、国家体改委、机械工业部三委一部联合发出《关于汽车工业发展规划和管理体制改革若干问题的通知》，从宏观控制与微观搞活的角度，对国家汽车工业发展和管理体制改革提出明确要求。9月，中共中央《关于“七五”计划的建议》中正式提出“要把汽车工业作为重要的支柱产业”。11月，中顾委副主任、国家机械委主任薄一波在中汽公司首届五次和二届一次会议上提出：要进一步抓好改革，进一步放权，打破条条框框的界限，按照经济发展的规律，联合起来，在全国范围内组织专业化生产，走“大批量、高起点、专业化”的发展道路。

1987年，中央北戴河会议专题讨论汽车工业发展问题，决定发展轿车工业，并再次明确了汽车工业支柱产业的重要地位。为加强产业政策的研究与制定，1988年，国家计委成立了产业政策司，专司产业政策研究。

1988年3月，国务院发展研究中心向国务院提交《我国产业政策的初步研究》，提出：“要创建一个竞争与干预相结合的经济体制，实施以产业政策为核心的指导型计划；追求动态平衡下的结构均衡，及在此基础上的资源最优配置格局。”“当前，我国产业组织最大缺陷是缺乏专业化协作基础上的集中度和分散度以及创新能力差，技术储备不足，市场行为短期化和被动化。”“作为政府对市场机制的调控手段，产业政策并不只着眼于局部市场均衡和总量均衡等现象，而是更致力于资源最优配置和增强企业竞争能力等经济发展的本质问题。”

鉴于中国的产业现状，中国的产业政策应具备以下特点：

1. 产业政策是建设和改革的结合部；

2. 产业政策应体现发展阶段性的要求；

3. 产业政策将体现计划和催育市场；

4. 产业政策具有稳定性和法律功能。

在此基础上，1989年2月14日，国务院颁布了《中国产业政策大纲》，“产业政策”一词首次出现在中国政府的正式文件中。3月15日，国务院又颁布了由国家计委制定的《关于当前产业政策要点的决定》，提出“合理制定产业政策，在压缩和控制社会总需求的同时，下工夫调整和改造产业结构，以防止出现经济滞涨现象，在优化结构的基础上提高国民经济的素质和效益。”“以产业政策为导向，加强宏观控制，指导市场发育。”

虽然从国家层面的产业政策已经明确，但由于多种原因，具体指导汽车工业发展的汽车产业政策却一拖数年迟迟未能出台。

1993年7月17日，受国务院委托，机电部在一汽举行汽车产业政策座谈会。一汽74栋（一汽宾馆）会议室，全国汽车工业各路诸侯云集，机电部部长何光远主持会议，从他们的发言中，可以感受到汽车人对汽车产业政策的理解与要求。

耿昭杰（一汽厂长）：“目前，国内轿车生产的现状是‘散、乱、差’越治越乱，其结果是国家的资金分散，不能集中资金办大事。汽车尤其是轿车工业的发展规律，就是要集中投资，大动作、大手笔。

“我们目前的问题是重点不突出，国家要抓几个重点，扶持企业集团必须要明确几个条件：经济规模、产品水平、自主开发能力、综合素质（必须要达到国际竞争水平的100万辆、100亿美元的资产）。治理散乱的办法只有两条，一是限制，一是扶持。从政策上限制不符合产业规模的小企业；从政策上扶持符合产业规模的大企业。”

张兴业（中汽总公司副总经理）：“发展汽车尤其是轿车工业，要以政策来促进技术进步，一是集中投入。国家集中投资，5年内争取一个厂形成几十万辆的能力。”

汪声銮（天津汽车公司总工程师）：“各地纷纷搞汽车是为了赚钱，集中起来就断了地方的财路，他们能有积极性吗？要说服中央决策人，下决心解决这个问题。中央要发展轿车，就得下决心集中力量上。”

蔡诗晴（中汽总公司总经理）：“产业政策重点必须解决三个问题：

1. 规模经济搞上去，生产点要控制，而且必须是规模经济的点；

2. 科技要放在突出地位，市场竞争归根到底是产品竞争。要有自己的开发创新的能力，跟着人家走是走不出自己的路子的；

3. 零部件问题。零部件问题散乱差的现象很严重，与国外比，同步也难以做到。

发展汽车工业需要中央和地方两个积极性，要走一条产业资本和金融资本结合的路子。”

王秉刚（中国汽车技术中心）：“产业政策要明确支持经济规模，要有政策鼓励，合资项目也要有规模要求。要用具体政策鼓励企业自我开发，鼓励零部件的发展，限制重复引进，支持家用轿车发展，改革汽车产品目录制度。”

裘志民（重汽公司总经理）：“政策要体现出鼓励大型企业集团，鼓励自行开发。要坚决限制重复建设，通过立法来制定汽车项目的标准。”

黄正夏（原二汽厂长）：“产业政策应明确全国建设两三个特大型企业集团参与国际竞争，规模起点起码是100万～150万辆，这也符合国际汽车产业发展趋势。没有规模就没有效益，没有效益就无法生存，这已成为国际竞争的铁律。”

李龙天（南京汽车集团）：“不上轿车成不了支柱产业，不进入家庭，轿车就发展不起来。合资轿车国产化需要有明确的比例，也要有明确的年限，不这样，技术进步就没有压力。”

张盘（国务院经济研究中心主任）：“支柱产业不是要来的，而是产业在国民经济中的战略地位所要求的，是客观存在的。作为支柱产业，产品必须要达到这么几点：产品附加值高、技术含量高、对国民经济有较强的拉动作用、在国际贸易中占有相当的份额。支柱产业也不是自然而然形成的，而是需要政策保障。产业政策的核心是政府干预，是资源分配，是政策导向，包括扶持和保护。”

方喆（重汽集团董事长）：“汽车产业政策是要调动国家、地方、企业的积极性，我们面对的是一大而穷的基本国情，从这个意义上讲，积极性多一点比少一点好。经济发展有一个过程，企业竞争优胜劣汰是市场经济的产物，汽车产业政策应充分考虑这个问题。”

何光远：（机电部部长）“产业政策必须明确，到2010年，汽车产量要达到300万辆，初步形成支柱产业。产业政策要分阶段做出2000年和2005年规划，明确各种车型的比例和各自的发展目标，中国汽车支柱产业必须以轿车为主体；要有具体可行的政策扶持零部件专业化；必须要突出规模经济。全国重点保证3～5家重点大型企业，2005年有2家产量达到100万辆，若干家达到30万辆。扶持促进汽车产业发展是产业政策的核心，解决发展资金问题是产业政策的重点。”

在座谈会的基础上，机电部和中汽总公司起草了《关于汽车工业产业政策要点》，摘要如下：

一、存在的主要问题

1. 生产能力弱小，数量、产品、性能、质量、价格、售后服务长期满足不了国民经济发展的需求。

2. 产品技术水平低，消化吸收能力差，没有形成自己独立的汽车设计开发能力，产品更新能力差合资企业都没有产品开发机构，在技术上受制于人。

3. 汽车工业结构不合理，生产规模小，生产集中度低。

4. 零部件工业、相关工业和后方基础薄弱。

5. 资金不足，投资分散，形不成经济规模，没有市场竞争力。

6. 宏观调控乏力，投资决策多头，责任权利不统一。

二、振兴汽车工业的目标及发展步骤

1. 发展目标

到 2010 年，汽车工业产量达到 600 万辆，基本形成国民经济支柱产业。

2005 年汽车产量达到 300 万辆，其中轿车占 60% 以上；汽车工业总产值达到 3960 亿元（按 1990 年不变价），约占当年国内制造业产值的 6%；汽车工业增加值达到 1200 亿元，约占当年国民生产总值的 2.4%；汽车保有量达到 2860 万辆。

通过联合改组兼并参股等手段使汽车工业初步达到经济规模，并形成四五个具有经济规模和一定国际竞争力的企业集团。主要企业集团的生产集中度达到 70% 以上。

产品品种基本满足国内市场的需求，产品水平基本达到国际 90 年代水平，并进入国际市场，整车出口 25 万～30 万辆，年创汇达 25 亿美元。轿车、主要总成和关键零部件以及模具初步形成自主开发的科技体系。

到 2010 年，汽车总产量达到 600 万辆，汽车工业总产值约 6500 亿元，占当年国内制造业的比重达到 8%；汽车工业增加值为 2000 亿元，占当年国民生产总值的比重为 3.1%，年出口额为 50 亿美元；汽车保有量为 4800 万辆；汽车行业从业人员 2500 万人。

2. 发展步骤

大体分为三个阶段：第一阶段从 1993 年到 2000 年，产量目标为 220 万～230 万辆，以每年 15 万辆的速度增长，新增投资估计 1000 亿元。第二阶段为 2000 年到 2005 年，平均每年增加 20 万辆，到 2005 年达到 300 万辆以上。形成具有竞争力的产品、具备产品的设计开发能力、零部件同步发展能力和几个初具规模的企业集团。第三个阶段是 2005 年到 2010 年，到 2010 年达到年产 600 万辆的能力，基本形成国民经济的支柱产业。

1993 年 8 月 7 日～11 日，时任国务院副总理李岚清在北京主持召开了“汽车工业产业政策座谈会”。中央财经工作领导小组、国家计委、国家经贸委、国务院税则办、国务院机电办、国家体改委、财政部、机械部、外经贸部、人民银行、国家税务总局、国务院研究室、国务院发展中心、中汽总公司、一汽、二汽、上汽总公司、天汽总公司参加会议。国家计委、国家经委、国家体改委和机械工业部以及上海汽车研究所、东风汽车工程研究院、长春汽车研究所都参与了政策制定的全过程。

1994 年 1 月，中央财经领导小组听取了机电部、中汽总公司关于汽车工业情况专题汇报后，对汽车工业发展作了五点指示：

1. 制定和实施汽车工业产业政策，国家用产业政策引导发展，使其尽快成为支柱产业；

2. 建设和生产都要坚持规模经济；

3. 要重视培养自己的技术开发能力；

4. 要优先发展零部件工业；

5. 汽车进入家庭要统筹规划。

1994 年 3 月 21 日，国务院第 16 次常务会议审议通过国家计委起草的《90 年代国家产业政策纲要》，纲要第三条“积极振兴支柱产业”明确表示：

努力加快机械电子、石油化工、汽车制造和建筑业的发展，使它们成为国民经济的支柱产业……汽车工业要尽快形成少厂点、大批量的生产体制和有序竞争的市场结构，提高其国内市场占有率和国际竞争力。

国家将通过以下措施，加快支柱产业的发展：制定和发布统一的产业政策，并以法律、法规等形式保证实施；逐步建立有利于促进支柱产业发展的投融资体系和规范化的企业直接融资机制，国家在年度股票和债券发行规模中对支柱产业优先予以安排；政府将从财力、物力上支持支柱产业中某些重要领域的技术开发，经国务院批准，赋予少数大型企业集团与其资本和收益比例相适应的海外直接融资权和担保权。按照国际惯例和有关协定条款，将支柱产业的部分产品作为幼稚工业品，采取适当的、有时限的保护；同时，为了换取关键技术和设备，允许有条件地开放部分国内市场。

……

各项产业政策的制订由国家计委牵头，会同有关部门进行。产业政策的实施以各行业主管部门为主，由国家计委进行综合协调。

为了发挥规模经济的优势，“纲要”对汽车投资项目的经济规模定下标准：轿车项目 15 万辆以上、轻型货车 10 万辆以上，轻型客车 5 万辆以上都需要国务院批准。

经过一系列前期准备，1994 年 7 月 3 日，国务院正式颁布《中国汽车产业政策》，这是自新中国成立以来中国第一部汽车产业政策，自从 1985 年国家将汽车列为“重要的支柱产业”后，时隔 9 年，中国汽车产业政策终于“千呼万唤始出来”。

《汽车工业产业政策》(以下简称“政策”) 明确了两个政策目标：

一是规模特性。要改善投资分散，生产规模过小的散、乱、差局面，促使产业合理化，实现规模经济化；对外资和进口实行严格控制，同时国家实行准入控制，实行定点生产和促使产业集团化等措施。

二是提高产品的技术水平，实现中国汽车产业的自主开发、自主生产、自主销售和自主发展。国家鼓励技术引进和学习，推进国产化政策，支持企业的研发活动。

“政策”对中国汽车的投资、消费、产品与企业生产许可、国产化、鼓励与限制发展的产品和项目、贸易与服务等诸多领域提供了具体明确的规定，为抑制汽车产业发展乱象，引导和规范汽车产业发展起到了重要的政策支持和保障作用。中国汽车产业政策的出台，为中国汽车工业大发展提供了政策支持。

进入 21 世纪后，中国汽车产业飞速发展，与此同时，对 1994 年颁布的汽车产业议论与评价也日渐增多，指陈弊端，病垢之言也不乏其人。意见的焦点集中于两点：一是“筑起行政门槛限制竞争”，二是“在注重产业集中度时却忽视了自主开发”这一历史性命题，以至于造成今日世界汽车巨头瓜分中国市场，而中国自主轿车发展乏力的现状。

“政策”出台前专门听取了行业内专家和汽车工业企业的意见，征求了有关方面的意见，在政府的经济管理综合部门、专业部门之间，进行了几个轮次的协调、协商。但鉴于当时国民经济发展的水平和改革的进程，征求意见的对象也有明显的局限性。征求意见的对象主要来自政府管理部门和国营汽车工业企业，“政策”主要反映了他们的利益诉求。从政府公共政策制定角度看，其公开性、透明度、广泛性远远不够，社会和公众基本没有参与，他们的利益诉求则没有得到表现和重视。民营经济的实力过小，尚未涉技术与资金密集的汽车工业，所以他们的投资愿望也未得以表现。

其实，政策存在局限性并不奇怪，这与当时的政治经济环境和汽车生产的特性紧密相关。任何政策的出台都有其特定的历史背景，“政策”是在中国汽车产业要大发展却又面临“散、乱、差、少”的不利局面下孕育诞生的。“政策”的出台就是要解决中国汽车工业“散、乱、差、少”的不利局面。

汽车是一个规模经济效应非常明显的产业，一个轿车项目如果一次达不到年产15万辆以上的规模就没有经济可行性。中国汽车工业与世界发达国家汽车工业的巨大差距给中国政府和汽车工业界以强大的冲击，相比世界主要的汽车企业年产几百万辆的规模，中国的汽车企业规模小、技术水平低、专业化程度低（小而全），要发展轿车，解决国内轿车供应短缺，建设几个大批量生产企业成为当时唯一的和首要的问题。

那时中国经济的市场化程度、开放程度、民营经济发展程度远远不能与今天相比。在当时的经济体制下，汽车工业发展主要依靠国家资源配置和资金投入，在资源与资金都缺乏而各地都要争着上的时候，计划控制的手段便显得重要而必要，“好钢用在刀刃上”，“集中优势兵力打歼灭战”，只有将优先的资源与资金集中使用，才能保证国家支柱产业的形成，产能保证产业政策的顺利实施。这些特殊历史时期的政治经济环境对“政策”的产生有着重要而直接的影响，这是今天评价“政策”时要充分考虑的因素。

对“政策”质疑的声音很多，但角度、立场、眼光、态度因人而异，各执一词。清华大学公共管理学院俞静教授以一个学者的角度，在2005年9月第五届经济学年会上以《为什么一个产业政策在中国会失败？——关于中国汽车产业政策的政治经济学分析》为题，从几个方面论证了汽车产业政策失败的原因。摘要如下：

一、抑制不了的投资——产业准入的失败

汽车产业本身产业链长必然对所在地税收、就业、GDP都有巨大的拉动效应。同时中国的汽车产业由于国家保护，高价格带来了巨额的利润空间，90年代中期国际上汽车工业的平均利润率大致为10%，而中国汽车工业（整车业）的利润却高达30%～60%。1999～2003年全国汽车整车销售收入年增长率达33.38%，同期利润年增长率高达53.22%。2003年全行业销售收入9256.64亿元，利润总额754.56亿元，行业平均利润率为8.15%，远远高于全球平均水平。高额的投资回报率吸引着所有投资主体。

“九五”期间，全国有22个省把汽车工业列为地方性支柱产业。国家汽车产业政策本应是中央政府统筹规划的“一盘棋”政策，然而各地方政府在利益驱动下，从本地区利益出发，实施了区域封闭的“汽车产业规划”，以保护本地汽车工业……新的轿车项目还是在不断上，最后达到了30多家；目前全国除了西藏、青海、宁夏等个别经济欠发达地区外，其他省、区、市都建立了自己的汽车工业体系。

近年来，无论中央政府如何严把准入关都抑制不住各地政府争上汽车项目的冲动。上海市计划用10年时间耗资500亿元要建成号称“亚洲第一”的汽车城；2002年北京宣布举全市之力用8年时间耗资百亿元，在顺义建汽车城，计划到2008年产销100万辆，销售收入1000亿元；一汽大本营长春更是言必称“中国的底特律”，明确指出自己的目标是打造“世界汽车城”；广州在2003年就宣称要打造“东方的底特律”，计划到2010年轿车年产目标到130万辆，产值3000亿元以上；天津市政府计划2010年汽车总产量80万辆，实现产值1000亿元；地处华中的湖北则在勾勒着以武汉为圆心，半径1000公里的“汽车产业带”；重庆计划2020年整车产能达到260万辆，产值2000亿元，汽车产量占全国的15%以上，除了这些大城市外，还有更多的省市有着自己的汽车发展规划。新一轮的汽车热背后所蕴藏的重复建设和散、乱、差以及资源浪费是谁都不会顾及的。

《汽车工业产业政策》中明确提出通过投资、准入的控制来实现产业合理化的目标之所以难以实现，主要原因是没有解决我国汽车产业组织结构优化问题，面对“诸侯经济”和地方保护主义造成的市场分割，优势企业很难通过资本市场来完成产业整合过程。

控制准入的政策手段没有针对问题的根源对症下药。但是这个政策工具在新版的2004年的产业政策中还依然存在，原因也在于控制审批的部门本身从中获取了权力和利益。

二、扭曲了的产业退出机制——目录管理带来的逆向选择

1985年对汽车产业开始实施目录管理制度，只允许目录中的企业生产汽车，同时对汽车产品和生产地点进行严格限制，政策本意是想控制生产汽车的企业和产品，改善散、乱、差的局面。但是在实际运行中“目录”本身变成稀缺资源，不但阻滞了市场优胜劣汰机制，还滋生了“寻租”行为，引起了多种批评。

其一，目录管理阻滞了市场优胜劣汰机制，那些没有市场竞争力的目录内企业和目录内产品，由于有了“目录”这个壳的保护得以存续，一些企业尽管不生产一

辆汽车或年产量低于100辆，但他们获取了稀缺的许可证和产品目录后，就可以将其居奇待售，有规模也不一定经济，或者说没规模也可能经济，扭曲了汽车产业的规模效应规律，形不成优胜劣汰的机制，从而阻碍了产业组织结构的优化。

其二，目录管理滋长了企业的倒卖目录行为，反而为目录外的汽车进入汽车行业提供了机会，目录管理形同虚设，违背了政策初衷。如吉利进入汽车行业就是通过购买四川德阳一个濒临破产的国有汽车工厂。由于对准入控制的失败，汽车企业的实际数远远超过目录数。

其三，目录外企业可以通过多种变通做法取得目录资格，如以“6”字头的客车目录生产“7”字头的轿车，或者收购目录内企业的目录内产品而取得进入市场的机会。

其四，目录管理对于目录外企业尤其是民营企业是不公平的。20世纪90年代末，国家的产品目录上，奇瑞轿车使用的是“6”字头客车目录。当时国家扶持三大集团的政策刚刚出台，包括奇瑞、悦达、吉利在内的车型统统被认为是“另类”，不予支持。但项目摊子已经铺开了，所以也只好在目录上做文章，按当时规定，这些产品不能作为轿车销售，只能算客车。无奈之下，这些厂开始向“三大”低头，希望通过寄人篱下得到市场“准入证”：奇瑞以20%股份为代价挂靠到上汽集团；悦达则找到了东风；吉利则收购了一个破产的“壳”。

……上述这些因素的存在，使得产业组织结构并没有因目录管理得到优化，反而强化了结构刚性，加大了结构调整的难度。这样一个不合理的政策选择之所长期存在，在于掌握目录管理的政府机构有着生杀予夺权力……保护在位者和限制新进入者既对在位企业的垄断地位，也给政府部门带来好处，共同的利益将他们联系在一起。

三、变形的产业整合政策

跨地区、跨部门资产重组会直接削弱或损害地方政府和部门的局部利益，为此受到他们强烈的抵抗。不得已，中央政府做出妥协，80年代中期国家出台“三不变”政策，即所有制不变，企业行政隶属关系不变，财政上缴渠道不变。试图通过利益协调来打破阻碍汽车产业重组的行政壁垒。

经过这样的退让后，整合起来的企业集团联系松散，各子公司只能在所辖地区、部门利益格局所允许的空间活动，各自的管理和生产计划基本上都是独立的，企业集团总部对子公司在决策上并不具有控制力。银行信贷的属地管理体制更加剧了问题的难度。现行的信贷资金被分割到成百上千个行政区域，哪个地方都很难满足企业集团的资金要求。企业集团母公司所在地获得的贷款不能投向在其他地区的子公司，企业集团不能在集团内部进行资源配置，也就谈不上进行专业化生产和规模经济了。

阻碍产业整合的还有另一个重要因素，由于中国汽车企业纷纷走上合资道路后，合资企业是独立法人，不受国有企业集团的指挥和约束，给兼并重组增加了难度。国家产业政策规定外资“同一领域只能建立两家合资公司”，但中方却有很大的自由度，中方在建立合资企业时，只要为外资提供牌照和土地即可，由此出现合资伙伴为不同跨国公司而旗下各合资公司相互博弈的局面。以至于中方要在各合资企业之间实现资金、技术和人才的流动都至为困难。从此意义上看，中方虽然可以在多家合资企业控股50%，也可以说其实一家合资企业都不在掌握。而外方虽然有两三家合资公司，却始终保持“母—子”的致密结构；如果持股比例达到50%，还可顺理成章地并入母公司财报。在这样的国内政治经济背景下，外资自然坐收渔人之利。近年来国内汽车业重大的兼并重组其背后的推手都是外资。2002年丰田力主一汽并购天汽和川汽，从而达到了与一汽签署全面合作协议的目的。对于丰田来说，已经有的天津丰田和成都丰田在过去的日子里并没有发挥出过多的能量，丰田急需要在中国找到一个更具实力的合作伙伴。而我国的汽车产业政策规定：“外国（或地区）企业同一类整车产品不得在中国建立两家以上的合资、合作企业。”力主一汽并购天汽和川汽后，丰田与一汽的合作便绕过了这一道防线。同样，还有柳州五菱并入上汽集团，从而使美国通用在与上海汽车和金杯汽车的合作之外，又多了一家上汽通用五菱公司。

由于各行政部门利益的阻碍使得国家产业重组、整合的政策在执行中完全变形了。相反外资由于技术等方面的控制能够利用或绕过中国地方政府行政壁垒推动产业兼并重组，表现出了比中国政府更强的效能。

四、汽车市场的“诸侯割据”

地方政府为了保护本地汽车企业，出台各种政策，对非本地汽车产品销售、使用加以种种限制。如有的城市规定微型车不能作为出租车，有的限制微型轿车作为出租车，各种区际贸易壁垒名目繁多，使得我国汽车市场出现了明显的地域分割，阻碍了全国统一市场的形成，使得一个不大的企业在某一区域拥有强大的市场力量，强化了寡头结构。看一看全国各地的出租车就能说明问题，武汉满街跑的是富康，上海放眼望去都是桑塔纳，北京则是现代汽车当家做主。中国汽车制造业虽然散、乱、差，汽车生产厂家之多堪称世界之最，但是它们之间却又非竞争关系，地方保护主义为这些不同品牌的汽车筑起一道行政权力围墙。在这样一个市场中，企业既没有超额利润存在，又无改革和创新的内在压力，企业之间的生产力、生产水平及产品品种和质量的竞争退而其次，主要表现为企业背后的地方政府各汽车项目和地方汽车市场保护之间的竞争。中国汽车市场成为低效生产者垄断和共谋的天堂。

地方保护主义阻碍了统一大市场的出现，制约着汽车产业规模生产和产业合理化实现。

（摘自《公共管理评论》2006年第2期）

除了学者外，政府官员也对汽车产业政策提出意见。2001年11月14日，《中国汽车报》发表国务院发展研究中心产业经济研究部石耀东《新时期中国汽车产业政策的问题与调整方向》一文，摘要如下：

一、严格的贸易保护政策和投资限制措施已明显不适应WTO国际通行规则的要求，面临挑战。

在货物贸易领域，我国政府沿用多年的汽车产品高关税和非关税保护措施已经难以为继。首先，按WTO的多边协议中有关汽车产品进口关税的减让幅度和时间表，在2006年7月1日将整车进口关税和零部件平均进口关税分别减让到25%和10%。其次，按照普遍取消数量限制原则取消进口数量限制，在加入WTO后的限定时间内可有限度地保留配额和进口许可证等限制性措施，但必须符合"非歧视"原则和"透明度"原则。在利用外资领域，我国现行汽车产业政策中有关国产化比例、进口与出口挂钩、禁止进口部件总成装车等有关规定明显与WTO有关的投资措施协议（TRIMS）的有关要求不符。在汽车服务与贸易领域，我国对外商从事与汽车产业相关的销售、维修、进出口服务、客货运输等作出严格限定，上述这些措施都与WTO的有关条款不符。

二、严格的行政性进入限制弱化了市场竞争机制的基本功能，必须调整。

汽车产业是一个典型的竞争性产业，竞争性的市场机制是汽车产业发展的最基本和最重要的功能性要素。政府政策的基点应建立在培育与维护一个健康、公平、有序的市场竞争机制基础上。在市场进入与退出上的企业自主性，是形成市场竞争机制的一个重要基础。然而多年以来，我国政府在两个层面上对汽车产业实施了严格的行政性进入限制：一是严格的投资审批制度，即对于轿车、轻型车整车及发动机投资项目，不分限上限下一律由国家审批立项。这一政策的初衷是通过行政审批来限制社会资本盲目进入汽车整车和发动机生产领域，加剧汽车产业"散、乱、差"局面。然而，它却严重地弱化了市场竞争机制的形成，在汽车产品细分市场上，由于行政性壁垒的存在而呈现出明显的竞争不足的问题。失去了源自新进入者的竞争压力，原有企业就失去了提高效率的动力。二是严格的目录管理制度，即只有政府有关部门认可的特定企业和特定产品，才能开工生产和销售，同时，生产企业开发新产品也受到严格限制。这种行政性限制大大地削弱了市场经济条件下企业在"谁生产、生产什么和如何生产"上的自主权，进而削弱了竞争机制的形成。

三、不合理的消费政策已成为汽车消费市场扩大的重要障碍，必须尽快改革。

目前中国的汽车消费政策存在以下问题：一是名目繁多的价外税费使得消费者不得不承受高昂的不合理税费，过高的税费已经严重影响了汽车消费市场的扩大。二是消费政策不统一，地方保护主义严重。各地收费的名目和水平不统一，有的地方政府为了保护本地企业，或明或暗地在汽车消费和流通领域为外地产品制造障碍。三是消费政策没有充分体现政府产业政策意图，如政府已经明确鼓励轿车进入家庭，但对于家庭购买和使用经济型轿车的消费鼓励政策却长时间未出台（我们高兴地看到，最近激励性汽车消费政策开始启动）；四是市场销售体制不适应形势需要。传统的机电公司销售方式所带来的市场价格混乱、产品销售链条过长费用增加、售后服务无保证、生产企业的市场营销策略无法实施等弊端日益明显，汽车连锁专卖店制度和销售融资等国外成熟的营销模式还没有得到足够的政策支持，汽车产品销售市场上各种假冒伪劣产品屡禁不止。

四、政策的统一与协同问题始终没有得到根本解决。

一是多年来中央政府与地方政府在汽车产业政策上的矛盾与冲突一直没有得到根本解决。地方保护主义成为阻碍国家汽车产业发展的最大障碍之一。在高税收、高产值、高利润的利益驱动下，地方政府实施了区域封闭的“地方汽车产业政策”，在对本地汽车企业实行各种倾斜政策的同时，对其他地方的汽车产品实行了歧视性政策。二是我们还没有找到汽车产业政策与其他经济政策和体制之间的最佳结合点。这样的经济政策和体制主要有投融资政策、税费政策、金融政策、城市规划、国有资产管理体制、企业制度和外贸体制等。例如，私人购车后，一般讲会持续地每年增加相当于车价 1/10 到 1/5 的各种消费，由于购销环节的高收费，大大抑制了居民购车欲望，使汽车消费拉动经济增长和就业的作用得不到释放。另一个典型案件是，90 年代初期我国政府为吸引外资，曾允许外资企业免税进口轿车，一时间各种名目和形式的外资企业如雨后春笋般滋生，随之而来的是大量的免税进口轿车蜂拥而入，对国内轿车市场产生了不小的冲击（很多外资企业实际上是“挂牌公司”和“皮包公司”，利用同一笔外汇可以反复注册，以多进口轿车）。

……

任何一个政策的出台都有其特定的历史背景，随着中国改革开放的不断深入，国民经济发展水平和社会消费环境也有了长足的发展，1994 年出台的《汽车产业政策》存在的不足与弊端日渐显露，根据新的经济与社会发展需要，对其作出修订与完善，也是势在必行了。

四、上海桑塔纳：中国合资轿车第一品牌

“轿车可以合资”

其实，在中央决定大规模发展轿车前，中国轿车工业已经艰难起步，时间是被称为改革开放元年的1978年。起步的形式是与西方跨国公司合资经营。

“四人帮”被打倒，邓小平复出后考虑的首要问题就是要发展经济，改变国家积贫积弱的状况。该如何发展经济？早年在资本主义熔炉中锻炼过的邓小平认为，应该面向世界，学习引进西方先进的技术，利用西方过剩的资金来发展自己。

1978年5月，中央决定，派谷牧副总理率领代表团赴西欧考察。出发之前，邓小平专门找谷牧谈话，要求出访考察时广泛接触、详细调查，深入研究一些问题，了解人家现代化工业发展到什么水平了，把资本主义国家先进的好的管理经济的经验学回来。中国代表团访欧期间，既看到中国与欧洲各国在经济科技等方面巨大差距，同时也了解到，西方资本主义国家资金过剩，技术要找市场，产品要找销路，都很想进入庞大的中国市场，只要做好工作，利用外资加速中国经济建设是可能的。回国后，谷牧专门向邓小平作了汇报。听完汇报后，邓小平就实行开放政策、积极引进外国先进技术等问题讲了三点意见：

一是从国外引进先进技术这件事一定要做；二是要下定决心向国外借点钱搞建设；三是要尽快争取时间。

邓小平还说：“你要把你们看到听到的情况讲给大家听，让更多的人了解情况。”

1978年7月上旬，国务院召开有关部委负责人参加的关于加速“四化”建设的务虚会，谷牧在会上报告了西欧考察的情况，提出了对外开放的若干意见。谷牧说：

我国要老老实实承认落后了，与世界先进水平拉开了很大的差距。现在的问题是，我们怎么赶上国际先进水平，怎么搞现代化，怎么把速度搞快些？很重要的一条就是狠抓先进技术的引进、消化、吸收。国际形势提供了可以利用资本主义世界的科技成果来发展我们自己的机会，一定要抓住它。1975年小平同志就提出过加强技术引进、增加外贸出口的政策，现在应当认真组织实施，加强引进。买人家的东西，我们如何付账？除了扩大外贸出口以外，我们也可以考虑采用国际上通行的经济贸易往来方式……在发展对外经济关系上，必须解放思想，多想点子，开拓路子，绝不能自我封闭，自我禁锢，作茧自缚，贻误时机。

（《谷牧回忆录》中央文献出版社2009年1月版）

由于考察引起的反响和带来的效果，中央又相继派出各部委组成代表团到美国、日本、西欧各国进行考察访问。据不完全统计，从1977年7月到1980年6月三年间，除中央领导同志出访活动外，中央派出的部委代表团达360次，科教经贸代表团472次，几乎每两天不到就有一个代表团启程前往国外。这些代表团从不同的角度看到了中国与世界先进水平之间的差距，增加了改革开放的动力。

1978年以后，国内轿车需求急剧上升，大量进口使得国家外汇储备捉襟见肘，1978年，外汇储备仅剩1.78亿美元，还不够一个月的进口支付。鉴于供给与需求的巨大矛盾，1978年6月，国家计委、经委和外贸部联合向国务院上报《关于对外加工装配业务的报告》，提出开展对外加工装配业务，准备引进一批机电产品装配线，其中包括一条轿车装配线。国家计委当时的想法是，引进轿车装配线，一是减少进口以节省外汇，二是争取出口以换回外汇。对此，德国大众公司董事长哈恩在其自传中说：

当时中国考虑的不是建立自己的轿车工业，因为那时的中国，私人轿车是一种奢侈品，国内没有哪个私人享受得起。中国人要利用国内低廉的人力成本进口汽车部件来装配汽车，靠出口成品汽车来获得迫切需要的外汇。

当时提出要引进一条装配线的人也许没有意识到，这一历史性的决定，实际上启动了中国轿车发展的按钮。此时恰逢正在二汽工作的饶斌被重新任命为一机部副部长、党组成员。得知国家计委的计划后，饶斌立即与上海市领导联系，建议上海向国家提出要求，将这条拟议引进的轿车装配线放到上海，以此为契机，改造上海的轿车工业。他认为，上海有较好的工业基础，又是当时国内惟一的普通轿车批量生产基地，如果将引进的装配线与上海轿车工业结合起来，能够较快地消化吸收，为中国轿车批量化生产打下基础。

饶斌的这一想法得到了上海市领导的全力支持。经商量，决定由一机部汽车总局、上海市机电一局、上海汽车拖拉机公司共同起草，以一机部和上海市政府的名义联合向国务院写出题为《关于上海轿车一万辆规划的报告》(以下简称“报告”)。“报告”提出：

通过引进国外轿车制造技术，提高我国汽车工业的生产制造水平……把引进轿车制造技术放在上海，对上海轿车厂进行改造，使之成为一个现代化的小轿车制造厂……建设现代化轿车制造企业和选用b级车市场定位。

“报告”首次提出了引进轿车技术和规模化生产的概念以及“优势互补、互惠互利、实现中外两利”选取合作伙伴的原则。

上海市机电局局长蒋涛对那段历史有极为详细的回忆：

1978年7月29日，我当时是上海市机电一局局长。时任一机部汽车总局副局长的胡亮和局长助理王恩魁从北京专门到上海，他们一见到我就说：“蒋局长，我们向你报告好消息来了。”“什么好消息？”我笑着问。

“国家计委、国家经委和外贸部联合向国务院上报的《关于开展对外加工装配业务的报告》，国务院已经批准了。在报告中提出引进一条轿车装配线，拟安排在上海，对上海轿车进行技术改造，饶斌部长派我们来和上海领导研究项目落实政策。”

我一听到这个消息，简直是喜出望外——这不正是我时时盼望的好机会吗？于是就立即向汪道涵市长作了汇报，并通知拖汽公司做好准备。

当天晚上陈锦华就会见了胡亮和王恩魁同志，他们初步商量了项目落实措施。陈当时是上海市副市长。他让我组织人员，和胡亮、王恩魁两人一起，以一机部和上海的联合名义，共同起草《关于引进轿车制造技术和改造上海轿车厂的报告》，上报国务院领导。

1978年8月9日，饶斌和上海市副市长陈锦华签署意见后，“报告”立即被送到时任中共中央副主席李先念和国务院副总理纪登奎、余秋里、谷牧、康世恩的案头。8月11日，李先念将这份报告批给余秋里。9月13日，余秋里批示：

同意与外商商谈。

同谁谈呢？1978年9月底，一机部开始逐个去“敲”外国汽车公司的大门，中国向世界抛出了联系引进汽车生产技术的“绣球”。此时正值国际石油危机蔓延，西方资本主义国家被日渐上涨的石油价格折磨得焦头烂额，正在想方设法寻找新的投资和产品销售市场，改革开放的中国给了他们一个寻找新市场的机会。根据中方的邀请，通用、福特、丰田、日产、奔驰、大众、雷诺、雪铁龙等世界知名汽车公司先后派代表团来华商谈。

由于中国经济发展的现实和对中国认识的肤浅，一开始，几乎所有的外国公司都不看好中国市场。在外国人的眼里，中国工业基础尤其是汽车工业极端落后，轿车工业更不值一提。他们对中国汽车工业参观访问后得出结论，中国的汽车工业尤其是轿车工业尚处于原始状态，无法接受现代汽车工业技术，更谈不上发展科技和资金密集型的轿车项目；中国的基础设施如道路、钢铁无法支撑现代化汽车工业发展；中国的经济水平过于落后，国内购买能力太低，无法形成市场规模。在这种情况下，他们只热衷于向中国推销他们的产品，而对中国所提的引进轿车生产线自行装配轿车则缺乏积极性。在上海轿车厂的生产现场，日本丰田公司的代表被车间里震耳欲聋的榔头敲击声所震惊，他们当着中方接待人员的面直接说，“这是我们爷爷辈的生产方式”，言语中充满不屑。但也有例外，美国通用公司董事长墨菲的中国之行就特别值得一提。

1978年10月，美国通用公司董事长墨菲率领一个17人组成的代表团应邀来到中国，就引进重型汽车生产技术问题与中汽公司为主组成的代表团在北京饭店整整谈了一个星期。这是中国汽车工业首次与美国跨国公司进行合作谈判。由于双方认识方面的巨大差距，谈判进行得很不顺利，中方只愿同美方谈技术引进、转让技术，而美方又不愿意将自己的技术拱手让人，在这种情况下，双方交谈很不顺畅。在谈判陷于困境时，美方提出了一个新的名词“合资经营”，这是中方第一次听到这个名词。原国务院副总理李岚清在《突围——国门初开的岁月》中说：

该公司首先向我们介绍了他们与外国企业合作的若干方式……他们在谈到“合资经营”时，出现了一个我们从没有听说过的英语词汇 joint venture。尽管我们懂得一些英语，知道joint是共同或负担，venture是风险，连在一起似乎应当是“共担风险”，但对它的确切含义并不清楚。这时墨菲向我们提出一个问题，他说：“你们为什么只同我们谈技术引进、转让技术而不谈合资经营？也就是说，我们双方共同投资，建立一个合资经营的企业。

墨菲对合资经营做了形象的解释：

简单说，合资经营就是把我们的钱包放在一起，合资共同办一个企业，要赚一起赚，要赔一起赔，这是一种互利的合作方式。若要再说得通俗一点，合资经营就好比结婚，建立一个共同家庭。

（李岚清《突围——国门初开的日子》中国文献出版社）

对于墨菲的比喻，中方不敢认同，共产党人怎么能同大资本家“结婚”呢？但美方提出的合资经营的确也是一种全新的概念。按照当时的规定，凡是比较重要的对外谈判项目都要向国务院引进新技术领导小组办公室写简报，中汽公司谈判代表团写了一份题为《与美国通用汽车公司谈判合资经营重型汽车厂的情况》的简报，将谈判情况如实上报，谁也没想到，这份简报竟然在中国改革开放进程中起到了关键性的催化剂作用。分管经济工作的副总理谷牧看到这份简报后，认为很重要，立即批请中央政治局各位领导同志传阅。邓小平在简报中关于通用汽车公司建议中方开展合资经营的内容旁，写下了“合资经营可以办”的批语。

在邓小平对合资经营表态后，时任国家计委副主任顾明向邓小平请示：轿车项目可不可以搞中外合资经营。邓小平回答：

可以。不但轿车可以，重型汽车也可以搞合资经营。

得到小平同志的首肯后，顾明立即将此情况告知了时任一机部副部长的饶斌。饶斌非常兴奋，立即电话通知上海汽车拖拉机公司负责轿车谈判项目的翁建新，电话通知的时间是1978年11月9日下午4点06分。

从此，一种新的经济形式在中国开始出现，而且，是在中国汽车工业首先出现，从以后的结果看，党和国家最高领导人的这个表态，开启了中国现代轿车发展的大门。

不请自来的中国人

有意思的是，最早在中国提出合资经营理念的通用公司，却没能成为最早进入中国的外国汽车公司。墨菲在中国提出合资经营，得到了中方的响应，但他的美国同行却并不认可他的想法。墨菲回国后，向通用公司董事会报告中国之行的结果并提出在中国办合资公司的想法，通用公司的绝大多数董事都不认可墨菲的想法。在他们的眼里，中国汽车工业尚处于原始状态，生产水平低，技术极度落后，没有汽车市场的基本概念，在这样的地方投资无异于白白扔钱，墨菲的动议被董事会投票否决。政治上的偏执与经济上的短视使得通用公司董事会的董事们错过了首先进入世界上最大汽车市场的机会，而将这一历史上最大商机让给了欧洲的德国人，多少年后墨菲谈起此事还懊悔不已。

关于中国与大众牵手合作还有一个鲜为人知的传奇故事，这个故事的主角是时任中国机械工业部部长周子键。故事的讲述者是时任德国大众公司董事、人事经理马丁·波斯特。故事就从这次周子健部长率领中国机械工业代表团欧洲之行说起。

邓小平关于轿车可以合资的指示传到上海时，正值机械工业部部长周子键率领中国机械工业代表团赴欧洲考察访问，考察团的主要任务是开阔眼界，了解世界机械工业发展情况。考察团成员清一色的国家各部委及直属企业工作人员，唯一的地方成员是上海机电局局长蒋涛。在欧洲途中，蒋涛接到了上海打来的电话，传达了邓小平的指示，蒋涛心中一阵高兴，自己正在欧洲汽车强国访问，可能会有谈合作的机会。考察团访问了罗马尼亚、南斯拉夫、意大利、联邦德国、法国、瑞士共六个国家50多个企业和研究单位。

中国代表团抵达德国后，首先去的地方是奔驰公司总部所在地斯图加特，其目的是要考察德国的奔驰汽车公司。在斯图加特街头，中国代表团惊讶地发现，除了极少数的奔驰外，满街跑的汽车基本上都是顶着大众VW车标的甲壳虫和高尔夫。代表团的人员向奔驰公司询问这些汽车的制造商是谁，奔驰公司向中国客人介绍，这些车都是来自狼堡的大众汽车公司生产的。周子健立刻决定：到狼堡去。

抵达狼堡后，代表团徒步从火车站赶往大众厂南部的一个大门。借助于翻译，周子健向当班的警卫做了如下的自我介绍："我是中国的机械工业部部长，想与大众公司的负责人对话。"

那名警卫面对着身穿中山装，徒步来到的中国部长惊讶不已，于是便设法找个能接待他的人。谢天谢地，那一天，正巧负责销售的大众董事施密特博士正在公司上班。警卫于是致电给他："施密特博士先生，我面前站着中国机械工业部部长，他想与您对话。"

施密特博士的惊讶程度不亚于那名警卫，他充满敬意和新奇地回应道："那就请他到大楼里我的办公室来吧，那将是我的荣幸。"

中国政府和大众的对话便如此开始。

（马丁·波斯特《上海1000天—德国大众结缘中国传奇》中信出版社）

这段传奇般的故事说明，国门初开的中国对外面世界的了解是何等的缺乏，但一旦发现有用的信息又是何等的果断与坚决。如果周子健部长当时不是那样的果断，而是层层请示、汇报再等待批示，上海大众公司的历史或许会改写。

11月20日，在参观德国大众公司的预备会上，蒋涛向周子健部长建议：在参观后的座谈会上，能否向大众提出与上海合资合作经营轿车厂的意向？周子健同意了这个建议。

狼堡，德国大众轿车生产厂。车间里设备密集，工人劳动有条不紊，流水线上闪亮的轿车排着队，一辆一辆驶下装配线。眼前的景象使代表团的成员明白了，什么是现代化轿车生产。站在一辆辆驶过的轿车面前，蒋涛不禁想起了自己的上海汽车厂，两相对比，令人汗颜。

参观完毕后，主客双方进入会议室。蒋涛抓住机会对大众公司董事施密特提出：希望大众公司能够与上海汽车公司合作经营轿车厂。中方翻译的话音一落，施密特先生就热烈响应，他将双手高高举向空中，大声地说："我双手赞成"。施密特说："大众汽车正和另一国家（韩国）商谈在亚洲合作建厂问题，如果中国愿和大众汽车合作，那么大众汽车将放弃与那个国家商谈的项目。并且，大众汽车愿意出资金，也愿意转让技术，将大众汽车研制的最新车型提供给上海选择。"

多少年以后，德国大众亚太地区副总裁雅格比说："当时我们正在与韩国谈合作，认为南韩的汽车工业基础比较好，是理想的合作伙伴。但从韩国的市场来看，毕竟不如中国，再说劳动力成本高，加上政治局势不稳定，最后还是放弃了。"参加谈判的一位德国大众代表比喻说"中国像一个雄鸡，韩国像一个麻雀。中国的市场潜力巨大，前景诱人。"

施密特的表态令在场的所有人尤其是中方来宾振奋，蒋涛更是分外高兴。中国代表团中还有一个关键人物，他就是时任机械工业部外事司司长的江泽民，此行考察，江泽民担任中国机械工业代表团的秘书长。会见一结束，江泽民立刻亲自对蒋涛交代："此事极为重要，你们千万不要放过这一机遇，回国后要抓紧向中央各部委和市委市政府领导汇报，争取他们的支持。"

蒋涛回来后席不暇暖，立即向上海市市领导汇报了德方的表态，时任上海市市长的汪道涵是蒋涛的老上级，在原华东局工业部，汪道涵任部长，蒋涛是办公室主任。听完蒋涛的话，在场的上海市领导一致同意，要抓住这千载难逢的机会。汪道涵立即指示："这一项目由蒋涛负责，组织班子着手准备对外谈判。"

得知上海的安排后，一机部立即向德国大众公司发出邀请，请他们派人到中国上海洽谈，德国大众公司也立即派出代表来华，从此，中德双方拉开了谈判的序幕。

石油危机带来的合资机遇

汽车工业是技术密集型产业，西方发达国家一直对中国实行技术封锁，其中就包括汽车工业。为什么现在却对中国表现出兴趣，美国、德国等世界汽车产业大国为什么会将目光投向汽车产业基础极为薄弱并且是自己封锁对象的中国？根本原因是为了扩大产品市场等利益取向，具体看，有着石油危机以及日本汽车产业崛起并大规模进军欧美等多种原因。

石油号称现代工业的血液，是工业大国须臾不可离开的重要战略资源。1850年，美国宾夕法尼亚的山谷发现石油，石油的开发利用成为美国快速实现工业化的推进剂。1908年，英国的矿业巨头威廉·诺克斯·达西与英资缅甸石油公司合作，在伊朗与伊拉克接壤的马斯杰德—苏莱曼地区钻探出第一口高产油井，随着开发的不断深入，沙特阿拉伯、科威特、伊拉克等国相继发现大油田。为了攫取石油利益，确保自身稳定而充足的石油供应以维持本国的工业发展，英国、美国、法国等西方工业化大国纷纷冲向中东地区，开始分享中东石油盛宴。在它们眼里，中东不再是贫瘠的沙漠，不再是荒凉的漠野，而是漂浮在油海里的诺亚方舟。

二战后，世界经济快速发展，人类迎来了石油开发利用的黄金时代。1948年，全球每天的石油消费量为930万桶，到了1973年，石油的日需求量增加到5600万桶，整整增加了6倍。石油成为工业经济须臾不可离开的的“血液”。沙特阿拉伯、阿联酋、伊朗、伊拉克、约旦、科威特、利比亚、卡塔尔等中东国家靠着地下滚滚黑金带来的石油美元，从原始的游牧部落一跃成为石油富豪。

有利益的地方，就有贪婪与争夺。美国前国务卿基辛格道出了中东石油的本质：“控制了粮食，你就控制了全人类；控制了石油，你就控制了所有国家。”为了争得石油资源控制权，中东成为20世纪大国争夺的“焦点”。美、苏、英、法等大国为了自己的利益介入不惜挑动中东国家的冲突，有时这些大国甚至直接走到前台参与中东冲突，发生在中东的每一次战火烽烟中，背后都有着这些国家的身影，正因为如此，中东的每一次战争与冲突对世界都有着深远的影响。

历次中东冲突，失败的总是阿拉伯国家，获利的总是西方大国。阿拉伯国家从失败的痛苦中逐渐意识到，虽然自己的力量不如西方大国，但自己掌控着对世界特别是西方工业国家至关重要的石油，它们聪明地以此为武器，对西方国家施加影响有时甚至是强迫西方国家就范。中东的阿拉伯国家曾三次大规模使用了“石油武器”，在西方国家引起了不同程度的政治恐慌甚至危机。

1956年7月26日，埃及政府宣布将苏伊士运河公司收归国有，公司全部财产移交埃及政府。苏伊士运河是世界最重要的石油运输通道，全球石油运输的绝大部分通过这里进入大西洋，埃及政府收回苏伊士运河等于扼住了英、法等欧洲国家的经济咽喉。为重新夺得苏伊士运河的控制权，1956年10月29日，英、法与以色列联合，对埃及发动了突然袭击，派遣武装部队强行在埃及塞得港登陆，这就是第二次中东战争。

埃及军民坚决抵抗英、法侵略者，美国和苏联也利用这次危机分别施加影响，强迫已经衰落的老牌帝国主义英、法停火和撤军，并乘机重新划分了自己的势力范围。11月6日深夜，英、法、以被迫同意停火和撤军。

第二次中东战争期间，埃及采取沉船等手段切断苏伊士运河，并联合其他阿拉伯国家一起对欧洲实行石油禁运，致使石油价格飙升，欧洲经济受到沉重打击，欧洲各国陷入严重的石油恐慌。直到1957年4月苏伊士运河恢复油轮通航，欧洲石油危机才开始缓解。第二次中东战争使得阿拉伯国家认识到自己手中“石油武器”的威力。

1973年10月6日，埃及与叙利亚为收回被以色列抢占的戈兰高地与西奈半岛，向以色列发动了突然袭击，第四次中东战争爆发。战争的头两天，埃叙联盟明显占了上风，但在美国的支持下，以色列迅速扭转颓势，战况开始逆转。至第二周，叙军不敌以色列的攻势退出戈兰高地。紧接着，以军在西奈发动攻势，越过了苏伊士运河，埃及的防线崩溃。

由于埃及是主动袭击，战争初期，以色列一度陷入困境。以色列总理梅厄夫人向欧洲求救，但欧洲国家害怕阿拉伯国家的石油报复，谁也不敢出面援助。为保证自己在中东的势力范围和影响，美国决定出面援助以色列。就在以色列前线因为军火缺乏几乎停火之时，10月14日，美国总统尼克松命令美国空军：“把所有能飞的玩意儿都飞往以色列！”在美国的支持下，以色列取得了战争的胜利，但阿拉伯国家却被激怒了，它们决定使用“石油武器”对美国开展报复。

1973年10月17日，阿拉伯石油输出国组织召开会议，决定对美国采取减产、禁运等措施。10月18日，阿拉伯联合酋长国率先宣布完全停止向美国出口石油，紧随其后，利比亚、卡塔尔、沙特阿拉伯、阿尔及利亚、科威特、巴林等国也纷纷宣布停止向美国出口石油。12月22日，石油输出国组织的阿拉伯成员国宣布收回石油标价权并大规模提高石油价格，将原油价格从每桶3.011美元提高到10.651美元，由此造成美国国内油价暴涨。为了反对美国等工业大国对该地区的石油的控制和掠夺，迫使以美国为首的一些西方国家改变亲以色列的态度，石油输出国组织又宣布从1974年1月起，将标准原油价格从每桶5.11美元提高到11.65美元。从此产油国掌握了自己石油和定价权，打破了西方石油公司对石油定价的垄断。

为了进一步发挥石油武器的作用，石油输出国组织中的阿拉伯国家把所需中东石油的国家划分为“友好”“中立”和“敌对”三个类别，并对“友好国家”做出明确定义：

1. 与以色列断绝外交关系；

2. 对以色列实行某种经济制裁；

3. 为阿拉伯各国提供某种军事援助。

美国、欧洲、日本等发达工业国家都被划为“敌对”一类，对它们的石油出口大幅上涨。这一招效果明显，中东出口的石油价猛然上涨了两倍多，美国、欧洲、日本等发达工业国家的经济受到沉重打击并引发经济危机。石油引起的经济危机迅速扩展到世界经济的各个角落，触发了第二次世界大战之后最严重的全球经济危机，危机持续了长达三年之久。这场危机中，美国的工业生产下降了14%，日本的工业生产下降了20%以上，所有的工业化国家的经济增长都明显放慢，有的甚至出现负增长，这就是历史上的第一次石油危机。

第一次石油危机使得发达工业国受到沉重打击，中东的阿拉伯国家赢得大把石油美元，但这一切并未结束，几年之后，第二次石油危机爆发。

伊朗是中东大国，20 世纪 70 年代中期，巴列维国王领导的伊朗石油年产量达到约 2 亿吨，居中东首位。随着石油财富的膨胀，原来一直依附于美国的巴列维产生了脱离美国控制，领导中东地区的念头。巴列维的举动引起美国的极大不满，美国从政治经济等多方面向巴列维施压，美国的施压反而使得巴列维更为桀骜不驯，两国关系日益疏远。

巴列维在国内实行独裁统治，巴列维政府官员腐败、道德颓败、社会贫富差距增大，给伊朗人民带来了巨大痛苦，尤其是社会的世俗化和西方化引起了伊朗社会最为强大、最有组织性的伊斯兰什叶派上层的极度不满，最终爆发了由霍梅尼领导声势浩大的伊斯兰革命，推翻了巴列维国王的统治，建立了新的伊斯兰伊朗。新的伊朗视美国为敌人，美国的影响一下子被从伊朗彻底清除，美国的利益受到严重冲击，从此，伊朗成为美国的死对头。

在中东，除了伊朗外，伊拉克也是石油美元的受益者。伊拉克领导人萨达姆对自己的实力踌躇满志，开始向外扩张。伊拉克的首选目标是伊朗。

伊朗伊拉克两国相邻，有着 1200 公里的共同边界和 100 公里的界河，历史上，两伊之间一直存在领土纠纷、民族和教派矛盾。随着实力的增长，伊朗和伊拉克都想称雄海湾地区，双方关系一直紧张，小的边界冲突不断。1980 年 9 月下旬，萨达姆趁霍梅尼上台后与美断交，外交形势恶化，国内政局动荡，经济恶化，军心不稳的时机，对伊朗发动了战争，史称“两伊战争”。

这是一场对双方来说都得不偿失、没有胜利者的战争。战争从 1980 年 9 月 22 日爆发至 1988 年 8 月 20 日结束，双方整整厮杀了 8 年，除了数百万的生灵涂炭外，双方经济损失惨重，战争中的军费支出和战争导致的经济破坏共计到达 6000 多亿美元，两国经济发展计划至少推迟 20 ～ 30 年。

除了自身损失外，世界经济也蒙受灾难。波斯湾的霍尔木兹海峡是中东石油出口的咽喉要道，来自全球的油轮将中东石油从这里运往世界各地。由于地利之便，伊朗扼守着这条“石油咽喉”。

1984 年 4 月起，伊拉克利用其空中优势，向停靠在霍尔木兹海峡伊朗港口的油轮发动了举世震惊的“袭船战”，伊朗随之报复，双方开始专门袭击对方运输石油和货物的油轮与货船，以后袭船战不断升级，发展到不分国籍，见船就打，自 1984 年 4 月“袭船战”起到 1988 年 7 月底为止，约有 400 艘油轮和货轮遭到两伊的袭击，260 名海员丧生。袭船战使得世界各国的油轮不敢驶往海湾，海湾各国石油大幅减产，全球石油产量骤降至战前的两成以下，油价随即开始暴涨，从每桶 13 美元猛增至 34 美元，由此引发了第二次石油危机。

受石油危机影响最为明显的是汽车产业。由于中东石油产量减少价格暴涨，美国、西欧、日本等经济发达国家的汽车制造成本大幅上升，利润大幅下降。美国国内汽油价格直线上扬，汽油价格上涨导致汽车销量直线下降。

第二次石油危机之前，美国经济如日中天，美国国内的企业尤其是汽车企业，日子过得滋润舒服。美国汽车企业实行高福利政策，员工工资在全国名列前茅，高管更是拿着数亿美元年薪的天价工资，就业时收入丰厚，退休后还要保证收入不减，几乎每一家美国汽车企业都背负着沉重退休金负担。高福利员工、天价高管，低效营销网络，畅销车型匮乏，节能环保滞后，天文数字的债务等，美国通用、福特、克莱斯勒等三大汽车企业不堪重负，危机四伏。但低至 3 ~ 5 美元一桶的石油和高至一万至数万美元一辆的汽车仍支撑着庞大而充满危机的美国汽车企业。

二战后的美国成为世界霸主，美国人也被惯坏了。大大咧咧，大手大脚，大房子、大汽车是美国人憧憬与追求的基本生活方式。车身宽敞，装载量大，道路适应性强的 SUV 成了美国人追捧的经典车型，私家车保有量高达 1/6。每到假期，这些耗油量大的“油老虎”在美国的各条公路上威风凛凛，呼啸奔驰。尽管 SUV 价格不菲，但各汽车企业却毫无顾忌，照样生产，原因是，3 ~ 5 美元一桶的油价比水贵不了多少，而每卖出一辆 SUV，汽车企业就要赚进 1 万多美元的净利润。低油价支撑着美国经济的虚假繁荣。

第一次石油危机前，一桶石油 3 ~ 5 美元，第一次石油危机后一桶石油涨到 10 ~ 12 美元，整整翻了 3 倍，各大发达工业国家的生产成本大幅增加，油价一路飙升，视油如水的美国人第一次感受到了油价高升的压力。如果说第一次石油危机只是使这些国家感受到了压力，那么，第二次石油危机则使得它们受到沉重的打击。第二次石油危机前的 1978 年，一桶石油 13 美元，第二次石油危机以后，油价再翻一倍，涨到每桶 30 多美元，而且在 30 多美元的基础上维持小幅上涨的趋势。

两次石油危机在极大程度上改变了美国的汽车需求结构，人们的选择热点开始由大型车转向了节省燃油的小型车，而美国三大汽车公司此时才发觉，自己手上根本没有小型车技术储备，同时，它们惊讶地发现，大洋彼岸的日本汽车正张开血盆大口向自己扑来。

对于石油资源几乎百分之百依赖进口的日本来说，第一次石油危机产生的冲击极为严重，日本经济受到巨大影响，全国陷入了极大的混乱之中，国民对汽车的需求快速下滑，战后初期的恶性通货膨胀再度席卷日本，日本汽车工业面临生死攸关的严峻形势。危机面前，丰田公司掌门人丰田英二头脑冷静，他对汽车的需求和汽车的生产现状做了科学的分析。丰田英二认为，汽车是社会进步发展的必需品，现在的问题是汽车产品自身和汽车生产过程中出现了问题。现在的汽车太耗油，新设计的车需要将油耗降下来；现在的生产方式不够科学，浪费很大，只要经过科学的组织，就可以大规模节省工时和原材料使成本降下来。

丰田英二逆势而上，在丰田公司推行了精益生产等一系列的改革措施降低成本，同时大规模推进出口战略，以低成本的优势，大举进军美国汽车市场。针对美国车车身重，油耗高的缺点，丰田公司推出设计精巧，体积小，重量轻，节能省油的汽车，其中最著名的就是"卡罗那"。"卡罗那"出自拉丁语，意为"花之冠"，简称"花冠"。"花冠"排量只有1.4～1.6升，100公里油耗不过6～8升，比起美国的油老虎来，优势明显。凭借这些优势，丰田汽车在美国大受欢迎，再凭借成功的营销和服务策略，日本汽车的销路越来越好，"花冠"每年以16万辆的速度递增，到1983年，累计产量突破1000万辆。

石油危机也是美国大型汽车的危机，但是给节油的日本汽车带来极为难得的机遇，出口量迅速增加，到1977年日本汽车出口达到447万辆，日本汽车出口超过了产量的一半。1980年，日本汽车产量超过美国，夺取了汽车王国的桂冠。80年代，日本汽车的年出口保持在600万辆左右，主要输往欧美。以丰田为代表的日本汽车乘坐着一艘艘滚装船越过波涛滚滚的太平洋，从美国汽车三巨头手中将汽车市场一步一步地夺过来，丰田汽车成功地取代通用汽车，坐上了世界汽车老大的交椅。

美国是世界上最大的汽车市场，又是全方位开放的市场，任何国家的产品，只要符合美国有关标准，就可以在美国销售。这样开放的市场为具有强大资金、技术实力的日本汽车工业进军美国创造了条件。从70年代后期起，价廉物美的日本汽车潮水般涌进美国，1977年11月，福特汽车公司向美国汽车工人工会提出一份报告，报告中警告说：如果日本汽车对美国出口达到270万辆，美国将有13.5万人失业。1978年3月，美国汽车工人工会带着美国工人的愤怒来到日本，要求日本到美国生产汽车，以扩大美国人就业机会，但日本以美国工人工资高，生产成本高为由拒绝了美国人的要求。

日本人的态度激怒了美国人，1979年12月，美国汽车工人工会主席在媒体上拉开抨击日本汽车的序幕，在美国社会上引起强烈的反响。

曾经是自己的手下败将，现在却打得自己没有还手之力，高傲的美国人无法面对这样的现实，有时候也会采取一些可笑和过激的做法。1979年7月一个星期日的上午，美国时代广场突然热闹起来，一些美国人围着两辆崭新的日本丰田"卡罗那"轿车神情激动地喊叫着，在无数照相机和摄像机镜头下，他们手持大锤砸向这两辆美丽的"花冠"，一阵稀里哗啦的声响，崭新的"花冠"成为一堆垃圾。当天，可怜的丰田轿车和激动人群登上美国各大新闻媒体的头条。

在公众场合让人群手持大锤将日本汽车砸碎可以泄愤，但这无助于美国汽车面临的颓势。虽然两辆日本汽车被砸碎了，这一切都没能阻止日本汽车抢滩美国市场，质量上乘、精巧廉价的日本汽车越来越受青年学生、家庭妇女、退休老人的喜爱。

畅销的汽车给日本带来了滚滚财源，身材矮小的日本人口袋里装着大把的美元，在美国的大街小巷里任意挥霍，并开始收购美国的固定资产，一个一个企业，一栋一栋楼房开始降下星条旗，升起太阳旗。二次大战时，日本人袭击珍珠港，发动太平洋战争，企图以铁血手段攫取资源与财富，但最终以失败告终。今天，日本以石油危机为契机，冲上了辽阔的美国本土攻城略地，得到了当年没有得到的东西，这一次它们的武器不再是炸弹、鱼雷，而是彩电、音响、照相机、摄像机，但最最主要的是汽车。

疯狂挺进的日本汽车滚滚而来，把美国的汽车工业几乎逼上了绝路，通用一个又一个工厂关闭，大批工人失业，福特一度亏损23亿美元，克莱斯勒濒于倒闭。汽车是美国文明的支柱，汽车工业是美国经济强大的象征，通用公司前总裁查理·威尔逊曾经说："有益于国家者必有益于通用汽车，反之亦然。"

汽车工业在日本打击下几乎遭到灭顶之灾，美国政府岂能置之不顾。美国政府对日本政府施加了强大的压力，日本被迫与美国签订了《对美出口轿车自主限制协议》的城下之盟，决定把1981年到1983年的对美出口汽车数量限制在168万辆。以后又将这一限额增加到186万辆并延长到1984年。同时还同意到美国投资设厂，包括整车和零部件，以增加美国人就业。虽然日本人已经服软，但事情并未以日本的退让而结束。通用公司欧洲总部负责人休斯曾形象地比喻："西方人像猎人，边打边撤；而日本人像农民，挨打时会抱着脑袋坚持下去。"

尽管日本表面上作出了让步，但日本的汽车出口仍在继续，1990年，美国对日本的贸易逆差达到4100亿美元，其中汽车贸易占75%。为了摆脱困境，美国的汽车厂家再三敦促政府和议会尽快对进口日本汽车实施限制，听命于资本家的美国政客们也在国会摇唇鼓舌，要求政府对日本施加更大压力已解决日本汽车对美国的压力，称"汽车问题已成为当今美国具有政治意义的问题"。

虽然日本经济快速成长，也有日本人叫嚷"日本人可以说不"，但美国一旦动怒，日本也只有听命，广岛原子弹的爆炸威力持续了35年依然有效。

1992年5月，美国商务部通过关贸总协定正式指控日本在美国倾销小型厢式车，声称将对其课以7.75%～12.5%的惩罚性关税。同年，美国总统老布什率领美国汽车三大公司首脑访问日本，再次对日本施压。面对美国咄咄逼人的大棒，日本汽车工业不得不"抱着脑袋"退却，继续减少对美汽车出口。1994年，日本的汽车产量为1055万辆，比上一年减少了6%，从此痛失世界第一宝座，1994年，美国三大公司总共销售了1113万辆汽车，美国人依靠"大棒"重新夺回了世界汽车工业第一的桂冠。

客观地看，美国汽车与日本汽车这一轮交手，胜负的主要因素是石油。

石油危机和日本轿车惊醒了美国、欧洲的资本家们，面对石油危机和日本汽车的双重压力，为应对危机，寻找出路，美国福特、通用、克莱斯勒等几大汽车厂商不约而同地将眼光投向海外，寻找新的低成本市场和出口商机。而此时，大洋彼岸的中国正渡过"文革"危机，拉开改革开放序幕，开始执行以经济建设为中心的政策，中国汽车行业正在寻求轿车合资方。

德国大众抢滩上海

虽然上海方面开始了与德国大众的接触，但当时中方的合作对象并没有锁定德国大众，眼光还在美、日、法等其他大型轿车公司扫描，希望找到更心仪的合作伙伴。

1979 年元月初，上海提出赴美与通用汽车公司洽谈合资经营的方案。元月 26 日，国务院副总理谷牧在上海的方案上批示：

拟同意，请秋里、耿飚、方毅、王震、世恩、慕华同志批示。

邓小平于 2 月 11 日再次圈阅同意。得到中央的首肯后，1979 年 3 月 6 日至 4 月 16 日，饶斌率领以上海汽车工业代表为主的中国汽车工业代表团，赴美国、德国、法国、日本对通用汽车公司、德国大众、奔驰、法国雪铁龙汽车公司和丰田汽车公司进行考察，谈判合资经营事宜。

在美国通用汽车公司，美方请中方代表参观了工厂，还请中方成员试驾了他们新研制的小轿车。但对中方合作的要求，美国通用公司的回应是：中方生产部分汽车零部件，再由他们提供其余的零部件在中国装配，产品纳入他们的世界生产体系，这如同通用雇用一个帮他们打工的小伙计，离中方自己生产轿车并要出口创汇的想法相差万里；日本是中国的近邻，日本汽车公司善于在生产上精打细算，对于选择合作伙伴也是极为精于计算。日本汽车公司奉行的是“只卖商品，不卖技术”，他们更不愿意用自己的技术去培养一个潜在的竞争对手；法国的雷诺和雪铁龙倒是有积极性，但他们完全不了解中国的市场和中方的想法，提供的车型不适合中国的市场。

中国代表团的考察活动断断续续持续了近两年之久，但这次全球环游“选秀”毫无成果，中国代表团的成员心情郁闷。原上海大众公司董事长陆吉安说：“我们用了两年多的时间周游列国，但没想到的是，这次面向全世界招募合作伙伴并不顺利，日本、美国等各大汽车公司相继拒绝了我们。”

这些西方大公司拒绝中方的原因很简单，中方的合作内容让他们无法接受。蒋涛说：“我们在选择合作对象时坚持了以下几条原则：首先是能提供适合我国市场需要的先进车型；其次是能提供先进的生产技术和科学管理模式，共同建设完整的现代化轿车工业，对方在国际上已具备有较强的竞争力，并能参与商品出口以解决外汇平衡；第三，同意对横向零部件企业提供技术帮助，加快零部件国产化。”

对照中方的条件，多数外国大汽车企业不屑一顾。他们认为，出牌要对等，中国的汽车工业是如此落后，市场环境是如此糟糕，市场容量是如此有限，中国完全没有发展轿车的基础与条件，中方凭什么开出如此高的要价？他们对中方说：你们没有必要自己生产轿车，进口我们的产品就行了。

德国大众公司是这些西方国家中的另类，相比较其他西方大公司而言，德国大众公司是唯一愿意提供最新技术又愿意投入资金的大公司，在这种情况下，饶斌认为，还是德国大众的条件较好，这才选定德国大众汽车公司作为谈判伙伴。

原上海大众总经理仇克回忆道：

德国大众公司的代表博诗到上海主要是我接待的。我们也很清楚，德国大众派他来是了解中国情况，探讨合作条件。他来了后，先是参观了上海汽车厂。我告诉他，我们的要求是：引进技术，利用外资，建成年产15万辆的合营企业，主要是出口。

这里面还有个小插曲。我邀请他到和平饭店吃饭，看到很多日本人，他指着这些日本人开玩笑说："日本人一定也和你们谈了，我只有一个人，怎么能和他们那么多人竞争？"

我也笑着回答："历史上以少胜多的事情也不少，而且你们以后也可以多来一些人呀！"

接下来就是1979年4月饶部长率领中国汽车工业代表团访问大众，他们特地安排了我们参观每天生产3700辆轿车的狼堡轿车厂、高尔夫轿车的自动装配线，还看了技术中心、试车场、碰撞试验室等，以及他们正在生产的各种车型的展览大厅。参观完后，大众公司董事长再次重申，他们愿意和中国合作，在上海建设现代化轿车厂，还提出为了降低生产成本，提高竞争力，愿意帮助我们发展零部件，并同意整车返销60%。代表团一行都认为大众公司提出的条件比较实际，可信度较高，符合我们国家的要求。

后来，德国大众又派代表团正式访问中国，由纳德布什带团。他们这次带来的情况是：他们是想在亚洲寻找合作伙伴，第一家找到了伊朗，双方谈得很深入，后来因为伊朗国内动乱而取消。现在正在谈的是韩国，韩国有许多条件是大众公司愿意接受的：首先，国家体制，韩国不是社会主义国家。其次，韩国轿车工业有了一定的基础。第三，韩国人做事情非常"拼命"。但他们仍然愿意跟我们合作，主要是看到中国汽车市场的发展潜力非常大，而这正是韩国所缺乏的，因此，他们最终将中国定为合作伙伴。

由此可见，中国与德国大众合作是在没有挑选的情况下做出的决定。从此，上海和德国大众开始了艰苦曲折起伏不断的长达6年的马拉松式合资谈判。

德国大众公司是一家什么样的公司，为什么那么多西方企业拒绝与中方合作而它们会反其道而行之呢？要了解这些，就得先认识大众公司。

第一次世界大战结束后，德国成了战败国。1918年11月11日，德国代表在法国贡比涅森林雷道车站的一节火车厢里签订了《协约国对德停战协定》。条约规定，德国裁减军队，交出陆海空军的全部重装备包括运输工具，退还法国盛产煤、钢的阿尔萨斯—洛林地区，曾经的欧洲强国一下子成为其他列强宰割的对象，德国丧师失地，经济完全崩溃了。从1919年一战结束到1929年，战败后的德国经济靠美国、英国、法国的贷款逐步恢复，但由于国内消费实力长期萎顿，德国经济主要建立在外向型出口上。

就在德国还在战败的阴影中挣扎的时候，更大的一波灾难袭来。1929年10月发端于美国的世界性经济大危机，如同海啸般以前所未有的冲击力席卷整个欧洲。经济危机给正在缓慢复苏的德国经济以摧毁性的打击。由于美、英、法等国均陷入经济危机，这些国家从德国抽走银根，催逼贷款，取消订货，德国经济再也经受不住这样的拳打脚踢而应声倒地。1931年，德国共有19254家企业倒闭，失业率从1928年的7%猛增到1932年的30.8%，1932年1 ~ 2月失业人口达到610万人，超过全国成年人口1/4。由于市场崩溃，农业也遭受重创，广大中小农户纷纷被迫出卖土地，仅1931年被拍卖的农田就达17万公顷。国家黄金储备从23.9亿马克锐减到13.6亿马克，而1931年到期必须偿还的外债高达64亿马克，由于资不抵债，德国马克疯狂贬值，形同废纸，德国的整个金融信贷体系濒于崩溃。

在经济危机的寒流中，德国国内民怨沸腾，而各种党派的政客们不顾人民的死活，纷纷为争选票互相攻讦，德国处于革命的前夜。此时，纳粹党打着国家社会主义的幌子，从关心劳苦大众入手，乘机而起。1933年，纳粹党首希特勒当选德国总理。面对千疮百孔的德国经济和超过600万的失业人口，在上任后的前四年里，希特勒将主要精力放在内政建设方面。他首先设法使莱茵河西岸重工业区的工厂相继恢复生产，然后逐个解决经济发展中的问题。从1933年到1935年短短的三年里，由于德国人民的努力，德国经济奇迹般地得以恢复，在基本没有外国投资和援助的情况下，濒于破产的德国一跃成为名列世界前茅的经济强国，德国的劳动就业率达到98%以上，德国的老百姓重新过上了富足体面的生活。

德国是汽车的故乡，自从1886年汽车在德国问世后，执着细致的德国人便开始痴迷于改进和制造这个“改变世界的机器”，1901年，德国有12家汽车制造厂，职工总数1773人，年产汽车884辆。到了1908年，汽车厂猛增至53个，职工12430人，年产汽车5547辆，不仅能供应国内市场，而且把大量的产品销往到世界各地，到1913年第一次世界大战爆发以前，德国汽车工业已基本形成一个独立的工业部门，全德国共有5万多人从事汽车制造，年产汽车2万辆，汽车保有量已达10万辆。

战败也使得德国汽车工业一蹶不振，希特勒决心要重振德国汽车产业雄风。发展汽车产业需要有雄厚的经济基础，希特勒有他的办法，在德国汽车工业还没有复元的情况下，希特勒开始在国内大搞基础设施建设，在全世界率先修起了长达1000公里的高速公路（它至今还叫做“希特勒路”），高速公路大建设解决了德国汽车发展的基础条件。希特勒不光修路，并且以实际行动支持汽车工业。当选总理后仅仅11天，希特勒就亲自主持了柏林汽车展的开幕仪式，并兴趣盎然地参观了各国的汽车，他最感兴趣的是捷克斯洛伐克太脱拉公司展出的风冷发动机。当晚，希特勒召见了太脱拉公司的总工程师莱德温卡，详细地询问了风冷发动机的有关情况，并称，德国应当发展“大众轿车”，这种车的发动机应当是风冷发动机。不久，德国内阁召开专门会议，议题是在国民中普及轿车。希特勒的顾问们一致推荐由著名的汽车设计师费迪南 · 波尔舍担任研制任务。

费迪南 · 波尔舍原为奔驰公司总工程师，以后自己创建保时捷公司，希望开发一种价廉物美的普通轿车。但他的努力几乎没有成果，没有多少汽车公司在乎他的设计成果。

1933 年秋，希特勒在柏林接见了波尔舍，专门与他讨论如何在德国发展“国民大众”的汽车。两人观点相同，意见一致，谈得兴起，希特勒抓起铅笔，一气画了 11 张草图，希特勒的草图与日后名噪一时的“甲壳虫”已经十分近似。希特勒要求，这款车的最高速度要达到 62 英里 / 小时，每加仑汽油要能够行驶 42 英里，必须采用风冷发动机，车内要能够乘坐 2 个成年人和 3 个儿童，车的价格必须在 990 马克以下。这些指标与波尔舍原来的设计几乎一样，两人相见恨晚。希特勒对波尔舍非常信任，将发展德国“大众轿车”的任务正式交给了他。

1934 年 1 月 17 日，波尔舍以德国汽车制造联合会的名义，向德国政府提出一份为大众设计生产汽车的建议书，建议书迅速得到了德国政府的批准和支持。1934 年 6 月，波尔舍设计的“大众汽车”完成，希特勒审看完图纸后要求 28 个月内拿出样车。1935 年柏林汽车展上，希特勒宣布，德国大众的国民轿车即将投产，“大众汽车”（VOLKS WAGEN）一词正式问世。

1936 年 10 月，3 辆大众样车按时下线，新车搭载了改进型 700 毫升直列 4 缸发动机，功率达到 22 马力。这款车的车标为叠加的“VW”，它用德文“VOLKS WAGEN”两个单词的第一个字母，意思即“大众汽车”。以后，该标志正式成为大众公司的商标。1936 年 12 月 24 日，3 款大众“VW 3”轿车在德国柏林进行展示。

1937 年 2 月，波尔舍与希特勒的亲信维林组建了“德国大众汽车促销公司”，为大众汽车筹集资金做生产准备。1938 年 5 月 26 日，大众公司在沃尔夫斯堡（狼堡）正式奠基，希特勒亲自出席了奠基仪式。1938 年 8 月 1 日，维林宣布：每个德国人，不论阶级、地位和财产，均有资格购买大众汽车，要求是购买者每周储蓄 5 马克。德国民众对此计划反响热烈，到 1938 年底就有 27 万多人登记签约并开始储蓄。到二战后的最终统计，共有 336000 人登记了储蓄购买计划，集资总额 2.67 亿马克。1938 年 9 月 16 日，该公司被命名为大众汽车股份公司，波尔舍为该公司的董事长，公司就设在沃尔夫斯堡，也称为“狼堡”。1938 年，大众公司推出了经过进一步改型的“38”系列车型，该车装载的直列 4 缸 986 毫升排量发动机。这款坚实且具有与众不同外型的车，就是“甲壳虫”汽车的鼻祖。但那时它并不叫“甲壳虫”，“甲壳虫”的名字是 1968 年才首次出现在大众公司官方的广告里。就在这批大众汽车问世不久，1939 年 9 月，希特勒就以德国人民创造的财富为基础，悍然发动了第二次世界大战，将德国带入万劫不复的战争深渊，大众汽车公司根据德国政府的指令，开始转而生产军用车辆，第一批大众汽车仅仅生产了630辆。

1945年，德国再次战败。二战结束后，波尔舍因为曾经为纳粹工作而获刑2年并于1951年中风去世。大众汽车公司在英国的监管下开始重新生产民用汽车。1946年，英军任命著名的汽车专家前欧宝汽车厂厂长鲁登霍夫为大众汽车厂厂长。鲁登霍夫接任后，带领全体工人在废墟上重建工厂，很快便使汽车厂恢复了生产。1949年9月，英国将大众公司托管权移交给联邦德国政府，1960年联邦德国政府将大众公司私有化，从此，德国大众汽车公司进入了快速、平稳的发展时期。当时大众公司的主要品牌就是大众汽车，由于该车外形酷似甲壳虫，1968年，大众公司在自己的官方广告中称之为“甲壳虫”。甲壳虫的研发者将研发目光放在经济水平有限的普通大众身上，强调车子经济实用、坚固结实性以及维修方便，甲壳虫由此成为欧洲最畅销的车种。拿下欧洲市场后，鲁登霍夫又将甲壳虫打进美国市场。

在甲壳虫的滋养下，大众汽车公司迅速发展起来，到了20世纪70年代，大众汽车公司已成为一个在加拿大、美国、南非等世界许多国家都有生产厂的跨国汽车集团，旗下有“兰博基尼”、“布加迪”、“高尔夫”、“斯柯达”、“奥迪”、“西亚特”等世界知名品牌，年产销300万辆，成为欧洲第一、世界第四大汽车公司。继甲壳虫以后，大众公司又开发出了高尔夫等一系列深受欢迎的产品，并以此稳固地占据着经济型轿车市场“老大”的地位。

20世纪70年代，面对席卷西方世界的石油危机和日本汽车的竞争，大众公司感受到了空前的威胁。为了改变不利局面，进一步扩大自己的实力，大众公司积极地采取了走出去的战略。

世界上最大的发展中国家，十几亿勤劳的人民正在进行的改革开放事业，使得德国大众将目光投向中国。在大众公司走出去的战略中，与中国合作无疑是其最大的最重要的战略布局，力促德国大众与中国合作的有两个人，一位是大众公司董事施密特，就是他首先做出了与中国合作的决定。两年后，卡尔·哈恩博士接任大众公司董事长后，将大众公司与中国的合作进一步推广，最终使得中国成为大众公司最大的合作伙伴。

卡尔·哈恩博士1926年出生于德国凯姆尼茨一个工业世家，1954年进入大众汽车公司，1959年至1964年担任大众汽车美国公司的总裁，1973年至1981年，担任德国汉诺威大陆轮胎公司的董事长，1982年，哈恩担任大众汽车公司的董事长。在任期间，他实现了甲壳虫后继产品（帕萨特、高尔夫、波罗）的成功以及奥迪品牌的复兴。但他最主要的业绩是通过在中国、西班牙、葡萄牙、土耳其、斯洛伐克、波兰、匈牙利等国家和地区建立生产基地，让大众汽车集团跻身世界顶级企业行列。

哈恩博士为什么要力主与中国开展合作呢？20年后，哈恩在自传《我在大众40年》中谈了自己当时的见解：

中国的汽车工业基础确实很差，但要用历史的眼光看待中国人，这个民族有其不可预见的能量，只要能将他们的民众团结起来，万众一心，他们就能做到让世界瞠目结舌的事情，他们研制出了火箭、导弹、原子弹就是例证。现在他们正在进行改革开放，他们愿意拿出资金和力量来发展轿车工业，如果我们现在错过与他们的合作，将来我们会为此而后悔。与其等到他们自己做出来后将我们作为竞争对手，还不如我们现在就参与他们的发展，与他们成为合作伙伴。

事实证明，哈恩的选择是明智的。在谈到他当初下定决心来中国的最重要原因时，他认为中国悠久的历史传统和古老文化独一无二的特征打动了他，他在《我在大众40年》中回忆：

20世纪80年代，我希望能够参与中国强大的经济发展，使中国巨大的潜力能够被发挥出来。20世纪80年代初期中国汽车工业技术虽然很薄弱，但是到后来，和当时的上海汽车拖拉机联营公司有了进一步的接触和交流以后，更进一步坚定了我们对中国的信心。只是当时只有我们有这样的信心，其他外国汽车公司没有这样的信心。特别是对于很多外国汽车公司来说，它们并没有把它们的技术转让给中国的愿望。

中国有着5000年的历史文化传统，这样的国家会有未来，也能造好汽车。

虽然哈恩有远大的目光，但必须看到，德国大众决定与中国上海合作包括以后与中国一汽合作，都是建立在其全球战略的角度考虑问题的，其出发点是为了大众公司的利益最大化。而中国也需要在与大众公司的合作中，学习到先进的技术与管理，这也是符合中国利益最大化的要求，正是出于这一共识，中德双方才走到了一起。原上海机电局副总工程师翁建新说：

在确定大众作为我们的合作伙伴前，我曾经从各方面搜集过资料，资料证明，大众向我们提供的条件是从他们的全球化战略来考虑的。我调查到，大众在欧洲、北美、南美和非洲都已经建有工厂，惟独亚洲没有。我们双方接触初期，大众的经营情况很好，积累了一些富余资金，也很想在亚洲发展战略合作伙伴。

最初他们曾想和日本合作，但日本不想干。后来，他们和印尼等国家有些接触，但发现印尼没有条件。再和伊朗接触，又感觉到伊朗的政局不稳定。再后来就是跟韩国商谈，但感到韩国国内资源缺乏，韩国国内已经有几家大型轿车厂，整个国家市场份额也不大，就有些犹豫不决。在这种条件下，他们感觉到，上海是他们最理想的合作伙伴。他们也对中国市场做过调查，中国地大人多，是一个很大的轿车潜在市场，因为中国的新领导提出改革开放政策，他们相信中国的经济一定会加速发展，轿车市场也会逐步扩大。还有一点，他们认为中国人聪明勤劳，一定能把轿车厂办好。所以，他们愿意放弃与韩国的合作转向与中国合作。

漫漫谈判路

引进轿车装配线放到上海的项目被称为“上海轿车项目”。上海轿车项目的基调是：中德双方合资，预定投资3.87亿美元，双方各占50%股本，各出1.6亿美元，年产15万辆，80%出口。上海方面提出，合作生产的轿车应是最新款的能作为公务车和出租车使用的中级车。德国大众同意提供他们正在研制的B级轿车“桑塔纳”。

德国大众美国公司的生产厂坐落在加利福尼亚州桑塔纳山谷下，桑塔纳山谷以盛产名贵葡萄而饮誉世界，由于气流的作用，桑塔纳山谷经常刮起一股股强劲的旋风，当地人把这种旋风叫做“桑塔纳”，大众公司以这种风的名字为自己生产的这款中级轿车命名，意思是，这款轿车犹如强劲的旋风。

桑塔纳在德国的原型为帕萨特。1973年，大众公司研制生产了第一代帕萨特（Passat B1），产品面世之后，用户提出了各种意见，大众公司的工程技术人员对这一款帕萨特进行了重新设计并换装了新型发动机，这是第二代帕萨特（Passat B2），也是以后来到中国的“桑塔纳”。同时生产这款车的有巴西大众、阿根廷大众、墨西哥大众等拉美国家，在日本由大众公司授权日产公司生产，称做Nissan M30（生产时间1984 ~ 1990年）。

桑塔纳属于中级轿车，又是德国大众最新的产品，德方也愿意将这个车的技术全部转交给中国，这都符合中方在谈判时所提出的车型和转让技术的条件，桑塔纳就这样有缘于中国了。有趣的是，桑塔纳在德国的销路并不怎么好，仅仅生产了13万辆后就停产了，但桑塔纳却在中国演绎了一个轿车领军者的角色，成为生产量最大，保有量最多，连续生产20年长盛不衰的车型。

曾任上海大众副总经理的德方代表马丁 · 波斯特说：

中国人对桑塔纳的装配尤为感兴趣。上海大众制造桑塔纳，是合营合同里确定的条款，而且是中国人的愿望。大众公司在谈判进程中，最先提供的是奥迪100，但中国人喜欢桑塔纳。主要是中汽公司总裁饶斌说服了中国政府，中国真正需要的是那种车型：并非大奔模样，而是一款省油、廉价又安全的汽车，并且是一辆在与德国人合作初期容易制造的车。

（马丁 · 波斯特《上海1000天—德国大众结缘中国传奇》中信出版社）

虽然协议规定合资公司生产桑塔纳，但中国国内有些人对于这个车型存在一些不同意见。当时引进轿车的主要用途是作为公务用车，简言之就是“官车”。作为“官车”，中方有些人提出，桑塔纳太小了，不够气派。1985年，上海提议，在生产桑塔纳的同时，还要同时生产大众集团的顶尖产品，在欧洲刚刚获得巨大成功的奥迪100。奥迪100属于A级轿车，是德国大众刚刚投产的一个新品牌。但是来自奥迪公司的代表对老上海汽车厂混乱的生产环境极为不满，认为上海没有能力生产奥迪。而上海大众的德方人员正被桑塔纳的生产和零部件国产化进程搞得焦头烂额，也认为上海大众公司的外汇额度、生产场地和人员素质都不适合再增加生产奥迪100。但经不住中方的反复要求，经过双方的反复协商，最终确定采用散件组装的方式在上海进行小批量"组装"奥迪100。

1986年夏，德方也从德国发来了500辆份奥迪100的散件给中方组装，就在这个时候，德国大众开始了与长春一汽的合作，经过国家有关部门的协调，决定将奥迪100交给一汽，上海专心做好桑塔纳，这样，上海方面眼巴巴地看着一款A级轿车离开了自己。

有段时间，曾经有舆论说，德国大众给中国的桑塔纳是大众公司的一款滞销车型，德国人觉得不好卖了，才将它甩给中国人。对此，波斯特是这样解释的：

关于这一点，那个时期有诸多错误的看法，好像因为桑塔纳退出市场，我们便迅速迫使中国人接盘，这种顽固的成见，流传至今。真实情况却是，桑塔纳尽管在欧洲不怎么畅销，但在世界其他地方，比如巴西，却是一款实实在在的畅销车型。理由很充分：它是一款以最先进技术配置的耐用型大众中级轿车，中国人想要的就是这种汽车。此外，桑塔纳还在西班牙、南非生产，更以许可证方式在日本日产公司制造，这是许多人所不知道的，所以，它终归是我们最新款的汽车。我们把"旧货"卖给了中国人的那种传言，完全缺乏根据，可以说，桑塔纳是我们当时拥有的最先进的汽车。1982年，在试装合同框架范围内决定引进桑塔纳的时候，它才上市一年。

（马丁·波斯特《上海1000天—德国大众结缘中国传奇》中信出版社）

车型好坏决定企业命运。选择属于中级车的桑塔纳主要考虑到"适应国内市场的需要，同时又具有国际先进水平，外形美观大方，综合性能可靠"。事实说明，桑塔纳受到了中国的欢迎。从开始100%由德国零部件组装到以后100%由国产零部件生产，桑塔纳在中国已经走过了20多个年头，据2003年的数据，桑塔纳轿车的保有量已经超过200万辆，稳居各种轿车的榜首，被称为中国国民第一车，成为中外合资轿车第一品牌。桑塔纳在中国的成功，从某种程度上说也是车型选择的成功。

谈到上海轿车项目，就不能不谈蒋涛。

蒋涛，汉族，1921年12月出生，河北涞源人。肄业于保定师范，进修于晋察冀边区师训班。1938年5月参加革命。1940年7月1日加入中国共产党。历任助理员、区长、科长、县长等。1949年1月随军南下，4月23日渡过长江，过江后，蒋涛任皖南新区财经委员会秘书长。1950年12月，皖南皖北合并成立安徽省，蒋涛调入上海，任上海钢铁委员会秘书长，华东局工业部办公室主任，上海市委工业部处长。1954年，蒋涛调入上海市重工业局、机械局，历任机电局副局长、局长。

1979年任上海市计委副主任、上海市八届人大常委、上海汽车工业联营公司、上海海上石油工程联营公司、上海工业联合供销公司董事长。1978年起，蒋涛主持了上海与德国大众汽车公司轿车合资项目。

上海与德国大众合资项目谈判历时6年，从1978年11月开始，直到1984年11月签约。这6年中，蒋涛的工作变动了两次，一次是1979年12月，由上海机电工业局调入上海市计委，这个项目继续由他分管。1982年7月，蒋涛调入上海市人大常委会任常委。上海市政府随即发文给相关部门："蒋涛同志虽然工作有所变动，但作为项目负责人保持不变，继续负责领导这一合营项目的筹建工作。"从1978年到1984年，蒋涛自始至终组织、领导和参与了上海轿车项目，被德大众汽车公司誉为"上海桑塔纳"之父。

但在改革开放刚刚开始起步的国内政治经济环境下，上海轿车项目犹如大海上的一叶扁舟，在起伏不定的波涛中，时而跃上峰顶，时而落入谷底。

上海轿车项目遇到的第一波风浪来自于中国国内。

在当时，这是全国最大的汽车项目。1979年，国家经济情况不好，开始对许多在建项目进行整顿，有的停建，有的缓建，二汽也被列入国家缓建项目名单。1979年年底，时任上海市委副书记韩哲从北京回来后对谈判小组成员仇克说："我们这个轿车项目很危险，国家经济调整，很多项目要下马。我们这个项目年产15万辆，国家计委透露消息说，项目太大可能要下马。"

蒋涛得知国家的决定后非常着急。他曾经是上海工业的掌门人，对上海的工业家底最清楚。上海轿车与国外轿车的隔代差距更是让他寝食难安。这一次上海轿车合营项目是发展上海轿车工业的一次难得机会，如果失去这个机会，自己生产的上海牌轿车绝不是进口轿车的竞争对手，要不了多久就会被挤垮。在某种意义上说，失去这次合资机会就等于放弃上海轿车工业，作为项目的主要负责人，这是自己无论如何也无法接受的事情。

蒋涛一面向上海市委书记陈国栋和市长汪道涵汇报，请求他们继续支持这个项目谈下去，绝不能半途而废，一面找来上海轿车项目组的有关同志，向他们宣布两条纪律：一是上海轿车项目可能停的消息不能外露；二是与德方谈判不要停。他对大家说："说不定几年以后谈判成功，国家经济形势好转，我们就能有准备地上轿车项目，但如果现在不和外商谈判，那一切都完了，今后即使有这样的机会，也不一定轮到上海市。饶部长说，这次我们找到了比较理想的合作伙伴，外商也很积极，我们应该抓住这个机遇把项目谈透谈实。现在谈判才刚刚开始，到谈成还要好几年，说不定谈成时，国家经济形势也好转了，那我们就能有准备地上了。所以，现在谈判决不能停。"

关键时刻，饶斌做出了决断。1979年5月，饶斌正好率领中国汽车工业考察团回国，在上海下飞机后，他立即召集蒋涛、仇克、翁建新等人在一起商量，饶斌说："轿车工业是汽车工业的重要组成部分，要振兴汽车工业，必须发展轿车工业。

但我们与国外的差距太大了，光靠自己探索不行，不但时间长，而且水平不高，必须引进技术。国内虽然进行经济调整，建设项目暂缓，但轿车项目刚刚开始谈判，需要一定时间，不能马上建设，所以继续谈判和经济调整并不矛盾。说不定到谈成时，国内形势好转，那就能有准备地上马。过去有教训，一说缓，就处处开红灯，什么工作也不得不停下来；一说上，没有准备也仓促上阵，结果是欲速则不达，还是上不去。你们不要松劲，继续抓紧工作，我回北京再去做工作。”

其实，作为中国汽车工业的总负责人，饶斌比蒋涛等人还着急。上海轿车项目是饶斌极力保荐由上海来承担的，现在面临下马的局面，如果上海轿车项目下马，就意味着刚刚起步的中国现代轿车工业夭折，受到影响的不光是上海轿车工业而是全国的轿车工业。回到北京后，一机部为机械工业的很多项目是上还是下开了 3 个半天的扩大会议。饶斌在会上汇报了在国外考察的情况。他说：“这次到国外参观了很多生产轿车的企业，也看了一些技术研发中心，感到我们和国外的差距实在太大了，只有引进技术，认认真真学习才能缩短差距，把我们的轿车工业搞上去，抵挡住轿车进口。所以（上海）这个项目不能下，而且要快上。”

讨论的结果是，一机部党组一致同意这个项目继续谈判。饶斌又向薄一波、姚依林等中央领导和国家计委、国家进出口领导小组汇报了一机部党组和上海市委的意见，饶斌关于“上海轿车项目现在还在谈判，并未进入建设阶段，现在的谈判绝不能停”的观点得到他们的认可。一机部立即拟定报告上报国务院，批准后，谈判继续进行。

华裔德国人李文波时任大众公司中国总代表，他得到中国将大量压缩基建项目后，极为不安。与中国合作是德国大众在全球布局方面做出的战略决定，如果中国单方面放弃，德国大众将会蒙受重大损失，中国的国际信誉也会受到影响。1980 年的春天，他带着德国大众的重要使命前来拜访饶斌，希望中国方面给出一个确实的意见。饶斌坦率地告诉李文波：“中国经济确实遇到问题，国家将要对很多在建项目实行调整，很多项目其中也包括汽车项目已经叫停。但干轿车我们是铁了心的，上海轿车项目绝不会停下来。”

听完饶斌的话，李文波惴惴不安的心情平静下来。事后李文波回忆说：“完成来京使命之后，心里不知有多开心。这样，中德双方的合作大门不仅没有关上，而且双方还增进了了解。”

上海轿车遇到的第二波风浪来自德国。1980 年 3 月，饶斌率团到大众公司商谈建厂方案。双方经过研究讨论，确定大项目分三个阶段进行建设：第一阶段利用上海汽车厂原有厂房建成年产 3 万辆轿车、10 万台发动机和 10 万台变速箱的工厂。其中，3 万辆轿车满足国内需要，7 万台发动机和 7 万台变速箱返销给大众公司以平衡外汇。第二阶段建新厂房，形成 10 万辆轿车生产能力。第三阶段形成 15 万辆整车能力。双方同时还确定，在当年 9、10 月份，大众公司派 22 人大型代表团来中国做具体规划，但谁也没料到，一向严谨守时的德国人这次却爽约了。到了 1980

年11月21日，大众公司只来了个海外合作部负责人纳德布什和翻译李文波两个人。蒋涛立即感到：情况有变。李文波向他和王恩奎说明了情况："德国大众公司发生了经济困难，我们临行前公司开了一次理事会，理事们认为15万辆的中国项目投资太大，他们建议取消这个项目。对此，我们也感到很突然，毫无思想准备。"

李文波还告诉了蒋涛等人一些内幕消息："对于终止与中国的合作，大众公司董事长最初有些犹豫，但在财务总裁的坚决要求下，决定不按原计划进行。同时，财务总裁还提出可以给中国方面出几个难题，让中国方知难而退。纳德布什和我都不同意，因为和中国一直谈得很好，我们觉得不能那样做。最后，生产总裁、销售总裁和人事总裁都说，还是听听中国的意见后再说。这样，我们就立即赶来了。"

1980年正值第二次石油危机爆发，石油危机导致油价直线飙升，西方经济遭受沉重打击，受影响最大的莫过于汽车工业。1980年，德国大众出现全面亏损，全年的利润首次出现负数，为此，德国大众叫停了几乎所有的对外投资项目，大众公司董事会也要求取消与中方的合作项目。对大众公司与上海联手，大众公司内部反对声始终不断。大众财务方面曾做过一个分析，认为和中国合作并不合算，在中国办厂要花很多钱，不知道什么时候才能得到利润，而且外汇又难以平衡，为此，大众公司财务总裁就是坚决的反对派。

其实，德方叫停上海轿车项目还有另外的想法。上海轿车项目预定产能为15万辆，根据中方的要求，其中80%用于出口。由于中国没有轿车零部件工业，这15万辆的零部件要全部从德国运来，在中国装配后再出口80%，这样一进一出，成本将大大提高，这意味着，德方在进行无利的投资。经济形势好的时候还好说，现在经济形势急剧恶化，德方当然会产生叫停的想法。

听到李文波的话，蒋涛非常震惊，他一方面与仇克、翁建新等人商谈对策，一方面立即电话告知饶斌。饶斌的第一反应是："一定要想法保住这个项目。"

蒋涛说："我们正在研究。仇克等同志也建议我们可以把项目规模改小些，这样投资少了，风险也就小了，大众总裁也好对财务总裁说话了。"

蒋涛认为，大众公司在亚洲建现代化生产基地的全球发展战略是不会变的。对中方来说，大项目改为小项目，是有利的，因为小项目可以利用老厂房，不要土建，投资也小，可以按技改项目报批，这样也比较容易通过。饶斌非常赞同这些意见。两人商定，由仇克出面和大众谈判。

听取了蒋涛等人的意见后，饶斌亲自接见纳德布什等人，饶斌告诉他们："中方对上海轿车项目非常重视，将尽全力支持这个项目。同时，中方对德方的困难也完全理解，为了不给德方造成经济负担，中方可以考虑上海轿车项目在初始阶段缩小规模，减少投资，将原定的15万辆压缩到3万辆，如果这样合作顺利的话，再逐步扩大规模。中国是世界上最大的国家，中国的国民经济建设需要大量的汽车包括轿车，历史将证明，德方与中方合作是明智的选择。希望德方认真考虑。"

纳德布什听进去了饶斌的话，立即用长途电话向大众公司总部执行委员会汇报。大众公司立即紧急召开董事会，讨论中方的意见。虽然财务总裁仍然反对，但饶斌的意见得到大众公司大部分董事的赞同，董事会决定，继续执行上海轿车项目。

1981 年 1 月 5 日，大众公司董事施密特亲自带队来中国，谈判一开始，他就说："大众公司愿意和中国进行长期合作。"

在这次谈判中，中德双方商定了年产 2 万辆轿车、10 万台发动机的小项目。其中，2 万辆轿车满足国内所需，8 万台发动机返销到大众公司以平衡外汇。规模小了，但项目却保住了。

哈恩在其自传《我在大众 40 年》中也记载了这件事：

80 年代初的第二次石油危机破坏了大众的所有计划，公司举步维艰，下令停止全部项目。经过努力做工作，董事会才被说服，没有将通向中国的大门关上。

第三波风浪又来自国内。屋漏偏逢连阴雨，船破又遇顶头风。就在德方提出叫停的时候，国内反对的声音也响起来。在长期闭关锁国的环境下，人们思想僵化，认识扭曲，认为与大众公司合作是违背了社会主义"自力更生"的原则，是"洋奴哲学"，是走"卖国主义"道路，有的说，"20 多年前我们就造出了凤凰轿车，现在却要请洋人来合资，让外国人赚钱，上海真是没出息，跟在洋人屁股后面走。"有的直接反对上轿车项目，他们认为，"轿车都是给官员坐的，给老爷坐的，不是群众所需。"

行业内有些同行也极力反对，他们认为"大厂搞小车，小厂搞大车"是惯例，意思是按照世界搞汽车的规律，大货车技术要求较低，应该由小厂干，要搞技术含量高的轿车，就要拿到大厂去搞。

最让项目组感到不满与不理解的是来自上海内部的声音。1982 年 5 月，上海财政局第一分局在《财政报》"情况反映"上发表了一篇调查报告，题目为"我国同西德合资办厂是不适宜的"。这篇文章称：

这个项目不符合中国国情，因为轿车是高级消费品，不是急需的，我们经过计算，这个项目德方稳得利，中方稳亏损。

由于是内参，这份报告迅速反映到中央，薄一波在这份"情况反映"上批示：

"要请有关主管机关过细研究"。

拿到薄一波的批示后，饶斌立即与上海市委联系，并邀请上海市计委、上海市机电一局、上海拖汽公司以及其他有关同志进行座谈和讨论。在这次会上，项目组详细汇报了项目情况，并对中德双方的实际收益作了详细计算和对比，证明项目的综合经济效益我方所得占总收益的 86%，德国所得仅占 14%。讨论结果，大家认为这个项目对加速上海牌轿车换型，对提高轿车工业的技术水平，对减少轿车进口是必要的，应该继续进行。

陈国栋和汪道涵对"情况反映"反映的内容很不满，认为上海轿车项目的实际情况并不是这样的。上海市委市政府立即给中央写了一个报告澄清情况，上海汽车拖拉机公司也写了一份报告《关于和西德大众汽车公司合营改造上海轿车厂的情况汇报》，这份报告报送到中汽公司，中汽公司立即转送给薄一波，以便让中央领导了解事情的真相。饶斌也专门给薄一波写信，对情况做了详细的解释。此事才逐渐平息。谈起此事蒋涛感慨万千：

当时的形势非常不好，概括起来讲，就是"一下二停三撤"。国民经济调整，要下；德国大众财政困难，要停；国内有些人的观念跟不上，要撤。眼看这个项目就搞不成了。我相信事在人为，只要努力，就没有在上海办不了的事。

为了化解困难，我们到处做工作。首先，项目组还专门整理了一份详细汇报材料，由中汽公司分发给相关部门。其次，我们到处去做解释工作，强调搞汽车工业，一定要从长远着眼，主要目的就是化解认识上的误区。我们说，今天国家不需要轿车，明天就可能需要，或者今天需要得少，明天可能就需要得多，因此这个轿车一定要搞，哪怕打个基础也要搞。第三，饶部长写信给中央领导同志进行详细说明，澄清事实，取得一致意见。

第四波风浪是法律问题。这也是最为头疼最为伤脑筋的问题。那个时候，中国的改革开放还远没到建立和完善法制的阶段。但德国人却不认可，他们认为，双方是合营公司，要是发生经济纠纷该如何处理？哈恩在回忆录里说：

具体的合同谈判十分艰难，旷日持久。中国虽然正以十分惊人的速度迈向市场经济，但它不可避免地缺少这方面的经验，同时也缺少相应的法律和行政条件。既没有专利法也没有保护投资的法律，更谈不上一个正常运转的银行系统。

相应地，我们的合同里必须写进立法的有关部分，以便从开头就排除未来可能出现的分歧，在出现争议时能够按照一个行之有效的司法制度来阐释我们的合同，我们通过仲裁法庭调解纠纷的附加条款来保障它。

仇克是清华大学1962年的毕业生，毕业后就到了上海汽车厂，他是上海项目谈判组中的大知识分子。他对中德双方在法律问题上的谈判以及国内的阻力做了详细的回忆：

这个项目谈得最多也最棘手的就是法律问题。谈判时，国家连个粗略的《合资法》都没有。德国人问我们："你们连个合资法都没有，怎么谈？"我们把这个事情反映给中央，中央也感觉到这是个问题，马上组织小组起草《合资法》。我那时是拖拉机汽车公司总经理，副总经理费辰荣参加了这个小组。

我们在很短的时间内出台了《合资法》，这也是中国第一部《合资法》，可以说非常简略。德国人看后说："如果根据你们的《合资法》谈判，很多问题都不能解决。"

举个例子，双方在合资执行中发生了矛盾，协商不妥就需要诉诸法律。根据什么法律裁判呢？德国人就说："你们的《合资法》太粗，不适用，能否用德国法律？"

我们回答说"不行"，因为合资企业是在中国，必须用中国法律。

我们又把情况反映到国务院，国务院说可以把《合资法》再细化。但细则没出来之前，这个问题实际上仍未得到解决。其间，德国人提出，不用德国法律也可以，能不能用瑞士法律？我们详细了解后发现，瑞士《合资法》实际上是德国《合资法》的翻版，便拒绝了他们的要求。

可以说，这两年每次都谈法律。每次都没谈下来。为此，我还专门请示过顾明。好像是1981年，顾明时任国务院法律领导小组组长。有次我去北京汇报工作，到中南海找他，他那天不在办公室。打电话跟他确定后，我就到他家里去找他。说明情况后，顾明说："这的确是个问题，但我们现在也拿不出详细法律来，你还是继续谈吧，反正这个实施条例要搞了，搞出来后可能会好些。"

一直到1982年下半年，《合资法》的实施条例出台，我们就理直气壮地给德国人讲，一定要用中国法律。我记得最后一次在德国狼堡谈判时，他们仍然希望用第三国法律，但我们没有同意。

双方僵持不下时，德国人请来他们政府的一个法律顾问，大概七八十岁的一个老头，他也参加了谈判。谈判中，他问我有何看法，我说出用中国法律理由后，他发表意见时说："争执了这么长时间，现在只能同意中方的意见，用中国的法律。"由于他代表政府，事情就这样定板了。

当然这两年中还有其他一些问题。比如说我们没谈合同，为什么没谈？德国人提出来应该先有基础协议。什么是基础协议？就是一个意向性东西。他们说，基础协议搞了后再搞合同，但这个基础协议同样具有法律效力。这个事情我们同样吃不准。我就去请教国家外经贸部，外经贸部开始时说："我们也没经验，但德国人提出来要有法律效力，你们就答应他吧。"

然后我们双方就谈基础协议，从1981年谈到1982年，大的原则差不多已经定下来了。有一次，我去外经贸部汇报工作，他们的人告诉我："我们现在已经搞清楚了，一开始谈合资不要谈基础协议，这个基础协议没有法律效力。"

"你们原来都同意过啊！"我说。

"我们原来是同意，但现在不同意。"他们回答道。

就这一句话，把之前谈的都给推翻了，所以这两年又白费劲，合同根本没谈。

真正谈合同是从1983年到1984年8月，这是第三阶段，大概用了一年零八个月，重点是谈合同、章程、技术转让协议以及十多个副件。

正式合同前我们先做可行性分析，可行性分析分两步：第一步我们自己做，做完后向上海市政府和国家汇报，国家原则同意后再跟德国人逐条讨论；第二步核心的可行性分析由双方共同讨论确定。这个可行性分析我们大概做了两三个月。这个过程中经历的事情比较多，比较突出的有两条。一条是在正常生产情况下，德国人的利润要维持在投资额的18%至20%之间。德国人说："如果正常生产的利润多少年也收不回我们的投资，这个事情我们不能干。"这个比例最后确定为投资额的15%至20%。

德国的投资目的是为了赚钱，作为公司总经理，我也要赚钱，因此谈过几次后，我们基本上同意了。但我到外经贸部去汇报时，他们却不同意。他们也有他们的道理，他们说：你是合资公司，你赚钱不赚钱是你们的事，为什么要我们保证有一定的利润？

我说是在正常生产情况下，如果是不正常的话，合资公司本身就应该负责。而且我都谈判这么多年了，从发展趋势看，轿车是高利润产品，如果我们不加以限制，只会让对方赚得更多。但外经贸部一直不同意，他说："这是你自己的一个算盘。"

还有销售问题。1984年，德国人提出，刚开始生产的几年中，销售由中方负责。他们说：你们是社会主义国家，定价卖车都需要政府批准，合资产品出来后，你们政府批准卖，我们才可以卖，如果不批准，我们就不能卖。我们当时想，如果自己销售就可以得到销售利润，但是，这个问题一到外经贸部又碰壁了。外经贸部说，"你们合资公司卖出卖不出产品是你们的事，为什么叫中方包销呢？"

就因为这两个事情，谈了几年也定不下来。外经贸部不点头，我们也不好松口。最后一次谈判是1984年8月，外经贸部专门派了两个人参与谈判。实际上我明白，他们派人就是监督我们，看谈判是不是违背他们的意见和原则。在谈判前，我们得到一个信息，1984年10月德国总理访问中国时，要签这个合资合同，消息已经被公开报道过，在这种情况下，我觉得如果完全听外经贸部的，这个项目肯定就吹了。吹了谁负责？作为项目经理首先我要负责，因为我没把项目谈下来，说明我没本事。于是我找到被派来参加谈判的两个同志，给他们摊牌说："这两条我要妥协，我知道你们来是为了监督我，谈完后我会向部里汇报，不让你们负责。你们就不要参加谈判了吧。"

事后证明，上述两条对我们大为有利。就这样，我跟德国人最后拍板，同意了他们的要求。回来后，我的心理压力非常大。我想，这个事情如果部里不同意怎么办？向部里汇报情况时，我们去了一大帮子人，包括上海市副市长、蒋涛和我。听汇报的有外经贸部专管合作项目的魏副部长以及7位领导。听的过程中，魏副部长一声不响。有些领导表态说："没有经过部里同意，你单独拍板是不对的。"后来，大家争论了一番，魏副部长讲话了，他讲了两句话。第一句，他说："仇克，你没经过我们同意，就这样单独答应了，这是不对的。"第二句，"但是，这是一个非常重要的项目，不仅仅是经济问题，因此，最后同意你们这样的协议。"

领导一拍板，我心里的石头就落地了，我感觉6年来从未这样轻松过。

你知道谈判过程中的压力大到什么程度？我的胃炎是1982年落下的，心脏病是1984年落下的，有次我在德国狼堡医院还住了一个多星期。

如果说国外压力为30%的话，那么，国内压力就是70%。为什么？这个项目光汇报就不得了，在北京，我需要汇报的部级单位就有10个，而且一个单位还要汇报好几次，只要一个单位不同意，那就得完全推翻重来。除了北京，还有上海市领导。当时蒋涛是上海市计委副主任，他大力支持我们。但直接管我们的是上海市经委，他们经常给我们泼冷水，他们批评我们："亡羊补牢，为时不晚"；还说"你们老是跟德国人没完没了地谈判，何必一棵树上吊死呢？自己开发自己搞吧"。

我们为什么用了6年时间谈判，其中的具体困难和压力讲也讲不完。

（《汽车商业评论》2009年10月19日
"蒋涛、仇克、翁建新还原桑塔纳谈判"）

中德双方是两个性质不同的国家，一个资本主义国家的企业将大笔资金投放到一个体制、意识形态完全不同的国家，自己的投资在中国是不是能够被保护？德方惴惴不安的心情是完全可以理解的。针对德方的深切疑虑，中德双方反复磋商，问题最终得以解决。1983年，中德两国政府签订了《投资保护协定》，中国政府承诺对外商投资实施政府保护，这样德国人才吃下定心丸。

在谈到上海轿车项目谈判困难时蒋涛深有感触：

想到这个项目从1982年小平同志特批同意到后来上海开始组装，年产40余辆，到1984年双方同意年产30000辆签字，这中间真是千难万难，仔细想一想，其实都难在自己人手中，难在思想认识上。真是让人感慨万千呐！

时任上海汽车拖拉机公司经济技术研究室主任应爱斌一语中的：

我们的谈判与其说是与德方讨价还价，倒不如说更多是在与国内各级政府机关讨价还价。

大众公司是一个跨国公司，在世界很多地方都有合作伙伴，也有着丰富的合作经验。这一次大众公司的合作伙伴不同以往，中国是一个大国，也是一个在政治体制、意识形态、经济体制上与德国完全不一样的国家，与中国合作，对于德国大众是第一次，犹如两个完全不相识的陌生人在一起谈生意，对方是否可靠是双方在评估对手时要仔细考虑的问题。因为存在信任问题，有时做出一些动作试探一下对方就在所难免。

1982年6月，仇克与德方代表在德国沃尔夫斯堡正在就生产技术问题逐项推敲，突然，德方提出要先签订一个试装合同，先在中国组装一批桑塔纳轿车。德方声称，如果当场拍不了板，谈判就中止。

这是一个战术性的试探动作，也符合商业原则。商业谈判犹如市场购物，如果双方对商品和价格都满意，就可拍板成交，如果一方对合作条件或产品不满意，也可终止谈判。中德双方谈判已经两年有余，德方排除了内部的不同意见，放弃了世界上其他的项目，坚持与中方合作，这就如同一场赌博，德方将所有的赌注全部押到一个人身上，如果此时中方找到了更合意的合作伙伴甩手而去，德方岂不是鸡飞蛋打？这就是德方突然提出让中方先组装一批轿车的含义，其目的是为了试探中方究竟有无诚意。

仇克明白此事事关重大，虽然中方已经与德方谈判了两年，但国内反对之声一直未绝，与外商谈判中途停止的事情也不是没有过的事。但作为中方谈判代表，仇克只能按照国内的指示，自身无权作出决定。回到宾馆后，仇克连夜向坐镇上海的蒋涛报告了此事，蒋涛当即向市领导请示后拍板："可以！"这是中方回答最为爽快的一次，德方信服了，说中国人有能力讲信誉。蒋涛回忆说："这也好，不是有人怀疑我们的项目吗？现在就拿出车来，让大家看看我们在干什么！"

对于上海而言，这次试装真是大开眼界，与原来自己生产上海牌轿车相比，他们明白了什么叫做现代轿车生产。按照协议，首批组装车的总成发送到原上海轿车厂，由中方员工在德方技术人员指导下进行组装。首次由自己动手组装外国轿车，为了慎重，上海轿车厂专门组织了一批经验丰富的老师傅组成"试装小组"。

陈争鸣 1973 年中学毕业就进入当时上海汽车厂当钣金工，几十年来，在轿车车身制造上积累了丰富的经验，被称为"老法师"。在上海话中，"老法师"是形容那些专业达到顶尖水平的人。陈争鸣是组装第一辆桑塔纳轿车七人成员之一，他对试装第一辆桑塔纳轿车的感受是："中国轿车是敲出来的，外国轿车是造出来的。"他回忆："我们试装小组成员在原上海牌轿车拼装车间里，圈出一块空地来组装桑塔纳，当全部从德国进口的'白车身'（未油漆的桑塔纳车身），从包装木箱中拿出来时，我们都惊呆了，这简直是工艺品，这个车不用'敲'，按图纸拼装即可，而我们的上海牌轿车则要靠榔头敲，图纸只是参考。"

德国车身的平整度和光亮度完全像镜子一样，根本不用手工敲打、涂腻子、抛光等程序，不光是车身，桑塔纳的每一个零部件都展示着现代化生产的水平。随着车架、车身、底盘等零部件的组装，德国产品的工艺和质量让组装的老师傅们感到震惊。

第一辆桑塔纳组装成功后迎来大批参观者，人们将这几辆新车的车门打开，从里到外，每个角落，每个零件仔细端详，有的领导来了，还要将新车开一圈，试一试乘坐和驾驶的感觉。桑塔纳起步、停车、加速、超车，轻巧灵活，对比上海牌轿车笨重，费油，噪声大，加速度反应慢，两种车有隔代之差，德国记者称之为"技术差距起码有 30 年"。围着这几辆崭新的具有世界先进水平的轿车，蒋涛、仇克等终于看到了久违的笑脸，听到了一片赞扬声。

只有对比才能看到差距，所有的人都认识到中国轿车生产与世界先进水平之间的巨大差距。技术没有阶级，科学不分国界，落后不丢人，不承认落后，将脑袋埋在沙子里，甚至夜郎自大才丢人。只有承认差距，正视现实，下决心迎头赶上才是唯物主义的态度。以这样的先进制造技术改造我们落后的行业，才能缩短与国外的差距，新车给人们带来了共识与希望，怀疑和反对的论调从此销声匿迹。

中方按照德方的提议，率先组装出第一批桑塔纳，赢得了德方的信任，谈判的进程加快了。

经过 3 年的谈判，中德双方开始进入合资的实质性问题。双方也同意先从散件装车入手。此时，德国大众公司董事长走马换将，哈恩坐上了这把交椅。上海大众项目是德国大众公司对外合作最重要的项目，就任不久的哈恩对项目的落实还有疑虑，1982 年 4 月 16 日，他给时任中汽公司董事长的饶斌写信，提出三个问题：

1. 关于中方限制轿车进口问题；

2. 关于合资企业地位问题；

3. 关于中方的外汇问题。

很明显，这三个问题都是关系到上海轿车项目能否继续下去的关键问题，在中国当时的现实情况下，这也是很难回答的问题。5 月 28 日，饶斌亲笔给哈恩回信，对哈恩的疑问一一作答：

1. 限制轿车进口问题。我们公司是我国汽车工业的领导机构，为保持与支持我国汽车工业的发展，赞成限制轿车进口的政策。最近，我国将进口轿车的税率提高到 80% ~ 120%，以保护和促进汽车工业的发展。

2. 合资企业的地位问题。目前，我国经济还不发达，轿车市场还不大。为此，合资第一阶段产量计划可以低一些，如果我们在上海与大众公司成功地建起轿车合资企业，将来需求量增加，有必要增加产量，我们将优先考虑与大众公司的合作。

3. 外汇问题。中国外汇相当紧缺，但为减少轿车进口，节省外汇，我国政府还是决定拔出一定数量的外汇，支持上海建立轿车合资企业。我相信，有政府必要的支持与帮助，加上大众公司的技术援助与密切合作，上海轿车合资企业一定能建立起来并获得成功。我们的长远目标是搞一个有竞争力、能出口的大项目，我深切期望大众公司能成为好的合作伙伴，希望您能积极推动上海合资项目加速进程，早日签字。我谨邀请您方便的时候访问中国。

蒋涛将饶斌的亲笔信带到沃尔夫斯堡当面交给刚刚接受董事长职位不久的哈恩。饶斌的诚恳减少了哈恩的疑虑，双方谈判进程大大加快。当年 6 月就签下 100 辆桑塔纳轿车 SKD 试装配的协议和购货合同，商定了组装所需焊接、涂装、总装等装备的订货制造和人员培训计划，并草拟了合资经营基础协议草案。

零部件国产化进程是谈判中中方极为重视的一个问题。

一辆轿车由上万个零部件组成，每个零部件都有相应的技术指标和要求。德国大众有自己的零部件生产和管理系统，对零部件的质量有着严格的要求。中德合资公司成立后，中国将要自己生产桑塔纳轿车，生产的前期，由中国用德方提供的零部件组装，然后，逐步由中方自己生产零部件来替代，这样中方可以大大减少进口零部件所使用的外汇，同时在国产化的进程中，也可以建立自己现代化生产和质量检测及控制的手段，这是中国引进外资与技术的主要目的。

德方对零部件国产化也非常重视。德方认为，倘若中方实现了合同规定的零部件生产国产化，便可以在中国安排符合德方标准的桑塔纳零部件的生产，上海大众公司便可以成为大众集团在全球范围内的横向供应商，可以将中国生产的零部件提供给南非、巴西的大众工厂，由于中国劳动力成本要大大低于德国，廉价的中国零部件能有效降低大众汽车的生产成本。同时，出口零部件可以带来外汇收入，这也是中方所乐意看到的。

从这个意义上讲，双方的利益是一致的。正因为如此，德方明确表示，愿意帮助中方提高零部件技术水平。为此中德双方互相组织技术专家到对方的零部件厂参观，参观后，双方专家根据零部件生产的难易程度，共同拟定了一个长达 7 年的桑塔纳零部件国产化规划表，分别对每年零部件国产化的进度做了安排。按照这个安排，到了第 7 年，上海桑塔纳国产化率要达到 90%以上。这份规划成为中德双方关于成立上海大众公司合同的附件。

双方商定，零部件国产化采用两种方式：一种是引进技术，另一种是跟德国的零部件厂合营。德方承诺："按照桑塔纳轿车的技术标准，哪个零部件达到了国产化要求，哪个零部件就不用再进口了，中方可以自己生产。"

对于中方而言，能够按照德国大众的图纸生产制造零部件还不够，还要自己能够开发新的轿车产品，这才达到合资的目的。为此，中方求德方转让桑塔纳的全部开发技术，要求新成立的合营公司自身具备轿车开发能力。

轿车开发是汽车公司最为核心的机密，如同猫教老虎上树，把自己的看家本领教给你，我吃什么？德方提出，从中方的基础看，中方现在不具备中级轿车的开发能力。中方认为，现在没有不见得将来没有，正是因为现在没有，才需要你教我。中方提出的这个问题也是在考验德方合作的诚意。

对中方的要求，德方的回答是原则上同意，但附加了几个条件：一是中方的需求量要足够大，因为开发新产品需要巨额资金，开发的费用要摊到每辆车上，如果需求量少了就会赔本；二是生产规模要足够大，只有相应的生产规模才能保证效益；三是要有充足的开发资金。

这几句话也是颇有深意，按照双方原来的想法，轿车生产的经济规模起码要达到 15 万辆，但中方因为国内市场等原因，将数量压到 3 万辆。这说明中方市场需求有限，没有市场需求，生产规模自然也上不去。中方在协议中反复强调产品要出口以求外汇平衡，说明中方资金紧张，没有钱。没有钱自然不可能开发新产品。德方清楚，一款轿车新产品的开发，没有数亿甚至更多的美金是不可能的。缺乏这些前提和基础条件，德方即使答应了，对于中方来说，也是水中花，镜中月。事实也是如此，上海大众公司成立几十年，至今未拿出一款完全由自己开发的新车型就说明问题。

究竟是德方的狡猾还是中方的无能？只好由读者自己去品味了。

零部件问题关系到桑塔纳项目国产化，对上海市的汽车产业有着重要的和直接的拉动，上海市委对此非常重视，上海市计委专门成立了桑塔纳轿车零部件国产化办公室，负责安排组织实施零部件国产化，为了解决德方提到的资金问题，还专门筹集了 60 亿人民币作为国产化基金。

除了零部件问题，还有外汇问题。

现代化要花钱，不仅要花人民币，还要花费美元、马克等对于中国政府来讲极为紧缺的外汇。合资企业中的外籍员工工资要靠外汇支付，先进的生产设备要在国外订购，开始装配桑塔纳的零部件几乎100%要从德国购买，这些都需要外汇。外汇支付是合资公司最需要保障的问题，当然也成为德方最为关心的问题之一。蒋涛说：

由于合资项目有很多先进设备要进口，最初还有汽车零部件需要进口，再加上要支付各种对外费用，需要支付给德国大众相当一部分外汇。但项目建设初期没有产品可以换汇，虽然德方有些支持，仍然不够，必须有一定外汇额度。反过来，如果外汇额度不落实，项目就无法实施。德方对这个问题非常关注。

当时我国外汇由中国银行统一管理。外汇有很多困难，举个例子就知道。我国加入联合国后，周总理作为代表团团长，包括邓小平同志去参加联合国大会，通过全国的中国银行把所有现汇集中起来，也只有5万元外汇。他们就拿着这么多外汇出国，非常节约。谈判中，大众公司多次提到中国银行的重要性。我很理解他们的用意。因此，我和翁建新同志于1983年10月到外滩中国银行上海分行找当时的代理行长戚铭同志，请他给予支持，并建议分行向合资企业参股共同经营。

戚铭当时也是上海市计委副主任，对合资项目也有所了解，参股他同意。但还要向总行请示，总行通过后才可行。在戚铭同志的积极争取下，总行同意参股，这是金融部门向企业直接投资的一个先例。与此同时，我们还积极争取到了国家计委的大力支持，国家计委同意在5年内拨给我们1亿美元外汇额度。这个消息传到谈判会场时，参加谈判的全体人员都非常振奋。大众谈判代表对我们的两项措施非常满意，他们说："今后外汇问题不用再谈了。"这样解决了德国大众对外汇的信任问题。

还有就是取得行业主管部门的支持问题。这个事情发生在合营合同正式签约的头一天晚上。我记得那是1984年的10月9日晚，在北京我们宴请德方，他们又向我提出一个问题："这个项目机械部、中汽公司目前很支持，但签约后，他们不支持怎么办？"这话一出口，我们就明白他们的意思。当天晚上，我找到饶斌同志，转告了大众代表的谈话内容，我说："这个项目太重要了，中汽公司也入个股吧，否则德国人还有顾虑。"

饶斌同志认为这个意见很好，但他说，入股没钱啊，国家计委也不会给。

"这个你不要顾虑，让中国人民银行贷给你，只求中汽公司出个名就行了。"我说。于是，我们再跟中国银行商量，他们同意借款。

最后一个问题解决后，第二天我们在人民大会堂签订合营合同时，中方又增加了中汽公司。签约时，在中方50%股比中，上汽25%，中国银行15%，中汽公司10%。现在股份结构又发生了变化，其他两家被上汽收购。但是谁也没想到，当初出资几千万元，最后却赚了10多亿元。

（《汽车商业评论》2009年10月19日
"蒋涛、仇克、翁建新还原桑塔纳谈判"）

有意思的是，不知是对自己的这款车缺乏足够的信心还是对中国轿车市场缺乏深入的了解，在谈判销售权的时候德国人却缩了回去，他们主动放弃了销售权，要让中方包销。殊不知，在20世纪80年代，轿车还是属于计划分配的紧缺物资，按照当时中国百姓的实际收入和消费水平，百姓个人根本不可能购车，轿车主要是用作公务和出租。购车者都是各个单位，排着队都卖不上，根本不愁销路，现代化的桑塔纳就更不用说了。桑塔纳问世时，许多人都把它当作了“高档车”，刚刚开始生产时，由于产量少，供不应求，需要国内的“控办”下计划，批条子才能买到。由于产品紧俏导致转手倒卖成风，一辆桑塔纳最高价可卖到22万元，超出出厂价一倍还多。当时有人形容，卖桑塔纳不用店铺和营业员，只要总经理一个人开票就可以了。从以后的销售情况看，德国人的这个决定的确“亏了”。虽然后悔不迭，但严谨的德国人还是遵守协议，并未提出反悔的意见。

谈判继续进展，各种各样的问题，包括德国员工到上海来的吃、住等生活问题都逐一谈妥，双方都向国内的最高领导人做了汇报并分别得到首肯，最后一道程序就是签署合作协议。

1984年10月10日，双方的合作协议在北京人民大会堂签订。时任国务院总理赵紫阳和时任德国总理科尔出席签字仪式。饶斌、蒋涛、周梦熊分别代表中汽公司、上海轿车项目组、中国银行上海信托咨询公司；德国大众公司董事长哈恩博士，以及合资企业董事会第一副董事长施密特博士共同签署了合作协议。两天后，1984年10月12日，时任国务院副总理李鹏陪同德国总理科尔来到上海，参加上海大众汽车公司奠基仪式。上海市市委书记陈国栋、市长汪道涵和德国大众董事长哈恩博士、中汽公司董事长饶斌等其他领导一起参加。蒋涛说：

看到中德领导满面笑容，握手致意，挥锹奠基，想到这个项目从1982年小平同志特批同意到后来上海开始组装，年产40余辆，到1984年双方同意年产30000辆签字，这中间真是千难万难。仔细想一想，其实都难在自己人手中，难在思想认识上。真是让人感慨万千呐！在我看来30000辆实在是太少了，按照经济规模，起码应在15万辆以上。但在那时，有这30000辆，就算很不错了。它的意义在于开了头，在于闯开了一条路。

50%对50%的股比是中德双方在合资合同中最早提出来并被国家产业政策固化下来，以后汽车合资企业都是照此股比沿用至今。对此，哈恩称：

50%对50%是基于这样一个考虑：中国需要我们，我们也需要中国，毕竟我们是外来者，中国幅员这么辽阔的国家，不是访问几次就可以了解清楚的。所以很多事情还是需要中方的配合与合作。50%对50%是最平等的一个比例，谁也不多，谁也不少，这样有助于双方的平等交流。因为中方一开始股东组成也比较复杂，除了上汽，中汽公司，还有中国银行。在50%对50%的框架下，大家可以融为一体来合作。我特别高兴的是，上海大众的合同签订之后，双方再没有拿出合同来互相争执，也没有认为有歧义。我认为最好的合同就是这样，签订以后锁在柜子里，谁都用不着。

协议签订后，为了让中方对即将引进的桑塔纳车型的现代化生产方式有一个完整的了解，1985年元月，哈恩博士邀请饶斌率领中国汽车工业代表团到巴西、墨西哥、美国等大众公司的合资企业考察。哈恩的目的是用德国大众在巴西的企业和经验为中国人上课，但没想到中方代表团通过考察得出了自己的看法：

德国大众确实有组织国际汽车协作生产的经验和办法，桑塔纳轿车在巴西、墨西哥都有不错的销售量，是一款不错的适应发展中国家市场需要的中级轿车。巴西政府采用税收杠杆促进外国投资和促使投资者将更多的利润用于本地汽车零部件配套企业的做法值得借鉴。但巴西的汽车工业全部为外资控制，自己只充当装配车间的角色，这是中方要高度警惕，绝不能接受的教训。

（张茅著《饶斌传记》华文出版社）

饶斌在考察回来后向中央写的考察报告中说：

上海轿车项目选择的合作对象和车型是合适的，建议将此项目列为国家重点基本建设项目给予资金等扶持政策。从国外发达国家和发展中国家的经济发展过程看，无论巴西、联邦德国或苏联，当人均国民产值达到500美元时，轿车市场的需求就会急剧增长，轿车工业也将走向发展期。根据我对1995年以后每年需要40万辆轿车的市场分析和测算，发展轿车工业是国民经济发展的必然规律。从现在起，用20年时间使我国轿车达到100万辆生产能力是必要的、可能的。我设想，应以此作为轿车工业的长远规划和战略思想。

（张茅著《饶斌传记》华文出版社）

在20世纪80年代中叶，中国改革开放和中国轿车工业刚刚起步的时候，饶斌就能见微知著，看到中国轿车工业发展的前景，历史证明他的这一看法是完全正确的，今天重温他的这一见解，让人倍感激动。

1985年3月，中德合资的上海大众汽车公司正式成立，第一任董事长总经理由中方的仇克和张昌谋担任，德方的马丁·波斯特和保尔分别出任副董事长和副总经理。

6年的合资谈判旷日持久，之所以如此艰难，总结原因有千条万条，根本的就在于当时的上海在刚刚开始的合资中走在最前列，是在改革开放的大河里“摸着石头过河”，小心谨慎，战战兢兢是可以理解的。改革开放初期，国内与外国合资相应的法律、法规、机构尚处于空白状态，虽然邓小平说“轿车可以合资”，但具体怎么操作确实谁也不知道的。如合资谈判中，大众公司为了表现出合作的诚意，一口气给了中方16个专利，拿到专利的中方却手足无措，当时国内根本就没有专利保护机构，结果几个月过去了，中方还不知道去哪里登记专利申请保护。后来，还是大众驻中国首席代表华裔德籍的李文波找到德国对外经济合作部，说服部长，把专利保护纳入德国与中国的合作项目。由此也推动了德国与中国在专利保护方面的合作。

谈判的艰难，实际上就是改革开放步伐的艰难，改革开放道路拓展的艰难。正因为如此，谈判的艰难还只是开头，接下来的艰难更让上海方面也让德国方面没有想到。

磨　合

汽车行业有一句俗语“磨合”，它指的是新车生产出来后，各部分的零件都带有加工和装配过程中的痕迹如毛刺或配合松紧等，所以新车不允许立即就高速运转，而是要在限定的速度内低速运转，使各部分机件之间有一个互相适应的过程，这个过程就是“磨合”。德国大众和上海拖汽公司分属于两个体制和意识形态完全不同的国家，其运作模式和管理方法也截然不同，这样两个不同土壤里成长起来的公司如今要组合在一起运转，磨合是必不可少的过程。

安亭位于上海市西北郊，是以轿车工业和轿车生产配套工业为主的现代化综合性工业城，也是上海西部的中心城镇。安亭南濒沪宁高速公路，西接江苏省，北临嘉定区，为嘉定、昆山、青浦三地之交界，距上海市中心 32 公里，距上海虹桥机场 20 公里。安亭为历史古镇，“汉仍秦制，十里一亭”，以安名亭，以亭为镇，历史悠远，沿袭至今。明万历年间，安亭镇已成为“南北可二里”的丰邑大镇。民国 28 年（1939 年）2 月，日寇侵华期间安亭划归昆山县管辖，民国 35 年（1946 年）复归嘉定。1958 年 1 月安亭随嘉定县从江苏划归上海市。中国人的记忆中，文化革命中的安亭事件名噪一时，王洪文率领造反派卧轨要挟上海市委，由此“一闹成名”，竟然混上了中共中央副主席，最终身败名裂。

走出历史，现实中的安亭是一个美丽的江南小镇，这里稻田环绕，四季常青，鸟飞雀鸣，空气清新。镇上有一些工厂，其中最著名的就是生产“上海牌”轿车的上海轿车厂。

1985 年，安亭的老百姓好奇地发现，这里出现了黄头发蓝眼睛的外国人，他们不解地互相打听，这些洋人跑到我们这里来干什么？根据协议规定，上海轿车厂将作为合资资产并入上海大众公司，上海大众将要在老上海轿车厂的厂区先组装桑塔纳，同时另选地方建设新厂房。德国人来到了安亭，成了当地一条重大新闻。

合作协议的签署只是一瞬间，但从文字的协议到每件工作的具体落实，双方却要越过不同文化背景和不同社会制度形成的重重坎坷，这个难度不亚于翻越喜马拉雅山。中国上海的汽车人和德国大众的汽车人尽管目标一致，但双方的观点、认识、做法却大相径庭，尤其是处在社会发展转型过程中的中方，对合资企业究竟该如何做的思想认识也在逐步变化，两股道上跑的车要合到一股道上跑，双方几乎在每一件事情上都出现碰撞，有时候严重到溅出火花，磨合过程极其困难甚至是痛苦的。

关于上海桑塔纳合资过程中的故事，国内报刊媒体有过大量的报道，单纯中国人的思维方式和雷同的语调早已让读者失去了新鲜感。从兼听的角度考虑，我们不妨听一听合资的另一方，上海大众副董事长德国人马丁·波斯特的讲述。

波斯特离开中国后，将其在上海大众三年的生活体会写成一本回忆录《上海1000天—德国大众结缘中国传奇》，他以一个对中国只有概念性书本知识的外国人的视角，记录了自己亲身经历的德国大众与中国上海合作的历程，其中不乏独到的见解。

上海大众公司是中德双方共同出资建立的合资企业，这种企业在中方是第一次，德国大众虽然是一个跨国公司，在世界各地有不少生产企业，但是50%对50%的合资股比，在德国大众也是第一次，在这个意义上而言，不光是中方对合资有认识和适应的过程，德方同样存在认识和适应过程。

按照协议规定，原上海汽车制造厂的厂房和一些设备作为中方出资股本，德方则需要出资建设生产桑塔纳的新厂房，在新厂房建成之前，合资公司需要在原上海汽车制造厂的厂房内装配桑塔纳轿车，而此时上海牌轿车仍然还要保持生产，这就出现了一家屋檐下住着两家人的局面，而且原来的主人变成了客人，外来的和尚却变成了这块地盘上的主人。德国人的不适应首先就从这里开始。

我坐着出租车从上海市区出发，前往其西北部30公里之外的安亭，嘉定县一个所谓的工业区中的一座村庄。由于路上的自行车、水牛、加上本身的路况，车快不了，我们在路上就花了整整一个小时的时间。在路边，我们看到的是农民在稻田里劳作。我们的车也顺带给农民们特意铺晒在路上的稻子脱粒。尽管我早已预感到，中国人急需实现生产的现代化，但第一眼看到某一天会成为上海大众的那块地方，这种隐约的预感变成了痛苦的事实：大量的金属废料散乱地堆放在厂区的地面上，那些房屋，与我想象中的生产厂房，风马牛不相及。

窗户漏风。那条满是沙土，未经夯实的道路从厂区中央穿过。室内不仅与室外同样潮湿，而且还同样阴冷，没有暖气。我觉得，这一切如此荒废，可以说到了折毁的境地。根本无法想象，如何从这样衰败的厂房，生产出我们认可的轿车……谁要想在这里同中国人合作，那将会面临巨大的挑战。

我们行走于厂区，简直是跋涉于废料堆间……一不留神，就会被到处乱扔的锈铁皮、钢丝、丢弃的器具或其他破烂绊倒。

（马丁·波斯特《上海1000天—德国大众结缘中国传奇》中信出版社）

1985年10月17日，德国《时代日报》一个叫做雍布鲁特的记者写了一篇《大众之于人民共和国》的文章，以下是他眼里的上海汽车制造厂厂区：

……厂区的道路和草地上甚至满是坑坑洼洼的草地上，那些油漆完毕，但未装上轮胎的上海牌轿车的壳子，横七竖八地堆放在裸露的泥地上，尽管下着毛毛雨，蓬垫座椅早已装入其中，有些车窗也未关闭，一个幽暗的厂房里，已做底漆的白车身凌乱地堆放着……

德国奥迪公司负责生产的董事史度比希在考察了工厂后认为："工厂的清洁状况简直是灾难性的，这里永远也造不了符合质量要求的好车。"

落后的生产方式与先进的生产方式并存。与德国的轿车生产技术相比，毋庸讳言，上海轿车的生产方式极为原始落后，尤其是车身制造，由于没有成套模具，轿车车身的成型全靠数百名"钣金工"拿着榔头叮叮咣咣地敲打。骤雨般的榔头敲打声令波斯特和保尔烦躁不安难以容忍。他们认为，既然这里已经交给我们了，你们就不能再在这里继续生产。他们要求，上海轿车厂尽快撤出。

但中方面临难题，合资前的上海汽车制造厂有数千职工，但进入合资企业的只有2000人，这也意味着要解决另外数千人的就业问题，当时市场上，上海轿车还是一车难求的抢手货，新组装的桑塔纳轿车数量很少，远远满足不了市场需求，中方需要继续生产上海牌轿车，直到桑塔纳轿车能够完全取代上海轿车为止。要继续生产，就需要厂房。中方希望在桑塔纳新厂房建设好之前，新旧双方就在现在的厂房里过渡一下。波斯特写道：

那些继续以手工制造老式"上海牌"的上海拖汽总公司的员工，在我们开始进行修缮和各种改造工作时，却不允许别人打搅他们的工作。在那个我们的车身车间应安家于此的厂房里，他们仍然手挥锤子，敲打着那些专供领导干部使用的轿车车身的铁板……两个不同的产业圈共存的混乱局面，这两个产业圈之间，时间相隔超过半个世纪，真是天差地别。厂房的一端以祖父辈们的手工作坊方式压制或油漆"上海牌"的零件；与此同时，另一端却应用电子控制设备大工业化地生产桑塔纳。

（马丁 · 波斯特《上海1000天—德国大众结缘中国传奇》中信出版社）

德方要中方老厂搬走，在新厂房未建好之前，中方能搬到哪里去？没有办法的情况下，中方的拿手好戏就是"拖"。每次德方提出要中方搬走，中方总是回答"今年上海拖汽总公司就会搬出去"或"我们保证，这个问题月底前就会解决。"有一次，中方甚至称"几天内"上海拖汽总公司及其员工会离开。可事实上，老上海汽车制造厂的部分员工和设备一直拖了一年多才搬走。是中方说话不算话吗？不是，如果决策人说话算话，那数千名中方员工到哪里去找自己的饭碗？市场上需要的上海牌轿车又由谁来供应呢？这些问题，德国人是不会想的，但中方不能不想。国情所致，拖，也是一种无可奈何的战略。

生产环境差只是小问题，令德方头疼的问题一个接一个。由于港口物流管理落后，压货压港使得新建厂房和生产线急需的设备无法按时运抵，波斯特称：

上海港口的物流结构令人绝望地落后于精准与可靠的需求，工厂急需的设备堆积在码头上无法提出来。有的货物虽然到了，但是它们被挤压在其他的大货箱下面，这些货箱不被提走，工厂的设备就无法提出，有的设备甚至被积压长达10周。

在舒适环境中工作生活惯了的德国人对上海的工作和生活环境极为不满：

我们的办公室位于工厂中一幢四层办公楼里，既无空调，又无暖气。夏季即使窗户大开，人还是会整天大汗淋漓。第一个冬天来得很快，天气极冷，我们不得不穿着大衣、戴着手套工作。处于亚热带气候的上海，尽管温度很少降至零摄氏度以下，但空气湿度很高，寒冷渗入骨头里，可感温度明显低于零度……不管是夏日还是冬天，空气总是那么潮湿，那些用来记东西的纸张，也变得湿湿的没法用。我们身处发展中国家，许多东西都是最初级的。我们最大的奢侈，是夏日里的一台冰箱和冬日里一只泡热茶用的开水壶……办公楼里没有一个像样的厕所，只有在另一栋楼里有简陋冰冷而又湿漉漉的中国式蹲坑厕所。

我们的办公家具是中国木匠用那些运送设备的木箱打制的……整个企业只有唯一一部电话——而这部电话总是被中国人占用着。我们对中国人与哪个人不停地通话、谈些什么，一无所知，这确实困扰着我们。

（马丁 · 波斯特《上海 1000 天—德国大众结缘中国传奇》中信出版社）

作为合资企业，上海大众聘用了 35 名德国员工，他们的收入是中方员工的 200 倍，而且全部都是外汇，如此悬殊的收入差距理所当然地激起中方员工的怨气甚至怒气，矛盾几乎发生在每名德籍员工身上。一位中方经理就直言不讳地指出："多数德方领导懂些管理，但其中也有些对此几乎一窍不通的人，尽管这些德国人既无能力又无技能或者是没有必要的领导经验，但他们仍然坚持要拥有我们必须尊重的最后决定权。他们根本就拒绝中方员工所提的各种意见和建议。我们一些员工有一定的经验和能力，而现在却得在不具备相应本领的德国人的手下干活。"

由于存在感情障碍，双方摩擦不断。波斯特也认识到：

当时我们外籍人士对跨文化合作的概念知之甚少。

事实证明，德国人不习惯于将自己视为上海大众的团队成员，这成了一直持续影响我们相互理解的重要障碍。几乎每个外籍员工都自动生活在这种意识之下："我们是大众来的，我们是最伟大的！"而且，有些人还让中国人明显感觉到这一点，使得中国人痛苦不已。就在最初的几个月里，保尔和我就注意到这样的情况，每当德国人说"我们大众……"时，一种沉闷的气氛就会在中国人中间蔓延开来。如果一个德国人表现出他知道得更多，举止像个祖师爷那样，中国人就会严阵以待并予以反击。

（马丁 · 波斯特《上海 1000 天—德国大众结缘中国传奇》中信出版社）

原上海大众董事长陈祥麟说："先进的管理也得由人来确定和实施，那时，大众公司派遣了许多担负领导职能的员工和专业人员前来上海，但是，所派人员能力迥异，有时会有种感觉，似乎降低了管理经验和技术门槛。"

经过艰难的磨合或者说是"斗争"，最后双方达成共识：推行"副理制度"。每一个重要的领导岗位配置两名负责人，一名中方人员和一名德方人员，如果一名中方人员能够 80%胜任这份工作，那么中方人员将负责这项工作，而德方人员作为副理，反之，则由中方人员作为副理。这项制度很快见到效果。事实说明，中国人的能力并不在德国人之下，只要给他们机会，他们一定能够干好。

波斯特也认识到：

如果我们的副理制度不起作用，如果没有信任，没有相互间的理解、尊重和重视，我们便不会取得成功，因此我们必须团结起来。

外汇问题一直是中方头疼的问题，上海大众公司的合同中重要的一条就是要靠产品出口来实现外汇平衡。但桑塔纳工厂的建设需要时间，建设时期，还要花费大量的外汇进口生产设备和零部件，这种情况下，外汇只出不进，平衡是无法实现的。中方为此警告德方："如果在外汇收支平衡和零部件国产化方面你们没有更多的举措，我们就会寻找另外一个合作伙伴。"

中方的话并不是空穴来风，就在此时，美国的克莱斯勒、福特、通用都在中国寻找机会夺回大众的市场份额，日本丰田的考察团、法国雪铁龙的考察团在中国到处游说，推销自己的产品与计划。面对西方竞争对手与中方伙伴的压力，为了保住自己的蛋糕不被别人抢走，德国大众想方设法在外汇平衡上做文章。哈恩在桑塔纳刚刚开始建厂时就指令波斯特："必须为节省外汇而明确地尽我们道义上的责任，推动中方以批量生产来和我们紧密联系起来。"

哈恩是个懂得中国人想法的可爱的德国老头，他不仅要求节省外汇，还主动想法帮助中方赚取外汇。20 世纪 80 年代中期，德国还有很多以煤为燃料的热电厂，哈恩提出，能否从中国进口煤炭用于德国的热电厂，因为这样能为中方赚取外汇。大众公司每年要从德国运送大批散件到上海组装，运送散件的任务由德国大众公司旗下物流公司的集装箱船担任，但为了让中方多赚取一些外汇，1985 年 11 月，哈恩决定，在上海的船厂订购两艘集装箱船。所有的这些都是为了平衡外汇而努力。

尽管双方都在一个公司里合作，但不同的价值观，不同的实践经验，不同的文化背景导致中德双方沟通存在极大的障碍。波斯特的翻译陈韵秋说：德国人喜欢直截了当，干干脆脆；中国人却宁愿转弯抹角地表达意见。德国人和中国人的思维方式和工作风格非常不同。负责技术的保尔先生需要生产人手，便找了主管人事的费先生。交谈了一次、两次，第三次他让我翻译。费先生向他解释说："我们已尽力与某某谈了这件事"，"我们尽力协调了这个和那个科室"。而保尔先生只想要知道，他到底是否得到了相关的人。我重复着保尔的话，费先生也重复着他的回答。最后保尔先生失去了耐性："我不想听什么尽力不尽力的事，而是要一个明确的回答，有还是没有？陈女士，你翻译得是否正确？"

我将保尔的话再翻译一遍，但得到的还是同样的回答。我请费先生给予一个简单明确的回答，费先生便指责我超越了我的权限："你是翻译，你只要翻译我的话就行。"当我试图向他解释保尔先生对他的"尽力"不感兴趣时，费先生却怀疑说，你是否正确翻译了保尔的意思？

一方只想要一个明明白白的回答，而另一方却反其道而行之，要说明努力了，却不肯简单地说出"没有"这个答复。

此类沟通问题几乎存在于每天每件事情中，发生在所有可能参与的人身上，出现在漫长的一天又一天之中。波斯特的理解是：

我们对中国知之甚少，更谈不上什么中国人的价值观、经验、习惯及文化了，这个问题至今仍然存在。同样，中国人对我们也一无所知。我认为，中国人同样必须为这种跨文化交流做准备。1985年时的上海大众的情形是，没有一方在这方面做过准备，我们所有的人都措手不及。时至今日，导致中外合资企业失败的80%的问题，不是来自产品或成本核算方面。这些企业既未败于竞争，也未败于市场，而是败在自己身上，败在人与人之间沟通交流的困难上，这曾经是现在也依然是个大问题。

（马丁·波斯特《上海1000天—德国大众结缘中国传奇》中信出版社）

波斯特的认识没错，但他也仅仅停留在问题的表面。深层次的问题是什么呢？在合资公司里，德方总是以强者的身份出现，在技术管理等方面都明显强于中方，所以他们的潜意识里总是瞧不起中国人，凡事都要求按照他们的来，这种做法伤害了中国人脆弱的自尊心，抵触情绪自然产生。更何况，中方并非完全不懂，对于工业建设，中方也有中方的见解。对中方的见解，德方又站在对立面，如此一来，无休止的碰撞自然难免。在上海大众成立的头几年里，公司领导之间的争执从未间断，中方总经理张昌谋说："我们两天一小吵，五天一大闹。"

其实，文化差异只是借口，无论中方德方，各自都要为自己的上级负责。中方的总经理要对上海、北京负责，上海、北京的领导们总是希望合资企业里的中方代表能够维护中方的利益，有时甚至要充当国家行政机关"延伸的手臂"；德方代表则要对狼堡的德国大众公司负责，要遵循狼堡发出的指令，要保证大众公司所获得的利益。

无休止的矛盾冲突使得双方精疲力竭，如果长此以往，上海大众的进展将难以按照协议进度进行。合资公司里的中德双方都在考虑和寻找双方利益的共同点以结束这种不愉快的合作。应该说，中德双方的代表都是聪明绝顶的，经过坦诚沟通，双方很快找到了利益共同点：作为一家合资公司，德方投资者德国大众公司最关心的是自己在上海大众投资所获得的利润能否实现最大化和长久化；中方投资者关注的是上海大众能否给中国落后的轿车工业带来发展，生产新产品，掌握先进技术，减少进口，培养技术队伍，建立中国现代轿车生产样板。如果听任德国狼堡和中方有关部门的任意干预，上海大众都会成为失控的木偶，最终受损的是双方投资者的利益，而上海大众则会成为替罪羊，这是双方投资者都不愿意看到的。解决问题的根本办法就是尊重上海大众合资公司的相对独立地位，给予其现场处置权，让上海大众能够不受干扰地自行解决遇到的问题。

合资公司是一个独立的利益共同体，上海大众公司内的中德双方都是一条船上的人，一旦这条船漏水或面临沉没的危险，遭殃的首先是船上的全体船员。无论是上海或北京的关心，还是来自狼堡的指令，都必须符合上海大众公司的根本利益。波斯特说：

有时我们双方都确信一点，即我们合资企业需要一个必要的自由空间，这是成功的关键……每当我们向狼堡解释事情不能像他们所想象的那样进行时，……狼堡方面便会惊愕不已……“究竟是谁付给你们工资啊？”此时我总有早已准备好的答案：“谁付给我们工资？当然是上海大众了。我们自己赚钱，不再从狼堡获得持股资金外的一个子儿……如果上海大众不繁荣昌盛，那最后对大众集团也不会有任何好处。”这是我们的准则，这必须成为我们的总路线，一切工作必须符合上海大众长期繁荣发展的要求。

……大家必须懂得，我们是在为上海大众工作，若非如此，我们就完成不了任务。

（马丁 · 波斯特《上海1000天—德国大众结缘中国传奇》中信出版社）

张昌谋也说：“尽管有冲突，但我们最终在‘一切以合资企业的利益为重’的前提下取得一致。”“必须特别指出，中方和德方的投资者不应过多干涉合资企业的事务。他们必须清楚，他们应该将合资企业的利益视为任何事情的出发点。只有当合资企业发展良好获得盈利时，两个投资者才会获得自己的那份盈利”

有两件事情很好地说明了这个问题，一件事是关于运输成本。上海大众所需的所有的汽车零部件和生产设备全部需要由德国运来。原来负责承运任务的是德国大众公司旗下的V.A.G运输公司，这个运输公司有自己的集装箱船队，属于全球经营的大型物流联盟。但大众运输公司的运输费用较之中国的中国远洋运输公司要高得多，如果换成中国的中国远洋运输公司，这就意味着，上海大众公司所生产的每一辆桑塔纳的成本将会降低。为此，中方总经理张昌谋希望将原来由德国大众运输公司承运的汽车零部件和生产设备转包给中国远洋运输公司。他向波斯特详细地计算了一份账单，两相比较，波斯特明白，这是一件有利于中方却不利于德方的事情。波斯特没有拘泥于此事不利于德方，而是考虑到此事有利于上海大众，两人经过商量后决定，将上海大众的运输业务转交给中国远洋运输公司。这个决定大大刺激了德国大众总部，但受到中方的欢迎。中方人员称赞波斯特：“波斯特不是大众的人，他为我们工作，他是我们的人。”

波斯特则反驳道：“不，我不为你们工作，我为上海大众工作，这是我义不容辞的责任。长期保障上海大众公司的正常运行，这不光是我们的行为准则，而且是每一位员工的行为准则。如果你们是上海大众的人，那就行。”

另一件事情是关于打破“铁饭碗”。企业体制改革前，中国的企业存在着严重的“大锅饭”现象，消极怠工现象司空见惯，德方对此大为不解也大为不满：

中方员工有的无所事事，闲坐在车间或办公室里消极怠工……两栋厂房之间绑着晾衣绳，上面晾晒着各式衬衫、长裤、内衣等，有一天，工厂停水，原因是工厂边居住的农妇们为了清洗家庭衣物而擅自将水管改道。中方的女工不想将她们生病的孩子送到幼儿园而带到车间来上班。

工位保持清洁，这种事情中方员工闻所未闻，只有当通知说德国、北京或上海市的领导要来访问，他们才会卖力地擦拭打扫，等到参观结束，懒懒散散的老样子又出现了。

我们有几百名富余员工，可是一个也不能辞退。

（马丁·波斯特《上海1000天—德国大众结缘中国传奇》中信出版社）

西方的企业管理机制使得每一个从业者总是置身于强烈竞争意识的环境中，在中国工作不久，波斯特惊讶地发现，上海大众的中方员工置身于培养懒汉的“铁饭碗”制度下，工作被动，缺乏积极性和创造力，有些员工上工不干活，出工不出力，擅离职守，公开地干私活，对工作缺乏责任心，工作效率低下，产品质量根本无法保障。这些现象令德方深恶痛绝，但德方却对此无能为力，无法开除有重大工作失误的职工。经过深入观察后，德方提出实行绩效挂钩的统一的薪酬标准。这个建议刚刚提出时，遭到中方的断然拒绝。但波斯特拿出中方常用的办法：“上海市市长江泽民先生曾对我们说过‘要打破铁饭碗’，刚刚到安亭来访问过的胡耀邦总书记也提到‘要打破铁饭碗’，我们这样做是实践他们的号召。”

经过无数次的沟通，中方终于认识到这样做对上海大众的正常生产有重要的保障和推进作用，双方终于慢慢地统一认识，最终达成共识：必须彻底改革薪酬制度。1986年5月，上海大众开始实施了新的具有18个工资等级的新的薪酬制度。薪酬制度所带来的效果令中德双方的管理者感到振奋。

实施的第一天起，这套制度就起了作用。从那时起，我们总是按照所需的质量达到我们的计划产量。有时我们甚至发现生产物料补给困难，因为中国人造车的速度突然之间达到了世界冠军水平。显然，每个中国人都明白了这样一个事实，即他是我们这个整体中的一分子……由此中国人养成了一种整体的、互相关联的质量意识。最后我们新的薪酬制度在上海流行，其他企业将它视为范本。朱镕基听说此事很受鼓舞：“这套制度我们要全面推广”。

（马丁·波斯特《上海1000天—德国大众结缘中国传奇》中信出版社）

张昌谋则称：“德国人对工作有一种细致和坚持不懈的精神，这种热情传染给了中方员工。”张昌谋的后任王荣均也说：“在多年的合作期间，我和我的中方同事从德国人那里学到了很多东西。德国同事行事以结果为导向，非常注重实效。中国同事注重的是过程，即使结果不怎么好，他们仍旧认可为此所做的努力并加以表扬。比如如何评价一位经理，德国同事根据其思考能力、协调能力和解决问题的能力来下断论。相反，中国同事却主要根据那位经理是否听话，是否给予上司足够的尊敬……同样，对待产品质量的态度也非常不同，德国同事强调细致和精确，避免任何形式的疏忽马虎。尽管中国同事原则上同意德国人的这种做法，但涉及具体工作，则还是不愿意这么细致或精确。但最终他们不得不让步。”“特别是质量问题上，德国同事有时非常顽固，但他们多数是那么细致和精确。有时他们给我们一种死板的感觉。不过，他们严守法律和各种规定，因其坚强的精神而让人印象深刻。有些德国人给我们留下一种高傲的印象，但是大多数德国人通过他们负责任的态度让人信服。”

在碰撞中相互理解，两股道上跑的车渐行渐近，最终并轨。波斯特称：

上海大众要成为中国最好的企业，要成为中国市场上的第一名，产品要达到最好的质量，要为客户提供最好的服务，要有高素质的员工，要成为中国前所未有的最先进、最优秀和最美观的汽车制造厂。

1986年，胡耀邦总书记来上海大众视察，一位总装线上的普通员工在回答总书记的提问时说：上海大众要成为中国市场产品数量和质量第一的企业，要实现产品质量、劳动生产率和成本在全国的领先地位。在竞争观念还远未普及的时候，这句话出自一位普通员工之口，让在场的所有人震惊，它说明，上海大众的发展已经与每一位员工息息相关，已经成为全体员工共同的努力方向。

思想的统一带来效率的提高，原来残破不堪，四面漏风，昏暗无光，灰头土脸的上海轿车厂的老厂房被修葺一新，宽大的厂房从内外墙壁到全部地坪，重新平整后全部刷上白色的油漆，每根立柱都漆成深灰色，车间内破旧的木门窗全部换装成崭新的钢窗，所有的玻璃擦拭得亮闪闪的一尘不染，总装线上成百上千台的机器设备干净整洁，外表没有一点油腻，各类工装设备按照工位需求，规划整齐，摆放有序。车间内人员、车辆移动行走的线路全部用蓝色的油漆画上了明确的标识。在这样整洁的车间里让人对清洁更为敏感，任何多余的器物、垃圾、油腻会立刻被发现。在这样的车间里工作，谁也不会、不愿意，也不敢将工具、零件乱扔，生产秩序由此得到了保障。为了保证油漆地面墙面的干净，公司规定，每隔半个月就要清理一次。除了车间从里到外穿上"新衣服"外，上海大众上到总经理下到普通员工，无论男女也全部换上了带有大众标识的浅蓝色防风夹克。新的工作服选料考究，制作合体。在这样的工作环境里穿上整齐划一的服装，共同从事着桑塔纳轿车的生产，上海大众人的荣誉感和凝聚力空前的增强，走在外面，"我是上海大众人"成为员工最为骄傲、最有面子的事情。

作为当时中国最大的合资企业，上海大众取得了初步成功。

1986年6月初，国家经委在北京召开"中外合资企业发展研讨会"，时任国家经委副主任的朱镕基在会上以上海大众的发展为例，列举了合资企业成功的五个决定因素：

第一，可行性研究中切合实际的假设；

第二，合适的合资伙伴；

第三，牢固的、符合中国法律规定的合同基础；

第四，符合中国特色的、特殊形式下的科学管理；

第五，涉及面广，以形成一流管理为目标的教育与培训。

朱镕基认为：

可以让合资企业根据迄今为止积累的经验对其经营性业务加以改进，政府应出台相应的政策法规为合资企业提供必要的支持……我们需要互相信任与支持……我们在合资企业里，不能像国营企业那样工作，又不能像外国企业那样干活。我们需要的是某种能为我们量体裁衣的东西……政府不应插手合资企业的管理职责。有些地方，政府机关在未与企业董事会商量一致的情况下，干涉了企业的正常经营，这是一个需要各级政府部门高度关注的问题，这种现象再也不能继续下去了。政府部门必须停止干涉企业经营，政府部门必须认可企业董事会作出的决定。

进展艰难的国产化

中德双方在上海大众项目中遇到的最大，拖延时间最长，发生矛盾最多的问题是桑塔纳零部件国产化。

中国建立现代轿车工业是一个渐进的过程。1978年国家提出引进一条组装线的目的只是为了缓解国内轿车供应，减少入不敷出的外汇支出。但中国汽车人因势利导，从引进轿车生产提出要发展和建立自己的轿车工业，引进桑塔纳轿车成了建立中国现代轿车工业的第一步。

现代化的轿车工业需要现代化的零部件生产体系作支撑，更需要相应的政策和行政管理体制做保障。中国引进了现代化的桑塔纳轿车，但是国内却没有与之相适应的现代化的零部件生产体系。现有的几乎全部零部件企业，无论是生产批量、技术水平、质量保障还是现代企业管理能力都远远落后于国际水平，数千家中国的汽车零部件生产企业均处于小农经济时代。不要说技术质量无法满足桑塔纳的装车需要，数万辆的批量也让他们无法做到。当上海大众提出零部件国产化时，很多企业在严格的质量技术要求面前噤若寒蝉，不敢开口。1985年上海大众公司正式成立时，桑塔纳国产化只有3%，3年后，1987年，桑塔纳国产化率仅为5%，远远没有达到预想的目标。上海大众第二任董事长陆吉安说，中国汽车零部件工业与国际水平相比，"落后30年"。

不改变现有的小农经济作坊式生产，建立技术质量保障的现代化零部件生产体系，中国就不可能建立现代轿车工业，不建立现代轿车生产工业，引进桑塔纳这样的现代轿车就毫无意义，桑塔纳国产化的重要意义也在于此。从某种意义上讲，桑塔纳零部件国产化是建立中国现代汽车工业迈出的第一步，由于情况复杂，改革难度极大，建立现代化零部件生产体系也要"摸着石头过河"。

建立现代化零部件生产体系需要技术、资金、管理，需要政策保证和观念更新，更需要有敢冲敢闯的改革开放实践者。蒋涛、仇克、翁建新、张昌谋、王荣均等人是建立中国现代轿车工业的首批实践者，但光脚探路，他们饱受伤痛，身心疲惫。

1986年，张昌谋以过于疲劳为由提出辞呈。张昌谋为何要提出辞呈？他对继任者王荣均诉过苦："合资企业里的中方总经理没法干，什么事都做不了主，我是空的，买设备中外双方经理讨论通过了，要签字，我不敢签，要往上一层层请示后才敢签。还说我对德国人软弱，我怎么软弱了？我跟德国人经常拍桌子的呀。”

“合资企业中方经理没法干”，凡事要“层层请示”，是软弱还是难以承受落后管理体制的束缚和重压？

1986 ~ 1987年两年间，上海大众中方主要负责人相继更换，蒋涛调任上海市人大，张昌谋辞去总经理，仇克退休。王荣均接任上海大众总经理，陆吉安接任上海大众董事长。

首先接手总经理担子的是王荣均。王荣均原为二汽党办主任，因才能出众，调湖北省担任机电局局长。王荣均到上海大众的直接动因是因为桑塔纳国产化。1986年，时任上海市市长的江泽民找到他的老同事老朋友，中国汽车公司总经理陈祖涛，他告诉陈祖涛，上海大众国产化进展很慢，原因很多，但重要的一条是缺少既懂得汽车生产又有管理水平的复合型高级管理人才，他要陈祖涛给他推荐几个在现代化汽车生产大企业里干过的人才。陈祖涛立即推荐了王荣均。

王荣均回忆：

1986年8月初，我到了上海，江泽民在康办接见了我。当时跟我一起去的还有二汽副总工程师、规划处长刘炎生，他也准备和我一起到上海大众工作。江泽民说，欢迎你们来上海工作，上海需要人才，上海的汽车工业更需要一大批人才，不是你们几个，而是要几十个，几百个……就这样，我来到了上海大众。

王荣均到上海大众时，上海大众已经在以CKD形式小批量组装桑塔纳，国产化工作刚刚着手，新厂区的征地、新厂房建设、老厂房改造、生产设备的订购、安装和调试，以及让上上下下头疼不已的国产化等工作，一起摆到了他的面前。

王荣均首先要解决的是设备订购问题。设备订购有一个周期，只有与订购方签订协议，支付一定数量的定金，对方才能安排生产，这些都需要时间。但王荣均发现，很多设备订购合同都压着等总经理签字，但前任总经理张昌谋还未签字。经过了解，王荣均才知道设备订购里面有很大的文章。他听到了这么一个故事：

油漆厂房时，需要大量的油漆，买谁的油漆呢？中德双方意见发生了分歧。德方认为，要买德国杜尔公司的产品，理由是质量好，但杜尔公司的油漆价格很高。中方一些人认为，我们的外汇本来就很紧，油漆又不是什么高技术的产品，中国自己生产的油漆价廉物美，为什么非要买外国油漆？双方争执不下，张昌谋是总经理，此事需要他签字决定。张昌谋担心购买了德国的油漆会引起内部的批评，一时难以定夺。无奈之下，只得请示中汽公司董事长饶斌，饶斌发了话，张昌谋才签字。这件事说明，中方总经理的决策权受到多方掣肘，形同傀儡。

现在摆在王荣均面前的订单一大摞，最为重要的发动机生产线订单急需解决，加工设备没有订购，发动机生产将无从谈起。经过了解，德方在设计时已经提供了所需设备清单，只是这些设备大都需要进口。与前面的油漆采购一样，发动机生产线设备订购也面临着国内的压力。中方负责规划的刘炎生告诉王荣均，一汽、二汽，中汽公司和外贸部的进出口公司都认为，上海大众发动机生产线主要选用进口设备是“崇洋媚外”。虽然“文革”已经结束多年，但一顶“崇洋媚外”的帽子，压得张昌谋难以举起手中的笔。了解到这些情况后，王荣均认为，如果不将这些问题厘清，今后还会发生类似的问题。他和刘炎生请来即将离任的张昌谋，又从一汽、二汽、南汽请来了七八位搞发动机工艺、设备的专家，几个人一起来讨论德方的设计方案。

王荣均首先请德方发动机厂厂长向专家们做工艺设计介绍，再讨论哪些设备可以用国产的，哪些设备必须进口。

德方介绍完后，王荣均发话了：“在座的各位，你们都是国内发动机行业的大专家，我们以前都是老朋友老同事，现在很多人都在说，上海大众发动机生产线采用进口设备，是崇洋媚外，应该采用国产设备。作为上海大众总经理，我认为，只要能达到三条要求，我就完全赞成采用国产设备。”

王荣均提的三条要求是：第一，设备的精度要达到要求，只有这样，加工出来的零部件能达到质量标准；第二，设备的可靠性要高，开动率高，这是保证产量必不可少的；第三，要能按期交货，这样才能保证发动机厂建成投产的时间。

王荣均提的这三条这些都是二汽建设中付出代价的教训。二汽建设采用“聚宝”形式，所需设备由国内订制。二汽提出设备要求时，不少机床厂都表示能做出来，但签了合同到交货期时，这些企业又拿不出来，一拖就是一两年，严重影响了二汽的投产，有的设备安装了性能达不到要求无法使用，只得又用了几年时间搞“设备攻关”，有的实在解决不了问题又不得不再申请进口。二汽建设时的教训还能在中德合资企业中重演吗？

王荣均请来的都是专家，经过他们认真的、负责的讨论，大家取得了共识：德国的设计基本符合我国当前实际情况，为了保证质量和进度，该进口的还得进口。达成共识后，王荣均坚定地签订了购货合同。

订购大型冲压机也是一道难题。大型冲压机需要对外订购，德国大众公司提出把它在南非的合资企业南非大众生产厂的冲压机转让给上海大众，实际上等于购买二手设备。在国际市场上，购买二手设备是很划算的，只要设备质量性能符合要求，购买二手设备还能节省一大笔钱。但国内意见又起，认为二手设备是人家不要的破烂，花钱买人家不要的破烂，这个“帽子”谁敢戴？张昌谋为此一直没签字。总经理没签字，大型冲压设备迟迟不能定，德方非常着急，合同规定对方要在规定时间内完成建设任务，现在建设进度完不成谁负责？

王荣均先找到德方技术执行经理保尔，向他了解这套设备的价格计算问题。

保尔解释，这套设备原价多少，转卖给中方相当于打了几折。这个设备虽然是二手设备，实际上在南非大众只生产过两三万辆车，基本上是全新的。如果现在重新订货不会有这个价，时间也来不及。听完保尔的介绍，王荣均立即找来中方执行经理费辰荣、规划部负责人刘炎生、范立增以及财务部科长孙复成商量。经过讨论，大家认为这个价格不吃亏，设备又是从另一家大众公司生产线上拆下来的，质量有保障，更重要的是，厂房建设不能再拖了。王荣均决定拍板签字。

王荣均的果断立即引起了反响，有人说，张昌谋几个月都不敢签，王荣均来了没几天工夫都签了，难道这些问题都解决了？

王荣均是技术专家出身的总经理，他不怕这些议论："签快了有什么不对？老拖下去怎么办？工厂还建不建？谁还有其他更好等方案吗？"

在上海大众，中德双方经常发生冲突，究其原因，德国人始终如一地坚持质量，遇事不退让。比如，德国人发现零件不合格，怕砸了自己的牌子，要求将其砸掉，但中方舍不得，砸掉不就成废铁了吗？这些零件拿到外面当次品卖还能收回点钱。有些中国人认为不能凡事都听德国人的，不能受外国人控制。总是要和德国人斗，要为中国人争话语权。这在当时很有代表性。王荣均发现这种状况后，很不以为然。他对中方干部说：我们与德国人合作，要平等互利，互相尊重，不能说一定要谁服从谁。他对德方经理说：我们之间的关系是互相信任，互相学习。你们对的，我们就接受；我们对的，你们也要接受。中德双方要讲合作。在中方干部开会时，王荣均明确要求：在质量方面，要按德国技术标准办。

有人认为他这样对德国人不够强硬。王荣均反问："强硬什么？人家坚持质量有什么错？与其将来因为汽车质量不好，受到批评，还不如现在受些压力和指责，老老实实向德国人学本领，坚持质量标准。"他讲了两点理由。第一，我们没有建设现代化轿车厂的经验，国内企业也没有这种经验，如果我们自己什么都懂，什么都对，那还要引进干吗？第二，各个技术部门都要按企业管理基本原则办事，落实责任负责制。中国副手有意见可以提，但由部门正职经理作最后决定。如果他错了，你还可以证明你是对的，以后你说的话就有份量了。

王荣均在《不能忘记德国朋友对国产化的贡献》一文中说：

当时，改革开放时间还不长，对于与外国人合作，企业内部还存在着许多思想上的分歧。一提共赢，就总怕自己会吃亏，怕我们的钱都被外国人赚跑了。甚至，有些人非但不主张合作，还打定主意要和外国人斗！我坚决主张在平等互利的前提下，双方都按合营合同办事。既然是合作伙伴，我们就应该拿出合作伙伴的姿态来，相互尊重、相互信任、相互学习，遇到问题就打开天窗说亮话，坦诚地拿到桌面上来讨论、解决。时间证明，我的坚持得到了回报。在经过一段时间的磨合后，我们和德方逐渐形成了默契，而我们双方的合作，也逐渐走向了一个"黄金时代"。

（摘自《大众的力量》新华出版社）

王荣均以实事求是加雷厉风行对付坐而论道，上海大众的新总经理带来一股扑面清风。

陆吉安，1952 年华东纺织工学院毕业，在上海纺织行业工作了 27 年，后任上海市经委副主任，以踏实稳重而见长。陆吉安回忆："20 世纪 80 年代中期，上海有几大项目要同时上马。市里决定，由各部门的主要负责人各分管一个项目，最后由市长统一协调。市经委分到汽车、化工、飞机三个项目，经委分工决定由我负责汽车。这就是桑塔纳国产化。”

对陆吉安来说，“这是个烫手的山芋。”要干的事太多，而且都是之前没有想到，也没碰到过的。上海汽车行业基础薄弱，没钱没人没技术，尤其缺乏外汇，水、电、煤、路、厂房、设备都不到位，外方埋怨，中方无力协调。问题反映到市里，成了头痛的大难题。除了最头痛的桑塔纳国产化问题之外，还有基础设施和新厂房建设中遇到的各种问题。德国《明镜》周刊报道：

上海大众好像是被扔在一个孤岛上生产——国内几乎没有任何配件厂。

由于桑塔纳国产化进度太慢，国内反应强烈，1987年年初，时任国家经委副主任的朱镕基奉国务院指派带着一批由北京各部委组成的专家组来上海调查桑塔纳国产化进展情况。上海经委副主任陆吉安陪同朱镕基考察，朱镕基边看边提出问题，他的问题犹如他的风格，一针见血，令很多在场的人面红耳赤，张口结舌，回答不上来。陆吉安则不断地为汇报人员作补充和解释。陆吉安的表现引起了朱镕基的注意。他问：“你怎么比汽车公司的人还清楚情况？”

长达十几天的陪同中，朱镕基向陆吉安提出了很多问题和质疑，陆吉安介绍了上海汽车工业底子薄，基础差，技术和管理落后，人才缺乏等实际情况。从行业到企业，从宏观到微观，实事求是，但又不乏思考和想法。陆吉安的表现给了朱镕基深刻的印象。

一个月后，全国对外经济合作会议在天津召开。晚上开预备会议时，陆吉安突然听到会场的扩音器里呼叫：“上海的陆吉安请注意，朱镕基主任有事找你。”

陆吉安闻讯找到朱镕基。没料到朱镕基对他说：“跟我走，我请你吃饭。”对朱镕基的请客，陆吉安觉得奇怪，朱镕基是自己的上级，平时两人没有私人交往，今天突然邀请自己吃饭，这是怎么回事？看到满面疑惑的陆吉安，朱镕基说：“我有重要事对你说。”

谁知在饭桌上，朱镕基并没有告诉陆吉安什么重要事情，而是对他说：“你先安心吃饭，我已给你买好今晚回上海的机票。车已经在门口等着。吃完饭你就走，到上海会有车来接你。”

这个饭吃得陆吉安越发疑惑，陆吉安领教过朱镕基严厉果断的办事风格，但这次请自己吃饭，而且还买好机票叫自己回去，就是不说事由，这里面肯定有文章，但究竟是怎么回事，朱镕基不说，自己也不好问。当晚飞机在上海一落地，市里的专车已经停在了悬梯傍，陆吉安被径直送到康平路上海市委办公室。走进会议室，只见黄菊、赵定玉、郁品芳等市委市府领导都在会议室里。这个阵势让陆吉安一阵紧张，究竟是什么事情，从朱镕基请吃饭，买机票让我回上海，回来后又有这么多领导等着，他心里犯起了嘀咕。见大家表情严肃，陆吉安便扯了个理由说先去洗手间方便一下，想独自整理一下思路。谁知时任市委统战部副部长的赵定玉起身跟上，在洗手间对他说：“老陆，你是否同意弃官从商？”

一句话把陆吉安问得愣住了。赵定玉也没让他多想，接着就说："组织上想让你到上海汽车工业公司任总经理兼任上海大众汽车公司董事长，你干不干？"

至此，陆吉安一下子明白了朱镕基让他赶回上海的原因。

原来，朱镕基在上海大众考察完后，对于上海大众现在的状况很不满，提出要上海市委换人，并推荐了陆吉安。上海市委市政府决定接受朱镕基的建议，让陆吉安挑起上海大众的担子。虽然对这一提议很是意外，但陆吉安还是果断地表示接受。从此，陆吉安转换了人生角色。上任后不久，朱镕基对陆吉安下"死命令"："今年国产化率要完成25%，明年50%，不能少，否则你就引咎辞职。"

1987年7月，陆吉安走马上任。上任前，他向市里立下军令状：三年完成桑塔纳国产化，完不成任务引咎辞职，"弃官卖厂"。为了给陆吉安工作提供方便，上海市政府决定，暂时保留他市经委副主任的职务，除兼任上海大众董事长外，还兼任了上海轿车国产化协调办公室主任一职。市政府明确表示，"全力支持上汽发展桑塔纳轿车，相关的所有工作由陆吉安负责，各部委办要做好协调配合工作。"

当时的上海汽车配套企业都是些为上海牌轿车和拖拉机配套的弄堂小厂，有不少是20世纪五六十年代遗留下来的作坊式工厂。从厂房、设备、资金、技术、管理、人才等各方面都无法适应和接受现代化的桑塔纳轿车配件生产。面对桑塔纳才知道什么叫落后，什么叫差距。经过对生产企业能力的逐个排查，陆吉安得出结论："落后30年！桑塔纳给出了我们与国外差距的定量概念。上海原有的汽车配套体系必须推倒从来，必须建立符合德国标准的零部件体系才行。否则，别无选择。这就意味着，我们要在三年当中缩小与国外30年的差距。"

在上汽公司第一次会议上，陆吉安宣称："桑塔纳国产化工作是我们上汽的第一任务，这个工作搞不上去，其他工作搞得再好，也没有用，因为'0'乘任何数字结果均为'0'。"陆吉安用"0"的概念告诉大家，国产化对于上汽意味着什么。

桑塔纳国产化进程中，一些中方人员送给德方一个外号："方脑袋"，意思是指德国人遇事死板，不会变通。实事求是地讲，德方在桑塔纳国产化零部件质量把关上，的确是死板，毫不变通，对质量没有100%达到德方技术指标的零部件，坚决不予通过。真应该感谢这些德国"方脑袋"，正因为他们的死板和坚守原则，才有了数十年畅销不衰的桑塔纳轿车，才使得中国轿车工业有了高质量的零部件工业生产体系。

按照中德双方达成的合作协议，桑塔纳轿车有个长达7年的国产化计划表，每年都有进度，第7年国产化率要达到90%以上。但实际进展并没有达到计划要求。原因很简单，中方的零部件企业完全不具备给桑塔纳配套的水平。时任上海市市长的江泽民知道了这些情况后，提出，零部件国产化不能只盯着上海的企业，桑塔纳不是"上海牌"而是"中华牌"，要从全国范围特别是给一汽、二汽卡车配套的技术水平稍高、引进先进设备较多的零部件企业和那些拥有先进技术设备的军工企业中选择具备条件的企业。经过挑选，共有130多家企业入围。但是更大的尴尬又来了。

按照合同规定，桑塔纳国产化的零部件必须拿到德国去测试，由总部设在狼堡的德国大众公司认可。但全国范围内选定的企业送出的样品在德方严苛的技术指标面前全部铩羽而归。

一个桑塔纳轿车就将中国汽车工业水平的落后现状彻底曝光，这就是发展了20多年的中国汽车工业的现实。

在严格的技术标准面前，几乎没有零部件厂愿意给桑塔纳配套。有些零部件厂拿到样件图纸后说，从来没有见过这样高的技术标准，做不了。有的厂来人一看样品就吓跑了，根本不敢接手。

为什么高标准的设计指标会吓跑了大量的生产企业？要知道为什么就必须了解一件产品从设计图纸到产品生产的全过程。

任何产品都是从设计图纸开始的。拿到设计图纸后，工艺部门需要根据产品图纸来编制生产工艺，生产部门再根据图纸和工艺流程来制造和完成生产所必需的各类工装设备和模具、夹具、刀具、辅具，设备、厂房，人员培训以及原材料采购等，从试制到批量生产还需要能力建设、质量控制、生产准备、零部件供应商的质量管理等一整套生产管理系统。生产部门通过这套系统，将产品试制出来，经过检测质量合格准予批量生产后，再组织投入批量生产，最后交给主机厂装车。这是从图纸到产品的全套过程，过程中的任何一点展开来又是一套子系统或者说是子过程，如同一张庞大的网络，环环相扣，互相关联，少了任何一点都不行。这个过程就是现代化科学生产必不可少的过程，德国人的严谨，日本人的精细皆源自于此又不断创造发展着这个过程。

新产品试制是一件极为繁琐严谨的过程。一个精度要求极高的新产品要投入试制，首先需从单件开始。以化油器为例，单件生产与批量生产一样，模具、夹具、刀具、辅具，设备、原材料等要素一样不能少。每试制出一个产品，需要经过严格的检验和测试，有的还需要装车实验，为了测试疲劳强度，需要按照规定在不同的天候条件下跑上6万公里才能取得数据，试验车一天只能跑500～600公里，试验员需要按照规定，隔一段时间记录一次数据，6万公里跑下来，往往寒暑易节，这个过程需要大量的时间和资金保障。等到中方检测合格后，再将产品交给德方，德方需要将产品送交德国总部的质检部门检测。如果检测不合格，则需要将这个过程重新再来一次，如此往复，直到合格为止。

每试制一次，材料、刀具、工具、卡具、模具、辅具等全部得重来一次，这有多大的工作量？每试制一次，试车员们要在不同的天候和道路条件下跑上几千甚至上万公里，一辆车一天最多跑500多公里，6万公里跑下来需要多少天？要耗费多少时间？要耗费多少钱？要耗费多少精力？桑塔纳全车数十个总成，大大小小数千个零部件，涉及金属材料、薄板、油漆、纺织（内饰）、电子、机加工等方方面面，如此做下来需要多少时间？多少资金投入？

桑塔纳零部件国产化是对国家机械制造能力的检验，是对国家工业体系是否完备的考验，是对生产企业技术人员水平、能力、素质的考验。

试制产品从德国领到检测合格证以后，下一步就是批量生产。生产企业需要投入资金从厂房、设备、检测机构、人员培训全面着手，相当于重新建设一个企业。从某种意义上讲，这是国家工业体系的建设。一辆轿车从设计到试制到投入批量生产全过程解决了，意味着国家的机械加工能力整体跃升。全国 2500 余家零部件生产企业，有能力完成这个过程的，百分之一都不到。桑塔纳零部件国产化的难度也就在于此，桑塔纳零部件国产化的意义也在于此。

完成这个过程需要时间，也需要资金、技术和人才。这恰恰是中国汽车工业最缺少的。

从 1983 年 4 月 11 日，组装第一辆上海桑塔纳轿车到 1985 年，三年间，桑塔纳的国产化率只有 2.7%，这 2.7%就是轮胎、喇叭、天线、标牌共 4 个零件。其中除了轮胎还值点儿钱，其他的就值几十百把块钱。而真正涉及轿车生产关键的发动机、底盘、车身、车架等关键零部件，中方一个也不能生产。

就在桑塔纳国产化如老牛破车，蹒跚前行之时，中国轿车发展却风卷云涌，滚滚而来。

从 1985 年起，中国轿车发展的步伐明显加快。1985 年 3 月 15 日，经国家批准，广州汽车厂、中国国际信托投资公司与法国标致汽车公司、巴黎银行国际金融公司在广州签署建立广州标致汽车公司（有限）的合资合同，同年 7 月 22 日，广州标致合资公司成立。1985 年 9 月 26 日，中美合资北京吉普汽车有限公司举行生产切诺基轿车投产仪式，第一辆北京 BJ2021 型切诺基越野汽车下线。1986 年 3 月 18 日，天津市汽车工业公司引进日本大发公司夏利轿车技术许可证转让合同在天津签字，紧接着天津夏利开始组装。1987 年 8 月，国务院北戴河会议确定，通过加快发展轿车工业来振兴我国汽车工业的发展战略，同时确定了一汽、二汽和上海汽车厂作为我国轿车生产的三大基地。同时，天津夏利和北京切诺基的国产化也在稳步推进，进程也快于桑塔纳。

全国轿车发展进程对桑塔纳国产化步履维艰的上海大众产生了极大的压力，批评桑塔纳国产化进展缓慢的声音从中央到地方不绝于耳，上海大众起了个大早却赶了个晚集，若再不加快步伐，随时有末位淘汰的危险。面对压力，为了加速国产化进程，1986 年 10 月，上海市召开“桑塔纳轿车国产化工作会议”，出台包括免税和贷款等 6 条优惠政策。但效果仍然不明显，上海乃至中国零部件配套企业的基础条件如此，免税贷款能起多大作用？要适应现代化轿车生产，必须对中国的汽车零部件产业从根本上动大手术。但这里面牵涉到技术、设备、资金、外汇、人才特别是现代汽车生产观念等，要想在朝夕间解决问题，谈何容易。

实事求是地看，以中国国内汽车工业基础，有些关键零部件技术确实很难啃得动。如发动机缸体和曲轴的铸锻件毛坯，本以为一些大厂能干得了，但干了两三年最后还是拿不出符合质量标准的产品来。有些生产企业为了上零部件，靠贷款进口设备，靠借债买原材料，费了九牛二虎之力，背了一屁股债，结果产品质量还是达不到德方要求，借了债又没有效益，很多企业因为债务缠身已经难以为继。牢骚怪话也由之而来，如认为以德国标准是“崇洋媚外”，“德国人是故意卡我们、刁难我们”等不一而足。

由于压力太大，中方曾经有人提出，能不能降低点标准？中国的经济和人民生活水平还不高，道路状况也差，而桑塔纳目前只在国内销售，能不能从实际出发，灵活一些，搞个过渡标准，待国内生产条件改善后，再逐步提高质量要求，这样可以给桑塔纳国产化一个缓冲。德方对中方的这个提议立即做出最强硬的反应：桑塔纳的质量代表德国大众的质量，消费者花了如此多的钱，就应该得到一辆安全性能、产品质量和外观完全合乎德国大众标准的桑塔纳轿车，无论是在世界任何地方，德国大众绝不考虑任何降低质量的要求。

王荣均讲了这样一件事：

一位领导直接打电话给上海大众采购部中方经理，“我们这些厂都投资这么多了，你们还不采购，既然已经生产出来了，你们就应采购。”

采购部经理受到压力，向我汇报，问我怎么办？我说：“你们还是要坚持原则，合格了就要，不合格就不要。不要怕。”

还是在1987年的6月初，在电器总厂开上汽系统的国产化工作交流会议，参加会议的有上汽及所属零部件企业的厂长、党委书记和技术科长约100多人。我在会上讲到了上海大众技术执行经理保尔重视国产化的事例。我拿出一个机油滤清器样品，是蚌埠一个配套厂做的，已经得到认可。保尔像宝贝似的送给我。我放在办公桌上，这次开会带来了。我说：“只要达到质量标准，德国人是很高兴的。”

正讲到这里，这位领导人刚进会场，坐下来就插话：“不要把德国人说得那么好。”然后他点了上海大众两位负责国产化工作的部门负责人的名字说，“你们不要跟着德国人跑！”

所有人都愣住了。我没做声，又接着讲：“国产化已经有所进展，要感谢大家努力，但是一定要保证质量，不保证质量我们的国产化就不会成功。”

我一直这样认为，如果只讲国产化的速度，不讲质量的高标准，那么上海牌轿车本来就是100%国产化的了，何必还要引进桑塔纳呢？媒体还把我这些话登在了报纸上。

这期间发生了“喇叭事件”。一辆车的两个喇叭，德国标准是按5万次的使用寿命，而我们对配套厂的要求是10万次。听起来似乎也不合理。配套厂很有意见，往上告，一直告到北京，认为是“德国人故意刁难我们，不想国产化”。我听说后，心想这是怎么回事？让具体负责国产化的蒋昉初去做调查。蒋昉初告诉我，德国标准的确是5万次。

我去过德国五六次，知道德国绝大多数城市都不允许按喇叭，他们只是偶尔用一下。往往一辆汽车到最后报废时，喇叭使用寿命还没到。而中国在1987年时按喇叭不受限制，连上海这个大城市也是这样。我们售后服务部门曾到出租车公司专门做过喇叭使用频率测试，跟车走了一个月，司机就按了5万多次喇叭。

进一步了解，这个10万次的要求还不是德方提出的，而是中国一个懂行的领导提出的。我猜可能是饶斌，但没得到证实。这位领导是根据中国人的使用条件，定了比德国标准更高但适合中国的标准，只是配套企业做不出来，才认为是德国人故意卡脖子。

实际上在德国大众这两个喇叭也是由配套企业提供的。两个喇叭加起来不过14马克，德国人会为了这点儿钱而不让我们国产化吗？据我了解，这些德国经理们并不负责采购，也不是来做喇叭生意的，他们也想早点完成国产化任务，我们一些同志想当然的多疑心态，作出了误判。

我把调查结果向有关领导做了汇报，有些人认为我有替德国人辩护的嫌疑。"这是我了解到的真实情况。"我说，"如果领导也认为这是我的软弱的话，我可以辞职。"

经过中德双方专家的共同努力，10万次寿命终于达到了。

喇叭的问题解决了，可其他问题又接踵而至。和"喇叭"厂家持有相同看法的厂家还为数不少，很多生产配套零部件的工厂都认为，自己的产品质量已经相当好了，但就是这些他们认为相当好的产品，在检测时却多半没能获得通过。于是他们就把原因归结为上海大众有意刁难。上海延峰是一家创建于1936年的老牌汽车配件厂，他们接到任务为桑塔纳配套方向盘。厂长黄康宁认为，小小的方向盘有何难哉，但一接到图纸和技术指标就傻眼了。过去中国的汽车方向盘生产中只有6个指标，而桑塔纳的方向盘的测试指标竟有106个。1983年签订试制合同，直到1986年，整整3年，试制产品在德国狼堡的质量检测中心总是通不过。令他心里很不平的是，试制期间，德方对方向盘的设计一再调整，不得已，他们的模具也只得跟着调整，3年下来，钱花光了，产品始终不被认可。这一次更令人气闷，产品发送到德国，一年多却没有任何音信。延峰厂的工程师气得与上海大众质量部大吵一场。如此无限制地拖拉，使得中方厂家非常有意见，厂家拖不起呀。

尽管各方面对国产化议论纷纷，王荣均对德方有些做法如送检产品拖延的时间太长也有意见，也很着急，但如同方脑袋的德国人一样，他始终坚守质量是桑塔纳的生命线，质量检测不合格的产品坚决不能要。如此一来，他成了一些人攻击的对象，这些人反过来质疑王荣均，认为他坚持德国标准是替德方说话，站在外国人一边。关于"德方在质量问题上卡中方"，"中方总经理站在德方立场说话"等问题便不断地向上反映，最后一直反映到国务院。为桑塔纳国产化坚守质量关的王荣均承受了沉重的压力。

桑塔纳国产化进程缓慢引起中国领导的高度重视。

1986年6月，朱镕基来上海大众视察时听说国产化仍旧裹足不前，生气地说：

"如果在中国生产的零部件比例不能顺利提高到40%，我们就关掉上海大众。"他向德方解释道："我们主要有两个困难：经济性和外汇平衡。桑塔纳的国产化进程太慢，其责任不仅在大众身上，也在我们这里。我们在天津有一个项目，现在那里已经有30%的零部件实现了国产化。"

时任国务院副总理的李鹏来上海大众视察时，专门与波斯特和保尔等人见面，李鹏说："我们选择了大众，是因为你们在技术转让中推行一种很好的政策。我们想通过你们来尽快实现我们自己制造轿车的愿望。但1985年以来国内生产比例的进展令人不满，每一方都必须改进自己的工作。""桑塔纳在中国的成功不仅在于它的价格和质量，也在于中央政府对这个项目的全力支持。我希望，国产化工作能通过贵方较大的灵活性得以加快。"

1985年年底，时任中国国务院总理赵紫阳出席一年一度的联合国大会，会议期间，赵紫阳与联邦德国总理科尔会晤，赵紫阳向科尔提及，德国大众在中国的合资企业进展不顺，双方合作生产的桑塔纳轿车国产化工作被德方有意拖延，大众对中方生产的国产化零部件提出高于自己产品的技术要求。中国总理提及此事，造成德方高度重视。德国外交部迅速向德国大众了解真实情况。不久，时任国务院副总理李鹏也向哈恩提出了相关问题，指出德国提供的桑塔纳轿车存在诸多质量问题，如有关操纵机构不灵活、车门把手装置的锈蚀和吱吱作响。李鹏特别点明德国大众向合资公司提供的CKD散件供货价格过于高昂。

除了国务院两位总理，中汽公司总经理陈祖涛也对德国大众对于中国国产化零部件采用双重标准表示了强烈的不满。在一次出国访问的旅行途中，德国《商报》对陈祖涛进行采访，在问及中德合资的上海大众建设进展的问题时，陈祖涛谈了自己的看法。德国记者将他的谈话整理成四条意见登在《商报》上：

第一，大众有意拖延国产化工作；第二，向中国的配套厂商，比如在喇叭零件上，提出了比自己的产品还要高的质量标准；第三，以不断变化的技术要求，拖延中国零件的生产，比如方向盘的认可；第四，发往德国用于测试的样件，发货一两年后，音讯全无。

中方高层的所有这些意见全都汇集到德国大众并迅速反馈到上海大众德方经理波斯特等人那里，方脑袋的德国人坐不住了。应该说，中方高层领导提的那些问题全都存在。尽管造成这些问题有各种原因，但德方必须对这些问题作出合理的解释，否则，将会对上海大众的发展甚至中德合作造成障碍。

1986年11月底，波斯特专门带上反应最为强烈的两件产品——汽车喇叭和方向盘赶到北京对中汽公司总经理陈祖涛作出解释。为了创造较为和睦的谈话环境，波斯特专门带上德籍华人李文波一同前往。在陈祖涛的办公室里，三人开诚布公地进行了交谈。

波斯特首先说："双方合作需要互相信任，你公开发表对我们的批评有点过分，不利于我们双方将来充满信任和富有建设性地合作，我们必须澄清这一事件。"波斯特的这番话与其说是解释，不如说是兴师问罪。

陈祖涛说："那些记者采访过我，我们进行过坦率地交谈，但那些外国记者写的内容并没有经我过目，我不能为他们的报道承担责任。"

陈祖涛接着说："在《人民日报》上我说过，中国的汽车工业需要不同伙伴的新技术。合作双方都要有利可图。但就现状而言，我对目前国产化工作的进展不满意。"

陈祖涛具体指出："1983 年 12 月，你们和上海一家制造厂签订了一份试制方向盘的合同，1984 年 8 月，你们先是要求一种带四个轮辐的方向盘，后来改为两个轮辐。1984 年年底，你们再次要求更改，遭到厂方的反对。最后，你们同意让步。但是时至今日，你们以这只方向盘存在质量缺陷而没有给以认可。中德合资不可能长期靠 CKD 的方式支撑，中国政府外汇紧缺，我们不能不断地为你们的更改而支付这些费用。"

波斯特对陈祖涛提出的问题做出辩解，他比划着带去的那个方向盘说："由于中国生产的方向盘没有通过狼堡的撞车试验，我们断然拒绝了对它的认可。如果在车上装上这种不合格的方向盘，即使是发生相对而言不怎么危险的驾驶事故，它们都会碎裂胀破，同时还会穿透驾驶者的肺或心脏。"波斯特以挑衅的口吻问："这种桑塔纳的二流装备肯定不会是你的兴趣所在，难道中国人是二流人，所以才向他们提供二流的安全吗？"

双方的话题又转到喇叭。陈祖涛说："国际上和中国对喇叭的要求统一为要有 5 万次频率的生命周期。而你们一直要求有 12 万频次的周期。你们在东德制造的喇叭我们测试过了。它的周期为 10.5 万频次。"

波斯特再次作出解释，他说："在东德制造喇叭的技术要求，我们确实没有改变过，但与我们欧洲人习惯的不同，中国司机总是不停地按响喇叭，为此，我们将其标准提到 12 万频次。因为技术上无法达到，所以一致同意将其调至 10.5 万频次的周期。中国政府期望我们将桑塔纳根据中国当地的特殊情况做出相应的匹配。我们已经做出计划，针对中国市场特点，桑塔纳将做出 350 项调整，其中一项便是针对喇叭的。"

因为陈祖涛对大众公开的批评在德国引起了不小的风波，让联邦德国总理科尔和外交部长根舍忙乱了一阵子，也给了哈恩很大的震动。哈恩甚至禁止波斯特在未经授权的情况下单独面对媒体。波斯特不愿这类事情再次发生，他提议："今后不将双方在合作中共同的问题公布于众。"

陈祖涛同意了他的这项提议，但同时强调："我们应该往前看，而不是向后瞧。我的基本态度不会改变：我们必须加快国产化进程。"

国产化进程缓慢除了给企业造成困难，国家也面临严重的困难。按照当时的汇率，组装一台桑塔纳要花一万美元外汇进口零部件，中国的外汇储备已经见底，很难支撑桑塔纳零部件的大批进口。为此，国务院专门委派国家经委副主任朱镕基来到上海大众考察国产化进展缓慢的原因，见到刚刚上任不久的总经理王荣均，朱镕基没有任何寒暄，劈头就问："上海大众干了两年多了，国产化才2.7%，为什么这样慢？"

王荣均将具体原因作了详细汇报。明确指出："中国汽车零部件工业水平落后，无法满足桑塔纳的技术指标，如果不顾质量，采购没有达标的国产化零部件，那就没有必要引进德国技术，上海牌轿车原来就是100%的国产化嘛。"

上海方面在汇报时也坦称，"我们必须明白我们的痛苦教训，三年来的国产化工作，实际上几乎没有迈出一步。"

王荣均请朱镕基看了两张当天在总装线转毂试验台上拍摄的轮胎爆裂的照片。他介绍说："生产轮胎的设备、模具是进口的，橡胶也是进口的，结果还出现这样的质量问题。如果汽车出厂后在行驶中发生这样的问题，后果不堪设想。"

了解到国产化率之所以低的根本原因，了解到国产化缓慢真实原因，朱镕基深深震惊了。作为国家经委主管全国工业发展的常务副主任，他深深地明白国产化缓慢说明了什么。在汇报会上，朱镕基说，如果这样的国产化，每个零部件都相当于坐在了火山口上，这样不行。朱镕基态度很坚决："桑塔纳国产化绝不能搞'瓜菜代'，桑塔纳国产化的所有产品都必须要100%合格，降低0.1%我们都不要。"朱镕基毫不客气地指出："现在是在用CKD方式加快汽车的发展，这种发展无法持久，国家外汇难以支撑，中国发展轿车工业的关键是要上自制率。国产化实现不了，上海大众就要关门。"

朱镕基说的是大实话。早在中德双方合资谈判时，德方提出，建立一个有效的零部件配套体系需要10年的时间，但在中国需要的时间更长。因为中国没有现代轿车生产基础，一切都要从零开始。但中方并没有接受德方的意见，中方提出桑塔纳国产化的时间为7年，双方签订的合资协议也是这样表述的。

国务院批准的上海大众合资项目为年产轿车3万辆，第一阶段生产纲领仅为2万辆，发动机10万台，其中8万台返销德国以换取外汇。但生产能力建设需要几年的过程，其间，进口装车散件和生产设备全靠国家和上海支付外汇。国家计委批给上海大众的散件组装指标一共为89000辆，全部要用外汇支付，一辆散装件的外汇就需要1万美元，89000辆就需要9亿美元，这89000辆组装完成的时间预计为7年。当时国家外汇极度短缺，所以，国家要求上海大众在这7年间完成超过80%的国产化，零部件国产化率逐步递增，国家外汇支出就可以逐步减少。如果不能按时完成进度指标，国家不再拿出外汇进口散件组装，也就是说，如果89000台桑塔纳组装指标用完后还不能实现国产化，上海大众就面临没有散件装车的局面而只得关门的尴尬局面。如果上海大众因此而关门，就意味着中德合作的失败，既是德方在中国投资的失败，也是中国对外开放，引进先进技术消化吸收政策的失败，这对中德双方而言都难以承受。对中方而言，除了经济上的损失，在政治上对改革开放造成的负面影响更大。

王荣均说，“散件装完国产零部件上不来，德国人就得卷铺盖。因此，他们在国产化问题上和我们一样着急。但是如果不坚持高标准，质量频频出问题，德国公司也一样要倒牌子，垮台。”

正是如此，朱镕基“国产化实现不了，上海大众就要关门”的这句话，震惊了所有的人，朱镕基的话等于是向上海大众亮了黄牌。桑塔纳国产化的成败被放到中国轿车工业发展的高度，被提到合资公司生死攸关的高度。如果再不加快步伐，上海大众可能面临淘汰出局的惨景。

1987 年 10 月，德国大众董事长哈恩博士来中国，上海市政府在北京昆仑饭店举行宴会。与汽车有关的部委领导也应邀参加。席间，时任上海市市长江泽民说：“上海大众是我全力支持的项目，有什么困难我都会帮助解决，我跟总经理王荣均是有热线联系的，他有什么困难可以直接打电话给我，我都会帮助解决。”

听到江泽民这样讲，哈恩博士也站起来说：“刚才听了江市长的讲话，很受感动。对热线联系的做法我很感兴趣，现在我也宣布，我对王先生也要建立热线联系，我不管飞到哪个国家去执行任务，只要他打电话过来我都接，有问题都帮他解决。”

两个人，一个是上海市的最高行政负责人以后是国家最高领导人，一个是大众公司掌门人，他们的态度说明，推进上海大众建设，符合中德双方共同的利益。

哈恩承诺，为了尽快提高中方配套企业的技术水平，大众公司将组织为其配套的德国汽车零部件企业到中国来，对口指导帮助中国企业。

为了配合国产化的技术转让与消化，德国大众在人力资源上也给予了援助。德国有一个退休专家服务机构“联邦德国退休专家组织”（SES），其中全是德国各企事业单位退休的专家，这些人受聘到世界各地利用自己的专长帮助人家工作。为了协助推进桑塔纳国产化，德国大众聘请了这个机构里的一批退休专家来华。这些专家分别到大众公司的各个配套企业进行技术指导。这些可敬的德国退休专家到中国工作不要任何报酬，聘用单位只需提供他们的往返机票和食宿。桑塔纳国产化进程中有着他们的汗水与心血。通过对口支援和聘请技术专家，桑塔纳国产化进程明显加快。

汽车是资金和技术密集型的产业，高投入高产出是汽车行业的特点，轿车生产尤其如此，试制和生产准备需要大量资金投入，所有的一切都需要钱，生产企业的工具、夹具、卡具、模具，生产线，各项生产设备、原材料订购，哪一样不要花钱？厂房建设，设备购买，技术引进，试制中的开模等无一不需要钱。投资是要回报的，零部件供应企业是要效益的。零部件生产企业需要依靠自己做出来的产品卖钱给工人兄弟发工资。生产桑塔纳这样先进的轿车，除了技术精湛责任心强的人外，还需要厂房、车间，需要各种工装设备，这些都需要钱做基础。但试制过程中，企业是没有任何效益的，缺钱成了几乎所有国产化配套企业的“通病”。如同栽树需要浇水，资金就是国产化进程中的“救命水”。上哪里去找“水源”呢？

1987年11月底，第六届全国运动会在广州召开。10月，广东省要求订购500辆桑塔纳作为运动会用车。国家计委批给上海大众500辆组装计划。因为进口桑塔纳全套散件需要外汇，上海大众提出，每辆车要收一万美元的外汇额度，没有外汇额度就要收34000元人民币。国家计委不同意上海大众征收这笔钱，但上海大众本来已被国产化拖得焦头烂额，哪里有能力为广州出这笔外汇呢？没有钱就不给车。面对僵局，聪明的广东人拿出了解决问题的办法。当时桑塔纳属于紧俏商品，市场上根本见不到，全凭各级“控办”批指标购买。广东需要购车的单位多得很，广东省政府提出，这500辆桑塔纳以广东的名义批下来，广东省不要这批车，而是将其转卖各单位、企业，这笔外汇额度或者34000元钱由购车单位出。买车单位买到的车要义务为全运会服务两个月，问题就这样解决了。和广东人一样聪明的上海人从中看到了门道，他们提出，完全可以学习广东，“以车养车”，每辆桑塔纳加收一定的外汇额度或人民币，将这笔钱用于急需资金支持的国产化。经过与国家计委和财政部协商，决定设立“国产化横向配套基金”。从1988年起，每辆桑塔纳加收28000元作为国产化基金。从1988年到1994年，上汽公司共收取国产化基金74.6亿元，加上存贷利息的收入约24亿元，本息总计（包括中央资金在内）约为100亿元。这笔钱对桑塔纳国产化起到了“救命水”作用。如果没有这笔钱，没有这笔改造资金，实现国产化也就是一句空话。陆吉安说，“这是命根子钱。”朱镕基说：“这是上海人民的血汗钱！”

1987年12月21～25日，中国汽车工业联合会和上海市政府在上海召开了“上海桑塔纳国产化工作会议”。国家计委、经委、机械委、中国银行、军工等部门以及为上海桑塔纳配套的厂家等206个单位250多名代表参加会议。国务院副总理姚依林、国务院振兴汽车工业协调小组副组长兼国家计委顾问周子键、国家经委副主任朱镕基、中汽联理事长陈祖涛、上海市市长江泽民、副市长黄菊、李兆基等与会。这是桑塔纳国产化进程中一次极为重要的会议。这次会议落实了几个关键问题：

1. 基本落实了横向配套厂家。桑塔纳轿车横向配套零部件共计1556项，布点132（上海73家、市外59家、军工企业18家）个厂家，其中101家与上海大众签订了试制协议。这些配套厂都将列入国家经委消化吸收引进技术“一条龙”计划，享受有关优惠政策。

2. 明确了国产化目标。1986年桑塔纳国产化率为2.7%，1987年为12.6%，1988年力争达到25%～30%，1989年达到50%，1991年达到85%以上。

3. 落实了横向配套厂技改资金渠道。桑塔纳轿车配套项目总投资估算为11亿元，其中专项贷款6.8亿元，外汇额度1.3亿元。

4. 上海大众公司将组织成立“上海桑塔纳轿车零部件国产化生产共同体”。其主要任务是沟通情况，交流经验，协调国产化进度。

这次会议落实了朱镕基倡议成立的“上海桑塔纳轿车国产化生产共同体”。朱镕基的设想是：桑塔纳国产化对中国建立现代轿车工业具有直接的和现实的意义，鉴于中国汽车工业基础力量薄弱，一家单干难以完成，应该动员全国各方面的力量，建立以整车为龙头，零部件企业利益为纽带，科研院所和高校参加的跨行业跨部门跨地区的产学研结合的“桑塔纳轿车国产化共同体”。集全国之力“把我国轿车工业搞上去，达到国际水平，进入世界市场，这就是我们成立共同体的目的。”这一倡议得到了广泛的响应，作为主机厂的总经理，王荣均受命负责筹建这项工作。

1988年7月1日“上海桑塔纳轿车国产化共同体”在上海召开成立大会。来自上海市工业系统各主管局、汽车拖拉机联营公司、航空工业公司和中汽系统、航空航天系统等共105家定点配套单位及16家高校科研单位和银行的130名代表参加。刚刚就任上海市市长不久的朱镕基到会作了“国产化是上海桑塔纳轿车的生命线”的重要讲话；时任上海市常务副市长的黄菊作了“团结一致，建设好共同体”的指导发言。大会通过了《上海桑塔纳轿车国产化共同体章程》，选举产生了共同体第一届理事会，王荣均任理事长，德方代表上海大众技术执行经理保尔、上海拖拉机联营公司副总经理陈廷越为副理事长。

以产学研共同体方式来推进桑塔纳国产化，客观上集成了社会资源，打破了条块分割，实现了跨地区跨部门联合，重新梳理和改造了零部件行业，整合了行业资源。不少共同体成员单位经历了这番历练之后成为行业老大或龙头企业，一位消声器企业老总说：“是共同体帮助我们达到德国标准，置之死地而后生。”更多的企业得到了脱胎换骨的技术改造，调整了产品结构，跻身于先进零部件制造行列。事实说明，共同体为桑塔纳国产化奠定了共同发展，责任共担，成果共享的平台，为桑塔纳国产化提供了技术和利益保障。

在今天来看，当年如果没有朱镕基的强势干预，没有上海大众王荣均等人坚持质量底线，没有中央有关部委和地方政府的支持和帮助，仅靠上海大众一已之力，要想如期实现桑塔纳的国产化计划难以想象。如果没有全社会的参与，桑塔纳国产化的意义和价值也就不会有这样深远。就中国轿车工业发展的历程看，完全可以认为，桑塔纳国产化工作开辟了中国现代轿车工业的新纪元，奠定了中国现代轿车工业发展的基础，初步改变了与国外相差30年的落后局面。

中国有句古话，谋事在人，成事在天。从实践来看，其实谋事在人，成事更在人。1987年11月，一直关注上海大众的原国家经委副主任朱镕基，调任上海市委副书记、市长。朱镕基当了上海市市长后，把发展上海轿车工业生产，扩大“上海桑塔纳”的产量当成发展上海生产力的第一要务来抓。

波斯特回忆了朱镕基上任后到上海汽车公司视察时的一件事。

1988年4月，朱镕基带着上海各个部门负责人共20余名官员来到上海大众视察。朱镕基问德方副总经理波斯特：“波斯特先生，您有什么困难都可以提出来。”

波斯特并没有像有些中国人那样拐弯抹角地虚与委蛇，而是直言不讳地提出了自己的问题：

"尊敬的市长先生，我有三个重要的问题，希望此后中方有所推动。请允许我先谈最紧迫的问题。那条穿过我们厂区的公共道路，一直没有得到封闭。市长先生，您知道灰尘对油漆车间意味着什么。穿过本来就不很密封的窗户进入油漆车间的每一粒灰尘，您以后就会在出厂的桑塔纳的漆面上找到。照理说，这条路两年前就该封闭，合资合同里是这么规定的。"

朱镕基随即向跟随他的主管的官员发问情况是否属实，随后朱镕基斩钉截铁地说："如果这条路 24 小时之内没有被封闭，请您打电话给我。"

（马丁 · 波斯特《上海 1000 天—德国大众结缘中国传奇》中信出版社）

朱镕基离开后，波斯特充满疑虑：

朱镕基与他的团组离开我们这里的时候，厂里所有人都在问，这条三年都封闭不了的路，怎么能一天之内封闭？无人能够想象，这种拖了这么久的事，会一日之内就彻底解决。我对同事们说："要是仍然什么事都没发生，我们明天早上得给市长打电话的话，那事情就着实不痛快了。"

第二天，一如往常，早晨六点半，保尔和我就驱车驶往工厂。在我们就要到达目的地的时候，我们遭遇了堵车。在厂区入口前，一辆巨型吊车横卧在路上，将路堵死。没人可以继续前行。中国人一夜之间从哪里弄来了这样一辆吊车，谁又将它运来横卧在我们的厂门前，我们从来不曾知晓。不过，从那时起，洛浦路就在我们的厂门前打住了。同一天，开始了周围道路开通的挖掘工作。我们舒了口气，感受到了朱镕基雷厉风行的工作作风。

桑塔纳配件国产化之所以进展缓慢，有许多方面的问题，更多的是认识的问题和行政效率问题，在朱镕基的强势干预和直接推动下，桑塔纳国产化进程明显加快了。

通过 4 年（1987 ~ 1990）艰苦卓绝的努力，桑塔纳国产化终于喜获硕果。1991 年 4 月，上海大众在上海商城举办了"上海桑塔纳轿车国产化汇报展览"。来自全国 50 余家跨行业跨地区的零部件企业展示了国产化的成果，它预示着中国现代化的轿车生产体系已初步建成。数据显示，从 1987 年上海桑塔纳国产化 5%起步到 1991 年达到 70%。关键零部件如车身、发动机、变速箱三大总成和前后桥总成相继实现国产化，同时上海大众宣告年产 6 万辆整车和 10 万台发动机的产能已经形成，并建立了符合德国大众质量保证体系标准的全国 180 余家零部件企业所组成的配套体系。同年 8 月，上海大众结束了以进口散件组装生产轿车的方式，终于实现了国产化。

难以想象，要不是当年王荣均顶住巨大压力，坚持质量底线不让步；要不是朱镕基坚持"国产化必须 100%坚持质量标准，哪怕是降低 0.1%也不行，绝不允许瓜菜代"。上海桑塔纳会是什么命运。客观地看，桑塔纳国产化的进程就是中国汽车零部件行业现代化改造的过程。引进一个车型，改造一个行业，奠定中国现代轿车发展的基础，这就是桑塔纳国产化的意义。

国产化问题解决了，产能问题又凸显出来。轿车生产有其自身规律，产量越大，成本越低，国际汽车界将规模效益的起点定为 15 万辆。但上海桑塔纳的产能只有 3 万辆，这意味着，上海大众即使建成达产也不可能摆脱亏损的命运。桑塔纳的产能不扩大，为其配套的零部件企业也将面临产能不足的问题而难以为继，解决问题的根本途径是提高产能。扩大产能涉及资金和市场等问题，这又涉及到国民经济发展的整体规划，要增加投资，必须要国家计委对全国轿车生产发展规划做出调整，要做到这一点实属不易。

1991 年，朱镕基由上海市委书记调任国务院副总理，到任后，他立即找到国家计委负责汽车产业的工业二司司长徐秉金，要求徐秉金想法调整计划，解决桑塔纳扩大产能问题。朱镕基曾任国家经委副主任，是徐秉金的老领导，老同事，两人在国家经委共事十几年，彼此间非常熟。朱镕基告诉徐秉金，尽快解决上海桑塔纳的产能问题，事关中国轿车工业均衡健康发展，也能让为桑塔纳配套的零部件企业走出困境，零部件企业的产能扩大，也有利于其他轿车基地建设，希望徐秉金想方设法解决这个问题。

早在 1990 年，“八五”计划就已经制定完毕，经全国人民代表大会审议通过后 1991 年已经开始实施。按照常规，发展计划总的大盘子定下后，再做调整就不太容易。实际情况是，由于“七五”后期的调整措施得当，给“八五”打下了快速发展的基础，“八五”计划的五年是中国国民经济发展最快的五年，平均每年增速达到 12%，据此发展速度，到了 1993 年，中共十四届三中全会就提出对“八五”计划做出适当调整，其中就包括对轿车工业的投资。这说明，计划虽然已经制定，但在执行计划过程中，根据实际情况做适度的调整还是可能的，这就是计划与市场之间的辩证关系。

经国家计委领导批准，带着朱镕基交给的任务，徐秉金与国家计委投资司、长期规划司、工业综合一司和外资司等数名干部组成国家计委工作组来到上海，与上海市政府磋商桑塔纳产能扩大问题。上海市委市政府对国家计委工作组的到来非常重视，时任市委书记吴邦国、市长黄菊都来与工作组座谈，希望国家计委支持上海桑塔纳扩能工作。由于同来的国家计委其他司局也有他们的计划，工业二司要在现有规划内做调整，他们也需要做出相应调整，但他们经过反复核算后得出结论，上海桑塔纳生产规模只能扩大一倍实现产能 6 万辆。但徐秉金清楚，6 万辆不能满足朱镕基的意见，也不符合轿车工业发展规律。他认为，在现有的规划中调整，在 6 万辆的基础上再扩大一倍是有可能的。但作为同级干部，自己不便指挥其他司局长，思前想后，徐秉金给上海市计委副主任蒋以任出了个点子：“你们给国家计委写个报告，报告内容就按照我们工作组的意见，将桑塔纳扩能到 6 万辆，可行性研究报告、项目建议书都按 6 万辆写。但在 6 万辆后面加一个括弧，注明‘单班’。”

蒋以任一听就明白了。汽车厂哪有开单班的？不都是双班生产吗？ 6 万辆一下子就变成 12 万辆了。1991 年 4 月 18 日，上海市计委向国家计委报送“关于上海大众汽车有限公司‘八五’期间第二期扩建工程项目建议书的报告”：

上海大众汽车有限公司……已形成单班3万辆的生产能力……在1995年形成年产单班6万辆轿车，3班15万台发动机的生产能力。

不出徐秉金所料，国家计委批准了上海的报告，以后蒋以任见到徐秉金就说，幸亏你当年的主意救活了桑塔纳，要不然扩能的事情还不知拖到什么时候。

扩能牵涉到发动机。上汽用的是大众公司提供的EA827发动机，如果扩大产能4倍，就需要增加进口近10万台发动机。徐秉金对上汽董事长陆吉安说，国家计委支持你们扩大产能，但扩大产能发动机不能受制于人，你们要扩大产能必须自己上发动机项目，这是解决问题的根本办法。陆吉安听进去了这个意见，以后自己下大力气上了30万台发动机，彻底解决了桑塔纳扩大产能的瓶颈。

为集中力量发展桑塔纳轿车，1991年11月25日，上海牌轿车停产。1993年桑塔纳轿车年产量突破10万辆，1996年突破20万辆，1998年累计完成100万辆。冲破了国产化和产能限制，上海桑塔纳终于实现了快速发展。

2009年，全国政协主席贾庆林参观了上海大众三厂和试车场，对上海大众给了高度评价：“上海大众中外合作的成功，给全国树立了好榜样，它的成功远远超过了合作本身的意义，它为我们提供了许多宝贵的经验”。

今天，桑塔纳生产已超过300万辆，成为全国轿车市场拥有数量最多的车，国产化率达到93%以上，加上全国400多个维修网点的后勤保证，为上海大众的发展积累了厚实的经济基础。多少年后，曾经拒绝与上海合作的丰田公司原社长奥田硕来到上海，看到满街的桑塔纳，不仅感叹道：“现在连一辆皇冠都看不到了！”

在中国现代轿车产业发展的历史上，上海桑塔纳是当之无愧的先行者，从公务车、出租车到进入百姓家庭，桑塔纳都曾是首选，业内人士对桑塔纳的评价是：进得了城，下得了乡；既能当商务车用，又能当私家车用。

桑塔纳是名副其实的中国合资轿车第一品牌。

上海大众发展回顾：

1981年9月6日，国务院授权国家外国投资管理委员会，批准上海轿车外资合营项目建议书，同意和联邦德国大众汽车公司合资对上海轿车进行技术改造。

1983年4月11日，第一辆上海桑塔纳轿车在上海汽车制造厂组装成功。

1984年10月10日，中德双方签署上海大众汽车有限公司合营合同。

1991年10月24日，中德双方决定，将上海大众汽车有限公司建成年产15万辆轿车的生产基地。

1995年4月20日，上海举行上海大众汽车有限公司成立10周年暨年产20万辆轿车生产能力建设二期工程竣工投产仪式。

2002年4月12日，江泽民总书记出席《大众汽车公司与上海汽车工业（集团）总公司延长合营合同》签约仪式。新的合营合同规定：上海大众的合营期限将在原25年的基础上，再延长20年，即延长至2030年。

五、一汽大众：哈恩的第二只钓钩

第二只钓钩

哈恩博士是一名真正的企业家，与日本、美国的汽车巨头相比，除了具有组织生产管理的企业家的素质外，还具有政治家的头脑，他对与中方的合作有着长远的计划与图谋。哈恩认识到，“文化大革命”给中国造成的内乱必将被中国新的领导集体所彻底革除，中国人民也希望过上幸福安康的生活，这些都需要有快速发展的经济作为支撑。为了求得经济快速发展，中方需要国外先进的技术与管理以及资金，而德国大众具有这方面的条件，更何况自己在中国已经捷足先登，德国大众的实力也已经被中国人所认可。中国的国土是那么的辽阔，中国的人口是那样的众多，整个欧洲的版图都没有中国大，全欧洲的人也没有中国人多。虽然中国现在经济尚不发达，但一旦经济起飞，其庞大的市场将具有无穷的潜力，进入这个市场取得相应的份额是任何一个跨国公司梦寐以求的渴望。现在在其他国家的大公司还没睡醒的时候，德国大众已经成功地进入了中国。但中国市场那么大，一个上海显然还不够，他需要在此基础上进一步扩张。他希望在亚洲主要是在中国建立一个大众汽车帝国，以抗衡日益咄咄逼人的日本和新崛起的韩国。30年以后，他在回应《汽车商业评论》杂志的采访时说：

30年前我们刚刚开始和中国开展合作的时候，当时中国经历了“文革”的破坏，百废待兴，整个国家处于一个贫穷的状态，处于一个非常落后的计划经济体系当中，但是那个时候我对邓小平实施的改革开放政策就有了信心。中国以惊人的速度完成了向市场经济的转变，在计划经济向市场经济的进行中一直是所谓的“新长征”，我认为不是什么新长征，这完全是一个新的“加速跑”。

大众……不像其他西方汽车公司那样对中国缺乏信心，除了我刚才说的对中国的政策和前景的信心以外，我对中国之所以有信心还在于它有着5000年辉煌文明的历史，中国人的勤劳和智慧使我们相信，即使一开始我们不和中国合作，中国汽车工业的发展速度可能会慢一些，但是中国人最终一定会发展起自己的汽车工业。与其这样，不如我们一开始就参与其中与他们共同推进中国汽车工业的发展。

一个企业家又有如此政治战略眼光，哈恩当然会为德国大众在中国争取到更多的机遇。在与上海的合作正在进行时，他又将眼睛盯上了中国另外两个卡车生产基地一汽和二汽，并成功地与一汽达成合资协议。

哈恩究竟是怎样和一汽取得联系的呢？这在中国轿车发展史上是一个很有趣的谜。

就在大众与上海谈判达成协议，合作正在逐步开展的时候，一汽正在与美国的克莱斯勒公司接触，二汽也在与日本和美国另一家老牌的通用公司接触。这些情况哈恩都有所了解，他在密切观察事态的进展，选择更有利的出击机会。

一汽的厂长耿昭杰是一个精明的企业家，早在上汽开始与德国大众接触商讨引进轿车生产线时，他就在密切关注事态的进展。他认为，一汽要跻身世界汽车制造大厂，仅靠卡车和少量手工生产的红旗轿车是远远不够的，更何况，诞生于20世纪50年代的红旗从技术质量和生产水平上已经大大落伍了，国家需要红旗这样的高档公务车，社会也需要更多的轿车，作为共和国长子，在发展轿车上，一汽义不容辞。但在当时的经济体制下，国家对轿车发展的控制极为严格，没有国家主管部门的批准，进入国家计划的笼子，想自己上轿车，门都没有。耿昭杰也是一个极为倔强的人，一旦看准的事，九头牛都拉不回。耿昭杰认为，从国家发展前景和社会需要以及近期的舆论看，中国发展轿车只是早晚的事，凡事预则立，不预则废，与其等到国家放开控制，大家一哄而上，不如自己暗地里早做准备，到时候便可抢占先机。

1984年，为了改变中国汽车工业缺重少轻，生产布局严重不平衡的局面，中汽公司开始布置轻型车的生产。根据中汽公司的安排，一汽和二汽都做出了发展轻型车的规划。一汽规划提出："七五"期间，年生产能力实现20万辆，其中，中型卡车10万辆，轻型卡车7万辆，重型卡车1万辆，中高级轿车2万辆。但是这个规划没有通过，原因就是轿车。轿车生产在那时还是"像计划生育一样"，"一辆也不准多产"。

一汽当时的领导徐元存、黄兆峦不死心，把规划改为"卡车10万辆，轻型车10万辆"，把轿车的规划藏在了轻型车的名下。生产轻型车符合国家规划，一汽新的规划很快获得了批准。一汽以实现20万辆产能规划为名做了两件事，一是建设第二厂区，二是引进轻型车发动机。其实一汽的领导班子心里想的是为上轿车做准备。

1984年，一汽曾有一次上轿车的机会。1981年5月，国产红旗停产。红旗是中国高端公务用车，也是国务接待活动中的接待用车，红旗停产立即导致高端公务用车缺口，国务院机关事务管理局向中央打报告，要求尽快解决高级公务用车。经过对国际上适合做高级公务用车的车型进行性价比的筛选，最终决定采用德国的奔驰。中方谈判人员提出，由德国提供散件由中国自己组装，这样不光价格上能有优惠，同时，也能给中国提供学习生产高级轿车的机会。1984年年底，中德双方开始谈判。1985年1月20日，国家经委正式给一汽下达了组装奔驰200型、230E型中高级轿车的任务，1985年1月24日，一汽与德国奔驰公司达成协议，由德国奔驰公司提供1000辆份奔驰轿车SKD散件，由中国一汽组装。为装配这批奔驰轿车，一汽专门建成1万平方米的厂房，以及一条长84米的装配线。

这是一汽与德国奔驰公司合作的一次绝佳机会，当时一汽有意和奔驰继续合作，作为复兴"红旗"的一个契机。但奔驰公司压根没将一汽放在眼里，他们认为一汽的配套基础太差，生产水平过于落后，又没有现代轿车生产基础，"红旗"不过是“古董”，双方差距太大，没有可能进行技术合作，唯一的办法只能是买奔驰的散件，进行 SKD 组装。如果要建合资企业，那只能全部用奔驰的品牌。这意味着一汽要将“红旗”的牌子扔掉去做德国奔驰轿车的装配厂，这是无论如何也不行的。“红旗”虽然停产，但是只要在技术和可靠性方面加以改进，“红旗”照样要恢复生产。再说，扔掉“红旗”，党中央不会答应，全国人民也不会答应。最终，一汽共组装产了 828 辆奔驰后，便停止了与德国奔驰的合作。

失去和德国合作的机会后，一汽又将眼光投向日本。日本是距离中国最近的汽车生产大国，当时中国大街小巷跑的外国车几乎全是日本的特别是丰田的车。丰田的皇冠尤其对中国人的口味，车头车尾两头一样平，中间突起的轿厢宽敞、气派、豪华，黑色的油漆铮明瓦亮，透露出威严和神秘，这种车最适合做“官员”的公务用车。但一汽两次与丰田的谈判都扫兴而归。精明的日本人与你握手谈话时，身子挺得笔直，鞠躬时，腰弯成 90 度，嘴里“哈伊、哈伊”不停，但他们最终表明的意思却是充满傲视与不屑。他们将一汽的谈判代表引进自己现代化的车间里，炫耀丰田产品的先进与品质，但对一汽合资的提法却根本不正面回应，更不愿意技术合作。丰田的谈判代表说：中日是近邻，应该互相关照，建立起像我们这样的汽车生产厂，中国还不具备这样的条件，你们何必要花那么多的钱自己建设这样的汽车厂呢？丰田公司从来不出卖自己的技术。我们丰田公司有很强的生产能力，你们中国需要什么样的产品，我们就保证提供什么样的产品。这样你们还能省很多钱，何必要建立汽车生产厂呢？

日本人要的是市场而不是生产与技术上的竞争伙伴。

德国人不愿谈，和日本人又谈不拢，一汽只得将眼光转向大洋彼岸的世界汽车王国——美国。美国被誉为架子车轮上的国家，世界著名的汽车公司通用、福特、克莱斯勒都出自美国。经过对美国几家公司的考察，一汽看中了克莱斯勒公司的道奇 600。这款车型标准排量 2.2 升，宽敞舒适，大小与红旗相似。如果引进这一款车的生产线和模具，只需要在前脸和后尾做少量改动，其他的部件都可以通用，这样做投入少，见效快，能以最快的速度拿出“红旗”轿车的替代品。此时，恰逢克莱斯勒公司打算停产道奇 600 生产线而更换更新的车型，一家想要，一家刚好想更新，两家想法一拍即合。

要生产整车，首先要考虑发动机。一汽对克莱斯勒 488 发动机很感兴趣。488 是中国后来的叫法，它是克莱斯勒在德国大众发动机基础上改进而成的，设计先进，有 2.2 升和 2.5 升两种，四缸，基本功率 105 马力，还可以配涡轮增压。

1984 年年底，一汽以生产轻型车为名与克莱斯勒开始了引进道奇 2.2 升 488 发动机的谈判，1984 年 10 月 22 日，一汽轿车厂厂长范恒光与克莱斯勒代表签订了购买道奇 488 发动机的备忘录，虽然签订了备忘录，但由于国内烦琐的报批程序和一汽自身条件的限制，此事一放就是一年多。直到 1985 年 6 月，原一汽副厂长耿昭杰执掌第一汽车制造厂帅印，此事才被重新提起。

耿昭杰，安徽巢湖人，1935年出生，1956年从哈尔滨工业大学毕业后分配到建设高潮中的一汽，从设计员、工程师，铸造厂党委书记、汽车研究所所长、直到总厂副厂长、厂长。30年的风雨磨练使他成为一个颇具胆识和魄力的企业家。

耿昭杰上任的头件大事，就是在轻型车的掩护下，开始做生产轿车的准备。他以联营的形式将设计中的轻型车生产外移，转交给吉林、哈尔滨等地方企业生产，自己腾出手来发展轿车。耿昭杰认为，要发展轿车，好的发动机是必须的条件，要像建设一汽那样一切从头开始，只会贻误时机，先引进一个发动机干起来，以后其他的事情就好办了。1986年4月，一汽副厂长徐兴尧、刘经传、李光荣等人再度赴美，与中断了一年多的克莱斯勒公司就购进发动机问题继续进行谈判。美方对中方的诚意表示怀疑，谈判拖拖拉拉，进行得很不顺利，直到1986年10月，克莱斯勒公司国际开发部部长兰菲斯特来到一汽，了解了一汽的真实意图后，美方态度才有所改变。

1987年2月4日，一汽副厂长李中康与克莱斯勒公司就购进道奇600发动机草签了引进协议。耿昭杰盘算，有了这个发动机，到时候再从美国引进道奇600整条生产线和模具，就能以最快的速度拿出国家急需的高档公务用车，实现进口替代。

1987年5月20日，耿昭杰去十堰参加轿车研讨会的途中，到北京向新任国家机械委主任的邹家华汇报工作。也就是在这次汇报中，邹家华建议把恢复“红旗”生产和引进项目结合起来。

一汽的情况引起国务院的高度重视，此时正是国务院决定发展中国的轿车工业的关键时候，国务院副总理李鹏决定亲自到一汽考察。1987年6月19日，国务院副总理李鹏、国家机械委主任邹家华、计委副主任黄毅诚、经委副主任叶青等来到一汽视察。耿昭杰将一汽发展轿车的思路向李鹏、邹家华等领导和盘托出，做了彻底详细的汇报：一汽从3万辆中高级轿车先导工程起步，再向下大发展，形成15万辆的规模，并争取最终达到30万辆产能。

耿昭杰的想法得到李鹏、邹家华等中央领导的积极支持，这也为一个月以后中央北戴河会议决定发展轿车奠定了基础。

1987年7月21日，一汽与克莱斯勒公司在人民大会堂正式举行引进488发动机技术签字仪式。

克莱斯勒的春顿工厂有一条488发动机生产线，石油危机使得美国汽车产量锐减，这条发动机生产线处于闲置状态，美方打算将其淘汰。了解到情况后，耿昭杰专程到美国考察这条生产线。这条发动机厂生产线的设备有七八成新，共有年产30万台的缸体加工线、缸盖加工线、连杆加工线、油泵水泵加工线各一条，缸体加工线上有22套85台设备；缸盖加工线共有13套95台设备；连杆加工线共有6套22台设备；油泵、水泵加工线共有7套15台设备。这条完整的发动机生产线包括线上的设备都要优于一汽现有的发动机生产线。如果按照488发动机生产线需要逐台订购这些设备，等到生产厂将设备生产出来再将它们安装调试达到生产状态，起码需要几年的时间，费时耗力还需要大量的外汇。如果购回这条发动机生产线将大大缩短建设时间，节约宝贵的外汇，降低发动机生产成本，是一件极为合算的买卖。耿昭杰决定，购回这条生产线，派人去拆了它运回来。

但当时的克莱斯勒的几个负责人非常傲慢。他们部分人对中国抱有成见，反对把发动机厂卖给一汽。美国技术公司（中国）总经理是克莱斯勒进入中国的中介人，也是中方的朋友，中方称他“石头”。“石头”对克莱斯勒的做法很不满意，他找到了原美国驻中国大使伍德科克：“一汽项目很重要，未来还有整车合作的可能。你能不能帮助联系艾柯卡，说服他同意卖发动机厂？”

伍德科克在中国和美国都有着很重要的影响，1978年，作为美国官员，他亲自与邓小平商谈中美建交。1979年中美建交后，他成为美国首任驻中国大使。退出政界后，伍德科克曾经担任过美国汽车工会主席，在汽车界的影响力非常大。伍德科克对于中国的了解远胜于克莱斯勒，他立即给艾柯卡打电话。在伍德科克的影响下，艾柯卡表示愿与中国一汽合作。

由于有这个插曲，一汽与克莱斯勒购置生产线的谈判才得以开展。

一汽方面由吕福源、李光荣和白平易负责谈判。谈判的过程很艰苦，克莱斯勒公司有几个律师自始自终在谈判现场，对所有的条款字斟句酌，有一项条款，双方竟然连续谈了32个小时才达成一致。经过反复讨价还价，终于与克莱斯勒达成购买协议。大大咧咧的美国人将发动机厂打折卖给一汽，条件是，你们自己去拆了运回来。

1987年9月，一汽第二发动机厂筹备组组长王镇昆带领人到美国开始了拆除生产线的工作。经过整整2个月的紧张工作，1987年11月，拆除的发动机设备开始装船。488发动机生产线的全部设备整整装了441个集装箱，在底特律港口，由中国远洋运输公司大连分公司“居庸关”号货轮装运。441个集装箱将船舱基本都装满了。由于集装箱是立方体，集装箱与船舱之间还剩下一些空间，船长对负责拆装的一汽代表建议，考虑到船在大海上航行，随时会遇上风浪，应该买点木头撑满这些空的部分，这样可以在遇到风浪时，防止装运机器的集装箱发生移动碰撞船舱。船长解释道，船舶装货也是有很多学问的，它牵涉到船的重心，船的重心关系到船的摇摆度，重心高了，船的摇摆角度大。就容易倾覆，必须要有科学合理的重心高度。确定货物配载后，就是货物的加固。船在海上，会随着风浪前后左右摇晃，如果船舱里的货物随着摇晃产生移动甚至发生互相撞击，那对船舶来说，就有可能发生灭顶之灾。货物加固绑扎时如有一分松动，在海上摇动时就可能松动至两分，甚至三分，船晃动得越厉害，货物的松动就越多，松动得越多，给船舶带来的危险就越大。根据船长的建议，一汽负责拆装的人员花费20万美元迅速买回一大批木头填充在船舱与集装箱之间作支撑。

启航前，一汽与克莱斯勒双方还在底特律举行了隆重的交接仪式。但谁也没想到，天有不测风云，“居庸关”轮离开底特律港不久就遭遇“魔鬼风暴”的袭击，发生了严重的海损事故，由此引发一汽向美国克莱斯勒公司索赔的事件。

11月的加勒比海域经常会受低压气旋的影响而出现风暴。“居庸关”轮进入加勒比海后不久，遥远的海天线上出现一丝乌云，很快，天空渐渐被扩大的乌云所覆盖，海风渐渐增大，海面波涛滚滚，浓黑的云层越来越低，似乎就压在头顶上。狂风将涌起的浪尖吹出万道白丝，天上倒水似地下起倾盆暴雨，风越刮越大，开始还是呼呼响，以后就是呜呜的哨音，再到后来就是发了狂似的怒吼，狂风巨浪夹着暴雨，整个加勒比海沸腾了。近10米高的浪头一个接一个地扑向“居庸关”轮，小山般巨大的浪头砸在船体上发出轰然巨响，撞击的海浪沿着船舷窜向空中，然后重重地摔打在船上，海水从驾驶楼倾泻而下如同瀑布一般。有的巨浪如同猛兽，一声狂吼，扑上来在船首及甲板两侧的船樯下来回对窜，激起高高的水柱。2万吨的“居庸关”轮在沸腾的大海里，就像一个小玩具，一下子随着巨浪高高地抬上浪峰，在驾驶台上可以俯瞰四周海面；一下子又被狠很地抛到谷底，放眼望去，船的四周都是十几米高的水墙。据“居庸关”轮航海日志记载，那天，风力最大时达到13级，被称为“魔鬼风暴”。“居庸关”轮在大风暴中挣扎了近一天，最严重时，船身倾斜达到28度。

剧烈的摇晃使船舱里的集装箱发生了移位造成互相碰撞、挤压，有的箱体严重变形。幸亏出航前按照船长的要求在船上加装了那些木头堵塞空间，否则，损坏的后果将更为严重。“居庸关”轮抵达大连港后，面对东倒西歪挤压成一团的集装箱，一汽接受货物的代表登船后目瞪口呆，大惊失色。他们给厂领导打回的电话是：“惨不忍睹，就像一堆废铜烂铁”。

据初步估算，设备损失达400万美元。根据合同，一汽向保险公司提出索赔。但保险公司提出，由于装船存在问题，货主应向负责装船的克莱斯勒公司提起连带索赔。按照规定，拆下来的设备由克莱斯勒公司雇佣的工人负责装箱，设备在装进集装箱前要牢牢地固定在木制的架子上，根据现场查看，那些装在集装箱里的设备并没有按照要求固定好，一些设备在固定的木框架上出现漏钉，还有一些固定设备的木头框架质量也不合格。根据保险公司的提议，一汽将克莱斯勒公司也列为索赔对象。双方在海事法院对簿公堂。克莱斯勒公司认为此事与他们完全无关，双方辩论得十分激烈，互不相让。

美方负责谈判的代表是作为中介的伍德科克，一汽购买克莱斯勒公司生产线，伍德科克曾发挥过作用，现在克莱斯勒请他代表本公司与中方谈判。一汽负责谈判的是时任一汽副厂长吕福源，两人唇枪舌剑，各陈其词，互不相让。最关键的一场谈判从晚上7点谈到深夜11点。伍德科克对吕福源说：“你们遇到了世界都知道的‘魔鬼风暴’，这属于保险条款中的不可抗力，你们却要让美国公司赔偿，这简直是个笑话，你们的索赔要求不合理，你们没有任何理由让美国公司赔偿，这是世界上任何一个公司都不能接受的。”

吕福源在一汽负责处理涉外事务，有着丰富的经验。他对伍德科克说：“既然你以不可抗力为由拒绝承认美国公司的责任，那我们也将使用不可抗力条款。根据一汽与克莱斯勒公司的协议，一汽要向克莱斯勒公司支付技术转让费用。现在一汽由于不可抗力原因使得协议规定的投产日期不能按时实现。我们一汽现在需要筹集资金、整修或者重购部分设备，那么，合同上所有的其他承诺，包括一汽对美国公司的承诺，也都不能够履行。”

吕福源的这番话正好击中克莱斯勒的要害：你的损失我是不赔的，我的利益你是不能少的。根据吕福源的计算，一汽的这个做法将使克莱斯勒公司承担比货损赔偿8%~10%要更多。伍德科克无可奈何了：“你们很聪明。我拿这个理由跟克莱斯勒说，我相信他们能赔。”

最后双方达成协议，克莱斯勒赔偿货物损失的8%。克莱斯勒明白，让一汽发动机厂投产是主要的，一汽的发动机投产了，自己的利益也就有了。

最终结果，保险公司赔付363万美元，克莱斯勒公司赔付37.75万美元，两项共计400.75万美元。

这次谈判充分显示了吕福源的谈判才能，以后他被中央任命为商务部部长。

经过一汽干部和工人的努力，不到一年的时间，受损的设备全部修复。1990年488发动机生产线安装调试完成，1991年7月15日正式投产。

就在与克莱斯勒公司签署引进发动机协议的同一天，1987年7月21日，一汽向国家计委上报了3万辆先导工程和15万辆轿车基地的方案。根据原定方案，耿昭杰一面安排建设第二发动机厂，一面开始与克莱斯勒谈判引进道奇600。

商场如战场，商业战争的原则是争取资本利益最大化。克莱斯勒公司是商战老手，在与对手打交道时，商业利益高于道德原则。他们认为，道奇600虽然已经过了时，但眼下市场销售情况还算不错，另外，中国一汽已经购买了自己的发动机，与自己合作已经是板上钉钉的事情，在这种情况下，向中国一汽转让道奇600生产线的事情可以再拖一拖，可以做做文章让中国人多掏一些钱。

一汽在引进了克莱斯勒488的发动机后，真心实意地希望在轿车生产上与该公司进行全面合作，如合作顺利也考虑用该公司C系列高级轿车改造一汽的大红旗。客观地看，这是克莱斯勒公司进入中国高级轿车市场的最好机遇。

1987年9月，一汽副厂长李治国、吕福源、李中康、范恒光、李光荣等5人组成的代表团赴美，就引进“道奇600”型轿车开始谈判。就在这时，人民日报海外版刊登一篇一汽打算从美国引进轿车生产技术，并考虑合资建厂的记者报道，这条消息还报道了李鹏到一汽观看美国克莱斯勒公司提供的引进轿车样品。这篇报道对一汽与克莱斯勒公司的谈判起到了极为不利的作用，它将一汽将要进行的商业活动全盘暴露在世界面前，相当于给一汽的谈判对手克莱斯勒公司提供了重要的“经济情报”。克莱斯勒公司对中国的政策和企业引进外资技术项目的运作程序很有研究，他们清楚，在计划经济管理模式下的中国，企业没有任何决策自主权，一旦国家做出批准引进项目的决定，企业只有按照政府的安排执行而不可能更改。所以，他们要在道奇600轿车项目上狠狠地敲一汽一笔"竹杠"。

谈判中，克莱斯勒公司副总海姆斯突然违背以往谈判所达成的基本意见，提出要一汽另交1760万美元的天价"入门费"。李治国等人顿感意外，他们据理力争，表示海姆斯所报价格与原来所谈价格高出了好几倍，一汽不能接受。谁知海姆斯毫不客气地离席而去。他用自己的行动表示：是你们来找我们，更何况，你们的政府都定了和我们合作，你们就得接受我们的价格。

谈判顿时陷入僵局。就在一汽陷入困境时，耿昭杰突然接到了德国大众董事长哈恩的电传，要求来长春面谈。这是怎么一回事呢?

德国大众公司驻北京办事处的负责人是李文波。此君在德国大众与上海合资中，以华裔身份在中德之间斡旋，为德国大众立下汗马功劳。为了中国的业务，德国大众安排李文波常驻北京。

1985年9月，李文波受邀参加吉林工大校庆，他第一次访问了一汽。李文波在大众国际部有多年工作经验，懂得汽车生产高投入、大规模的基本规律，看到一汽巨大的厂区和卡车生产实力，李文波深感震撼。他觉得，一汽和狼堡大众工厂的规模极为相似，他压根没想到中国竟有如此规模宏大的汽车生产工厂，在一汽厂区西部，他看到，"一片296万平方米的空地上，一汽一班有生产经验的汽车专家们，正在计划建造一座年产30万辆轿车的生产基地。"多年工作的直觉告诉他，这才是大众要寻求合作的平台。

李文波立即将他在一汽的见闻写成报告送到狼堡。李文波的报告引起了哈恩的关注，但哈恩并未动作，他觉得此时的时机并不成熟。哈恩认为，中国如同一个大池塘，在中国投资如同钓鱼，什么时候在什么地方下钩很有讲究，必须深思熟虑，瞅准机会。哈恩是一个好渔夫，知道该在什么时候下鱼钩。

李文波生长在台湾，其夫人是大陆人，夫唱妇随，李太太随丈夫在海外生活了一段时间。外国的生活虽然富足，但她仍然有着浓浓的思乡情节。李文波很体谅自己的夫人，于是决定将家安在北京。但那时的北京可不是想进就进的，即使你是外籍华人也不行，解决不了户口就得不到在北京生活的基本条件，长袖善舞的李文波犯难了。

一汽副总工程师荣惠康此时正在北京就一汽与克莱斯勒引进道奇600会谈陷入困境的情况向时任机械工业部部长段君毅汇报。荣惠康与李文波认识，偶然的机会，他听说了李文波的难处，热心快肠的荣惠康主动帮李文波操心。他将李文波的难处报告了段君毅，请段君毅为之解决。有了共和国部长的出面，李文波一家的户口问题顺利解决了。李文波非常感谢荣惠康，在一次与荣惠康的交谈中他了解到，因为美国人的天价入门费，一汽与美国克莱斯勒谈判陷入僵局。李文波对一汽下一步发展表示关切，荣惠康顺势提出，请李文波到一汽去考察，了解一下一汽可否与德国大众合作。就在此时，德国大众监事会成员纪普来到北京与大众公司驻北京总代表李文波商量工作。李文波立即将这个重要的情况通报给正在北京的纪普。纪普详细了解了一汽与克莱斯勒谈判受困的情况后，迅速给哈恩发出电传。

历史中往往有那么多偶然，周子键部长在没有收到邀请的情况下，径直前往德国大众总部要求与大众负责人对话，开通了大众来到中国上海之路。纪普给哈恩的电传也是如此。此时的哈恩正在风景秀丽的意大利萨丁岛的度假别墅里惬意地欣赏地中海的迷人风景。当时没有今天这样方便的手机，但那时传真机刚刚问世。追求时尚的哈恩立即在自己的别墅里安装了一台。这天下午，刚刚从自己最喜爱的三桅游艇上回到别墅的哈恩一眼就看到了纪普发来的传真。沐浴着地中海灿烂的阳光，哈恩读完了传真，静静地思考了一阵。

自从和中国上海合作以后，哈恩一直就想在中国找第二家合适的合作伙伴，纪普的电传使他敏锐地觉察到，机会来了。如果现在不搭上一汽这班车，有可能会错失良机。没有任何犹豫，哈恩立即向正在上海的波斯特、保尔和北京的李文波发出指令，让他们立即赶赴长春，同时让奥迪公司董事长史度比希飞到长春与他们会面，到一汽实地调研，了解德国大众是否可以在那里与中国的一汽合作生产奥迪100高级轿车。一口气发出几份指示后，哈恩闭上眼睛，开始静静地思考该如何进行下一步的动作。

一封传真让哈恩做出了历史性的决定，也使得中国一汽继上海后有了与大众合作的机会，也在一定程度上改变了中国汽车工业的格局。

哈恩在自己的回忆录中写道：

我的朋友纪普1987年在北京偶然听说了此事。谢天谢地，他立即“打扰了”正在度假的我，他的这次通报给了大众汽车公司意义深远的推动。幸好这一年我在我的夏日别墅里安装了一台传真机，我立即在我的小型日本打字机上给耿昭杰厂长写了一封信，24小时内就收到了他的访问邀请。

20多年后，哈恩谈到当年作出决定的初衷时说：

第一，我了解历史，知道中国曾经有过怎样的辉煌。即使到了当代，看看当时亚洲“四小龙”的经济奇迹，也不能不叹服华人的创造力。第二，我信任邓小平等中国领导人的改革开放政策，他们不固守传统的意识形态，对世界抱有一种诚恳交流的态度。当然，也靠直觉，靠对人的判断。我和耿厂长一见如故，在以后的合作中彼此尊重，彼此信任，建立了深厚的友谊。而且，我也不能不抓住机会，当时，一汽已经和克莱斯勒签订了发动机的合同，我必须马上证明，奥迪将更适合中国高端车市场。

哈恩与一汽接触的确有其偶然性，但偶然往往蕴藏于必然之中，中国的发展和哈恩给大众寻找新的发展机会就是这种必然。

此前，上海曾多次向大众提出要求，在上海同时生产桑塔纳和奥迪100两款轿车，但奥迪公司的代表经过实地考察后认为，以当时上海汽车厂的生产环境和条件不可能生产奥迪100这样的高档轿车。哈恩是一个精明的企业家，他并不认同奥迪公司代表的意见，条件不具备是可以改变的，但哈恩却接受了奥迪公司的意见，没有将奥迪100拿到上海去生产。哈恩的想法是，一个产品如同一个钓钩，大众不能将两个钓钩放入一个池子里，他要在中国这个大池塘里钓更多的鱼。哈恩在30年后回答《汽车商业评论》提问时说：

作为汽车企业的管理者，我一直是支持多品牌战略的。1980年代，我刚刚成功地使奥迪进入到了豪华品牌的行列。但是在当时中国社会经济条件下，特别是在市场的需求下，奥迪的需求量注定也不会很大。一汽当时主要是作为一个卡车厂呈现在我们面前的。所以我们一些同事都认为一个卡车厂怎么能造得好轿车特别是奥迪这样的高档车呢？我的一些同事都认为，在中国前景未明的情况下，在我们已经有不少麻烦的合资企业的情况下，再搞第二个合资项目实际上是没有什么太大意义的。但是我说，如果我们坚信中国市场的前景，坚信它未来的潜力，我们就必须要拿出更多的产品。特别是把我们的第二个品牌奥迪拿到中国来。这是我当时的看法。

一汽大众建立起来以后，我们等于在中国池塘放下了两个鱼钩，在这个池塘里，你放下来的鱼钩越多，钓上来的鱼就越多。

李文波、波斯特、史度比希等几个德国人在一汽做了认真的考察，他们得出的考察结论是：

如果克莱斯勒在那儿以一款轿车起步比如道奇，那我们在长春就再无机会了。

接到他们的报告，哈恩明白，挤兑克莱斯勒的机会来了。

哈恩之所以志在必得，在于他手里捏着克莱斯勒的一个死穴。克莱斯勒卖给中国一汽的2.2升488发动机，本身就是从大众公司旗下的子公司买去的，大众能够轻而易举地在这个发动机的基础上匹配其他系统，更何况，他早就知道，中国政府需要一款高档的公务车，而奥迪100C3正好能够满足这个需要。

奥迪100是德国大众子公司汽车联盟公司的最新产品，有趣的是，没有多少人能记得汽车联盟公司，但在世界尤其是在中国，却几乎尽人皆知奥迪轿车。1968年11月26日问世的奥迪100以其优美的外形，流线型的车身，强劲的动力和让人称道的油耗而成为市场上销量最高的中高档轿车。1982年秋，奥迪公司在奥迪100的基础上再推出第三代奥迪100C3。新的奥迪100车身结构全部采用轻量化材料，风阻系数仅为0.30，由于技术先进，新款奥迪100C3成了先进设计的同义词。德国媒体称：“从空气动力学特性上来看，新款奥迪100C3是汽车行业绝对无与伦比的骄傲。”

为了能在中国这个池塘里钓到第二条鱼，哈恩决定将自己手中的这款看家产品来与克莱斯勒竞争。

就在一汽与克莱斯勒为天价入门费对峙的时候，耿昭杰接到了哈恩希望能见面商谈合作的电传。角力场上突然冒出个第三者，给耿昭杰提供了选择的机会。耿昭杰迅速回应：请哈恩到长春会面。

1987年，深秋的长春，寒意袭人。10月20日，当哈恩第一次踏上长春的土地时，长春给他留下的是这样一种印象：

一个庞大的身穿棉袄的欢迎委员会和一辆中国产的加长红旗在等候我们，宽阔的大街上是没有尽头的沉默的骑着自行车的人流。

哈恩、波斯特、史度比希以及李文波等人来到长春，他们首先参观了一汽，一汽庞大的生产规模和完整的生产体系让哈恩深感震惊。波斯特回忆道：

就面积而言，一汽是世界上最大的汽车制造厂，拥有近100%的生产深度，也就是说，他们的产品卡车、大客车、和红旗牌国宾车的几乎所有的零部件都是自己制造的。在考察生产情况时，我们吃惊地认识到这样一个事实，即一汽的生产技术水平已经到了何种的高度。此情此景，让外国人认为中国不可能自行研发或生产轿车的看法烟消云散。

（马丁 · 波斯特《上海1000天—德国大众结缘中国传奇》中信出版社）

企业家与企业家的会面没有行政官员那么多的繁文缛节，简短地寒暄后，哈恩一行4人与耿昭杰带领的12人在一汽著名的“74栋（原“专家楼”）”的会议室里开始了面对面的会晤。10月底的长春还没有送暖气，在零下的室温里坐着不动实在不是一件舒服的事情，尽管一汽给哈恩一行每人准备了一件蓝色的棉大衣，但仍将这些在舒适环境下生活惯了的德国人冻得瑟瑟发抖。哈恩回忆第一次到一汽谈判时的情景：

我们住在一汽简陋的招待所里，一汽方面给我们每人准备了一件蓝色的棉大衣。由于气温实在太低，我穿上后24小时都没能脱掉它，因为整个城市的供暖系统还没有开始工作……最痛苦的是，第二天一早冲进浴室时，只有几乎是快冻成冰的水。

虽然与耿昭杰是第一次见面，但哈恩却非常老道，他明白，自己是以商人的身份出现的，一汽正在与克莱斯勒谈判，只有端出最有诱惑力的菜品，才能吸引正在另一个餐桌上的食客。他对耿昭杰说：“中国一汽是个令人印象深刻的企业，德国大众是世界上有着重大影响的企业，我们之间有两个合作领域，第一是与上海大众在零部件生产国产化方面的合作，第二是生产奥迪100。为在一汽生产奥迪100或者也可以是奥迪200，大众准备提供成套模具。”

耿昭杰深沉不露，仔细地听着这位世界著名汽车公司的董事长的全部想法。哈恩详细介绍了奥迪在世界领先的4轮驱动以及全自动变速箱技术，并明显带有诱惑地声称，如果双方开展合作，将向中方转让这种世界先进技术。哈恩坦言，如果双方能够合作，对德国大众的长期亚洲战略将具有深远的意义，他也没有忘记阐述这种合作对中国轿车工业的发展所具有的重大好处。针对一汽已经购买了美国克莱斯勒的发动机，哈恩聪明地指出：“将一款克莱斯勒的发动机装入奥迪一段时期，并非不可能。”

耿昭杰同样是一位具有战略眼光的企业家，中国汽车工业和轿车工业的现状以及一汽所具备的实力使得他决心将一汽建设成为中国汽车工业的“老大”。眼下德国人与美国人都在争着与一汽合作，相比美国人苛刻的条件，德国端出的条件明显地要优惠得多，更为重要的是德国人没有美国人那种让人感到压抑的自大狂。但耿昭杰并未立即表态，与哈恩不同，虽然同样是企业家，但作为中国的企业家，尤其在那个时候，他头上的“婆婆”太多了，即使他有合作的意向，仍少不了要层层汇报并取得同意，否则，一切都是空谈。

与哈恩在长春几乎同时，在大洋彼岸，克莱斯勒底特律总部也出现戏剧性的一幕。

1987 年 11 月，时任国家经委副主任朱镕基带队参加在美国举行的中美“大西洋论坛”。北戴河会议以后，作为新崛起的支柱产业，汽车工业为朱镕基高度关注，现在来到美国，他立刻要同为代表团成员的中汽联理事长陈祖涛带他去看看美国的汽车工业。陈祖涛与中汽公司驻美国的总代表朱柏山一起陪同朱镕基到了美国的汽车城底特律。受耿昭杰委托，正在美国底特律与克莱斯勒谈判的一汽副厂长范恒光立即赶来向他们报告谈判情况。范恒光说：因为 1760 万美元的天价“入门费”，一汽和克莱斯勒公司的谈判陷入僵局，美国人对此很不重视，显得有些漫不经心，谈判一直拖着时断时续，为了不受制于人，一汽同时也在和德国大众汽车公司谈，现在德国大众公司的代表团正在一汽。德国大众要和美国人竞争，给出了很优厚的条件，一汽因为前期买了克莱斯勒公司的发动机，所以这件事还没有最后定。耿昭杰专门派他来请示，同时请朱镕基与克莱斯勒方面接触一下，了解一下克莱斯勒方面的想法，可否促使克莱斯勒改变主意。

朱镕基听完后说：“好，明天我们和你一起去见克莱斯勒公司的董事长，听听他们怎么说。”

第二天，范恒光带着朱镕基来到克莱斯勒公司拜访。克莱斯勒店大欺客，连起码的礼貌都不顾，中国负责国民经济主管部门的最高领导登门，克莱斯勒董事长亚柯卡居然连面也不照，只安排了二把手格林华特见面，而这个狂妄的格林华特竟然声称“只谈 30 分钟”。

朱镕基不管那些，“30 分钟就 30 分钟”。

会谈中，朱镕基问格林华特：“听说你们与中国一汽在技术转让中遇到了价格问题？”

格林华特一点表示也没有，只是简单地回答：“我知道”。

朱镕基又询问关于“入门费”的问题，格林华特态度强硬一口咬定，“入门费”问题是汽车行业的惯例，此事不容商量。朱镕基是何等人物，他丢下一句：“好，我们不谈了。”起身离开了克莱斯勒公司。

离开克莱斯勒公司后，他对范恒光说：“告诉耿昭杰，德国的条件优惠，就和德国签。你们也还可以和通用公司谈，可以考虑和他们合作生产 C 系列轿车。”朱镕基的意思很明白，要善于利用外国对手间的竞争。

朱镕基的信息立刻传到了长春。但耿昭杰还有他的想法，一汽已经购买了美国克莱斯勒的发动机，如果与德国合作，前提条件一定要用这种发动机，否则，花这么多钱买的发动机生产线以及正在建设的生产厂岂不是白费了？

在74栋会议室里，耿昭杰端坐在座位上回应哈恩道："为加快中国轿车研发步伐，我们需要外国合作伙伴。我们对大众公司和奥迪车有很大兴趣，上海桑塔纳国产化对我们也会有利，但双方要合作，需要有长远计划，我们有自己生产的克莱斯勒发动机，所有的合作决定则取决于此条件。"

耿昭杰的意思很明确，我们已经有了2.2升的488发动机，你德国人要来就必须在我们这个发动机的基础上生产奥迪100。哈恩也不含糊，这款发动机本来就是克莱斯勒从大众买去的，改装一下又有何难。为了表示合作诚意，他立即安排以最快的速度在德国组装一辆装载有488发动机的奥迪100样车送到长春。看到德国人的行动，耿昭杰相信，德国人是真心实意要与一汽合作。

耿昭杰立即与正在美国克莱斯勒谈判的一汽副厂长吕福源联系，告诉他，现在德国大众董事长哈恩博士在一汽，他希望我们去看看奥迪100。我们担心以前引进的发动机能不能装到奥迪100上，哈恩说大众能够完全解决这个问题，哈恩还表示，如果两边都派出精干的代表团，4个月就能签订合同。美国人如果不能让步，我们就和德国人谈了。你先到德国大众去看一看。

接到耿昭杰的电话，吕福源在第二天的谈判中对海姆斯说："你们的价格我们是绝对不能接受的，此刻大众董事长正在一汽访问，如果你还坚持这个价格，我们就和德国公司合作。"

美国人底气十足，你们政府已经有了决定，你们已经买了我们的发动机，你们已经将自己拴在我们的车上了，这个时候去和德国人谈有什么用？再说，刻板的德国人更会让你们体会到什么是技术的价值。海姆斯说："非常好啊。如果你能够选一个德国合作伙伴，我祝贺你们。"海姆斯的话等于关上了继续谈判的大门。吕福源说："那好，我们再见。但是作为合作伙伴，你们一定要明白，你们错过了一个非常重要的机会。"

事隔10多年后，当世界上各大汽车公司争先恐后地挤搭中国班车时，克莱斯勒才深深体会吕福源这番话的分量。

一汽副厂长兼总经济师吕福源和总工程师林敢为承担了与德国大众谈判的重任。德国人抢走了美国人的生意，但德国人并不是慈善家，他们的目的也是为了利益，很快，吕福源感到与德国大众的谈判和与克莱斯勒的谈判一样艰难。哈恩是个很聪明的人，他随时掌握着谈判进程。他对福源说："德国有一句话叫做'魔鬼都在细节里'。我对你提个要求，当你觉得谈不下去时，谈崩了要回国时，请你不要立刻走。给我的秘书打个电话，如果我有时间，我还要和你再谈一次。"

刻板严谨的德国人知道自己技术的价值，虽然他们同意转让奥迪100的技术，但技术转让费的要价极高，态度也极其强硬，几乎没有回旋的余地，而且与之相配的ABS刹车系统和自动变速箱系统的技术不给一汽，要求一汽另外出高价买，同时对中方设置了很多限制严格的条款。当时中国与国外技术合作不多，汽车方面的合作更少，在汽车尤其是轿车技术方面，中方两手空空，可以作为谈判筹码的国内汽车消费市场又尚未形成，当时也没有这种概念，吕福源手里几乎没有什么牌可打。面对刻板固执的对手，谈判数次濒于崩溃。吕福源按照哈恩所约，给哈恩打了电话，称谈判陷入僵局准备回国。当晚，哈恩信守诺言，亲自出面请双方代表吃饭。

说是吃饭，实际上是与德方谈判的继续，只不过谈判对手换成了大众的最高负责人。哈恩很有意思，他带来了一个大纸板，上面详细罗列了大众的所有条件。哈恩问："我们所提条件是完全有道理的，为什么你们不能接受呢？"

虽然处于谈判劣势，但吕福源仍据理力争："既然是买一个整车，这个整车又配有这些先进技术，就应该一起转让给我们，为什么要单独拿掉？你们声称将奥迪100的技术转让给我们，又收那么高的技术转让费，我们是中国企业，我们必须按照中国政府的技术转让合同法规来谈。否则，即使我们同意，我们的政府也不会批这个合同。"

哈恩是真心要将手伸进中国一汽，他让吕福源在谈判破裂前给他打电话，就是要防止谈判破裂，他必须要阻止这种情况出现。他的策略是，让自己的谈判代表将该提出的问题都提出来，最后自己根据实际情况作出决定。原则是，一定要达成协议。作为德国大众的董事长，关键时刻，哈恩总是亲自出马，这一次也不例外，哈恩决定，由自己直接与耿昭杰对话。

哈恩飞到长春，与耿昭杰促膝长谈。耿昭杰是真心要引进，哈恩是真心要在中国放下第二个鱼钩，两位老总的基本观点相同，这是谈判成功的基础。为了表示自己的诚意，哈恩开出了具有诱惑力的条件：大众公司向一汽提供奥迪100和奥迪200两个基本车型的15种变型车包括全部产品图纸、工艺文件、工装图纸；提供部分工装模具和车身制造技术。这个条件的确具有相当的含金量。耿昭杰向国家计委和一机部汇报后得到批准，德国大众和中国一汽两个老总的坦率对话终于促成了合作协议的达成。

1988年5月17日，一汽与德国大众签署了技术合作协议，大众公司同意以1000万马克的价格，向一汽转让奥迪的整车技术同人员培训和部分模具。同时大众和一汽将继续就下一步的合作进行谈判。

克莱斯勒公司很快就知道德国人真的抢走了他们的生意，事情立刻发生戏剧性的变化。克莱斯勒公司副总裁格林华特从美国飞抵长春，试图挽救这笔失去的生意，格林华特称："如果双方马上签约，我们的'入门费'不要了，只要象征性的一个美金。"

耿昭杰的回答是："很抱歉，我们已经和德国大众签了协议。"

哈恩在回忆录中说到：

我们和一汽在谈合作的时候，都是我亲自出马，而不像其他外国大公司只是派代表团或者是一些授权的代表来。我是亲自出马跟耿厂长他们谈，当时他们跟克莱斯勒的谈判进行到要签字引进他们的整车了。后来我和耿厂长见了面，耿厂长当机立断，停止了和克莱斯勒的进一步合作，当然也很幸运，他们买的那款发动机本来就是克莱斯勒买的大众的技术，所以我们能够很快地使它的发动机匹配到我们的车型上。因为我跟耿厂长是直接交流合作的，所以彼此之间有更好的信任。

饶斌后来这样评价哈恩：

他是80年代汽车工业战略奇才，他最先发现中国是世界上最大的潜在的汽车市场，并最先用最可行的方案和高明的谈判技巧感动了中国汽车人。

得胜的猫儿欢似虎，此时的哈恩沉浸在胜利的欢乐中，他还要继续出击，这次他的目标是二汽。他给时任中汽联理事长陈祖涛写信，表示自己还希望与中国二汽合作。陈祖涛对此却另有看法："不能把所有的鸡蛋装在一个篮子里"。一汽与大众的合作正是得益于有克莱斯勒的竞争，没有竞争就不会有公平。如果将所有的中国汽车都放到大众一个"篮子"里，对中国汽车而言，危机就不可避免。陈祖涛迅速将此信息转达给了姚依林、朱镕基等人，并明确表示了自己的反对意见。

波斯特回忆：

第二天，我们回到北京，国家经委副主任朱镕基要见我们。我们猜想，肯定是一汽重新选择合作伙伴的消息已经传到了北京。一见面，朱镕基果真对我们说："我来这儿之前，收到我们驻波恩大使的一份传真，说你们目前在三个方面正积极行动着：第一是上海大众；第二是你们想与一汽合作生产奥迪；第三，你们还想与二汽合作。我希望你们把精力集中放在上海大众身上。我不知道你们是否丧失了对上海大众的信心，与你们相反，我倒是很相信上海大众。"

哈恩如愿以偿地将目光短浅的克莱斯勒挤出一汽，在中国成立了两家合资公司，但是哈恩没能插足二汽的轿车项目。

在德国大众和一汽开展合作一年后，1988年10月，克莱斯勒董事长亚柯卡带了一架专机和庞大的随行人员来一汽进行工作访问，参观完一汽后，他不无遗憾地说："我来迟了"。亚柯卡以他的傲慢和短视丢失了克莱斯勒公司进入中国市场的最佳时机。

30年后，哈恩在接受《汽车商业评论》杂志的采访时毫不掩饰自己对中国的信心：

我相信中国在今后仍然会继续保持10%的增长。欧美国家在过去10年里面取得了经济的增长，又避免了通货膨胀，最主要的因素就是大量中国制造的产品进入欧美市场，它们以低廉的价格平抑了有可能出现的通货膨胀，所以说过去10年，中国不仅是世界经济的发动机，也是世界经济的稳定器。如果说过去世界是靠美国这一个发动机，现在我们是靠两个发动机，一个是中国，另外一个是美国。

3 万辆轿车先导工程

耿昭杰与哈恩不同，哈恩做出了决定就能立即执行；而一汽不同，一汽是全资国有企业，企业的重大活动尤其是轿车生产必须要向国家主管机关报告，所需资金由国家解决，经过国家权威审核机关审核评估，通过后再报国家主管机关，批准后方案才能实施，所需步骤，少一样也不行。

1987 年 7 月 1 日，一汽“关于从三万辆先导厂入手，建设十五万辆轿车生产基地的报告”上报国家计委。

无论是一汽还是大众公司目的都不是只生产 3 万辆奥迪轿车。一汽的目的是要引进德国大众先进技术并与其合资建设现代化的 15 万辆以上规模的轿车项目以实现进口替代，哈恩的目的是要在中国建设年产量在 15 万辆以上规模的合资企业。但中国政府的条件是，先建设好这个 3 万辆的项目。3 万辆的项目建设好了，才有可能批准 15 万辆轿车合资项目。称之为：一次规划，分期实施。一期工程为 3 万辆轿车项目，一年建成；二期工程是在 3 万辆轿车厂的基础上，通过改造和扩建，1995 年建成 15 万辆轿车项目。因为 3 万辆在前，之后还有 15 万辆，故将 3 万辆的一期项目称为“先导工程”。

由于有刚刚开过的北戴河会议精神，国家计委以最快的速度审批完一汽的报告后，1987 年 8 月 4 日以计机［1987］1972 号文件“关于审批第一汽车制造厂生产中级、中高级轿车项目建议书的请示”向国务院报告：

第一汽车制造厂轿车生产基地的建设，按规模经济要求，一次规划，分期实施。第一期，“七五”期间主要利用现有基础，争取建成 3 万辆轿车的先导厂，并为建设 15 万辆轿车做好前期准备工作。第二期，“八五”期间，在一建成年产 3 万辆先导厂的基础上，通过改造和扩建，1995 年建成年产 15 万辆的轿车基地。

1987 年 11 月 12 日，国家计委以计机［1987］2106 号文件通知一汽：

我委“关于审批第一汽车制造厂生产中级、中高级轿车项目建议书的请示”业经国务院批准，现印发给你们，请照此执行。

1988 年 5 月 16 日，国家计委批准了一汽“3 万辆轿车先导工程的可行性研究报告”。

国家计委在批准报告中强调：

轿车配套所需投资，纳入轿车零部件国产化一条龙计划，所需贷款在年度技术改造专项贷款中解决，所需外汇争取由联邦德国政府贷款解决。其余外协件要结合全国汽车零部件规划，尽量实现利用军工、地方、汽车零部件公司、北京吉普车和上海桑塔纳轿车零部件布点企业统一安排，要尽快落实建设自建，和轿车项目同步建设，保证实现国产化计划。

汽车工业是资金密集和技术密集的产业，最大特点就是高投入、高产出。尤其是轿车工业，投入起点高，一次性资金投入动辄几十亿，而在当时，国民经济发展最缺的就是资金尤其是外汇。没有资金保障，发展轿车工业便是一句空话，这是中国轿车起步阶段所遇到的最大难题。

大众开出的条件是：组装奥迪的1900万马克的技术转让费先行搁置，如果到1991年双方达成15万辆高尔夫轿车的长期合作协议，这笔钱将免收。2100万马克的模具先付1000万马克，其余算今后建立合资企业的投资。这样算来，只要先付1000万马克，一汽就能启动3万辆先导工程。但就是这1000万马克，一汽也拿不出来。

1987年，改革开放已经10年，农业经济承包到户的改革极大地调动了农民的积极性，农业发展取得了明显的成效，中央改革的重心转向城市，中国经济体制正在经历从计划经济向有计划的商品经济过渡，这一过程艰苦而漫长。改革中，企业逐步获得一定程度的自主权，但离企业完全自主还有相当的距离。像一汽这样的特大型国有企业，建设时是国家全额投资，生产所需能源、原材料由国家统配供给，投产后产品交由国家统一销售，所得的利润当然也要交给国家。在当时的情况下，除了允许留下1%左右的技改资金外，所有利润都要上缴国家，然后再由国家拨给企业工资和生产建设所需费用。企业的发展规划、发展资金、进口设备所需外汇、与外国合作伙伴的谈判授权等都要向国家有关部门汇报，国家有关部门根据全国总的规划决定是否支持企业的要求。这就是当时的特定环境。

一汽面临的问题首先反映到国家计委。一汽是共和国长子，一汽轿车是中国继上海桑塔纳合资后的又一个重大轿车合资项目，一汽轿车项目进展是否顺利，对中国轿车工业将产生重要影响。1988年11月2日，受国务委员国家计委主任邹家华的委托，时任国务院副秘书长王书明与国家计委工业二司司长徐秉金专程到一汽对3万辆先导工程进展情况调研，他们在一汽整整停留了一个多星期，深入车间和建设场地，举行了数场意见听取会，和耿昭杰进行了深入的讨论和分析，全面地了解了一汽上轿车项目具有的有利条件和面临的困难与问题。

20世纪80年代初，一汽建设已经30年，但由于原设计的功能性局限，一汽的产品始终局限于载重4吨解放牌卡车，与二汽的东风牌卡车相比，技术性能、载重、油耗、产品质量都处下风，面对汽车产品由国家包销转为自己面对市场的改革，一汽立刻感受到了空前的压力。在资金、技术等诸多不利的条件下，一汽人拿出当年艰苦奋斗建设一汽的拼命精神，自我奋斗，在老产品不停产的情况下，开展了“换型改造”。经过三年产品开发和三年的生产准备，对老解放牌卡车进行了换代改造，开发了具有先进水平的CA141型卡车，结束了老解放30年一贯制的历史，并进入了产品的系列开发阶段。通过对产品的换型改造，一汽对整个生产系统进行了彻底的改造，大规模采用了新工艺、新技术、新材料，新增生产设备7632台套，新建生产线79条，改造生产线124条，建立了技术开发、人才培训和汽车装备设计制造三个中心。对配套的扩散见、附配件等相关工厂也都进行了相应的改造。这一切使得一汽初步具有自我发展和自我建设的能力。一汽换型改造的成功，为3万辆先导工程和15万辆轿车基地的发展奠定了坚实的基础。

一汽与德国大众公司就3万辆奥迪100轿车先导工程的引进技术、模具CKD组装等谈判已经完成并正式签约。

一汽为发展轿车新建了总面积505公顷的二厂区，轿车先导厂、第二发动机厂、第二铸造厂、车身装备厂四个主体厂房已经基本完工；老轿车厂的油漆、焊装、总装生产线的改造即将完工。

轿车生产所需的535种协作配套产品已有239种进行了选择布点，已与五所大学和研究所签订了人才培训和技术合作的协议，已派出技术人员赴美国和德国培训。

由此可以得出结论，一汽已经初步具备3万辆轿车生产的条件，也为下一步15万辆轿车发展做好了准备。

由于摊子铺得较大，一汽在资金方面出现了巨大的缺口，特别是进口设备所需的硬通货，急需国家出面协调解决。如果这个问题不能得到解决，不仅15万辆轿车发展难以实现，就是已签约的3万辆先导工程也难按期完成。通过耿昭杰和一汽有关领导的汇报，徐秉金与王书明感到了问题的严重性。

11月12日，王书明与徐秉金回到北京，经过仔细准备，11月26日，王书明、徐秉金联名给国务院写了“关于一汽建设3万辆轿车先导工程的情况和建议”的报告，报告了一汽建设3万辆先导工程中所做的努力和遇到的困难并针对这些困难和问题提出建议。摘要如下：

家华并李鹏、依林同志：

11月2~13日，我们与国家计委工业综合二司、投资司、技改司的几位同志到一汽，重点调查了解3万辆轿车先导工程建设和15万辆轿车基地建设的情况并对其主要建设工程、技术和相关配套项目的建设进行了3天实地察看，又用一天的时间听取了耿昭杰厂长的汇报和座谈，现将有关情况报告如下：

……

关于一汽轿车发展中的问题和我们的建议。

一、建设投资构成及资金缺口

1985年7月至1988年6月，国务院、国家计委和中汽联共批准了一汽“七五”技术改造项目即包括3万辆轿车在内的6个改造、扩建项目，生产纲领为年产汽车23万辆，其中轿车3万辆，轻型车6万辆，中型车13万辆，重型车1万辆，投资规模为33.9亿元（含外汇2.42亿美元）。其资金来源为国家贷款5.94亿元（含国家外汇额度1.1亿美元），自筹资金27.96亿美元（含外汇1.32亿美元）……在调减后的27.41亿元投资规模中……尚有资金缺口5.46亿元，加上1989 ~ 1992年应还银行贷款4.86亿元，资金总缺口达到10.32亿元。上述资金缺口，确实是一汽自身难以克服和解决的。

二、我们的建议

1. 对一汽调整后的规划方案和投资规模尽快予以批准。

2. 对国家已批准的贷款额度5.94亿元和外汇缺口0.3亿美元，应按一汽年度的建设、改造进度，由国家按企业年度用款、用汇需要给予安排。

3. 在1990～1991年两年中，给一汽增加进口CKD散件2万辆，进口优惠税率50%不变，使企业解决4亿元建设资金。

4. 为加快轿车建设，早日实现进口替代，建议给一汽享受中外合资企业的某些特殊政策，如引进设备减免关税25%，进口散件按合资税率执行。轿车是进口替代产品允许企业收取一定数量的外汇。国产化进程中的一些原材料和备件国内不能满足需要时，允许一汽利用已有的进口渠道自行进口等。

5. 按照国家计委、中国人民银行、审计署今年11月发布的（88）765号文件认购重点企业债券的规定，一汽在今后3年内需要认购3亿债券。一汽提出，请求准予免购。我们认为，一汽目前改造扩建任务繁重，现在所用资金本来就是靠自筹所得而且缺口很大，在资金极为紧张的情况下，再要认购债券确实是个难题。建议请国家计委商有关部门研究变通办法，予以解决。

6. 对一汽生产建设所需原材料，请物资部门给予积极支持。

王书明、徐秉金

1988年11月26日

邹家华当日即在报告上作出批示：

李鹏、依林同志：

书明和计委的同志这次去一汽做了详细的调查研究，一汽在中央确定上轿车后做了大量的工作，报告中所提到的建议符合一汽的实际情况，如原则同意，请书明及子玉同志具体协调落实。

李鹏批示：

用CKD办法来筹集建设资金不是一个好办法，能否有更妥善的办法？

姚依林批示：

请书明同志和子玉同志协调具体落实。

考虑到领导批示中的不同意见，国家计委常务副主任甘子玉专门指出：“请工业二司协调有关司及委外有关部门，对六条建议的落实意见，如各方面意见不一致，也把矛盾提出来，以便同有关领导商处”。

12月8日，邹家华再次批示：

我领会李鹏、依林通知的批示精神，最后六条建议中除第三条要研究外，其他请你们协调具体落实。关于第三条再研究一下，有没有更妥善的办法。总的精神还是支持的。

根据领导批示，国家计委以及中国人民银行、海关总署、审计署、物资部等部门共同商讨落实措施，1989年2月20日，郝建秀、甘子玉两位副主任联名给国务院领导作出汇报：

家华并李鹏、依林同志：

为贯彻李鹏、依林、家华同志对“关于一汽建设3万辆轿车先导工程的情况和建议”的批示精神，我们与各有关部门进行了协调，并在委内召集有关司局听取了一汽的汇报，对“报告”中所提的六条建议，逐条进行了协调与落实，现将有关情况报告如下：

1. 关于调整规模问题

遵照国务院压缩基本建设投资规模问题，本着以老养新，轻轿合一的原则，经商技改司拟将3万辆轿车项目和一汽整个改造扩建工程作为一个整体考虑，把原定的23万辆规模调减为19万辆（其中轿车3万辆），投资由33.9亿元调减为27.47亿元（含外汇2.16亿美元），已商请技改司会同有关司办理复文并报国务院。

2. 关于贷款问题

“七五”期间，国家共批准一汽银行贷款总额为5.94亿元，截至1988年底，扣除已安排的外，尚有4亿元在1989年至1991年3年中纳入不同渠道陆续安排。考虑到增加技改贷款有一定的困难，拟将其中轿车零部件项目所需的2.3亿元，从对轿车经营中收取的零部件横向配套基金中分期解决。余下的1.34亿元贷款分3年安排，即1989年安排0.44亿元、1990年安排0.5亿元、1991年安排0.4亿元。

3. 关于外汇问题

“七五”期间，一汽共需外汇2.16亿美元。除了已落实的1.1亿美元国拨外汇和一汽自筹7600万美元外，尚有3000万美元的缺口。我们认为可在1989年到1991年3年间，视国家外汇情况，每年解决600至700万美元，其余部分通过中行贷款、出口信贷等多种渠道由一汽自行筹措。

4. 关于CKD散件问题

为贯彻李鹏总理的指示精神，将一汽提出的增加进口2万辆份CKD散件压缩为8000辆，这8000辆CKD散件是一汽保证1990年国产化水平达到65%、1991年达到80%所必需的，拟分2年安排，即1989年3000辆，1990年5000辆，这在进口CKD散件总量的比重是较小的。

5. 关于重点建设债券问题

投资司已同意采取变通办法，即不免、不减，可按上缴后再返还给一汽作为建设投资灵活解决。返还具体办法由委内有关司商定落实。

6. 关于优惠政策问题

海关总署同意对一汽进口GKD散件关税按优惠税率50%计征，对进口设备免征25%关税，海关总署将会同一汽商定落实。

国家外汇管理局同意，对一汽销售轿车按规定收取一定数量的外汇或外汇额度。

对一汽小轿车先导工程建设中要求自行进口某些原材料、备品配件及所需国内少量统配原材料，拟商请经贸部、物资部给予支持解决。

综上所述，一汽轿车项目按照国产化3年3大步的实施方案，即1989年到1991年实现国产化80%的进度所需解决的问题已经初步落实。按照这个要求，一汽从1988年至1991年4年中预计生产4万辆轿车，由于国产化水平逐年大幅提高，经核算可为国家节约外汇2.5亿美元，又为国家解决了轿车急需，为下一步15万辆二期工程奠定了可靠的基础。如上述六条建议可行，我们将在年度计划中逐项协调落实。

看完国家计委的汇报后，邹家华决定当面听取一汽耿昭杰的汇报。

1989年2月21日，机电部办公厅会议室里，国务委员邹家华、国务院副秘书长王书明、国家计委副主任郝建秀、工业二司司长徐秉金、机电部部长何光远、中汽联理事长蔡诗晴等人一起听取了一汽厂长耿昭杰就3万辆轿车先导工程和15万辆轿车项目前期准备工作等问题的汇报。会议议定了几条意见，摘要如下：

1. 同意一汽15万辆轿车的车型选型，从现在的3万辆中高级车（即德国大众标准的C级D级车）向低档车发展，生产A级车，这样不仅适合我国国情，也有利于产品进入国际市场。可选择德国大众公司将于1991年左右投产的高尔夫A2型车，并同意一汽与该公司合资生产。

2. 同意一汽以技贸结合方式购买美国大众公司威斯莫兰厂的二手设备，价格要再压一压，集中付款方式要再比较一下，争取以对我最有利的条件买下来。

3. 同意以现有发动机、底盘等总成与德国大众公司合作生产轻型小卡车出口，以解决自身的外汇平衡问题。该项目应与15万辆轿车项目捆在一起统筹考虑和谈判。

4. 为避免重复建设、节省投资，原则同意一汽与上海轿车厂共同建设几个专业化、大批量、高水平的总成厂，具体问题由中汽联组织协调。

5. 一汽15万辆轿车项目可以进行可行性研究并提出报告。关于投资问题，一汽要根据工作的进展情况对资金来源和使用投资的时间提出具体安排的建议报告，国家将在“八五”计划时通盘考虑。

对于耿昭杰来说，这个会议来得太及时了。

除了资金问题，生产场地问题也是困扰耿昭杰的一大拦路虎。

一汽厂区生产布置是比照苏联斯大林汽车厂的布置将车身、车架、铸造、锻造、发动机、底盘等几乎所有的总成都集中摆放在一起，汽车业界人士称之为“大院式”方式，这样做的好处是最大限度地缩短了运输距离，便于生产组织，但最大的不便是生产格局固定以后就很难改动，不利于发展。一汽从1956年投产开始，老的解放牌卡车几乎30年就没动过，被称为“30年一贯制”，几十年前的老产品远远不能适应市场的需求，为此，一汽正在进行老解放卡车换型改造。换型改造需要对老的生产线以及相关设备进行拆换，这就如同在一间挤满家具的屋子里将这些家具重新布置，这些厂房、设备、电力线路、热力管线、甚至道路都是原来规划好的，动一个车间就会对整个生产进程产生影响，远比重新布置家具要难上百倍。由于国家交通运输的需要，在对生产车间的设备布局进行大调整时还要保持正常的生产节奏，每年给国家上缴的汽车产品一辆也不能少，这已经是极为困难的事情，现在又要同时建设新的轿车生产线，这更是难上加难。

3万辆奥迪生产线绵延数百米，一汽老厂区里根本没有它的地方。二厂区建设新轿车生产线又需要时日，非短期能够完成，更何况，一汽与大众下一步的合作正在洽谈，在尚未谈成前轿车生产线也不可能定型，但一汽又急需这批新组装的奥迪车投放市场产生效益以此推动下一步发展，这么多需要堆积在一起，既是对一汽领导班子胆识与能力的考验，也是对十多万一汽人困难中求发展决心与意志的考验。经过反复计算，耿昭杰决定，二厂区的轿车标准厂房继续施工建设，奥迪3万辆组装线放到一汽东区老红旗生产车间，拆除车间里用不上的老设备，对原有的总装、焊装、油漆三条生产线快速改装，在这里建设奥迪100生产组装线。命令一下，全厂行动。一时间，一汽新老厂区里，拆的拆，搬的搬，建的建，生产的生产，人欢马叫，热火朝天，一汽人重新找回了当年建设一汽时那种昂扬向上的感觉。

搬迁重建改建从1988年年底开始，整整半年时间，1989年8月1日，第一辆奥迪100装配下线，1989年全年组装完成391辆。新组装的奥迪立即抢售一空。经过一汽人与德国大众公司的合作，四环连成的奥迪轿车终于第一次在中国的土地上诞生，它的诞生意味着中国高档公务车将不再依靠进口，也意味着一汽“进口替代”战略逐步成为现实。

1989年4月21日，新的奥迪轿车装配线也建成投产。在上汽、一汽、二汽三大轿车基地中，从协议签订到批量生产，一汽的速度是最快的。哈恩专程赶来参加新生产线的落成剪彩仪式。一辆辆驶下生产线的奥迪，哈恩感叹：“我们同一汽的合作，使大众公司拥有了一个最具实力的伙伴。你们的速度不是一辆卡车，而是一辆奥迪200。”

一汽人对于“红旗”有着难以忘怀的情节。奥迪100上市几年后，国产化率逐步提高，当一汽第二发动机厂引进的克莱斯勒488发动机正式生产后，红旗重生的机会来临了。根据一汽与大众的协议，奥迪轿车在装配一汽生产的488发动机之前，使用奥迪品牌和四环商标，使用了一汽自己生产的488发动机后，就不能再叫奥迪了，这就给了一汽红旗重生的机会。红旗本来就是一汽自有的品牌，引进的奥迪轿车和016变速箱技术已经经过自己消化吸收，奥迪车的国产化率也已达到62%。经过多次讨论并专门征求了中央领导同志的意见，最后确定，搭载一汽生产的488发动机的车型命名为红旗CA7220。这款红旗的车身较奥迪100也稍微做了些改动，为区别以前的红旗，这款红旗又被称为“小红旗”。

这一款红旗与奥迪100的外形区别不大，属于“借壳上市”，出于对老红旗的热爱，社会上对这款洋出身的红旗颇有微词。殊不知，这就是轿车车身开发的困难之处。开发一个车身需要数百套冲压模具，轿车冲压模具的精度要求很高，开发程序极为繁琐，耗资巨大。中国合资生产轿车，除了技术缺乏外，资金极度紧张是重要的原因，这也就是中国以前生产轿车车身全靠人工用榔头敲的原因。正是如此，一汽引进奥迪品牌时，也同时购进了几百套大型车身冲压模具，这些耗资亿万的模具不可能一下扔掉，所以一汽红旗重生分为两步走，第一步是搭载自己的发动机保留奥迪的外形，第二步是筹集资金解决红旗的冲压模具问题。直到 1997 年，一汽红旗上市，筹集了 20 多亿资金，2000 年 7 月 15 日，红旗的换代产品——红旗世纪星下线，一汽人才真正圆了红旗重生的梦想。引进一个产品并在短时期内实现了进口替代，又恢复了红旗品牌，一汽人功不可没。

先导工程是一汽人的骄傲，一汽人算了一笔账：

从 1988 年开始建设，到 1996 年二厂区涂装线投产，3 万辆轿车先导工程历时 9 年。截至 1997 年底，10 年间，一汽共生产奥迪轿车 95502 辆，在奥迪基础上开发的“小红旗”共生产 27792 辆，合计 123294 辆，销售 119633 辆，实现销售额 311 亿元，上缴利税 70 亿元，税金 46.5 亿元，附加税 7 亿元。实现净利润 19.5 亿元，利税总和为总投资的 10 倍。

一汽轿车先导工程，真正实现了耿昭杰倡导的“进口替代”，先导了中国轿车前进的步伐。1993 年 7 月 15 日，一汽 3 万辆轿车先导工程正式通过国家验收。

一汽优先

对于当时的中国来说，3 万辆轿车似乎是一个很大的数字，但对于轿车工业而言，3 万辆是一个不值一提的数字，从性价比角度而言，批量越大，成本才能降低，一个正规的汽车厂，年产 15 万辆是最基本的也是最起码的产量，只有到了这个门槛，汽车厂才能谈得上盈利。对于一汽而言，眼下的 3 万辆只是一汽轿车发展的“先导”，下一步的战略目标是建立 15 万辆轿车生产能力，在当时，这可是全国最大的规模，以后再在此基础上发展，争取在轿车上也成为中国“第一”。

哈恩是国际跨国集团的董事长，他的眼光始终是“世界级”的。在哈恩眼里，一汽 3 万辆轿车工程只是自己与一汽全方位合作大餐前的“开胃小菜”，他的目的是要在中国建立远东最大的合作伙伴以抗衡日本和新兴的汽车大国韩国。上海大众虽然已经开始起步，但规模太小，一汽现有的基础与条件都可以有更大的发展，更重要的是中国政府的政策支持使得自己的设想成为可能。

哈恩与耿昭杰的想法不谋而合。1988 年 8 月 24 日，应哈恩的邀请，耿昭杰飞抵德国，与哈恩就进一步合作展开会谈。两人很快达成共识：一汽与大众公司合资在一汽建设15万辆轿车生产基地，车型为大众刚刚投产的高尔夫（在中国生产的车型改称为“捷达”）。双方组成工作小组进行15万辆轿车项目的前期工作。为了长期稳定发展，一汽与大众决定建立长期合作关系，并签署了“双方建立长期合作关系”的备忘录。

国家对国民经济建设的每一个大型投资项目尤其是像一汽二汽这样投资数十亿的大型项目，都有极为严格的审批程序，项目单位首先要制定可行性研究报告上报主管部门审批，国家计委是最高审批主管机关。一汽的可行性研究报告要报送中汽联、机电部，这两个部门审批通过后最后报送国家计委终审。由于环节多，这个过程往往耗费时日。自从中央北戴河会议以后，中国的轿车工业处于起步阶段，一汽、二汽、上汽如同短跑线上的三个选手，都在想方设法加快速度，谁也不愿落后，谁能抢先一步，谁就能在以后的竞争中争取主动。

为了加快进度，耿昭杰决定，项目申报和可行性研究报告齐头并进。自己在一汽坐镇，负责项目方案的申报工作；一汽总工程师林敢为率人到德国狼堡大众总部与大众共同编制一汽与德国大众15万辆轿车合资可行性研究报告。

1989年1月，第一轮可行性报告在德国狼堡出炉，经过讨论后提出修改意见；1989年3月，第二轮可行性报告完成，经过再次讨论后进入第三轮修改。1989年4月，修改后的第三轮可行性报告完成。报告主要内容如下：

1. 建设规模和生产纲领：年产大众公司高尔夫A系列普通轿车15万辆，EA111型发动机30万台，085型传动器18万台。

2. 建设方式：一汽和大众公司合资建厂，共同组成长春大众公司（CVW）。注册资本为总投资的40%。在注册资本中，中方出资60%，德方出资40%。合作期限为25年。

3. 厂址和工厂组成：厂址位于一汽二厂区，占地117公顷。工厂组成包括轿车厂、发动机厂、传动器厂、CVW总部、、销售服务中心，外协件仓库、公用工程、厂区生活设施等，建筑积376464平方米，其中新建面积292114平方米。

4. 建设投资：项目总投资为348472万元，其中工程建筑43222万元，设备为213308万元，其他费用91942万元。总投资中含外汇45233万元。

5. 建设进度：CVW于1990年成立，1991年开工建设，1995年建成投产，1997年达产，当年产量15万辆，国产化率达到97%。

报告立即送往中汽联、机电部、国家计委审批。

就在一汽项目稳步推进的时候，1989年6月4日，中国发生了“六四”风波。对此，中央采取果断措施，迅速平息了风波，但以美国为首的西方社会以此为借口，粗暴地干涉中国的内政，并纠集了一些国家对中国发动了所谓的“经济制裁”，几乎所有西方国家与中国的合作项目都停止了，其中就包括二汽与法国雪铁龙合资项目。但德国大众公司并没有跟着美国指挥的调子合唱，而是特立独行，做出了与全西方大公司完全不同的决定。6月5日，德国大众公司紧急召开董事会，会议决定，不论中国发生什么情况，大众公司将坚持与一汽合作完成15万辆轿车项目。6月9日，哈恩博士委托耿昭杰给中国国务院领导带去了他的一封信，哈恩在信中表示，德国大众公司坚定地站在中国一边，支持中国政府采取的果断行动，德国大众绝不理会西方国家所谓的“制裁”，不管发生什么情况，大众公司与一汽的合作都不会停止，大众公司将按照原定计划，继续推进在中国的发展战略。

哈恩的做法得到中央领导的高度赞赏。1989年11月6日，新任中共中央总书记江泽民在中南海专门接见了哈恩与耿昭杰。江泽民称赞哈恩具有战略眼光，是中国人民的朋友，并表示对一汽与大众公司的合作充满信心。

1989年7月5日，耿昭杰、韩玉麟、吕福源到北京向国家计委汇报15万辆轿车项目进展情况。7月8日，时任副总理邹家华听取了一汽的详细汇报，邹家华要求一汽要排除干扰，继续推进15万辆轿车项目，国家各有关部门也要拿出实际行动支持一汽与德国大众的合资项目，以打破西方国家的制裁，发展中国的轿车工业。

特殊环境下，国内各部门对一汽项目也给予了最快捷的审批。7月26日至8月5日，中汽咨询公司组织了16位专家对一汽与大众公司合资建设15万辆普及型轿车项目进行可行性评估，并于9月23日以中汽联的名义正式向国家计委报送评估意见：

1.CVW项目可行性研究报告（以下简称“报告”）的基本内容符合国家对一汽轿车项目规定的发展原则和要求，项目的依据是充分的。“报告”具有一定深度，对今后项目工程设计和建设工作将起到较好的指导作用。

2.CVW项目是一个很迫切、很成熟、很有效益的项目。

3.CVW项目由一汽负责承办是必要的，也是有利的。

西方国家联手“制裁”的确给中国国内经济建设带来很大困难，其中轿车工业最为典型。中国轿车工业是以合资方式开展的，合作伙伴都是西方的大汽车公司，虽然大众公司旗帜鲜明，立场坚定，一汽与上海的合作项目没有停顿，但别的公司就没有这个政治远见了。二汽与雪铁龙公司的轿车合资项目主要依靠法国政府贷款，在“六四”风波中，法国政府赤膊上阵，表现极为恶劣，在对中国进行所谓“制裁”中，也是一马当先，冲在最前面。在这种情况下，二汽与雪铁龙的合作项目停滞不前。但二汽仍然希望推进项目进展，二汽领导人陈清泰多次致函国家计委以及负责国家计委的国务委员邹家华，要求二汽项目继续进行。国家也尽力支持二汽项目，在西方国家“制裁”甚嚣尘上时，1989年7月，国务院还是批准了二汽与法国雪铁龙的合资报告，但法国方面并未对此作出正面回应。

在严峻的国际政治形势外加不容乐观的国内经济形势下，刚刚起步的中国轿车工业面临两难的抉择，一汽、二汽两大厂家的轿车合资项目只能二选一。国家财力有限，不可能同时支持两家都上。

一汽、二汽轿车项目上马时间均在1985年以后，此时国家“七五”计划早已制定且已经实行过半，虽然国家计委多次想办法调配计划，但由于国家经济发展计划的大笼子早在“八五”之前就已制定，再做大的调整实在困难。

国民经济发展计划的制定是一项极为严肃科学的工作，国民经济发展所需的资金、能源、物资等资源的配置需要从国民经济和社会发展的全局综合协调，统筹考虑，还需要建立数学模型来推断，在反复征求意见的基础上最后经过全国人大会议讨论通过。全国人大通过后，计划的执行便具有刚性，特殊情况下，微调尚可，如要做大的改动就会影响国家经济全局。眼下，轿车工业发展成为国家重大决策，但国家计委所掌握的资源尤其是资金又无法同时满足两家汽车厂发展所需。一个面包两人吃谁也吃不饱，只能在两人中分出先后。如果两家汽车厂同时上，会出现因资金不足谁也上不去的局面，两难情况下，谁先谁后，国家计委必须在一汽、二汽两个企业中做出选择。那段时间里，国家计委各个部门围绕着这个问题做了细致的工作。

负责国家机械电子工业发展的国家计委副主任郝建秀带领相关司局负责人分别到一汽和二汽，对两家汽车厂的合作对象、谈判进度、资金状况、轿车生产环境和基础条件等进行了认真深入的调研，最后得出的结论是：一汽轿车项目优先。

现将调查报告内容摘要如下：

维中、子玉、光建、树人同志：

按照最近中央有关轿车国产化的指示，9月4日至9日，我与工业二司张仁琪等同志到长春一汽实地了解和研究了3万辆奥迪轿车先导工程的进展和国产化的情况，现场考察了15万辆轿车合资项目的前期准备工作和建厂条件。

通过考察……综合各方面客观条件，我认为：发展轿车的优势在一汽。特别是在调整期间，从国家财力、物力出发，国务院决定的“三大、三小”轿车厂点不可能同时上，我们应该选择建厂条件最好的给以重点支持。

……

1988年5月16日，国家计委批准一汽3万辆奥迪轿车先导工程，1989年7月24日，国务院专项特批开工。目前，工程进展很快。引进克莱斯勒发动机正在安装设备，为发动机提供毛坯的第二铸造厂开始调试生产线，安装大众威斯莫兰二手设备的冲压厂厂房已经建成，焊装、油漆、总装的厂房已部分改造完工，相应的配套工程正在进行。按国产化率计算，1989年底可达7.7%，1990年底可达38.9%，1991年底可达73%。如果这个国产化计划得以实现，这在国内算得上是最快的了。

一汽对轿车先导工程抓得很紧，特别是中央最近决定严格限制轿车进口，更增强了一汽加快轿车建设的信心。对先导工程所遇到的困难，也采取实事求是的态度，凡是厂里能克服困难解决的绝不向外伸手，实在解决不了的再向上反映。对一汽遇到的问题，我们有责任帮助解决。

1. 对轿车先导工程需要国家支持的六方面问题，今年3月已经李鹏、依林和家华同志批准，原则上得到解决……

2.……考察期间，我向一汽提出，当前要把3万辆奥迪轿车项目作为全厂工作的重点，特别是要抓紧国产化工作，只有这样才能落实中央关于限制轿车进口、领导干部带头乘坐国产车的指示，才能为15万辆轿车合资项目创造有利条件……

通过这次考察，我认为，一汽是有优越条件上这个项目的。除了已有近30年红旗轿车生产的历史，有较雄厚的轿车开发技术力量和生产经验外，还具有以下特殊条件：

1. 已于3年前完成了15万辆轿车293万平方米的二厂区征地工作，场地已经平整，动力观望和道路已经疏通，完成了“五通一平”。

2. 在二厂区内与15万辆轿车项目相关的第二铸造厂、冲压厂厂房已经完工，具备了安装设备的条件，模具中心已经开始试生产。

3. 不失时机地采取技贸结合方式购买了德国大众威斯莫兰厂与15万辆轿车生产相关的具有30万辆能力的焊接、油漆、总装生产线的二手设备，这就减少了建设投资和生产准备的工作量。

4. 141型卡车的换型改造成功和3万辆奥迪轿车先导工程的顺利进行，增强了15万辆轿车所需建设资金的自筹能力，可以做到“以卡养轿”、“以轿养轿”。

5. 德国大众公司态度积极，在北京发生反革命暴乱期间，大众公司6月5日召开董事会，决定不论发生什么情况，一定要坚持与一汽合作，完成15万辆轿车项目。

最近，国务院领导同志已经几次开会研究并同意一汽上15万辆轿车项目，所需的国内贷款要纳入“八五”国家信贷总规模，列入年度计划，同时要求我委抓紧审查可行性研究报告。

根据一汽的实际情况和国务院领导同志的指示精神，我认为，一汽15万辆轿车合资项目的前期工作是扎实的，是做得好的，建厂条件是优越的，我们应该优先考虑。对15万辆轿车合资项目的可行性研究报告，委里应该尽早提出审查意见报国务院审批。

郝建秀

1989年9月29日

郝建秀的意见得到国家计委各司局的赞同，在国家计委审批一汽大众合资轿车可行性研究报告的会议上，国家计委各司局的意见认为：“中国轿车发展决策的时候到了，“三大三小”一起往上拱不行，“八五”期间不能都上，集中力量上一个风险较小……只能上一个。

……根据国家现有财力，要避开投资高峰。因为法国制裁，二汽的前期工作要好几年，客观上已经错开了高峰。

1990年初，国家计委开始编制国民经济发展“八五计划”（1991～1995）大纲。1月10日，国家计委常务副主任甘子玉主持召开主任办公会议，专题研究“八五”期间中国轿车工业发展的调整方案。会议上讨论非常激烈，有干部指出：

“谁上谁不上，牵涉到多方利益，二汽的能量很大，要是决定一汽先上，二汽后上，委内应该统一意见并向上反映，明确二汽轿车项目到‘九五’再考虑。”

一位领导提出：“我与工业二司多次研究，国家笼子就这么大，大家都要急着上，最终是谁也上不去。要依照条件来，谁的条件具备谁先上。我亲自去做了调查研究，一汽的条件最好。当然一汽先上。定了一汽。其他几家不服，我们都要顶住。要把有限的资金用到一汽。”

经过反复比对条件，最后的意见很集中：一汽先上，二汽后上。会议纪要摘要如下：

根据当前治理整顿的要求和“八五”期间国家的财力及市场需求预测，有必要对1987年确定的轿车工业发展“三大三小”的方案进行适当调整。“八五”期间“三大”只能建成一个。综合各方面条件，建设一汽轿车合资项目可以做到投资省、速度快、国产化率高、效益好，拟安排建成轿车先导工程和15万辆轿车合资项目。二汽轿车合资项目，“八五”期间可以做好前期准备工作，后期开工建设。上海大众形成3万辆整车和10万辆发动机的能力，抓好国产化，不考虑上新厂。“三小”项目，可以考虑北京吉普完成2万辆生产纲领。广州标致完成已开工的轿车改造工程，天津夏利建成3万辆的能力。

根据主任办公会的意见，1990年1月12日，国家计委以计工二［1990］30号文件《关于第一汽车制造厂与西德大众汽车公司合资建设年产15万辆轿车项目可行性研究报告审批意见的请示》上报国务院。报告明确：

1. 一汽具有较好的建设轿车合资项目的客观条件。

2. 相对错开投资高峰，合理安排一汽、二汽轿车合资项目建设，挡住进口，扩大出口。

3. 请中国银行出面为一汽轿车合资项目外汇贷款担保是必要和适宜的。

1月16日，邹家华在这份报告上批示：

已经和各方面都协调好，拟同意。

1月18日，李鹏批示：

办公会要议一次。请计委准备三个汽车厂的规模和进度，以便有一个总的平衡。

2月5日，邹家华再次批示：

2月4日，我向李鹏同志汇报了最近一汽工作进展的情况和几个轿车厂今后需要的初步预测。李鹏同志同意批准此可行性研究报告，并要求注意其他两个厂的规模和进度。办公会目前不开了。故拟同意批准此报告。

2月9日，国务院正式批准一汽大众合资轿车项目。

1990年11月20日，一汽与德国大众公司15万辆轿车合资项目在北京人民大会堂举行签字仪式。这是当时中国机电行业最大的合资项目。国务委员邹家华、国家计委副主任郝建秀、机电部部长何光远、吉林省省长王忠禹出席签字仪式。耿昭杰和哈恩分别代表一汽和大众公司在合同上签字。该项目总投资为42亿元人民币，一汽注册资本占60%，大众公司占40%，合资期限为25年。

哈恩终于如愿以偿，在中国这个大池塘里钓到了第二条大鱼。

德国人“送”一座总装厂

1988年12月，哈恩与耿昭杰就双方下一步的15万辆轿车合作项目进行谈判。15万辆的主力车型是A级车高尔夫。大众公司按发动机排量和车身长度将轿车分为A、B、C、D、E、F六个档次，A级车的市场占有量约为39%～42%，是处于黄金档次的普及型轿车，高尔夫、捷达就属于这个档次。

关于高尔夫技术引进又带出一个富有传奇色彩的故事。

哈恩希望扩大在中国的生产规模，他向耿昭杰提出，如果一汽在3万辆先导工程后，双方继续合作建设15万辆的生产规模，大众公司将以更优惠的条件，提供自己畅销的高尔夫车型。耿昭杰多次参观过大众的各种车型，他也认可大众提供的高尔夫车型，但他要求，大众必须在价格上做出更多的让步。谈来谈去，为价格问题两人卡壳。据参与谈判的人说，在狼堡德国大众的会议室里，两人相向而坐，双方谁也不说话，有时候一坐就是一个通宵，为了各自的利益，双方谁也不愿让步。到了第二天，熬不住的哈恩提出，如果接受他的价格提议，他可以将大众位于美国威斯莫兰的一个全新的捷达生产厂以最优惠的价格卖给一汽。这个提议具有相当的诱惑。

威斯莫兰是美国宾夕法尼亚州的一个小镇。为了争夺美国市场，1978年，大众公司在这里投资建设了一座汽车组装厂，1979年生产汽车17.51万辆，1980年生产汽车22.59万辆。1984年又对工厂进行全面技术改造，工艺技术达到80年代中期最高水平。1981年以后，石油危机影响进一步扩展，因马克汇率变化，由德国大众运来的轿车散件价格大幅度上升，成本上升导致销路下滑，工厂经营情况日渐恶化。无奈之下，大众公司只得关闭了这家工厂。一个年价值4亿多美元产30万辆的轿车生产厂就这样无疾而终，4亿美元打了水漂。

要不要这个厂？耿昭杰提出先去考察一番。

走进冷落的厂区，四周静悄悄的，打开封闭的车间大门，一汽考察人员眼前一亮，如同阿里巴巴发现了宝藏。26万平方米的车间里，长长的生产线如同巨龙静静地躺着，生产线两边布满各种先进的设备。虽然没有生产，但设备都保养完好，陪同的德方人员介绍，只要稍加维修保养，这条生产线立即就能恢复生产。经过仔细清点，整座工厂里共有焊装、油漆、总装共三条生产线。焊装车间有11条先进的自动线，611台生产设备，其中5条自动线上共有62台机器人。油漆涂装线是最先进的柔性生产线，可以根据计算机的指令，在一条生产线上给不同的车辆喷涂不同颜色的油漆。所有的设备基本完好如新。一汽考察人员得出结论，这是一个完好的现代化轿车工厂，如果买下这座工厂，将大大缩短15万辆项目投产的时间，可以节省大量投资，并使一汽的轿车生产水平一下子提高到80年代中期的国际水平，也使一汽储备了继续扩大产能的潜力。

一汽领导班子在74栋的会议室里召开了一天的会议，最后确定，将威斯莫兰整个工厂设备买下来，搬回来生产普及型捷达轿车。

买东西要钱，买外国东西要外汇。但一汽手里没有钱更没有外汇，东拼西凑，凑足了2000万美金的外汇额度。一座价值4亿美元的工厂，德国人会出什么价？用2000万美金购买价值4亿美金的整个工厂，这实在是件难以想象的事。

与德国人谈判的任务再次交给一汽总经济师吕福源与副总工程师李光荣。谈判进行得异常艰难。德国大众开价3900万美元，一汽手上只有2000万美元，差距为1900万美元。为了这1900万美元，双方整整磨了21天。最后，刻板的德国人将价格降到2500万美元就再也不让了，他们说："我们从3900万美元降到了2500万美元，你们为什么不让一点呢？以这样的价格卖掉这个工厂对我们来说是件不光彩的事。"

但吕福源没法降，因为手上只有那么多钱。谈判最终没有达成协议。生意不成仁义在，德国人送客前要请吕福源和李光荣吃饭。

事情没谈成，吕福源和李光荣愁眉不展。这件事情对一汽来说太重要了，如果工厂买不下来，那么接下来的发展计划就要推倒重来，一汽15万辆轿车的进展就要大受影响，难就难在手中无钱。

告别宴上，没有了谈判的压力，大家都很放松，中德双方几个人东扯西拉随意聊天。几个德国人端着酒杯用英语聊天，说奥迪新车型开发没跟上，销售量达不到保本点就要亏损，亏了公司就可能裁员，这次还不知道轮到谁。吕福源的英语极棒，他的脑子也极为灵活，立即将这几个德国人发愁的事与自己发愁的事联系起来。吕福源清楚，国家每年都要进口大量轿车，为了减少进口轿车所花费的外汇，国家计委提出进口一部分轿车散件自行组装。如果能将这部分德国奥迪作为进口组装的散件接过来，国家用于进口轿车散件的外汇就有可能解决一汽外汇不足的问题。他立即对这几个德国人说："先生们，我们可不可以互相帮助解决一点儿困难呢？我们资金紧张不能给你2500万美元，但我可以争取我们国家买你们一部分奥迪车的散件采用CKD方式组装，使你们在未来的两年中能够达到保本点。但条件是，你们要把威斯莫兰的那个工厂完全送给我们，而且，你们卖给我们奥迪散件的价格要与我们以前买的价格一样，不能再加价。"

如同喝一杯浓咖啡一样，听了吕福源的建议，这几个德国人立即兴奋起来。他们立即要求吕福源和李光荣先别走，退掉机票，他们要向大众董事会报告。当天吕福源也立即将这一变化用电话报告耿昭杰。耿昭杰立即连夜召集会议商议对策，并与吕福源保持热线联系。第二天，谈判进行得很顺利，德方提出，如果一汽在未来三年能买20000辆大众奥迪100散件，大众公司免费将威斯莫兰工厂送给一汽。经过反复讨价还价，最终以一汽购买14000套奥迪100散件大众将威斯莫兰工厂送给一汽成交。

一个价值4亿美元的轿车组装厂就这样白白送给了一汽。

这样做大众公司吃亏了吗？没有。哈恩并不傻，虽然威斯莫兰工厂是一座现代化的工厂，但这座厂已经闲置，在某种意义上讲，实际上已经废弃。如果将这样一座工厂卖掉，在欧洲、美国包括日本将无人问津。如果搬回德国，以美国劳工的价格，仅拆装、运输这样一个现代化的工厂就将需要一大笔美金，再说，这样一座工厂运回去又有什么用呢？豆腐盘成肉价钱。与其废弃掉，不如以优惠的价格卖给中国人，这样做还能捞回点本钱。现在中国人同意购买14000辆奥迪CKD散件，德国人该赚的钱已经赚到，一个废弃的威斯莫兰工厂送人又算什么呢？再说，哈恩的目的不是只图眼前，而是真心真意要与中国建立长久合作关系。大众与一汽15万辆合资项目正在谈判，有了威斯莫兰厂作为钓钩，和一汽的谈判还会有问题吗？只要是能长期地合作，对大众这样的跨国公司而言，眼前付出点蝇头小利又算得了什么呢？

事实说明，哈恩的做法具有长远战略眼光，看一看今天中国的城乡，除了上海桑塔纳外，销量最高的就是一汽的捷达和头顶四环的奥迪，德国大众公司今天的财源滚滚皆源于当年哈恩的“慷慨”与“舍得”。

买方与卖方，各算各的账。对于耿昭杰来说，哈恩的出价也是一笔极为划算的买卖。

中国当时的轿车供不应求，每年国家要花数十亿进口轿车，一汽能够多生产奥迪轿车，就能够减少国家的进口，面对如此大的市场和如此短缺的供应，14000辆根本不多，不光不多，甚至还不够。答应了这个条件，意味着既能解决国家需要，又能白得一座现代化的汽车厂，解决了一汽15万辆轿车生产的需要，为下一步大发展奠定基础，还能为国家节省数亿美金投资，这是一个两全其美的好事。一汽所要做的事情是需要派人到美国将这座工厂完完整整地拆运回来。这种事情，一汽已经干过一次，美国克莱斯勒发动机厂就是一汽自己去拆回来的。

耿昭杰与哈恩击掌成交。1989年2月22日，一汽代表吕福源和大众代表保尔分别代表双方签订了购买德国大众威斯莫兰工厂的技术贸易协议。签约后，大众公司兴高采烈地举行宴会庆祝双方的进一步合作。在德方的招待宴会上，兴奋的吕福源开始考虑拆迁的问题。吕福源考虑问题极为细致周详，他在脑子里按照拆迁顺序逐条理了一遍，突然想到拆迁后剩余工业垃圾处理问题。美国是一个很重视环保的国家，工业垃圾的处理有一整套完整的程序，按照这个程序，处理拆迁后的剩余工业垃圾至少要上百万美元。吕福源当场就向德国大众首席谈判代表保尔提出，拆迁后剩余的工业垃圾由德国大众处理。签约后的保尔处于兴奋状态，听到吕福源的问题，他没有过多思考就同意了。细心的吕福源担心保尔事后反悔，他要保尔立即签字画押。保尔环顾了一下灯红酒绿的餐厅说：“吕先生，这里没有纸，回去后再说吧。”

吕福源可不愿意等到回去以后，一旦这个德国人清醒了以后，他有可能会做出另外的决断。吕福源扫视了一下酒桌，聪明地从餐桌上拿来一张餐巾纸，递给保尔，请保尔在餐巾纸上签字承诺。保尔没有丝毫犹豫，龙飞凤舞地签下自己的承诺，这张餐巾纸立刻价值百万。

事情果然如吕福源所料，一汽在威斯莫兰拆迁完毕后，德国大众本部派来验收的代表坚决不同意由他们处理工业垃圾，他们称：“这是世界上从未有过的事，你们吃饭我们打扫垃圾。”

吕福源拿出保尔在餐巾纸上的签字给他们看。德国人是讲诚信的，看到保尔的文字承诺，虽然极度不满意，但他们也无话可说了。

在德国签订了关于威斯莫兰工厂的技贸协议合同后，吕福源和李光荣直接从德国赶到美国。此前，因为和美国克莱斯勒有购买发动机的协议，一汽派出部分人员在克莱斯勒公司进修。吕福源到了威斯莫兰后，立即将这些进修生调来，守住大门，并交代：“从现在起，这里面所有财产都是中国一汽的。没有中国一汽的同意，任何外国人不得拿走一颗螺丝钉。”

在这里看守厂房的几个美国人惊得目瞪口呆：这么大个工厂怎么一下子变成中国人的啦？

吕福源、李光荣在威斯莫兰的工厂里仔细盘点设备，面对着一台台现代化的设备，还有国内从未使用过的焊接机器人，他们喜不自禁，同时也开始犯愁。这样现代化的工厂，国内还从来没有见过，更没有人操作和管理过。如果要让国内派人来拆迁，见都没有见过，拆迁时难保设备完好无损，回去后安装调试更成问题。再好的东西不会用也白搭，弄得不好给搞坏了，损失就更大了。怎么才能让我们的技术人员顺利拆装、搬迁并熟练操作这些设备，掌握先进技术呢？简单的办法是让德方或者美方派人拆迁，但那将会花费大笔资金，而且，对方还未必愿意。如果向德方或者美方提出，让他们培训我们的技术人员，然后再拆迁，也少不了要花大笔钱。吕福源等几个人反复商量，最后想出了一个绝妙的好主意：与德国人交涉，我们花钱买下这座工厂，但这个工厂已关闭近一年了，你们必须向我们证明这些设备都是完好无损的，然后我们才能拆装。德方要使这条生产线运转，事前必须要逐一检查所有的设备，这就给了中方参与拆迁的工程技术人员学习培训的机会。

这个主意很轻松地得到德方的同意，决定执行技贸结合合同，双方联合拆装。

1989年4月，吕福源、崔明伟等人带领40余人的拆装队伍来到威斯莫兰，受一汽邀请，国家计委委派工业二司司长徐秉金、规划司司长刘志松与拆迁队伍一起来到威斯莫兰。

威斯莫兰位于北美，是一个不大的小镇。占地数平方公里的大众组装厂是小镇最大的工业建筑。4月的威斯莫兰春意盎然，路边的树木枝叶茂盛，碧绿的草坪一望无际。一汽拆迁组的工人们无心欣赏异国春景，来到威斯莫兰后，便一头扎进厂区。为了提高工作效率节省开支，40人的队伍全部自带行李，在车间里打地铺，累了就席地而卧，醒了就立即工作。由于外汇紧张，从普通工人到领队的副厂长、国家计委领导，每人每天只有2美元的生活费。为了省钱，大家集中开伙，每天专人到镇上购物，主食是面条，美国的蔬菜很贵，只有鸡蛋便宜。所以大家几乎天天吃鸡蛋面条。

徐秉金是第一次到威斯莫兰组装厂，几百米长的总装线、30万辆规模的油漆涂装生产线，矗立在生产线旁的焊装机器人，看了确实震撼，想到这些东西都是我们中国的资产了，又觉得特别开心。由于车间太大，吕福源带着徐秉金和刘志松乘着电瓶运输车在厂房里到处巡视，一个车间一个车间地清点查看。他们来到油漆涂装线的厂房里，发现一个房间里有一大筐油漆生产线上使用的油漆喷头。柔性油漆生产线最大的好处是能几乎同时给一条线上的轿车喷涂上不同颜色的油漆，做到这一点需要两点：一是计算机控制的软件，二是能在最短时间（一秒以内）自动清洗并更换高速喷头，这个速度与生产线行进的速度是一致的，外行根本看不懂，一条生产线上的车身怎么会喷出不同的颜色？这种喷头属于高科技产品，喷头的孔极为细密，肉眼几乎无法看清，通过它喷出的油漆细腻均匀，没有任何颗粒。吕福源告诉徐秉金，在国际市场上，这种喷头一个就要一万多美金，而且西方国家将其作为高科技产品，对中国封锁，不卖给我们，不想在这里一筐一筐的，一下子捡到这么多，粗略估计一下，少说也有上千个。看到捡来这么多“宝贝”，两人开心得不得了。

要将一个有数千台已经调试完好处于生产状态的工厂完整地拆开打包装好装运上船，到达大连海港后再下船通过陆路运输到厂，再拆开包装将其原样装配起来，这可不是一件容易的事情，经过反复计划，拆装人员精心绘制了上百张图纸，对每一台机器，哪怕是一颗螺丝钉也做了精确安排，确保一次拆运，一次成功。

既然已经买下这座工厂，那这座工厂里的每一样东西都可视为中国财产，既然是中国财产，每一样都不能丢失，只要是有用的，连车间里的桌椅板凳都要运回去。拆装工作异常艰苦，焊装生产线需要消耗大量电源，车间里的电源线采用的是厚厚的铜板，这些铜板一段一段安装在车间的墙上，每段长3.5米，重150公斤，共1430块，总计长度有5000米。车间里没有任何起重设备，全凭工人一块一块地搬上搬下，一块铜板四人抬，体力耗费极大。一汽的拆装人员硬是将1430多块铜板全部拆下打包，没有任何损伤。

经过三批人员一年多的劳动，威斯莫兰工厂设备于1990年2月起开始分批装船回国，直到1990年7月才全部结束。上万吨的设备运回一汽后，一汽人克服重重困难，把11条焊装自动线，64台机器人和数十台自动焊接机，一次安装调试成功。

拆迁威斯莫兰工厂设备的过程很幸苦，也发生了很多小插曲。

插曲一："这里的一切东西都是中国一汽的"

吕福源和李光荣在德国迅速签了威斯摩兰工厂的技贸合同后，就直接赶到美国去接收工厂。一汽驻美办事处负责人跟福源、李光荣一起来到威斯摩兰厂。进了大门后，一眼看见车间大门前停着十多辆车，有面包车也有轿车。事有凑巧，一汽驻美办事处前几天刚刚出了车祸，报废了一辆汽车，这位负责人向吕福源提出，能不能把这些车给驻美办事处一辆。吕福源认为，这些车是工厂的一部分，一汽应该有权处置。他向留守的美国人索要车钥匙，没想到，那几个留守的美国人坚决不同意，声称："卖工厂，卖设备，不包括卖车辆。"

吕福源反复向他们解释，那几个美国人就是不同意。吕福源火了："我和德国大众谈判，不是和你们谈判，我们在德国签的协议是'Everything，Except people'，就是除了人员以外，这里的所有东西都是中国一汽的。你有什么意见，你找德国人去。"他拿出和德国大众签的协议交给那个美国人看。

看到中德双方的协议，这下美国人没话说了。其实，这几个留守的美国人不过是德国大众在当地的雇员。现在大众已经将这个工厂交给了中国人，他们想在这里揩点油。看到中方出示的协议后，他们表示，中方可以拿走这些汽车，但他们不能白白在这里看守这么长的时间，这几辆车无论如何也要分给他们一些，否则就要诉诸法律。考虑到强龙不压地头蛇，吕福源也没太为难他们，双方商量的结果是一家一半。一汽一共留下了3辆面包车、2辆奥迪和1辆捷达。这几辆车在拆装设备，购物运输中发挥了很大作用。全部设备搬迁上船时，3辆面包车也随设备一起运回长春，一汽驻美办事处也不用再买车了。

插曲二："你们不能影响我们就业"

威斯莫兰镇一下子来了一群中国人，这在当地成了新闻。了解到这些中国人是来拆除汽车组装厂的，美国人来找茬了。当地的美国人找到美国钢铁工人协会，美国钢铁工人协会立即找上门来："你们在这里工作影响我们美国人就业"。德国工厂建在美国的土地上，建设、拆除都要雇用当地人员。根据美国法律，不雇用当地人是违法的。美国是一个法律条文周详的国家，在他们那里开展劳务活动，必须要掌握和了解他们的法律。为此，一汽驻美办事处请来了律师和他们交涉，在交涉前，一切拆迁工作都停顿下来，折腾了好一阵，答应给他们一点补偿，这才允许中方开工。

插曲三："德国人要反悔"

这边在拆迁搬运，一汽那边正在和德国人就合资的商务合同进行谈判。谈判中有一个重要内容，一汽要对自己进入合资公司的资产进行估价。从威斯莫兰拆回的组装厂也被一汽算作资产估价。一汽以3800万马克（当时相当于1.87亿人民币）报价。为此德国人非常不满，他们说："我们送给你们的工厂，现在还要我们花钱来买，这实在是太不合算了。"为此，大众要求一汽停止拆迁，双方重新谈判。已经达成协议的事情，怎么能够说翻就翻呢？吕福源与徐秉金、刘志松商量办法。最后决定，要谈就在美国拆迁现场谈，不在中国谈也不在德国谈。谈也要讲技巧，等德国代表来了以后，再告诉他们，合同已定，不能随意推翻。再说，此事我们已经报告了中央政府，政府官员也在此，我们要听他们的意见。

商量好后，吕福源立即电告德方，让他们3日之内赶到威斯莫兰。3天内，大众公司的谈判代表按时来到威斯莫兰。德方的代表中就有德籍华人李文波。根据事先商量，徐秉金、刘志松、吕福源3个人都不与德方见面，让李光荣与其周旋，摸一摸德国人的底，看他们究竟想要干什么。整整拖了3天没与德方代表见面，没能与有决定权的人见面，德方也很无奈。李光荣反馈的信息是，德国人并没说出什么具体的意见，只是觉得吃亏了，想找点便宜回来。既然这样，吕福源、徐秉金等人决定与德国人正式见面。双方在谈判桌前一落座，徐秉金立即用中文对李文波说："李文波先生，你在上海大众干得很不错，得到德国人的赏识，现在你又到一汽大众来。我想提醒你，不要忘了你自己的中国血统，不要忘了你是吃中国饭长大的，你必须向着我们说话。"

这几句话敲山震虎，李文波脸上都挂不住了。李文波在上汽时就认识徐秉金，知道徐秉金代表中国政府，也知道徐秉金的谈判风格。他也用中文回答："好的，好的，我明白，我明白。"

有了这番铺垫，双方开始了谈判。吕福源先声夺人："中国有一句古话，覆水难收。意思是说出去的话如同倒出去的水，是无法收回的。你们德国人说话从来是认真的，我们双方已经签订了协议，达成了的协议怎么能反悔呢？再说，这些东西对你们来说也没多少用处。你们要搬回去还没地方放。你们要反悔，我们来的这么多的人在这里的所有费用全部由你们承担。更重要的是，你们与中国究竟要不要长期合作？如果要长期合作，说出去的话就不能反悔。如果你们要坚持反悔，那我们双方的合作也要重新考虑。"

这些话是有一定分量的，如果德方反悔，中方就不会同意购买14000辆奥迪100散件，这样一来，吃亏的还是德方。大众公司来的这几个人对此很清楚，所以说起话来底气也不足，除了表示白送这么一座工厂吃了亏，其他的也说不出什么。谈去谈来，他们说，我们把工厂送给你们了，但你们搬回去后再作为合资方的实物出价，出的价格比我们卖给你们的都要高，这实在让人难以接受，另外，我们对原来那些美国的雇员也没有任何回报。你们能不能把留在这里的几部汽车给我们，我们送给那些美国雇员，算是给他们一个回报。

吕福源与徐秉金、刘志松几个人简短地商量了一下，关于出价问题可以再商量，至于汽车，将剩下的车又给了他们3辆。这个事情就这样解决了。

插曲四："要去一起去"

中国负责机电产业发展计划的主管官员徐秉金到了美国，美国通用驻中国总代表立即将这一消息告知了美国通用汽车公司总部。美国人很清楚，中国国家计委是中国经济建设的最高决策机关，任何外国大企业与中国进行的合作都需要得到国家计委的批准，为此，他们非常重视与国家计委的沟通。现在，中国国家计委负责机电产业和汽车发展的官员来到美国，这是建立人际关系的天赐良机。美国通用公司立即做出反应，他们与徐秉金取得联系，邀请他参观美国通用汽车厂。

徐秉金告诉他们，我与中国一汽的几位朋友一起来的，要去就一块去。同行是冤家，参观汽车厂能够了解到很多秘密，怎么能让“冤家”来看自己的秘密呢？通用公司拒绝了。他们回答，我们只请您一人参观。徐秉金也拒绝了他们的邀请，他说，我一个人不去，要去就大家一起去。

美国人很热情，通用公司海外部几乎天天打来电话，徐秉金就是不理他们。一直拖了一个多星期，通用公司终于松了口，同意大家一起去。能到世界上最大最现代化的汽车制造企业去参观，吕福源等人也很高兴。到了通用公司设在底特律的汽车厂，通用公司海外部总裁的夫人——一个名叫乌兰的美籍蒙古女士负责接待他们。参观的过程让徐秉金觉得很不爽：一个电瓶车拉着他们几个人在车间里缓缓地转了一大圈，他们想停下来到总装线上看一看，却被告知不可以，徐秉金提出要看一下研发中心的风洞，这是研发车身，研究风阻的重要设施，也遭到婉言拒绝。转了一圈却转了一肚子气。

参观结束，乌兰驾车一直把他们送到一汽驻美国底特律的办事处大门口。徐秉金很不客气地对乌兰说：“我来通用是为了考察你们企业，寻求中美双方的合作机会。在你们的车间里坐着电瓶车转了一圈，我什么都没有了解到，我不是来游山玩水的，对此我很不满意。请转告你们总裁，我是第一次来美国通用，也是最后一次到你们美国通用。”

见客人如此不领情，乌兰急忙解释，说他们总裁现在正在澳大利亚，她立刻就向他报告。就在徐秉金他们回到威斯莫兰的第二天，这位美国通用公司海外部总裁立即从澳大利亚飞回底特律，他亲自登门向徐秉金赔礼道歉，并再次邀请徐秉金以及吕福源、李光荣等到通用公司。这一次，通用公司敞开大门，整条生产线任他们自由参观，保密的风洞试验室也让他们进去看。吕福源、李光荣都是汽车专家，他们兴奋极了，每个细节都不肯漏过，几个人在通用转了整整一天。回威斯莫兰的路上，吕福源告诉徐秉金，以前饶斌等人带领中国汽车工业代表团到美国通用，美国人都没让参观技术中心和风洞试验室。通用向中国的汽车专家打开大门，这还是第一次。

讨价还价

社会文明的进程使得人们学会了以谈判的方式来解决双边甚至是多边存在的利

益和矛盾纠纷。随着社会交往内容的增加，谈判的内容也上至国际政治、经济、军事、法律，下至百姓民生、天文地理几乎无所不包。虽然谈判内容各不相同，但任何谈判都是智力的较量和实力的抗衡。虽然中国政府做出决策，全力以赴支持一汽与德国大众合资轿车项目，大众公司也做出决定，无论出现什么情况都要坚持与一汽的合作。但大众公司在中国投资并不是开展慈善事业，他们的目的是赚取利益，正因为如此，在牵涉到具体利益的商务谈判上，双方谈判代表互不相让，几乎每一个问题都要争吵，谈判进行得非常艰苦。有时因为话不投机，双方代表竟然对坐半天而不发一言。商务谈判主要负责人是一汽总经济师吕福源。吕福源身体不好有心脏病。有一次，由于谈判时间过长，过度劳累使得吕福源突然感到心脏不适，为了不影响谈判进度，吕福源让李光荣和翻译张银福直接与德国人交锋。傲慢的德国谈判代表当即提出异议："张先生是翻译，他怎么能谈呢？"

德国代表的话让本来就很劳累想让情绪平静一下的吕福源火了，他当即一拍桌子，大声说道："不！他不仅是翻译，他还是我们的副主谈！"

"外汇平衡"是谈判中一个重要的问题。在中德双方的谈判时，中方坚持写进"只有在外汇平衡条件下才允许汇出利润和股金"。话音刚落就遭到了大众方面的强烈反对。大众认为，一汽的提法是不尊重大众投资方的地位，会给大众公司的投资带来风险。称一汽的提法违反了两国政府间投资保护协定。中德两国政府"投资保护协定"和议定书中规定：

由国家主管部门批准的合资企业……所获得的利润，中国政府要保证投资者自由转移。根据投资者之间订立的合同投入的资本，在合资企业期满后，没有足够的外汇可供支付时，中国政府可提供转移所需的外汇。

德方代表据此要求，拒绝中方所提外汇平衡的条件。其实，德方这样做属于偷换概念。一汽大众合资公司销售轿车时，并没有限制其只准收人民币，而是可以收取人民币和部分外汇。中国政府还同意德方申请在中国银行设立独立的外汇账户。所以，中方提出的"只有在外汇平衡时才允许外方汇出利润和股息"并不违反两国政府间的投资保护协议。对于这个问题，一汽与大众公司联合编写的"合资可行性研究报告"中是这样表述的：

若发生外汇不平衡时，合资企业董事会和管委会将负责寻求适当措施予以解决，具体措施将在商务谈判中解决。

国务院批准的"一汽合资轿车项目报告"中关于外汇平衡问题也有明确的意见：

合资企业应按计划先还贷后分红。外汇不平衡时，由企业自行寻求解决办法。

一汽谈判代表按照国家批准的精神提出"只有在外汇平衡时才允许外方汇出利润和股息"，完全是合理的，体现了利益共享，风险共担的原则。如果这一条不能坚持，就会造成中方单独承担风险的态势。德方代表并非不懂这个道理，他们之所以坚持反对中方代表提出的这一条，实际上是他们的谈判策略。他们故意忽略合资公司出售轿车时可以收取外汇这个条件，企图利用投资保护协议来压中方在谈判时让步，以达成有利于他们的条件。德方认为，自己在中国最困难的时候将筹码押在了中国一边，现在是到了收取红利的时候了。中方谈判代表对此非常清楚，谈判中据理力争，绝不让步。

从 1990 年 2 月到 1990 年 9 月，双方已经整整谈了半年，谈判一共进行了五轮，虽然取得了一定进展，但在主要车型高尔夫 A2 的 CKD 价格等几个关键问题上，双方都不肯让步。第五轮谈判中，德方对 CKD 报价为 17000 马克。经过艰苦的讨价还价，德方退让到 16000 马克，一汽不同意，后又退到 15500 马克。德方谈判代表保尔声称，这已是最优惠的价格。一汽仍不同意。经过反复商量。德方在价格上坚持不再让步，但同意在这一价格的基础上另外开出一些优惠条件，如：

为了减轻合资企业初始阶段产量低费用高的负担，大众公司愿意在 1991 年和 1992 年两年内，以 14120 马克的特殊优惠价格向合资企业出口 CKD 散件；大众公司免费向合资公司提供生产高尔夫和捷达的焊装夹具。

犹如在餐馆里吃饭，主菜价格很高，但可以送你一小碟萝卜条、花生米等小菜。一汽不接受这点小菜。

除了 CKD 价格外，德方对一汽以实物出资的报价也不接受。第五轮谈判中，一汽提出的实物出资主要内容为：场地使用权、冲焊厂房、威斯莫兰厂的设备、厂外基础设施。一汽的场地主要是指新建的二厂区，一汽报价为 1.15 亿人民币。冲焊厂房报价为 8920 万元，威斯莫兰厂设备 1.0773 亿元，厂外基础设施 8400 万元。德方认为中方报价过高，德方谈判代表不知从哪里弄来一份吉林省政府“关于鼓励外商投资的优惠办法”的文件，对照文件，他们认为一汽大众公司属于优惠对象，为此将场地使用权的价格压低至 3000 万元。这个价格一汽无法接受，谈判陷入胶着状态。

耿昭杰和哈恩原定 1990 年 11 月在北京人民大会堂正式签订商务合同，但现在已经 9 月了，商务谈判还没完成。即使现在完成主合同，还有 7 个附件和 12 个附表要逐一谈判。这些内容全部完成后，还有文件起草、报批等程序，照此算来，时间已经很紧。但现在主合同的主要内容尚未定下来，双方代表都显得焦躁不安。

一汽将问题反映到国家计委。由于西方国家对中国的经济制裁，一汽与大众合资轿车项目此时已经超出一般的经济合同，合资公司早日正式签约，对打破西方国家的经济制裁具有很重要的影响，从这个意义而言，一汽大众公司商务合同谈判具有重要的政治意义。中国政府的主要领导从李鹏到邹家华都非常关注谈判情况，时常了解谈判进展。中央领导重视，主管部门更是全力以赴。了解到一汽反映的情况后，9 月 12 日，工业二司司长徐秉金专程来到一汽，与德国大众驻中国特别代表保尔，就几个关键问题直接进行了商谈。

1. 关于 CKD 价格问题

CKD 价格是以高尔夫 A2 包括 EA827 发动机、4 档变速箱、4 门以及与上海桑塔纳选装件相同的车型为基础报价的。保尔认为，CKD的价格被中方压得过低。1990年大众公司这种车的CKD价格为15500马克。大众公司同意1991、1992年以14120马克的价格供给一汽5500辆，大众公司这是亏本赚吆喝。合资公司头两年可以，但不能继续。所以，1993年以后进口的2万辆，要以1990年的单价15500马克为基数，再加上历年的通货膨胀指数（2.1%～2.3%），这样大众公司方能保本。

徐秉金指出，CKD价格要充分考虑到合资企业组装车的出厂价格以及市场上的竞争力。据中方核算，目前德方提出的价格已经接近上海桑塔纳的出厂价格。高尔夫的车型与桑塔纳相比并不占优势，如果价格也失去优势，市场命运可想而知。一汽大众是合资企业，生产的产品卖不出去，亏损的是大家。从这个角度出发，为了一汽更为了大众公司。希望大众公司三思。徐秉金问保尔："你们到中国来是为了什么？不就是要扩大你们的市场，赚取更多的利益吗？按照你们的计算，每辆车提了一点，多赚了几个马克。但导致每辆车的成本上升，失去市场竞争力，车压在仓库里卖不出去，你们还要照样支付银行高额的贷款利息，你算一算谁划算？"

一番话说得保尔如梦初醒。事后徐秉金笑着说："难怪人们说德国人是方脑袋，他们只会机械地算账，却不肯将眼光再拓展一下，看得长远一点。"

徐秉金要求，大众公司应该向一汽提供CKD及其零部件分解的价格构成明细表，便于双方更好地沟通与理解。

2. 关于发动机问题

德方认为，高尔夫车装EA827发动机是大众公司董事长哈恩先生提出的想法。1990年4月，哈恩向中方提出，打算在中国建设一个排量1.3～1.7升，年产60万台的发动机生产厂，其中高尔夫30万台，奥迪3万台，供应台湾3万台，其余出口。这样做在经济上是合算的，对一汽扩大生产也有好处。

徐秉金认为，一汽与大众联合可行性报告中，高尔夫和捷达排量在1.0～1.4升，这是符合我国轿车工业的发展布局及能源政策的。更何况，EA111发动机是大众公司新开发的机型，而EA827是上海大众早已引进的技术。上海已经在生产了，一汽还有必要再重复投资建设生产同一机型的生产厂吗？

3. 关于实物出资估价问题

德方认为，一汽的实物出资估价过高，难以接受。德方提出，建设15万辆生产基地的二厂区属于合资企业，合资企业中就包含大众公司，中国政府对于合资企业的优惠政策当然应该惠及大众公司。现在一汽以此作为一汽的资产估价，等于是占大众公司的便宜。徐秉金对保尔说："早在与大众公司商议建立合资企业前，一汽就已经出资购买了建设二厂区的土地，为了适应新厂区生产建设的需要，一汽又出资对电力、供水能力扩容。这些都是在与大众合资以前的事，在当时并不享受合资企业的优惠政策。再说，一汽属于中央企业，地方政府的相关规定不使用。现在一汽与大众合资，将自己以前用真金白银买的土地估价，这是理所当然的。一汽大众成立合资公司以后，又享受了中国政府提供的相关优惠政策，你认为到底是你占了一汽的便宜还是一汽占了你的便宜呢？”

这番话弄得保尔非常尴尬，德国人知错就改的勇气还是让人佩服的。保尔频频点头称是，表示一定在整个项目谈判中通盘考虑。

4. 关于大众公司为合资企业海外筹资问题

资金问题也是一汽大众面临的难题。大众公司称，自己在民主德国和捷克都有合资项目，也需要大笔投资，希望中方能够帮助大众公司减轻资金压力。徐秉金告诉保尔，为了解决资金问题国家计委已经采取措施，让中国银行为一汽大众融资提供担保。徐秉金认为，德国大众在欧洲有着广泛的关系，可以利用其与金融界的联系做好与有关银行和金融财团的工作。保尔声称，大众公司已经与中国银行商讨过担保贷款问题，问题已经基本解决。联邦德国的金融机构已经推出牵头银行为一汽大众合资轿车项目开始了资金筹措工作。

商谈至此，几个卡壳的核心问题都已交换完意见。保尔真诚地对徐秉金说：“大众公司与中国一汽的合资项目影响很大，整个欧洲都瞪大眼睛盯着我们。大众公司也把这个项目放在公司工作的首要位置。对徐先生提出的问题与意见，我将及时地向大众公司总部转达，也将与一汽认真研究，尽快推进谈判。同时非常希望中国国家计委的先生们能在 11 月份商务合同签署前到大众公司实地考察，以便就遗留问题进行商谈。”

徐秉金回答：“一汽大众合资轿车项目得到国家计委与国务院领导的高度重视，请向哈恩先生转达我们的意见：我们赞赏大众公司与中国一汽的合作，希望大众公司将眼光放得更长远一些。中国是一个发展中国家，中国正在进行改革开放，中国的建设进度将会逐年加快，市场前景广阔。合资双方在谈判中应体现充分理解、协商互谅的精神，早日达成协议结束谈判。”

徐秉金走后，一汽与大众公司进行了第六轮谈判。由于有了中国国家计委的协调与沟通，双方各自再做了一些让步，第六轮谈判终于达成协议。CKD 价格从 15500 降到 15250 马克，同时，大众公司提供几项优惠：

一是 1991 ~ 1992 年 5500 辆 CKD 优惠价格为 14120 马克；

二是为弥补合资企业初期的亏损，大众公司向合资企业提供 250 万马克的补助；

三是大众公司免费向合资企业提供用于高尔夫 A2 和捷达 A2 的焊装夹具；

四是大众公司免费为合资企业修复威斯莫兰厂的焊装机器人并提供备件。

一汽对实物出资价格也做了调整。场地使用权从 1.15 亿元降为 1 亿元，厂外基础设施 0 元。合资公司需要的厂外工程由一汽建设，固定资产属一汽所有。大众公司为一汽提供 750 万马克用于厂外工程建设。另外增加奥迪轿车的冲压设备作价 7313 万元。至此一汽大众合资轿车项目的商务谈判基本结束。双方开始起草文件。

艰难的谈判终于有了结果，保尔兴奋地向狼堡的哈恩作了汇报并准备返回德国去述职。9 月 20 日到达北京后，保尔去向徐秉金道别。没想到这一道别使得谈判再生枝节，保尔不得不立即退掉机票，再次返回长春。徐秉金回忆了这段有趣的故事：

保尔兴高采烈地来见我，见面就说："徐先生，很感谢你上次到一汽，根据你的意见，我们与一汽的代表进行了认真的讨论，双方就价格问题达成一致。"

我问："是吗？是多少啊？"

保尔说了数字。我一听就说："不行，这个数字我们不能接受，你们报高了。"

保尔满面疑惑，怎么报高了呢？你们的一汽代表也同意了啊。我告诉他，一汽是中国的国有企业，一汽对外谈判的最后结果都要报告中央政府，也就是要向我们这个部门报告。如果我们不同意，他们同意了也没用。听完我的话，保尔当时就傻眼了。他说："那怎么办？我已经向哈恩先生和董事会报告了。"

我告诉他："那也没用。如果中方的政府不同意，到时协定就无法签字。"

保尔很不满意地盯着我问："徐先生，你认为多少才能接受？"

我将他报的单台 CKD 价格降了 46 马克。保尔的头摆得拨浪鼓似的，嘴里连声"No、No"。我也不做声。隔了好一会儿，保尔如梦初醒般站起来，连声表示不走了。他当时就回去退了机票，立刻返回长春。我当即将情况电话告知了耿昭杰，耿昭杰乐得哈哈大笑。没过几天一汽报告，大众将 CKD 的价格再降了 46 马克。

虽然每辆车只降了 46 马克，但乘以 15 万辆车就是个不小的数字，对于外汇极度紧缺的国家来说，这可是一大笔钱。事后耿昭杰为此很感谢徐秉金，称他为一汽做了大贡献。

9 月 18 日离开长春回北京后，徐秉金迅速将与保尔的谈话内容向国家计委领导作了口头和文字汇报。他的汇报引起了国家计委领导和国务委员邹家华的高度重视，决定立刻召集有关部门一起，共同听取一汽的汇报。

9 月 24 日，耿昭杰风尘仆仆赶到北京，国务委员邹家华、国务院副秘书长王书明、国家计委二司司长徐秉金、经贸部部长李岚清、机电部部长何光远、中汽总公司副总经理吕福源、张晓虞等单位和部门负责人济济一堂。

耿昭杰汇报说：自 2 月 9 日国务院批准一汽大众合资建设 15 万辆轿车可行性报告后，中德双方经过六轮商务谈判，已完成合资合同、合资企业章程和技术转让协议文本及有关附件、附表的谈判工作，7 月 20 日草签了合资合同等 3 个文本，并商定于 1990 年 11 月中旬在北京正式签约。但目前仍存在很多问题，特别是外资贷款以及贷款担保等问题都未落实。

围绕耿昭杰的汇报，与会者围绕着发动机选型、外方信贷、合同细节、国家投资等问题进行了细致的讨论。并以"国阅［1990］180 号"发表了会议纪要，摘要如下：

经会议讨论，原则同意一汽的汇报，考虑到这个项目前期准备工作比较充分，签约不仅是个经济问题，更重要的是可以打破西方国家对我国的经济制裁，政治影响很大。因此，赞成一汽与德国大众公司的合资项目合同尽早签字。会议议定如下事项：

1. 发动机选型一定要谨慎。可行性研究报告确定EA111发动机为基本型，考虑轿车要添加空调装置，装配1.4升的EA111型发动机是否可行，需请德方予以确认。必要时可以选装EA827发动机。

2. 关于外汇借贷及德方的HERMES担保问题，在正式签约前，请德方予以确认。

3. 鉴于一些外国公司借口本国政府对华实行经济制裁而单方面违约，已给我国经济建设造成损失，在这个合资项目合同签字前，要认真研究合同中有关制裁违约行为的条款。

4. 要把小轿车技术开发作为汽车行业的重要战略问题来对待。在“八五”期间，一汽要通过合资和引进技术，争取形成依靠自己的力量开发新车型的能力。另外，要做好轿车国产化的规划，从发动机、车身、前后桥等大型部件入手，抓紧组织实施。

5. 关于投资问题，一汽与大众公司合资建设轿车项目的建设资金一定要打足、落实，国家计委不仅要把项目投资列入“八五”计划，而且在年度计划中也要给予充分保证，以利按合理建设工期尽快建成投产。

1990年11月20日，一汽大众公司合资合同正式签约，1991年1月16日，经经贸部批准生效。同年2月6日，一汽大众汽车有限公司正式成立。

“现场服务”

1991年1月11日，江泽民总书记莅临一汽大众视察，对正在热火朝天建设的轿车项目给予高度的评价，并指示有关方面要积极支持这个项目，发展中国的轿车工业。

江泽民的视察促进了一汽建设的进展，也给一汽解决建设中存在的问题创造了条件。

在那个时候，建设一个大型合资轿车企业很不容易，尽管中央全力支持，合作对象大众公司也实心实意地要与一汽共同走进婚姻的殿堂，但仍有一些问题难以解决，其中最让人头疼的问题就是钱。因为资金不足，中德双方商议，在国外筹措外汇贷款，由德国德累斯顿银行牵头组成银团对一汽大众合资企业贷款，贷款金额为2.884亿美元。既然是贷款就要有担保单位，几经协商，最后决定由中国银行对外担保。中国银行接到国务院与国家计委的函件后，立即表态积极支持并与国家计委、一汽、大众以及德累斯顿银行驻北京代表处多次联系。了解到一些于我不利的实际情况后，1990年11月6日，中国银行致函国家计委：

……

通过对欧洲金融市场的考察以及与德累斯顿银行会谈了解到：

1. 由于东欧政治、经济形势的变化，特别是东德、西德统一后，欧洲资金市场需求增大，在一定程度上加大了筹资难度。

2. 目前西德马克坚挺，再加上根据巴塞尔协议歧视性规定，筹资的成本高，条件苛刻。

3. 仍带有“六四”政治风波以后的制裁影响。

现在在欧洲市场筹资，特别是选用西德马克，在时机和条件上都不够好。

中国银行认为，合资企业中中德双方股份比例不同，第一，对外筹资，中国银行只能承担中方的60%份额的担保。第二，要控制贷款成本。第三，由于德累斯顿银行牵头组织国际银团成本条件过高，且带有政治压力，可以考虑采取其他融资渠道。由中国银行或中银港澳（海外）集团牵头组织国际银团，并对外担保。还可以由国家计委安排专项指标，由中国银行全额外汇贷款解决。

接到中国银行的函件后，国家计委经过研究，回函同意。

中国银行：

……根据国务院批准的原则，请中国银行对德国德累斯顿银行为一汽轿车合资项目筹资贷款提供全额担保。在此前提下，中国银行会同一汽本着对国家、银行、企业都有利的原则，尽快与德方接触，开展工作。如果德方筹资成本过高，条件苛刻，也可考虑由中国银行牵头组织海外银团筹资并全额担保，以保证一汽轿车项目所需资金迅速到位。

国家计委

1991年3月13日

在中国银行的努力下，一汽轿车项目所需资金总算有了着落。但好事多磨，由中国银行担保，国际银团提供的4.2亿美元贷款直到1993年6月8日才落实到位。

建设一个年产15万辆轿车的合资企业，从土地购置到厂房建设，从电力扩容到供水管网建设，从进口设备的关税到上交给财税部门各种名目的税费，几乎无时无刻不与财政、工商、税务、土地、电力、水务、道路交通等部门打交道，每个部门都有自己的办事程序与规则，请示、汇报、研究、种种绕不过的坎耗费了宝贵的时间。这些繁杂的程序与规则如同道道网络交织成一张绵密的大网，企业几乎每动一步都要通过重重繁文缛节，一汽轿车项目建设几乎处处受阻，步步坎坷。

门难进、脸难看，事难办、效率低等官僚主义、形式主义的体制性弊端严重影响项目进度。一汽常驻北京代表荣惠康、竺延风找到徐秉金，向他谈到了一汽15万辆轿车项目进展遇到的巨大阻力，希望国家计委能够帮助协调解决一些问题。徐秉金听后感觉到问题的严重性，仅靠国家计委协调解决个别部门的阻力并不能解决根本问题，一汽碰到的困难是体制性的问题，要解决体制性的问题，只有利用体制的优势，即由国家出面组织有关部门共同来解决问题。经过考虑，他给邹家华写了一个报告，报告中提出：

一汽大众项目是西方对中国无理制裁后与西方大企业签订的第一个大型合资项目，一汽轿车合资项目建设不光具有重要的经济意义，同时也具有重要的政治意义，为此建议国务院授权国家计委出面组织国家相关部委到长春共同为一汽轿车建设项目排忧解难。

邹家华在报告上批示：

一汽轿车项目必须纳入“八五”规划，年度所需资金必须及时足额到位。国家计委牵头，组织相关部委到长春召开现场服务会，一揽子解决一汽轿车项目建设中存在的所有问题。

从荣惠康、竺延风等人的申诉到徐秉金的写信再到邹家华的批示，促成了一次国家级的领导机关服务经济建设的“大会战”。

1991年3月13日，国家计委发出通知，拟定于3月下旬在长春一汽召开“现场服务会”。参加会议的单位和部门有：国家计委（工业二司、投资司、经贸司、外资司）、国务院生产办公室、国家机电轻纺投资公司、人民银行、建设银行、工商银行、财政部、海关总署、国家税务总局、物价局、机电部、中汽总公司、吉林省、长春市。

1991年3月21日至3月23日，虽然时令已至春季，但地处北国的长春依然春寒料峭，道路两边厚厚的积冰告诉人们，寒冷仍然是这里的主基调。虽然天气寒冷，一汽厂长耿昭杰和一汽全体干部职工却忙得浑身大汗，国家计委副主任郝建秀带领12个国家有关部委36名主要领导干部来到一汽现场服务，解决问题速度之快，令他着实兴奋。

郝建秀向到会的各部门要求，一汽15万辆轿车项目是“八五”期间国家重点建设项目，对于减少轿车进口，促进我国轿车乃至整个汽车工业发展有重要意义。这个项目投资大，工期短，要求高，面临的问题多，建设难度大，需要各有关部门同心协力，全力以赴地支持。

耿昭杰向到会的各部门和单位领导详细汇报了合资公司建设进展情况，并将存在的困难和问题毫不客气地全盘托出。听完耿昭杰的汇报后，根据他所提的问题，由国家计委协调，各单位根据自己的职能分工，将所有问题分组，现场解决，即使现场无法解决的，也要带回去明确解决时间。会议明确解决的问题有：

一、资金问题

1. 同意项目总投资按已签字的合同所规定的42亿元计算，并在此基础上进行初步设计，建设中由于汇率变化、涨价因素产生的变动，在年度执行中将根据实际情况对投资进行相应调整。

2. 建设所需3.9亿美元外汇，由中国银行同意全额担保并负责筹集，有关具体问题由中国银行有关部门尽速办理。1991年进口CKD散件所需3000万马克及配套人民币由中国银行负责解决。

3. 关于建设所需资金，建设银行表示，原承诺的3.5亿元基建贷款及1.8亿元的流动资金贷款依然有效……待初步设计批准，经建设银行补充评估承诺贷款纳入国家计委固定投资计划及信贷规模后，建设银行将予以保证。

4. 关于该项目1991年所需1.85亿元基本建设投资问题，待4月份批准项目初步设计后，其中1.5亿元贷款由中国人民银行增加信贷指标，国家计委安排相应的投资规模，下达年度计划，建设银行予以贷款。

5. 一汽支撑项目所需流动资金贷款，由工商银行承担，贷款指标由国家解决。

二、财税政策问题

……今年试装轿车，其关税按50%计征。一汽在执行海关总署［90］署税字495号文件众所遇到的问题，由一汽合资企业提出报告，报海关总署、国家计委、国家税务总局予以解决。

三、设备问题

合资企业共需设备5166台，其中进口设备1363台，对于需要在国内制造的设备，机电部表示要加强领导，组织国内最好的厂家，保证按照合资企业的要求组织生产，保证质量，按期交货。

四、公用动力配套问题

1. 由吉林省统筹解决5万千瓦电力缺口，并免交集资费和增容费。

2. 吉林省长春市保证在统筹用气规划中优先考虑一汽每年1.2亿立方米的用量。

3. 长春市建设一汽专用管线并确保水压、水量。

4. 吉林省长春市负责解决外国专家的食、宿、娱乐以及一汽厂区的通讯。

5. 一汽环境、城建项目，由一汽上报计划，长春市予以重点支持，所需资金从一汽上交的城市建设费中解决。

五、一汽合资企业所需调剂外汇，由国家外汇管理局协调支持

六、有待进一步解决的问题

1. 鉴于合资企业建设初期将出现亏损，同意在车辆购置附加费、特别消费税、横向配套基金等方面给予适当照顾，具体解决办法，商请有关部门专题研究解决。

2. 关于一汽请求免交固定资产投资方向税、土地使用税以及支撑项目进口设备税等问题，考虑到一汽自筹资金能力不足，商请有关部门专题研究解决。

3. 关于一汽申请财政优惠政策问题，由财政部与一汽会商后具体解决。

4. 关于国内设备所需进口配套件和部分散件的少量用汇、免进口关税、组织统一进口、联合对外等问题，请机电部提出具体意见，商请有关部门解决。

5. 关于孟家屯车站及铁路运输线的改造问题，建议由铁道部按产权商请国家计委及有关省市在论证基础上解决。

6. 为保证合资公司的供暖及工业用煤气的供给，由国家计委有关部门解决一汽

每年新增30万吨统配煤指标。

……

国家计委

1991年3月23日

邹家华在国家计委的会议纪要上批示：

这件事办得好，深入现场，解决问题，推动重点发展。请各有关单位努力支持，抓紧建成，早日出车。

一汽建设轿车合资项目一下子得到如此多的实惠“大礼包”，让耿昭杰笑眯了眼，特殊时期的特殊项目，使得一汽再享当年举全国之力建设一汽时的荣耀。在中国轿车发展史上这也是仅此一回，独此一份，以后中国轿车企业“群雄并起”，就没有哪家企业再享受如此殊荣。

1991年4月26日，国家计委以计机电［1991］537号文件批准了一汽大众公司15万辆轿车项目建设的初步设计。

1991年6月18日，国务院正式批准国家计委“关于批准一汽大众汽车有限公司年产15万辆轿车项目开工建设的请示”。这意味着一汽大众轿车合资项目得到国家的批准，全面进入建设阶段。

大众公司是大赢家

1988年8月，一汽与大众公司在人民大会堂签署了合作生产“小红旗”的合同。在这份合同中，明确规定：

一汽今后如果大规模生产轿车，必须与大众公司合作，双方同意“Golfa3”（捷达）为第一款合作车型。

捷达是大众公司1982年推出的新款车型，大众对其寄予很高期望，投入巨资在美国维斯莫兰建设了生产厂。但捷达在美国并未获得消费者的青睐，没过几年，威斯莫兰的捷达工厂悄然关闭。捷达的美国战略失败了。但哈恩却成功地实施了中国战略，从贱卖到送出威斯莫兰工厂，这里面包藏了哈恩的“阴谋”，或者说哈恩不愿意让捷达的投资打了水漂，而想法将其转向轿车工业与市场都刚刚起步的中国。中国的轿车工业基础差，中国与世界轿车工业的联系有限，想要的车型，人家要么不给，要么贵得让你望而却步。缺乏选择条件的中国伙伴，被动地接受了捷达。让大众和一汽都没想到，大众对捷达的投资，在中国得到了回报。排量小，价格便宜的捷达，居然成了中国用户眼中的香饽饽。从1991年开始小批量组装直到进入21世纪的前一个10年，在众多外国车型的挤压下，捷达仍然长盛不衰，销量一直位居前列。一个桑塔纳，一个捷达，创造了大众历史上最赚钱的，生产量最多的车型，也成了中国保有量最多的车型。

捷达究竟是一款什么样的车，它又有什么样的神秘身世而让它在中国一炮走红？让我们来认识捷达。

1979年，第一代捷达JettaA1于诞生于大众，但其名字为高尔夫，同年夏天捷达MK1在欧洲上市。根据配置的不同，捷达A1被分为基本型、L型和GL型，再加上选择不同的发动机，捷达MK1有8种以上不同形式的配置上市。

1982年，大众公司推出捷达C型，C型使用1.3升的发动机。此后，又推出了装备1.5升发动机的CL型。1984年，第二代捷达A2于上市。第二代捷达为三厢4门车型，让人失望的是，除了大灯造型与尾部构造有所变化外，第二代捷达与第一代几乎完全相同，其他部分零件也完全通用。捷达A2有四种不同的配置，分别为C、CL、GL、GLX。由于口碑不佳，1987年，捷达A2用16气阀发动机替换了原来的8气阀发动机，这款车也被称作GTI。但改进的捷达A2在大排量汽车盛行的美国却遭到了空前的冷遇，各专卖店的捷达A2几乎无人问津。无奈之下，德国人关闭了这家设在威斯莫兰的汽车厂。然后如前面所言，中方同意引进捷达，大众则将威斯莫兰的工厂奉送。

对于追求时尚新潮的欧洲人而言，老式化油器的捷达已经显得陈旧，尤其是环保概念开始时兴，老式化油器使得捷达排放连欧洲3号标准也难以达到，面对日益缩小的用户群，1991年，捷达A2寿终正寝，在德国宣布停产。但对于轿车工业刚刚起步的中国而言，捷达还是一款新型现代化轿车。也就是在这一年年底，1991年12月5日，一汽人利用从美国威斯莫兰搬回的捷达生产线组装出第一批捷达。从此，捷达A2与上海的桑塔纳一起，开始面对正处于轿车饥渴的中国人。

早期的捷达采用SKD的方式装车，每装一辆，德国人收回15250马克，随着国产化率逐步提升，交给德国人的费用才逐步递减，1996年，捷达的国产化率达到80%。汽车是集机械、电子、材料等前沿科技于一身的产品，随着科技不断进步，汽车的改进也如影随形。1992年，欧洲第三代捷达A3在德国下线。如同中国人喜欢三厢车一样，崇尚创新实用的欧洲人则对两厢车情有独钟。两箱捷达A3有一个新的名字VENTO，哈恩严格地遵守与一汽达成的协议，将最新的捷达技术也使用到一汽生产的捷达上。1997年，一汽生产的捷达外形出现了些许变化，以后，内饰也出现新的变化，如果对照欧洲版的捷达A3，就能找到其中的元素。1998年，第四代捷达A4在德国下线。大众公司赋予捷达A4一个新的名字BORA（宝来），捷达A4在中国的产品就被称为“宝来”。宝来与捷达在外形上已经完全不同，但仍旧有着不可分的血缘关系。有着德国血统的捷达在中国很受用户追捧，小排量和“皮实”的特性，虽然不符合官车的要求，但对于刚刚跨进购车界限的中国百姓而言，却是件既实惠又体面的代步工具，销量一再上升。仅仅一年零两个月的工夫，1993年2月17日，第10000辆捷达轿车在总装车间下线。由于购买捷达需要地方“控办”的证明，市场上持币待购者一车难求。1993年2月4日，江苏省华西村一次性购买250辆捷达，为全村每户居民配发一辆。这件事一时间被媒体炒得火热，捷达国民车的概念开始为社会所关注。1993年2月24日，300辆捷达在大连港装船销往缅甸，终于实现了中国轿车出口零的突破。1995年3月18日，第四十三届世界乒乓球锦标赛在天津开赛，天津的百姓惊奇地发现，大赛所有的服务用车全部是国产的捷达轿车。看着街头巷尾一辆接一辆的崭新捷达轿车，中国百姓唏嘘不已，要知道，这是国产轿车首次被指定为世界级体育大赛的专用轿车。

1996年，靠卖捷达赚了一大笔钱的一汽大众公司首次对捷达CL进行升级改造，改造后的捷达将原四档变速箱全面改换成五档变速箱。1997年5月，装备五气门发动机的“捷达王”正式下线。1998年2月，全新改型“新捷达王”上市。1999年1月，国内首台装备自动变速箱的捷达“都市先锋”轿车率先进入市场。2000年，捷达换上一身新衣，名称也改成“捷达前卫”。

2001年8月，一汽大众再次推出电喷发动机和AG4自动变速箱的新捷达“海风之旅”。2002年3月，捷达月销售量首次突破万辆大关。2009年，捷达累计销量突破180万辆，成为中国有史以来单一车型销量冠军。

随着中国轿车工业越走越快，捷达也在不断变“脸”。一款1979年研制的轿车在中国居然有如此的生命力，这是哈恩、也是耿昭杰做梦也没有想到的。是捷达设计先进还是中国轿车工业善于化腐朽为神奇？是因为中国轿车工业落后缺乏自主设计能力还是可供老百姓挑选的车型太少？答案在中国百姓的心里与嘴里。

到了1991年，以一汽捷达轿车下线为标志，哈恩的中国战略基本取得成功。德国大众在中国最大的城市和最大的汽车厂成功地各布设了一个合资企业。虽然哈恩还想把手伸到中国的二汽，但最终未能如愿。

公正地评价，德国大众公司对中国跨入现代轿车生产国的行列无疑有着重要的贡献，但德国大众也成功地利用中国“诸侯经济”的特点和汽车产业分布不均的现实，在中国制造了两个互相对峙互不兼容的汽车集团，成功地实现了确保自己利益最大化。

上汽与大众合作时，上汽要求同时上两种车型，即桑塔纳和奥迪。但大众公司以上海生产环境不具备为理由，拒绝了上海的要求，之后又背着上海与一汽联系，将上海想要的奥迪作为礼物送给一汽，成功地在中国市场这个大池塘里分别放下了两个钓钩。在一汽投放捷达，在上海投放桑塔纳；在一汽投放奥迪，在上海投放帕萨特；在一汽投放宝来，在上海投放POLO。车型不同，零部件无法实现通用和互换，南北大众在零部件采购和销售上也是互相独立自成体系。大众的这种做法美其名曰“品牌差异化”，实则是利用中国轿车工业发展水平低，采用以车型投放和零部件布局互不兼容为手段分而治之，控制中国一汽大众和上海大众南北两大汽车集团，最终成功地实现了自己的利益最大化。中国轿车工业发展至今，可以看到，大众公司基本上是最大赢家，德国大众公司至今仍在坐收当年进军中国决策的红利。

一汽和上海并不是没有看到德国大众的这种分而治之的手段，只是基于中国轿车工业起步时的现状而不得不接受这种令人不快的现实。但大众的这种做法让上海和一汽都耿耿于怀。

你不仁，我也不义。既然你可以利用中国国内市场分割的特点牟利，我也可以利用国际汽车跨国集团之间的争夺竞争来打破你的垄断。上汽公司也不是久居人下之人，1997年，经过谈判，上汽公司与美国通用公司组成上海通用公司，成功地报了德国大众一女两嫁之“仇”。为表现合作诚意，挤压大众的空间，通用公司拿出了自己最得意的产品“别克”，并在中国建设了中国汽车人要求最为迫切的汽车研发机构“泛亚技术研究中心”。

一汽大众成立后，很快也感受到大众的控制手段。大众公司以保证轿车质量为由，对一汽的技术研发采取了严格的控制策略。一汽对所有大众产品没有更改权，所有国产化过程中遇到的问题都得经过大众方面的批准。和上海桑塔纳国产化时遇到的问题一样，一汽也遇到了类似的问题。业内人士曾经讲过一个真实的故事：

中方将自己国产化的部件送往德国检验，结论总是不合格。依照德方的检验标准，中方自己对该部件进行检验，结果是完全合格，但德方对中方的检验结论不予认可。聪明的中方将购买的德方部件换成中方的商标后送检，结果也是不合格。而将中方的部件换上德方商标后送检，检验结果是合格。这个故事说明了什么呢？

20世纪末期，随着中国经济发展起飞，中国轿车市场日渐升温，市场魅力日渐显现，西方跨国企业从来没有道义可言，中国轿车起步时，中国的汽车人上门“取经”，请求合资，结果都是无功而返。今天，中国市场日渐扩大，强大的利益引力使得美、日轿车企业一改以前只卖产品不输出技术的做法，开始放下身段，主动与中国企业谈婚论嫁，通用、丰田、日产等汽车巨头从“临渊羡鱼”转而开始“退而结网”。市场使得中国汽车企业可以在世界跨国汽车巨头中“挑挑拣拣”了。为了抗衡美日汽车巨头大举“入侵”中国汽车市场，为了保住自己的既得利益，德国大众被迫在中国做了3件事：一是在一汽大众投放奥迪A6高级轿车；二是在上海大众投放帕萨特中级轿车；三是在上海建立大众技术中心。1999年9月6日，一汽大众公司的奥迪A6高级轿车下线。11月，上海大众技术中心揭幕。12月15日，上海大众帕萨特轿车下线。

新产品是汽车企业的生命线，但是，大众拿出的这些新产品都不是白给。为了获得奥迪A6的生产许可证，一汽大众向德国奥迪公司支付了2亿元人民币。此外，在日常管理上也作出妥协，比如，提高德方管理人员工资、增加德方管理人员比例，允许德方人员管理合同中本属中方管理权限的部门如采购和销售等。

所有这些都意味着中方利益的损失。一位一汽集团高层人员说：“德国大众是生意人，总希望自己赚的钱越来越多，所以它想要独资管理、控股管理。毫无疑问，这些都是极正常的心理。问题是，在谈判席上，中方往往没有什么砝码，虽然有了可以讨价还价的市场，但没有自己研发新车的能力，往往一提后续车型，中方就没有话了。”

为打破大众的控制与封锁，争取更多的话语权，和上汽一样，一汽也另外再找一个伙伴。2002年，一汽选择了与日本丰田公司合作，这相当于甩了德国大众一记耳光。为应付中国快速发展的轿车市场，也是为了找回面子，大众公司不得不将全新的斯柯达品牌投放到上海大众名下。

投放新的品牌除了可以赚取高昂的许可证费用外，还可以控制中方零部件国产化的努力，控制零部件国产化是德国大众公司长期占有和控制中国市场的重要手段。美国高盛和麦肯锡公司曾指出，一汽大众和上海大众在德国本地零部件采购成本居高不下，已经占到公司经营成本中60%~80%，比发达国家高出50%以上。

经过多年的努力，上海大众桑塔纳等车型的零部件国产化率已经相当高，但像帕萨特这类中高档车的国产化率并不高，作为上海大众中高档主力品种的帕萨特，其发动机全部靠进口。重要零部件的进口加大了上海大众的负担，弱化了其竞争优势。据披露，德国大众给上海大众的零部件价格普遍高于国际水平30%。为了维持自己的高利润率，大众公司极力主张零部件实行全球采购。一位曾在上海大众供职过，不愿透露姓名的专业人士说："大众汽车的全球采购是为其赚取更多利润的幌子，每年向中国销售进口零部件的利润，能占到大众（中国）投资有限公司全年利润的30%以上。从外购零部件上得到利益，是大众极力主张全球采购的根本原因。"

一汽大众和上海大众各自有自己独立的零部件采购体系，作为双方的合资伙伴和技术来源，德国大众自己又有一套部分外购零件的供应体系。就是依靠这三条不同的又缺乏透明度的零部件采购体系，德国大众将许多零部件在欧洲价格基础上加价卖给国内合资厂商，有的加价幅度高达30%。

目前，德国大众在中国的合资企业中生产的各款车型里，桑塔纳和捷达的国产化比率最高，但作为大众公司进入中国的钓饵，这两款20世纪七八十年代研制的车在欧洲早已进入博物馆，在中国也已经给它创造了天价利润，现在大众公司也没指望它们挣钱。那些在一汽大众和上海大众靠CKD散件组装，国产化率很低，价格昂贵的车型才是德国大众在中国的主要利润来源。为了组装这些新车，仅一汽大众每年从德国大众采购的零部件就有百亿元之巨。

降低成本是企业永恒的宗旨，但与当年中国政府以行政压力促使上海桑塔纳国产化不同，今天政府对企业的干预已经大大减少，要实现高价值、高技术含量的零部件国产化，需要大量的资金投入和技术支持，但面对争夺激烈，一盘散沙的中国零部件市场，要做到这一点比当年要困难得多。

经过几十年的努力，中国轿车工业已经建立，中国百姓开始享受到自己的汽车工业带来的方便与快捷。但中国的轿车工业并未成熟，由于基础薄弱和急功近利使得自主创新步履蹒跚，自主品牌十分弱小。虽然中国现在可以号称世界上最大的轿车市场，实质上不过是世界上最大的轿车装配车间，站在一边笑呵呵点钞票的仍然是德国、美国、日本、法国等世界汽车巨头。

市场的争夺充满了血腥和铜臭，市场经济环境下，中国汽车工业已经进入激烈纷争的战国时代，为了打拼出属于自己的市场份额和地盘，各汽车厂家纵横捭阖，潜伏暗战，金戈铁马，刀光剑影，硝烟弥漫，杀声震天。从眼下来看，最早进入中国的德国大众公司仍是大赢家。

一汽大众发展回顾：

1988年5月16日，国家计委批准第一汽车制造厂引进德国大众汽车公司奥迪100型轿车技术组装轿车（3万辆轿车先导工程）。1989年8月，首批奥迪轿车组装下线。

1990年11月20日，第一汽车制造厂与德国大众汽车公司15万辆轿车合资项目在北京签约。

1991年2月8日，一汽大众汽车有限公司成立。12月31日，第一辆捷达轿车试生产下线。

1995年2月，一汽大众100辆奥迪轿车和300辆捷达轿车，首批出口东南亚。

1996年6月，奥迪200系列轿车在一汽大众汽车有限公司批量下线投放市场，标志一汽大众汽车有限公司年产15万辆轿车生产基地建成。

六、二汽：起了个大早，赶了个晚集

曲折多变的二汽轿车项目

第二汽车制造厂与美、日、法等国汽车制造商合资的谈判早于一汽，但其间频遭坎坷，最终建成投产是“三大”中最晚的一个。业内人士形象地说：在轿车合资上，二汽起了个大早，赶了个晚集。

二汽是中国自己投资、自己设计建设的当时国内最大的最现代化的汽车厂。1966年在湖北十堰开始动工，经过“文化大革命”的折腾，饱受磨难的二汽终于于1973年开始小批量生产，设计年产2.5吨军用卡车和5吨民用卡车共计10万辆。从酝酿建设到设计和建设，二汽一直都是单纯的卡车生产厂。但二汽人并不满足于单一的卡车生产，早在国家同意二汽上轿车之前，二汽就曾经想过上轿车并已经开始谋划。二汽原总经理黄正夏对笔者讲了这段故事：

1983年5月，为了在深圳抢占一个桥头堡，二汽也成立了东风深圳联营公司。我去参加成立仪式，深圳的李灏副市长请我吃饭，李灏希望二汽支持深圳发展汽车工业，我对他说：“二汽在这里上轿车项目好不好？”

李灏一听，眼睛都睁圆了，立刻说好。他指着深南大道北边说：“你要是在这里上轿车项目，深南大道北边的土地，你要多少我给你多少。”

我说：“我上轿车需要一个前提条件。”

李灏不知道我要出什么题目，瞪大两个眼睛疑惑地望着我。我笑了：“你别紧张，我说了保险你高兴。”

李灏说：“愿闻其详。”

“我投资，我派人，我管理，一切我都包了，我对你只有一条。”

说到这里我又停下来了。李灏连声说：“你讲，你讲，不外乎土地、政策，你讲嘛。”

我说：“只要你做到两个字——保密。对外不准说是二汽要在这里建设轿车厂，要以你们的名义和外商联合生产。规模为5000辆。”

我将中汽公司为我们发展划了一道杠，规定只准“向上”做卡车而不让我们做小车，我们是不得已的情况下这样干的，要是被“上面”知道了，我们可就是违反了“天条”。李灏听了嘘唏不已：“没有想到，在中国要发展汽车还这么难。”

以后，深圳是真的找了丰田、日产等公司，可惜当时的丰田、日产只愿意卖车给中国，而不愿意与中国合作生产，此事遂不了了之。

（黄正夏、欧阳敏《艰难历程》新华出版社）

二汽是北戴河会议定的全国三大轿车基地之一，按照安排，二汽是生产小排量的普及型轿车。信息传递出去后，世界各大汽车公司各有各的考虑。

作为著名的经济动物，日本人有着极为灵敏的嗅觉。虽然丰田等大企业曾拒绝了中方的合资意愿，但也有其他公司希望在中国寻找到机会。富士公司就是一个。

富士重工业株式会社是日本十大汽车公司之一。它的前身是中岛飞机株式会社，是二战期间日本军队主要的战斗机生产商。1953 年 7 月 15 日由五家日本公司共同成立并且更名为富士重工业股份有限公司。1955 年又合并富士工业、富士汽车、大宫富士工业、宇都宫车辆、东京富士重工业而形成一个多元化工业集团，主要生产汽车，兼制飞机、铁路车辆、发动机等。富士公司主要有四大事业部门：汽车事业部门、航空宇宙事业部门、产业机器事业部门、运输机器事业部门。1958 年，日本经济开始起飞。富士汽车事业部针对当时轿车已经起步但百姓购买力有限的时机，推出斯芭鲁 360 微型轿车，这也是日本最早一款微型轿车。这款车成为 20 世纪 50 ~ 60 年代日本百姓广泛使用的交通工具，畅销 12 年没有改变一次型号，在经常推陈出新的日本汽车业中，这的确是少见。1965 年，富士公司又率先推出发动机前置前驱动轿车斯芭鲁 1000，成为日本最早的前驱动轿车。但相对于丰田、日产、本田等汽车公司，富士斯芭鲁品牌和市场占有率明显偏低。

20 世纪 80 年代末期中国改革开放的成果日益显现，富士公司了解到中国二汽轿车项目的目标车型为小排量普通轿车，认为这个领域正是自己的强项，于是积极活动，希望借此机会进入中国市场。日本人也懂得走上层路线，富士重工的社长为此专门给时任国务院副总理的谷牧写了封信，提出希望和二汽合资建设年产 30 万辆微型轿车，并且附带了很多优惠的条件。谷牧把信转给中汽联理事长陈祖涛，陈祖涛迅速将信转给二汽的厂长陈清泰，让二汽与之接触。

根据北戴河会议二汽轿车项目要与美日合作的要求，二汽在与富士公司联系的同时，也与美国通用公司进行了联系。通用公司是当时世界排名第一的汽车公司，旗下品牌很多，但是，在崇尚大房子大车子的美国风气影响下，通用公司本身就没有多少小排量的轿车。以当时的情况而言，大大咧咧的美国人对中国发展轿车并没有多大的信心，他们也没有做仔细的市场调查，仅仅根据二汽的技术指标要求，提出可以提供通用公司的子公司奥贝尔（中文译名：欧宝）公司的“卡蒂特”车型参与中方合作。

欧宝汽车公司建于 1862 年，是以创建人阿德姆 · 奥贝尔（Adam Opel）命名的。欧宝公司最初生产缝纫机和自行车，1897 年开始生产汽车，1923 ~ 1924 年建成德国第一条汽车流水生产线，1928 年欧宝汽车公司以 37.5% 的市场占有率成为德国第一大汽车制造商，在德国廉价汽车领域独占鳌头。此时的德国正处于世界上第一次经济危机的阴影中，国内经济萧条，政局动荡，欧宝公司陷入严重的经济困难之中，1929 年，美国通用汽车公司乘机收购了欧宝公司 80% 的股份，1931 年，又收购了剩余的 20% 股份，欧宝变成了通用 100% 的子公司。

对于三方合作方案，富士公司表示可以拿出自己的发动机与欧宝的车匹配，以此为基础，中美日三方开始就合作情况进行会谈。

1988 年 10 月 7 日，在瑞士的苏黎世通用公司欧洲总部，三方代表首次坐在了一起。会议的议题有二：一是确定富士公司的发动机与欧宝的车匹配的可能性；二是确定下一步预可行性研究工作计划。当天，通用公司副总裁兼欧洲总部总裁伊顿与中、美、日三方代表会见，伊顿饶有兴致地介绍了通用汽车在欧洲的发展情况，同时也坦率地承认，他对中、美、日这次合作的情况不是十分了解。二汽与富士公司的代表先后介绍了二汽合资轿车项目的事由和进展过程。以后的几天里，富士和欧宝将发动机与整车体匹配工作做了报告。10 月 11 日，三方人员来到德国欧宝公司试车场，参观了欧宝车系列产品。德国人以其惯有的认真，仔细地向二汽代表展示了其发动机系列产品并开放其发动机生产线共二汽代表参观。

经过在欧洲欧宝公司一周的观察和讨论，三方得出基本结论：

1. 关于发动机与整车匹配问题。从富士与通用欧宝的研究结果看，三方一致认为，经过对发动机某些部位及配件稍作修改后，富士的发动机完全有可能装在现有的欧宝车上，在技术上也是完全可以解决的。

2. 三方一致同意，以装有富士发动机的欧宝车（T 卡，C 级）和 CORSA（S 卡，B 级）作为下一步预可行性研究的产品，二汽提出最终的合同产品应为：欧宝 T 卡和 S 卡的下一代产品。而且这些产品应根据出口市场和中国市场的特点做出必要的修改。

3. 下一步工作计划。富士公司的代表提出，1989 年 4 月前结束可行性研究，通用则建议到 1989 年 6 月份结束。二汽认为，富士尤其是通用动作迟缓，使得二汽丧失了很多宝贵时间，二汽早在去年就向通用提出合作的意向，但通用在预选车型上，动作极为迟缓，整整拖了半年之久，才拿出欧宝。国内各汽车厂的合资步伐越来越快，二汽所受的压力也越来越大，对通用的“慢”动作，二汽很不满意，提出必须在 1989 年 2 月底完成整个预可行性研究。并提出分四步实施的建议：

第一步，1988 年 12 月 16 ~ 21 日，三方在北京开会，确定产品、市场、出口、销售、工厂初步规划，国产化计划、厂址及投资估算。

第二步，1989 年 1 月 20 ~ 30 日，三方派出具体工作人员在东京完成经济效益分析及编写可行性研究初步报告。

第三步，1989 年 2 月初 ~ 2 月中旬，三方各自向总部报告，并对预可行性研究报告作出审查。

第四步，1989 年 2 月 20 ~ 28 日，三方在二汽完成正式预可行性研究报告并签字。

中美日三方基本同意这个结论。看起来三方合作似乎有了头绪，但问题远没有那样简单。

对于三方合作，二汽是留了一手的。当年中国要发展轿车工业，饶斌带领中国代表团到欧、美、日转了一大圈，前后花了近两年的时间，但各国反应冷淡，这些国家并不相信中国有实力发展轿车，他们只愿意向中国出售产品，而对中国提出的转让技术、提供资金、返销产品毫无热情。当年联系的对象中就有通用公司。10年后的今天，看到中国改革开放成就斐然，德国大众与上海合资迈开步伐，他们才有些动心了，但仍旧不是很热情。这次二汽提出合作，通用就显得心不在焉，拖拖拉拉，时隔半年多才拿出一个欧宝。面对这种情况，二汽当然需要有相当的警惕，现在虽然已经有了个合作的架势，但对涉及的技术转让、投资、产品出口销售等根本问题都还没有明确意见。如果一门心思扑在一个方案上，到时候人家出一道难题，二汽怎么办？另外，合资本来就是一件颇费周折的事情，牵涉的厂家越多，谈判时的困难也越多。本着货比三家的原则，二汽一边与美、日商讨合作，另外也在继续寻找新的合作伙伴，到时候做出明确的对比再择优而从。正是基于这一原则，二汽同时开始了与法国雪铁龙的合作探讨。

但没有不漏风的墙，二汽与雪铁龙的接触很快就被无孔不入的媒体知道了。1988年10月13日，欧洲《金融时报》刊登消息：中国二汽准备筹建中国最大的轿车厂，正在通用与雪铁龙之间接触。可以想象到通用公司看到这篇报道时的情绪。

通用代表气冲冲地拿着报纸找到二汽谈判代表，要他们证实是否确有其事，同时质问：二汽与雪铁龙的合作到了什么程度？通用代表言辞激烈地要求："为了三方的商业利益，建议中、美、日三方共同签署一份保密协议，内容为：鉴于三方已经开始商讨合作，通用公司已经让二汽观看和了解了通用的生产和发展规划，因此在选择合作伙伴上，通用应该有优先权。在预可行性研究期间，二汽不能再同其他公司开展同样的工作。"

面对气势汹汹的通用代表，二汽代表沉着地指出：去年10月3日，中、美、日三方签署的合作协议中已经有明确规定，二汽一直模范地遵守这一条款，目前的工作是过去工作的继续，因此没有必要再签署什么保密协议。关于优先权问题。二汽最早选择通用和富士作为合作研究的伙伴，但由于通用在产品上的障碍，致使整个工作推迟了8个月，二汽在此期间寻找新的合作伙伴是理所当然的，这并不违背协议精神。请记住，任何一方都无权禁止另一方同其他公司接触。对于中、美、日三方的合作研究项目，二汽将会全力以赴地完成。至于优先权问题，合作关系是否确定要看研究的结果而不能成为前提。

谈判到了如此地步，结局可想而知。尽管如此，三方仍未最后决裂，1987年12月，中、美、日三方还在中国开展了联合选址工作，但最终通用和富士没能满足二汽的条件，三方合作终止。而法国雪铁龙则利用自己开出的优惠条件，成功地挤了进来。

雪铁龙汽车公司是法国第三大汽车公司，雪铁龙公司创立于1915年，创始人是安德列·雪铁龙。1878年，安德列·雪铁龙出生于法国巴黎。1900年，雪铁龙从Polytechnic技术学院毕业，1912年，年仅24岁的雪铁龙开办了"V型齿轮厂"，生产汽车所需的双螺旋齿轮。1919年5月，雪铁龙创立了以自己名字命名的汽车公司，设在魁德扎瓦的公司开始生产A型汽车，汽车上使用的标志就是自己的V型齿轮标志。雪铁龙A型车三厢四座，搭载1327升四缸发动机，三挡变速配置，最高时速可达每小时65公里，每辆市场售价7950法郎，这是当时法国汽车的最低价。1920年，雪铁龙A型车在法国勒芒举行的一次车赛上获得“省油冠军”的称号，这大大促进了雪铁龙A型车销量增长。从1919年5月创业到1921年1月，不过一年多的时间，雪铁龙A型车生产了2.4万辆。

1921年，雪铁龙公司着手开拓海外市场，当年就有3000辆车销往海外，1922年，雪铁龙公司在巴黎扩展了生产线，开始生产著名的5CV经济车。1923年，安德列·雪铁龙赴美会见了世界著名汽车大师亨利·福特，学习福特汽车的流水线生产方法并购买了流水线的生产设备，雪铁龙汽车的产量进一步跃升，达到每天100辆、每月3500辆。1924年，雪铁龙公司出口达到17000辆，为了扩展市场，雪铁龙陆续在英国、比利时建设装配厂，产量也进一步攀升。

到了1928年，雪铁龙的日产能力已经达到1000辆，车型达14个之多。5000个遍及全国的办事处和销售网，10家海外分公司和4个生产厂使得雪铁龙公司跻身全球著名汽车生产商行列。为了增加世界知名度，扩大销售，雪铁龙组织了“亚洲之行”和“非洲之行”，又称“黄色旅行”和“黑色旅行”。1931年4月，一支由40人和14辆车组成的雪铁龙车队从黎巴嫩贝鲁特出发，跨越戈壁荒漠，历尽艰险，1932年2月到达中国北京。中国人第一次看见来自法国的雪铁龙汽车。

二战后，雪铁龙的发展进一步加快，到1975年，雪铁龙的年产量近70万辆，其中有55%销往海外。

1976年，法国标致公司掌控了雪铁龙89.95%的股份，自此雪铁龙成为法国标致—雪铁龙集团（PSA）成员之一，但它仍然有很大的独立性，其经营活动仍然由自己把握。

追求浪漫和时尚是法国人的特性，这一点也表现在雪铁龙汽车上。前轮驱动、流线型车身、自承重设计、扭力杆悬挂装置、液压制动、悬浮马达、自动变速器等都是首先出自于雪铁龙公司，尤其是欧洲首创的前轮驱动技术给雪铁龙公司带来了极大的荣誉和滚滚利润。

雪铁龙公司的产品有雪铁龙AX、BX、CX系列，还有雪铁龙TDR等。20世纪80年代末90年代初，雪铁龙公司推出了具有世界领先水平的雪铁龙ZX系列车型，与中国合资的第一个产品就是ZX。中国对其赋予了一个具有时代意义的车名“富康”。

与一汽和上汽不同，这两家之前都有过轿车生产的历史，二汽则完全是白手起家。但二汽的起点更高，出手就是30万辆，这是最为理想的起步产量。

1988年1月16日，国家计委批复了二汽合资轿车项目建议书。中国二汽与法国雪铁龙公司开始了合资谈判。

1988年12月16日，二汽厂长陈清泰与法国雪铁龙公司执行总裁哈维诺在巴黎共同签署了《中国第二汽车制造厂——法国雪铁龙汽车公司合资建设30万辆轿车厂联合可行性研究报告》。该报告主要内容为：

一、产品选型

30万辆轿车项目分两期实施，第一期车型为雪铁龙公司计划1991年投产的N2系列普通型轿车，发动机为TU系列3F和5F，排量为1.3～1.6升。合资公司计划1993年投产。第二期车型为新一代的AX系列轿车，发动机为TU系列的9型和1型，排量为1.0～1.3升。

二、技术转让

雪铁龙公司向合资企业提供未来型产品，提供动态技术、开发技术和计算机应用技术，并与二汽合作在两厢车型基础上为合资企业开发三厢车型。双方同意由二汽接受雪铁龙的技术转让，并协助合资企业消化吸收。法方同意免费为合资企业进行3000人/月的劳务培训。

三、资金筹措

30万辆轿车项目的建设资金为53.1亿元，另加利息和流动资金8.3亿元，合计为61.4亿元（含7亿美元）……合资企业的股份，中方占70%，雪铁龙占30%……中法政府1988年财政议定书申明，支持二汽与雪铁龙合资建设轿车厂。该项目所需外汇除雪铁龙直接投资外，可分年度从法国政府混合贷款中获得……

四、国产化计划

1993年投产实现时，国产化率为66%，到1999年实现国产化目标为97%……

双方明确：除合资企业和二汽承担部分生产任务外，将遵照“等效替代”原则，充分利用国内兄弟轿车厂零部件国产化的成果；遵循“集团对口”原则，由二汽和雪铁龙公司牵头，促进相应技术转让及生产准备；遵循“超前工作”原则，零部件尽早动手，不等整车。

五、销售出口及外汇平衡

在合资企业建立起自己的销售网络之前，国内销售由二汽负责，外销工作由雪铁龙负责，……同时二汽有权到海外销售并建立自己的销售网络体系。首先以东南亚和环太平洋地区为主要市场，之后向北美市场进军。30万辆达产第二年即2001年，对外出口11万辆，雪铁龙对外销售21.3%，总计出口占总产量的38%。如不能达到所规定的外汇平衡，雪铁龙不得以外汇分红。

1998年可实现外汇累计平衡，1999年可实现外汇盈余累计超过1.5亿美元。

六、经济效益

第一期工程年产15万辆，1990年开始建设，1993年投产，1996年达产；第二期工程年产15万辆，1996年开始建设，1998年投产，2000年达到30万辆目标。合资企业1995年开始盈利。达产后预计合理的出厂价：C级车每辆3.1万元，B级车每辆2.64万元。

1990年开始建设，到2005年，不仅在中国建成一个现代化的大型轿车厂，而且，在还清贷款的基础上，可实现上缴国家利税94亿元，银行利息9.5亿元；企业除还贷和再投资之外还可分利31亿元。累计中方国家、银行、企业直接收益130亿元以上，含外汇结余17.6亿美元。带动了一批相关行业，具有巨大的社会经济效益。

可行性报告为二汽轿车项目勾画了一个美好的前景。尤其是第五条规定的："二汽有权到海外销售并建立自己的销售网络体系。首先以东南亚和环太平洋地区为主要市场，之后向北美市场进军。30万辆达产第二年即2001年，对外出口11万辆，雪铁龙对外销售21.3%，总计出口占总产量的38%。如不能达到所规定的外汇平衡，雪铁龙不得以外汇分红。"如果这一条真的能兑现，二汽合资项目将是三个合资企业中最有前景的一个。

此时的二汽，步子迈得很快，二汽厂长陈清泰也雄心勃勃，全力推动项目进展。和任何一个商业谈判一样，二汽与美、日，二汽与雪铁龙的谈判风云变幻，充满变数，各方为了争取最大的商业利益而施展权谋，互相算计，谈判桌上温文尔雅，谈判桌下下刀光剑影，尤其是法国雪铁龙，为了达到击败竞争对手的目的，表现出了罕见的积极态度，几乎满足了中方所提出的所有条件。一年多的谈判过程如果要详细记录下来，足以写成一部洋洋大观的"谈判战争"。1988年12月28日，国务院发展研究中心给国务院写出调查报告，就中法、中、美、日两个谈判结果作出对比，摘录如下：

去年国务院在北戴河开会时，确定二汽轿车项目的建设方针为出口导向，合资建厂。这样一个带有"外向"色彩的大项目，选择比较理想的合作对象，至关重要。二汽先后与十多个外国厂家进行过接触，经过筛选，现在仅剩两方三家，即法国雪铁龙公司、日本富士重工与美国通用汽车公司（后两家组成一方）有待最后决定。

一个比较理想的合资伙伴，至少要符合这样四个条件：

1. 自身素质较好，能提供为实现出口导向战略所需要的产品、技术、设备和管理经验；

2. 中长期战略意图与我方有吻合之处，不担心合作对象成为重要竞争对手；

3. 有可信的合作诚意，愿意共担风险；

4. 比较优惠的至少是合适的商务条件。

用这个标准衡量，法国雪铁龙公司具有明显的比较优势。首先，上述三个合作对象在技术、管理上各有千秋，都是可以接受的。从总的实力比较，通用公司最强，但通用公司正处在投资的收缩期，近几年已经关闭了20多家工厂。它与中国合作主要是想打入中国市场，同时推销它关闭厂家的一些设备。富士重工是日本7家汽车制造商中最小的一家，在日元升值后，经济上遇到很大困难，主要靠通用公司的力量和中国合资建厂。同时，日本政府不同意将政府贷款用于轿车项目，显然是既不愿意失掉中国市场，又对中国这个潜在对手有所提防。法国雪铁龙公司正处在景气时期，近几年营业额以10%的速度增长，它与别儒公司组成的PSA集团

1988 年轿车产量可达到 200 万辆，出口量居欧洲各国之首，在欧洲轿车市场占有 12.7%的较大份额。这家公司的技术特点是新颖、超前，如其 TU 系列发动机、液压悬挂等被汽车界公认是九十年代的技术。该公司的中长期战略目标是争取在欧洲继续有较大发展的同时，大力拓展亚太（包括中国）市场，再进一步地打入北美市场。由于法国的税收、职工工资水平和运输费用等原因，在法国生产然后运到亚太地区以至北美来销售，成本太高，无法与日本、南朝鲜竞争，所以它很想寻找一个合作伙伴，用自己的技术、资金和管理经验与合作方廉价的劳动力、原材料和税收结合，以实现其战略目标。我国二汽轿车的发展战略是，以国内市场为依托，坚持出口导向，第一步先打入东南亚市场，待条件成熟后再打入北美市场，这与雪铁龙公司的战略目标是很接近的。

其次，雪铁龙公司建立在战略利益基础上的合作诚意已经在行动中表现出来，是比较可信的。

在产品方面，它已答应拿出该公司准备在 1991 年投入市场的 N2 系列产品来合作，并正在按照二汽的要求加以改进，以适应两个市场的需要。

在技术方面，它已答应提供 N2 系列产品设计开发的全部资料，联合进行产品开发和改进工作，并为此帮助二汽培训一部分技术人员和工人。

在国产化方面，雪铁龙公司认为，没有高比率的国产化，产品的成本不可能具有国际竞争力，因此答应以集团对集团的方式大力推行国产化，同时还主动组织欧洲为雪铁龙产品配套的 13 家零部件供应商到中国寻找合作对象，进行“一揽子”合作。

在销售问题上，同意按出资比例负责外销工作，合资企业没有达到外汇平衡，不以外汇分红，与中方共担风险。而在这几个方面，通用、富士重工的态度则远不如雪铁龙积极。

第三，在合作的商务条件上，雪铁龙公司也明显优于通用和富士重工。雪铁龙公司配合中方对法国政府做了大量的工作，法国政府已同意向这个项目提供全额政府混合贷款，其中软贷款占 52%，年息 2%，还款期 30 年，宽限期 11 年；出口信贷占 48%，年息 8.6%，还款时间从设备安装完毕的 6 个月后开始，10 年还清。对中方来讲，这个承诺意味着二汽轿车厂的建设已成为不需动用国内外汇的项目，外汇平衡问题被分散在 30 年内解决，大大缓解了外汇平衡的矛盾。法国雪铁龙公司在该项目中占全部股份的 30%，算上法国政府的出资，共达 7 亿美元，占全部资金的份额超过了 50%。此外，为支持该项目，法国政府还同意赠送 2000 万法郎，作为前期准备工作的费用。对于技术转让费，经过艰苦的谈判，法国雪铁龙公司已同意从最初的报价降低 50%，也比其他公司优惠。

针对合资厂投产后的前 3 年产品成本高、国产化率低，外汇肯定出现不平衡的情况，法国雪铁龙公司提出以下建议：

1. 由雪铁龙公司大批量购买合资厂符合雪铁龙标准的零部件，并通过合资厂向轿车配套厂采购零部件；

2. 由二汽组织一部分其他货源通过合资厂向雪铁龙出口；

3. 外汇不平衡时，不要中方保证分成外汇的承诺。

总的来看，法国雪铁龙公司的素质较好，有诚意，这是选择长期合作伙伴的第一位条件。如果没有这样的条件，如同没有好的新娘，光有好的嫁妆，结局是不会美满的。我们认为，二汽轿车项目“货比三家”的选择合作对象阶段，应该告一段落。

很明显，该报告认为法国“新娘”既漂亮又带有丰富的“嫁妆”，尤其是针对中国最关心的资金、外汇平衡和产品出口等问题，法方表态积极主动，是理想的合资候选人。

从二汽雪铁龙项目合资后一直到今天，法方以轿车出口、外汇平衡的承诺为诱饵，使得二汽饱受“折腾”之苦，特别是所谓“出口导向”以及“2001年出口11万辆”至今未能兑现而成为笑柄。二汽合资轿车建设，出口是关键，这是中方同意合资建设30万辆轿车项目的基础。二汽雪铁龙合资过程中的一系列麻烦和问题说明，在万花筒般变幻的国际政治和波诡云谲的汽车市场面前，这份调查报告显然过于轻信了法方的口头承诺，最终被法方“忽悠”了一把。

1989年1月16日，二汽与法国雪铁龙合资建设30万辆轿车厂联合可行性研究报告上报到国家计委，3月底，机电部、中汽联和国际工程咨询公司都已完成对这份重要报告的评估，并将评估意见上报国家计委。此时“七五”计划已近尾声，一汽、二汽轿车项目耗资巨大，只能在“八五”计划中予以考虑，但“八五”计划中不光有二汽合资项目，也有正在紧锣密鼓谈判的一汽合资项目和上汽扩产项目。鉴于国家的经济实力，这三个项目不可能同时安排，只能选择条件最为优惠，最能迅速投产的一个先行。谁是最佳候选人呢？国家计委现在就要做出周密的计划。

二汽轿车项目事关重大，涉及中法两国政府、企业、银行的承诺，为慎重起见，国家计委召集有关部门听取审查意见，参与审查的部门基本赞同二汽雪铁龙合资建设轿车厂的可行性报告，但也认为，关于建设资金等几个重要问题需要国务院审定。为此，可行性研究报告未能及时通过。得知此消息后，二汽厂长陈清泰很是焦急，为此专门给国务委员兼国家计委主任邹家华写了一封信，就这些问题作出解释与说明：

家华同志：

二汽30万辆轿车项目前期工程是在国务院和有关部委指导下，按照国家基本建设程序进行的……但尚有几个问题须由国务院予以审定。

1. 为保证建设资金，二汽要求延长利润递增包干问题。利润递增包干源于80年代初期，由于国家资金困难，二汽建设面临下马。二汽主动向国家提出自筹资金建设后续工程，国家对二汽实行利润递增包干优惠政策。现在二汽希望延长二汽包干10年，主要是考虑到二汽自身建设发展需要资金，还要投入资金到合资轿车，而合资轿车项目跨越“八五”“九五”两个五年计划，为弥补“八五”期间资金缺口，故提出继续延长利润递增包干政策，使二汽能筹集相应资金。

2. 人民币贷款问题。二汽一期建设除法方投入资金外，尚需10.8亿人民币中长期贷款。但计委投资司认为，这笔钱国家难以负担，为此二汽建议将这笔贷款列入国家“八五”信贷计划。

3. 法国政府为轿车合资项目提供的混合贷款专项用于合资企业的问题。法国政府提供混合贷款之事源于1988年10月，外贸部郑拓彬部长与法国财长进行财政议定书谈判时，双方以换文形式表示：“从更广泛的意义上，我们表示了两国政府对法国在华投资，尤其对中、法合资形式的兴趣。为鼓励这一发展，我们同意将财政议定书的贷款扩大于在华的合资项目的设备。”换文中明确：“法国政府对十堰汽车厂项目将给予积极考虑，并准备与经贸部在今后的财政议定书范围内对该项目的资助。”据此，我们认为两国政府已经同意向合资企业提供混合贷款，而且合资双方已经将合资企业取得法国政府专项合作贷款作为合作的基础……建议国务院确认二汽雪铁龙轿车项目的政府贷款可直接贷给合资公司。

4. 法国政府贷款用于合资企业后，对中国的转贷银行进行担保问题。若按股比，雪铁龙选一法国银行担保，相当于法国政府提供的贷款再由法国担保。法国担保银行必定要求中国的合资企业以其财产作抵押，最终风险仍在中国。合资企业还要向法国银行支付高额担保费。我们建议，请国务院批准由机电部担保，合资企业以财产作抵押。

目前国内轿车供求矛盾尖锐，二汽轿车项目已经国务院领导多次肯定，加速这一高起点大批量的项目建设有利缓解对轿车的需求，改善出口结构，现在批准联合可行性研究报告的外部条件已经具备，恳请国务院领导对上述问题给予指示，以便计委尽快批复可行性研究报告。

陈清泰

1989年4月20日

邹家华立即将陈清泰的报告转报国务院分管副总理姚依林。1989年5月3日，姚依林召集国家计委、财政部、经贸部、机电部、中汽联、国务院特区办、人民银行、工商银行、中国银行建设银行、二汽等单位和部门，邹家华、王丙乾、甘子玉、徐秉金、白美清、丁关根、何光远、李岚清、蔡诗晴、陈清泰等参加，专门研究二汽合资轿车可行性研究报告中的有关问题。

陈清泰首先就二汽合资轿车项目情况作了汇报，汇报对资金来源问题作了详细说明。经过认真讨论，到会人员同意陈清泰的说明，并对资金来源做了认真讨论，会议最后同意二汽继续与法国雪铁龙公司谈判，但强调“二汽雪铁龙合资轿车项目，出口是关键，这是我们合资建设30万辆轿车项目的基础。”会议纪要摘要如下：

1. 我国轿车工业的发展必须搞好综合平衡。二汽30万辆合资轿车项目可先定下来，“八五”计划时再纳入国家计划。

2. 二汽要抓紧与法方进行下一阶段的商务谈判。谈判中要采取恰当的方式让法方承担生产成本、产品质量方面的责任，特别要加重法方在出口方面的责任。出口是关键，这是我们合资建设30万辆轿车项目的基础，这个问题一定要解决好。还要注意法方价格偏高的问题，特别是软件费用偏高，要尽量压低。作为特批，法国政府为此项目提供混合贷款可专项用于合资企业，由机电部担保，并由二汽向机电部反担保，合资企业以其资产作为抵押。

3. 合资轿车项目第一期工程需要10.8亿元人民币贷款，其中8亿元纳入国家中长期信贷计划，其余2.8亿元可通过适当增加组装轿车以购车储蓄或其他方法解决。具体由邹家华同志组织有关部门及二汽商定。

为保证轿车项目按合理工期建设，以缩短建设周期，提高产品在国际市场的竞争力，同意投资概算（包括外汇）一次纳入国家计划，资金可跨年度调整使用。

4. 实行利税分流是今后发展的方向。二汽合资轿车项目的建设资金，采取利税分流的方法筹集。自1991年到2000年，除将实现利润总额的30%至35%作为所得上缴外，其余全部留给二汽。“八五”“九五”期间，二汽轿车项目建设和卡车基地更新改造任务十分繁重，国家新增税费可对二汽实行让步政策。二汽也要挖潜和节约，如“八五”期间资金仍有缺口，由财政部拨款支持。具体方案，请二汽和财政部进一步算账确定。

5. 鉴于二汽合资轿车项目前期准备工作比较成熟，请国家计委尽快审批其可行性研究报告。

拿到这份会议纪要时，陈清泰长长的舒了一口气。

但好事多磨，就在二汽合资轿车项目正处于待批的节骨眼上，中国国内发生政治地震，美国等西方国家鼓动的“六四”风波给国内的政治经济形势造成巨大的冲击。事件发生后，中国政府采取断然措施，稳定了国内局面。因为没能达到自己的目的，美国为首的西方资本主义国家气急败坏，纷纷宣布对中国进行经济制裁。法国政府更是一马当先，在这场冲突中扮演了美国的打手和马前卒的不光彩角色，由于法国政府从中作梗，二汽雪铁龙合资轿车项目骤然停止。

二汽轿车项目准备已久，这个项目有利于中方也有利于法方，如果就此放弃，对中国和法国都不利，尤其是法国企业对此大为不满。为打破法国政府的封锁，经过仔细研究，中国政府决定采取主动。

1989年7月7日，国家计委审批通过了二汽雪铁龙轿车合资可行性研究报告，同时提出，“法国政府对二汽轿车合资项目的贷款还没有作出具体承诺，因此建议可行性研究报告批准后，由二汽尽快组织完成商务谈判，待法国政府正式承诺后，再补报利用外资报告，经国家计委批准才能正式签订合资合同。”

这份文件以“特急件”送国务院，姚依林、李鹏、邹家华分别圈阅后，1989年7月19日，国务院正式批准了“二汽雪铁龙轿车合资项目的可行性研究报告”。

报告内容为：二汽年产30万辆轿车项目，一次规划，分两期实施，第一期为15万辆。

中国政府在这个敏感时期批准中法合资项目，意在采取主动，打破美国为首的西方国家对中国的制裁。中国主动了，法国怎么办？球踢到了法国一边，但法国却躲到了一边。

二汽雪铁龙合资项目的关键之一是法国政府贷款。7月底，为了促进法国政府贷款的落实，中方提出中法双方草签商务谈判合同，但法国代表却拒绝中方的提议，在这种情况下，双方只得封存了合同文稿。

二汽雪铁龙轿车合资项目停下来，中国受损，法国也受损；项目继续，对中国有利，对法国更有利。在世界政治格局中，共产党领导的中国与西方资本主义国家在意识形态上有着不可调和的矛盾，但是，这并不妨碍中国与这些国家的经贸往来。改革开放后，中国经济快速发展，已经向世界展示出新兴市场的巨大活力。包括美国在内的西方资本主义国家对此有目共睹，它们也希望从中国的发展中分享好处。但出于意识形态的对立，苏联东欧剧变后，这些国家借“六四”风波向中国施压，希望中国成为下一个倒下的多米诺骨牌，至少能出现类似于苏联东欧一样的变化。当发现这些都未能奏效时，经济利益的诱惑又促使它们开始理智地思考中断与中国的经济联系是否是最好的选择，尤其是那些大公司，在他们眼里，公司的经济利益始终是第一位的。这些大公司认为，自己将税收交给了政府，将选票投给了政府，作为回报，政府就要始终如一地照顾自己的利益，为此，这些公司和财团开始利用自己的手段和渠道影响政府。

在美国为首的西方世界中，法国总是扮演“异类”的角色。为了表明自己的独立性，法国戴高乐政府先是带头退出北大西洋公约组织，给了美国一脚。1964年，法国戴高乐政府又不顾美国反对，带头与中国建交，打破了西方对中国的封锁。这次美国指挥的反华大合唱中，法国先是一马当先，冲在前面，当它发现这场政治赌博中自己并没有得到什么好处，相反，自己的利益还会受到损害，经过反复盘算，法国政府终于起脚将中国踢过来的球踢了回去。

1989年12月12日，法国驻华大使马乐约见中国外交部西欧司司长姜恩柱，递交了一份关于法国政府的照会。照会的内容是法国政府原则同意向二汽雪铁龙轿车合作项目提供政府贷款。

马乐大使说：“最近中国报刊在提到法国雪铁龙公司同中国第二汽车制造厂合作计划时，指责法国似乎不想履行其承诺。现在，我奉法国政府指示，向中方提交照会，确认雪铁龙——二汽合作计划是法国政府的优先项目。一旦两国政府可以重新举行财政谈判时，法国政府将同意此项目使用政府贷款。而贷款的条件中国方面已经很清楚。至于贷款使用的具体方式可由两个合作伙伴商定，并经两国政府审核后最后付诸实施。”

姜恩柱问：“照会中提到‘两国政府可以举行财政谈判时，法国政府将同意此项目使用政府贷款’的含义是什么？法方认为什么时候可以举行上述财政谈判？”

马乐回答：“对这一问题，目前尚不能回答，因为这超出了法国政府的职限，需要在欧共体12国之间进行协调之后，法国才能确定财政谈判的具体时间。”

可以看出，法国政府在玩弄两面人的角色，既要拉住中国，以免到手的利益丢掉，又要考虑左右关系，不要太得罪人。

以下是照会译文全文：

北京

中华人民共和国外交部西欧司：

法国大使馆向中华人民共和国外交部致意，并谨说明如下：

1988年10月，法国政府曾通知中国政府，它赞成在湖北省武汉市由中国第二汽车制造厂和法国雪铁龙公司建立合资企业制造汽车的项目。

我们现在向你们确认，雪铁龙项目居法国政府各个优先项目中的首位。

当两国政府能重新举行财政谈判时，法国政府将表示同意该项目可以使用政府间议定书规定的贷款。中国政府了解这些贷款的条件，不论是在选择方面，即可以使用法国的设备和技术服务，还是在可能占主导地位的财政条件方面。

具体的贷款细则可随着第二汽车制造厂和雪铁龙汽车公司为建立该合作企业并使其投入生产而制定一系列必要的协定而逐步加以明确，并于两国政府审议了这些协定之后最终确定下来。

顺致崇高的敬意。

法国大使馆

1989年12月11日于北京

几乎与外交部接到法国政府照会同时，1989年12月13日下午，二汽厂长陈清泰接到了法国雪铁龙公司总裁代表哈夫纳的电话，内容是关于法国政府关于二汽雪铁龙轿车项目的政府贷款。可以想象陈清泰接到这个电话时的心情，放下电话，陈清泰立即给中汽联理事长蔡诗晴和机电部部长何光远写信报告此事：

诗晴、光远并报家华同志：

12月13日下午，雪铁龙公司总裁代表哈夫纳先生来电话告诉我们，12日晚（巴黎时间），法国政府财政部国库司副司长亚布沃告诉他，法国财政部国库司已正式通知法国驻华大使馆商务处，并希望由大使出面向中国政府作出口头照会，表明法国政府对二汽轿车项目提供政府贷款的保证。他们准备在年内再向中国政府提出正式书面承诺。哈夫纳先生希望中国方面对此照会能有积极反应。在得到中国方面的反应后，以便法国财政部国库司在一月初向中国经贸部贷款司发出邀请，就此项目的贷款财政议定书在巴黎进行具体商谈。

我们从外交部西欧司也获悉，12月12日，法国驻华大使马乐先生已经约见外交部西欧司司长，对法国政府原定同意向二汽轿车项目贷款一事作出保证。法国驻华大使馆商务处古乐专员13日也向经贸部贷款司提出18日上午见面，商谈法国政府为二汽轿车项目提供贷款的有关问题。我们希望经贸部贷款司在此次见面时能给予积极的响应。

第二汽车制造厂　陈清泰

1989年12月13日

蔡诗晴立即将陈清泰的来信转呈给机电部部长何光远和邹家华。邹家华批示：

即呈请李鹏、依林同志阅示。再转告计委、经委，如确实如此，我们也采取相应的积极态度。

法国政府虽然承诺以前的保证，但在经济利益上斤斤计较，专打自己的小算盘。12月下旬，法方向中国驻法使馆转达法方提出的二汽雪铁龙合资轿车项目第一期工程的实施意见，但这一意见与以前的承诺有所不同。法方要求将第一期工程15万辆分成三段实施，每段5万辆，法方的这个意见无异于主动推翻此前双方共同做的可行性研究报告。同时法国政府官员又公开表示对二汽雪铁龙轿车合资项目能否正常进行的怀疑，所有这些表明，法方之所以承诺保证是为了拉住中方，保住法国政府在此项目上的踏脚石。提出变化的意见是想借用目前国际上于中国不利的形势，压中方接受更有利于法方而不利于中方的条件。

法方的多变引起中方强烈的警惕。此时国家计委已开始考虑编制“八五”计划，从国民经济全局和轿车发展全局考虑，12月16日，国家计委副主任甘子玉在“八五”期间轿车发展安排的文件上批示：

“八五”期间，三个大型轿车项目（上海、一汽、二汽）同时上，在技改配合上恐怕做不到。而贷了款不用又不可能，这种情况对考虑二汽何时上很有关系，请建秀同志阅示，请工业二司把小汽车的安排意见早日报告。否则一个一个定了，到年度又安排不了。

12月18日，国家计委副主任房维忠也批示：

明年投资规模定了，“八五”前期的投资规模大体上只能维持这个水平。可以按此考虑汽车工业的建设。同意子玉意见。

12月25日，甘子玉再次批示：

三个轿车项目投资加起来240亿元以上，还有不少配套项目的投资还没有考虑。如果三个一起上，都在“八五”期间建成，到明年技改资金就超过几十亿了。请算一下，除了用外资外，国内还要多少配套技改资金？另外，配套厂要多少技改资金？材料能否配套等等。总之，“三大三小”应错开进度，一起上齐头并进是国力所不及的。

虽然国家计委对“八五”期间二汽合资轿车项目是否能与一汽、上汽同时上已经有所考虑，但这些仅仅作为编制“八五”计划前的思考和酝酿，并未对外公布，所以二汽仍在按照计划推进。

1990年元月3日，陈清泰再次致函蔡诗晴、何光远与邹家华。

蔡诗晴、何光远并报家华主任：

法国驻华大使马乐12月12日正式向我外交部递交了法国政府原则同意向二汽雪铁龙轿车合资项目提供政府贷款，并作为“法国各个优先项目中的首位”的正式承诺。二汽与雪铁龙的商务谈判已于12月21日对可供正式签约的合同文稿（英文本）进行了小签，商务谈判已基本具备正式签约条件。

合同文稿坚持了可行性研究报告批准的原则要求。由于本项目所需的外汇是由法方出资和法国政府提供的混合贷款解决，对实际需要的外汇和人民币在国家汇率调整后都没有变化，仅法方的注册资本将因汇率变化而减少，这部分外汇缺额需另增加法国政府贷款数额予以补足。利用外资数额将由可行性研究报告批准的3.7亿美元增加到不超过4亿美元。根据国家计委对可行性研究报告审批意见的精神，建议同意我正式签订二汽雪铁龙合资轿车项目的商务合同，以促进法国政府与我国政府尽快进行财政议定书谈判，落实政府贷款。

邹家华第二天就在这份报告上批示：

拟同意，总的是符合原批准的可行性报告，可以考虑签订合同，以利进一步进行财政贷款的谈判。请子玉同志批示。

但由于有了前面的想法，甘子玉的批示却是意味深长的：

工业二司准备个轿车项目安排的意见，建议办公会讨论一次。

元月9日，在国家计委办公会上，工业二司司长徐秉金拿出了一个较为详细的意见：

关于二汽与雪铁龙公司合作之事，我驻法使馆曾于1989年12月31日及1990年元月11日两次发电，致外交部、经贸部、机电部、中汽联。第一封电报谈到的主要内容是：法方提出了第一期工程分步实施的意见，即把原双方可行性研究报告确定的15万辆的规模分三个阶段实施，每个阶段5万辆。另外，法方官员表示，对我二汽上30万辆轿车有疑虑。第二封电报，使馆建议2月5日正式签署合同，使馆认为，如该项目由于我方原因而拖延将对中法关系产生消极影响，不利于打破法对我的制裁，也有损于我国声誉。遵照子玉同志的意见，现将有关情况及我们的意见报告如下：

1. 二汽和雪铁龙轿车合资项目无论从规模或投资程度来看都是我国建国以来最大的一个合资项目，国务院领导和我委及有关部门极为关注，以最快的速度于1989年7月19日正式批准了双方联合制定的可行性研究报告，并准备尽早与法方草签合同。但法国带头对我国实行经济制裁，法方提出不能草签，故推迟到现在。电报中提到草签并封装合同初稿是不确切的，只是封装合同初稿，并没有草签。

2. 去年12月中旬，法方通过二汽向计委试探，要求将注册资本由原来规定的三分之一缩减为四分之一。我驻法使馆电报中也谈到，法方将一期工程的15万辆分三步实施，每步5万辆。并通过我使馆转达了法方的疑虑。如果是这样的话，那么就要重新修订双方共同制定的可行性报告，我方还要组织人员重新评估，等于推翻了以前所做的工作，所有这些表明，法方是在后退，不能不使人怀疑法方的合作诚意。

3. 落实法国政府贷款是二汽轿车合资项目合同正式签署的前提，签约必须按已批准的程序进行。由于法国政府带头对我国实行经济制裁，截至目前法国政府贷款尚未落实。1989 年 12 月 12 日，法国大使曾约见我国外交部西欧司司长，递交照会。其中谈到两国政府重新进行财政谈判时，法国才能提供政府贷款，至于何时进行财政谈判，尚无法肯定，需要在欧共体 12 国之间进行协调后，法国才能确定财政谈判的具体时间，故法国政府贷款何时落实尚无法确定。

经国务院批准的可行性报告中明确规定："法国政府对东风—雪铁龙合资项目贷款还没有作出承诺，待法国政府正式承诺后，再补报利用外资报告，经国家计委批准，才能正式签订合同。"目前一是贷款不落实，二是还未提出利用外资的报告，这种情况下草率签署双方的合资合同是不适宜的，也不符合国务院批准的签约程序。

4. 电报中谈到："如果该项目由于我方原因推迟，将对中法关系产生消极影响……"等。李鹏总理在 1989 年 11 月 8 日会见法国雪铁龙公司哈夫纳先生时说"万事俱备，只欠东风"，已经表明了中国政府最高当局对此合资项目的重视，充分表明了中方的合作诚意和急切愿望。但由于法国政府贷款不落实，已使该项目耽误了近半年时间。因此，项目拖延的责任是在法方，是由于法国政府采取的经济制裁措施所致。在二汽轿车合资项目上法方虽然表示信守承诺，但无实际行动，我方应利用二汽合资轿车项目打破法国政府的经济制裁，切忌造成我有求于他或急于求成的事态。

计委工业二司的这几条意见分析有理，得到计委办公会的认同。二汽签署商务合同的要求只得暂缓。

计委办公会讨论研究了"八五"期间轿车发展的调整方案。"八五"计划期间，国家要求全部建成投产的基本建设大中型项目约为 845 个，建成投产的限额以上的重点技术改造项目约为 374 个。这么多项目要上，一汽、二汽的轿车合资项目能否一起上是讨论的焦点。根据八五期间总的盘子，属于工业二司负责的机电项目总投资只有 28.9 亿。这么点钱，连一个汽车项目都保不住，更不用说两个项目了。在国家拿不出那么多钱来支持两个轿车项目同时上的条件下，那就只能用这笔有限的钱保证一家先上。讨论此问题时，一位干部发言："关于二汽的问题需要认真做一下工作，二汽的能量比一汽还要大，希望委内统一口径，向上反映，'八五'期间二汽不要上了，'九五'再考虑。"

另一位干部也说："目前确实到了决策的时候了。二汽合资项目的可行性报告已经批了，但不要拿外国人压我们。"言外之意也是很明确的。

一位领导发言说："国务院定了三大三小，我们遭受了各方面的围攻，各个层次的人都来找我们。现在都要上结果只能是谁也上不去。看准一个上一个，这样才能稳定一下。现在定了一汽，其他的两家都不服气。我们要顶住，把我们有限的资金用到一汽。”

根据一汽、二汽两家的各种条件综合平衡，最后决定，“一汽优先”。办公会议原则同意：

“八五”期间建成一汽，二汽因为建设资金尚未落实，而与一汽错开一段时间以便于国家调整落实资金。

这是政治风波后，国家计委关于二汽雪铁龙轿车的一个重要表态。

1990年1月12日，国家计委在给国务院《关于一汽与大众公司合资建设15万辆轿车项目可行性研究报告的审批意见》中明确提出：

我们认为，在1990年至1997年的8年里，一汽、二汽同时建设，在资金安排、配套建设等方面都存在一定问题。两个轿车厂的建设应有先有后，错开投资高峰。

比较一汽、二汽轿车合资项目的条件，二汽要滞后一汽两三年时间。从国内外客观条件出发，一汽轿车合资项目先起步，并在“八五”期间重点保证所需投资。二汽在“八五”期间主要做好前期准备工作，根据项目进展情况，在“八五”后期统筹考虑。

虽然已将意见上报国务院，但尚未形成正式文件。

在此期间，法国政府小动作不断。因为经济制裁导致与中国的经济关系全面暂停，为减少损失，法国竟然想饮鸩止渴，又将眼光投向台湾，希望卖给台湾军火赚钱，这是挑战中国底线的险棋。为了谨慎，法国政府先通过新闻媒体放出风来，试一试中国的态度。不出所料，此事立即遭到中国政府强硬的反应，法国政府内部和议会也有很多人批评罗卡尔政府，指出这样做会严重损害法国政治形象，会导致法国在中国的利益受到严重损害，是捡芝麻丢西瓜，得不偿失的“蠢事”。经过权衡，法国觉得自己在中国的利益要远远大于卖给台湾几条军舰，1990年元月9日，法国政府宣布停止向台湾出售军舰的谈判。但以此为噱头，法国政府又想在中国方面找回一些便宜。根据法国政府指示，法国驻华使馆商务处和财政部的官员就合资轿车项目所需贷款的用款计划多次与中方联系。

1990年3月13日，法国驻华使馆商务参赞致函中国外经贸部贷款司司长称：“法国政府现在希望就这个投资项目进行预评估”，并要求中方就汽车市场、税制、进口配额等几个问题进行承诺和表态。在贷款未定的情况下先就某些条件做出承诺，这实质上是向中方提出使用贷款的先决条件。国家计委外资司认为，这是没有先例的，法方的做法更引起国家计委的警觉。此时，经贸部转呈来二汽雪铁龙轿车合资项目商务谈判合同文稿以及相关审批意见，在对商务合同文稿审议中，国家计委工业二司发现，除了上述问题外，该商务合同在几个重要问题上与国务院批准的可行性研究报告审批意见不符：

1. 关于注册资本。雪铁龙提出将注册资本减少到总投资四分之一，这既不符合可行性研究报告，也不符合国家工商总局“关于中外合资经营企业注册资本与投资总额比例的暂行规定”。“暂行规定”明确要求“投资总额在3000万美元以上的，其注册资本至少应占投资总额的三分之一”。

2. 关于出口保证条件和外汇平衡。国务院领导同志多次明确指出：二汽合资轿车项目“出口问题是关键，这是我们合资建设30万辆轿车项目的基础，这个问题一定要解决好。”审批意见中规定：“在合同条款中要明确法方对产品成本和产品质量应承担的责任，明确法方应承担产品出口的主要责任，明确双方可行性研究报告中确认的出口目标。到2010年，当年出口量应达到当年产量的三分之一以上。”而在商务合同文稿中，对法方在产品成本、产品出口应负的责任却没有具体要求。

审批意见中明确要求：“合资公司建成后的外汇来源主要靠产品外销收入，内销收取部分外汇只是临时性的补充措施。因此，合资公司要努力增加产品出口，以平衡企业的生产用汇。”但在商务合同文稿中，却把合资企业产品内销收取外汇作为外汇平衡的实质条件，而没有明确法方承诺的出口保证条款。

3. 关于产品国产化。审批意见中规定：同意合资公司一期产品的国产化目标，投产时达到66%，“国产化工作要和进口散件计划及逐年生产计划挂钩，如果合资企业和二汽配套部分达不到合同规定的国产化率，要相应扣减进口散件计划和年度生产计划指标。”而商务合同文稿中仅以合资企业本身自制件的国产化率为考核标准与生产计划挂钩，未以可行性报告中提出的国产化目标与进口散件和生产计划挂钩。为此，国家计委建议经贸部按国务院对可行性报告的审批意见，对二汽雪铁龙合资轿车谈判商务合同进行认真审查。

根据国家计委领导同志批示的意见，在征求了中汽总公司和二汽的意见后，国家计委工业二司提出：

正是由于法方对我国经济制裁及对二汽轿车合资项目的消极态度，贻误了该项目宝贵的时间，干扰了我国轿车发展的总体部署，责任全在法方。在这种情况下，中方不得不对我国轿车发展的总体安排进行相应调整。“八五”期间，考虑到国家的财力物力及市场需求的可能，不可能把国内外建设条件不成熟的二汽轿车合资项目作为发展重点，只能做好必要的前期准备工作。

综上所述，对二汽轿车合资项目所需政府贷款申请的时机，我们赞成经贸部3月19日签报的意见，需作进一步的研究，以免造成我有求于人或急于求成的态势。具体时机请经贸部根据国内外情况酌定。

关于二汽轿车合资项目使用法国政府贷款的时间与额度问题。从时间上考虑，应与调整后的我国“八五”计划轿车发展的总体安排相一致，即二汽轿车合资项目1993年前做前期准备工作，1994年考虑开工建设。贷款额度要按照国务院可行性报告审批意见规定的3.7亿美元掌握。对经贸部签报中提出的5.62亿美元，在落实时应不超过批准的额度为宜。对于出口信贷和赠款，也应按照经贸部有关规定适量掌握。

对于二汽合资轿车项目进展而言，国家计委工业二司的这份报告无疑具有震撼性的影响。工业二司是国家计委负责汽车产业的职能部门，它的意见有着相当的分量和影响力。

二汽雪铁龙轿车合资项目久拖不决，法方也显得焦急。为修补因制裁受损的法中关系，3月25日，法国参议院国防外交委员会主席勒卡尼埃率领法国议会代表团访华，代表团专程到武汉听取了二汽合资项目的情况介绍。4月27日，法国总理特使访华，又特别提出要与二汽厂长陈清泰会晤。法国政府的一系列行动表明，出于巨大的经济利益，法国政府希望中法经济恢复合作并力促这个项目成功。

4月19日，国家计委召集外交部、经贸部、中汽总公司等部门共同研究“关于法国政府贷款情况”。计委在会上提出：鉴于二汽合资轿车项目的现状，以及国家的财政能力，一汽、二汽轿车项目错开安排，“二汽在‘八五’后考虑”。

尽管只是讨论，但国家计委这个意见一提出来，最难以接受的就是二汽和中汽总公司。二汽合资项目是中国现行轿车项目中最大的，但这个项目从起步就不顺。先是选择合作伙伴花费了一年多时间，好不容易与法国谈上了，但“六四”风波又使得项目停滞不前。好不容易法方想通了，但中国财政经济状况又无法承担两个轿车合资项目一起上的压力。

二汽是“三大”中最大的一家，也是唯一一家30万辆的合资项目，现在一汽和上汽正干得热火朝天，二汽这边却一拖再拖，好不容易法国方面有了动作，国家主管部门却因为国内经济原因要推迟，如此拖下去，项目拖黄了怎么办？

二汽的想法是“八五”期间二汽合资项目一定要上，其实，鉴于国内轿车市场的巨大需求压力，国家计委也想一汽、二汽项目一起上。但国家总盘子里就这么多钱，只能有多少水和多少泥，与其两家都上最后都上不去，还不如错开投资高峰，让有条件的一汽先上。

为了促使二汽雪铁龙项目能挤进国家“八五”计划的笼子，二汽和中汽总公司在会议结束后急不可耐地同时给机电部部长何光远和国务委员兼国家计委主任邹家华写信。

光远并报家华同志：

4月19日，国家计委召集有外交、经贸以及我公司等有关部门参加的研究“关于法国政府贷款使用情况”统一口径的会上，计委报告中对二汽与雪铁龙项目提出：“二汽要在‘八五’后期考虑”（口头上讲是1994年后安排）。根据这一口径，据我们了解，外交、经贸等有关司局认为，既然二汽项目要拖到1994年后，这样贷款和合资均需重新考虑。这次法国特使来京，我方也很难提出明确意见。法国特使特别重视二汽雪铁龙合资项目，专门要求约见二汽陈清泰厂长。如果我们改变主意，势必造成思想上的紊乱。

鉴于二汽雪铁龙项目是按照中央批准部署，经过双方长期准备，中法两国领导人均较重视。为此，我们认为，在中央对这一项目没有新的指示前，对外口径仍按国家批准可行性报告不变，同时应尽快向法方正式提出贷款计划。

至于国内几个轿车基地在产品、资金、信贷上如何更好地统筹安排，我们将根据国内外条件落实情况提出报告，请国家研究确定。

蔡诗晴

1990年4月21日

同一天，二汽厂长陈清泰的信也到了。

光远并家华同志：

二汽雪铁龙合资轿车项目严格按照国家规定的程序，每一个重要步骤都是在国务院领导和国家计委、机电部、中汽总公司等有关部委领导下进行的。可行性报告已于1989年8月经国家批准；商务合同已于1989年12月21日小签；经贸部已经对合同进行了预审；工艺设计、初步设计和设备订货谈判已经超前交叉进行；零部件布点已落实116家；襄樊基地的公用动力和配套设施已基本建成；武汉基地规划红线已划定，征地搬迁、"三通一平"的准备工作已经就绪，道路已经修进厂区。签约前的工作已经完成。

二汽轿车项目是国际瞩目的合资项目，对改善中法关系有重大的政治影响，两国政府十分重视。1989年11月，李鹏总理接见雪铁龙公司哈夫纳先生时指出：中国政府支持这一项目的态度没有变，现在是"万事俱备，只欠东风"。邹家华国务委员也说："这个项目要走100米，你们已经走了99米，只差1米，就是解决贷款问题。"

在哈夫纳先生回国后积极推动下，1989年12月11日，法国政府照会中国政府，同意对这个项目提供政府贷款，并承诺作为"法国政府各个优先项目中的首位"。今年元月9日，法国政府宣布停止向台出售军舰。之后，法国驻华商务处和财政部的官员就这个项目的贷款问题已与我国经贸部官员多次接触，希望中方正式提出这个项目所需贷款的用款计划。3月13日，法国驻华商务处在中国政府尚未提出贷款申请的情况下，又来函表示："法国政府现在希望就这个项目进行预评估"，希望了解中国政府对这个项目的立场，以便作为资金安排的依据。3月25日，法国议会代表团在武汉听取了二汽轿车项目的情况介绍，表达了法方对这个项目的关心。4月27日，法国总理特使将访华，又特别提出要与陈清泰厂长会晤，这一系列行动都表明法方对这个项目的重视和愿意促成的态度。另外，我们也从哈夫纳先生那里获悉，法国政府有关部门对这个项目的支持态度没有变，希望中国方面予以积极响应，他们对近期落实政府贷款持乐观态度。落实这个贷款，有可能成为打破西方对我经济制裁的突破口。如果由于我方原因拖延或推迟，将对中法关系产生消极影响，也有损我国改革开放的形象，不利于打破西方的制裁。

……由于国际大气候的影响，建设进度已经推迟了半年多，如果我们再不抓紧时间积极推进，或者打算再推迟两三年，那么产品的优势将丧失殆尽。

……

鉴于上述情况，我们建议：

1. 对这个项目仍应坚持家华同志“两个不停顿”的原则，一方面，请各有关部门协同配合，积极做好对法工作，促进落实政府贷款；另一方面，积极做好国内各项准备工作，力争基本按照可行性报告批准的建设进度实施。

2. 在法国特使来华前向法方提出项目的贷款用款计划，正式通报可行性报告批准的有关内容，以不失我方主动，坚定法国政府对这个合资项目的信心。

3. 建议李鹏总理和家华同志接见法国特使时，再次重申中国政府对这个项目的积极态度，也可相机给予必要的压力，告诉他们不要久拖不决。

陈清泰

1990 年 4 月 21 日

先后接到国家计委和蔡诗晴、陈清泰的报告，作为分管国家计委的国务委员，邹家华明白国家计委作出决定的无奈，也理解二汽此时的心情。从国家层面综合考虑，邹家华作出批示：

按照总理几次对法国情况的批示精神，应该有可能突破法国的制裁，可以把球踢过去。所以我和李岚清同志说，可以向法国政府正式申请二汽项目所需的政府贷款。至于具体内容和我方内部有什么问题，可以进一步研究。

“把球踢过去”是个比较好的办法，这样做可以逼出法国政府的真实动作。按照“把球踢过去”的指示精神，外经贸部开始启动向法国政府财政部申请二汽雪铁龙合资项目贷款程序。但法方反应迟缓，时隔半年，法方的回应才到。1990 年 10 月 5 日，法国驻华使馆就二汽雪铁龙合资项目再次照会中国外交部。

法国驻华大使馆向中华人民共和国外交部致意，并谨陈述如下：

1988 年 10 月，法国政府向中国当局表示，法国政府将积极考虑由二汽和雪铁龙公司在湖北省共建一家合资公司，实现年产量最终达 15 万辆的汽车项目。

法国政府继而于 1989 年 4 月和 12 月两次确认对该项目的关注，并希望直接根据该项目产品在中国市场销售的前景确定投资的数额和投资的时间安排。

1990 年 7 月，法国政府从在巴黎开会的二汽和雪铁龙公司得知，为明显减少初始投资，他们准备分阶段实施最终年产量 15 万辆汽车的项目。该项目第一阶段的总装能力为年产 3.75 万辆左右，但第一阶段的某些设施现在就应该按以后要达到的规模去安排，以便能用比第一阶段少的投资来完成以后阶段的工程。

法国政府同时得知，第一阶段的产量和在中国市场的销量实现后，两家合作企业将根据中国市场的实际需求量，共同审议未来几个阶段的生产和销售事宜，以逐步达到年产 15 万辆汽车的能力。

法国政府还从这两家合作企业得知，上述项目的一阶段工程建设需投资 46 亿法郎，其中约 23 亿法郎（按 1989 年 1 月 1 日的比价计算）为外汇，主要用于支付雪铁龙公司转让许可证及其所需技术援助、培训和生产设备的费用。

法国政府认为，因该项目建设分阶段进行，减少了初始投资额，从而使两国政府支持的这一项目的商业和财政风险有所减少，并使两个合作企业能够着手签订建立合资公司的协议。

此外，第一阶段的投入还包括支付雪铁龙公司 3 年内向二汽出售 3.5 万辆 CKD 汽车散件以及在合资公司建厂期间由二汽组装汽车所需的外汇。这一阶段的外汇将按已告知中国当局的方式，即视情况用出口信贷或援助贷款解决。

两国政府在时机成熟进行财政谈判时，法国政府将同意把该项目列入新的法中政府议定书，其实施细则将在签字时加以明确。两家合作企业应在政府议定书签字前向法国当局确认：

所申请的资金基本上只能用于法国所提供的货物和服务；

所申请的资金绝大部分须用于合资公司与明确确定的法国企业间所签订的商业合同；

签妥确定两家企业间和两家企业与各方与合资公司间关系的全部商业协议。

法国驻华大使馆

1990 年 10 月 5 日

法国使馆的这份照会暴露出诸多问题，表明法国政府对合资轿车项目疑虑重重，所提贷款条件也更为苛刻，如只能购买“法国所提供的货物和服务”，“所申请的资金绝大部分须用于合资公司与明确确定的法国企业间所签订的商业合同”，有些已经违背了国务院批准的可行性报告的原则。

经贸部外资司认为：法国驻华使馆照会中分阶段建设方案违反了可行性报告的原则。如该项目改为分阶段建设，那么可行性报告需要重新编制。另外，在已小签封存的合同中，已写明了项目的支付数额和指定在法国雪铁龙公司购买 10 亿法郎的设备和工具等。在政府贷款尚未正式承诺的情况下，能否先签订商务合同，要认真研究。

国家计委外资司认为：在“七五”期间，我国政府利用法国政府贷款项目如广西苹果铝厂、广东抽水蓄能电站、黑龙江电话、湖南电话等项目，由于受到法国政府经济制裁的影响，还有约 2.5 亿美元没有落实。如果法国恢复政府贷款，首先应该安排“七五”续建项目。另外，法国政府照会中，将二汽合资轿车项目分阶段实施，违反了可行性报告的原则，如按此方案实施，需要重新编制可行性报告。

国家计委工业二司也对法国政府照会提出诸多疑问，主要有：

1. 照会中所提分阶段实施，第一阶段仅 3.75 万辆，在中国市场销售实现后，再根据中国市场的实际需求来考虑今后的生产和销售的方案，从根本上违反了国务院批准的可行性报告的原则。按此方案，“八五”期间无法安排该项目的建设，也难以按经济规模考虑相应的零部件配套项目。

2. 在合资双方签订合资合同前，必须落实几个问题：

国内项目资金的落实。“八五”期间汽车工业的基本建设投资规模初步确定为 44 亿元（“七五”结转 16.7 亿元，一汽轿车项目 25 亿元）的基础上，至少增加 30 亿元（尚不包括轿车项目的支撑工程）和零部件技改专项贷款 5 亿～10 亿元。

法国政府贷款的使用条件。法国照会中对政府贷款的使用提出3个先决条件，这些条件显然会对合资企业使用贷款的采购范围和订货价格有很大的束缚，无法做到“货比三家择优而从”。对此贷款使用条件要进行认真谈判。

二汽雪铁龙公司已小签封存的商务合同中写明，指定在雪铁龙公司购买10亿法郎的设备和工具。但据悉，目前法国能落实的设备仅占整个贷款的20%左右，如果雪铁龙公司提供不了整个合资项目所需的进口设备，那么合资企业只能在第三国采购，而这笔资金必须落实。以免项目启动后因外汇问题再度受阻而搁浅。

国家计委主要职能部门提出的这些问题具体而细致，这些问题不搞清楚，二汽项目不能贸然决定。因为法国政府态度左右摇摆，政策反复多变，二汽雪铁龙轿车项目再显变数。

建设二汽合资项目究竟需要多少钱

由于资金紧张，一汽、二汽、上汽三个轿车项目不能同时上马，只能一汽先上，二汽项目错开时间，放到“八五”后期。为此，中汽总公司和机电部提出反对意见，双方各执一词，此事一直反映到国务院。

国家财力有限，只能量力而行，但轿车发展又是国家重大战略决策，二汽轿车合资项目已经进行到关键时刻，如果因为资金问题停下来，很可能会错过宝贵时机。是上还是暂缓上？二汽轿车项目被列入国务院议题。1990年9月，国务院总理李鹏在中南海西花厅亲自召开会议讨论二汽轿车项目。参加会议的有李鹏、邹家华、马祖彭（姚依林的秘书，姚依林身体不适，派他的秘书前来参加）、甘子玉、徐秉金、李岚清、何光远、蔡诗晴。

何光远代表机电部，蔡诗晴代表中汽总公司首先汇报二汽与雪铁龙合资进展的情况。何光远代表机电部与中汽总公司就国内轿车工业的布局与发展现状，要求二汽轿车项目不要与一汽、上汽错开而是同时上。何光远与蔡诗晴汇报完后，李鹏要求编制“八五”计划的计委拿意见。国家计委参加会议的有三个人，邹家华是国务委员兼国家计委主任，甘子玉是国家计委常务副主任，徐秉金是国家计委二司（主管机械工业发展）司长。

从宏观发展角度考虑，邹家华认为，发展轿车工业是国家的重大战略决策，尤其是在西方国家在经济上制裁中国给中国造成暂时困难的背景下，更要全力发展自己的轿车工业，不光要挡住进口，节省外汇，还要能够出口换汇，更重要的是要使中国的汽车工业整体上一个台阶，从小学水平一跃为大学水平，为将来的发展奠定基础。从中国国际环境考虑，促进二汽与法国雪铁龙合资轿车尽快落实，也有利于中国打破西方国家对中国的经济制裁。出于这些综合考虑，邹家华认为应该尽快将项目定下来：“二汽轿车项目条件已经基本成熟，前期也做了充分准备，现在应该尽快将这个项目定下来。”

虽然邹家华有了原则意见，但二汽合资轿车项目除了法国政府贷款外，也需要国家大量的投资。国家计委“七五”已经扫尾，“八五”计划正在制定过程中。根据正在编制中的“八五”计划，预计“八五”期间，国家要投入建设的大中型项目约为845个，重点技术改造项目约为374个。这批项目中，属于国家计委工业二司控制的机械电子行业基本建设总的笼子只安排了26.9亿，经过徐秉金反复努力后追加了2亿，总计28.9亿。这么点的钱怎么够？一汽、二汽一家建设资金就需要近40亿。何况机电项目并不全部是汽车，还有其他行业呢？

二汽与法国雪铁龙轿车合资项目是国家重点，一汽与德国大众合资项目也是国家重点项目，上汽项目也在建设，这些都需要大量的资金支持，凭着手里的不足30亿资金，要让这几个大项目同时上，钱从哪里来？巧妇难为无米之炊，这也是计委领导和工业二司极力建议二汽项目要与一汽项目错开时间的原因。

自从改革开放以来，国家经济发展经历过几次大的调整。1978 ~ 1983年，由于希望快速发展经济，上的项目太多，基建投资过大，战线过长，由此造成经济过热，通货膨胀。为保证经济正常发展，国家采取“调整、巩固、充实、提高”八字方针，强制控制财政支出，相继停建缓建了一大批在建项目，当时，连尚未完全建成的二汽也被列入“停缓建”名单。1984年中央提出“对内搞活经济，对外实行开放”方针以后，经济出现恢复性增长。这一年，GDP增幅达到15.3%，固定资产投资同比增长21.8%，基建投资同比增长23.8%，市场物价上升，经济再度出现过热。到了1985年，零售物价指数和消费物价指数分别高达8.8%和9.3%，基建投资同比增长42.8%，出现改革开放以来第二次通货膨胀。不得已，国家再次实行货币、信贷“双紧”政策。到了1986年，过热的经济开始得到控制，经济再次上涨。1988年，全国的改革开始进入“价格闯关”，货币供应和信贷投放迅速增长，国民经济再次出现严重的通货膨胀，零售物价指数和消费物价指数分别高达18.5%和18.8%。形成了改革开放以来第三次经济剧烈波动。国家被迫再次实行严厉的治理整顿，国民经济增长幅度随之大幅下滑，1989年、1990年的GDP增长仅有4.2%和3.8%。根据中国的国情，为了保证足够的就业和财力增长，国民经济增长幅度不能低于6%，不得已的情况下，国家再次放松银根，到了1991年，基建投资又出现反扑势头。

一放就乱，一乱就收，一收就紧，一紧再放，在改革开放的摸索中，中国国民经济踉踉跄跄，走出一条明显的W型曲线，这种忽高忽低的经济曲线反映了中国国民经济基础不稳固，上下波动幅度太大也不利于国民经济平稳发展。作为国家经济的总管，国家计委参与了所有这些调控政策的制定与执行，国民经济每次出现剧烈波动时，国家计委就疲于应付，拆东墙补西墙，努力将“笼子”编好，争取国民经济在发展中不要出现大问题。现在编制“八五”计划，一定要吸取前面的教训，量入为出，类似于二汽合资项目这样投资几十亿的项目更是需要事前作出周密计划，如果事前没有资金安排，而是说上就上，势必造成中途做饭断火，形成“夹生饭”、“胡子工程”，既会给国家造成损失，又会影响合资项目进程，欲速则不达。正是因为考虑两个轿车项目同时上投资强度过大，国家财力难以支持，计委工业二司才提出，一汽、二汽轿车项目投资时间错开。

现在因为客观原因所致，二汽要求立刻上马的积极性很高，领导也表态支持，作为具体办事部门就不能不谨慎了。

邹家华发言后，李鹏问：“计委还有什么意见？”

汇报前，李鹏要求机电部与中汽总公司算一笔详细的账，二汽轿车项目究竟需要多少钱？机电部与中汽总公司的汇报中说，二汽雪铁龙合资项目需要国家投资23个亿，到2000年，可以向国家交出2个15万辆轿车生产厂。但计委常务副主任甘子玉和负责此项目的工业二司司长徐秉金对这个数字有不同的看法。他们认为，中汽总公司汇报的数字太虚，水分很大，有些需求没有计算进来，以一汽大众合资项目为例，一汽大众15万辆的轿车项目就需要43亿元，二汽项目比一汽项目大一倍，却只要23亿元，这怎么可能呢？无论怎么计算，23亿根本不够建成年产30万辆的轿车厂。在汇报时将项目资金“缩水”，先争取项目立项，进入国家计委的“笼子”，等到项目展开后，资金不够再向国家要求追加，这就是“钓鱼”。为了让自己的项目能够列入国家计划，这是许多部门常用的做法。这也是许多项目进入国家计划后，由于资金不足难以为继，最后成为“半截子工程”或“胡子工程”造成国家治理整顿的原因。

面对总理的提问，甘子玉说：“二司负责这个项目，请徐秉金说吧。”

几双眼睛都集中到了徐秉金身上。为了一汽轿车项目，徐秉金经常到一汽去，也经常与一汽的耿昭杰在一起算账，对一个大型轿车项目需要多少钱，心中有数。他认为，一汽的条件不比二汽差甚至还要强过二汽。德国大众给出的条件不比法国雪铁龙差，甚至还要优惠。就是这种条件，一汽也要花43亿元，二汽23亿元怎么拿得下来呢？但领导已经表了态，自己如果照直说不行，岂不是与领导唱反调？更何况机电部与中汽总公司又坚决要上。徐秉金略加思考后说：“如果情况真如一机部与中汽公司的汇报，投资23个亿就能建成2个15万辆的轿车项目，那当然很好，我建议，就按照他们的意见，将这个项目承包给他们，我们计委想法将23亿资金挤出来。但他们必须立下军令状，就这些钱，到2000年前，向国家交出2个15万辆的轿车厂。”

这句话当然是话里有话，在场的人谁都听明白了。

作为国务院总理的李鹏当然更清楚徐秉金的话外之音。李鹏说：“看来这个项目汇报还不成熟，这个项目今天还不能定，请机电部和中汽总公司重新做一个详细的汇报方案，下一次拿到国务院常务会议上审议。”

一周后，国务院在怀仁堂召开总理办公会。参加会议的有总理、副总理、国务委员、各部部长以及有关部门的工作人员。召开会议时，各部委领导都坐在前面，甘子玉与徐秉金代表国家计委参加。这次徐秉金多了个心眼，他没有与甘子玉坐在一起，而是找了个不起眼的角落坐下。

机电部与中汽总公司再次就二汽轿车项目汇报。汇报内容与前一次基本没变。汇报结束后，财政部等相关部门领导均表示，只要23个亿就能建成2个15万辆的轿车厂，轿车厂建成后2/3可以出口换汇，这是件大好事，我们坚决支持。会场上气氛很热烈，大家发言完了后，和前一次一样，李鹏问："国家计委什么意见呐？"

国家计委是国务院最重要的综合部门，对于大型项目投资有一票否决权。甘子玉与徐秉金分坐在两处，现在听到李鹏总理发问，邹家华瞅着甘子玉，甘子玉则远远地目视徐秉金，意思是让他发言。

徐秉金知道甘子玉的意思，但机电部与中汽总公司的汇报与上次的汇报完全一样，现在大家都说好，他一个司长能说什么？于是低着头装着没看见。看到计委没人发言，李鹏再次说："计委必须要发表意见"。

眼看躲不过了，甘子玉只得说："这个项目上次在总理家已经研究过一次，当时总理要求机电部和中汽总公司将报告再修改一下，但今天听完后觉得和上次的内容一样。我们计委的意见还是和上次的意见一样，二汽轿车项目如果要干，就承包给他们。"

甘子玉一说完，怀仁堂里顿时哄堂大笑，徐秉金在总理家说承包给机电部和中汽总公司是委婉地表示不同意见，现在在总理办公会上说承包给机电部和中汽总公司，虽然也是表明了不同意见，但在如此正规的会议上提出让国务院一个部门承包一个工业项目，则是从来没有的事。

李鹏当然听出甘子玉的意思了，他说："原来说让机电部和中汽总公司对方案做一些修改，看来你们还没有修改，那这件事情暂时不定了。"

邹家华分管国家计委和国家机械工业，对轿车项目盯得很紧，两次总理办公会定不下二汽的轿车项目，这让他很生气。会议一散，性格温和从不发脾气的邹家华很不客气地批评了机电部与中汽总公司的负责人："叫你们修改方案，你们为什么不修改？就这样还想拿到总理办公会上来糊弄？"

徐秉金自从参加工作起就在邹家华的领导下工作，是他的老部下。邹家华非常了解他遇事认真，从不敷衍塞责的性格，从这几次徐秉金"诤言进谏"看出，机电部与中汽总公司的汇报恐怕有问题。但二汽项目事关重国家打破西方制裁和中国汽车工业长远发展的大事，不能不上，于是对徐秉金说："你们不是对他们的方案有不同意见吗？那好，你去给他们算算账，3天之内拿出方案来。"

领导点了将，徐秉金不得不照办。按理说，将人家的预算推倒重新核算，这是件很得罪人的事，因为算账时要逐一核实，很有可能会碰到人家不愿意亮出来的"隐私"，而作为部门预算，打点小埋伏，隐藏点"私房钱"是常有的事。要给人家重新算账就带有查账的意味，一般没有多少人会干这种事情。但现在涉及到国家计划的“笼子”，涉及到国家大原则，徐秉金也就管不了那么多了。他受命带领二司的干部陈建国、陈斌、李刚三人来到二汽驻京办事处，让二汽将所有的轿车合资项目预算全部搬来，从头开始一笔一笔细细算来，几个人关在屋里翻箱倒柜整整干了三天三夜，对二汽建设需要的资金情况做到了心中有数。然后又与计委的投资司、长期司、外资司以及机电部、中汽总公司、二汽领导一起反复算账，最后总算达成一致意见。徐秉金连夜写出报告。

建秀、子玉、维中同志并报家华同志：

最招国务院领导同志关于“八五”期间轿车项目建设的指示精神及对一汽、二汽轿车项目的安排意见，我们在11月7、8两天上午，会同委内长期司、投资司、外资司、机电部、中期总公司及二汽厂领导等，结合“八五”期间汽车工业发展规划，具体研究了一汽、二汽轿车项目如何建设问题。会议期间，中期总公司正式提出了《“八五”期间汽车工业基本建设安排方案》及两个轿车项目的投资安排意见。经研究，我们认为，该方案有不足之处。如在考虑两个轿车合资项目投资的安排上平行推进，年度贷款未能平衡，利用外资未考虑已明确变化的汇率，实际差额达到9.8亿元，在年度投资安排上考虑项目建设的实际需要及企业自筹能力不足。我们又和一汽、二汽领导对年度投资及企业资金落实情况进行了深入、细致的研究，现将我们拟定的初步安排方案及我们的意见报告如下：

一、方案安排依据

1. 保一汽、二汽及重汽、南汽合理工期“七五”结转项目在“八五”前期建成投产，及早发挥效益，为轿车项目可靠地筹集资金。

2. 根据国务院领导关于两个轿车项目都要考虑，错开投资高峰，一汽先出车的精神，安排两个轿车项目的建设进度。

3. 在不违反两个轿车项目执行对外合同的条件下，并根据目前二汽轿车项目前期工作由于法国政府的经济制裁已滞后一年半左右的实际情况，错开投资高峰，国家贷款前三年重点保一汽，后二年保二汽，二汽前二年主要利用外资和企业、地方自筹。

4. 两个合资企业必须严格按照国务院批准的可行性研究报告中主要条款进行建设。

二、方案安排意见

1. 总的情况。“八五”期间汽车工业基本建设总投资需要92.05亿元，其中贷款24.49亿元，利用外资33.02亿元，自筹27.84亿元，预算内资金6.7亿元。总投资中，扣除利用外资，实际需要国内资金规模为59.03亿元，其中“七五”结转9.63亿元，“八五”新开项目49.4亿元。两个轿车项目总投资70.5亿元（包括轿车支撑项目9.1亿元），其中利用外资32.8亿元，贷款19.2亿元，自筹18.4亿元。

2. 两个轿车建设进度安排。一汽轿车项目国家原批准可行性研究报告为1990年开始建设，1994年建成，现在推迟到1991年开始，并力争在1994年建成。二汽轿车项目国家原批准可行性研究报告为力争在1993年建成，根据目前实际进展情况，安排1991年开工，争取在1995年投产。

我们认为此方案可以保证“七五”期间结转项目按期建成，为企业积累资金创造条件，同时还可以满足两个轿车项目“八五”建设的需要，基本符合项目建设进度要求，国家贷款年度可以错开高峰，企业自筹也能赶上年度需求，项目可以在规定的期限内建成，产量基本能满足国内市场对轿车的需求，挡住进口。

三、投资规模及资金落实情况

1. 投资规模落实情况……两个轿车项目投资规模缺口为：贷款5.49亿元（一汽轿车支撑工程3.59亿元，二汽轿车支撑工程1.9亿元），利用外资30.02亿元（一汽11.32亿元，二汽18.7亿元），自筹资金8.09亿元。

2. 资金落实情况。已落实利用外资33.02亿元，自筹资金27，84亿元，贷款19亿元。预算内资金2.38亿元，合计82.24亿元。资金缺口为5.49亿元。也就是说，国家只要再拿出5.49亿元贷款，既可保证两个轿车项目的实施。

四、需要解决的问题

1. 增加全行业基本建设投资规模47.92亿元。

2. 增加贷款5.49亿元及预算内资金4.32亿元。

3. 1991年投资规模，按委内初步确定的6.5亿元，还缺5.1亿元。

五、我们的意见

“七五”期间基本建设总投资完成了23.5亿元，在投资司的大力支持下，“八五”初步确定总规模为44.13亿元，已有大幅度的增加。

鉴于国家已批准两个轿车合资项目的可行性研究报告，以及目前国内外实际进展情况，两个合资项目在“八五”规划中都要相应考虑，尽管我们已对“七五”结转、“八五”新开项目在投资规模上做了尽可能的合理压缩，但由于两个轿车投资规模较大，在错开投资高峰的前提下，仍需增加投资规模47.92亿元，其中利用外资30.02亿元，贷款5.49亿元，自筹8.09亿元，预算内4.32亿元……考虑到按合同规定，1991年一汽、二汽都必须投入资金，都要开工，我们认为规模和资金缺口，可采用与地方协商，调用地方规模或适当增加年度规模予以解决。此外，为了满足一汽、二汽轿车合资项目建设进度，保证国产化目标的实现，还需要在技改资金中增加8亿～10亿元专项贷款。

此方案可以满足……两个轿车项目“八五”建设的需要，基本符合项目建设进度要求，国家贷款年度可以错开高峰，企业自筹资金也能赶上年度需求，项目可在规定的期限内建成，产量能基本满足国内市场对轿车的需求。

工业二司徐秉金

1990年11月13日

这份报告意味着，经过调整投资规模，一汽、二汽两个轿车合资项目勉强可以同时上，但必须要错开投资高峰。至此，二汽合资项目建设算账问题才告一段落。

围绕着二汽轿车合资项目，国家计委与机电部、中汽总公司有着很多认识与做法上的冲突，徐秉金回忆：

在“算账”之前，当时中汽总公司急于要上二汽轿车项目，为了能让可行性报告通过，说了一些与事实不符的情况，但国家计委外资司负责人指出，中汽公司的说法与事实不符。双方各陈己见，中汽总公司与国家计委的意见一直难以统一。意见不统一，计委就不能立项，计委不能立项，二汽合资轿车项目就无法进展。邹家华很着急，专门为此到二汽考察，了解实际情况。为了能让邹家华了解到真实情况，1990 年 11 月 7、8 两天我召集国家计委工业二司、长期司、投资司、外资司、机电部、中汽总公司以及二汽负责人开会。会议开始前，我不客气地说：“二汽轿车项目是国家重要项目，要向领导反映真实情况，便于领导做出正确决策。有些人爱说假话，这很不好。今天开会，大家敞开发言，但条件是都要讲真话，我们不搞笔录。”我拿出个录音机往桌上一放：“咱们以录音为准”。一时弄得气氛很僵。

在会上，我指出中汽总公司《“八五”期间汽车工业基本建设安排方案》和一汽、二汽两个轿车项目的投资安排意见存在很多问题。例如，将一汽、二汽两个轿车项目投资进度平行安排，未能均衡年度贷款，也未能考虑国家计划的“笼子”；在利用外资方面未能考虑汇率变化，实际差额竟然接近几十亿元；两个轿车项目尤其是二汽轿车项目年度投资安排上未能考虑项目建设的实际需要，二汽合资轿车自筹资金能力不足等问题。

李鹏总理和家华同志对二汽轿车合资项目高度关注，根据他们“两个轿车项目都要考虑，错开投资高峰，一汽先出车”的指示，我们将国家贷款前 3 年重点保一汽，后 2 年保二汽。二汽前 2 年主要靠利用外资和企业地方自筹资金建设。这样才解决了二期建设的资金问题。

此时国际形势也出现有利于中国的变化。美国为首的西方主要资本主义国家宣布对中国进行经济制裁后，虽然给中国的国家建设造成某些影响，但并未阻碍中国改革开放和社会发展的步伐。一些西方国家看到，制裁中国反倒影响自己与中国的经贸往来，跟着美国跑，吃亏的是自己。法国总理罗卡尔就公开宣称，制裁是无效的。眼看制裁无效，美国、欧洲各国都开始打起自己的算盘，唯恐制裁会影响自己与中国的关系，影响自己的经济利益。于是明里暗里开始与中国联系。鉴于制裁行动完全失败，1990 年 10 月 22 日欧盟正式宣布，解除对中国的经济制裁，这意味着，西方的经济制裁彻底失败。

法国雪铁龙方面显然知道中方关于二汽轿车合资项目的进展与争论，为了不使这个项目“流产”，他们也加紧了对法国政府的压力。就在欧盟宣布解除制裁两天后，10 月 24 日，法国财政部官员向中方重申：一旦合资公司成立，即可商签第一阶段所需的 24.2 亿法郎的财政议定书，并将采用新的程序，对此项目的贷款 1991 年一次性拨付。

为了打消法国的担心，促进二汽轿车合资项目的进展，10月31日，李鹏总理接见了法国雇主协会代表团成员、雪铁龙公司总裁代表哈夫纳，李鹏总理重申，中国政府对此项目仍持积极态度，希望法方拿出实际行动，促进项目取得进展。11月1日，国务委员邹家华接见哈夫纳，除了表示中方支持项目进展外，也给法方施加了压力：合资双方的商务合同完成后可以签约，但在合同条款中应注明，如果政府贷款不能落实，则合同失效。

这些信息被迅速反馈回法国并触动了法方敏感的神经，法方立即采取了行动步骤促进合资进程。11月26日，陈清泰致电邹家华：

邹家华国务委员：

雪铁龙公司总裁代表哈夫纳先生随法国雇主协会代表团访华后，11月23日，PSA集团总裁卡尔维先生给我来信，信中说：合资合同中"决定性的一步已经完成"，一旦合同文本的具体工作做完，我们就可以签订合同，"以使中国当局能与法国当局商讨法国政府贷款这一重要问题"。

鉴于合同中的主要问题都已解决，法国政府贷款已得到正式承诺，雪铁龙方面明确表示同意签约。双方初步商定12月8日在北京正式签订合同。

届时希望您和李鹏总理接见中法企业领导并参加签字仪式。

陈清泰

1990年11月26日

国际形势的好转和国家计委"算账"的结果令对二汽合资建设项目高度关注的邹家华稍感安心，当日，邹家华即将国家计委的报告和陈清泰的来信转呈国务院总理李鹏。

李鹏同志：

根据你主持二汽发展轿车会议的精神，国家计委有关同志又进行了测算和安排，内外资金基本落实，笼子略有超过，四五年内可以及时调整，一汽、二汽投资高峰可以错开，总的看是可以的。

你指示工作可以继续进行，所以二汽厂长陈清泰继续和法方在这一段时间里就合同问题也都谈完了。最近法厂方又来信表示同意近期签字，并准备来京参加仪式。

我认为经过这一段工作条件基本成熟，特别是现在签订这个合同，一方面是利用法国允诺贷款这个机会，另一方面也是对西方制裁的一个大突破，对欧洲其他国家放松贷款将是一个推动。经过几年建设后，我国可以自给小轿车，还可以期望出口小轿车，现在签字不会有大的风险。建议批准，以利做好签字准备工作。

关于和法国政府商议此项目的财政议定书，我已和岚清同志商议过，正在进行准备，待签字后即可正式进行。

邹家华

1990年11月26日

经过一年多的磨合调整，二汽雪铁龙合资轿车项目终于见到了启动的曙光。但以后的发展再次验证了中国的成语“好事多磨”。

法国政府再挑事端

12月的巴黎，虽然已经是冬天，但海洋性气候使得巴黎冬天不冷，夏天不热，也使得浪漫的法国女性冬天仍然能够身着一袭长裙，始终保持着优雅迷人的风韵。

按照中法双方的商定，二汽雪铁龙合资轿车项目签字仪式在巴黎举行。1990年12月17日，陈清泰率领二汽代表团一行12人抵达巴黎。临行前，二汽向国家计委报告此去将要与法国雪铁龙公司草签协议，请国家计委派领导参加。国家计委立即通知正在美国出差的工业二司司长徐秉金从美国直飞巴黎，代表国家计委参加签字仪式。同时代表中国政府参加的还有经贸部投资司司长吕振。

到达巴黎后，二汽代表团一行来不及倒时差，当天就开始繁忙的公务活动。首先拜会中国驻法大使，紧接着会见雪铁龙总裁代表哈夫纳，随后与PSA集团总裁卡尔维会见。按照中方的要求，第二天，二汽代表团参观了雪铁龙技术中心实验室，在这里，他们像端详新娘一样，从内到外仔细地将将要合作生产的ZX系列轿车看了个透。

为了表示对中国客人的欢迎，浪漫的法国主人在巴黎塞纳河上举行游艇晚宴。傍晚的塞纳河，碧波荡漾，两岸建筑上的灯光倒影在河水里，闪闪烁烁，悠扬的乐曲飘飘渺渺回绕在塞纳河上空。突然一声轰响，塞纳河两岸焰火升腾，为了显示出热情，法方专门安排了焰火表演。随着声声巨响，夜空里五彩缤纷，星光灿烂，更增添了浪漫之都巴黎的绚烂色彩。装饰一新的豪华游艇在清波中缓缓前进，宽敞的游艇大厅里摆放着长长的餐桌，身着黑色晚礼服的主人脸上堆满了殷勤的笑容，手举斟满香槟的酒杯频频与客人互相祝贺，琥珀色的香槟酒泛起白色的泡沫，大厅里弥漫着浓郁的酒香。经历过重重坎坷的合资项目终于到了签字画押的时刻了，主客双方的心头都显得格外轻松。

在法国媒体的包围下，陈清泰接受了采访，发表了热情洋溢的讲话。媒体也没有放过代表国家计委参加的徐秉金。法国记者问徐秉金对二汽雪铁龙轿车合资项目的看法，徐秉金回答：“中国政府积极支持中法企业合资建设轿车项目，我代表国家计委前来出席就是证明。但我有一条必须申明，法国政府承诺的贷款必须落实，如果贷款不能落实，即使草签了协议也不会生效。”

19日，中方代表团参观了昂内工厂的ZX轿车生产线，昂内工厂的车间里，二汽代表认真察看焊装、总装和试制生产线。当天晚上，巴黎最著名的香榭丽舍大街豪华的勒多雅安饭店里灯火通明，珠光宝气，大厅里人头攒动，气氛热烈。在新闻媒体的簇拥下，中法双方代表来到会议桌边。法国政府总理办公室、外交部、工业部、财政经济部、外贸部都派出代表参加签字仪式，法国驻华商务参赞也专程从中国赶来参加签字仪式。中国驻法使馆代办、商务参赞、国家计委代表、经贸部代表也出席了签字仪式。法国雪铁龙公司的哈夫纳和中国二汽的陈清泰庄重地在合资协议上签字，随着他们手起笔落，大厅里响起热烈的掌声，中国第二汽车制造厂与法国雪铁龙汽车公司合资生产轿车的项目终于尘埃落定。双方签约的合同为第一期工程，目标为年产 15 万辆 C 级普通型轿车。最终目标为年产 30 万辆 C 级和 B 级普通轿车。

合同签字的当晚，巴黎各电视台、电台即时播出了中法双方合同签字的消息。第二天，法国各主要报纸都刊登了消息及文章。《欧洲时报》在“法中经济合作的大手笔”一文中写道：

法国雪铁龙公司与中国第二汽车厂在巴黎正式签订了合资生产质优价廉轿车的协议。这是法中两国最大的合作项目……法中两国经济关系从发生困难到很快走出低谷的变化，使我们看到了这样一个事实：从中国来说，只要社会内部安定，政治经济稳定，改革开放政策不变，不愁外国商人不来。对法国来说，有远见的政界人士始终看好中国这个庞大的市场。这次法中两国在汽车工业领域里合作的产儿“神龙汽车公司”的正式成立就是一个很好的说明。

《费加罗报》的标题是：“ZX 将雪铁龙公司带到了中国”，《经济报》的标题是：“雪铁龙公司脚踩刹车回到中国”。

根据程序，二汽轿车合资项目下一步的几项工作是，1991 年元月，法国政府财政部对合资项目进行贷款前评估，中国经贸部向法国政府提交贷款方案，中法两国政府财政议定书谈判。只有这几项工作都完成了，二汽轿车合资项目才能继续前行。

落实二汽轿车合资项目贷款仍是合资成败的关键问题。尽管双方的合同里明文规定，“贷款不落实，合同不生效”，但法国政府关于贷款问题的立场仍然有了微妙变化。距离合同签字不过一个月，1991 年元月 31 日，法国财政经济部对外合作司黑蒙在与中国经贸部贷款司吕振司长会晤时称：法国政府已对二汽项目做出预算，但只能按 1988 年的水平提供政府贷款，据测算只有 16 亿法郎，这与二汽合资轿车项目需要的 23 亿法郎政府贷款有 7 亿法郎的差距。法方建议以出口信贷补充，但贷款利率由 2%提高到 8%，还款期由 30 年变成 10 年。

法国人不光生性浪漫，在生意上也精明过人。法国政府实际上在贷款问题上玩了个花招，原来的承诺的 23 亿法郎政府贷款是由 52%的软贷款和 48%的出口信贷组成，现在变成了 37%的软贷款，62%的出口信贷。软贷款条件是年息 2%，还款期限 30 年，出口信贷年息 8%，还款期限 10 年，两相比较，法方占了中方的大便宜。中方的财政负担又要加重了。

法国政府这一手搞得中方非常不爽。中方提出，可行性报告是双方共同拟定的，现在法方条件发生变化，我方要做工作，雪铁龙公司同样要做工作。

在此之前，1991 年元月 20 日，受法国政府委派，法国专家希戴内、林祥泰来华作贷款前的评估工作，这是中法政府财政议定书谈判的前提。中方对这两个法国人给予了最热情的接待。两人除了在北京与有关方面谈判外，还参观了一汽奥迪项目、上海桑塔纳、广州标致、二汽武汉基地和襄樊基地。两位法国人从东到西，从南到北，几乎游遍了大半个中国。2 月 2 日，两人酒足饭饱，带着中方的希望飞走了。临走时表示，要促成法国政府贷款尽快落实。

就他们两人还在中国转悠时，元月 29 日，法国外贸部长罗什又兴冲冲走下飞机旋梯，踏上中国的土地。改革开放的中国前进步伐太快，一大批建设项目陆续推出，法国倚仗自己科技发达，资金实力雄厚，为了挣钱，几乎什么都想要。邹家华在人民大会堂会见罗什时，向他展示了手头上的待建清单：汽车方面，中国不仅有二汽，还有广州标致。在电力合作方面，秦山核电站、大亚湾核电站二期工程、抽水蓄能电站、广州地铁、稀土合作等。在罗什眼里，中国的每一个项目都是流金淌银的宝贝，他希望将这些项目都装进自己的行囊中。

但谁能想到，塞纳河畔香槟酒的香味尚未飘散，中法双方从官员到企业家热情的祝福言犹在耳，法国政界和产业界就在酝酿着另一个阴谋，他们将自己贪婪的手指捅向了中国的伤疤——台湾。

由于美国的破坏与插手，造成台湾孤悬海外，台湾问题也成为对中国怀有敌意的国家屡屡制造事端的由头。由于中国逐步强大，虽然世界上包括美国在内的绝大多数国家都承诺奉行一个中国的政策，但出于意识形态的对立和自身利益，美国等西方国家从没少拿台湾问题做文章，为了捍卫国家的主权，台湾问题一直是中国外交斗争的一个焦点。在各种反华势力的挑动下，为了一己私利，少数国家往往会做出一些违背承诺的行动。看到中国二汽与法国雪铁龙合资项目已签，法国政府立即开始了另一个酝酿已久的阴谋。

1991 年 4 月，法国外长迪马访问中国。在与中国外长钱其琛交谈中，迪马突然向钱其琛提出，随着国际形势的变化，各国在台湾问题上的政策也在进行调整。法国认为与台湾做生意的时机已经成熟。法国准备在环保、污水处理、高速火车、护卫舰等项目上与台湾合作。迪马称，出于经济上的考虑，法国打算向台湾出售护卫舰。法国政府认为，护卫舰是防御性的，而非进攻性的，这笔生意对法国船厂来说，是一宗大买卖。美国已卖给台湾四艘护卫舰，美国能卖，法国为什么不可以？法国在这类问题上不应受到歧视，不能让美国独占便宜。

迪马的这一番荒谬言论当即受到外长钱其琛的驳斥。

面对中方的严正交涉，法方诡辩说，法国售台军舰是从经济利益考虑的商业行为，法国政府一个中国的政治立场没有改变。1991 年 6 月 1 日，国务院总理李鹏会见并宴请了法国通用电气阿尔斯通公司董事长德乔治及其一行，李鹏让德乔治向法国领导人传递信息：中国领导人重视中法关系，但坚决反对法国向台售武。德乔治当晚就打电话，向法国有关高级人士通报了信息，返回巴黎后又向法国政府做了详细报告。

但法国却置中国政府的强烈关注于不顾，依然我行我素。1991 年 6 月 6 日，法国外长迪马向中国外交部长钱其琛通报：

法政府决定不反对法商和台商就法向台湾岛出售护卫舰事进行谈判，谈判范围限于舰体和不包括武器在内的舰上设备。法方做出这一决定是经过慎重考虑的，并注意到了中方对其安全的合理的担忧。这是一次纯粹的商业行为，不牵涉与台湾当局的任何官方关系。法国政府强调，这一决定的执行，无论如何不会损害法国承认北京政府为中国唯一合法政府的一贯立场。

法国售台的军舰被称为“拉斐特”，是法国海军用了整整五年时间开发出的新型导弹护卫舰，“拉斐特”排水量 3600 吨，具有良好隐身性能。1990 年 12 月 15 日，首舰“拉斐特”号在法国里昂海军船厂开工建造，1992 年 6 月 13 日建成下水。就是这样一种极具威胁的新型战舰，法国却要将它卖给台湾。

在中方严正交涉下，法国政府勉强发表一份公报，声称：

法国政府决定批准法国工业家就出售不装备武器的护卫舰船体同台湾进行谈判。这是一项纯商业交易，不意味着与台湾当局发生任何官方关系。法国政府在做出这一决定时，考虑到了中国对其安全和领土完整的关切。法国政府重申 1964 年 1 月法中联合声明的表述，即中华人民共和国政府是中国的唯一合法政府。法国政府继续致力于发展同中华人民共和国政府在各个领域的友好关系。

这份公报算是中国政府与法国政府之间“最低限度的谅解”。时任外交部长钱其琛称：

这样做的目的是，一方面，避免中法关系的全面倒退，而稳住中法关系，对推动我国与西方大国关系的改善有着重大意义，也是遏制台“务实外交”的有效途径；另一方面，通过磋商，中方表明了坚持反对售台武器的立场，并为必要时做出适度的反应留出了余地。

（钱其琛《外交十记》世界知识出版社）

事后得知，法国售台“拉斐特”护卫舰其实涉及一个重大的政治丑闻。

1993 年 9 月，台湾“海军总部”上校军官尹清枫赴法检验售台“拉斐特”护卫舰，发现该舰存在严重的缺陷，统计下来共有 34 处之多。尹清枫据此认为，这种军舰法国刚刚研制出来，目前正在试航，法国海军还未装备，反对购买这种不成熟的军舰。谁知，提出反对意见后两个多月，尹清枫却神秘地失踪了。直到 1993 年底，他的尸体才在台湾苏澳外海浮起。以后，又有情报官员、“政府官员”、银行业务主管等 7 位知情人陆续为此命丧黄泉。

尹清枫命案曝光后，台湾和法国方面都成立了专门机构进行调查。但迄今尚未彻底揭开这宗舞弊案错综复杂的内幕。从已有的线索看，此案不仅涉及金额巨大，而且牵扯到法、台的高层“政治人物”。

据台湾媒体透露，1991年法国售台六艘护卫舰，原先议定的总价为110亿法郎，最终的成交价却高达160亿法郎（约合27亿美元）。这个价格是新加坡购买同样数量的“拉斐特”护卫舰的三倍多。这起军售案源于法国前外长迪马的情妇，号称“共和国娼妇”的钟古夫人。为了打通向台出售军舰的通道，“拉斐特”军舰制造商汤姆逊公司知道迪马与钟古夫人之间“特殊关系”后，以600万美元的酬金请钟古夫人游说法国政府的关键人物并促成了这桩损害中法关系的军购案。案件通过法国媒体披露，引起法国朝野震惊。

“拉斐特”案吊起了法国人的胃口，他们开始得寸进尺。

1992年1月31日，法国外长迪马再次向中国外长钱其琛提出，法国正在考虑向台湾出售“幻影2000”战斗机。“幻影2000”战斗机是一种作战效能较高的进攻性武器。法国在售台军舰时曾辩解说，护卫舰是防御性武器，法国不会出售进攻性的战斗机给台湾。现在，却自掴耳光，又想售台战斗机。

为了阻止法国向台湾出售“幻影”战斗机，中方立即采取了一系列措施。先是向法方提出严正交涉，指出这一问题的严重性质，表示中方绝不会容忍。同时，还积极采取措施，回应法方提出的所谓“法对华贸易严重不平衡”的问题。中方派出经贸代表团访问法国，明确表示，如法方放弃售台“幻影”战斗机，中方将派采购团访法，签订一批合作项目，并可现汇购买20亿美元的法国产品。代表团还向法方提供了一个可能同法方合作的项目单子，共8大类，50个项目，总金额达154亿美元。

（钱其琛《外交十记》世界知识出版社）

1992年11月18日，法新社援引台湾方面的消息称，法台已于当日签订了法国向台湾出售60架“幻影2000”战斗机的合同，但出于外交上的考虑，双方都没有正式公布此事。12月22日，法方向中国驻法大使正式答复：法国政府已决定批准法企业向台湾出售60架“幻影2000-5”防御型飞机，同时表示，法方对飞机做了必要的技术限制，飞机是防御型的，不带空中加油装置，不配备空地导弹，不会对中国的领土完整和安全构成威胁。

面对中国的抗议，法方辩称，此项合同属一般性商业行为，美国能向台湾卖武器，法国为何不能？法国对华贸易存在巨额逆差。法国航空工业处境困难，需要寻找出路。

法国决策层内有不少人认为中国软弱可欺，以为中国这次一样会忍气吞声。

对法国的错误行为，中方做出强烈反应：撤销部分拟议中与法方合作的大型项目，如广州地铁、大亚湾核电站二期工程、购买法国小麦等；不再与法国商谈新的重大经贸合作项目；严格控制两国副部长级以上人员的往来；立即关闭法国驻广州总领事馆。

法国售台武器不就是为了商业利益吗？中国的做法让法国认识到，法国必须对自己的错误行为付出更为沉重的代价。1993年法国社会党在大选中下台，法国“保卫共和联盟”取而代之。为修补受损严重的中法关系，1993 年 7 月和 12 月，法国新政府总理巴拉迪尔两次派特使来华磋商。经过长达半年的多轮磋商，1993 年 12 月 28 日，法国政府在中法两国政府联合公报中承诺：

法国政府承诺今后不批准法国企业参与武装台湾。

等到中法关系重回正轨，二汽轿车项目已经停滞了 4 年多。

从 1988 年二汽与雪铁龙公司接触开始，直到 1992 年 5 月 18 日，神龙汽车有限公司成立。1993 年元月、3 月，神龙汽车公司武汉工厂襄樊工厂分别奠基开工。1995 年 9 月，神龙汽车有限公司生产的第一辆富康轿车才走下生产线。这与原定 1992 年投产的规划晚了三年多。

1998 年 2 月 27 日，神龙汽车有限公司与香港索菲纳有限公司在武汉签署首批 12 辆神龙富康轿车出口合同，这是在“进口替代”口号下建设的二汽轿车合资企业第一次出口，如此的出口数量让人们对当年“进口替代”口号再次反思，12 辆这个数字与当初声称 2/3 出口的承诺也让合资项目的当事人与推动者倍感尴尬。

2000 年 11 月，二汽雪铁龙合资项目一期工程通过国家竣工验收，实际完成投资 131 亿元，大大超出二汽当年给国家上报的“可行性研究报告”的 61.4 亿元。2004 年元月，二期 30 万辆轿车工程奠基开工，预计 2006 年完工。大大晚于二汽当年给国家上报的“可行性研究报告”中所保证的完工时间。

神龙公司成立后步履踉跄，不久又爆出中国汽车工业发展史上的惊天消息，堂堂总经理宋祖慰居然不辞而别，神秘失踪，一时间东风公司内部与业界舆论哗然。宋祖慰的神秘失踪与原上汽公司总经理方宏神秘跳楼身亡一样，成为中国汽车工业发展史上一个未解之谜。

二汽雪铁龙合资轿车项目，起了个大早却赶了个晚集。

神龙争夺战

二汽要与法国合资生产轿车的消息传出，引起了全国各地的高度关注，一个年产 30 万辆的轿车厂放到哪里，对那个地方经济的拉动作用是明显的，上海和一汽便是榜样。于是，各地围绕着二汽轿车厂的定址展开了激烈的争夺，各地挖空心思，想尽办法，拉上各种关系，甚至派出坐探，随时了解二汽和中央的任何动向，以便随时采取对策，说这是一场争夺战一点也不过分。

当时全国共有 12 个省来争夺。12 个省的省委省政府领导带队来二汽找总经理陈清泰。江苏省领导甚至带来了南京市歌舞团来到二汽慰问。面对各省纷纷抛出的绣球，根据各方面的基础条件，陈清泰在这 12 个省中筛选了 3 个省，即江苏、湖南、湖北，然后上报国务院。根据当时的争夺的激烈情况，他也无法决定到底放在哪里。时任国务院副总理李鹏亲自过问此事，李鹏专门把中汽公司总经理陈祖涛找去：“老陈啊，这个问题很重要，你得亲自去选址。”

陈祖涛回忆道：

李鹏将我找去，要我亲自去选址。当时二汽轿车厂厂址的争夺几近白热化，这么大的事，我可做不了主。于是我请示李鹏：“这3个省你看定在哪里，你给我交个底。然后我再选。”

李鹏回答也很有意思：“选一个交通发达，位于中国中心地带的省。”

听了他的话，我心里明白了几分。

陈祖涛带队首先来到湖南。湖南是中国革命发祥地，为中国革命做出过独特的贡献，中国老一辈革命家中，毛泽东、刘少奇等一大批革命领袖都是从三湘大地走向全国。但由于多方面的原因，国家经济建设布局中，湖南一直没有得到中央的大型项目，导致湖南的重工业基础相对薄弱。当年李富春曾设想把二汽建在湖南，并命名为“毛泽东汽车厂”，一机部也曾派人到湖南等地踏勘厂址，但湖南最终与二汽失之交臂。这一次湖南以照顾革命老区，平衡全国经济布局为由，极力争取将二汽轿车厂放在岳阳。省委书记熊清泉、省长陈邦柱等省里的要员陪同陈祖涛在岳阳考察。

岳阳地处长江边，襟三江而带五湖，八百里洞庭直逼岳阳城下，登上岳阳楼，放眼四望，烟波浩渺，水天一色。虽然岳阳的交通条件较好，建厂也有用水之便，但岳阳的工业基础落后，尤其是缺乏汽车零部件基础。在这里建设一个年产30万辆的现代化轿车厂，基本上相当于白手起家，建设投资是个大问题。陈祖涛在岳阳看完后，没有表态。省委书记熊清泉很精明，他明白湖南的基础条件比不过其他地方，但湖南有湖南的优势，那就是极为深厚的中国革命领导人的人脉。看到湖南可能要落选，熊清泉找到了帅孟奇。帅孟奇是著名的老一辈革命家，1926年参加革命，党的中共十一届三中全会后，当选为中央纪律检查委员会常委、第五届全国政协常委，中央组织部顾问。由于帅孟奇为人刚正不阿，在党内受到广泛的尊敬，人称“帅妈妈”。陈祖涛早就认识帅孟奇，1951年回国后，帅孟奇就代表中组部管理他们这些归国留学生，她在陈祖涛面前说话可是有权威的。

陈祖涛一回北京，帅孟奇就把他找了去。帅孟奇的家在中组部后面的一个四合院里，陈祖涛去了一看，湖南省委书记熊清泉也在座，他心里就明白了。帅孟奇对他说：“祖涛啊，你可知道，我们湖南出了多少中央领导，从主席到少奇同志那可是数也数不清，但他们工作都面向全国，没有给我们湖南任何项目，所以我们湖南经济落后了，这回二汽轿车这个项目，你可得照顾湖南呐。”

陈祖涛当时比较为难，自己走时专门请示了李鹏，李鹏也有了原则意见，自己总不能违背总理的意见乱表态。于是他说：“帅妈妈，您老的话我当然要听，但我这次是受命出来选址，这次只看了湖南，还有几个省都没有看，怎么能定呢？您的话我记住了，等我看完了其他几个省后，在向中央汇报时综合考虑。你看行吗？”

帅孟奇到底是老革命，见陈祖涛这样说了，也连声说好。

到了江苏，陈祖涛也遇到难题，江苏力争将把这个项目争取放到镇江。镇江是苏南地区沟通大江南北的重要城市，位于长江下游南岸，西接南京，东临上海，与苏、锡、常毗邻，北与扬州隔江相望。长江和京杭大运河在此交汇。是长江三角洲一座集港口、工业、商贸为一体的中型城市。具有发展经济贸易所必需的港口、交通、水源、能源等组合优势。江苏省的汽车配件企业密集经济实力雄厚，20 世纪 70 年代，国家筹建三汽时，镇江就是主要候选地，后来因为三汽下马，镇江错过了这一时机。现在又有了这一机会，江苏表示要动员全省的力量，全力争取二汽轿车厂落户镇江。江苏的两个副省长曾经和陈祖涛一起在大连学习过，他们一见陈祖涛就说："老同学，这次你可要照顾我们江苏，这个项目无论如何要放在我们江苏"。无奈之下的陈祖涛也是拿出'看完了才能定'的挡箭牌才过关。

第三站到了湖北武汉。与镇江和岳阳相比，武汉的优势明显。武汉地处中国的中部，是著名的经济、文化、商业城市。30 万辆的现代化轿车厂，原材料运进，产成品运出，对交通运输条件有着极高的要求。而武汉首先就满足了这一点。武汉自古就是"九省通衢"的水陆码头，波涛滚滚的万里长江西起四川重庆顺流而下，经过武汉在上海汇入东海，连起中国大、中、小近百座城市，形成著名的长江经济带。京广铁路与长江在地理位置上形成十字交叉，从南到北连接起首都北京和改革开放的前沿广东，将要建设的高速公路网连接湖北周围的湖南、江西、安徽、河南和湖北省内的黄石和宜昌，航空更是四通八达，这种交通条件完全能够满足大规模工业生产建设所需的物流要求。其次是具有雄厚的经济基础。武汉有武钢、武锅、武船、武重等一大批中国重要的大型骨干企业和一批新兴的高科技企业，已建成的葛洲坝和将要建设的长江三峡电站能够保证生产建设时的物资和电力的需求。第三是武汉提出建设轿车厂的地理条件好，轿车厂的位置初步定在武汉的西边，那里地势开阔平坦，便于现代化大型企业组团布置，地质条件也很不错。有了这些有利的条件，陈祖涛的心情本来是非常轻松的，哪知情况远比他想象的复杂。

在和湖北省、武汉市领导在一起交换意见时，陈祖涛遇到了麻烦。武汉东湖边有一座风景如画的宾馆，这就是著名的"梅园"，当年毛泽东每次来到武汉，都是下榻这里。在梅园宾馆会议室里，湖北省委书记关广富、武汉市长赵宝江以及湖北省委、省政府的其他好几位负责人一起与陈祖涛探讨二汽轿车厂在湖北的布局。陈祖涛是汽车专家，他从汽车工业建设的规律考虑，提出轿车厂建设必须要将整车总装和主要的总成生产都放到一起。但省委书记关广富与武汉市长赵宝江的意见不一致。

在谈到生产布局时，关广富提出发动机和总装要分开，发动机放在襄樊，总装放在武汉。关广富解释，二汽第二基地在襄樊，二汽的第三铸造厂、试车场、康明斯发动机厂都建设在襄樊，将二汽轿车厂的发动机生产基地放在襄樊，可以更好地利用二汽第二基地的有利条件，节省投资，襄樊还有很多军工企业，可以将轿车零部件扩散给他们，发动机放在襄樊的目的是要带动湖北西部的汽车工业发展，构建从十堰经襄樊、随州到武汉的“汽车走廊”。

陈祖涛对关广富谈了自己的意见：30万台发动机放在襄樊有三个问题，一是生产上不便于管理；二是运输距离过远，增加成本；三是运输不方便。他问道：“30万台发动机每年有几百万吨的物流，怎么解决？”

关广富认为可以通过汉江来解决运输问题。陈祖涛说，当年建二汽时就考虑过利用汉江来运输，但汉江水的丰水和枯水之间差别很大，丰水期是运输没问题，但枯水期无法通行大型船舶，运输就要成问题。更何况，汉江滩浅礁多，60年代自己在二汽选址时就亲自从丹江坐船沿汉江而下，对汉江的运输环境有直接的了解。若要将其作为重要的物流通道，需要进行大规模的航道整治，工程量太大而且还要受上游来水的限制。从现代化大企业的生产、管理所必须的环境、条件看，总装和发动机最好在一起统一布置。但关广富仍然坚持发动机放在襄樊，陈祖涛对此很不理解。但出来时李鹏对他已有交代，同时也要尊重地方党委的意见。陈祖涛事后称：“二汽轿车厂总装与发动机两地分设，这件事成了我选址中的一大遗憾。”

武汉市长赵宝江对于轿车厂与发动机厂两地分设也很为不满，但省委书记定了调，他也无可奈何。赵宝江提出，武汉将总装厂放在汉阳的沌口。

一条长江、一条汉江将武汉市分为武昌、汉口、汉阳三镇。三镇中，汉口、武昌工商业发达，汉阳却明显要落后的多。当年崔颢“有晴川历历汉阳树，芳草凄凄鹦鹉州”的诗句，美则美，只是略显空旷荒凉。武汉市决定将汉阳建设为经济开发区，迎娶二汽轿车厂入驻。

沌口离武汉市区十几公里，是武汉的近郊，这里交通运输方便。地形开阔平坦，便于厂房建设。用电用水也都有保障。赵宝江和武汉市政府秘书长任德亮的积极性很高，二汽轿车厂地址中央尚未定下来，他们就开始着手大规模建设前的“三通一平”了。

三个省的选址完成了，但没有明确定下究竟在哪里，三个省都虎视眈眈，志在必得，不断地了解项目的进展情况，都在做有益于自己的工作。陈祖涛将三省的考察情况汇报后，便静等国务院定了。

襄樊切了一块蛋糕

襄樊市位于湖北省西北部，长江最大的支流汉江从襄樊穿城而过，汉江南岸为襄阳汉江北岸为樊城，襄樊是两城的合称。襄樊是一座有悠久历史的文化名城。樊城相传为周宣王仲山甫的封地——樊侯国，至今已有2800多年的历史。襄阳汉初建县，汉献帝时，将襄阳县治改为州府，地辖今湖北、河南、湖南、广东、广西等庞大的地域，唐代改为道治首府，增辖陕西、四川部分地区。从此，襄阳城一直是历代州、郡、道、府、路治所。1950年5月襄阳、樊城两镇合并设襄樊市，1983年9月与襄阳地区合并，实行市带县体制。

"天赐襄阳地灵秀，人绘史卷名风流。"襄樊拥有丰富的人文资源和自然景观。这里既是烽烟四起，群雄逐鹿的古战场，也是历史上文人骚客荟萃之地，楚国诗人宋玉、战国时期政治家伍子胥，唐代大诗人杜审言、孟浩然、张继和宋代著名书画家米芾等文人名士皆出于此。诗仙李白、诗圣杜甫等都在此流连并留下传颂千古的诗句。李白在《襄阳曲》中写道：

襄阳行乐处，歌舞白铜堤。江城回绿水，花月使人迷。

襄樊最著名的是隆中。隆中位于襄阳城西13公里处的群山中，这里是传说中诸葛亮故居，因为和河南南阳的卧龙岗打官司，争正统，使得这里更为引人注目。隆中面积很大，三面环山，一面正对过去的襄阳古道，一条小河静静地从山前流过。罗贯中在《三国演义》中对古隆中是这样描述的，"山不高而秀雅，水不深而澄清，地不广而平坦，林不大而茂盛。"风水先生对这靠山面水的地形，给以高度评价，谓之藏龙卧虎之地。隆中的大门口是一座始建于晋朝的高大石牌匾，上书三个大字"古隆中"。一副"三顾频烦天下计，两朝开济老臣心"的对联对诸葛亮一生作了高度概括的评价。隆中面积约10多平方公里，景区内山势起伏，势若蟠龙，巍然深秀，山上山下，茂林修竹，郁郁葱葱；几座泉水、池塘点缀山间、几条小溪流水潺潺。庭院深处有一株四人合围的古桂树，每当8月，满树金花，芬芳沁人。诸葛草堂对面有一小亭，被称为"抱膝亭"，相传是诸葛亮观察思考天下大事的地方，"抱膝亭"廊柱上一副"淡泊以明志，宁静以致远"的对联给游人无限遐思。

三国志记载，诸葛亮十七岁随叔父诸葛玄到襄阳，隐居隆中，躬耕苦读，留意世事，被称为"卧龙"先生。脍炙人口的"三顾茅庐"和"隆中对"的故事就发生在这里。由于中国人最推崇的忠、信、诚、贤汇聚于一身，诸葛亮在中国成了智慧与忠诚的化身，在中国社会、文化、政治中享有崇高的地位，得到了历代统治者和普通百姓的尊敬。1947年，蒋介石曾到襄樊视察军务，曾专门到诸葛亮的"草庐"住了一夜，也许是希望能在梦中与这位先贤对话，得治国真经。

襄樊古称"七省通衢""南船北马"，城市功能配套齐全，交通也极为方便，焦作至柳州、武汉至丹江、襄樊至重庆三条铁路干线在市区交汇，焦枝铁路北上接入运输动脉京广线，使得襄樊具备了与郑州、徐州一样的南北交通枢纽地位。襄樊市内设有113股道的列车特级编组站，铁路运输通江达海。316国道、207国道、312国道从襄樊市通过，形成四通八达的国道交通网络。长度和水量足以与欧洲莱茵河媲美的汉江使得襄樊具备水运之利，也可以完全满足大型企业建设的生产生活用水。

除了地理优势之外，襄樊还具有雄厚的汽车工业基础，二汽的第二生产基地就建设在这里。

二汽建设第二基地是从铸造三厂的扩建引起的。二汽原来设计的铸造能力为20万吨以上，但还没有开始建设，就遇上了史无前例的无产阶级“文化大革命”，二汽的建设陷于了混乱中，为了控制混乱局面，二汽被军管。在那个特殊的年代，军管后的二汽在空头政治的控制下搞“瞎指挥”，凭着想当然任意胡为。一会儿要出“政治车”，一会儿要全厂都改建成“干打垒”，更严重的是不讲科学，大搞所谓“设计革命”。毫无道理地认为二汽的设计“贪大求洋”，不符合“艰苦奋斗、自力更生”的要求，是“修正主义的设计”方案，不问青红皂白，对原来的设计全面推翻。需要投资20多亿建设资金的二汽，被压缩成了9个多亿，把很多工艺设备、水、电、路、桥涵、防洪设施、动力、公用设施、后方研发基地等都强行砍掉，大改了厂房设计，特别严重的是，想当然地大幅削减铸造能力。使二汽的铸件生产能力不能满足生产要求。

二汽原设计有两个铸造厂，一共有10个生产车间，16条造型生产线，21台10吨工频电炉，在设计革命的口号下，10个生产车间被砍掉3个，16条造型生产线被砍掉4个，21台10吨工频电炉被砍掉5个。由于铸造设备大批被砍，铸造能力严重不足，不能满足10万辆车的生产要求。二汽正式投产后，铸造能力不足成了影响生产的“瓶颈”。为了解决铸造“瓶颈”问题，经过反复研究，决定重新建设新的铸造厂。1978年1月10日李先念来二汽视察，在了解二汽生产发展的实际困难后，一次批给了二汽5300万美元，作为引进铸造以及其他关键设备的经费。二汽用这笔钱引进日本三菱公司两条“多触头高压造型线（SPO）”和两条瑞士高压造型线（GF）。这四条线中，因为一汽生产发展需要，一机部决定调一条给一汽，其余三条都留在二汽。1980年3月22日，国务院在批复二汽关于“自筹资金、量入为出、分期续建”方案中，正式批准了“铸造扩建工程”。二汽党委决定，结合建设第三铸造厂，进一步扩大生产能力，一并建设二汽第二基地。第二基地的主要内容是：

近期集中建设第三铸造厂，6吨、8吨平头载重车用系列柴油发动机制造厂，现代化试车场，以及相应的铁路专线、电站、煤气站，水厂建设，远期为建设大批量轻型车、轿车项目做准备。

根据这个方案，二汽将要建设一个比十堰基地还要大的年产20万～30万辆车的大基地。同年10月29日，二汽正式成立了铸造三厂筹备组，开始选择厂址。经过反复比对，二汽第二基地定址在襄樊。二汽第二基地建设得到了国家计委和湖北省的大力支持。1983年8月21日破土动工，1984年8月，二汽8吨平头柴油车正式下线。二汽第二基地的建设，奠定了襄樊汽车产业基础，为襄樊市经济带来了新的发展机遇。也为襄樊争夺二汽合资项目创造了重要的基础条件。

为争夺二汽合资轿车项目，三国古战场烽烟骤起。

二汽将要和法国合资建设轿车厂的消息很快不胫而走。得到消息，襄樊市立即预感到，汽车工业大发展的机会来到了。襄樊市政府立即采取对策，专门成立“轿车办公室”，由市委副书记鄂万友负责。襄樊距二汽总部十堰市不过百里之遥，有地利之便，鄂万友立即找到二汽总经理陈清泰，向他核实消息并提出将轿车厂放到襄樊。陈清泰仅仅证实有这个消息，但称，具体情况“八字还没一撇”。鄂万友立即紧叮一句：“二汽建立轿车厂，襄樊市愿意紧密配合，举全市之力，拿出政策所能给予的最大优惠，此事请陈厂长放在心上。”

陈清泰则回应：“根据国家的安排，我们生产轿车有三分之一要出口，因为出口有一个交通问题，所以，建厂恐怕首先要考虑沿海。”

一句话让鄂万友凉了半截，襄樊作为内陆城市，交通条件自然无法与沿海比。但鄂万友的原则是事情不到最后关头，绝不轻言放弃。他紧跟一句：“不管轿车厂放在哪里，二汽是主体，总会有倾向性意见。”

陈清泰笑答：“我是什么主体？国家才是主体，我不过是个打工的。”陈清泰此言不虚，二汽作为计划单列的国家特大型企业，要由国家出资与国外合资建设年产30万辆的轿车厂，决定权当然在国家。

尽管二汽尚没有明白话，但襄樊依然按照自己的思路，开始做争取轿车厂落户襄樊的准备。

首先是找依据、摆条件。襄樊已经给了二汽第二基地6500亩土地，二汽的发动机厂、铸造厂、电厂、水厂以及亚洲第一大的试车场的建设都已经全面铺开，这么大的汽车生产基础，对轿车生产极为有利，国家也好，二汽也好，不会不考虑这个最有利的条件。襄樊地处交通枢纽，公路、铁路、航空、水运系统完备，汉江通江连海，具备大规模水运条件。为了证明襄樊的交通条件完全能够支撑大型轿车厂物流所需，襄樊市专门请国家计委交通研究所来襄樊调研考察，论证襄樊市的交通条件，最后得出考察报告。襄樊市将这些相关材料送交二汽，但“剃头挑子一头热”，二汽仍然没有表态。

其次，争取省里的支持。襄樊市委市政府给湖北省委省政府写出专题报告，附上自己的理由与条件，请省委省政府支持。但湖北省委省政府也没有明确态度。

第三，积极搜集信息，随时采取对策。襄樊市在北京设立了一个信息搜集小组，专门搜集全国各地对二汽轿车厂建设的反应和动作。

第四，和其他省市争取支持一样，襄樊利用自身的社会人脉资源，广泛争取支持。

原空军司令员张廷发与襄樊曾有一段历史。张廷发是1933年参加红军的老革命，1947年，任桐柏军区第三军分区司令员，1948年率部南渡汉水开辟新区，任中共汉南工委书记和汉南指挥部司令员兼政委，率部参加解放邓县、宛西、宛东、襄樊等战役，1949年任中共襄樊地委书记和襄樊军分区司令员兼政委，1951年抗美援朝时离开。1987年夏的一天，襄樊市接到空军司令部的电报，张廷发将军故地重游，请襄樊市做好接待工作。听说老书记要回来，襄樊市委高规格接待并指定鄂万友全程陪同。

张廷发故地重游兴致很高，对鄂万友说："我给你们市委市政府带来了一件纪念品"。他提了提手里的一根手杖："这是当年解放襄樊时我使用过的，跟了我几十年，现在我回来了，这个东西也该物归原主，送给你们吧。"这根手杖现在保存在襄樊市博物馆。张廷发在襄樊时，鄂万友没跟他提轿车厂建设的事情，张廷发回到北京后，鄂万友为此事专程去北京向他汇报。张廷发听完鄂万友的汇报，表示赞成襄樊的努力。

就在关键时刻，时任国家主席李先念来到了襄樊。李先念住在襄樊漂亮的南湖宾馆，南湖宾馆位于襄阳羊祜山麓，园林庭院式建筑依山傍水，环境优雅，有襄樊"钓鱼台"之美誉。

李先念对鄂西北这块土地有着深深的感情。1935年，红四方面军从大别山区的鄂豫皖根据地突破国民党军队的重围开始长征。从随州、枣阳一路向西，在襄阳城郊打了一场恶仗，李先念时任红30军政委，他的多少战友倒在这块英雄的土地上。从襄阳附近渡过汉水后进入郧阳，再从郧阳进入陕西，翻过大巴山进入四川，红四方面军站住脚，建立了川陕根据地。1946年6月初，蒋介石密令郑州绥靖公署主任刘峙指挥20余万部队将我中原解放区包围压缩，企图一举歼灭我中原军区所部。为打破国民党的图谋，经中央军委批准，6月26日，在中原军区司令员李先念的指挥下，中原军区6万部队分期突围，震惊中外的中原突围战役开始，解放战争的第一枪由此打响，解放战争的帷幕也由此拉开。在李先念的指挥下，中原军区数万官兵边打边撤，大军锋芒一直向西，沿着当年红四方面军的西进路线，再次在汉水之滨、秦巴山区与围困我军的国民党刘峙、胡宗南部展开艰苦卓绝的战斗，多少英雄儿女的鲜血洒在鄂西北的大地上。这也是李先念格外眷念这块英雄土地的原因。

湖北省委书记关广富陪同李先念一起来到襄樊，一天，关广富通知襄樊市委："先念同志要听市委的工作汇报"。襄樊市委一听喜出望外，这下可有了说话的机会了。汇报会上，鄂万友重点汇报二汽轿车厂的建设问题。鄂万友回忆道：

我在汇报时说："由您亲自批准的二汽第三铸造厂已经在襄樊建成投产，这是我们中国唯一的薄壁铸造厂，具有世界先进水平。"同时我重点汇报了二汽合资轿车选址、各地对轿车厂选址的激烈竞争以及襄樊努力争取的情况。

李先念说："二汽建设轿车厂，这事我不知道啊。"

我便详细地介绍了参与竞争的各个城市的情况，也详细介绍了襄樊所具有的优势。我说："我们想请先念同志向总书记和总理转达襄樊的意见。先念同志极为爽快地回答：'可得'。我们立即将事先准备好的汇报材料呈上，先念同志说：'明天早上你们来拿'。第二天上午我去取回材料复印件，先念同志在我们的材料上批示：

紫阳、李鹏，二汽发展轿车我不知道。这一次我到湖北襄樊休息，听省委市委同志们讲，厂址至今未定，弄得熙熙攘攘。我的意见，放到襄樊为好。

这封信由先念主席的秘书处理，具体结果我们不清楚，但从以后二汽轿车项目部分到襄樊来看，先念同志的表态明显起到了作用。

陈祖涛在三个省跑了一圈后回到北京向李鹏复命。以后，湖北、湖南、江苏三个省的四个市（武汉、襄樊、镇江、岳阳）为了二汽轿车厂能在自己那里落户，明争暗斗，四处活动，争得不亦乐乎。国务院决定，通知各个省的负责人前来汇报，有什么话都放到桌面上讲。

1988 年 7 月 9 日，湖北省的武汉、襄樊、江苏省的镇江、湖南省的岳阳三个省四个市的负责人齐聚北京，各自面陈自己的理由。会议在京西宾馆第二会议室召开，邹家华主持，陈祖涛、甘子玉及国务院相关部委主要领导参加。

邹家华开场白直指要害："今天我们开一个'三国四方会议'，主要讨论二汽轿车厂定点的事。你们地方党委政府很有积极性，你们过去都在暗中使劲，都在搞地下工作，我们在哪里开会你们都派人盯着，今天我们把地下转到地上，今天专门将你们请来，听听你们的汇报，今天你们可以将自己的想法搬到桌面上来谈。"

襄樊市市委副书记鄂万友与邹家华相识。襄樊市区内有多家国防军工企业，因为历史的原因，这些军工企业的日子过得非常艰难，改革开放后，这些军工企业开始转向民品，襄樊市为此做出很多协助工作，鄂万友曾经帮助一家军工企业改制后走出困境，时任国防科工委主任的邹家华来视察时对襄樊的做法给以很高的评价，鄂万友由是结识了邹家华。

听邹家华说完，鄂万有立即抢先举手发言，邹家华说："好啊，请襄樊的老鄂讲。"

为了争取二汽 30 万辆轿车落户襄樊，襄樊市几乎使出了吃奶的劲，对外到处说服各级领导，对内认真准备资料。就在这次开会的前一天，襄樊代表团获悉，当天在邹家华主持的"二汽轿车项目汇报会"上，二汽提出将总装厂放在武汉。听到这个消息，鄂万友分外着急，当天就起草了一份语气急促的"紧急报告"送交邹家华。报告送出后，他几乎一夜未眠，整夜都在考虑，明天在会上该怎样说。现在邹家华让他首先发言，他立即按照事先准备好的讲稿，着重强调了几点：二汽轿车厂放在襄樊可以充分利用二汽第二基地的所有生产设备、电厂、水厂、试车场等后勤供应设施，尤其是先进的铸造三厂，这样可以节省大量的投资。

鄂万友这次是有备而来，他说："都说襄樊交通不行，今天我重点汇报交通问题。襄樊交通便捷，铁路、公路、航空、水运各种手段齐全。襄樊有襄渝、焦枝、汉丹三条铁路线外加黄河以南最大的铁路编组站；公路交通四通八达，联通河南、陕西、四川、湖南和省会武汉；航空有两个机场；有号称中国的多瑙河的汉江，我们现在正在进行汉江航道的疏浚工作，明年完工后，500 吨的轮船可直接达海通江，汉江码头改扩建工程，家华同志还专门发来贺电。这样的水、陆、空立体交叉交通网完全能满足轿车厂的生产后勤物流需要。"鄂万友将襄樊市委托国家计委交通运输研究所做的襄樊交通问题调研报告拿出来："家华同志，这是您领导的计委交通运输研究所关于襄樊交通运输情况的调研报告。"

鄂万友的发言有一点颇具前瞻性："交通运输问题主要是针对轿车出口而言，国家要求出口导向是对的，但我们认为，要做到这一点不可能一蹴而就而是需要一个过程。我国没有轿车生产的经验，刚刚开始建设就要出口，我们的产品有国际竞争力吗？法国人与我们合资，是希望将他们的产品来占领我们的市场，我们要将他们拿来的零部件组装起来再卖给他们，这样一折腾，价格肯定会高于人家本地的产品。人家会买吗？我们不是反对出口，而是认为，建厂之初距离产品出口还需要一个相当长的过程，现在不应该将这个问题作为建厂在哪里的唯一决定条件。”

困扰中国多年的轿车出口问题被鄂万友不幸言中，历史发展到今天，二汽决定上轿车项目时所定“三分之二出口”的目标至今也没能实现，不光是二汽，一汽、上汽等国家主要大轿车厂也没能实现批量出口。中国轿车是在特定的环境和背景下与西方大汽车公司合作发展起来的，至今在技术上仍对外有相当的依靠，技术水平与产品质量整体落后于国际水平，自主之路步履蹒跚，没有竞争力的产品是无力打开国外尤其是欧美市场的。商场如战场，严酷的事实告诉我们，市场选择是不以个人的意志尤其是不以长官意志决定的。

从以后的结果来看，襄樊市的发言对中央关于二汽30万辆轿车究竟放在哪里起到了很重要的作用。

襄樊以后，武汉、镇江、岳阳等市也做了精彩的发言。

大家都讲完了以后，邹家华结合各地争上轿车项目这件事作了重要讲话：

你们的意见我都听清楚了，今天我们不下结论，我们还要向总理汇报，最后才能定。

发展轿车工业是党中央国务院做的重要决策，我们要认真贯彻执行。大家有发展轿车的积极性是件好事，但轿车工业是资金和技术密集型产业，上轿车项目需要一定的条件，如果你也搞，我也搞，到处铺摊子，规模小，成本高，技术水平低，浪费了国家的资源，最终轿车也发展不上去。这种局面绝不允许出现。发展轿车一定要从经济批量、经济效益来考虑，中国的轿车工业一定要做到高起点、大批量、专业化。不光是整车厂，零部件厂也一样。上海桑塔纳配套企业定了132家，上海本地有68家，但许多问题还没有最后解决。批量小了，效益肯定不高，这样企业就没有积极性。二汽主机厂定点只能在一个地方，但配套企业还很多，90万只座椅，30万只轮毂，120万条轮胎，还有很多，这些各地都可以干，要发挥横向配套的积极性。配套企业也要走高起点、大批量、专业化的道路。有的地方条件有限，也可以考虑几个地方联合起来投资。联合投资，联合扶持，合理分配利益。要坚决杜绝小农经济、小打小闹、低水平重复的做法。

三个省中，湖北的心态最好，二汽在湖北，现在又是二汽上轿车项目，这是其他两个省无法比的最有利条件，武汉、襄樊都在湖北省，两个市都有一定的条件，争争没关系，在哪里都可以，反正肉烂了在锅里。时任湖北省常务副省长的李大强说：武汉、襄樊条件都不错，仨有一条，不要因为你们争而把轿车厂弄跑了。国家最后定下来后，省里还要根据你们两个市的优势统筹考虑。

二汽是轿车合资的主题，轿车厂放到哪里，二汽的意见最为重要。

三省北京会议开过后不久，1988 年 7 月 25 日，二汽给国家计委写出报告《关于第二汽车制造厂 30 万辆轿车厂厂址定点的请示》。文件对武汉、襄樊、岳阳、镇江四个城市从地质、运输、动能、城市综合设施以及建设费用等做了综合评价，最后提出了自己的意见：

根据上述厂址方案的综合比较，并经国内有关专家的考察论证，从兼顾国内外两个市场，方便国际交往，建设、经营费用低廉以及便于发挥二汽母体作用等诸因素考虑，我们建议将 30 万辆轿车的总装配（含大型冲压与塑料件）部分的厂址放在武汉，将毛坯、发动机加工部分的厂址放在襄樊。这样，整车总装可发挥武汉“九省通衢”地理位置和交通优势，利用长江“黄金水道”和大型铁路枢纽的优越条件，确保整车内销、外销，促进出口导向。在襄樊，与二汽在建的康明斯柴油机厂一起构成一个完整的毛坯与发动机加工阵地。因此，这是较为适宜的厂址方案。

至此，二汽轿车合资项目的厂址之争已再无悬念。

1988 年年底，湖北、江苏、湖南三个省的领导再次来到北京，在京西宾馆召开会议。李鹏一槌定音：“二汽 30 万辆轿车项目定在武汉。”

湖北省政府根据二汽的发展和湖北省汽车工业整体布局，决定二汽轿车项目的总装、焊接、涂装、油漆放在武汉沌口，发动机和 3 万辆 SKD 总装项目放在襄樊，二汽 30 万辆轿车项目终于尘埃落地。

经过不懈努力，襄樊终于从二汽轿车这块蛋糕中切下香喷喷的一块。

二汽厂址定在湖北，湖北省和武汉市、襄樊市立即开始着手场地建设。

1989 年 5 月中旬，国家计委副主任郝建秀、国务院副秘书长王书明、国家计委工业二司司长徐秉金等人来到武汉、襄樊实地考察二汽轿车厂厂址。他们先到武汉，由湖北省副省长徐鹏航、武汉市长赵宝江、二汽厂长陈清泰等陪同实地考察了汉阳沌口。沌口位于汉阳与武汉郊区蔡甸交界处，这里面向长江，背后则是大片的盐碱滩涂，一眼望不到边的茅草迎着扑面的阵阵江风，摇曳晃动。远处，推土机吼叫着推出块块平地。为了迎接二汽轿车厂在这里落户，武汉市政府已经开始大规模的“三通一平”。

在沌口考察完毕后回到武昌二汽武汉办事处已经是中午一点多了。初夏的武汉已经骄阳似火，几个人热得不行。二汽的同志忙着张罗吃午饭。王书明提议，天气太热，喝点粥就行了，不要再折腾。他的建议得到大家的一致赞同。这餐中饭就是一锅粥和几个小菜，大家吃得很开心。但谁也没想到，这顿简朴的午餐竟为前来考察的几位领导带来了极大的麻烦。回到北京没几天，中纪委转来一封举报信，反映考察团在武汉二汽办事处大吃大喝，一顿饭吃了一万三千多元。当时人均工资不过数百元，一顿饭吃了一万多不外乎是一个天文数字。工人出身，对自己要求极为严格的郝建秀见到信很生气，她把徐秉金找来问：“我们那天不就是喝了点粥吗？怎么喝出一万多元来了？你去给我查证落实，把那天的菜单列出来。”

徐秉金立即将信的内容转告二汽，请二汽代为查证。以后二汽转告，是二汽驻汉办事处内部闹矛盾，将办事处内部装修、买地毯、灶具的一万多元扣到北京来的领导头上并为此一再道歉。此事虽然过去，但让几个到二汽去考察的人心里很不舒服。

在武汉考察完毕后，郝建秀等人立即来到襄樊继续考察。湖北省省长郭树言和时任省机械工业厅厅长周坚卫陪同来到襄樊。周坚卫汇报了湖北省汽车工业零部件产业布局设想，即以十堰、武汉和襄樊汽车基地为龙头，建设汉十公路沿线的十堰、襄樊、随州、孝感、武汉等城市为依托的“汽车走廊”。

国家计委同意武汉、襄樊对二汽轿车厂址的选择，正式下文批准项目启动。

二汽零部件国产化的几个故事

和上汽一起一样，二汽轿车合资项目也面临零部件国产化问题。

汽车工业的发展，离不开零部件产业的发展，从某种意义上看，零部件产业的发展水平决定主机厂的发展。

当时，中国的汽车零部件产业大致有三类：

一是大汽车厂自己的零部件厂，相当于汽车厂的车间。中国一汽、二汽建设时都是按照大而全的生产模式设计，都有自己的汽车电器、标准件、专用刀具、活塞、冲压、车厢、车架、模具等专业厂，这些企业的技术水平较高，生产设备先进，产品任务单一，生产资金分配、原材料购进、产品销售都由主机厂统一安排，旱涝保收，吃穿不愁。

二是各省、市、县地方所有的零部件厂，这些企业都是地方经济体系生成的，是“诸侯经济”“小而全”的产物。这些企业多半是20世纪大跃进和七八十年代各地争上汽车的一些汽车、拖拉机配件企业。这些企业大小不一，企业装备水平、生产能力、产品质量都较差，产值、税收、利润均纳入地方经济体系，所在地方的经济发展水平决定这些企业的生存状态，企业的发展方向取决于地方政府的意志。这些企业全靠地方经济支持，靠给大主机厂配套生存。

三是千家万户的“乡镇企业”，这些企业是当年“社队企业”的基础，有很多因为发展不下去而转给个人承包经营。这些企业设备简陋，技术水平极低，只能干一些大企业不愿干的傻、粗、笨、脏的简单产品。这些企业姥姥不疼，舅舅不爱，生产资金、原材料、销售渠道都不固定，全靠着千千万万的业务员身背零件，穿行在各个生产企业之间讨生活，要一口，吃一口。虽然生存艰难，但企业机制灵活，不受地方行政干扰，船小好掉头，在水平有限的中国汽车工业庞杂的市场空间里，靠“残羹剩饭”在夹缝中求生存。

综合全国几千家汽车零部件企业看，绝大多数都还处在散、乱、差的水平线上，这种局面不改变，中国汽车零部件企业难以得到健康发展，零部件企业的现状不改变，正在起步的合资轿车也将会难以为继。

和对整车一样，邹家华对零部件国产化问题给予了高度关注。针对中国零部件企业散、乱、差的现状，邹家华在不同的场合多次强调，零部件企业和整车企业一样，要适应现代汽车工业发展，一定要走高水平、专业化、大批量的发展道路。

1990年10月16日，邹家华带领国务院副秘书长王书明、机电部部长何光远、国家计委副主任叶青、国家计委工业综合二司司长徐秉金、中汽公司总经理蔡诗晴等一干人马在湖北省省长郭树言、副省长徐鹏航以及襄樊市领导陪同下，到襄樊视察轿车产业布局，邹家华就轿车工业零部件产业的改造发展作了重要的讲话，摘要如下：

我们国家的汽车工业已经走过了40年，由于国家底子薄，汽车工业发展起点低，和世界汽车工业发展相比，我们现在还很落后。造成汽车发展落后的问题很多，第一个问题，也是最大的问题就是散、乱、差。全国一百多家汽车制造厂，一千多家零部件厂，一年生产的汽车加起来还不到50万辆，抵不上人家一个厂。批量小、规模小、专业化程度低、技术水平低、成本高。汽车工业要发展，必然要走大批量专业化之路，那种小打小闹是维持不了多长时间的。

低水平的零部件生产阻碍了全国汽车工业的发展，直接影响整车降低成本、提高质量、发展品种。我举个例子，汽车上的雨刷子，大车也好，小车也好，每辆车都离不开。一个看起来很不起眼的小东西，它里面的技术含量高着呢。日本生产的雨刷可以使用几十万次，价格也低廉。一个厂的产量就达到几百万，全国两三个厂就占了全世界产量的一大半。而我们中国呢？现在全国有30多个点在生产这种雨刷子，少的每个点生产几千把，多的生产一万多把。生产规模小，技术含量低，质量怎么可能有保证呢？发展汽车工业不是弄几个零件凑合凑合就可以了，轱辘能转，方向能打，后面能装东西，这就叫汽车了？

有些人不知道汽车工业的深浅，以为生产简单，产品有利可图，不顾自己条件是否具备，拼命挤着往里跳。有些人一提汽车就要上整车，买点散件来装，弄个装配车间，弄点焊接不难。但要上质量，上规模就抓瞎了。有些改装厂生产批量很小，生产设备就那么一点点，改装的大轿车连钢板也弄不平。弄不平又不好看，怎么办呢？就拼命地蹭腻子，一层又一层，就像老太太脸上的坑，用粉来抹平，跑上一段时间就开始掉皮，一块一块地掉，简直难看死了。这样的车谁愿意要？现代轿车生产没有这样搞的。有的人还为这种车找理由，说是“好用就行”。这是典型的小农经济思想，国家要发展汽车工业，绝不能用“好用就行”这个标准。我特别反对“好用就行”，绝不能用“好用就行”作为我们汽车生产企业的最低标准。我们到商店里去买衣服，还要翻来覆去地挑选，如果用“好用就行”来衡量，这岂不是多余的？用户永远都希望买到最好的产品，谁也不愿意用质量低劣的东西。“好用就行”是不负责任的标准，汽车工业绝不能用这个谬论。有人可能认为，我们汽车工业就这个样子，我要告诉大家，我们一定要下决心把它扭过来，5 年不够就 8 年，8 年不够就 10 年，花再长的时间也一定要把它扭转过来，要让中国的汽车工业走上正常的、健康的发展轨道，我们今天做的就是这个工作。我们要集中财力物力全力扶持几个国家重点企业，使它们走上高水平、大批量、专业化、多品种的道路，真正让这几个厂做到质量好、性能好、价格低。

零部件企业也必须一样，必须走高水平、大批量、专业化的道路。零部件的布局不光地方上要考虑，国家要从全国考虑，通盘布局。全国的汽车发展有先有后，零部件的发展也要有先有后，绝不能自行其是，乱铺摊子。有人可能会认为，我地方上拿钱，与你无关。你地方上的钱也是国家的钱，如果没有全国通盘布局，今天你搞一个，明天他搞一个，产量就那么一点点，钱花了，没有取得应有的效果，谁负责？要是资本主义国家的企业，这么干还不得跳楼？

汽车产品的生命在质量，质量是企业最重要的硬指标，这个指标达不到，其他的指标上去了也没用。发展汽车零部件产业不要求大求全，抓住一样做精做好做出水平，在此基础上上批量，这样才符合经济规律，才有最好的效费比。前面讲了雨刮，再以锁为例，一辆汽车上从车门到后备箱有三四把锁，二汽 30 万辆轿车就需要一百多万把锁，再加上市场配件，再面向全国，这是多大的市场？只要保证质量，将锁做精做好，人家开关一万次，你做到两万次甚至更多，就会有最好的效益。

邹家华的这番讲话，生动活泼，深入浅出，第一次全面系统地强调了汽车零部件产业在配合整车发展时一定要走“高水平、大批量、专业化”的发展道路，一定要把质量作为产品的生命线。

根据邹家华提出的这一思路和要求，全国各地的零部件产业开始了艰难的改造转型道路。

二汽合资轿车项目也遇到了零部件企业改造转型的问题。

为了保证合资轿车产品质量和品牌声誉，在零部件国产化过程中，雪铁龙公司提出，将部分原来为它配套的外国厂商带入中国，让这些企业与中国企业合资合作生产零部件。这种合作方式能够较快地学习和掌握国外厂商先进的生产与管理技术，推动和促进国内零部件企业实现跨越式的发展，法方的提议受到了中方的欢迎。此时的鄂万友已从襄樊市调任湖北省发展轿车领导小组副组长，负责协调二汽轿车零部件国产化的工作。但由于部分零部件企业的地方属性，在合资合作时，出现了一些意想不到的事。

二汽轿车项目第一个国产化的零部件是汽车空调。二汽原来的空调配套定点厂在湖北沙市，这是一家专门生产空调压缩机的企业。就国内企业而言，这家企业有一定的规模，但与法国雪铁龙公司配套企业瓦里奥公司相比，生产设备和生产技术落后很多，产品质量与生产能力相差悬殊。鄂万友力推沙市空调压缩机厂与瓦里奥公司合资，法方也愿意促成此事。经过谈判，双方达成协议，沙市空调压缩机厂出土地和设备，法方瓦里奥公司出资出技术。经过资产评估，法方出资超过 50%，法方为合资公司大股东。这意味着公司的董事长由法方担任。签约仪式定在法国巴黎。因为是二汽零部件国产化的第一家，湖北省政府很重视，湖北省委书记关广富亲自率领鄂万友、沙市空调器厂原负责人等中方代表赴法国参加签约仪式，中国政府驻法大使也参加了签字仪式。谁知，签约前一天，突然出事了。

已经到了法国参加签字仪式的沙市空调压缩机厂的厂长突然反悔不干了。这位厂长认为，自己的企业是中国的，是湖北沙市的，是堂堂正正的国有企业，自己这个厂长是沙市市委组织部任命的，是正牌的国家干部。现在双方合资，法方占有大部分股份，法国人任公司的董事长、总经理，自己充其量只能任副职。在外国人说了算的合资企业里，自己一夜之间就什么也不是了，弄得不好还会被外国老板炒鱿鱼，这签订合同不就是签订自己的卖身契吗？回去后，怎么对组织上交代？厂子里的群众还不把自己骂死？自己一夜之间就会成为企业的罪人。想到这里，他呆在宾馆里死活不肯参加签字仪式。这样一来，关广富和鄂万友等人都着急了。企业厂长的想法可以理解，这是企业改制时经常遇到的问题，国有制的大锅饭使得很多人对自己的“身份”极为敏感。关广富指示鄂万友，赶紧找到这位厂长做好工作，不要丢人丢到外国去了。

鄂万友赶紧赶到这位厂长住的宾馆。一见到鄂万友，四五十岁的人了竟然像孩子似的，眼泪刷地就落下来了，嗓子哽咽得话都说不出，可见其压力之大。鄂万友对他连哄带劝，要他不要胡思乱想：“你哭什么？企业合资是好事情嘛，你代表企业签字并不是你个人的行为，而是代表湖北沙市，是政府要你签的。省委关书记带你来的，你着什么急呢？即使合资了，沙市市政府也不会对自己的股份甩手不管，在企业里学习法方的先进管理技术和生产技术，你还任重道远，怎么想到炒鱿鱼上去了呢？明天法国工业部长也要来参加签字仪式，你一甩手，是临阵脱逃，不光关书记没法下台，也是给咱们中国政府出难题，这可不是小问题。”

这句话有一定的压力，这位厂长虽然有些想不通，但从大局出发，还是参加了签字仪式。

松滋电光源厂合资也遇到同样的难题。二汽轿车合资项目所需的汽车车灯由湖北松滋电光源厂生产。松滋电光源厂的前身是生产普通白炽灯泡的地方企业，属于湖北荆州地区管辖。得知二汽合资轿车的消息，荷兰飞利浦公司香港分公司希望能为二汽轿车配套电光源。

飞利浦公司成立于 1891 年，总部设在荷兰的恩德霍芬市。飞利浦公司以照明电灯泡起家，经过百年发展，规模宏大技术先进，在世界十大电器电子工业中排名第五。该公司的经营范围有家用电器、军用雷达、军用民用通信、医疗设备等，美国的航天飞机以及国际空间站上都有飞利浦的产品。

鄂万友与飞利浦香港分公司的林老板见面了。鄂万友向他建议，既然是想给二汽轿车项目配套，你把这个项目放到湖北有地利之便。这位林老板说，上海的黄菊市长多次找我，要我将轿车电光源项目放到上海。黄菊的理由是：上海已经有飞利浦灯泡厂，再放一个汽车灯泡来，可以节省投资。另外，上海桑塔纳轿车也需要灯泡，你还可以参与这个项目，上海是国际化大都市，落户这里符合飞利浦国际大公司的身份。

鄂万友对林老板说：我也有几个理由，第一，我们湖北荆州有一个松滋灯泡厂，这个企业也是从匈牙利引进的设备，条件很好，与他们合资，同样可以节省投资。第二,二汽轿车项目在湖北，你把这个项目放到湖北，与二汽接触也方便得多。

这位林老板也有他的想法，到上海挤进桑塔纳的配套项目当然不错，但上海已经有相应的配套企业，再挤进去，少不得一番争斗。二汽轿车项目刚刚上马，现在争取配套，没有强有力的竞争对手，而且二汽轿车项目起步就是30万辆，比上海桑塔纳大得多，他当然愿意择善而从。但他很精明，在中国内地，要给这样的项目配套，如果没有关系，将会极为困难，现在地方政府希望他加入正是一个机会。他对鄂万友说，与二汽合作是件大事，需要向总部汇报，也要很多投资，如果我们费了很大的劲，到时二汽没有选择我们，岂不是白忙一场。他提出一个条件：“你如果能让二汽给我一个承诺，我就将项目放到湖北。”

鄂万友转身就找到二汽配套处，说明飞利浦的加盟将会给二汽轿车合资项目也会给地方配套企业带来新的发展机遇，二汽配套处非常支持，立即写了一个承诺意向书，意即只要飞利浦公司在中国的合资企业生产的轿车电光源产品质量合格，价格合适，二汽轿车项目将优先考虑选用其产品。

这个意向书给这位林老板吃了颗定心丸，他开始行动了。没多久，鄂万友陪同他到松滋灯泡厂考察。当时没有高速公路，松滋县城地处深山，交通极为不便，路上又是等船渡河，又是汽车抛锚，经历过一系列颠簸，总算结束考察。林老板说：灯泡厂设备还不错，但交通太不方便了。

鄂万友是个有心人，事前已经做了相应的案头工作。他了解到飞利浦公司对外合作的原则是：本地化、离城市化。荷兰的飞利浦公司总部也不建在大城市，而是在荷兰一个偏远的小镇恩德霍芬，这两条对于松滋灯泡厂都是有利条件，鄂万友以此为由，最终说服林老板做出与松滋灯泡厂的合资决定。经过评估，中方以土地、设备、房产入股占45%的股份，飞利浦拿出4000万美元先进和技术，占55%的股份。一切谈妥后，双方决定在北京王府饭店举行签字仪式。

4000千万美元的投资在当时是一件很大的事，湖北省省长贾志杰决定由副省长李大强出席。按照安排，湖北省政府代表团和国家相关部门负责人先到北京，松滋县政府与松滋灯泡厂的负责人乘火车赶来。谁知，与前一次一样，临上阵之前，松滋变卦了。签字仪式的前一天，荆州地区经委主任急匆匆找到鄂万友，告诉他，松滋县委决定不干了。理由是，松滋灯泡厂是我们辛辛苦苦十几年攒下的家业，现在一合资，一眨眼就变成洋人的了，这是卖国行为。4000万美元再好也是人家的，我们拿不到一分钱，灯泡厂哪怕只有100万元也是我们自己的，我们可以说了算。

这一下弄得鄂万友下不来台，省里、部里的领导都请了，飞利浦公司分管电光源的总裁也来了，媒体的消息也发出去了，松滋突然提出这一招，怎么办？关键时刻，鄂万友采取非常手段，找到原松滋县委书记，让他打电话告诉现任松滋县委负责人："这件事情是省里决定的，松滋地处深山，经济落后，现在有这么好个机会，有这么大一笔投资，可以搭上二汽轿车建设项目，可以大大地带动松滋地方经济发展，彻底改变松滋灯泡厂落后的生产方式，一举赶上国际先进水平。可以改善松滋县的财政状况，这个项目建成以后，光交给地方的利税就会远远超过地方现在的财政收入。这是天上掉下来的好事，人家想都想不到，你们还不干？以前你们天天找我们要项目，现在这么好的项目送到嘴边你们不干了。你们表面上说的好听，到关键时候脱裤子拉稀。你们不干也可以，以后你们再也不要来找我们要项目了。"

经过软硬兼施，松滋县委负责人终于同意了，松滋灯泡厂厂长与县委代表按时赶来参加了合资签字仪式。合资后的灯泡厂改名为"飞利浦汽车照明湖北有限公司"。

正如鄂万友所说，这个项目给松滋县带来了巨大变化。每年上缴巨额税收，解决大批就业人员，1995年12月，松滋撤县改市，飞利浦汽车照明湖北有限公司出钱在县城里修建了一条现代化的"飞利浦大道"，这条漂亮的大道给新的松滋市增光添彩。

2010年7月21日，飞利浦公司宣布，将再追加投资1520万美元，把11条国外生产线转移到松滋，届时松滋将成为飞利浦公司在全球最大的生产基地之一。

但就是这样一个蓬勃发展的企业，落后的思想观念仍然在作祟。

一个曾在广东中山大学物理系学习的学生来到了松滋飞利浦公司，由于在"六四"风波中有过错误的言论，这名学生受到了学校的处分，肄业回家。这个学生学习成绩好，英语水平高，学的又是物理，在飞利浦松滋公司表现出色，很快成为公司有名的技术骨干。飞利浦松滋公司的业务不断扩大，从汽车电光源发展到摩托车以及其他特种照明，技术人员日渐短缺。根据本土化的原则，飞利浦公司电光源总部要求松滋公司将一批中国员工送到荷兰飞利浦总部进行为时半年的培训，公司提交的名单中就包括这名学生。但由于曾经有那么一段历史，松滋地方政府禁止这名学生出境培训，飞利浦松滋公司与地方政府反复交涉无果，问题反映到鄂万友这里。鄂万友认为，年轻人涉世不深，可塑性强，有错误可以改正，时间过去这么多年了，人家一直勤奋工作，再无任何错误，我们不能将人家一棍子打死，应该让人家在业务上有所发展。他让湖北省经贸委政治处主任找到松滋市做工作，市里不肯表态，又找到松滋的上级荆州市。荆州市为此专门请示湖北省委组织部，省委组织部认为，一个普通工人，你们自己就能决定。转了一圈，仍旧没能让这个学生去。事情反映到飞利浦总部，飞利浦电光源总裁专门给鄂万友写来了一封信，内容是：我以自己的人格担保，这名工人来到荷兰飞利浦培训后，一定按时返回中国。鄂万友将这封信转给荆州市委，但仍然没能解决问题，这名学生最终没能参加培训。

听完这个故事，让人唏嘘不已。当年我军俘虏蒋军百万人，经过短暂的教育，这些蒋军士兵掉转枪口就成了英勇的解放军战士。难道这名曾经有过错误言行的学生比战场上的蒋军士兵还难教育吗？这几位当地官员是坚持原则还是思想僵化？还是为保自身怕承担责任？还是对自己没有信心？

几年后，由于工作出色，这名学生被调到飞利浦上海公司担任销售经理。

汽车座椅是轿车零部件国产化中一个重要部件。法国雪铁龙轿车座椅上调整座椅角度的“调角器”加工精度很高，一般企业拿不下来。襄樊有一个航天部的弹射救生座椅生产企业，对外称610所，这是全中国唯一为飞机生产弹射座椅的高科技生产企业，为了解决座椅“调角器”问题，鄂万友专程到这家企业去考察。他发现这家企业的“精密冲压”能力非常强，鄂万友与他们商量，问他们愿不愿意承接二汽轿车项目中的座椅“调角器”。他们很高兴，拿到产品图纸和样品后，很快就拿出样品，经过检验，质量完全合乎要求。样品没问题，但能大批量生产吗？批量生产需要投入模具、采购精密冲床，这需要专门投资。610所是军工单位，没有这笔的投资渠道。鄂万友表示，湖北省坚决支持你们干。最后通过襄樊市拿出几百万给他们解决了冲压设备，很快达到年产5万套的能力，基本满足了二汽合资轿车的需求。

为了尽快实现轿车零部件国产化，国家经委提出“双加计划”，即加快发展速度，加大发展力度。“双加计划”是有资金支持的，鄂万友立即让610所申请加入“双加计划”，但610所的上级单位不同意。他们认为轿车座椅是个“小玩意”，610所搞这个“小玩意”会浪费精力，担心他们影响国家科研任务。鄂万友找到国家经委副主任徐鹏航（原湖北省副省长），请老领导帮着做工作，将610所列入了“双加计划”，为610所争取到了一笔资金，解决了610所大批量上“调角器”的资金。由于技术力量雄厚，这个企业在汽车座椅调节装置、精冲件及精冲模具的研究与制造上一发不可收拾，2000年12月成立了“湖北中航救生科技股份有限公司”，以后改制为“湖北中航精机科技股份有限公司”，年产座椅“调角器”400万套，产量稳居全国第一把交椅。生意做到印度、墨西哥，在那里建立了自己的分厂。

这几个故事说明，解放思想，破除陈旧观念的重要性。鄂万友将这几件事报告了时任湖北省委书记关广富，关广富专程到沙市，与沙市市委市政府领导以及沙市空调器厂的那位厂长一起交谈。关广富说：“现在企业改制搞得轰轰烈烈，我们有很多企业干了几十年，到现在连工资也发不出。二汽轿车合资项目给我们发展提供了机会，我们要解放思想，就是要将这些经营好的企业推到改革开放的前线，让他们争取到发展机会。地方领导不要像乡里的土老财，把企业紧紧地捂在怀里，舍不得拿到市场上去考验，这样搞，企业永远发展不了，最后市场也会丢掉，到头来吃亏的还是自己。”

二汽轿车合资发展回顾：

1988年1月16日，国务院批准《关于第二汽车制造厂年产30万辆普通型轿车项目建议书》。

1991年12月19日，第二汽车制造厂厂长陈清泰、法国雪铁龙汽车公司董事长卡尔维在法国巴黎签订二汽雪铁龙轿车项目合资合同。12月，国务院批准第二汽车制造厂30万辆轿车合资项目。

1992年5月18日，第二汽车制造厂与法国雪铁龙公司合资成立神龙汽车有限公司。

1993年元月、3月，神龙汽车公司武汉工厂襄樊工厂分别奠基开工。

1995年9月，神龙汽车有限公司生产的第一辆富康轿车下线。

2000年11月，二汽雪铁龙30万辆轿车合资项目一期工程通过国家竣工验收，形成15万辆整车、20万台发动机的年生产能力。

七、“战国时代”

北京吉普横空出世

中国汽车工业尤其是中国轿车工业最大的特点就是具有极强的政治色彩，从一汽建设时毛泽东亲自到苏联谈判定下第一汽车项目，到中共中央下文“三年建成一汽”，毛泽东亲自为一汽奠基题词，政治是主导中国汽车工业发展的主线。展现中国人自豪精神的红旗轿车从三面红旗的标识到使用对象的确定，更凸显了鲜明的政治内涵。改革开放后起步的中国轿车工业也得益于邓小平“轿车可以合资”才一语定乾坤。1987 年 8 月中央北戴河会议做出发展中国轿车工业的决定，才出现中国轿车工业万马奔腾的大好局面。今天中央反复强调，自主知识产权是轿车发展的根本。建国以来的汽车发展历史证明，政治始终主导轿车工业发展，这就是具有鲜明特色的中国轿车工业。

政治与轿车的关联实际上是伟人与轿车的关联，北京的老汽车人对此有更深的记忆和体会。

1966 年 10 月 18 日，蓝天如碧，艳阳如虹。北京天安门广场人山人海，红旗招展，歌声嘹亮，广场上的扩音器里高唱着“大海航行靠舵手”的歌声。绵延 50 华里的东西长安街两侧坐满了 150 万来自全国各地的红卫兵，他们兴奋地唱着歌，喊着口号，今天是他们最幸福的日子，中共中央主席毛泽东将要在这里检阅来自全国各地的红卫兵小将。红卫兵的前面，一队队解放军手挽手组成了一道警戒线，工作人员乘着摩托来回巡视。中午时分，广播喇叭里响起东方红的乐曲，几十辆草绿色的军用吉普排成长长的车队鱼贯而来。11 辆摩托车组成箭形在前面开道，18 辆崭新的吉普每 3 辆一组成品字形紧跟其后，叶剑英、汪东兴与毛泽东乘坐同一辆吉普位于车队的最前面，身材魁梧的毛泽东身穿绿军装，站在敞篷的吉普车上，右手高高举起，向着马路两侧的红卫兵招手，人群顿时沸腾了，毛主席万岁的口号声响彻云霄。

这一次检阅成为多少红卫兵终身难忘的记忆，这次检阅也成为北汽人终身难忘的日子。这次毛泽东乘坐的吉普车，就是由他们试制的“北京 212”军用吉普。从此，北京吉普一炮打响。与红旗轿车一样，北京吉普永远地刻在中国人的记忆中。

今天的“80 后”、“90 后”已经不知道北京吉普为何物了，但他们的父辈谁都知道，北京吉普是 20 世纪 70 至 80 年代县级及以下干部的标准“座驾”。社会上广为流传“听见吉普响，来的是官长，官儿也不大，顶多是县长”的民谚。北京吉普本来是作为军用指挥车研制的，由于中国轿车始终供不应求，问世以后阴差阳错，竟取代轿车成了县级官员的座驾，这不能不说是历史的误会。这个误会很沉重，北汽人是这个误会的始作俑者。

要说北京吉普，首先要了解它的来历。

北京吉普是我国研制的第一代军用指挥车。我军初创时，没有政权，没有后方生产基地，所有的装备只有从敌人手里夺过来，这就决定了当时包括汽车在内的我军装备杂、乱、少、旧的特点。我军军车装备的历史起源于抗日战争时期的1937年年底，在国共合作的前提下，中央军委将国内外友人赠送和自购的十几辆汽车组建了我军第1支汽车运输队。1945年抗日战争结束时，全军陆续缴获各型军车400余辆。解放战争时期，我军从蒋军手中缴获了大量的军车，缴获最多的一次是鲁南战役，华东野战军一举全歼蒋军第1快速纵队，缴获汽车470辆，并以此为基础组成华东野战军特种兵纵队。解放战争4年中，我军共缴获蒋军各种汽车2.2万辆。这个时期军车的特点是“万国牌”。

解放后，国防建设需要大量军车，但当时我国没有汽车制造能力，面对帝国主义经济封锁和军事包围，我军的军车只有依靠从国外主要是从苏联购买。

1950年朝鲜战争爆发，10月志愿军出国作战，共有汽车1300余辆（3个汽车团700多辆，4个军各100余辆），仅第一个星期就被敌机打坏217辆。从志愿军1950年10月19日夜出国到12月底的72天中，国内给志愿军补充汽车12486辆，损失6646辆，送回国内修理438辆，受损率达60%以上。到1953年朝鲜停战，共拨给志愿军汽车21728辆，其中损失7729台，上交修理8436辆，所剩不足一半。

朝鲜战争开始时，苏联答应在1950年12月15日以前为志愿军提供3000辆汽车，但难解燃眉之急。11月5日，周恩来与扎哈罗夫会谈时，催促苏联务必于11月内将中国所购第一批汽车运到。周恩来说:“现时汽车第一，坦克、大炮都可以放在汽车后”运来。11月17日，周恩来又致电斯大林称，由于敌机轰炸，“车辆不足”，“粮食和冬季服装不能及时运到，部队正在忍饥挨饿”，而中国能够紧急动员的车辆只有200辆。周恩来恳请斯大林下令先借用苏军旅顺基地的500辆旧汽车。斯大林当天便回复，立即在满洲里站向中方交付新车，11月20日移交140辆，11月25 ~ 26日移交355辆。此后，苏联的汽车源源不断地运送到朝鲜前线，仅1950年即达5000辆，1951年中方又提出购买12000辆。到战争结束时，全军拥有各种汽车71000余辆，这其中包括运输车、指挥车，以及随60个步兵师、10个坦克团装备和炮兵、工兵、防化兵、防空军、公安军、海军、空军购买苏联装备时配置的特种车（牵引、工程修理、加油、消防清洗、通信、移动发电等专用车辆）。在中国能够自产汽车之前，军车的来源主要是购自苏联。

自1951年起，国家每年进口1万多辆汽车。到1957年年底，全军的汽车装备总数已达9.2万余辆。其中苏式汽车5.5万余辆，占70%以上；西方各国汽车2.2万余辆，占25%；东欧各国家汽车近3000辆，占3%左右。

作为军队的装备，无论是国家安全还是军队正规化建设，中国都不可能依靠从国外进口汽车来维持国防所需。国际、国内形势都刻不容缓地要求我国必需具有自行制造军用汽车的能力。1956年7月13日，第一汽车厂建成投产，从此结束了中国不能生产汽车的历史。一汽建成后，立即着手研制军用汽车。1958年5月23日，第一辆仿制嘎斯系列越野车下线，1959年即开始为军队批量生产2.5吨级CA30越野汽车。载重车有了，但作为军队指挥、通信用的0.5吨级的轻型军用越野车的生产还是空白。当时部队装备的除了从苏联进口的约4000辆嘎斯69外，大部分是战后遗留下的美军吉普。

1961年中旬，总参、国防科委、一机部联名写报告呈报国务院副总理李富春，报告建议：以北京汽车制造厂为基地，生产军用轻型越野车。接到三部委联名报告后，国务院责成一机部组织专家对方案进行论证。1960年12月30日，一机部汽车局召开了由总参谋部和总后勤部等七个部门参加的专题会议，要求尽快组织试制我军迫切需要的轻型越野指挥车，并要求这种轻型越野车具备牵引轻型火炮、防化和装载无线电通讯设备等功能。根据部颁标准，该车型定为BJ210型。设计原则以北京汽车厂生产的“东方红”轿车为基础，动力与传动系统与“东方红”通用，车身、分动箱、前桥等重新设计。会议对轻型越野车提出210、210A、210B、210C、210D五种不同参数的方案。经反复筛选，最终确定采用BJ210C型。1961年6月，北汽试制出BJ210C样车。

为了解决BJ210C的批量生产问题，一机部和军方商量，决定对北京地区的汽车零部件企业进行调整组合。1962年起，一机部指定由长春汽车工厂设计处处长陈祖涛负责这项工作。当时，北京市内有好几家与汽车生产相关的企业，朝阳区有北京汽车厂、北京齿轮厂、北京内燃机厂、北京旅行车厂和北京轴承厂，以当时的生产规模而言，这些都是在全国排名靠前的企业，只要稍加调整、改造就可以基本构成汽车几大总成的生产基地。在讨论BJ210C的生产布局方案时，陈祖涛提出充分利用北京现有的生产能力，在重新整合的基础上，建设一个新的具有较强生产能力的汽车综合企业，他称之为“汽车一条街”方案。经时任国家计委主任的李富春和国家经委主任的薄一波批准组织实施。

经过两年多的整合实施，北京初步具备了汽车的小批量生产能力。

1965年，一机部初步确定以北京轴承厂为主生产厂，生产军用BJ210吉普。

BJ210试制出来后交给部队征求意见，部队首长观看并试坐了后认为，BJ210车身偏小，而且只有两个门，上下车不方便，不符合军用指挥车的实战要求。时任副总参谋长的张爱萍上将指示，在BJ210的基础上，重新设计一种车身稍大、四门、双排座、宽畅舒适的军用指挥车，其性能指标不能低于嘎斯69。半年后，BJ211和BJ212两个样车诞生了。在试制BJ212时，正好赶上开全国人代会，各大军区的司令员都来京开会。会议期间，将军们来到北京汽车厂对BJ210、BJ211和BJ212进行综合评定，经过试乘试驾，大家一致认为BJ212各项性能比较突出。根据大家的意见，总参谋长罗瑞卿拍板定案：选用BJ212。

北京210的图纸历经辗转转交给天津，天津又以此组织生产了天津吉普，奠定了天津的汽车生产基础。

1966年年初，总参谋部、总后勤部和国家科委的领导和专家对BJ212进行了全面鉴定。认为BJ212的主要技术指标和性能指标均达到设计要求，动力性、燃油经济性等甚至超过了苏联嘎斯69的水平。

虽然鉴定通过了，样车也试制出来了，但要达到批量生产，还需要做大量的工作。试用部队对试验车也提出了许多具体修改意见。根据部队提出的意见，北汽对BJ212作了许多改进，但部队还是不满意，这样拖来拖去，半年时间过去了。

1966年中旬，“文化大革命”爆发了。就在这时，一件谁也没有想到的事情改变了部队和北汽之间的产品之争。1966年10月18日和11月11日，毛泽东在北京两次乘车检阅红卫兵，乘坐的就是北汽试制的BJ212。检阅完后，形势大变，军方通知北汽：“BJ212定型，一点也不许改动。”

从此，北京吉普横空出世，成为部队的制式装备。谁也没料到，这样一款为部队研制的装备，无意之中，又成为国内地方行政机关和企事业单位的领导座车。

“文革”后期，为稳定地方的混乱形势，中央决定开展“三支两军”活动，大量的军队干部来到地方参与行政管理和维护稳定的工作。军队的干部尤其是领导干部大都乘坐北京吉普，而地方干部除了省级以上的领导外，地、县一级却罕有座车，军队的北京212有时也为他们所用。方便快捷的北京212由是引起他们的高度兴趣，通过各种关系，北京212开始流向地方，由军用装备变成民用商品。以后更是演变为地方上县团级领导干部的公务用车。地方上通称“北京吉普”。

北京吉普的设计生产纲领为年产5000辆。计划经济时代，北京吉普全靠分配供应，地方计委每年分配给相应的生产指标，根据生产指标配给相应的钢材等原材料计划。生产厂按照计划生产出产品然后交由物资部门统分统配。现在地方需求猛增带来一系列的问题如生产所需的原材料以及扩大产能需要报批等，粥少僧多供不应求。在需求的推动下，全国很多有一定生产条件的地方找到北汽弄到图纸，然后利用自己掌握生产资料的有利条件，自己安排生产计划，自己分配钢材等生产资料让地方企业照着仿制，社会上形成了一股吉普热。有些没有条件的地方干脆弄几辆回来拆开，然后依样画葫芦，敲出车架，找点关系，买点“计划外”的发动机、变速箱等关键配件，组装出“北京吉普”照样满街跑，什么质量、水平统统是扯淡，能跑就行。各色各样的“北京吉普”在中国大地上就这样繁衍生存了近20年，成了大多数地方行政和企事业单位领导干部的主要交通工具。

切诺基开进北京城

改革开放给中国轿车发展带来新机遇，与上汽几乎同时，北汽也开始了对外合资的尝试。

改革开放前，整个中国汽车工业都存在着品种单一，几十年一贯制的现象。国产汽车技术水平低，产品质量差，在国际市场上缺乏竞争力，产品开发和制造技术落后国际水平几十年。北汽也不例外。BJ212生产了十几年，产量低，技术落后的矛盾日益突出。北汽当时也想对现有的生产体系做一些调整，对技术做一些改进，更换一些陈旧落后的生产设备，但当时的条件不具备。

北汽引进国外先进技术，涉及到一个关键人物——美籍华人沈坚白。

改革开放之初，一批具有强烈爱国心的外籍华人回到祖国，他们利用自己的资金和国际人脉关系，积极地为国内发展牵线搭桥，引进资金和技术，为国内经济发展作出重要的贡献。

沈坚白，1945年毕业于上海交通大学，1945年到1947年在京沪铁路管理局工作。1947年留学美国，1948年获麻省理工学院工程硕士、1950年获哈佛大学商学院工商管理硕士，毕业后沈坚白留在美国工作。

1952年沈坚白进入了美国著名的本迪克斯公司。本迪克斯公司是一家主要承包美国国防部和航天局一些工程业务的高新科技公司，沈坚白在这家公司工作了22年，从一名普通科技人员发展为该公司研究院的院长，1967年当选为副总裁，主持该公司在全球的工程与研究工作。这是美籍华人在当时美国高新企业界得到的最高职位。1974年，沈坚白离开了本迪克斯开始自己创业，凭着自己的能力，他很快创建了八个独立的制造企业，自己分别担任这些企业的董事长或行政首脑。沈坚白虽然在美国事业有成，但他始终没有忘记自己的祖国，从1973年开始，沈坚白夫妇经常回国，与中国专家交流科技方面的工作经验，北京市、一机部、哈工大、北京工业学院等单位曾多次邀请他讲学，沈坚白还受聘担任了哈尔滨工业大学、北京工业学院的顾问和名誉教授。为了促进中美两国科技教育界的交流，他曾先后两次组织美国哈佛大学商学院代表团访华，并为中国联系了在哈佛大学进修的十名奖学金名额。为了促进中外交流，沈坚白与中国旅行社北京分社合作，在中国投资建设了北京第一座五星级的长城饭店。

沈坚白还先后应邀担任中国上海市、天津市、广东省、江苏省、湖北省、广西壮族自治区以及山东省烟台市等各级人民政府高级经济顾问。为促进中美之间的了解交往，做了大量卓有成效的工作。

1979年元月，沈坚白开始到中国讲学。先是到哈尔滨工业大学，后来又到北京。在北京讲学时，时任一机部副部长兼中汽公司总经理的饶斌也在台下听讲，在与沈坚白互动交流时，饶斌要求沈坚白重点讲一讲合资的问题。沈坚白就此认识了饶斌，通过与饶斌的交流，得到了中国希望与世界上知名的汽车公司开展合作，引进技术的信息。

美国汽车公司是一家专门生产军用越野车的公司，其生产规模在美国国内排行第四。越南战争结束后，美军的订货大大减少，美国汽车公司顿时陷入困难境地。石油危机也使得生产大排量油老虎的美国汽车公司受到沉重打击。为走出困境，美国汽车公司开始将眼光向外，希望以扩大市场份额来谋求新的发展。沈坚白在美国是知名人物，在中国与高层领导也有很多交往，在美国与中国之间有着极为广泛的人脉。为了进入中国市场，美国汽车公司（AMC）主动聘沈坚白为高级顾问，希望通过他寻求与中国合资合作的可能。

了解到饶斌的想法后，沈坚白认为此事完全有可能做，他立即派自己的助手杨汉华来一机部联系，一机部立即决定由北京汽车工业总公司负责接洽。得到沈坚白的信息后美国汽车公司也非常兴奋，庞大而神秘的中国市场具有极大的诱惑力。1979 年 1 月 16 日，沈坚白携夫人与四位美国汽车公司的代表飞到北京，准备进行谈判。

谁也没有料到，这竟然是一场旷日持久的马拉松谈判。

谈判双方的阵容为，外方五个人，四个美国人加沈坚白；中方代表也是五个人，胡亮、吴忠良、朱临、王明先、高克勤。虽然有沈坚白做中间人，但中美双方究竟是初次接触，为慎重起见，从 1 月 16 日到 23 日，双方花了一个星期的时间进行谈判准备。说是谈判，实际上双方只是进行先期接触，互相摸底。

十一届三中全会是 1978 年 12 月下旬召开的，距离美国人来不过一个月。中国虽然决定实行改革开放政策，但“文革”刚刚结束，“左”的阴影尚未散去，国内政治、经济、社会集疴甚重，大量的问题需要解决。由于长期闭关锁国，对外交流极为有限，与外国人特别是美国人谈经济技术合作，这是从来没有过的事情。没有对外合资的先例，没有相应的法律法规，与美国人谈到什么程度，谁有拍板决定权？这些统统都是未知数。虽然北汽对与美国汽车公司这样的大公司合作很高兴，但由于思想禁锢又没有任何自主权，大家都是小心谨慎地和这些美国人接触，这些美国人来北汽参观时，北汽甚至不知道该以什么样的态度接待他们，热情？冷淡？还是不冷不热？

元月 23 日以后，双方开始交谈，美方向中方介绍美国汽车公司的情况，中方也请美方到工厂里参观，交流是开始了，但双方犹如鸡同鸭讲，虽然美方滔滔不绝，中方却言语谨慎，是合资，还是只花钱买技术？中方几乎对任何问题都不敢做主。中方采取的策略有二，一是天天汇报，每天谈完后就向上汇报，请示下一步的行动，谁也不敢越雷池一步。二是多听，让美国人先谈，听听他们的具体想法，然后再提出相应的问题。

美方代表团团长克莱尔是美国汽车公司负责国际事务的副总裁，在滔滔不绝地讲了一大通后表示，只要双方认为条件能接受，他们当场就能拍板。但由于中方不能拍板，每次美方讲完后，中方总是表示，“我们将认真研究你们的想法”。然后连夜将会谈内容整理出来，第二天立即向政府相关部门汇报，得到意见后再谈，谈完后再汇报。美方对于中方的拖拉很不理解，好在沈坚白在中间做了不少沟通的工作，断断续续的谈判才没有中断。1979 年 2 月 2 日，一机部与北京市政府联名向国务院提交了“关于北京汽车制造厂和美国汽车公司合资经营吉普车公司”的报告。

3月3日，国务院副总理余秋里、李先念、耿飚、王任重、谷牧、康世恩六位国务院副总理签署意见“原则同意”并指定此事由北京汽车工业公司负责。原北汽厂长赵乃林回忆：

经过几次这样的接触以后，谈判内容终于有了一些眉目，但一机部不敢拍板，于是由一机部再将北汽的报告上报给国务院，国务院6位副总理批示：同意干，可以继续谈。其意义大概相当于现在的立项。一个合资项目要6位副总理批，现在看起来可能觉得太兴师动众了，但在当时确实非同小可。立了项后还得接着谈，这种马拉松式的谈判搞得美方也很累，但他们看好了中国的市场，所以尽管一年往中国跑四趟，还是愿意到中国来。

1979年10月，北京汽车工业公司成立商务谈判组，此时中方与美方的谈判才算正式开始。北汽与美方谈判得到了一机部部长饶斌和北京市委书记段君毅的大力支持。虽然谈了几年没有什么进展，但他们总是给北汽出主意想办法，支持他们把谈判进行下去。

1980年以后，中汽公司成立了，饶斌任总经理，陈祖涛任总工程师。谈判进展缓慢让饶斌很着急，这是中国汽车工业和外国公司的第一个合资项目，成败与否对中国汽车工有很大的影响。根据饶斌的意见，一机部重新组建了以陈祖涛任团长，北京市经委主任张建民（后任北京市副市长）任副团长，汽车专家赵乃林（后来任北京合资厂的第一任董事长、总经理）、国家经委、计委派人共同参与组成的谈判代表团。

美国汽车公司有着深厚的美国军方背景，双方每次谈判时，美方代表团中始终都有一个叫“海德”的退役将军在场，而且这个海德将军对美国汽车公司的谈判结果有否决权。美国汽车公司对开拓中国市场有着很高的热情，为了争取与中国合资成功，美国汽车公司邀请中方代表团到美军沙漠演习场以及设在埃及的吉普分厂，卖力地向中方作了各种表演。

从1979年1月到1983年5月，四年半时间内，美方来华18次，中方赴美3次，中方向各级领导机关汇报500多次，中方谈判小组五易其人，经过几年的谈判，中美双方合作框架逐步明朗，北汽提供厂房和设备，美方提供美国汽车公司正在生产的切诺基轻型越野车，双方成立合资公司。

谈判中最困难的在于美方提出的技术入股。按照双方的注册资金比例，美方提出美方的专利技术与工业产权以800万美元价值入股，对此，中方提出中方的BJ212也应作价入股。但美方不同意，他们认为北京吉普谈不上技术水平，不能以技术入股。美方提出，如果中方将北京吉普作价800万美元的话，美方的技术入股就作价1600万美元。双方在这个问题上互不相让，谈判进入胶着状态。考虑到合资公司的经营成本，经过协商和请示，中方放弃了北京吉普技术入股，双方终于达成合资意向。事后赵乃林说：“说实话，由于是第一次，当时我们确实不知道技术究竟该如何定价，到底值多少钱？”

1983年2月，陈祖涛率中方代表团访问美国，准备与美国汽车公司草签合同。谁知到了美国汽车公司后，美方将中国代表团让进会议室，他们却迟迟不见人影。从上午直到中午。代表团成员赵乃林回忆道：

美方主动请我们来，怎么还把我们“晾”在这儿了？大家心里都没了底儿。直等到中午，克莱尔才匆匆赶来，他一边擦着脑门儿的汗一边如释重负地说：“解决了”。后来我们才知道，法国雷诺公司是美国汽车公司的控股方，它们不愿意一款花了上亿美元研制的新型越野车被区区800万美元买走，正在为此召开紧急董事会。克莱尔费尽力气向法方解释，此事的意义绝不是几百万美元，最后法方才算点头同意。

最后陈祖涛和美国汽车公司副总裁克来尔分别代表中方和美方在合资意向书上签字，合资组建中美北京吉普汽车有限公司，生产美国汽车公司1983年投产的CJ系列产品和原北汽212轻型越野车改进后的车型。

1983年5月5日，北京吉普汽车有限公司的经营合同以及合资章程在北京人民大会堂签署，陈慕华副总理出席签字仪式。合同于1983年6月1日生效。新公司注册资本为5103万美元。其中，北京汽车制造厂以制造BJ212的南厂区的部分厂房、设施和660万美元投入，合计约3503万美元，占总股本的68.65%；美国汽车公司以吉普品牌的产品、技术以及800万美元现金投入，占股本的31.35%。1984年1月15日，北京吉普正式开张。以后，美国汽车公司被克莱斯勒收购，北京吉普成为北京汽车制造厂和克莱斯勒的合资公司。

合资公司第一任董事长吴忠良，副董事长克莱尔，第一任总经理查特顿，副总经理赵乃林。合资公司以美国汽车公司的CJ系列汽车为基础，采用联合设计的方式，开发中国的第二代轻型越野车。

1984年，时任国务院副总理陈慕华访问美国，受美方的邀请，陈慕华来到设在底特律的美国汽车公司。

美国密执安纳州的底特律市是全球闻名的汽车城，通用、福特、克莱斯勒、美国汽车公司等著名大公司的总部都设在这里。美国汽车公司有一座楼层不高但占地面积达4万平方米的巨大三层建筑，这里是美国汽车公司吉普卡车工程部。楼内设有设计部门、实验室及项目控制等部门，是当今世界上著名的的汽车设计机构之一，简称JTE。JTE还在郊外有一个占地1540公顷的切尔西试车场、亚利桑那热带试车场和内华达沙漠试车场。2000多名工程技术人员整日在这里面绞尽脑汁，根据客户要求设计出各种新奇的产品。切诺基、卡曼奇、道奇T300小卡车及软顶越野车等车型都是他们的杰作。

1983年2月，JTE将新设计的XJ正式投放到美国汽车公司在美国俄亥俄州特利多市吉普车厂生产。这是一款多用途四轮驱动乘用车，兼有越野车和轿车功能，具有较高的越野通过性、坚固可靠性和轿车的乘坐舒适性。设计师将其命名为“切诺基”。

美国北部大湖流域的土著印第安人有一个分支名为易洛魁族，这个族群中有一个部落自称“切诺基”。在部族争夺土地的战争中，切诺基人被特拉华和易洛魁人击败后迁徙到南方山区。为了生活和狩猎，切诺基人需要在山区奔跑攀越，锻炼得身体强悍，吃苦耐劳，尤其善于登山。美国汽车公司将这款车称之为“切诺基”，意谓此车具有很强的越野性能。切诺基从1974年起开始设计，耗资近亿美元，从设计到投产耗时近10年，是美国汽车公司精心打造的一款全新的轻型越野车。在当时，无论是设计水平还是技术性能，切诺基都可以称之为世界水平。切诺基一亮相立即引起喜爱汽车的美国人的关注，1984年在全美三家著名汽车杂志中的评奖中荣获桂冠。

在美国汽车公司琳琅满目的展品中，陈慕华一眼就看中了最新研究的XJ“切诺基”。

为了适应口味不断变化的市场需求，美国汽车公司每年都要对其产品进行改型，每年生产的产品称为年度型。一个年度型生产不了多久马上就被新的产品替换。美方对陈慕华介绍，这一款XJ切诺基是最新款型。

陈慕华了解到，中美合资公司原定合作生产的CJ系列已经投放试产4年多，这意味着北汽引进的是一款即将淘汰的产品。陈慕华回国后对北汽领导说：“你们与美方合作的产品马上就要淘汰了，你们为什么不引进他们刚刚投产的XJ切诺基？”

得到陈慕华提供的消息，北汽马上组织部分人员到美国汽车公司考察，在这里他们看到了切诺基。切诺基让中方眼前一亮，中方马上向美方提出，协议规定，合资企业生产的产品要与美国汽车公司同步，因此，中方要求放弃CJ系列，改为生产XJ。

美方不愿意将这款最新的年度车型交给中方，其理由是，这款车技术含量高，中方目前没有能力生产这款车型。但中方坚持要与美方同步生产，最后美方提出，先用CKD方式由中方组装，以此为起点，逐步实现国产化，在掌握了这款车的技术后，再逐步过渡到自己生产。

期间，中美双方又为一件事发生争执。1984年7月，中方技术人员设计出了一种新的车型，这款车型是中方技术人员多年心血的结晶，中方希望与美方在此基础上进行联合设计改进。但美国的技术人员对中国人设计的车型不买账，他们横挑鼻子竖挑眼，共挑出了200个问题，基本上否定了中方的方案。为此，双方发生激烈的争论。

双方面临一个严峻的现实，新成立的合资公司的产品究竟怎样定？1984年10月，北京吉普汽车有限公司董事会在美国底特律召开，双方经过反复讨论，重新确定了北京吉普公司的产品定位，考虑到自身的技术实力以及合资公司运营后立即就要拿出产品投放市场，否则将面临亏损的命运，中方放弃了联合设计新车的要求，确定由美方提供切诺基散件，由北京吉普合资公司进行组装并销售，以此为基础逐步实现国产化这样的模式进行合作。

按照董事会决议，美方应在一个月内向中方提供切诺基的全套图纸资料，但一直到1984年年底，几个月过去了，除了几张总装配图外，切诺基的全套图纸和相关资料却迟迟没有到中国。图纸资料不到，生产建设无法进行。此事不仅中方着急，美方总经理查特顿更是急不可耐，他几乎每天都要给底特律的公司总部打电话催促，但公司总部却一再支支吾吾，动作迟缓。后来才了解到，美国汽车公司的控股方法国雷诺公司将美国汽车公司的总裁换了，新任总裁来自法国雷诺公司名叫戴德瓦代。戴德瓦代上任后交代“不能全套供应图纸，图纸发放的进度要看中方国产化的进度，每国产化一个零部件，发放一份图纸。”

经过紧急商量，北京吉普董事长吴忠良和中方副总经理赵乃林决定亲自赴美交涉，要求美方履行合同。1985年元旦，北京城里已经孕育着浓浓的年味，空气中弥漫着刺鼻的鞭炮硝烟。吴忠良、赵乃林赶赴美国，下飞机后，两人直奔美国汽车公司总部，要求美方解释不履行合同的原因。

戴德瓦代的解释带有明显的意识形态歧见：“根据我们与某些社会主义国家交往的经验，一旦将全部技术拿到手后，我们的存在将变得毫无意义，他们会将外国人赶走。”

戴德瓦代此言明显违背合同条款，在吴忠良与赵乃林的严词诘问下，戴德瓦代自己也无法自圆其说。吴忠良强硬地表示，根据双方共同签订的协议，合资公司将保留采取进一步行动的权利，这样切诺基的图纸才给中方发过来。

北京与美国的合资和上海与德国的合资基本同时，但到了1985年，上海桑塔纳已经开始生产，看到满地跑的桑塔纳，北京市政府、一机部希望北京切诺基也尽快地投产。经过近10个月的努力，1985年9月26日，首批BJ2021切诺基驶下生产线。国务院副总理陈慕华来到组装线前给崭新的切诺基剪彩。1987年，北京市政府将当时第一辆切诺基赠送给美国华盛顿市长马利恩 · 巴利。这辆车参加了美国建国200周年大游行，并珍藏于华盛顿博物馆。

“吉普风波”

切诺基投产后，美方动作频频不断。先是换掉与中方配合良好的总经理查特顿，没过几个月，美方要求再换总经理，美方的动作引起中方不满。吴忠良是董事长，更换总经理必须得到董事长的认可。吴忠良拒绝了美方的要求，但美方坚持己见，不得已，中方提出，让美方推荐的圣皮尔“试用”3个月。美方又提出，要求中方承担美方职员的住宿费。美方的雇员在北京都是在高档宾馆包房，费用高得令人咋舌。中方曾经质问美方：“我们的总理一个月不过几百元人民币，你们在宾馆一天就得几百元，谁承担得起？要住可以，这笔费用，你们自己承担。”作为反建议，中方提出，提高中方职工的生活福利，从所占利润的4%提高到10%。美方再提要求，要求提高组装产量，1986年4000辆，1987年7000辆，1988年10000辆。中方告知，提高产量涉及增加外汇额度，需要政府批准。作为反建议，中方要求美方在这3年内的投资达到2.2亿，美方提出，只有实现美方提出的产量增长数额，美方才能提供1.7亿美元的投资。如同一家人吵架，双方你来我往，互不相让，双方矛盾日渐升温，最终双方大干一场。

矛盾的焦点就在外汇上。北京切诺基的投产是建立在CKD基础上的，国产化率非常低，北汽所做的工作基本上就是组装。组装就得依靠美国发货。CKD组装需要大量外汇。1985年、1986年几年中，大量进口轿车几乎耗尽了国家的外汇储备，面对严峻形势，国务院多次下文，严格控制轿车进口其中也包括进口散件组装轿车。依靠CKD散件组装的北汽也受到严重的影响。

北汽合资公司成立时，政府就要求公司要做到外汇平衡。但由北汽组装的切诺基投产还没多久，切诺基的出售对象是国内用户，产品没有出口，收不到外汇，非但收不到外汇，CKD散件进口还需要大量外汇。这个时候要实现外汇平衡是不现实的，也是无法实现的。

继1985年北京吉普公司首批订货720辆切诺基散件后，按照生产进程，美方陆续将1008套散件发送到码头，准备10月12日装船起运。由于没有外汇额度，北汽此时连散件进口的许可证还没拿到。没拿到进口许可证银行就不发给付款信用证。对于美方而言，银行的付款信用证意味着“货到付款”。没有付款信用证，美方拒绝货物装船发送。不能装船，大宗货物堆放在码头上占用了货位还要付款。货物量太大，再运回来费用太高，不得已，美方只得在码头租用仓库将这批货存放起来，同时催着中方付款。由于美方散件不能及时发货，北汽的供应链中断，隆隆的组装线停顿下来。北汽是合资企业，停断下来，中外双方都着急，员工工资、设备维护、保养都要钱。北汽着急，美方恼火。

1985年11月18日，美国汽车公司中国项目部经理曲莫火速赶到中国来处理，但此时国内经济过热，正在治理整顿，外汇额度问题一时无法解决，着急的曲莫与赵乃林甚至发生争执。曲莫认为中方处理合资企业缺乏诚意，称：中美双方中间有一条深深的裂痕且难以愈合。可以认为，曲莫的观点代表了美国汽车公司的主流看法。

曲莫回国后向美国汽车公司董事会汇报，美国汽车公司董事会几位负责人联名给北京吉普公司发来电传，主要内容为：

……

北京吉普公司没有履行CKD散件装船计划，违反了双方合作协议；

1986年的CKD计划、数量定不下来，美国汽车公司第五次董事会批准的投资失效；

1985年第四季度的CKD散件不能按期发运，将造成1986年第一季度之后停产；

……

美国汽车公司董事会单方面做出了停止资本投入，停止技术转让，停止技术培训，撤回在北汽的美国人的决定。这就是所谓“三停一撤”。

控制轿车整车以及散件进口是国家决策，北汽无能为力。美方是合资公司的股东，也是技术与产品的来源，美方的高压给合资公司前景蒙上了浓厚的阴霾。北汽一面向北京市和一机部、中汽公司汇报，争取高层给出解决问题的办法；一方面给美方回电解释：中国政府此时正在编制新的五年计划，希望美方对此能够理解。不要动辄就采取违反双方协议的行为。中国驻美大使也为此事与美国汽车公司做了沟通和解释，表明了中国政府支持合资公司的态度。虽然中国大使代表政府表示了态度，但由于互信程度降低，双方解决问题的进程仍然充满矛盾。

1986年2月19日，美国汽车公司副总裁弗利来到北京与北京吉普公司交涉。双方在长城饭店会谈，中方吴忠良、赵乃林，美方弗利、圣皮尔。整整三个小时，双方几乎没法谈拢。弗利表现出空前的强硬：“我对北京吉普公司的前景非常担忧，我已经算过，XJ明年5月要停产，这对北京吉普公司、对美国汽车公司、对中国、对美国都是一个极为严重的问题，特别是对中国的改革开放政策将会产生极为不利的影响。如果硬要我们停产两年干国产化，那么你们只有另外去找伙伴，我们马上就走。”

尽管中方试图缓和局势，但由于拿不出任何有效的措施与动作，空话打动不了美方。弗利第二天甩手而去。

1986年2月21日，美国汽车公司董事长戴德瓦代单方面向美国媒体宣布，由于中方违反协议给美国方面造成经济损失，美国汽车公司决定，停止与北汽的合作。具体措施为：停止资本投入，停止技术转让，停止技术培训，撤回在北汽的美国人。戴德瓦代具有“政治头脑”，他懂得对中方施压最好的办法就是从政治上下手。他公开宣称：“中国不适合搞合资”。

北汽与美国汽车公司的合作举世皆知，犹如中国对外开放的一个窗口，现在突然“三停一撤”，美国舆论顿时哗然，好事的各大报刊杂志纷纷撰文，标题一个比一个火爆。还有一些美国媒体以此攻击中国的对外开放政策。这就是著名的“吉普风波”。

虽然闹得很凶，但美国汽车公司也并不想就此丢掉好不容易才打开的中国市场，他们不过是想闹一闹以影响中国的政府，然后按照他们的想法来解决问题。

中汽公司是中国汽车工业的总头目，代表政府管理全国的汽车企业。美国人对怎样与中国打交道时有点研究的。他们清楚，中国的企业不过是政府的孩子，孩子总是要听家长的，合资公司出现今天这样的局面，家长是有责任的。美国汽车公司副总裁克莱尔在合资谈判过程中与中汽公司总经理陈祖涛打了不少交道，有点交情。2月28日，克莱尔致电陈祖涛，向他全面阐释了美方的立场，请他介入此事。

3月3日，美国驻华使馆一秘希尔约见陈祖涛，表达了美国政府对此事的“关切”。3月4日，美国驻华使馆商务参赞约见中国经贸部外事局局长张歧，再次表达了美国政府希望中方妥善处理的意见。3月14日，北京吉普公司美方总经理圣皮尔给时任中共中央总书记胡耀邦写了一封信：

……

合资企业在中国是一个新概念，初期时会遇到巨大的挑战。我们是合资企业的先驱者之一，所以首先遇到与合资企业有关的困难。我们失败的结果将对中国现存的和未来的合资企业产生非常消极的作用。中国政府也将难以承受这个合资企业失败给中国正在实行的开放与合资政策所带来的冲击。

……

经美国汽车公司这样上下一闹腾，“吉普风波”引起了中国最高层的重视。胡耀邦在一份内参上批示：

这件事要从维护我国对外关系的决策和信誉的高度来对待，请经委帮助解决。已合资企业不要轻易使之倒闭。

赵紫阳、李鹏、姚依林、田纪云、谷牧、陈慕华、宋平等中央领导都作了批示。中央决定时任国家经委副主任朱镕基负责处理此事，并成立由中汽总公司总经理陈祖涛、北京市常务副市长张健民、北汽副总经理赵乃林等人组成的工作组，负责与美方谈判。

美国汽车公司将此事政治化的目的达到了。

朱镕基办事大刀阔斧，雷厉风行。5月8日，朱镕基接见前来谈判的美国汽车公司克莱尔。朱镕基说：“中国政府始终支持北京吉普公司，过去是这样，现在还是这样。中国政府从来都是讲究信誉遵守合同的，北京吉普公司当前的困难有客观原因，也有主观原因。客观原因是，在过去的一年多里，中国在经济体制改革方面步子迈得很快，由于经验缺乏，摇晃了一下。也就是说，先是银根放得过松，进口过多。发现问题后，又收紧了银根，压缩了进口。去年我们进口了30多万辆汽车，总值28亿美元，消耗了外汇储备……为了帮助北京吉普公司渡过暂时的困难，政府有关部门将根据情况给予必要的帮助，例如，进口许可证将采取适当灵活的方法。至于主观原因，是你们的经营战略未能适应这种变化，你应该与中国同事们研究调整经营战略。”

朱镕基明确表示了对美方单方面向媒体爆料的不满：“我认为，为了创造良好的气氛，谈判中，我们最好对媒体保持沉默，等我们达成协议后，再共同发布。”

朱镕基与克莱尔谈完后，谈判的任务便落在陈祖涛、张健民、赵乃林等人身上。中美双方就国产化、出口创汇、产品、CKD散件、投资规模等五个问题进行了一场马拉松似的谈判，整整5天5夜连轴转。谈判的焦点集中在1986～1990年头5年切诺基的产量上。美方要求产量起码要达到5万辆，照此计算，需要用汇4.75亿美元，由于外汇的限制和国产化进程等原因，中方不同意安排这么多，双方僵持不下。陈祖涛回忆道：

1986年5月16日，美国财长贝克要访华，国务院总理要接见他；同时姚依林副总理要访美，美国总统布什要接见他。因为北京吉普是中美合资的第一个项目，肯定会成为会谈的话题，而项目目前又存在一些问题，怎样解决这些棘手的问题，成了中美双方都要面临的难题。就在这时，美方代表克莱尔给国务院领导写信，反映合资中的出现的一些具体问题，提出要中方在进出口、外汇等政策上给予优惠条件。国务院领导将信转给副总理谷牧，谷牧将信批给朱镕基，朱镕基找到我，要我负责处理此事。

我和北京市常务副市长张健民、北汽总经理赵乃林共同组成谈判组，和克莱尔展开了艰苦的谈判。国务院对这次谈判非常重视，直接掌握谈判动向，我们每天谈判完了后，都要给谷牧同志写出情况报告，然后根据谷牧同志的意见确定谈判方针。由于北京吉普是我国的第一个合资项目，很多做法都在摸索过程中，美方在谈判中提出要求政策优惠牵涉到我国的外贸、外汇管理等政策，我们也无权表态。只能一边谈，一边汇报，汇报有了结果就接着谈，没有结果就只能拖，非常被动。谈了好久没有结果，最后，克莱尔威胁要退出谈判。当天，朱镕基给我打电话询问谈判的情况，他半开玩笑半认真地说："老陈呀，谈判要成功，否则我俩乌纱帽都会没有了。"

面临这么大的压力，我们谈判组只有与克莱尔坚持谈下去。有一天，我和克莱尔谈到深夜12点，我们的晚饭都是在谈判桌上吃的。克莱尔再次提出，他要退出谈判，回国报告。此时我的心里也很紧张，因为国务院没有表态，我也很为难。我分析了克莱尔的心理状态，他也承担着沉重的压力，谈判失败了他回国也难以交差。所以在他威胁要回去时我说："要走你就走吧，我也回家休息。"

克莱尔很生气地离开了，我们立刻向谷牧同志报告了情况。谷牧同志告诉我，经研究，国务院已经同意在相关政策上给予优惠，根据这一优惠政策，北京吉普进口散件的问题就解决了。有了国家的授权，我们终于在克莱尔就要赶往机场之前达成了协议。协议内容大致为：

到1990年，北京吉普公司生产切诺基由美国最初要求的5万辆降为1.25万辆，美方要采取有效的实际行动支持中方加快国产化进程。

由于时间太紧，在他上飞机前，协议已来不及起草和打印。克莱尔就在一张白纸上先签了字。他说："陈先生，我相信你，我先签字。"此时是1986年5月14日的上午，我立刻将协议情况报告了谷牧同志和朱镕基同志。这场持续了7个月的"吉普风波"终于告一段落。

（陈祖涛、欧阳敏《我的汽车生涯》人民出版社）

经过艰难谈判，双方最终在5月14日下午3点达成协议。协议规定，到1990年，北京吉普公司生产切诺基12500辆，美方承诺将协助中方加快国产化进程。

1986年5月16日，美国财长贝克来华访问，国务院总理赵紫阳接见他，贝克问："听说我们合资的吉普在中国有一点问题，请问中国政府的态度？"

赵紫阳回答："我听说了，我们会解决好的。"

同日，姚依林副总理访美，在白宫，美国总统布什接见他。布什说："我听说吉普在中国有一点麻烦。"

姚依林副总理胸有成竹地回答："是有点问题，但是我们已经解决了。"

1986年5月23日，中美双方分别在北京和底特律发表新闻公报：

……经过讨论，双方原则上同意采取行动，使北京吉普公司能够继续进行切诺基的项目，并加速国产化……

一位美国记者为此专门写了一本书记载此事，名为"吉普风波"。

"吉普风波"虽然以双方都做了有限的让步而结束，但它折射出改革开放之初，中外合资企业的生存环境。作为主要当事人，赵乃林的话真实反映了企业当时的尴尬处境："最开始合资企业是个孤岛，没人关心你这些事儿，……但这样一闹，上上下下都重视，一些相关政策就慢慢出台了。"

北汽合资对北京汽车发展的影响

纵观北汽与美国汽车公司合资生产切诺基的历程，这条路从开始就走得很不顺。1985年9月，第一辆自己组装切诺基在北汽下线。新的切诺基一面世反应还不错，因为当时国内轿车产量很少，好路坏路都能跑的切诺基还算销得不错。但随着国内轿车数量增多，切诺基暴露出来的产品弱点越来越多：

价格高，切诺基的价格要高出同时代的桑塔纳和捷达；

配件少，因为是散件组装，美方也没有像德国大众那样对切诺基在中国有国产化要求，导致切诺基配件奇缺。一旦维修需要更换配件，有时甚至还要到美国国内发货，这又造成配件价格奇贵；

专业维修人员少，由于产量不高，美方也没有花力气培训维修人员，在全国各地的维修人员极其缺乏，一旦抛锚，叫天天不应，呼地地不灵；

油耗高，美国汽车最大的特点是马力大，这也带来了油耗高的缺点。这些缺点导致切诺基在民众心中的信用迅速下降，民间戏称切诺基为"切肉机"。

国产化进程缓慢，由于美方不积极，中方也没有明确的措施，导致切诺基国产化进程极为缓慢，1985年国产化进程为1.73%，主要为牌照支架、随车工具、护板、使用手册。一直到了1995年才达到80%。

基于上述原因，切诺基的产量和销量始终也没有超过3万辆。虽然产量不高，但公司几千号人，还有那些拿高薪的美国高管，处处都要花钱。处于亏损状态的北京吉普实际上一直靠北汽老产品BJ212支撑着。

合资谈判时，美国汽车公司以技术作价 800 万美元入股，中方要求 BJ212 也作为中方的技术投入，美国人却非常鄙夷地认为这种车没有价值。但北京汽车厂并没有因为美国人瞧不起就放弃。尽管合资了，但北京 212 的生产始终没有中断，自 1987 ~ 1993 年，北汽在不断引进、消化、吸收先进技术的基础上，对 BJ212 不断实施型改进和新技术嫁接。BJ212 先后演变为 BJ212L、BJ2020N、BJ2020S，还派生出一款加长型可乘 7 人的班用 BJ212A。根据需要，BJ212 系列越野车还被改装成无后坐力炮运载发射车、红箭反坦克导弹运载发射车、无线电干扰车、炮兵侦察校射车、防化侦查车、通讯工程车等作战、指挥专用车辆。民用北京吉普更是供不应求，由于产量有限，还要控制供应。

北汽在引进切诺基后将许多技术移植到 BJ212 越野车上，进行了百余项改进，延长了其生命周期，大幅提升了技术水平，发动机功率由原来的 75 马力提高到 85 马力，并首次在国内采用子午线轮胎，解决了危及行车安全的侧滑问题。选用四速变速箱，前进档之间采用了同步器，改善了换档性能，车身面漆也由单调的草绿，发展为白、红、蓝等多种颜色，产品由军用扩展到民用。一系列改进使北京吉普青春常在，谱写了汽车行业的老兵新传，直至今天，北京吉普在市场上仍然有销路。

1995 年北汽的产量达到了 82000 多辆，这是北汽历史上的第一个高峰。但其中只有 2 万辆切诺基。而北京吉普 2020 却有 6 万多辆。切诺基亏损，而北京吉普的纯利润则达到 3.5 亿。

北汽合资还带来了北京汽车生产资源的分化重组，也深刻地影响了北京汽车产业发展的走向。

早在研制 BJ210 成功后，北京汽车的发展便围绕北京汽车制造厂展开，北京第一汽车附件厂组成的北京汽车厂成为一机部的直属企业。在同一条街上的北京金属结构厂、北京齿轮厂、北京内燃机厂等都是北汽的配套企业。20 世纪 70 年代后，经过调整，上述企业联合组成了北京汽车工业公司，由北京市政府管理。大家都是一个家长管理下的“孩子”。吃着同样的饭，享受同样的政策。

当成立合资企业时，美方不要与合资企业生产无关的部分，结果导致北京汽车制造厂将最核心的部分拿出去合资，然后将剩下的资产进行了再次整合，继续通过产品改进等各种方式谋求发展。新成立的合资公司与合资剩余资产重组的公司之间的差别立马显现出来。政策导致内外资企业的生存发展环境出现巨大差距，其中之一就是工人之间的劳动报酬有了明显的差别，前者几乎是后者的一倍。原来一起上班的同事有的甚至是夫妻，就因为合资收入一下子拉开差距，这使得吃惯了大锅饭宁愿共同贫穷的人心理上产生了极大的不平衡。同时生产管理和劳动态度也产生了明显差别，以前上班不久就可以溜号，有的利用上班时间买菜，洗菜摘菜，打扑克，泡病号等一系列消极怠工现象在合资公司看不见了，从生产线到班组到车间，岗位分明。但在一墙之隔的国营公司则一切照旧，这一切到造成了这些企业与合资的北京吉普之间的不和谐。

随着改革的深化，这些合资后剥离出来的汽车企业开始自我发展途径，1987年6月，与北京摩托车厂组建北京汽车摩托车联合制造公司。进入20世纪90年代后，又与山东的民营企业福田汽车公司重组成为北汽福田汽车公司。

这一过程中，原北京市所属的北京第二汽车制造厂凭借轻型卡车曾红极一时，尤其是BJ130系列汽车是1980年代的重要产品。1984年，重组北京汽车内燃机配件厂。1985年，北二汽率先在国内引进日本五十铃N系列产品技术，生产出北京130（即北京1041）。1988年4月，北京第二汽车制造厂与中国国际信托投资公司、香港肖特吉汽车公司共同投资成立北京轻型汽车有限公司，北二汽作为甲方投资1.4亿元，占注册资本金的70%。此后，在激烈的市场竞争中，北二汽由于产品老化，加之研发能力弱、技术相对滞后，企业未能适时调整产品结构和运行机制，经营出现了困难，逐步陷入10多年的的亏损境地。2005年11月18日，北京市第一中级人民法院发布民事裁定书，宣告北京第二汽车制造厂破产。

围绕北京吉普成立，北京的汽车资源形成了三股力量，它们之间身份的不同成为后来汽车资源整合管理上的大难题。

原属一个母体几家企业在计划经济与市场经济的演化过程中、在中国汽车工业发展的过程中分分合合，荣衰互见，演绎着北京汽车工业发展的“战国时代”。

对北汽的合资，历来是仁者见仁，智者见智。北汽中方总经理赵乃林认为：

合资的路肯定是走对了，我们与外资相互需要。北京吉普起的是一个修路者的角色，在北京吉普以后，相继是广州标致、上海大众的对外合资，他们纷纷派一套人马到我们这儿学习，我们也毫无保留。但在合资进行到一定阶段以后，我们必须要加强自主开发、自主品牌，这方面问题解决不好，将会影响我们汽车产业最终的发展。关于这一点，我不想说得太多，总之一句话：我认为自主开发，关键问题不在整车，而在零部件！

原北汽党委书记郑焕明也认为：

其实，切诺基适不适合中国市场也好，北汽能不能赚钱也好，这些因素都不是最重要的失误，最重要的是，我们因此失去了自主研发的机会，而成为了一个毫无技术含量的组装加工工厂，这一点，对北汽甚至是中国汽车工业的发展的负面影响都是非常深远的。

与国外汽车巨头合资，引进他们的先进技术，发展中国的轿车工业，这是历史做出的抉择。合资建设加快了中国轿车发展的步伐，中国人民现在正在享受这一成果。合资过程中出现了种种问题，包括现在议论最多的有关自主发展，自主知识产权等问题，这些都是当时的历史环境和主客观原因造成的，应该说是正常的，也是必然的。我们不能用今天的眼光来看过去，用今天的观点来指点甚至非议过去。我们的前辈所做的事情已经成为历史，北汽的合资过程也是中国汽车工业发展历史的组成部分，我们应当尊重历史。在回顾历史时总结出经验与教训，避免重复过去的教训则是我们现在和今后要做的事情。

北汽与美国汽车公司自合资以来先后生产了切诺基系列的六种车型：

化油器式四缸发动机分时四驱车型 BJ2021；

汽油喷射六缸发动机手动变速器分时四驱车型 BJ2021M6 和 BJ2021E6Y；

汽油喷射六缸发动机自动变速器全时四驱车型 BJ2021A6；

汽油喷射四缸发动机手动变速器分时四驱车型 BJ2021E；

化油器式四缸发动机两轮驱动车型 BJ7250；

右置方向盘车型 CR1。

从 1985 年至 1996 年的 13 年生产中，北汽共生产切诺基 13.58 万辆。在这 13 年中，切诺基的发展大致经历了三个阶段：

第一阶段为 1985 年至 1988 年，主要是靠 CKD 散件组装，与美方特利多（TOLEDO）吉普车厂同步生产，在这个时期是 BJC 消化产品、完善工艺和熟悉装配的过程，但国产化率很低。

1985 年 9 月 26 日投产的化油器式直列四缸发动机、四轮驱动的 XJ 车型成为北汽的切诺基基本型（BJ/XJ213）。1989 年 8 月份开始，北汽切诺基车型编号由 BJ/XJ213 改为 BJ2021。

1989 年起至 1993 年为第二阶段。这一阶段的特征是国产化率逐步提高，达到 60%以上；生产规模逐渐扩大，技术与美方同步。

1988 年前，北汽基本上只生产化油器式四缸发动机四轮驱动一种车型，1989 年投产了六缸发动机车型 BJ2021M6、BJ2021A6 分别用于出口创汇。1992 年，根据司法、公安、石油等部门的使用要求，北汽改进了新型切诺基的悬挂系统，开发投产了越野悬挂的汽油喷射式六缸发动机车型 BJ2021E6Y 以及多点喷射式四缸发动机越野悬挂车型 BJ2021EY。

从 1993 年开始为第三阶段。此时的切诺基车型越来越多，1997 年的国产化率已达 80%以上。随着对切诺基技术的进一步吸收和国产化率的提高，北汽基本形成了自己的开发能力，1994 年、1995 年、1996 年先后开发生产了 BJ7250、BJ2021E 和 BJ2021A6 车型。

1993 年，为填补北汽中档汽车的空白，经中美双方讨论，同意北汽在 BJ2021 车型基础上，取消前桥驱动系统；把助力转向系统改为机械式转向系统，使之成为化油器式四缸发动机两轮驱动的 BJ7250 经济型车型，1994 年 8 月 24 日，BJ7250 正式投产。以后又自行开发多点电子喷射四缸发动机四轮驱动的 BJ2021E 代替化油器式四缸发动机四轮驱动车型 BJ2021。还在 BJ2021E 的基础上开发出了宽轮胎、加强悬挂、多点喷射发动机的“西藏型”切诺基。

标致广州走麦城

1997年10月31日，法国标致与广州正式签署协议结束双方不成功的“婚姻”。与广州合资了13年，在中国轿车工业发展风头正劲的时候，法国PSA与广州的合作再也无法继续下去终于退出广州，这是“三大三小”合资轿车项目中，第一家以失败而退出的外国在华公司。与当年签署合资协议时体面而热烈的气氛不同，这一次双方代表签字后，场面冷清，没有鲜花，没有琥珀色的香槟酒，没有兴奋的合影。签完字后，PSA公司代表神情凝重，低着头退出会场。中方代表久久地望着他的背影，似乎在回想13年前双方签订合资协议的一幕。

1984年到1985年，轿车热席卷中国，全国各地都在轿车热中躁动不安，华南东南沿海的轿车走私受到重拳打击，当地的党政领导有的受到处分，有的受到严厉批评。但打击归打击，市场需求问题未解决，各地的轿车热就不会降温。各地诸侯八仙过海各显神通，想方设法要从中央的计划中找出缝隙来实现自己的轿车梦。但那个时候，轿车生产“像计划生育一样”，一辆也不许超产。虽然中央的态度如此严厉，但对于有准备的人来说，机会总是有的。

1984年，中国汽车工业公司在广州召开全国轻型车会议，为解决中国汽车缺重少轻的问题，会上对发展轻型车做了布局。轻型车就是机会。在轿车奇缺的时候，“先富起来的”多是广东等地的生意人，出于生意需要也出于面子需要，在轿车求购无门的时候，他们降格以求，看中了轻型载货卡车和俗称“皮卡”的轻型小货车。这种车车体小巧，车内装饰也不错，乘坐上去可以找到轿车的感觉，尤其是皮卡，除了后面的小货箱外，简直就是个“小轿车”。一时间，广东等地轻型小货车和皮卡销量猛涨，供不应求。供不应求就进口，进口多了没外汇，善于动脑筋的人由此看到了商机，可以进口散件组装皮卡，这样既能满足市场需求，又不违反中央关于限制发展轿车的规定。

1985年，时任广州市市长的叶选平来到北京，他此行的任务是要为广东省争取一个皮卡项目。

广东地处华南沿海，与香港、澳门毗邻。改革开放前，这里是海防前线，国家重要的经济建设项目都远离这里，钢铁、石化、汽车、机电等大型现代工业项目都没有安排到广东。但广东又有一个怪现象，没有重型工业，但这些年的汽车热导致各地市甚至包括县在内，有大量的小汽车厂，仅注册企业就有117家，其中纳入国家目录的有46家，改装厂41家。这些所谓的汽车企业批量小，成本高，质量差，多数处于破产边缘。这些企业里面唯一能提得起来的汽车厂是在省汽车修造厂基础上发展起来的广州汽车制造厂，生产仿解放的“红卫”牌卡车，由于产品质次价高，1979年停产下马。

来找国家计委和中汽公司争取项目的除了叶选平外还有广东省省长梁灵光。经过他们的努力，国家计委最终批准了广东的一万辆皮卡散件进口项目。

在香港等方面的资源介绍下，广州挑选的合作伙伴是生性浪漫的法国人，经过谈判，广州决定引进法国标致汽车公司的标致轻型卡车，也就是皮卡。

标致汽车公司是法国最大的汽车集团公司，也是世界十大汽车公司之一。1848年，标致家族在法国巴黎创建了一家工厂，主要生产拉锯、弹簧和齿轮等五金工具。并将自己家族的徽章——一只站立的狮子作为自己五金工具上的标识。1889年，阿尔芒·标致与莱昂·塞伯莱合作，制造了一辆三轮蒸汽动力汽车，并在庆祝法国大革命100周年的巴黎万国博览会上展出。这是第一辆以标致命名的汽车。以后，标致又试制出燃烧汽油的标致2型汽车，双座的5型、6型和7型轻便车，8型折篷车，对坐式9型和客货两用10型等。1896年，阿尔芒在里尔成立“标致汽车公司”，第一次世界大战前，标致公司的产量达到1.2万辆，二战前的1939年，产量达到4.8万辆。到20世纪50年代一跃成为法国第二大汽车公司。1976年，标致公司收购了雪铁龙公司60%的股份，汽车总产量超过雷诺汽车公司而居法国第一，成为以生产汽车为主，兼营机械加工、运输、金融和服务业的跨国工业集团，年产汽车220万辆。

标致公司同意与广州合资也是颇有意思的，改革开放前，外国对神秘的中国知之甚少，标致公司认为中国只有三座大城市，即北京、上海、广州。北京是首都，上海是中国最大的工商城市，广州则是因为每年一次的“广交会”而闻名。经过香港有关方面介绍，法国标致公司得以与中国的第三大城市广州合作，对于标致公司而言，这也是插足神秘中国扩大市场的机会。

1985年3月8日，国家计委批注广州标致可行性研究报告，3月15日，中法双方在广州花园大酒店签约。鲜花、香槟、笑脸和对未来的期待使得签约仪式隆重而热烈。

虽然广州标致公司成立了，广州有关人士也很高兴，但明眼人一针见血地指出，这个企业是广州人得名，法国人得利。何出此言呢？看一看广州标致的股份组成便可得知。广州标致的股份构成为：

广汽公司46%，中信公司20%，国际金融公司8%，巴黎国际银行4%，法国标致公司22%。但法国标致是以产品技术入股的，也就是说，它是空着两只手拿的干股，没有投入一分钱。法国三方拿出的真金白银只有12%，加上标致公司的技术股22%，法方共占有32%的股比。根据中法双方协议，广州标致公司总经理由双方轮流担任，因为中方缺乏管理经验和技术，双方商定，前8年由法方担任总经理。广州标致董事会共有11个董事席位，占有46%股本的广州分到4席，占有22%干股的法国标致分到3席，占有20%股本的中信分到2席，法国巴黎银行和国际金融公司各分到1席。从数量上看，中方共有6席，法方共有5席。按照董事会章程，要改变总经理的决定必须要四分之三的董事同意。这意味着，只要总经理作出决定，中方即使全部不同意也达不到四分之三。“聪明”的法国标致凭借22%的干股，在广州标致公司里取得了总经理“一票否决权”。同时，在公司内部分工上，法方还掌握财务、零部件采购、和国产化认可大权，完全控制了广州标致的命脉。

在20世纪80年代末期，在中方资本占多数的合资公司里，天平就这样不公正地向着外方倾斜。为什么会出现如此反常的权利分配格局呢？要是将法国人与广州人调换一下位置，法国人会认可这种利益分配格局吗？

虽然公司管理大权落入法方之手，但广州标致合资项目使得广州在中国现代轿车布局上抢占先机，成功地在全国轿车生产“三大三小”布点中争得一“小”的席位。1985年到1988年，广州标致赶上了发展的黄金时期，依靠CKD，从1985年的2000多辆起步，每年增加一千多辆还供不应求，到1988年，产量超过5000辆，广州标致的账本上终于出现盈利的黑字。大好形势下，广州标致乘势而上，要从皮卡转而上轿车。

广东人的确聪明，当年要上皮卡，纯粹就是两步走方案，先上皮卡，同时为上轿车做准备。标致505轿车就是标致504的升级版，前者与后者与除车身外，其他部件基本通用，机会一到，立刻“变脸”。“三大三小”的轿车生产布局给了广州标致向国家计委送交广州标致二期工程的报告，并且在国家计委未批之前，率先“遇到黄灯抢着走”，于1989年9月11日开始组装标致505SX轿车。

广州标致的做法受到国家计委的严肃批评，1989年12月，广州市副市长谢世华、谢干成等专程到北京向国家计委汇报广州标致二期工程。

广州标致一期工程投资5.7亿元人民币，建成了简易的总装、焊装生产线，但关键的发动机生产线没有，冲压和涂装生产线也很简陋，所谓冲压生产线也就是几台冲床，这些条件组装皮卡还凑合，但要组装轿车，根本不具备条件。此前，广州多次来人向国家计委要求上二期项目，都因为没有发动机生产线而遭到否定。以后，广州汇报说发动机生产线问题已经解决。请国家计委工业二司副司长徐秉金去查看。徐秉金与工业二司的几个干部来到广州汽车厂，摆在他们眼前的是这样一幅场景：一台发动机被分解拆卸开，铺在不到二十米的地下，几个工人用手工将这些凌乱的零部件逐个组装起来，所有的缸体、缸盖、飞轮、曲轴、活塞等关键零部件全部要从法国购买，这就是广州标致的“发动机生产线”。徐秉金看后很生气。他不客气地说：“你们这不是糊弄人吗？发动机生产线不是小孩过家家，这样装配出来的发动机生产质量靠什么做保证？”

除了发动机生产线外，车身问题也未解决好。广州提出，皮卡与505的差别主要在车身，在皮卡的小货箱上做一个覆盖件就可以代替轿车车身。广州的意见也遭到法方的强烈反对。

有了这一次的教训，广州表示，一期工程中急于求成，主要是为了抢市场，有些工作做得不细，申报项目也违法了程序，为此，广州市政府作了深刻的检讨，表示要在二期工程中对存在问题要做彻底解决。

二期工程共投资3.1亿法郎，建设7000平米油漆生产线，增加两个焊装工位，一条冲压生产线等内容，实现3万辆产能规模。经过审核，国家计委对广州标致二期工程提出了具体意见：

1. 要集中力量尽快解决发动机生产线问题。

2.504产品出口是保证外汇平衡的关键，如果504和505同时上，504的出口会出现矛盾，广州市要研究方案，拿出切实可行的措施，确保出口数量完成。

3. 二期工程合同修订不全面。合同对产品、销售权、产量都做了修改与界定，但对一些限制性条款尤其是对法方的限制性条款却没有任何改动，这会造成双方权力与义务的不对等，这是不妥的。

4. 二期工程可行性报告存在不少漏洞，如没有整车返修内容，需要认真研究和补充。可行性报告中没有合同修订的内容，这是很大的漏洞。再如，没有新增出口计划，所需外汇从何而来？国产化目标没有切实的措施保障，到时如何落实？

按照国家计委的意见，广州标致二期工程存在一些“硬伤”，这些问题不解决，二期工程不能批。

20世纪80年代末期，广东已是全国改革开放的前沿阵地，思想解放，看准了就干，不受旧的条条框框的限制，使得广东经济发展的步伐明显快于内地，轿车市场更是炙手可热。国家虽然还没有批准广州标致轿车二期工程，但广州标致仍旧在两条腿走路，一边积极申请，一边加快二期工程进度。此时正值“六四”风波后，除了德国大众外，西方主要大国都对中国实行经济制裁，影响了一些项目的进展，靠法国政府贷款的二汽雪铁龙项目也裹足不前。在这个困难时候，广州标致不仅不停下来，还要求上二期项目，由皮卡转为轿车，而且不要国家出资，现在中国更需要一些像广州标致这样逆流而上的项目。正因为如此，国家计委对于广州标致项目违反项目申报程序，先斩后奏的做法也没有太多的追究。

1990年4月27日，国家计委终于批准了广州标致二期工程计划，同意在第一期1.5万辆轻卡的基础上，增加1.5万辆轿车产量，产品为505SX5和505SW8。一二期工程的总纲领为年产3万辆。虽然这3万辆中还有1.5万辆皮卡，但广州标致早已制定了3万辆CKD505的计划，皮卡的历史任务已经完成，广州现在可以放开膀子，名正言顺地大干轿车了。

风水轮流转，1993年，广州标致二期工程基本完成，当年产量达到20800辆，产量虽然上来了，但问题也来了。双方合资这些年，矛盾逐步暴露，作为大股东的广州方面提出要更换总经理，法方的报复手段是利用自己技术输出方的地位对广州标致的零部件订购、付款条件、发货等百般刁难。比如，广州方面订购300辆CKD散件。货到了以后才发现不配套，缺东少西，顶多只能装一百多辆。中方向法方提出，法方也答应立即补充发货，但仍旧不能按时到，一追问，不是在路上，就是在港口。有时货到了，这边的法国人却休假去了，近的到香港，远的满世界跑。他们拿着高于中方员工几十上百倍的高工资，对自己不负责任造成的工作失误却毫不羞愧。广州标致人发现，这些法国人并不关心合资公司的发展前景，他们只在意广州方面订购多少 CKD 散件。广州标致公司就这样进两步退一步，慢慢悠悠地向前走，这又加剧了合资公司销售状况的恶化。

广州标致裹步不前，但中国其他的合资公司却在快马加鞭。不经意间发现，前两年还俏销的 505 轿车，现在突然人老珠黄，问津者越来越少。

随着国民经济持续快速发展，市场环境逐步宽松，20 世纪 80 年代中期、末期建设的上海桑塔纳、一汽捷达、奥迪等几大合资品牌已经投产，产量快速上升，历经坎坷的二汽神龙富康轿车也开始小批量供应市场，再加上天津夏利、北京切诺基、北京 212 等各种档次的轿车越野车都在努力发展，国家轿车市场极度紧缺的局面开始改观。尤其是上海桑塔纳表现突出，1993 年，上海大众的桑塔纳系列轿车已经占有全国超过 60%的市场份额。为此，1993 年 2 月，财政部决定取消购买轿车的控购审批，各类旅行车、越野车和工具车也不再办理控购审批手续。这意味着，轿车市场之门打开了。购车人和单位可以根据自己的需要和爱好来决定买什么车。市场放开意味着桑塔纳、捷达、奥迪、高尔夫、富康、夏利、北京切诺基、北京 212、标致等当时国内厂商所生产的各种款式不同档次的轿车、越野车外加上飘洋过海而来的进口车一起摆在消费者面前供人们自由挑选。中国轿车开始进入竞争时代，品牌的竞争、性价比的竞争、售后服务的竞争展开了。竞争中的标致 505 表现如何呢?

标致 504/505 是标致公司 1968 年上市的车型。1968 年，标致公司在巴黎车展的 9 月预展上，推出新标致 504。504 轿车基本型安装 2 升发动机，5 速手动变速器，发动机前置后轮驱动。到了 1983 年，504 在欧洲停止生产。到了 80 年代末期，505 在欧洲也基本淘汰。相比同时代的上海桑塔纳、一汽捷达和神龙富康，除了捷达车型略显老旧外，桑塔纳和富康几乎都是外国公司同步生产的产品。由于国家的强力要求，这三种车型的零部件国产化进展也在稳步推进，零部件国产化为用户的维修保养提供了方便。相比之下，在车型的竞争上标致 505 就落后了一步。

广州并不是不了解这个问题，合资谈判时也曾要求标致公司提供更先进的车型，但遭到标致公司的拒绝，理由是广州生产条件差，不具备生产更先进车型的条件。事实也是如此，504 起步时，广州没有任何生产轿车经验，在轿车领域一片空白，虽然号称有十几个小厂，但都是些既无技术又无质量的地方小企业，根本无法形成配套的产业体系。与上海汽车厂、一汽、二汽、北汽、天津汽车厂相比，广州的产业基础最差。无奈之下，广州人只得接受了这个落后的车型。虽然车型落后，但法国标致公司和广州标致依然信心满满，按照他们的想法，中国轿车市场是那样的狭小，消费者有车买就不错了，就是这种落后的标致 505 也足够在中国市场火一阵子，等到赚了一大笔之后，再考虑车型升级换代也不迟。头一两年，市场也似乎证明了他们的想法是对的，广州标致生产多少买多少，用户将款打入广州标致后，提车就要等上几个月。从 1988 年盈利开始，广州标致的盈利每年都要上升一个新水平，到1992年，广州标致成为广州市位列前茅的的盈利大户。但无论是法国标致公司还是广州标致谁也没有料到，中国车市拐点来得这样早，这样快。

1993年广州标致实现产量20800辆，但只销售了12000辆，8000多辆积压。如此高的积压，广州标致只得大幅降低产量。1994年，生产8000辆，销售接近8000辆。1995年，生产8000辆，销售7000辆，随着时间一天一天推移，标致505的销售日渐惨淡，库存积压进一步上升。近万辆积压的标致505，成了广州市的一大景观，诺大一个广州，只要有大面积的空地，就有停放在露天地里的标致505。每一辆标致505都是广州掏出3.3万法郎真金白银从法国标致公司购回散件组装的，每积压一辆就意味着20多万元资金无法流转，8000多辆就是十几个亿。再加上损耗和折旧，哪一家公司经受得起如此重压？轿车生产出来就是要跑的，长时间停放，车内机件就会损坏。广州地处华南，雨水多，空气湿度大，上万辆轿车停放在露天里，风吹雨淋，日晒夜露，很多机件生锈了，老鼠也钻进车里啃噬电线。现在，即使有人要买，但一看到车辆的如此状况也都缩了回去。1994年，广州标致亏损6800万元，1995年猛增为3.2亿元，然后翻着倍往上升，到1997年，亏损上升到了29.6亿元。广州标致行将就木。

看着局势日渐恶化，虽然广州标致着急，但法国标致公司并无掏出一分钱，当然无切肤之痛。都说法国人浪漫，其实，法国人还是精明的商人。法国著名作家巴尔扎克写过一篇著名的短篇小说《欧也尼葛朗台》。小说的主人公葛朗台是典型的吝啬鬼，他精明狡猾，精于投机买卖，对每场生意的盈亏预计得“像天文学家一样准确”。

葛朗台先生是只老虎，是条巨蟒：他会躺在那里，蹲在那里，把俘虏打量半天再扑上去，张开血盆大口，将俘虏一口吞下。在自己的钱袋里，倒进大堆的金银，然后安安静静地去睡觉，好像一条蛇吃饱了东西，不动声色，冷静非凡，什么事情都按部就班的。

（巴尔扎克《欧也尼葛朗台》）

在做交易时，他讨价还价、装口吃，把对方弄得晕头转向而陷入他的圈套，结果他让别人吃亏了，自己讨得了便宜。虽然靠着投机买卖积攒下大笔金钱，但他吝啬无比，眼中只有金钱，哪怕是对自己的亲人也是冷漠无情。他的妻子生病快死了他也不送医院治病，因为怕花钱。对自己的亲生女儿毫不关心，只关心女儿的箱子里是什么东西，是不是更多的钱？他看到女儿首饰盒上的金子，眼睛里发出亮光，把身子一纵，向首饰盒扑去，“好似一头老虎扑上一个睡着的婴儿”。

看到这位葛朗台先生，再对照标法国致公司在广州标致的作为，才明白葛朗台原来是有生活原型的。

美国通用公司总裁在向中方介绍合资公司时曾打过一个形象的比方：合资公司就是两家合资公司将资本集中在一起经营，如同男女二人结为夫妻，双方的财产集中在一起，有利共赢，亏损共担。在广州标致公司里，法国标致公司的股份属于技术入股，实际上根本没掏钱。如此一来，广州标致的亏损并不会影响法国标致。不光不亏钱，由于广州标致要从法国标致购回 CKD 散件，法国标致照赚不误。统计显示，到 1995 年的时候，法国标致公司向广州标致出售了大约 33.3 亿法郎的零部件，成功地实现了自己的盈利目标。而这一年，广州标致则是亏损 3.2 亿元。据广州标致一位工程师说："虽然公司亏损严重，但公司里的法国员工照样拿着高出中国员工几十倍的高工资，每个周末到香港、澳门去度假，丝毫没有与合资公司共度难关的意思。法国标致公司也压根没有想到要将广州标致发展成重要的合作伙伴，当年提供给我们的生产线也全部是手工生产，没有一台机器人，单班产量也就是几十台。"

亏损只是一方面，更为严峻的形势接踵而来。1994 年，国家出台《中国汽车产业政策》，政策规定，轿车企业的生产规模基准为 15 万辆。这意味着，到 1997 年，如果广州标致不能达到 15 万辆的生产规模，将被淘汰出局。为度过难关，各方股东经过商议，决定上三期工程，引进新车型，扩大生产规模。

1993 年 6 月，广州标致召开第 12 次董事会，对三期工程的建设目标、产品选择、国产化率、投资总额都作了初步决定。三期工程的目标为：1997 年建成 15 万辆的生产规模，当年实现产量 8 万辆，2000 年建成 30 万辆规模。车型为法国标致公司 1987 年 5 月投产的标致 405。广州单方面投资建设一座与整车能力相适应的发动机厂。整个三期工程预计需要投入超过 132.3 亿元人民币，其中总装厂 54 亿元，发动机厂 28.5 亿元，横向配套 43 亿元，开发中心 6.8 亿元。

这个规划基本体现了轿车项目规模效益的特点，如果按照这个规划运作，广州将会脱离"三小"的范畴，步入与一汽、二汽、上汽一样的大型轿车汽车生产集团。

但这个方案却没能得到法国标致的认可，原因很简单，法国标致一毛不拔。

1994 年 7 月，广州标致第 14 次董事会召开，会议内容为讨论并通过三期规划的可行性报告以上报国家计委审查。但法国标致代表却疑虑重重：3 万辆的二期规划至今未能实现，再扩大规模，15 万辆的前景将会如何呢？按照规划，为了实现外汇平衡，需要实现大批量的出口，广州标致有这个能力吗？竞争激烈的国际轿车市场会认可广州标致的车吗？法方代表更为犹豫的是，三期工程将需要法方投入资金，法方下不了这个决心。法方的犹豫有多种原因，首先，对中国市场和中国改革开放缺乏深刻的认识；其次，标致公司的子公司雪铁龙公司在中国湖北已经有 30 万辆规模的合资计划正在实施，项目进展缓慢，且中国市场对富康两箱车型不认可，市场反应冷淡。巧的是，当时广州标致和神龙富康两家公司的副董事长都是由法国标致的孟高菲一个人兼任。两个项目进展不顺，此人没有从自身找毛病，反而认为中国市场不行。这正应了中国一句成语："生意不好怪柜台。"

第三期规划一拖就是一年多，时间进入 1995 年，广州标致的经营状况每况愈下，广州方面心急如焚，多次催促法方拿定主意，面对广州标致的状况，法国标致无动于衷，直到1995年12月，法国标致总裁加列维才决定亲自到中国广州来考察是否有必要。这是一次决定广州标致命运的旅行。在广州，广东省、广州市的领导亲自出面游说，他们给加列维勾画了一幅美丽的远景图。但加列维并未为之所动，他非常清楚中国的政治经济体制，3万辆的小项目，地方上可以做主，但30万辆的大项目，没有中央政府的首肯，广东做得再多也只是一厢情愿。加列维决定到北京了解中央政府的态度。

北京之行使得加列维更加灰心，国家计委对广州标致给予的评价是：批量小、销售不好、配件贵、维修服务差，希望广州标致尽快解决眼下的问题，对下一步的发展不予考虑。

其实，在与广州合资前，法国标致汽车公司已经存在严重的经济危机。1980年到1984年期间，法国标致汽车由于经营不善，亏损已达15亿美元，处于破产的边缘。就在这时，经香港的关系介绍，法国标致开始与广州洽谈合资，法国标致希望扩大自己在世界尤其是在亚洲的布局。但标致公司并不像德国大众公司那样，大众公司种下一棵树，等到树长大了再摘果，所以他们注意给树挖坑、施肥、浇水。法国标致压根没有想在广州发展轿车工业，他们只是想在广州投一把机，捞一把算一把，自己分文不出，每年仅凭CKD就可赚取数亿美元。在经济极为困难的时候，与一个只赚不赔的伙伴合作，标致公司何乐而不为？现在要扩大生产规模意味着要增加投资，把钱投在一个自己不看好的地方，这与捞一把的性质完全不同。此时的标致公司表现得犹如葛朗台，广州标致的生死与自己无关，自己只关心自己的利益。加列维接受美国媒体采访时称：他对中国汽车市场并没有制定周密的计划，至少在他看来，中国汽车市场还没有重要到他认为的程度。因此，他宁可愿意接受克莱斯勒在欧洲的工厂也不愿意扩大在中国的合作。

法国标致是这样一种态度，广州标致的命运就可想而知了。

随着市场形势继续恶化，广州标致病入膏肓，亏损越来越大，到1997年，亏损29.6亿，每天仅利息就高达120万元，广州的纳税人每天都要将几百万元扔进这个深不见底的“黑洞”。广州也由此看到与法国标致合作绝无前途，这场同床异梦的“婚姻”走到了尽头。广州开始认真地考虑与法国标致“离婚”。

1996年4月27日，广州市委召开会议，通过了由市汽车办提出的《关于调整广州轿车工业发展战略的意见》，这个“意见”的核心是“更换合作伙伴，让法国标致退出广州。”时任广州市委书记高祀仁在会上谈了三条：

1. 广州标致今后的发展将极为困难；

2. 广州应该有自己的汽车工业，应该充分利用广州标致的基础来发展；

3. 广州标致还可以继续和法国标致谈判，要求法国标致加大投资的力度，对现有企业进行改造，引进新的车型，研究做好销售服务的工作。

如果这三条中有一条做不到，就要下定决心更换合作伙伴。

1996年夏，原国家计委工业二司副司长时任国务院机电办主任徐秉金来到广州，广州市市长黎子流与徐秉金会面时称，广州决心与标致分手，现在正在与美国通用公司的欧宝公司谈，希望徐秉金给予支持。徐秉金表示，法国人办事太随意，广州标致拖到今天不死不活，应该坚决与他们分手，当断不断，反受其患。但徐秉金并不认可欧宝的产品。他向黎子流详细介绍了欧宝公司的状况：欧宝公司是美国通用公司收购的欧洲公司，为在中国争夺市场，通用公司专门在北京召开新闻发布会，宣布要把欧宝推向中国市场，欧宝车是一款适合欧洲市场的车，中国百姓的认知度较低，如果贸然引进，市场不认可，恐怕广州经受不起第二次波折。

黎子流告诉徐秉金，广州市政府对此也很慎重，除了欧宝外还在与日本的本田公司接触。徐秉金认为，日系车设计精巧，中国市场进口车多，社会认知度高，日系车在中国又没有合资厂家，可以考虑和他们合作。但更换伙伴是件大事，应该取得中央的支持。

广州市政府给国务院和邹家华、李岚清、吴邦国分别送交了关于与法国标致合作情况的汇报。邹家华在广州市递交的报告上批示：

从现在情况看，与法标难以合作下去，原则同意广州提出更换伙伴的意见，要妥善做好外方的工作，货比三家，选择新伙伴。请岚清、邦国副总理批示。

李岚清、吴邦国也分别表示同意邹家华的意见。

请神容易送神难。广州方面要“离婚”，法国标致却不同意。他们的算盘再清楚不过，你们的亏损与我们无关，但只要双方的合作关系存在，我就能继续盈利。在劝说无效的情况下，广州标致准备采取法律措施——申请破产。但多数人不同意这个办法，因为当时广州标致已经借了大量的贷款，虽然是合资公司，但绝大多数贷款都是由广州方面单独担保的，由于亏损严重，广州标致已经资不抵债，如果破产，法国标致仍旧不受损失，实际上破的是广州自己的产。

此时广州标致尚欠法国标致 3 亿多元货款，还有 1500 辆份 CKD 散件未付款，两项欠款共计约 5 亿元。破产后，广州标致的残值几乎为零，这个结局对法国标致来说，不仅面子上不好过，而且很有可能影响其在法国的股票价值。经过向国家计委汇报，决定采用国际惯例，由广州市对广州标致公司的资产进行清算并收购广州标致公司中法国标致 22%的股份，由于广州标致已经资不抵债，收购价为象征性的“1 法郎”。

可以想象法国标致接到广州标致通知时的心情。法国标致坚决不同意“1 法郎”方案。关键时刻，国家计委、经贸委、机械部多次做工作，提醒法国标致不要因此而影响其他项目，这句话实际上是提醒法国标致在中国二汽还有雪铁龙的合资项目。经过一番权衡，1997 年 3 月 26 日，中法双方草签了“出资额转让合同”。但对于资产清算中，广州方面究竟要给法方多少钱的问题上，双方反复交涉，法方摆出不捞一把绝不放手的姿态，谈判多次陷入僵局。双方就这样拖了半年多。

1997 年，广州方面已经开始与新联系的合作伙伴接触，但法国标致不走，新伙伴就无法进行谈判。最后在中法两国有关单位的斡旋下，法国标致与广州各退一步，广州方面为了早日与法国标致割断纠葛，同意补给法国标致一笔钱，法国标致才同意以“一个法郎”转让其在广州标致的股份，双方终于有了一个彻底了断。1997年10月31日，出现了本章开头的那一幕，法国标致的代表与广州市正式签署了退出协议。

合资十几年，没有建立起一个正常的生产经营机制，反而让合资方大赚一笔后，自己背上29.6亿人民币的债务，教训不可谓不深刻。这是中国轿车工业第一个合资失败的案例，引起了社会各界深深的反思。不少当事人著文探讨失败的原因。作为合资公司的当事方广州对此自然要有一个态度。1998年11月11日，广州市政府汽车工业办公室向市委、市政府提交《关于认真贯彻省市领导指示精神加快我市汽车工业发展的报告》报告中对广州标致失败做了如下总结：

我们与法标合作12年，其经验和教训都是十分深刻的，代价也是非常沉重的，值得在今后的工作中认真吸取。总结起来，主要有：

一是具有同等的股比和权益及义务是经济合作的前提和基础，这是选择合作伙伴的首要条件。原广标的股东太多而且股比分配不合理，法标虽是产品技术的提供者，但只占股22%，广标搞好了，他们得不到较多的利益，广标搞坏了，他们也不用承担什么责任与风险。

二是配备一个懂业务的强有力的领导班子是企业取得成功的关键。在很长一段时间里，原广标的总经理都是由法标派任的，他们都缺乏在中国管理汽车生产、销售的实践经验，而我方管理人员又未能起到应有的作用，在一些大的原则问题上表现得过于依赖和软弱。因而，广标没能在起步阶段打好坚实的基础。

三是具备一支高素质的人才队伍是企业生存和发展的重要条件。原广标已经培养了一支汽车工业的人才队伍，但高层次的技术骨干和管理骨干仍然比较缺乏。

四是在中外合营企业中，中方人员一定要统一思想，团结一致，敢于保护中方乃至合营企业的合法权益。这是忠实贯彻中方的投资战略和经营思想的根本保证。据了解，这也是上海赖以在与大众公司的合作中取得成功的宝贵经验。

五是引进先进的技术，一定要坚持滚动发展的原则。其实，我们引进生产标致505轿车初期，505轿车也是有一定的先进性的，但由于我们没有产品的改进权，505轿车自在广标投产以来也没有实质的改进，10多年来仍然是老样子，这样必然落后。

六是引进技术要同时引进先进的适合我国国情的管理经验和方法。这是确保合作成功的重要手段。法标是世界著名的汽车公司，其本身的企业管理也有先进和成功之处，但我们没能掌握他们的先进管理经验和方法。

七是要建立富有竞争力的销售网络和高效周到的售后服务网络。销售网络不好和售后服务跟不上是广标及其产品缺乏竞争力的重要原因之一。

八是在大力推进产品国产化时要严格执行产品的技术标准和质量标准。不能因为国产化而降低产品的技术水平和质量标准。

这份报告仅对合资中存在问题做了几点陈述，但对深层次的原因，尤其是当事方广州自身应该承担的责任，却闭口不谈。这是难以服众的。近 30 亿元的债务，每天利息高达数百万，最终都将由作为纳税人的广州百姓承担，他们当然有权知道事情的来龙去脉。

广州的汽车工业基础极差，软件硬件都极为缺乏，尤其是缺乏具有专业知识的专家团队。没有一个像上海的蒋涛、翁建新、仇克、陆吉安、王荣均，一汽的耿昭杰、吕福源，二汽的陈清泰，北汽的赵乃林等那样的汽车专家团队，从广州标致诞生起到败落时的几乎所有重要的会议、文件都可以看出，广州标致的几乎所有活动都由广州市政府一手包办，企业的几乎任何重大决策都要听从政府的“指示”和市政府官员们的决策，企业自身没有任何话语权，这是很不正常的。

一个大型工程建设自然需要各方面的参与，其中尤其需要政府从政策到资金等方面的全力支持。但企业运作有其特定的规律，需要大批的专门人才，像汽车这样专业性极强的企业建设，只能依靠技术专家和懂得汽车工业规律的人来指挥和管理。政府再热心，始终是场外指导的角色，若政府领导自始至终在场内充当“运动员”，“深度参与”合资企业的建设和管理，企业里那些从事管理和技术生产的真正专家便失去自己的位置，企业的运行也会偏离自有的规律而处处踩着政府的“鼓点”舞蹈。不客气地说，广州标致是一个行政色彩鲜明的“官办”合资企业。

虽然原因可以总结出千条万条，但根本的原因是，有些人总是将自己的发展命运寄托在跨国汽车公司身上，而这些跨国汽车的希望则是能在中国赚取足够的现金而并不希望培养一个竞争对手。合资双方的想法如此南辕北辙，广州标致汽车遭到失败就不令人奇怪了。

广州标致失败了，失败的教训和昂贵的“学费”，给广州汽车人好好地上了一课。虽然这一次合资失败，但它给广州轿车以后的再生与辉煌留下重要的机遇，没有广州标致，广州就不可能跻身“三小”，在中国轿车工业布局中占有一席之地；没有广州标致，也就没有以后与日本本田、东风汽车公司合资的谈判基础。

1 亿元“市场准入费”

与标致分手后，广州开始寻找新伙伴。广州寻找新伙伴的要价非常高：新的伙伴要在广州标致原有的厂址上动手建设，还要替广州标致背负几十亿元的债务。一个破了产的地方汽车企业，为何能开出如此苛刻的条件呢？

1997 年的中国，经济高速发展，正处于起飞的时刻。自从“八五”“九五”以后，国民经济全面发展，汽车工业更是领跑其他行业，平均每年以 20%以上的速度高速前进。1997 年，中国汽车总产量达到 162 万辆，其中轿车产量更是达到创纪录的50万辆，市场购销两旺，前景一片光明。在这种环境下，中国汽车工业的合资选择面已经今非昔比。上海大众和一汽大众取得的丰厚回报，吸引着更多跨国公司渴望进入中国淘金。当时那些曾不看好中国市场的外国汽车巨头，此时都争先恐后地以各种方式挤进中国，美国通用、美国福特、法国雪铁龙、日本丰田等世界最大的汽车公司都先后在中国建立了自己的合资企业。在他们的带动下，日本、法国、意大利、韩国等大大小小的汽车企业都急不可耐地与中国接触，希望得到进入中国市场的门票，这其中就包括日本本田汽车公司。

本田汽车公司的全称是“本田技术研究工业有限责任公司”。创始人为本田宗一郎。1906年11月7日，本田宗一郎出生于日本静冈县，虽然家庭贫困，但他从小酷爱机械，16岁高校毕业后，本田来到东京到汽车修理厂当学徒。1928年回到家乡开设了自己的汽车修理厂——技术商会滨松支店。靠着自己勤奋和努力，本田的小店生意兴隆。但本田不满足于修理汽车挣点钱，他希望自己能在技术上有更多的作为，于是毅然关闭了生意兴隆的修理厂，开始投身技术研究工作。二战后，日本工业基础全被摧毁，百业萧条，在恢复经济的过程中，汽车成为重要交通运输工具。但日本汽车厂已被炸平，国内汽车奇缺，各种畜力车、人力车成为主要的交通工具。有些人将废旧的汽车、摩托车的发动机拆下来装在板车、人力车等各种稀奇古怪的车辆上充当动力。为了满足市场对摩托车用发动机的需求，1946年，本田宗一郎创建“本田技术研究所”，生产摩托车用发动机。1948年成立“本田技研工业株式会社”，并于第二年开始生产摩托车，经过几年打拼，本田摩托很快发展成为成为世界上较大的摩托车生产厂家之一。

1963年，本田宗一郎涉足汽车生产且后来居上，市场份额不断上升，成为日本仅次于丰田和日产的第三大汽车制造厂家。经过半个世纪的努力，本田已发展为世纪知名的汽车、摩托车及各种通用动力产品的生产企业，产品遍及全球150多个国家和地区。在日本国内，本田有7家工厂；在15个国家和地区设有制造厂。从1981年起，本田先后与中国重庆、广州、天津、上海、洛阳等地的一些摩托车制造厂建立了技术合作关系。看到世界上各大汽车公司纷纷进军中国，本田公司不甘落后，也积极地寻找机会进入中国。1997年，中国广州与法国标致汽车公司分手，给本田进入中国提供了契机。

在外人眼里，广州与标致分手后独自背负着30亿元的天价债务，既缺乏发展汽车所必备的技术又缺少汽车专业技术人才，眼睛看得见的遗产只有原广州标致破旧的组装厂房和几千辆停放在露天日晒雨淋日渐陈旧的标致505轿车。广州标致还能发展轿车吗?

广州人自己不这样看，他们认为，1994年国家出台汽车工业产业政策，利用政策门槛限制各地乱上轿车，这对于已经进入国家“三大三小”布局的广州是一大利好；1997年以来，中国汽车工业快速发展的趋势和火热的市场形势，说明发展汽车是符合潮流的；广东省是中国改革开放的前沿，广州是广东省的省会，思想解放、政策优惠、市场繁荣，汽车保有量几乎占全国汽车保有量的1/10，从经济发展来看，这里是全国最为有利的地方。办成一件事情需要有“天时、地利、人和”三大条件，广州既有“汽车户口”、又有优惠政策、还有良好的市场环境。改革开放造成国内大批人才“孔雀东南飞”，可以大批延揽汽车人才。天时、地利，人和三个条件广州全占了。

依据上述条件，广州对内重整旗鼓，对外全面出击，一定要把发展汽车的大旗重新树起来。广东省委书记谢飞提出：“找一名副市长专门抓汽车，一定要保留住广州的汽车户口”，副市长张广宁临危受命。其实何止张广宁，1996年4月，在广州标致大厦即将倾倒时，广州市副秘书长、汽车办主任张房友就已经挺身而出，担当起了广州标致的中方负责人。新任广州市市长林树森也可以称为“汽车市长”，关键时刻，他亲自带队“跑步进京”，做通了上至国务院副总理下至有关部委的司长、处长的工作，为选择新的合作伙伴定下了基调。

1997年4月，广州市利用时任国家计委副主任曾培炎到深圳开会的机会，请曾培炎到广州标致视察，让他实地了解情况。曾培炎实地察看了广州标致后，提出两条意见，一是请东风公司来广州，建设大汽车集团；二是与日本本田公司合作。为什么将东风公司与本田公司扯到一起呢？

早在1991年，东风公司与法国雪铁龙合作裹步不前的时候，东风公司便心有旁骛，与想进入中国市场的日本本田公司眉来眼去，最后双方在广东惠州合作成立了一个零部件公司，先试一试水的深浅。其想法是，先从零部件合作入手，待条件成熟后再上整车。犹如下围棋，东风公司和本田公司在中国的华南投下一枚“闲棋”。但这枚棋子投下后，几年时间动静也不大。以后，双方决定在惠州合作生产发动机，但也进展不顺，一直拖到1996年才在国家计委立项。1996年，邹家华提出，国内要以一汽、二汽等几大汽车厂家为基础，组建大型汽车集团，鼓励这些大的汽车企业收购地方企业。东风公司已经与本田公司在广东有了基础，根据建设大汽车集团的原则，国家计委的基本思路是，让东风公司与本田公司一起与广州重新合作，让东风公司帮衬广州一把。按照这一思路，广州轿车将成为东风公司的一部分，“三小”中的广州很可能不复存在。

广州人个性十足，虽然一跤跌得鼻青脸肿，仍决意要自己发展。在日本本田之前，广州已经与国际上欧宝、宝马、奔驰、菲亚特、现代、通用、本田等十余家汽车公司联系，经过反复对比，最后选定美国通用和日本本田，两家二选一。

美国通用公司当年错过了进入中国的机会，现在志在必得，他们拿出当年与二汽合作时的“欧宝”系列车型，也愿意帮着广州标致消化部分债务。双方谈判进展顺利，用广州官员的话来说，“谈判已经完成了80%~90%的内容”，双方已经签署了“合资经营意向性协议”，就差“举行婚礼进洞房”了。通用公司也是信心满满，派遣大批相关的技术人员来到广州投入具体工作，还在广州60层高的贸易大楼租了一层来办公。但关键时刻，美国人遇到了更具竞争力的日本人。

广州与法国合资吃了大亏，这一次选择新伙伴时多了几个心眼，始终坚持“货比三家”，择善而从。基于这一思路，广州一边在积极推进与通用公司的合作谈判，一边也在与其他公司探讨合作的条件。国际商务合作就是这样，只要没有正式签约，就可以继续挑选合作伙伴。

广州虽然想自己单干，但国家计委的意见不能不考虑。

依照国家计委的意图，东风公司将与广州合作的意图转达给了本田公司中国北京事务所所长门胁轰二。门胁轰二迅速将此信息汇报给本田总部。时任副社长的宗国旨英对此相当重视，立即指示门胁轰二全力以赴投入谈判。广州与东风、本田的谈判大幕拉开了。

1997 年 4 月，东风公司副总经理沈宁吾、东风公司南方事业部部长周文杰、本田公司北京事务所所长门胁轰二、广州市副市长张广宁、广州汽车工业办公室主任张房友两国三方代表坐到了一起，三方代表各怀心腹事，各打各的算盘。日本本田的条件是，本田公司在新的合资公司中占有 50%的股份；东风公司的要求是，在剩下的 50%股份中，东风公司要占控股的地位；广州的要求是，不管谁与广州合作都要平等相待并共同承担债务。

东风公司、本田公司、广州三家在一起，如同两个巨人一个矮子，要三人平等合作，确非易事。东风公司与广州都是中国人，但东风公司与本田公司已经是 8 年的生意伙伴，三方中各方有各方的利益，犹如藤树共生，藤缠树，树绕藤，谈判一开始便出现复杂的局面。最初，东风公司与本田公司经过商量联合向广州提交一份合资公司股比划分方案：本田公司 50%，东风公司 26%，广州 24%。合资公司优先考虑在广东惠州生产发动机，本田公司与东风公司在管理、生产、采购、销售领域持有主导权。

惠州的发动机是东风公司与本田公司的合作产物，合资还未开始，首先就考虑自己的利益，这未免不够仗义。这一方案明显只考虑东风公司与本田公司的利益而弱化甚至边缘化了作为地主的广州，广州对此不能接受。虽然你们都是大公司，但公司是建立在广州，我是地主，请两个帮工来与我一起持家理政，但你们两个外来户居然要排开我来掌管我家里的大政，这说得通吗？广州对东风公司更有意见，都是中国人，你们却胳膊肘子朝外拐，先与日本人商量好再来逼我就范，这哪里有同胞之谊？

面对根本权益，广州毫不退缩。1997 年 5 月 31 日，张房友约见东风公司沈宁吾与周文杰，明确表明广州的立场：“广州更换伙伴，但没有说定谁是新伙伴。东风公司是国家的大型汽车集团，我们不排除东风公司。国家有关部门要求广州走与大集团合作的路子，但并没有确定广州一定要选择哪一家。我们的原则是，在选择合作伙伴时，既要维护广州的利益，又要能平等合作，照顾各方利益。关于东风公司与本田公司共同提出的股比方案，广州无法接受。我们的要求很明确：第一，中方股份中，广州不能低于 25%；第二，广州现在身背债务，新的合作伙伴中，不论中方、外方，都要按照股比承担债务；第三，广州与东风公司同为中方，应先统一意见，再一致对外。”

东风公司虽然是国家大公司，但只是一家卡车生产公司，自身的轿车也是刚刚起步，与法国雪铁龙公司的合作之路走得磕磕绊绊很不顺利，在自身的技术与经济条件都有限的情况下，与负债累累的广州合作，前景如何，谁也心中无数。在前景不明的情况下就要先承诺承担多少债务，任何人对此都需三思而后行。这就如同玉石界的“赌石”，一大块石头被拍出天价，但石头中究竟有没有玉，有多少玉，就全靠出资者的经验与运气了。东风公司敢赌吗？

沈宁吾立即将广州的意见上报总部。经过一段时间内部测算和协商后，东风公司总经理马跃邀请广州派人前来公司总部洽谈。8 月 11 日，张广宁、张房友来到湖北东风公司总部与马跃会谈。马跃给广州合资公司起了个别号为“一、二、三工程”，即一个项目，两个公司，三个合作伙伴。由于有了前期的铺垫和之后的测算，会谈并无纠葛，两天之内，双方就股比问题达成协议并签署了会谈纪要：

将合资公司中的整车和发动机分为两个项目，整车公司广州占 40%，东风公司占 10%；发动机公司东风公司占 40%，广州占 10%。本田公司在两个项目中都占 50%。

如此折算下来，广州和东风公司双方仍是各占 25%，但双方的利益重点都得到照顾，这真是个聪明的办法。广州与东风公司的会谈纪要上报国务院，得到邹家华副总理同意。合资公司中中方两家的利益关系就此明确。

但日本人不干了。日本本田公司最大的担忧出于不信任，你们两个中方伙伴商量好了再来与我谈，这本身就不能接受。另外，发动机与整车密不可分，合资建设一个汽车厂，还要把发动机公司分离出去，这不是相当于将一个人的左右手分开管理吗？这样的左右手能与统一整体的左右手相比吗？日本本田技研副会长宗国旨英威胁要退出谈判，不干了。

日本人是真的不干了吗？从世界汽车形势分析看，日系汽车是唯一没有进入中国的汽车大国，本田公司也一直跃跃欲试，在当时的政策环境下，由于有汽车“户口”，广州是外资汽车公司进入中国的唯一地点，舍此之外，别无其他。1997 年，中国市场的实力已经显露无遗，世界上著名的大跨国公司都在不遗余力地争取机会搭上中国发展这班快车，对于本田公司而言，进入中国的机会就在眼前，精明的日本人会不干吗？日本人的威胁是担心自己利益受到影响而发出的咆哮。针对日本人的意见，广州又回过头来再给日本人做工作。张广宁耐心地给宗国旨英解释：成立整车与发动机两个公司是一个过渡方案，将来条件成熟后，自然会合二为一。经过协商，三方决定举行高层会议。中国东风公司总经理马跃、广州市委书记高祀仁、日本本田公司会长宗国旨英两国三方在日本东京举行了一次最高层会谈，终于就此达成协议。两家合资公司的总经理均由本田公司指派。本田公司的要求也得到了满足。

股份比例敲定，接下来的就是商务谈判。与任何合资公司一样，最难谈的是商务谈判。三方商定，谈判地点定在湖北武汉东风公司驻汉办事处和广州成悦大厦。

商务谈判分成五个小组同时进行。

1. 综合组。这个组由各方最高的谈判代表负责最关键的谈判问题。日方代表为宗国旨英、门胁轰二；广州方代表为张广宁、张房友；东风公司方代表为周文杰、刘玉和。

2. 资产财务组。负责对日本本田、东风公司和广州的资产进行核算。包括盘点、审计标致公司剩余遗产。广州标致公司管理混乱在资产清理时暴露无遗。如广州标致公司账本上有一百多台车，资产组对这些车进行核对时，却发现，这些车只剩下十几台，而且大都残破不堪，有的完全是个空壳，根本有名无实。问管理者，管理者支支吾吾说不清去处，有的是“借给人了。”问:“借多久了？”答:“好几年了。”有的是“送去修了。”问:“修多久了？”答:“不知道。”更多的是“不了解”“不知道”“不清楚”。

3. 建设组。负责工厂建设投资论证规划，对现有厂房有哪些可利用，哪些不能利用做出判断。

4. 法律组。负责项目进程中所有法律事务。

5. 销售组。负责合资公司产品销售的相关事务。以后，中国目前遍布全国的“4S”店的销售模式便是由此次谈判而来。

首先的拦路虎是对“发动机总成”的界定。分歧的焦点在于发动机总成包不包括变速箱。轿车变速箱的附加值很高，如果将其算在发动机总成里面，发动机公司的量值将会大幅增加，这意味着占总股比40%的东风公司将会获利更多而占总股比10%的广州的获利将会减少。反之，如果算在整车公司，广州的获利将会增加而东风公司的获利将会减少。在利益面前，双方各执一词，争论不下。那么发动机总成究竟包括不包括变速箱呢？东风公司技术代表刘玉和甚至专门查找国家标准，核对国内国际各汽车公司的分类，说明变速箱与发动机从技术文件上就是一体的。但广州不认可:“发动机就是发动机，你到哪个厂家去购买发动机他会给你一套变速箱吗？既然购买时就是各算各的价，为什么要在合资公司里将它混为一谈呢？”

双方为此争得面红脖子粗，互不相让，争执的时间长达几十天。最终因为变速箱单价太高，如果算在发动机公司，会超出发动机公司在合资公司中的总金额，最后决定发动机总成不包括变速箱。广州得分。

日本本田公司也面临同样的问题，合资初期，采用CKD方式生产，本田公司开出每套雅阁CKD价格为2.2万美元。这个价格遭到了广州强烈的反对，双方对CKD散件的每个单件逐个讨论，真应了“斤斤计较”四个字，最终本田也退下阵来，以1.8万美元成交。广州又得一分。

谈判过程艰难而复杂，广州得分最高的恐怕要算让日本本田公司掏出“1亿美元市场准入费”。

自从德国大众开始进入中国市场以来，无论哪家外国公司与中方谈判，要中方缴纳“技术转让费”已经成为一项通例。德国、法国、美国、日本几乎无一例外。但这一次谈判中，广州提出，广州轿车是中国政府批准的有权与外资合作的生产企业，也就是“三小”之一，与广州合作就意味着取得了进入中国市场的入场券，从当时中国轿车市场的火热前景看，谁拿到入场券，就意味着谁进入了“阿里巴巴”的藏宝窟，这样含金量的入场券绝不能白送，需要掏一亿美元来购买。在众多的中国合资企业中，提出“市场准入费”这个条件的，广州是第一家。

听到广州开出的这个条件，本田公司倒抽一口凉气。广州新的轿车合资项目起步数量为3万辆，总投资额为2亿美元。按照中日双方各占50%的股份算下来，本田公司需要出资1亿美元。除此之外，还要再出1亿美元交“入门费”。两项相加，意味着本田要交出2亿美元的真金白银。按照当时的汇率，1美元折合8.3元人民币，为这个项目，本田要出16.6亿人民币。

项目尚未起步就要交出这么大一笔钱，本田公司划算吗？当时担任本田谈判代表门胁轰二翻译的王涛介绍了当时的情况：

本田介入这个项目很晚，按照排序来说，在美国通用和韩国现代之后。当时美国通用与广州市政府谈得差不多了，双方已经签署了合作意向书，年产10万辆的规模。项目已经启动，广州方面的技术人员也开始与通用方面洽谈技术、图纸、施工等方面的具体内容。本田已经觉得没有什么希望了。但广州方面很诚恳，并没有因为通用公司而排斥其他新伙伴，从货比三家出发，还希望看看本田公司有没有更好的条件。在与门胁先生谈判时，张房友介绍了29.6亿元债务的来历，不外是产品积压、亏损、贷款利息、购买法国CKD散件等，还要遣散工人，还利息，购买法方的股权等。张房友说，中央让我们更换外方伙伴，我们只有将法方的股权收购回来后才能考虑更换外方伙伴。我们现在急需资金解决问题，如果你们能够帮我们解决资金问题，我们就与你们合作。

这是广州亮出的底牌，谁拿钱我们和谁干。其实，早在1997年年底，广汽与美国通用高层在北京赛特大厦的谈判一直进行到凌晨3点，双方最终签署了合作意向书，但是这个项目最终没有得到国家计委的批准，理由是广汽没有进行对比就单方面与通用签署协议是不允许的。了解情况的人清楚，之所以没有批准通用与广汽的项目，首先是通用与上汽的项目已经在1996年签署。“不能把两个重要的项目都分给通用。”这是来自高层的声音。更重要的是，当时二汽高层主张二汽与本田一起联手拿下广汽的计划也在推进中，这为后来本田与广汽达成最终的合作协议埋下了伏笔。之前广州与美国通用公司已经签署了一个意向性协议，该协议内容为：

欧宝和广州均同意以现金形式各出资7500万美元，对合资公司进行财务重组，偿还公司现有债务。

中美双方共出资1.5亿美元，以当时的汇率，为12.4亿人民币。按照张房友为本田开出的2亿美元，就要大大超过通用公司的出资，而且广州自己不用拿钱。

门胁轰二清楚了广州的底牌，只要多出点钱就能取代美国通用。

门胁轰二曾经是本田公司驻加拿大的总代表，代表本田公司与加拿大方面谈判建厂，对于如何与地方政府打交道很有经验，他很清楚，在任何地方投资都是要付出成本的，但关键的问题是，投资方式能否明确，汽车厂建成以后是否能产生效益，如果能产生效益，将会给投资方以及当地带来巨大的效益。门胁轰二认为，中国市场是一个正在发酵的面团，在中国的投资绝对是值得的。他爽快地回应张房友："我可以答应你们的条件"。

王涛回忆："我们在成悦大厦谈了9个月，天天鼻子对鼻子脸对脸，有时候时间紧张，双方就在谈判室里吃盒饭。谈到半夜两三点是常事。谈判时，张房友的神情总是很冷静，但这次听到门胁的回答，他的眼睛都发亮了。我理解，这是他们最想解决的问题。"

双方立即签订了一个协议，大意为：

广州同意接纳本田公司为合作伙伴，本田公司同意缴纳1亿美元的市场入门费。以后广州方面为遗留问题产生的债权债务纠纷，与本田公司没有任何关系。

1亿美元的"入门费"就这样解决了。这意味着本田公司将挤走美国通用欧宝成为第一个进入中国市场的日本汽车公司。王涛说："协议签订后，一直沉着镇定的张房友急忙问门胁先生，你们的钱什么时候能到我们的账上？明天可以吗？每天300万元的利息把我们压得受不了啦。"

宗国旨英回忆当年谈判时的心情："决定与中国广州谈判时，我的压力很大，我是揣着辞职信来的。我没有别的想法，就是本田在广州不能失败，如果本田在这里失败了，以后就再也没有机会进入中国市场了，谈判那段时间，我就是抱着这样的心情。"

这是一个戏剧性的结果，这个结果来得似乎太突然，以至于广州方面还来不及考虑该如何将已经开始动作的美国通用公司打发走。

协议奠定后的当天，张房友等人带着门胁轰二等人再次来到原广州标致的厂房查看，这一次日本人的心情就大不一样了。王涛说："我们到车间去了很多次，每次去看到的情况都是一团糟，地上乱七八糟地扔着不知是有用还是没用的零件，有些包装箱也扔在生产线旁。每次去看时，门胁先生的脑袋都摇得像拨浪鼓似的。口里总是念叨，怎么会是这样？怎么会是这样？这次去时是夏天，车间里，工人们光着膀子，睡觉的睡觉，打扑克的打扑克，组装线上停着装了一半的车，地上扔着散乱的零件，到处凌乱不堪。看到领导带着人来参观，那些打扑克的人一哄而散，几个躺在包装箱上睡觉的人也慌忙爬起来。门胁先生走到他们跟前对他们说，"睡吧，睡吧，现在你们还能睡一阵，等到我们公司成立了，你们就没机会睡了。"

与本田达成协议，该怎样对已经开展前期工作的通用说呢？毕竟双方已经签订了意向性合同，人家也答应替广州支付部分债务。广州人聪明绝顶，据了解，广州方面以最为有理有利的理由终止了通用的进展：中国国内轿车合资品牌主要有德国大众、法国雪铁龙、美国通用，这些都是欧美车系，如果广州再与美国通用合资，几乎整个中国轿车品牌都是欧美车系，中国的轿车市场将出现欧美独大的局面，这不符合均衡竞争的思路，也不符合风险共担的原则，从平衡战略考虑，因此，国家有关部门不批准广州与通用的合作。

事实也是如此，国家计委的确没有批准这个项目。理由很简单，美国通用与上汽的项目已经在1996年签署，“不能把两个重要的项目都分给通用”。这是来自国家计委高层的声音。更重要的是，当时二汽高层主张二汽与本田一起联手拿下广汽的计划也在推进中。可以想象到美方听到这一消息时的表情，据称，美方代表立即提出：“是哪个部门不同意，我们去解释。”

广州的反问更为有趣：“阁下是在中国，中国政府的决定，你有权利干涉吗？”

商业贸易有其独特的规则，在没有签订正式的合同之前，一家公司可以与几家公司同时谈判，也可以与之签订意向性协议，意向性协议没有任何法律效力，只代表谈判双方相互之间的约定。但合同就不同了，商业合同具有法律效力。一方违约就要承担违约成本。但广州并没有与通用欧宝签订商业合同。

打发走通用，广汽与本田很快达成协议。主要内容是：

新成立的广州本田和东风本田用11.1亿元购买原广州标致公司的固定资产，并给广州标致公司5亿元用于偿付债务。本田公司另支付8.3亿元“市场入门费”。三个星期内，约定的资金必须全额到账。原广州标致公司共有职工2080人，两个新公司录用1650人，其余的转岗和退养。

经过本田公司与东风公司的共同出资，广州标致的29.6亿美元消化得只剩下5.2亿元。广州将积压的5000辆标致505全部打折，原价18万元一辆，现在以每辆10万元出售，收回资金5亿元。原广州标致遗留的29.6亿元债务全部解决。

善于经营的广州人在轿车合资上摔了一个跟头后终于打了一个漂亮的翻身仗。这是广州在谈判中得到的最重要的一分。以此为基础，广州可以轻装上阵了。

1997年11月13日下午，广州汽车集团有限公司与日本本田技研工业公司在日本签订了基础协议，正在日本访问的李鹏总理出席签字仪式。

1998年5月7日，本田公司与广州轿车公司、东风汽车公司正式签订了合资合同。

1998年7月1日广本汽车有限公司和东风本田发动机有限公司正式挂牌。这也是挤进中国市场的第一个日本大汽车公司。

1998年9月8日，广州、日本本田公司、东风公司三方代表在广州花园酒店举行仪式，庆祝广州本田公司正式成立。庆祝仪式上，陆志丰、门胁轰二、周文杰、国家计委工业二司陈建国四个人的手紧紧握在一起。此时离1997年10月31日广州与法国标致签订合同退出广州刚好9个月。广汽终于苦尽甘来，浴火重生。

广州与本田合资取得成功有多种原因，但归根结底，在于中国改革开放的大环境使得轿车的生产经营发生了根本的改变。思想解放解除了人们头脑中的精神桎桔；中国经济发展大潮中，轿车工业发展速度领先于其他国内工业；轿车从公务用车逐步走向家庭，市场购买力日益强劲；广州更是得改革开放风气之先，多种因素促使广州从一个汽车工业基础落后的城市一跃成为国内轿车工业生产基地。

但广州的好消息还没完。刚刚开张的广本公司所有的钱基本还了债，新公司两手空空，关键时刻，广本公司收到了国务院机电产品进出口办公室的大礼。

广州本田公司首批车辆全部靠 CKD 组装。CKD 散件进口需要“国家机电产品进出口办公室”审批。因为国家汽车形势大为好转，对于具有整车特征的 CKD 散件进口控制得更为严厉。1998 年 8 月，张广宁、张房友、陆志丰、曾庆洪等 6 人来到北京找到国务院机电进出口办公室主任徐秉金。老朋友见面，寒暄几句后，张广宁等人直奔主题：新广本合资公司成立了，但起步阶段需要 CKD 来打开市场，为了送走法国人，我们的口袋都掏空了，现在新公司要运转，我们手里一点钱也没有，请你一定要支持。

徐秉金了解广州汽车工业坎坷发展的全过程，他爽快地表示，支持广本公司的发展符合国家的政策，他大笔一挥，分两次共批准了 6000 辆本田雅阁 CKD 散件进口。本田雅阁 CKD 散件进口 1.8 万美元一套，按当时汇率，折合人民币 16 万元左右。当时一辆进口的本田雅阁销售价为 43 万元，而广州生产的同样款式的本田雅阁市场销售价 30 万人民币。比进口车便宜 13 万元，扣除 CKD 成本 16 万元和组装成本 4 万元，平均每辆车净赚 10 万元。新上市的广州本田雅阁受到市场热烈追捧，销售情况异常火爆。广州再次出现找关系托熟人甚至加价购买本田雅阁的场面。6000 辆本田雅阁一抢而空，广州本田公司依靠这笔钱为下一步的发展奠定了基础。

本田公司能够取得成功，原因很多，其中很重要的一条是本田公司推出了自己的看家产品——雅阁。

雅阁的英文名字 Accord，据翻译者称，这句日文意味着动力、油耗等性能和谐匹配的意思。第一代雅阁为两门 1.6 升经济型，1976 年在日本上市，由于适逢石油危机，省油的雅阁取得了不错的销售业绩。1978 年，本田趁热打铁推出 1.8 升四门 LX 雅阁。1981 年，第二代雅阁在日本和欧洲同时发布并于 1982 年登陆美国。当年就成为美国市场销量最好的日本品牌。1985 年，第三代雅阁在日本和欧洲同时发布，上市就热销使得雅阁成为本田公司的招牌品牌，也使得雅阁跻身世界经典车型。1990 年，第四代雅阁启用了全新的 2.0 ~ 2.2 升发动机配 CB 底盘，雅阁也由此走进中级豪华车队列，1994 年，第五代雅阁用上了更大的 CD 底盘和 2.7 升 V6 发动机。1997 年，本田雅阁在美国一年的销售创下 27 万辆的业绩。根据中国市场对中高档车的需求，为了一炮打响，本田在中国投放的是在美国和日本国内同时生产的最新型第六代雅阁，这款车采用 2.0 升 4 缸 16 气门发动机，最大功率达到 112 千瓦，最高时速可达 200 公里，4 速自动变速器，防抱死装置，双安全气囊，多点燃油喷射技术。以当时的技术看，这属于世界顶级的水平，比当时的桑塔纳和捷达等车都要高一个档次，与奥迪同级。但奥迪的销售对象是公务用车，而雅阁的销售对象是公务和工商人士，价格也要低于奥迪。

广州人对日本本田雅阁并不陌生，无论是当年走私还是后来名正言顺的进口，雅阁都是主力车型。大气、舒适、省油、漂亮、造型前卫的雅阁很受欢迎，尤其是雅阁良好的空调系统，特别适合闷热、潮湿的广东。

事实说明，本田的投资是对的，他们得到了丰厚的回报。1999 年 3 月 26 日，第六代雅阁在广州本田工厂正式下线。新“广本”自上市之日起就一路火爆，产品供不应求，客户排队购买，预订后 4 ~ 6 个月才能拿到产品。29.7 万一辆的雅阁被炒到 32 万 ~ 35 万，以此为契机，“广本”的生产规模不断扩大，在不断扩大的中国轿车市场上牢牢地占领了自己的市场份额。

2000 年 12 月 13 日，第三万辆雅阁下线；

2001 年，广州本田完成 5 万辆产能改造；

2002 年，广州本田完成 12 万辆产能改造；

2003 年 3 月，第七代雅阁上市；

2004 年，广州本田完成 24 万辆产能改造；

2006 年 6 月，广汽本田增城工厂落成；

2007 年 12 月，第八代雅阁驶下广州增城工厂的生产线。

4S 店：全新销售模式的诞生

今天，全中国一、二、三线城市，到处可以看到装修豪华，长相几乎一模一样的汽车销售店，这种店里卖车、修车、提供车辆销售信息，组织各种促销活动，红红火火，用户买到车后，定期会得到店里发来的各种维修保养的提示信息，唯一特别的是，这种店只卖本公司的品牌。这种汽车销售店被称为“4S”店。4S 店是一种以“四位一体”为核心的汽车特许经营模式，包括整车销售（Sale）、零配件（Sparepart）、售后服务（Service）、信息反馈（Survey）等。它拥有统一的外观形象，统一的标识，统一的管理标准，只经营单一品牌的特点。它是一种个性突出的有形市场，具有渠道一致性和统一的文化理念，在提升汽车品牌、汽车生产企业形象上，4S 店具有显而易见的优势。

但这种风行全国的 4S 模式是怎样来的呢？

计划经济时代，国家对商品统购统销，汽车包括轿车都属于生产资料，只有经过国家计委与工商总局批准的物资部门具有销售经营权，物资部门的汽车经销网点在公安部门也是作为特殊行业管理。改革开放后，物资部门逐步放开直至最后取消，但小轿车的销售经营权仍然严格管理。要取得轿车销售经营权需要先向国家计委和工商总局申请，再到当地公安局备案，经过复杂的审批程序后，才能取得小轿车销售经营的资格。

小轿车不同于其他商品，除了价格高昂外，天天在路上跑，除了机件磨损外，难免不出事故，机件磨损需要定期保养，出了事故后需要维修。但用户从销售商手里买到车，就算完成了商品流通的全部环节。至于以后的修理、维护等，卖家不管，厂家不管，用户只能自己去找修理厂。修理厂的管理归交通系统，与厂家和卖家之间没有横向和纵向联系，由于投入和培训等方面的问题，各地的修理厂良莠不齐，配件渠道杂乱，收费标准不统一。

维修需要零部件。零部件渠道就更乱了，大厂的生产有生产计划，一般较少顾及市场上修理所需的零部件，这又给了那些没有资质和水平低下的小企业以仿冒和造假的空间。处于价格的考虑，各个销售部门从各地不同水平的零部件生产厂采购，导致零部件市场假冒伪劣猖獗，鱼龙混杂。所有这些乱像最后影响的是消费者和生产厂家的利益。

这种管理模式下，厂家只管生产、商家只管卖车，修理厂只管修理，用户成了产品链条的终端，生产、销售、市场或者说厂家、商家、用户之间的关系被各种行政机构所割裂，三方的信息无法互相反馈。产品从生产到销售再到用户，产品只有起点与终端而没有形成将起点与终端相连的规范的渠道，而这个联系恰恰是厂家了解市场和保护用户权益最重要、最需要的。

如何才能解决从生产到市场之间畅通渠道呢？唯一的做法是将生产、销售、用户、修理之间网络化，使所有的信息互相沟通。

日本本田公司与广州合资的商务谈判中谈及销售问题，门胁向广州方面介绍：在日本，有一个“3S”模式，即整车销售（Sale）、售后服务（Service）、零部件供应（Sparepart）。这三个英语单词都是以“S”字母开头，故简称为3S。这个3S都集中于“经销商（也可称为代理商授权的品牌经营店）”一身，本田公司对经销商的销售网点建设有严格的要求，新合资公司的销售应该采用这种模式。因为与中国传统的经销方式不符，而且受到很多行政框框的制约，门胁的这种经销想法遭到广州方面的质疑。广州有原广州标致全资的“商贸公司”，其销售模式是拷贝上海大众的销售模式。上海大众公司仅仅只是一个生产型的公司，德方是不管销售的。为了销售上海桑塔纳，上海集团另外成立了一家全资子公司“上海汽车销售公司”，这家公司是上海大众所有产品的总经销。广州称，我们广汽集团有自己全资的“商贸公司”，由他们做合资公司产品的总代理，关于产品销售，我们有自己成熟的经销模式，不用你们的3S模式。

门胁坚决反对广州方面的观点，其理由是，我们不光要生产产品，还要经销产品，产品卖得好坏事关合资公司的生死存亡，把销售权交给这个经贸公司，相当于将自己的生死大权交给别人掌握，这绝对不行。在中国销售本田车，应该建立新型的经销商模式。

广州方面以产品销售涉及工商、税务、公安等部门，手续复杂，合资公司难予办下执照，另外，建一个像你所说的3S店需要投入几百上千万的资金，我们的资金够紧张了，没有必要再花钱。广州方面问，我们在中国卖了十几年车，我们还没有你了解中国市场？有哪个卖车的代理人愿意一下子投入几百上千万去建一个专门的房子来卖车？至于修理的问题，可以指定专门的修理厂就行了。要按照你这个模式，还得专门建修理厂，这个成本谁来承担？

广州方面认为门胁的想法幼稚可笑，不懂中国市场。但谁能料到，几年后，中国车市“井喷”，4S店如雨后春笋，有多少人手提大捆钞票找到汽车厂要求成为“经销商”。中国人不认识中国市场，或许正应了苏轼的那句诗“不识庐山真面目，只缘身在此山中。”

双方各执一词未能达成一致，当时已经有多达几十家经贸公司申请做新成立的合资公司销售代理。但在销售模式未定之前，门胁坚决不同意确定由谁做销售总代理。广州方面后退一步：现在可以不定销售总代理，但是，销售合资公司产品的第一家店一定要建在广州，这家店要由我们广汽集团的商贸公司来建设。我们把这家店做起来以后，以事实说明我们有资格做合资公司产品的总代理。广州的意思是，在激烈的总代理竞争面前，广州要先走一步，做出榜样，以此说服日本人。

门胁勉强同意了这个建议，但提出第一家店一定要按照本田公司规范的3S店的模式建设，并向广州方面推荐了本田公司北京维修站，建议他们去北京考察。

本田公司北京维修站是怎么回事呢？

1994年，北京市汽车修理公司董事长张彤去了一趟泰国，在泰国看到了本田公司的一家经销店，这家店就是按照本田3S专营店模式建设和运行的。宽敞明亮的全玻璃大厅，地面一尘不染，摆放在大厅里销售的产品，衣着整洁、彬彬有礼的服务接待人员，与销售大厅连为一体的修理车间，简洁快速的维修程序。这一切与国内的买车到柜台，看车看图片，大厅里熙熙攘攘烟雾腾腾嘈杂不堪，修理车间远离销售点的购车维修现状相比，差距实在太大了。张彤大开眼界，具有强烈创新意识的张彤仔细考察了这家店，回到北京后立即宣布，我们一定要在中国按照这家店的样子建设我们自己的修理门店。

1996年，张彤在位于刘家窑的北京市汽车修理公司第三修理厂建设了中国第一家与本田3S店类似的修理门店，这个门店宽60米，进深40米，分为半上下二层，一层为维修接待和产品展示大厅，二层为展厅和办公区，后面是修理车间，门店的正面为全玻璃结构，通透明亮，门前一个大大的挑梁伸出去，非常气派。与周围的建筑形成鲜明对比。这就是今天中国到处都能见到的4S店的最早雏形。为了获得本田公司特约维修站的授权，1996年年底，张彤找到了本田公司北京事务所，请来了门胁先生前来观看。门胁对这个维修门店大加赞赏，称其为中国第一家符合本田规范的修理门店。门胁希望张彤的门店还能同时销售进口的本田轿车，但是张彤的第三修理厂没有进口轿车销售权，于是门胁又给他联系了一家经销本田进口轿车的经销商，让他们两人合作，将在北京销售的本田轿车放到这个店里展示、销售，将销售和售后服务以及修理结合起来。这就是本田公司在中国的第一家销售维修网点。这个店是按照本田3S店的样子建起来的，店内也只销售本田车，修理厂也只维修本田车，这个店也成为本田在中国品牌经销的萌芽。

根据门胁的建议，广州方面由陆志丰带队到北京考察北汽修三场的这家门店。北汽修理公司总经理助理杨晓丽接待了陆志丰一行。与张彤在泰国看到的一样，北京的这家门店给了陆志丰很大的震撼，尤其是从销售到维修的3S模式展现的快捷方便和透明。一个名叫黎坤的工作人员偷偷地从不同角度拍下了大量的照片，这个黎坤以后成为广州本田销售部中方部长。

黎坤后来回忆："这个店是我们从未见过的，销售、修理全在一起，房子大气，抢眼，品牌标志鲜明，店内宽敞明亮整洁，工作人员衣着统一，服务快捷，给人留下深刻印象。我们回去后立即向张总汇报，张总表示，我们要照着这个样子建，而且要建得比北京的还要好。"

很快，广州在原广州标致销售公司原址上花了2000万元依照北京汽修三场建设了广州本田第一家销售店，起名"广州本田第一特约店"，这个店的确建得比北京的还要漂亮。

4S店运营的最大障碍在于轿车销售资格。在中国，取得轿车销售资格必须经过国家计委的审查批准，然后再到国家工商总局审批。以前是代理商将自己的资料上报给国家计委审批，国家计委审批通过后，代理商再去有关部门办理相关手续，程序复杂，时间长，很不方便。门胁为此事多次找国家计委主管司局和国家工商总局请求解决代理商销售资格的问题。此时中国的市场化程度日益加深，商品流通渠道的改革非常快，各地的物资部门已经全部市场化运作，生产厂家已基本与市场对接。国家计委的官员提出，我们要简化审批程序，以后我们和工商总局一个窗口对你们生产厂家，你们厂家自己掌握代理销售商的资格，然后你们将代理销售商的资料报给我们备案就可以了。

这种改革也强化了厂家的品牌意识。以前，工商总局批准的经营内容一般都是"小轿车"三个字，现在，既然是厂家授权给经销商，厂家的条件就是只能销售我的产品而不准销售其他的产品。广本进一步与工商总局协商，要求在工商总局审批的营业执照经营内容上，著明"广州本田小轿车"。这一要求得到工商总局的同意。自此以后，经销商的经销资格授权交给了生产厂家，"广州本田第一特约店"就是广本合资公司第一个授权的经销商。以后，全国各品牌的轿车经销商也都无一例外地先后走上了这一模式。

商品经济的发展终于以自己特有的力量推动了市场改革，行政限制的条条框框逐步退出历史舞台。

1999年3月26日，广州本田第一辆雅阁车下线，第二天，1999年3月27日，"广州本田第一特约店"正式开业。以后，"广州本田第一特约店"也成为广州本田经销商建店的标准模式。

3S店建起来了，但问题又来了。产品销售链的终端到了用户那里就停止了，由于没有信息反馈渠道，厂家没法得到用户的信息，在市场竞争日益激烈的环境下，用户的信息是厂家改善服务、改进产品的依据。合资公司也遇到了销售和售后服务方面出现的问题。很多经销商经常以用户的名义欺骗厂家，如有经销商称：用户的发动机坏了，要求更换。厂家要求了解用户对发动机的使用情况，却得不到用户的信息。顾客是谁？什么时候买的车？车跑了多少里程？是否定期保养？车辆维修状况如何？售出去的车，何时需要保养，需要更换什么样的配件，顾客对车的意见等等，经销商均无法提供准确的信息，有时甚至提供模糊和错误的信息，即使回馈了部分信息，也是凌乱得不成系统，合资公司的销售系统开始考虑要加强用户和售后服务的信息反馈，建设更为成熟的网络系统。

合资公司销售部日方负责人提出，要在原来3S的基础上再凑一个以S字母开头的与信息反馈有关的英语单词。本田公司事业部营业科科长时任门胁翻译王涛回忆：

1998年秋天，公司刚刚成立，中日双方为3S的争执还未结束，日方已经在考虑如何完善产品的销售模式了。一天，销售部日方部长金山玉哲与我在一起探讨改进销售网络，在谈到增加信息反馈渠道时，金山说，要是再能凑一个以S开头的有关信息反馈的英语单词就好了。当时我的工作除了市场销售外，还承担市场调研。市场调研中有一种被称为“地毯轰炸式采样”，这种调研的英文为Survey，意思涵盖信息、采样、交流、数据等，我们给它定义为“信息反馈”。我说用Survey这个词怎么样？金山高兴得一拍大腿：Survey这个词好啊，就用它了。又经过销售部销售系系长徐玉云的确认和门胁总经理批准，于是，在本田公司销售的3S中再增加了一个Survey，“4S”就这样诞生了。公司建立了一个称为“DCS”的电脑系统，在购买车辆时，顾客需要填写准确完整的个人信息，这个信息立即输入“DCS”，以后的维修服务情况都陆续不断地进入这个系统，一辆车从卖出去到使用维修一直到报废，在这个系统中都有完整的记载。公司销售系统与各个4S店之间时刻同步进行以车为轴心的信息交流，根据千千万万的车辆和用户的相关信息随时做出准确及时的反应。4S模式就这样产生并日臻完善。

4S的模式出炉后很快得到各大汽车公司的关注，2000年以后，轿车开始加速进入家庭，千千万万的百姓加入购车大军，厂家与用户之间的信息交流更为重要和突出，各大汽车公司纷纷采用这种模式，4S店在全国各地的建设如雨后春笋。今日，4S店已经已经为几乎所有汽车生产、销售和客户所接受，成为规范的销售模式。王涛说：“4S模式出现后，本田中国区董事长不无遗憾地说，我们创立了这么重要的模式，你们当初为什么不申请专利呢？你们太没有法制概念了。”

天津轿车:“华夏得利”

和广州一样，天津轿车也是从轻型车起步的。解放前，天津是一个老工商业城市，汽车基础薄弱。1946 年 2 月，原天津汽车制配厂接收日本信益洋行，从洋行里接收了几辆日本大发公司生产的三轮汽车和一批汽车零部件。天津的工人师傅们立即自己动手，利用这批零部件装配出 10 辆三轮汽车，并为其取名“飞鹰牌”，并于 1946 年 6 月 13 日将这 10 辆“飞鹰牌”汽车披红挂彩，沿平津公路开进北平。听说是中国人自己制造的汽车，他们沿途受到公众热烈欢迎。国民党南京政府的官员在北平接受记者采访时确认，这 10 辆“飞鹰牌”三轮汽车是中国第一批国产汽车，当时的电影界也拍摄了“飞鹰牌”三轮汽车开进北平的新闻纪录片。这批三轮汽车的组装，开启了天津汽车工业发展的第一步。

1951 年，天津汽车制配厂得知抗美援朝前线志愿军将士急需各种军车，于是克服重重困难，在美式吉普车的基础上，自己动手仿制出一批军用吉普车。9 月 17 日，这批吉普车从车间里开出来就直接装上火车运往朝鲜前线，志愿军战士又将其中大部分改装为吉普炮车，这是天津工人阶级为抗美援朝战争做出的贡献。但天津真正建立起汽车生产体系却是 1965 年。

1965 年，中国国民经济从几年前的经济困境中全面恢复，汽车的需求激增。但当时全国汽车产量不过 5 万辆，远远不能满足需要，各地开始新一轮自行建设汽车厂的热潮。也就是在这一年，天津将自身所有的各种汽车资源重新组合，成立了天津汽车制造厂。天津汽车厂用北京 210 吉普的图纸，试制并小批量生产了 TJ210 轻型吉普车，以后，天津汽车厂以日本丰田轿车为范本，东拼西凑，敲敲打打，开始仿制日本丰田轿车，从 1973 年到 1979 年，共生产了 63 辆 TJ740 型仿丰田轿车。平均每个月不到一辆。这种小批量低水平的仿制不是汽车工业发展的方向。经过对自身实力和社会急需车型的的评估，天津发现，中国当时只有载重 4 吨的解放牌中型卡车，而城市里大量需要的是小吨位的轻型载重车，北京汽车制造厂生产的载重 1.5 吨 130 轻型载货车一上市就受到热烈欢迎。根据天津自身的实力，1980 年起，天津汽车制造厂开始改变产品方向，参照北京 130 图纸，上马轻型载货车，并率先在国内开发出双排座轻型载货车。天津汽车厂的轻型卡车一炮打响，产品供不应求。天津汽车厂与国内轻卡行业中的北京第二汽车制造厂、南京汽车制造厂和沈阳汽车制造厂一起成为 20 世纪 80 年代中国轻卡行业前四强，在汽车行业被称为轻卡“四大天王”。改革开放使得中国汽车更多地接触了世界汽车行业的先进技术与产品，其中就包括微型车。微型汽车一般是指发动机排量 1 升以下，车身长度、宽度、高度不超过 3.8 米、1.6 米和 2 米，载重量 1 吨左右的小汽车。与身材庞大的中型重型卡车相比，微型汽车具有燃料消耗少、使用费用低、占地面积小、用途多、价格低，适应性广等特点，微型车首先在日本大量制造和使用。微型车的出现，使得中国汽车人认真地审视中国汽车工业的布局与发展。

1984年，中国汽车工业公司在天津召开“微型车工作会议”，时任天津市市长李瑞环对这次会议很感兴趣，他对饶斌说，天津有一定的汽车工业基础，中汽公司应该将首个微型车的生产基地放在我们天津。就这样，中汽公司和天津双方都同意以天津的汽车工业为基础发展中国的微型车。

汽车工业是知识、技术和资金密集型产业，地方上建立汽车工业基地必须要具备几大要素，一是国家政策支持，二是要有地方政府财力支持，三是要有一定的汽车工业基础，四是要有懂得汽车生产规律，有组织生产能力的领军人物。

从四要素看，在前面三要素具备的情况下，人才要素显得尤为重要现在。经过和天津协商，饶斌决定，调一汽副总工程师汪声銮来天津主持天津的汽车工业发展。

汪声銮1929年8月生于北京，是地地道道的北京人。1948年从北京五中高中毕业，考上了国立北洋大学机械系，1951年大学毕业后，被分配到重工业部汽车工业筹备组，跟着郭力和孟少农一起筹建中国的汽车工业。1952年12月，受中国政府委派赴苏留学，在斯大林汽车厂实习。1954年6月，汪声銮实习期满回国，被分配到一汽车身厂技术科，1958年任技术科科长。1965年，一机部成立专家组，汪声銮被指名调入。1978年，国家筹建三汽，汪声銮调入三汽筹备组，1982年，三汽筹备组解散后，他又回到一汽任工艺处处长，后任副总工程师。

但在汪声銮调动问题上，却一波三折。当中汽公司人事部门给一汽打电话要求调汪声銮时，被一汽拒绝。人事部门多次联系一汽就是不答应，最后饶斌亲自给一汽党委书记徐元存打电话。此时一汽正处在垂直转产的关键时刻，像汪声銮这样的副总指挥级的人才的确难以离开。徐元存说：“饶部长，我这正换型，老汪是副总指挥，不能走。”

中汽公司的负责人亲自出马向企业调人遭拒绝这种事情在以前是不可能的，其实，此时正是中汽公司日渐式微之时，随着改革开放的深入，一汽、二汽正在全力向中汽公司争“独立”，要发展大规模的汽车产业集团，人才是第一宝贝，谁愿意将自己的帅才拱手送人？

建设微型车基地是从全国汽车发展布局考虑问题，饶斌打了四五次电话，徐元存一直不肯松口。当年饶斌在一汽当厂长时，徐元存是一汽团委书记，老领导有老领导的办法。几天后，饶斌第五次拨通了电话：“小徐啊，当初咱们建设一汽时全国支援，现在国家要建微型车基地，这是全国大局，你为什么不支持？”

饶斌的这番话微言大义，徐元存不好再说什么了。饶斌要求一汽支持的除了汪声銮外还有其他9个人。徐元存说：“饶部长，你一定要老汪，行，我给你，但那九个就不能给了，老汪一个顶九个。”

与此同时，汪声銮的大学同班同学，中汽公司副总经理张兴业来到汪声銮家。老同学边吃饭边聊天，张兴业说："老汪，今天我来你们家，是带了饶部长的口信。饶部长几次点你名，要你去天津建微型车阵地。李岚清同志也提到你，都说必须让你出山，你看如何？"

汪声銮回答："如果你征求我个人意见，对不起，我不愿去。我今年55岁，在一汽工作了30多年，已经很习惯这里。如果组织要求我去，那我就服从组织分配。"

张兴业离开后没几天，汪声銮收到了李岚清写给他的信。李岚清时任天津市副市长，他与汪声銮在一汽是老同事，又一起筹建过三汽，关系非同一般。李岚清在信中写到：

三汽一别又几年过去了，我们合作的那段仍常以为念。天津发展微型汽车，大家都想到您。在中汽公司大力支持下，我们终于又有了合作机会……现在市委的正式决定已下达：1.汽车公司从一机部划出，为独立的局级单位；2.正式任命您为公司党委常委，副经理兼总工程师（李跃同志为书记，纪学溦同志为经理）。同时，亦告一好消息，即同大发已正式签了合同。看来在天津搞，比我们那时搞三汽的条件要好不少，还是大有可为的……由于引进与对外经贸有关，同时我又是汽车工业老兵，我亦很关心，其他领导同志亦常同我商量，所以以后支持汽车公司的工作还是有条件的。衷心地欢迎您早日来津……

1984年3月22日

1984年4月5日，饶斌直接打电话通知汪声銮，一是通知他调动工作的事情，二是让他马上到北京参加天津微型车工作会议。汪声銮由长春直奔北京，4月9日，汪声銮参加了中汽公司听取天津关于微型汽车技术引进和天津汽车发展的汇报。这次会议上，汪声銮被宣布调天津工作。看着自己的老部下，饶斌一字一句地说："老汪，给你三年时间，把天津微型汽车基地建成，生产要达标。如完不成任务，拿你是问！"

4月10日，汪声銮从北京来到天津，住在南京路上的友谊宾馆。13日，李岚清同志到住处看望他，向他介绍了有关情况，并对他提出要求和希望。

汪声銮就这样来到了天津。在一汽那样的大企业工作了几十年，面对天津汽车工业作坊式的车间和粗放管理脏乱的工作现场，汪声銮很不习惯。在天汽，他是总工程师，是最高技术负责人，他拿出当年建设一汽时的全部经验和劲头，所有的技术文件都要亲自过目审查校对，唯恐疏忽大意出差错。所有技术工作的组织落实，如从购买日本焊装生产线，移植一汽的英国油漆生产线，从日本引进小松冲压线和模具中心以及跟国外厂商的谈判等，他都是亲自负责到底。在汪声銮的努力下，天津微型汽车迅速走上正轨。汪声銮因病去世后，日本谈判代表团一位负责人曾对天汽的一位领导说："我们最害怕与你们汪总谈判。他滴水不漏，针锋相对，寸土不让。"

1995年，汪声銮年过六十，正式退休。从1984年到1995年，汪声銮在天汽工作了11年。如同当年王荣均调到上海大众后许多的不适应一样，汪声銮在天津也有许多的不适应，但这是中国汽车工业发展过程中不可避免的问题。毕竟全国只有一个一汽和二汽，正是为了全国汽车工业能够同步发展，饶斌才坚持将汪声銮这样的骨干调到汽车工业基础相对落后的地方。一汽不光要出产品，还要出思想，出人才。这是饶斌的思路，这个思路带动了中国汽车工业的整体前进。

1984年4月的天津微型车工作会议明确要发展中国的微型车并确定引进日本大发汽车技术在天津建设微型汽车生产基地。

日本是一个资源缺乏的国家，在工业化的过程中，非常注重节约能源，日本政府更是从政策上积极引导和支持发展低能耗的汽车，所以微型车在日本发展得很快，从全球看，微型车发展最好最有规模的是日本。在日本国内，微型车做得最好的是大发汽车公司。

大发汽车是日本“大发工业株式会社”的简称，大发汽车公司标志图案中的“D”取自大发拼音“DAIHATSU”的第一个大写字母。1907年3月，大发公司以生产和销售内燃机为目的在大阪创建了“发动机制造株式会社”，1951年更名为“大发汽车工业株式会社”。大发公司成立以后始终致力于小型车领域的拓展，专门生产低油耗、省资源、省空间的小型车，经过几十年的努力，逐渐成为全球领先的小型车制造企业，被誉为“小型车专家”。虽然在微型车方面成绩斐然，但在日本汽车行业，大发公司远不是丰田、日产这样大公司的对手，仅排名第八。1998年，丰田公司出资收购大发，从此大发公司成为丰田控股的子公司。

中国主动放开市场提出与大发合作，大发公司喜不自禁，一个日本的小汽车公司得到中国的重视，率先进入中国市场，这是大发公司没想到的，大发公司积极响应中方的要求。双方开始了谈判协商。谈判进行得很顺利，1983年7月，国家计委批准天津微型汽车技术引进及技术改造项目立项。1984年3月，天津市汽车工业公司引进日本大发850系列微型汽车技术转让许可证合同在北京签署。天津汽车厂从日本引进Hijet 850微型汽车全套制造技术，对老厂进行技术改造，于1988年形成年产2万辆大发微型汽车、3万台发动机的能力。

1984年9月25日晚上10点05分，第一辆微型汽车在位于天津市郊杨柳青镇的天津市汽车制造厂组装完毕顺利开出生产线。由于这种微型汽车形似面包，人们又称其为“面包”。大发面包车问世后，市场反应很好，产品供不应求。天津再接再厉，引进大发公司的微型轿车。1986年3月18日，天津市汽车工业公司引进日本大发公司微型轿车技术许可证转让合同在天津签字。协议规定，天津汽车集团以技术转让方式，引进大发汽车公司排量1.0的Charade微型两厢轿车生产制造技术，天津汽车工业公司于协议签订的当年，就生产出第一辆两厢式轿车，填补了中国经济型轿车市场的空白。

中国文化对名字特别看重，名字总是充满寓意，寄托了人们的希望。人名如此，汽车也一样。引进的日本大发英文名为Charade，意思是“字谜”，天津汽车工业公司按照音译起名为“夏立德”，意思是“为华夏立下功德”。1986年，李瑞环在听取天汽汇报时认为，“夏立德”三个字不好叫也不好听，应该改一下，微型货车就叫“华利”，微型轿车就叫“夏利”，合起来就是“华夏得利”。此语一出，在座一片叫好，于是，天津大发由此改名为“天津夏利”和“天津华利”。不过，微型货车“天津华利”的名气远没有它的兄弟“天津夏利”响亮。

与之前中国厂商的惯用方式不同，天津汽车选择的是合作而不是合资。之所以选择合作是为了不受日方控制，在以后的生产经营过程中保持自己的独立性，同时还可以获得这两款车型的全部知识产权。正因为如此，后来生产的夏利轿车并没有像桑塔纳或捷达一样，必须在中国产地后面加上产品的英文名，而是采用了完全属于自己所有的中文名称“夏利”，汉语拼音“Xiali”。

除了不采用合资形式外，其他的基本一样，一开始也是采用CKD形式，从日本大发公司进口散件由中国组装，装焊、油漆、总装、质检等一样不少，然后逐步实现国产化。由于要求没有像桑塔纳轿车那样严格，天津大发的国产化进程速度远远快于桑塔纳和捷达。从1986年2月天津大发的灯具零部件开始国产化，到1987年年底，零部件的国产化率已由1984年的8%上升至85%，这一速度令日本人咋舌。“萝卜快了不洗泥”，为图快而不注重质量的国产化使得大发车的质量受到影响，一段时间，车子的质量一批比一批差而受到用户的诟病。这也为以后大发退出市场埋下隐患。

1987年，天津出现了第一辆大发车型的出租车。由于这种厢式车形状如同面包，天津大发出租车又被称为“面的”。打出租的目的，不是为了显示身份，而是为了快捷地到达目的地。与出租轿车相比，“面的”价廉物美，既能坐人又能带货，前排可坐2人，后排可坐5人，一家老小，三五朋友，都坐得下，拆掉座位后，有近8立方米的空间，成为厢式货车，既能送货又可以坐人，为城乡老百姓出行提供了轿车的替代品，尤其适合在运输路程短，道路狭窄的城市大街小巷使用。

天津是一个老城市，街道狭窄，巷子深深，身材娇小的大发车走街串巷不仅转弯方便，停在路边也省地。在当时那段特定的历史时期，大发“面的”以其空间大、载人多、省油、方便、快捷等诸多优势，给收入有限的普通老百姓带来了极大的方便和实实在在的好处，因此极受百姓欢迎，大多数人对天津大发的记忆就是从作为出租车的“面的”这个时候开始的。很快，天津大发出租车就风靡全国，包括首都北京。

20世纪90年代初，为适应城市发展，北京出租车开始加速发展，北京市政府提出了“一人招手，几辆车等候”的北京市出租车行业发展方针，价廉物美的天津大发成为车型的首选，天津大发车由此开启了北京出租车平民化的历史。由于北京的大发出租车是黄色涂装，人们戏称“蝗虫”。北京的各条马路上到处都有“蝗虫”在奔跑，大街小巷到处停着揽活的“蝗虫”。1993年，北京的“蝗虫”保有量高达

3 万辆。从 1984 年 9 月至 1999 年 9 月，天津汽车制造厂总共生产了 30 万辆大发面包，其中 90%被全国各地的出租行业使用，仅天津，最高峰时保有量超过 5 万辆。一时间，天津大发面包供不应求，各地的人们蜂拥到天津买大发，天津汽车厂厂长赵家良回忆说："1992 年到 1993 年，南市旅馆街住满了要买大发车的外地人，产品供不应求。那时候，我们生产各式各样 20 多个型号的大发车，出厂价是 2.8 万元，可被车贩子一炒，就能卖出 5.2 万元的天价"。

20 世纪 80 年代末中央电视台播出天津大发汽车的广告："要发家，买大发，发发发！"更是助长了这种火爆的态势。当年极力主张引进大发车的饶斌等汽车专家们绝没想到，引进不过短短几年时间，大发面包车竟会成为中国诸多城市街道上的一道黄色风景线。

与几乎同期问世的桑塔纳、标致 505、捷达等主要定位为公务用车市场，与北京吉普 212 主要定位为军方和公务车市场不同，夏利的定位鲜明，就是民用轿车。刚上市的夏利售价 8 万 ~ 10 万，比桑塔纳、标致 505、捷达、富康等售价 20 多万的车便宜一半还多，有钱的人嫌它小，不够气派而不屑于买，手中资金紧缺的老百姓却喜欢它的平民身价，由此，夏利与他的哥哥大发"面的"一起，成为服务中国百姓的货真价实的"平民车"、"百姓车"。从此夏利一炮打响，成为城乡居民熟悉妇孺皆知的知名品牌，也成为平民车、国民车的代名词，夏利也成为国内经济型车的市场霸主。投产 20 年来，夏利轿车总产量累计达 154 万辆，市场保有量超过 100 万辆。

夏利引进时的规模产能是年产 3 万辆，由于当时中国的汽车市场还没有成型，轿车消费基本以公款为主，私人消费少得可怜，而排量仅为 1.0 升的小夏利又不为公款消费者入眼，仅仅靠出租车市场维持，3 万辆的产量也迟迟未能达产。价格也是初期产量不高的重要原因。投产初期，夏利基本靠 CKD 散件组装，价格难以降下来，直到后来发动机和变速箱等关键零部件国产化以后，夏利的价格才由初期的 10 万人民币逐步下降到七八万元。1993 年年底，夏利跨过年产 5 万辆的门槛。1994 年，"夏利轿车 15 万辆扩建项目"被国家计委批准列为"八五"重点建设项目之一，天津市委、市政府将其列为"天津市一号工程"项目，总投资 21 亿元。1996 年二季度全面投产，天津夏利成为继上海汽车之后第二个拥有 15 万辆轿车和 20 万台发动机的批量生产能力的厂家。进入 2000 年以后，夏利主动降价，大大冲击了中国的轿车市场，单价四五万元的夏利轿车销量一直遥遥领先，位居轿车销量的榜首。

随着中国经济的复苏和发展，出租行业快速发展。夏利凭借其出色的燃油经济性、方便的维修和相对便宜的价格，成为了中国各地出租车市场的主力军。虽然自 20 世纪 90 年代末起，国内一些大中城市开始露出嫌贫爱富的暴发户心态，公然出台措施限制甚至淘汰深受百姓欢迎的夏利出租车，但在大多数经济欠发达的中小城市，夏利仍然是出租车的第一选择，而且在大城市淘汰夏利出租车之后，普通百姓仍然是夏利车的主要买主，夏利的销量仍然位居全国轿车前茅，足见其影响之大。

从市场的欢迎程度和保有量看，天津大发和夏利的引进是完全成功的。

随着采用富士斯巴鲁技术的云雀以及铃木奥拓在中国的投产，中国微型车领域的竞争开始趋向激烈。为此，天津汽车在1997年启动了“Z913”工程，改进、加长了车身，换装上了1.3升的发动机。1999年，为了应对新环保法规，又为全系车型改装电喷系统，并推出了装1.3升丰田8A-FE发动机的“金夏利”。此时夏利的价位横跨4万元到10万元的价格区间，累计销量高达60余万辆。至今，夏利依然在微型车市场中占据销量第一的宝座。

夏利维修方便，经济性出色，但也存在明显的缺点，如动力不足，高速稳定性差，工艺质量也比较粗糙，这些都是下一步发展中需要改进的。

天津大发和天津夏利的辉煌给了中国汽车人一个重大的启示：以普通百姓为市场主力是中国轿车工业发展的方向，金杯银杯，只有百姓的口碑才最为宝贵。

夏利发展历程：

1986年9月30日，以“CKD”方式引进生产的第一辆“夏利”两厢轿车下线；

1990年10月14日，第一辆“夏利”三厢轿车下线；

1992年，夏利轿车荣获“92消费者信得过国产车金奖产品”称号；

1994年，夏利轿车荣获“中国名牌产品”称号；

1995年，通过ISO9002标准质量体系认证；

1995年年底，国家“八五”重点建设项目——“夏利轿车15万辆扩建项目”竣工，形成年产15万辆整车、20万台发动机能力；

1999年1月5日，夏利被国家工商局商标局认定为中国“驰名商标”；

1999年6月28日，“天津汽车”A股在深圳证券交易所上网发行，同年7月27日，“天津汽车”A股在深圳证券交易所挂牌上市；

1999年10月20日，中国质协用户委员会授予夏利系列轿车产品为“1999年度全国用户满意产品”；

2002年1月12日，夏利系列轿车价格大幅下调，带动全国轿车价格相继下调；

2002年6月10日，第一批夏利轿车出口美洲；

2004年4月，夏利系列轿车批量出口西亚；

2004年4月8日，1.1升夏利新A系全面上市；

2004年8月8日，第一百万辆暨全新夏利N3下线。

群雄并起

由于历史的原因，中国汽车工业发展过程中，经历了几次大的起伏。第一次是大跃进时期，由于当时全国实行企业管理权下放，各省市纷纷利用汽车配件厂和修理厂仿制和拼装汽车，形成了中国汽车工业发展史上第一次热潮。从1956年只有一汽一家发展到1960年的16家，汽车改装厂从16家发展到28家。北京汽车制造厂、南京汽车制造厂、上海汽车制造厂、济南汽车制造厂都是这段时期的产物。

20世纪70年代初期，由于全国汽车供不应求，加上国家再次将企业管理权下放到地方，由此形成了第二次汽车发展高潮。到1976年，全国的汽车厂家增加到53个，专用改装厂增加到166个，同时一大批零部件和附属配件厂也应运而生。北京第二汽车制造厂、天津汽车制造厂都是这段时期的产物。20世纪80年代以后，全国经济发展持续高涨，汽车产品供不应求，汽车制造厂和改装厂再度猛增。到1993年，全国共有127家整车生产厂，600多家汽车改装厂和2000多家零部件厂。以汽车企业总数来看，中国堪称世界第一，但其中，年产10万辆以上的只有4家，1万辆左右的20余家，其余近百家企业年产量在几千辆甚至数百辆左右徘徊。生产规模之小也是创造了世界之最。

虽然厂家众多，但是市场竞争严重不足。2000年的汽车总产量只有200万辆，其中轿车65万辆。除了十几家骨干企业，许多汽车厂已经不造汽车，而是靠倒卖“目录”过日子，形同清末的“八旗子弟”。

1994年以后，国家公布了汽车产业政策，明确宣布要发展轿车工业，鼓励私人购买轿车。由于轿车的稀缺和高于成本数倍的价格，使得轿车生产具有极高的利润。稀缺和高价格、高利润诱导社会资源向轿车生产倾斜，地方财政包干的政策使这种趋势变成了政府行为，各地竞相争上轿车项目，纷纷宣布将汽车工业作为本地经济发展的支柱产业，由此使得轿车成为第三次汽车发展热潮的焦点。

这些新成立的轿车企业既有中国本土企业，也有合资企业，它们或是借壳上市，或是兼并重组，一时间，各地轿车厂如雨后春笋，纷纷冒了出来。让我们顺着时间的轨迹来看：

1993年4月，中国长安汽车公司与日本铃木汽车公司签订合资生产长安奥拓轿车的协议，成立重庆长安铃木汽车有限公司。

1993年，贵州航空工业集团汽车总厂引进日本富士重工斯巴鲁车型生产“云雀牌”微型轿车，合资后历经劫难，合资方数度易主，直到进入21世纪后才勉强投入小批量生产。

1995年跃进汽车集团公司与马来西亚金狮集团合资成立跃进农用车有限公司，后更名为江苏南亚自动车有限公司，公司购买西班牙SEAT工厂生产IBIZA车型的全套设备，在南京江宁开发区建厂生产“英格尔”轿车，1999年，马来西亚金狮集团股权转让，跃进汽车集团公司与意大利菲亚特集团AUTO公司合资经营江苏南亚自动车有限公司，除保留生产“英格尔”轿车外，还合资生产“派力奥”和“西耶那”轿车。

1995年11月23日，福建台湾合资的东南（福建）汽车工业有限公司在福州正式成立。

1997年3月25日，上汽公司与美国通用汽车公司合资成立上海通用汽车有限公司，上汽通用主要生产别克中高级轿车，“泛亚汽车技术中心”同时成立。上海通用公司一跃成为当时国内最大的汽车合资企业。

1997年，由安徽省国际信托公司、财政信托公司、建行投资公司和合肥市开发区、合肥市建行投资公司共同投资组建的国有股份制奇瑞汽车有限公司，奇瑞公司购买英国一条发动机生产线，参考斯柯达车型，委托外国专业公司设计了“奇瑞”轿车，并于2000年投产上市。由于“目录”所困，2001年，奇瑞无偿划拨20%的资产并入上汽集团换取“出生证”，2002年生产“上海奇瑞”轿车5万辆。后终于脱离上汽自立门户。

1997年，由生产建筑五金、建材和摩托车创业的民营企业家李书福创建吉利集团开始介入轿车生产。在参考天津夏利车型基础上，1998年，吉利生产出首批样车，并在浙江临海征地建设豪情汽车厂，1999年，吉利豪情开始投入小批量生产。随后又在宁波新建美日汽车厂。吉利成立后，同样为“目录”所困，董事长李书福上天入地，想方设法，最后从一个有目录而不生产的厂家手中购得“目录”，终于“借壳下蛋”取得合法身份。2001年4月，吉利汽车工业股份有限公司成立，这是中国第一家民营汽车企业，它的成立意味着中国轿车发展进入投资主体多元化阶段。吉利汽车的出现给国有企业一统天下的汽车行业吹入强劲的新风，开创了新的竞争格局，具有划时代的意义。

1998年4月28日，广州市和日本本田技研工业株式会社签署合资协议。7月1日，广州本田汽车有限公司正式挂牌成立。

1999年5月，经江苏省计经委批准，江苏悦达汽车制造厂与韩国起亚自动车株式会社签署合资协议及章程成立盐城悦达起亚汽车有限公司。1999年7月1日，合资公司正式揭牌。合资企业成立后不久，起亚汽车被韩国现代集团兼并。2000年1月26日，江苏悦达股份有限公司与韩国现代集团签署了扩大合作意向书，现代集团购买盐城悦达起亚汽车有限公司中悦达方七分之二的股权，合资方因此变为悦达、起亚、现代三方，股权比例变为悦达占50%、起亚占30%、现代占20%，合资公司改名为“江苏现代起亚悦达汽车有限公司”。2002年东风公司参股江苏悦达起亚汽车公司，公司更名为东风悦达起亚。

2000年12月，天津汽车工业（集团）有限公司与日本丰田汽车公司合资成立天津丰田汽车有限公司，生产“威驰”轿车，建设规模年产3万辆，2002年10月投入生产。

2001年4月25日，长安汽车公司与美国福特汽车公司合资成立长安福特汽车有限公司。至此，美、日、德、法等世界汽车制造业巨头抢在中国入关之前，纷纷在华建立了自己的滩头阵地。

2001年，沈阳华晨金杯汽车公司与意大利设计公司联合开发“中华牌”轿车，2002年开始小批量生产。与此同时，华晨一脚踩住两艘船，华晨中国汽车控股有限公司与德国宝马集团成立合资公司，利用华晨金杯新建的部分工厂进行整合，生产宝马系列轿车。

2002年4月29日，北京汽车工业控股有限责任公司，利用北京轻型汽车有限公司原外方退股后在顺义厂区的厂房、设备与韩国现代汽车公司合资成立北京现代汽车有限公司，生产“索娜塔”轿车。全国合资生产轿车起步最早的北京在全国轿车发展大潮中最后一个成立轿车合资公司。

除以上新增的一批轿车厂外，原来生产微型货车、微型客车的“长安”“哈飞”“西安秦川”等汽车公司也都采取合资、引进或联合开发的方式，拓宽延伸产品范围生产微型轿车。2002年末，全国生产轿车的企业已扩大到25家。

这是中国汽车工业发展史上发展速度最快的十年，具有讽刺意味的是，这些新冒出的汽车厂家都是在国家汽车产业政策发表后出生的。究其原因，一是市场需求的拉动；二是中央和地方财政分灶吃饭，地方需要建立新的经济增长点以保证地方财政收入；三是受GDP效应影响。一时间中国轿车市场风起云涌，热闹非凡。整个中国从东到西，从南到北，除了甘肃、青海、西藏、山西等省没有汽车厂外，其余的各省全都有，而且都有制造轿车的冲动。各地为了发展轿车各显神通，勾心斗角，合纵连横，演出了一出汽车发展的“战国时代”。

中国轿车工业是在国内强劲需求推动并借助石油危机造成世界轿车生产转移之际发展起来的，世界汽车巨头借此进入中国轿车市场，分享中国轿车工业发展的成果，由于中国轿车企业在技术上对外资的过分依赖，随着中国轿车市场越来越大，这些跨国汽车巨头在中国轿车市场的获利也越来越大。

截至2010年12月31日，通用汽车全年在中国销售累计达到2351610（235万）辆；大众汽车集团全年在中国销售汽车1923500（192万）辆；现代起亚汽车全年在中国市场销售1093071（109万）辆；日产汽车在中国销售累计达1023638（103万）辆。除了这四家外，丰田84.6万辆；本田65.5万辆；福特58.2万辆；标致—雪铁龙37.6万辆；铃木27.5；宝马17万辆。这10家公司销量之和为929.6万辆，占中国汽车市场一半以上。

惊人的销量意味着丰厚的利润和广阔的市场前景，世界汽车巨头纷纷将注意力集中到“最后的一块蛋糕”上，在中国放手一搏，到今天为止，世界500强企业中，美国通用、日本丰田等为首的15家汽车企业全部在中国建有合资企业和机构，并以此为基础在中国汽车市场展开疯狂角逐。这15家汽车企业跨国公司在中国的平均资产利润率达到11.2%，远远高于他们在世界其他市场的平均利润率。

让我们来看一看这些世界跨国汽车巨头在中国战略集团军的构成：

通用集团（含通用汽车、铃木、五十铃、菲亚特、富士重工和大宇）：上海通用、金杯通用、上汽通用五菱、长安铃木、昌河铃木、庆铃、北轻汽、北铃专用车、南京依维柯、江苏南亚、贵州云雀、桂林大宇（客车）和烟台大宇（零部件）；

大众集团：上海大众和一汽大众；

福特集团（含福特汽车、马自达和沃尔沃轿车）：江铃和长安福特；

丰田集团（含丰田、大发和日野）：一汽丰田、天津丰田、四川丰田、沈飞日野和金杯客车（技术合作）；

戴一克集团（含戴一克、三菱和现代）：北京吉普、亚星、奔驰、北方奔驰、湖南长丰、东南汽车、北京现代和东风悦达起亚；

雷诺—日产集团（含雷诺—日产、日产和三星）三江雷诺、郑州日产、杭州东风日产柴、风神和东风汽车；

标致—雪铁龙集团：神龙；

本田公司：广州本田、东风本田（发动机）；

宝马公司：沈阳华晨。

在外资企业大举进入中国进行战略扩张的同时，中国汽车企业之间合纵连横，攻城略地，整个中国汽车（含轿车）市场烽火连天、硝烟弥漫，联合、兼并与重组愈演愈烈，截至2009年，已初步形成一汽、二汽、上汽三个大型企业集团为“霸主”和9个重点企业集团（公司）各霸一方的“3＋9”战略格局，即一汽、东风、上汽三大集团加上重庆长安、广州本田、安徽奇瑞、沈阳华晨、南京菲亚特、浙江吉利、哈飞、昌河和江铃汽车9个独立骨干轿车企业。

由于企业之间的互相攻伐，一汽、二汽、上汽“三大”在中国汽车企业里所占份额呈逐年下降之势。在中国市场，一种和汽车工业发展规律相悖的奇特现象出现了。在世界上，汽车工业的生产集中度越来越高；而在中国，汽车工业的生产集中度越来越低。国际上对一个国家汽车工业的评价通常都用“三厂集中度”来评价。所谓“三厂集中度”就是产量最大的三家工厂的汽车产量占全国总产量的比重。集中度越高，说明企业的生产规模和效益越大，竞争力越强。美、欧、日、韩等国家的这个指标都在80%以上。而中国的“三厂集中度”则呈逐年下降的趋势：

1965年为96%；

1975年为62%；

1983年为58%；

1985年为42%；

1989年为33.6%；

2001年为49%；

2002年为57%。

2008年以后，由于新的汽车产业政策的调整，汽车厂家开始了新的一轮整合，有几十家汽车厂已经分别进入了一汽、东风、上汽、长安四大汽车集团，四大集团自身也分别与德国、日本、法国、美国等跨国公司组成了大集团，汽车生产能力刚刚开始向百万辆接近，规模经济效益开始显现。但一汽、东风、上汽三大汽车集团的“三厂集中度”仅仅只有50%左右，另外9个独立生产商的汽车产量合计约占全国的45%左右。

美国三大公司集中了全国 80%的产量，韩国现代汽车公司在世界大汽车公司中排名靠后，但年生产能力也达到 250 万辆。由此可以看出，即便在亚洲，中国也缺乏有影响力的汽车企业，更无力在世界上占有一席之地。

公平竞争是改变局面的关键。长期以来，中国的汽车企业是国有企业一统天下。国有企业中又以一汽、二汽这样的大型中央企业得到的政策实惠最多。地方的国有企业其次。“抱着的孩子长不大”，“穷人的孩子早当家”，计划经济向市场经济转换的一个最重要的关键就是在市场环境下公平竞争，优胜劣汰。但长期享受国家优惠的国有企业却不愿意面对竞争局面，其理由为避免造成“资源浪费”。而国家给它们的护身符就是“汽车目录”管理办法。企业生产的轿车要上市出售，必须要在“目录”上有名，目录上无名的就是黑户，产品就无缘进入市场。政府用目录这种行政手段筑起了一道高高的不利于公平竞争的门槛。

中国汽车产业界几乎无人不知奇瑞、悦达、吉利打破目录的故事。

20 世纪 90 年代末，国家的产品目录上，奇瑞轿车使用的是“六字头”客车目录。国家为了堵住这些自行闯入轿车生产“俱乐部”中的“黑户口”，只好在目录上做文章。按当时规定，这些产品不能作为轿车销售，只能算客车。奇瑞、悦达、吉利在内的车型统统被认为是“另类”，不给予支持。产品没有上目录就不能名正言顺地上市。

但奇瑞、吉利、悦达这些企业的负责人是“铁了心”要造轿车，你批我也要上，你不批，我也要上。等到“孩子生出来，再想办法上户口。”为了取得一个身份，新成立的奇瑞汽车上天入地到处想办法，最后由深谙汽车内部门道的资深人士支招：找一个有目录资格的国企联姻，用它的牌子。一语点醒梦中人，奇瑞立即行动。奇瑞公司找到了上海汽车，愿意自带“嫁妆”过门到上汽做“小媳妇”。在付出 20%的股权后，上汽纳了奇瑞这个“小媳妇”，就是这种谁都看得明白的招数，居然赢得了主管机关的批准。被迫嫁给上海的奇瑞有了“户口”，奇瑞生产的汽车屁股上被迫挂上了“上海奇瑞”的标牌，这才得以名正言顺地上市销售。悦达也采用这样的办法嫁给了东风公司，悦达的轿车上也挂上了“东风悦达起亚”的标牌。奇瑞、悦达都采用“市场经济”的手段就轻松破解了这些官僚主义的文牍，明知这些企业的招数，但国家主管机关就是开出了“准生证”，奇瑞、悦达的轿车名正言顺地上了“目录”，吉利更是拿出一笔钱便从一个“破落户”手中买到了“户口”。

公平竞争的难点是要治理“诸侯经济”，调整地区利益。目前全国已有 15 个省、市将汽车产业列为本地经济发展的支柱产业，另有 4 个省区要“大力发展”。改变这种不利局面只能是继续进行“合纵连横”，通过市场公平竞争，优胜劣汰，兼并重组产生出占压倒优势的新“霸主”，才能彻底改变中国汽车产业“天下纷争”的混乱局面。

八、自主创新：中国轿车发展的必由之路

CKD：成也萧何败也萧何

CKD是英文compietely knocked down的缩写，意思为“完全散件组装”。即通过进口产品的散件，在进口国组装整件产品并就地销售的一种国际贸易方式，它集生产、技术引进和贸易为一体，在汽车贸易中被广泛运用。

由于汽车产品技术含量高，资金需求量大，一次性需求数量多，一般发展中国家汽车起步阶段大都采取CKD方式，在装配中学习技术并力图通过零部件国产化来提高本国汽车工业的基本制造能力，缩小与发达国家的差距，最终达到自己制造的目的。

美国福特公司是最早采用CKD方式的企业。20世纪初，由于生产线的推广，福特公司产量大增，为了节省向外输出产品的运输费用，福特公司开始在外国设立装配厂。1916年在阿根廷，1924年在智利，1925年在巴西和墨西哥等。福特开了头，通用和克莱斯勒也紧随其后，CKD为这些汽车巨头带来滚滚财源。

20世纪50年代以后，各国为了保护自己的市场，纷纷对整车输入采取不同程度的限制，但对散件进口则宽容得多。以整车进口征税按100%计，CKD征税只有50%，这在相当程度上鼓励和刺激了CKD的发展。到20世纪末，世界各国设有CKD工厂近300家，其中发展中国家占70%以上。

必须清醒地认识到，CKD只是汽车进口的一种方式，能否利用CKD方式发展本国汽车工业，关键看进口国对CKD采取何种对策。在这方面，日本是最为成功的例子。20世纪20年代，日本汽车工业开始起步，缺乏技术的日本也是以CKD方式起步。1925年，美国福特公司和通用公司分别在日本横滨和大阪开设了CKD装配工厂。这些工厂开设不久，日本政府便强制要求这些企业采用本地生产的零部件。根据通产省的安排，日本国内约有30多家转包商开始按照美国企业标准为CKD工厂生产零部件，随着生产规模的扩大，这些零部件转包商又在锻造、铸造、薄板、机加工和油漆等领域建立了二级转包，日本的汽车工业由此打下基础并初步建立了自己的汽车工业。

二战失败后，日本工业体系完全被战火摧毁，国民生活全靠美国救济，政府根本拿不出钱来发展经济，在这种情况下，日本政府鼓励国内生产厂家与国外公司采用CKD方式恢复和建立现代汽车工业。日本通产省设想，用7年左右的时间熟悉并掌握轿车生产技术，然后逐步过渡到自己制造。1952年12月，日本日产公司与英国奥斯汀公司签订了7年的CKD协议。协议条款主要内容为：

1. 日本每年进口2000套奥斯汀A40CKD散件；
2. 日产逐步转向自制零件，并在3年内完全自制奥斯汀产品；

3. 奥斯汀同意提供装配和零部件制造的技术帮助；

4. 奥斯汀允许日产公司使用任何它所拥有的专利；

5. 需要的话，双方可以交换技术人员；

6. 从生产的第二年开始，日产公司必须支付专利权费，第二年以日本奥斯汀产品的工厂零售价格（包括税）的2%支付，或者不少于30000英镑；

7. 合同期为7年。

1953年11月，首辆日本奥斯汀下线。1954年1月，日本的零部件企业已经能够提供220个零部件，1955年年底，日产公司已经能够提供包括发动机和变速箱等核心零部件在内的80%奥斯汀零部件。因为外汇管制，日产规定，最高月产量限定为200辆，直到完全使用日产自己的零部件为止。到1959年年底合作到期时，日产公司成功地推出了自己的第一款产品cedric（公爵），同时日本CKD组装的奥斯汀开始逐年下降。7年间，日产共支付技术转让费和专利权费6亿日元（按照当时比价折合170万美元）。战后日本很多企业都是采用了日产公司所走过的路，从发达国家引进技术，恢复和奠定了自己的工业基础，为迅速赶上欧美发达国家创造了条件。

在世界汽车发展史上，依靠CKD发展成为世界汽车工业强国，与美、欧等老牌资本主义旗鼓相当，日本汽车工业是一个最为成功的特例。迄今为止，CKD仍然是绝大多数发展中国家发展本国汽车工业所采取的方法，中国也不例外。

发展中国家之所以采用CKD起步发展本国汽车工业，不外乎两条，一是缺乏技术，二是资金短缺尤其是外汇短缺。实际上，CKD并不能节约多少外汇。其价格组成为：出厂价＋包装费＋海运费＋保险费＋关税，再加上专利权费和许可证费（单车价格的5%）还有50%的利润要用外汇支付给CKD输出方，里里外外加起来与整车进口费用已经相差无几。达不到规模数量的CKD所耗资金甚至超过直接进口整车。

CKD成败的关键的关键在于国产化进程，实现国产化必须要有规模数量保障，才能最大限度地降低成本，发挥其带来技术与推进整车国产化的作用。如果没有完整可行的国产化计划并以政策为保障，以明确具体的步骤坚定不移地去落实，CKD就不可能起到发展本国汽车产业的先导作用，弄不好，还会影响甚至停止本来已有的轿车发展势头。中国在这方面有血的教训。

1986年8月北戴河会议后，中央决定大力发展中国轿车工业，鉴于中国汽车工业发展水平的现状，发展轿车的主要方式为合资。即与西方大汽车集团合作，引进它们的资金与技术合作生产轿车。从此，北京汽车与美国克莱斯勒，德国大众与上汽、一汽，二汽与法国雪铁龙分别先后合资，中国国有资产最大的几家企业分别走上与外资合作生产轿车的道路。

为了发展中国的轿车工业，国家拿出了最好的资源（一汽、二汽等国内最现代化的汽车企业）、出台了最优惠的政策、让出了国内的市场、投入大笔资金，派出最好的干部（一汽、二汽的干部都是由中央考核中组部直接任命），建设起了中国的合资轿车企业，开始了中国现代轿车之路。合资之初，中央对合资有着严格的要求，一汽是“进口替代”，二汽是“出口导向”。同时要求，零部件必须在一定的时间内实现国产化，并定出了逐年递增的国产化比例。

但十多年过去了，结果如何呢？

到今天，全国各大主要汽车厂生产线上源源不断开下来的几乎包括世界上所有汽车品牌：大众、通用、丰田、本田、福特、菲亚特、PSA、雪铁龙、现代等等，进口替代实现了，出口导向却完全放了空炮。二汽起初生产的神龙富康，以及以后生产的东风日产、东风标致，都是帮着洋人抢占国内市场，出口导向再也没人提及。随着合资企业的不断增多，生产规模的不断扩大，零部件国产化也不再被提及。随着合资企业生产规模不断扩大，中国轿车市场变成了跨国企业的乐园。这一切的代价是，平均每一辆洋品牌的车走下生产线，都意味着少则几千，多则上万的资金流回品牌所属公司，每年中国合资品牌公司生产近千万辆轿车，就有成百上千亿的资金以“技术转让”“专利使用”“品牌使用”“CKD 散件购买”等各种名义流向海外母公司。

零部件国产化是 CKD 成败的关键。合资之初，业界人士还将希望寄托在洋品牌零部件的国产化上，希望经过几年的努力，洋品牌的零部件国产化率逐步提高，每辆车外流的资金会逐步减少。零部件国产化的关键在于国内零部件企业的现状。

由于中国汽车工业基础薄弱，中央和省、市财政分级吃饭，除一汽、二汽有自己相对独立的配套零部件企业外，全国的零部件企业基本上分散在全国省及省以下地、市、县、乡镇甚至社队企业，这些零部件企业规模弱小、凌乱、毫无技术储备可言，面对技术指标要求严格的合资产品，根本无力为合资企业配套。

据当年中汽公司的统计数据，1984 年国民经济治理整顿后，中国汽车零部件产业的现状如下：全国共有 2400 个汽车零部件工厂，职工 47.8 万人，占汽车行业总人数的 50%。固定资产 30.1 亿元，占汽车行业的 34.3%，1983 年总产值为 30.2 亿元，占汽车行业 36.6%。这么多汽车零部件企业生产组织结构极不合理，如同散沙一样分散在全国各地，都是 20 世纪 70 年代大办汽车工业的产物，隶属于各地“经济诸侯”，它们的人财物产供销都被各省、市、县甚至乡镇的地方政府控制，依附于各主机厂“讨生活”，给一口，吃一口。这种产业组织结构导致汽车零部件质量极差。1983 年，中汽公司对 4 种国产车型 11 辆样车进行 25000 公里的可靠性试验。其中，解放牌汽车平均故障间隔里程为 620.4 公里，东风 140、北京 130 为 540.5 公里。北京 212 为 425.5 公里。而日本汽车的无故障里程为 25000 公里。

5 辆 CA15 解放汽车参加实验，第一辆行驶 553 公里时，车门自动打开，发电机不发电。第 4 辆行驶 106.1 公里时，离合器分离不彻底。第 5 辆行驶 114.5 公里时，发电机调节器损坏。

东风 EQ140 试验时，第 1 辆行驶 215 公里时自动跑偏，第 2 辆行驶 114.5 公里时，关闭电路发动机不熄火。

2 辆北京 130 试验车，第 1 辆行驶 16.6 公里时收音机损坏，引起全车电路故障。第 2 辆行驶 185 公里时，左右轮毂发热。

2 辆北京 212 试验车，第 1 辆行驶 250 公里时，变速器、同步器发响。第 2 辆刚刚开动，转向机沉重不回位。

生产企业小、产品质量差、生产效率低，经济效益差是国内零部件企业的通病。北京化油器厂年产化油器 20 万只，人均年产 280 只。日本日立公司佐和工厂年产 350 万只，人均年产 4777 只。日本东京化油器制作所是一个很小的企业，年人均生产化油器 2837 只。济南汽车配件厂年产气门 500 万只，人均年产 8000 只。日本富士公司年产气门 4200 万只，人均年产 6 万只。长沙汽车电器厂年产汽车电机 18 万套，人均年产 40 套。日本电装公司安成制作所年产电机 3800 万套。人均年产 1200 套。上海汽车底盘厂年产转向机 3 万套，人均年产 35 套。日本 NSK 公司年产转向机 320 万套，联邦德国 ZF 公司年产转向机 140 万套，占欧洲市场 1/3。二汽水箱厂年产节温器 10 万只，美国汤姆逊公司年产节温器 4600 万只，占世界市场的 80%。

零部件质量的高低直接决定着整车产品的质量，国际汽车生产厂家对于零部件有严格的质量认证标准、严密的产品配套体系、高不可及的产品技术门槛。这些要求将国内零部件企业的产品挡在了合资企业的门外。上海桑塔纳的国产化之路就是典型的例子。为了保证合资企业的国产化进程，合资企业的外方纷纷将自己在国外的配套厂商引进中国，帮助弱小、落后、凌乱的中国零部件企业升级改造，以适应国产化之需，中央也适时提出，国内零部件企业要实现高水平、大批量、专业化，全国要建设一百家零部件企业“小型巨人”。但国内零部件企业问题太多，困难重重，积重难返，要实现这些目标，无论是技术、资金、研发队伍都无法满足。

北京吉普是中国第一家中外合资企业，1984 年与美国汽车公司合资时确定的产品方向是：以美国汽车公司新产品 XJ 为基础，用 CKD 方式起步，逐步实现国产化，在掌握美国产品技术的基础上，最后达到开发新产品的目的。1985 年 9 月第一辆切诺基下线，其国产化率仅为 1.73%，1986 年后，北京吉普公司曾制定了雄心勃勃的国产化目标，每年增长 10%，到 1990 年实现国产化率 84.1%的目标。但实际上，1990 年北京切诺基的国产化率仅为 43.51%，仅实现预定目标的 52%。

上海大众以 CKD 装配桑塔纳起步，其目标也是通过 CKD 方式学习和掌握现代轿车生产技术，并逐步实现国产化。1985 年上海大众首批桑塔纳下线时，国产化率只有 3%，仅仅有牌照架、桑塔纳铭牌和轮胎。3 年后，1987 年，桑塔纳国产化率仅为 5%，远远没有达到预想的目标。为了解决国产化问题，中国汽车产业界几乎全民动员，到 1990 年，才实现国产化率 60.9%。桑塔纳的国产化过程艰难坎坷，充分暴露了中国汽车工业尤其是基础的零部件工业存在的严重问题。

1990 年，中国几个主要合资品牌轿车的国产化率分别为：

上海大众：60.9%；

北京切诺基：43.51%；

一汽奥迪：13.66%；

广州标致：31%；

天津夏利：40.47%。

随着中国合资品牌越来越多，各种品牌轿车CKD生产的数量越来越大，但国产化步伐却裹足不前。中国政府采用CKD形式发展轿车工业，本意是以市场换技术，通过消化吸收，最终建立中国自己的轿车生产研发体系。由于“诸侯经济”造成国内汽车市场人为分割，市场机制和价格体系不成熟、不完善，没有技术储备，生产装备和技术水平落后，使得主要零部件国产化并带动国内企业自主研发轿车的目标大大落后于原有期待。

由于CKD进口零部件需要耗费巨额外汇，在外汇极度短缺的情况下，国内轿车合资企业对零部件国产化的需求一刻也不能等。中国政府包括时任国务院总理李鹏、国家经委副主任朱镕基等多次对合资的外方提出要求，要他们加大中国零部件国产化的力度。为此外资企业开始将他们在国外的零部件配套伙伴引进中国，让这些外资零部件企业在中国对口帮助国内的零部件企业，但缓不济急，中国国内零部件企业在资金、技术设备、技术人员队伍、产品质量与技术标准上与外资企业的要求相差甚远，要生产出符合外方要求的零部件产品绝非一日之功，最快的办法就是对零部件企业也采取“合资”的办法，由外资投入资金、设备，在中国直接生产。为了及时解决合资轿车零部件国产化的燃眉之急，也为了占领中国市场，在中国政府优惠政策的支持下，外资零部件企业巨头开始大规模在中国零部件企业开展合资，以后更是直接发展到收购和兼并。国内零部件企业的上级单位迫于资金与技术的压力以及“甩包袱”的思想，更是乐得看见这种局面，纷纷以极为优惠的条件将自己所属的零部件企业“嫁”给外资或是“送”给外资，还美其名曰“嫁姑娘，送嫁妆”，“不求所有，但求所在”。由于地方政府的各种“优惠政策”，这些零部件合资企业多数没有遵守国家要求合资比例不得超过50%的比例，多数都是让外资控股，有的更是成为外资的全资子公司。包括德尔福、伟世通、博世、电装等跨国零部件公司纷纷以合资、控股、独资、兼并或收购等手段“抄底”，将弱小凌乱的国内零部件企业收入自己囊中。短短几年的时间，全球排名前100位的汽车零部件供应商中有70%已来华开展业务，这些跨国零部件巨头在中国建立起零部件企业近500家。在中国大陆进行汽车零部件生产的外资企业超过1200家。这些跨国零部件企业凭借管理先进、技术领先、产品质量等绝对优势成为整车企业的首选，特别是在附加值高、技术含量高的核心零部件领域，外资零部件企业的产品更占有绝对优势。随着零部件企业和零部件市场的“全军覆没”，整车企业通过零部件国产化以实现“自立门户”的希望也被这些“洋品牌”零部件断了后路。

这并不是说中国零部件国产化就一无是处，早在20世纪90年代，在国家计委和上海市尤其是朱镕基的强硬政策下，上海桑塔纳的零部件国产化进程有了明显提高。对于中方的零部件国产化的努力，外资方小施伎俩便轻易便化解了。合资企业中的外方为了牢牢控制中国的市场但又不让中国汽车企业成长起来，纷纷以推出新产品为由，不断拿出新产品，这些外资新品牌的推出速度远远快于零部件的国产化，使得缺乏核心技术，自身研发实力薄弱的中方只能被动地跟在后面为不断更换的新品牌付钱。如上海桑塔纳国产化率高达80%以后，德国大众便推出帕萨特、POLO、斯柯达等新品牌；一汽捷达高度国产化后，德国大众便推出宝来、速腾、高尔夫、奥迪A4、A5、A6、A8等，美国的通用、福特，日本的丰田、本田等莫不如此。日本丰田公司在这方面表现最为恶劣，他们的有些负责人公然声称，就是要在技术上对中国保持20年的优势。更有甚者，这些合资方中的外方以新的品牌需要全球采购为名，到国际上采购合资的中国零部件企业的出口产品，这些贴着洋品牌"出口转内销"的产品经过加价再以CKD的名义运到中国装车，购车的百姓看到的是各款新车不断面市，却没想到自己要为此掏钱埋单。

一款新车从研发到面世，需要工程技术人员耗费大量心血，需要投入大批资金，研发出来后收取技术转让费、专利使用费、品牌使用费也无可厚非。在国家建立轿车工业的初期，由于缺乏技术，采用合资的形式，付出技术转让费、品牌使用费，以CKD形式买回散件组装以满足市场的急需，也能理解，但如果合资企业的中方企业尤其是那些国有大型企业不思进取，不下力气自主研发，为赚取一点可怜的加工费，以合资为名，一女几嫁。今天与法国人"结婚"，明天又讨个日本"老公"，美其名曰"品牌战略"，实则"挟洋自重"，为洋人抢夺国内市场，一味地付出一笔又一笔高昂的技术转让费，买回一批又一批CKD散件，自己只是起到"代工"的装配厂作用，缺乏核心技术，没有自主开发能力，这与当年国家合资的初衷完全背道而驰，中国排在前面的最大的国有汽车企业都变成了外国大公司在中国的装配厂。一旦外方断绝技术输入，再加上零部件企业完全被外资控制，中方汽车企业自身将无法在市场上立足，如此下去，中国的轿车工业前景堪忧。

中国的大飞机研制便是一个血的教训。

20世纪70年代初，中国制定发展大飞机计划，1970年8月，代号"运10"项目（又称"708工程"）正式启动，在中央直接指挥协调下，国家各部委、军队及全国21个省市的262个单位参与研制，1978年运10完成飞机设计，1980年9月26日首飞上天。此后，又进行了各种科研试飞。曾先后转场北京、合肥、哈尔滨、乌鲁木齐、昆明、成都等地，并先后7次飞抵起降难度最大的西藏拉萨贡嘎机场，飞西藏时"一周飞行5次，连续出勤无事故"。运10试飞员称，运10的性能非常好，飞抵拉萨机场时，当机场工作人员得知这架飞机是我国自己研制的，一个个激动得立正向飞机敬礼。到1985年，运10共飞了130个起落，170个小时，最远航程3600公里，最大时速930公里，最高飞行升限11000米，最长空中飞行时间4小时49分。从性能上看，运10客舱按经济舱178座，混合级124座布置，最大起飞重量110吨，已经达到了"大飞机"的标准。当时的航空航天工业部评价其为"填补了我国民航工业在这方面的空白”，与同样刚刚起步的欧洲空客处在同一起跑线上。

国际航空界对运10的研制成功给予高度关注。时任波音副总裁的斯坦因纳1980年5月在《航空周刊》上著文：“运10不是波音的翻版，更确切地说，它是该国发展其设计制造运输机能力十年之久的锻炼。”同年11月28日，路透社载文说：“在得到这种高度复杂的技术后，再也不能把中国视为一个落后的国家了。”

但就在关键时刻，当时的中国民航负责人而是力主与美国麦道飞机公司合资组装麦道——82飞机。外有压力，内无市场，襁褓中的运10被迫下马，1985年3月，运10宣布停飞，资料封存，研制队伍解散。

运10停飞后的第二个月，1985年4月13日，上海航空工业公司的代表和美国麦道飞机制造公司的代表在合作生产MD82大型喷气式客机的协议书上签字。中国开始利用美国技术，建立自己的民用航空工业。但自合作开始，从设计、生产、试飞到售后服务的整个合作过程，都被美国人牢牢控制着，美国人并不是要教给中国人做飞机，而是要控制中国人做飞机的双手。在中美合作的“麦道项目”延续了将近10年之后，1997年8月，波音公司并购了麦道公司，并宣布停止与中方的合作，中国大飞机的翅膀就这样被里应外合折断了。

今天，中国汽车除了中型车外，乘用车尤其是轿车CKD几乎全面开花，形成浪潮。我们不得不面对一个令人难堪的现实：中国汽车工业发展至今已经接近一个甲子，轿车生产也已经过了20多年，2010年，中国生产汽车达到1800万辆，其中轿车1300多万辆，稳居世界第一的位置。但细细端详中国轿车列表，大多数轿车是合资品牌，真正属于自己的自主品牌轿车仅30%左右，洋品牌仍牢牢地统治着中国轿车市场，满大街跑的基本上还是“万国牌”。与20世纪50年代满大街的“万国牌”所不同的是，这些“万国牌”是在我们自己的工厂里“组装”的。而我们所希望的掌握轿车生产研发的核心技术，自己设计研发轿车的想法却似乎越来越远。

造成上述问题的原因大致有以下几点：

1. 政府在国产化过程中缺位。大规模的CKD引进汽车尤其是轿车生产，对任何一个国家的工业生产体系和上下游产业链都会直接产生极为重要的影响，事关国计民生，任何国家都不会对此掉以轻心，谁也不愿意将本国市场拱手让人，因此每个国家对引进国外汽车生产非常重视，设置了大量的政策门槛，以保护本国的工业和汽车生产体系。日本、韩国在汽车工业起步时都是这样做的，巴西、墨西哥等发展中国家对CKD方式起步的汽车工业国产化率都有明确和严格的规定。有的国家在谈判引进时就预先规定采用CKD方式起步的国产化率；有的国家以政府令的方式分年度分车型分别规定国产化水平；有的国家指定企业、指定品种规定国产化应达到的水平，大多数国家的国产化政策都具有法令地位，政策目标与政策手段紧密配合，如果不能按期达到就要给以处罚甚至要求CKD输入国退出本国市场。

中国现代轿车工业起步于20世纪80年代中期，受国内经济体制改革深化的影响，此时中国汽车工业管理体制在进行着深刻的变革，1986年，原来承担全国汽车工业管理职能的中国汽车工业公司更名为中国汽车工业联合会，一汽、二汽等主要汽车企业被赋予更多的自主发展权。随着改革开放不断深化，汽车企业直接面向市场，真正实现了人财物产供销自己当家作主，中国汽车工业协会迅速被边缘化而徒有虚名，再也不能代表国家对汽车企业发号施令，组织生产研发更成为空想。对于中国合资企业的 CKD 轿车项目，尽管国家主管部门也提出了明确的国产化计划，时任国家经委副主任的朱镕基甚至以铁的手腕向上海大众提出，如果不能按时实现国产化率，就要关闭上海大众。但国产化并非一两个主机厂凭借自己的努力就能达到，而是需要众多的零部件生产厂商来完成。国产化是一个庞大的系统工程，它涉及中央及地方政府的职能与权限，涉及众多的零部件配套企业、原材料供应企业、涉及财政、金融、税收等方方面面，尤其是复杂的中央与地方两套财政体系，地方政府自成一套的工业生产管理体系，地方上又分为省、市、县等相对独立的财政和生产管理体系。受这些不同的指挥体系的影响，企业国产化过程中个别成本与社会成本，个别收益与社会收益存在着明显的差异。中国多达几千家的零部件企业除少数具有一定的实力外，绝大多数为地方中小企业，一部分靠着大型主机企业讨口饭吃以维持生计，一部分靠着地方政府输血打气过日子。这些企业设备差，技术水平低，研制能力弱，资金紧张，要试制出达到外方质量要求的零部件，人员、管理水平、生产设备、资金、技术储备等方面严重不足。企业属性和生存状态决定它们参与国产化进程步履艰难，有其心无其力。国产化初期，由于试制技术难度大，资金投入多，产量低，导致产品成本高，价格昂贵，主机厂不愿接受。试制厂只有投资不见效益，自然也没有积极性。类似的情况在地方零部件配套企业中不在少数。

事实说明，在市场机制和体制尚不完善的情况下，仅靠市场机制调节来推动轿车零部件国产化是远远不够的。

建立中国自己的轿车工业生产研发体系，是事关国民经济全面布局的大事，面对国产化进程中遇到的困难，如同当年国家调动全部力量建设一汽、二汽一样，也需要国家利用体制优势，从政策、资金、人才等方面来全面统筹，协调落实。改革开放后，国家给中国汽车企业松绑放权，给了汽车企业高度的自主权，让汽车企业自己在市场上去打拼。在当时的环境下，这样做无疑具有积极的意义。但中国的国情决定我们要走的是社会主义市场经济，计划与市场必须要有机的结合，日本、韩国等国虽然也是市场经济国家，但国家通过政策宏观管理和调控却毫不放松，它们汽车工业起步时，政府为其营造了极为有利的政策保护环境。

纵观中国轿车工业零部件国产化的过程，当年“三大”起步时，各级政府还有一定程度的支持，但随着轿车合资范围的扩大，见到轿车销售利润惊人，各地诸侯纷纷争上轿车项目，中央政府的干预尤其是刚性干预却明显不足，仅局限于下文件，发指示，政策过于笼统，不够具体，缺乏操作性，没有从资金、人力、市场调控等最关键的地方着手，因而效果不明显，散、乱、差和零部件研发能力严重不足仍是中国汽车工业面临的主要问题。仅以研发投入为例，据国家信息中心信息资源部主任徐长明称，2007年全国7000多家零部件企业研发资金仅占销售收入的0.66%。对比博世公司，据英国劳工部统计，2007年到2008年度，博世在零部件研发上的资金投入为26.1亿英镑，换算过来，中国全国的零部件企业研发投入之和只相当于博世一个公司的七分之一。进入中国的零部件企业除了博世外，还有电装、德尔福世界零部件巨头等。庞大的技术研发团队和高额的研发投入使得它们始终牢牢地占据着零部件核心技术的制高点。没有投入，哪来产出？中国的零部件企业要想在技术上变得强大，不解决研发投入问题不行。然而，要投入，资金从何而来？除了研发资金外，还有技术人才队伍建设，这更是非一日之功。

2. 市场畸形。由于国内市场需求旺盛，CKD方式生产的轿车虽然成本很高，但经过加价后仍然供不应求，按20世纪90年代的价格，一辆上海桑塔纳的CKD价格不过3万余元，在国内组装后成本7万余元，国家售价12万余元，但经过各级机电公司层层加价后，市场上卖到22万元还供不应求。畸形的市场使得CKD输入方和购进方都获得丰厚的利润，输入方不用说，只要签订CKD合同后，便可以坐着收银子。购进方也不亏，虽然需要给输入方付给白花花的银子，但由于市场紧俏，产品供不应求，仅靠CKD组装后加价就能坐享其利，既然如此，谁还愿意干那种费钱费力吃力不讨好的“国产化”呢？这种从消费者那里转移来的超额利润严重弱化了CKD企业的国产化动力，也减轻了CKD企业国产化的压力，CKD由一种综合贸易方式蜕变为一种单纯贸易方式，零部件企业失去了国产化的积极性。市场换技术变为让出市场而没有换到技术。

3. 国产化周期长于产品开发或更新的周期，主机厂和零部件企业的信心受挫。CKD初始阶段，由于对国产化的规律性缺乏认识，从政府主管部门到CKD组装企业竞相提出不切实际的国产化目标。但处于散、乱、差环境中的中国汽车工业能力有限，资金、技术、人才和必要的政策环境都缺乏，要“小学生”去做“大学生”的课题，本来就勉为其难，消化、吸收和创新更是有其心无其力。

国际汽车品牌更新速度日渐加快，从10年左右发展到5～7年，由于中国汽车零部件工业的整体实力有限，没有技术储备，国产化进程相对较慢。一个品牌的国产化少则8年，多则10年甚至还多。为了实现国产化，上海桑塔纳几乎动员了全国的力量，130多家企业从1985年干到1994年，达标国产化率尚未达到80%。等中方费尽力气解决一个品牌的国产化问题，这个品牌产品的生命周期已经结束，中方10年的努力只是复制了一个行将淘汰的旧产品。中方费尽力气解决了一个品牌的国产化，外方立刻又拿出新的产品，中方只能周而复始地开始新的国产化，始终跟在人家屁股后面亦步亦趋，技术消化与创新也就无从谈起。凭着丰厚的技术储备和雄厚的研发资金，国外汽车巨头都是超前研发，不断地推出新型产品。现在，美国通用公司已经在研发10年后的各款新型发动机，外资方依靠手里掌握超前的核心技术，除了赚取超值利润外，始终以CKD方式掌握着合资品牌的主动权，进而直接威胁中国汽车产业的安全。

4. 跨国公司合资并购中国零部件企业造成中方熟练技术工人断档。除了垄断了核心技术外，更为可怕的是，由于这些跨国零部件巨头几乎全盘兼并收购了中国一盘散沙般的零部件企业，使得中国零部件生产企业的熟练技工队伍基本散失。一个新产品的生产，即使有了全套完整的图纸和技术资料，也离不开电、车、钳、刨、铣、磨等基础工种的熟练技工来完成初始产品，并在此基础上制定加工程序。而这样一些熟练技工的培养起码需要 3 ~ 5 年甚至更长的时间。一些异形产品的加工、开模更是需要熟练或者七八级的高级技工才能做到。当年一汽制造红旗轿车时，集中了全厂数百名高级技工还是不够，在一机部的统一调配下，全国支援来了包括钣金工在内的一大批高级技工，就是靠着这些高级技工的聪明才智，第一辆红旗轿车才能在短时间内完成。而零部件企业被外国跨国巨头兼并收购后，这些真正的技术活完全不需要中方来完成，中方的车间里只需要安装上外资企业已经设计定型的生产流水线。随着产品从流水线上滚滚而下时，中方企业里的高级、熟练技工队伍失去了用武之地，随着时间流逝，他们的业务逐渐荒废直至退休，十几年来，无数中方零部件企业里的高级或熟练技工队伍就这样在合资并购的大潮中被慢慢淘汰。时至今日，中国的劳动力市场上，七八级的高级技工已是难以寻觅，五六级的高级车工、钳工、磨工、铣工即使是月薪 6000 ~ 8000 元也一人难求。

以企业密集的天津为例。高级技工已经成为天津市装备制造业奇缺的关键性人才之一，镗工、铣工、车工、钣金工、安装工、氩弧焊工、机械技工等缺口严重。2010 年 9 月，天津举办大型人才招聘会，800 多家企业共推出了万余岗位，有企业开出年薪 8 万元、10 万元的待遇招聘高级技师，却几乎无人揭榜。一些急需高级技工的的企业慨叹："眼下想找一个高技能的车工、钳工、铣工，比找一个博士还要难。"天津市人力资源部门做了一个统计，全市技工队伍中高级技工（含以上）占技术工人的比重仅为 10% 左右，而按照国际劳工组织提供的发达国家的合理布局，中高级技工分别应为三分之一。随着老一代高级技能人才的逐渐退休，很多企业原本就奇缺的高级技能人才出现断层现象。由于技术工人尤其是高级技能人才的短缺状况十分严重，许多企业引进了先进的机械设备却无人能操作。一位业内人士称，当年，工厂里一名八级工拿的工资和厂长一样多，高级技术工人在企业备受尊重。可现在，愿意当工人的人越来越少了，能把当高级蓝领作为自己理想的人更是稀有。"

广州也是如此，"十一五"期间，广州全市企业单位急需各种工科类技能人才，汽车、石油化工、信息产业等行业位列榜首，机修工、维修工、车工、焊工等工种奇缺，有的企业月薪高达上万仍一人难求。天津、广州的问题实际上是全国的缩影。

2011 年 10 月 4 日晚，有"技能奥林匹克"之称的第 41 届世界技能大赛在英国伦敦开幕，设有机器人、车辆修理、建筑、数控车床、焊接等 46 个项目，共有 50 多个国家和地区的约一千名选手参加本次赛事。世界技能大赛是全球年轻技术工人展开技能竞赛的国际比赛，被称为技术工人的奥林匹克。世界技能大赛每两年举行一次，比赛的主要目的是为了提高技术工人的自尊、自信，促进技术交流，推动技能发展。1947年西班牙举行了第一次技能比赛。1950年，葡萄牙参加比赛，以后欧洲各国也纷纷参赛。1960年，日本在亚洲国家中率先参赛，1967年韩国参赛，1981年，美国也参加了比赛。至此，世界技能大赛发展成为名副其实的国际技能大赛。在历次技能大赛上，日本、韩国、德国、瑞士和奥地利一直名列奖牌总数前几位，基本上反映了整个国家的制造业的水平和产品质量。20世纪50年代，团体总分排列前几位的主要是西德，瑞士，荷兰和意大利等北欧和西欧国家。20世纪60年代起，日本经济进入高速增长期，1962年，日本参加在巴塞罗那举行的第11届技能奥运会。从第11届到第20届，日本队总共拿过6次金牌总数第一和4次第二，反映了其经济发展的实力。20世纪70年代韩国工业开始腾飞，成为著名的“亚洲四小龙”之一。韩国经济快速发展有多种原因，但注重基础技术，雄厚的技术工人队伍是其工业化的重要基础。1975年，韩国在第22届马德里技能大赛上一举拿下8枚金牌、6枚银牌、5枚铜牌，继瑞士之后，登上奖牌榜的第2位，并于1977年~1991年，连续9年获得冠军，展示了该国技术工人的实力。

中国的工业化发展起于改革开放以后，20世纪最后10年经济开始起飞，进入21世纪以后，经济增速每年超过10%，成为举世瞩目的“世界工厂”。按理说，“世界工厂”应该拥有雄厚的技术力量和庞大的技术工人队伍，但在第41届世界技能大赛上，中国仅派出6名选手将参加数控车床、数控铣床、计算机辅助机械设计、美发、网站设计以及焊接项目的比赛，人数之少，参赛项目之少与“世界工厂”的称号不符。与日本、韩国参加比赛的成绩相差甚远。客观地看，中国不能算是“世界工厂”，只算是“世界装配厂”，反映出国家工业水平与能力的汽车工业尤其明显。

2010年，中国机械工业联合会、中国机械冶金建材工会组成的联合调查组对87家机械行业国有大中型企业335565位职工的调查统计让人担忧：技师2.26%、高级技工13.54%、中级技工31.77%、初级技工34.34%，无等级工18.09%。结论是：机械行业职工队伍的现状总体素质偏低，结构失衡。一位业内人士分析，职工队伍中“四多四少”的现象困扰着企业。即：初级技工多，中高级技工少；大龄技工多，青年技工少；传统技工多，现代技工少；单一技能的多，复合技能的少。

任何技术创新都需要靠人来完成，在技术工人队伍流失断档的基础上，技术创新岂不是镜花水月？在某种意义上讲，外资跨国公司合资兼并中国的零部件企业，等于是断了中国汽车产业发展的“根”。根深方能叶茂，断了根的树能长大吗？

就在我们的技术工人队伍青黄不接的时候，国外汽车巨头却正在花大力气培养自己的技术工人队伍。美国通用公司的技术研发中心里，数千名高级技工配合研发人员完成从图纸到产品的过程。有些高级技工年届六十仍旧在车间里仔细地琢磨手中的产品，想方设法如何让做得更为精巧，如何做得更为与人不同。德国更是注重技术人员的培养，德国的技术教育在全球领先，中等技术教育全面普及。当年二汽建设的时候，德国就以合作的方式与二汽联合建设了一座高级技工学。他们的理工科大学生毕业后，都需要到工厂的车间里实习锻炼一年。系统严谨的技术知识教育和极端重视技术教育的社会环境，使得德国培养出全球领先的技工队伍。尽管经历过两次世界大战的失败，但德国的工业生产每次都能在很短的时间里重新恢复过来，原因皆在于此。日本也是这样，日本一家大型汽车企业的老总说，我们不怕人家抄袭我们的产品和技术，因为我们有一批顶尖的技术人员队伍在不断的研发新产品，是他们的辛勤劳动支撑着企业的不断发展，即使有一天我的企业完全垮了，但只要我们的这些技术人才还在，我们就能在最短的时间里恢复生产并照样站在世界前列。

2007 年 3 月，中国汽车技术研究中心产业经济学博士后郭焱在深入调查研究的基础上，写出题为《跨国直接投资对我国汽车产业安全的影响研究》。该研究报告显示，外商投资已极大威胁我国汽车产业安全，政府急需出台相关政策加以保护。摘要如下：

跨国公司直接投资对我国汽车产业安全的影响要从正负两方面来看。一方面，我国汽车产业利用外资的最大成就是，彻底改变了我国汽车工业长期处于缺重少轻、几乎没有轿车工业的局面。另一方面，外资进入带来的负面效应也不容忽视，那就是外资企业对我国汽车产业的市场、股权、技术、品牌以及综合控制。

第一，市场控制。目前，外资企业在我国市场占有率具有绝对优势。从轿车来看，外资企业在我国市场占有率达 70%—80%。从汽车行业利润额来看，外资占 59.7%。

第二，股权控制。汽车产业外资股权控制率为 21.8%，其中零部件企业的外资股权控制率高于整车企业的外资股权控制率。

第三，技术控制。外资总资产和经营性资产只占行业总资产的 21.8% 和 25.4%，利润额却占行业利润总额的 59.7%，利润率是 15%（内资是 8%）。这组数据表明，外资企业的投入产出能力和盈利能力远远高于内资企业。

第四，品牌控制。去年外资品牌与自主品牌轿车销量占总销量的比例分别为 74% 与 26%。

第五，综合控制。综合控制是指外资出于对产业链利润最大化的考虑，从采购供应到生产营销，以及售后市场建立独资和控股合资企业进行综合控制。特别是外资对利润比较高的售后金融、信贷以及租赁等市场的介入，可以充分说明这一点。

第六，外商直接投资加剧了我国汽车企业组织结构与产品结构的失衡。

……

目前，我国汽车产业发展力已经受到跨国公司影响，跨国公司控制着除低端经济型车之外的所有乘用车领域，对商用车领域的渗透也明显加强。跨国公司一旦全面控制我国汽车产业，必然会损害我国汽车产业的中长期发展力，最后使我国汽车产业成为无核心技术、无完整产业链体系的跨国公司加工厂。具体来说，可分为四个方面。

第一，跨国公司资本控制能力。在我国汽车市场发展过程中，跨国汽车公司通过合资、增资方式基本上完成了在我国的战略布局，现在正在向控制我国汽车产业方向发展。在发展潜力最大的乘用车领域，已形成了国外跨国公司主导下的产业发展格局。商用车领域目前也正面临跨国公司强有力的渗透。

第二，跨国公司技术控制能力。跨国公司与我国企业合资，整车虽然不能超过50%股比，但通常情况下，合资企业产品、技术严重依赖跨国公司的技术转让，这就使跨国公司通过控制技术，间接控制了合资公司的发展方向。

第三，跨国公司对汽车产业链的控制。跨国公司在整车50%股比限制情况下，为了加强对我国汽车产业控制力，加大了对汽车零部件行业的控制。发动机、变速器、汽车电子等关键总成和零部件，都成为跨国公司独资和绝对控股的对象。这使跨国公司在整个汽车产业链的上游处于绝对优势地位，受股比限制不能进一步控股的整车企业的利润，也被大量转移到上游跨国公司控制的零部件生产企业。

第四，跨国公司的政策待遇。跨国汽车公司在我国的超国民待遇，也是跨国汽车公司影响中国汽车产业发展力的重要因素之一。目前我国的汽车产业政策，使跨国公司可以轻易进入我国汽车产业，国内民营资本进入汽车产业却遭遇困难，即使一些较大的民营企业，进入汽车生产领域也是困难重重。

跨国汽车公司直接投资对我国汽车产业安全构成极大威胁，这种威胁超越了其他产业，是摆在我国政府和企业面前迫切需要解决的问题。

CKD的初衷是放开市场，引进技术，通过消化、吸收建立中国人自己的现代化轿车工业，但从25年后的结果来看，我们的轿车市场被人占领，技术为人控制，发展的基础被人断绝，这与当时的初衷完全背道而驰。CKD，成也萧何，败也萧何。

中国汽车产业的现状为产量过千万而沉浸在喜悦中的国人敲响了警钟。

《汽车品牌销售管理实施办法》帮了谁的忙

汽车流通政策事关汽车市场的健康发展，事关国家的经济安全与消费者的利益，世界各国无不高度重视。但国内现行的《汽车品牌销售管理实施办法》却将国内汽车销售市场的控制大权拱手相送，严重损害了国家经济安全和汽车产业健康发展。

2004年12月8日，商务部第17次部务会议通过《汽车品牌销售管理实施办法》，2005年4月1日，正式颁布实施。《汽车品牌销售管理实施办法》相关内容摘要如下：

……

第四条　境内外汽车生产企业在境内销售自产汽车的，应当建立完善的汽车品牌销售和服务体系，提高营销和服务水平。

第五条　汽车供应商应当制定汽车品牌销售和服务网络规划（以下简称网络规划）。网络规划包括：经营预测、网点布局方案、网络建设进度及建店、软件和硬件、售后服务标准等。

第六条　同一汽车品牌的网络规划一般由一家境内企业制定和实施。境内汽车生产企业可直接制定和实施网络规划，也可授权境内汽车总经销商制定和实施网络规划；境外汽车生产企业在境内销售汽车，须授权境内企业或按国家有关规定在境内设立企业作为其汽车总经销商，制定和实施网络规划。

……

品牌销售管理办法的本意是规范中国汽车销售市场，但管理办法的第六条："境外汽车生产企业在境内销售汽车，须授权境内企业或按国家有关规定在境内设立企业作为其汽车总经销商，制定和实施网络规划。"这就为跨国公司控制中国汽车销售市场提供了政策依据。

汽车品牌销售的核心是授权，根据此规定，中国和国外的汽车生产企业都可以通过授权来制定自己的总经销商。按国际惯例，为防止垄断，一般是不允许汽车生产企业授权给自己的企业作为总经销商的，但"品牌销售管理办法"的第六条却将境内和境外的汽车生产企业划上了等号，使得境外的汽车生产企业也可以在中国设立独立的汽车销售公司，并授权自己的全资销售公司做其产品的总经销商。如此一来，跨国公司便可以名正言顺地在中国控制其汽车销售的各个环节并直接向合资企业营销网络渗透。由于中国各大汽车公司几乎全部合资，合资品牌汽车尤其是乘用车占了全国乘用车生产销售的70%以上，这意味着，跨国公司通过其总经销商，直接或间接地掌握了70%的中国汽车市场，基本垄断了进口汽车营销网络。这既冲击了中国自主品牌汽车的销售市场，也直接危害了还很脆弱的中国汽车工业。

自20世纪80年代起中国与外资合作发展轿车工业至今，虽然中国轿车工业有了足够大的规模，但由于外方对品牌和核心技术的控制，中方始终未能培育出核心竞争力，轿车工业至今依然主要依靠外国的技术，生产外国品牌的汽车，合资企业的话语权仍旧掌握在外方手里。现在再丧失销售市场的控制权，意味着中国轿车工业从生产到流通环节全部受制于外资，中方的权益受到极大的影响。

"品牌销售管理办法"实施以后，境外的跨国公司，境内的合资公司纷纷抛开原来的中方合作伙伴，成立独资或绝对控股的销售公司，控制以4S店为代表的销售市场，在产品供应、核心技术、销售网络、配件供应、售后服务等各个环节形成彻底的商业垄断，由于外资和合资品牌汽车已占有中国市场70%以上的实力，外资公司成立由自己控制的销售公司如同在中国的汽车市场划定属于自己的租界。如日本丰田公司首先在中国设立了总代理（丰田中国投资有限公司），并取得了营业执照和汽车销售权，丰田汽车进口销售从“许可证领取——开信用证——通关——商检——报关——配送”等一系列环节全由日方控制。这样，在中国的合资企业从汽车的研制开发、生产制造、产品营销、网络控制直到售后服务，整个体系全部控制在外方手中，凭借这些手段，跨国公司可以自定价格，划定势力范围，操纵市场，攫取高额利润，成了“国中之国”，严重损害了中国经济和消费者利益。

《汽车品牌销售管理实施办法》的核心是授权经营，本意是为了保障消费者的合法权益，但境外跨国公司将“品牌管理办法”变成“对经销商的管理权利”。国内经销商为了获得外资品牌“授权”，不得不委曲求全，无条件按照国外厂商的标准和要求，就每一个单一品牌投入巨资建设4S店，有的外国厂商过分追求奢华，对建筑材料、建筑设计、建筑风格、装饰材料甚至包括家具都必须到其指定的国外供应商那里购买。一个4S店少则1000万，多的七八千万甚至更多，这些费用全部都要由经销商承担。一个4S店占地面积不低于10亩，有的旗舰店超过20亩。以北京为例，一汽大众和上海大众的4S店分别有38家。东风雪铁龙27家，一汽丰田22家。高昂投资大大增加了经销商的经营成本，众多的4S店造成土地资源的严重浪费。

为了转嫁经营风险，外资品牌供应商对国内经销商采取签订短期商务合同、征收高额保证金、压库、搭售等行为，大大增加了国内经销商的经营成本和风险。

为了最大限度地有利于自己，跨国公司与国内经销商的合同以英文为准，以外国法律为依据，合同规定，如出现纠纷，仲裁地在国外。文件要以外文为主，在中国发生纠纷要以外国法律为依据，在境外打官司。跨国公司利用《汽车品牌销售管理实施办法》将汽车经销网络当成了自己的“租借地”，玩起了治外法权，严重损害了中国的主权。

由于垄断了进口汽车渠道，跨国公司通过采取全资、控股等方式在我国设立进口汽车总代理商，客观上造成了两者之间的恶意关联交易。如低价报关偷漏海关税费，高价报关将利润留在海外，虚报参展、物流等费用加大整车成本，控制整车价格、操纵销售网络，低价入市冲击国内自主品牌。这些都涉嫌违反《中华人民共和国进出口关税条例》《中华人民共和国海关审定进口货物完税价格办法》等法规。

入世后，我国取消进口汽车配额和许可证管理制度，进口车关税从平均80%至100%降至25%，人民币也大幅升值，但进口汽车的价格不但没有下降，反而上升。以2008年价格为例，宝马X53.0I的到岸价为58042美元，完税后价格为人民币659786元，但由于生产厂商控制了销售渠道，批发价高达832350元人民币，市场售价为895000元人民币。赚取的利润是国际市场的数倍甚至超过10倍。日本丰田公司在国际市场上单台利润为12870元人民币，而在中国市场的单台利润超过10万元，所有的利润都经由跨国公司在中国设立的独资总经销商流入跨国公司的口袋。消费者没有得到市场开放、竞争升级和降低关税带来的好处，跨国公司却从中国市场获得超过国际市场利润近10倍的暴利。更为严重的是，2010年，7月18日，

WTO争端解决机构通过了专家小组的报告，裁定中国2005年4月实施的《构成整车特征汽车零部件进口管理办法》违反WTO贸易规则。这意味着，奔驰、宝马等豪华车生产商可以以较低的关税进口零部件在中国组装整车，然后高价卖给中国消费者，继续赚取暴利。

跨国公司在国内设总经销商，对中国自主品牌汽车也产生严重影响。由于外资总经销商对国内经销商的绝对控制，销售其产品的4S店的所有维修配件都由外资厂家指定。外方可以以低于成本的价格低价卖车，抢得中国境内的市场份额，再以高价维修和更换零部件的策略收回利润，以此策略打击中国的自主品牌。如外资控制的国内一个零部件企业生产的某个产品出厂价是300元，产品全部出口，外资控制的4S店维修时指定要使用这个产品，但需要从国外购买。经过“出口转内销”后，这个产品的价格摇身一变成了3800元，上涨了120%，外方小施伎俩便攫取暴利，而中国消费者则要为此埋单。

境外厂商的这些做法破坏了公平竞争的市场法则，严重影响了汽车流通产业的健康发展，助长了跨国公司对我国汽车产业的控制，压缩了自主品牌汽车的生存和发展空间。而这一切的根源就在我国自己出台的《汽车品牌销售管理实施办法》。

市场控制问题并不完全是经济问题，同时也是一个严肃的政治问题。当年，日本汽车起步时，为了保护国内刚刚起步的汽车产业，对1.5升以下的进口汽车采取了极为严厉的限制措施。20世纪80年代，日本汽车大举进军美国市场，为了保护美国市场，美国政府动用国家力量，总统亲自出面，强压日本“自律”，大幅减少对美国市场的出口。为了减少进口，保护本国车企，日本、韩国、印度对本国汽车市场都有极为严格的控制手段。2008年的金融海啸中，美国通用汽车公司资不抵债即将崩溃，关键时刻，美国政府出手相救。道理很简单，救汽车产业就是救美国。2011年5月9日在美国华盛顿召开的第三轮中美战略与经济对话时，美方公然提出，要求中国将“自主创新与政府采购脱钩”，美方这样做无非担心中国提倡自主创新和政府采购会影响美方汽车产业对中国市场的占有率。这再有力不过地说明，西方政府早已将市场占有率视为重要的政治问题而积极干预。

中国也一样，需要从政治和战略全局上看待中国的汽车市场。放眼全球，中国汽车市场是全球唯一最为活跃和最大的市场。谁占有中国市场，谁就占有了世界汽车发展的主导权。目前，虽然中国本土车企与外资品牌和合资品牌形式上三分天下，但中国本土车企实力有限，在进口、合资品牌的双重夹击下，其实独木难支。为了扩大中国市场的占有率，外资和合资品牌除了在中高端市场占据绝对控制权外，又将产品向中低端市场延伸，以其技术和实力，中国本土车企难与其匹敌。一旦这一块市场被外资和合资品牌鲸吞蚕食，中国本土车企的发展空间在哪里呢？作为重要战略资源的中国汽车产业发展能建立在外资和合资品牌的基础上吗？

在中国汽车产业发展的关键时刻，中国本土汽车市场当然希望得到国家力量的保护和支持。但是眼下的国家汽车商务政策不仅不能为本土车企守住自己的市场助力，反而成为世界汽车列强在中国汽车市场攻城略地、巧取豪夺的尚方宝剑。

今天的中国，汽车工业已成为国民经济重要的支柱产业，汽车产销超过1800万辆，远远超过产销1200万辆的美国，如果说美国是架在汽车轮子上的国家，那么，中国也已经成为架在车轮上的国家。如果滚滚奔驰的中国汽车被外资控制，如同将汽车的方向盘交给跨国公司，国家的经济安全如何保障？国家重要的战略产业绝不能受制于人，中国汽车产业发展的主导权，绝不能拱手相让。

有人认为，《汽车品牌销售管理实施办法》的出台是中国为了履行加入世界贸易组织的承诺而出台的，修改或者废除会影响政府形象，其实这种想法过于幼稚。WTO的规则我们要遵守，但是不能盲从。WTO的所有规则，最终要转化成各个国家自己的政策，任何一个成员国考虑的都是如何利用这个组织及其规则而最大限度地为自己谋利益。美国代表就公开声称：如果WTO的规则影响美国的国家利益，美国将毫不犹豫地退出WTO。美国能如此，中国同样能够如此。国家有关部门在制定相关政策时，首先应该考虑的是如何保护本国利益，绝不能仅仅为了机械地遵守WTO规则而制定出可能对本国利益造成损害的政策办法。

《汽车品牌销售管理实施办法》出台后不久，从国务院机电办主任转任中国欧洲经济贸易协会会长的徐秉金便开始关注并先后写出《对汽车品牌管理办法的意见》和“关于《汽车品牌销售管理办法存在的问题及建议的汇报》，详细阐述了自己对《汽车品牌销售管理办法》的看法，摘要如下：

不难看出，自主品牌的汽车无论从技术、性能、市场份额都不能和合资以及外资品牌同日而语。合资品牌有一半中国血统，但技术完全掌握在人家手里，市场限制在境内，想出国门难上难。境外美、欧、日、韩的大汽车企业技术成熟、产品质量高，这些外国汽车厂商对中国汽车市场垂涎三尺，如果将它们与国内汽车厂商同等对待，凭借技术优势，它们可以长驱直入中国汽车市场，中国汽车产业安全堪忧。

我参与中国复关入世谈判10年，汽车谈判是我手中最重要的一张牌，市场就是这张牌的基础，市场丢了，牌就没有了。牌没了，也就失去了与人家讨价还价的筹码。

美国、欧盟、日本在内的一些发达国家，一旦它认为自身的利益受到损害时，它想到的就不是规则，而是利益。为什么日本汽车进美国那么难？为什么日本汽车进不了韩国？为什么这些国家的车难敲开印度的大门？这些都值得我们深思和借鉴。

汽车流通领域存在的问题引起各方高度关注，2008年，受财政部、工信部、国资委委托，由原机电部部长何光远、原外经贸部副部长谷永江、原中国贸促会会长俞晓松、原商务部副部长张志刚等人为顾问，徐秉金为组长的《中国汽车流通政策对汽车产业安全的影响与研究》课题组写出报告。2009年8月27日，工信部邀请商务部、中国国际贸易学会、中国汽车技术研究中心、中国汽车流通协会、商务部研究院等机构的专家对该报告进行了评审，评审专家认为：

汽车产业是中国加入 WTO 谈判过程中中外交锋最激烈的领域之一，也是社会各界最关注的产业之一。为应对入世，特别是后过渡期，一系列汽车流通政策先后出台，对汽车产业的健康发展产生了一定的积极意义。然而，由于中国汽车流通政策存在缺陷，致使政策的实施对中国汽车工业生产及汽车流通领域的健康发展的负面影响日益显现。

……跨国公司在分享中国市场巨额利益的同时，中国企业付出了较大的市场代价，……但并没有获得所需的核心技术。跨国公司通过技术转移来控制合资企业的生产和发展，同时严格控制合资企业的技术部门，通过黑箱策略、知识产权保护、技术更新策略来封锁核心技术。跨国公司对转让技术收取高额费用，在合资企业还没有足够的收益弥补成本费用时，又推出新的成熟技术赚取转让费或委托开发费……合资外方往往能赚取全部利润的 80%。大多数中国汽车厂商丧失了独立生存能力，丧失了可持续发展能力。

跨国汽车集团对中国汽车产业的控制体现在对汽车产业链的全程控制。在加工制造环节，以直接控制为主，同时向加工制造的上下游环节渗透，上游的研发设计、零部件制造等环节，下游的营销和售后服务、消费金融领域，处处都有它们全面渗透的身影。

……入世以来，中国汽车产业竞争力有所提高，但总体市场竞争力仍然落后，国内市场仍然是合资品牌占绝对优势并呈强化趋势，2008 年外资品牌市场份额达到 81.7%，自主品牌与合资品牌的差距依然非常明显。

为了绕过整车企业合资比例的限制，当前外资在中国零部件产业控股、独资化倾向越来越明显，跨国公司正试图通过对关键零部件及其主要技术的控制实现对整个产业链条的控制，从而强化对中国汽车产业的实际控制能力。

……现行的《汽车品牌销售管理实施办法》对中国汽车产业的健康发展和产业安全带来了许多负面影响。

允许外国大品牌厂商在中国自行设立销售公司，大大加快了国外生产的整车直接进入中国的步伐，本质上方便了外资直接控制进口车渠道……客观上使得外国汽车制造商处于主导地位，造成国外汽车制造商对中国汽车销售市场的垄断。

……进一步强化了外国汽车品牌在中国市场上的绝对强势地位，制约了中国自主汽车品牌的发展。

……目前，中国汽车企业未培育出核心竞争力的同时，正在失去销售网络的控制权。流通渠道的丧失必然导致产业控制权的丧失。

令人疑惑的是，这份 2009 年 5 月就已审查通过的课题报告，直至今天仍未见到国家主管部门对此作出正面反应。

早在 1994 年，原中共中央总书记江泽民同志的就注意到了合资中的诸多问题。1994 年 2 月，江泽民同志从有关报告中就敏锐地感觉到，外商投资中国，外资产品进入中国市场所带来的一系列问题，中国政府应及早采取有效措施应对，为此专门写信给中央其他领导提出了五点意见。

中国的汽车商业政策，理所当然地要维护中国汽车产业和中国消费者的利益。对总经销商授权时，应该根据国内实际情况并借鉴别国的经验，对境内外的汽车生产企业加以限制，授权要优先考虑有实力的中方企业做总经销。美国就有规定，生产厂不能从事销售，销售必须由经销商来做。韩国和日本也是如此，就连中东的沙特和阿联酋等国也不允许外商在国内市场直接销售，而规定必须本地人做总经销商。外国人能如此，中国为什么不行?

自主创新：中国轿车新的长征

2010年，中国汽车产销已达1800多万辆，其中乘用车累计生产1389.71万辆，销售1375.78万辆。但剥开世界第一产销大国的外衣，我们能拿出手的品牌有几个呢？中国汽车工业呈现在人们面前的真实面目又是什么呢?

北京是中国城市乘用车保有量最多的城市，来到街头，看一看满大街的滚滚车流，你就会发现，在这些颜色各异，造型别致的车流中，美国、欧洲、日本、韩国的乘用车占到80%甚至更多，奇瑞、吉利、长安、比亚迪等自主品牌却难得一见，更让人难堪的是，这些自主品牌汽车几乎全部集中在10万元左右的中低档车型，被人称为“低档次、低水平、低价位”的“三低”产品。客观地看，中国汽车产业处于全球汽车产业价值链的低端，产品缺乏国际竞争力；自主开发能力和零部件研发能力薄弱，核心技术和市场为跨国公司主导；汽车产业集中度低导致规模效应低下；汽车专业人才缺乏；汽车产业发展的市场环境恶劣，经济诸侯与外资集团共同影响国内汽车产业布局，人为分割汽车流通市场。这些都是正在蓬勃发展的中国汽车产业面临的一道道难题。

汽车产业是国家重要支柱产业，提高汽车产业的自主创新能力，通过自主创新掌握具有自主知识产权的核心技术，创立自己的知名品牌，建立创新型国家，提高汽车产业的国际竞争力具有极为重要的战略意义。

汽车产业开展自主创新的提法时间不短了，奇瑞、比亚迪等大批自主汽车企业也在努力开拓创新，但从全局看，中国车企自主创新效果甚微，整车设计和发动机、变速箱、车身、汽车电子等核心部件研发尚无明显突破。汽车产业自主创新为什么这么难呢?

创新不能凭空而来，需要有广泛而坚实的国民经济生产研发体系和政府相关政策作支撑。自1956年起，在苏联的帮助下，中国建立了自己的汽车工业，几十年来，由于各种原因，中国汽车产业步履蹒跚，进步迟缓，与几乎同时起步的日本汽车工业相比，我们大大落后了。究其原因，我们落后就落后在自主创新不足。我们对汽车的产业属性和社会属性认识不足，仅仅停留在以能造汽车为满足。改革开放后社会需求旺盛，政府和企业强调的都是产量，重整车轻配件，重主机，轻配件，并未在自主创新上下真工夫。从汽车企业的组织机构、人员结构、资金使用分配比例均可说明此问题。没有投入，何来产出？

创新也需要社会氛围，1903 年美国莱特兄弟发明飞机，飞行成功后，纽约万人空巷去迎接，美国政府立即从财政和政策上支持其投入生产，说明社会对创新者的认可程度。英国工业革命、美国 20 世纪初期崛起，其根本动力就是科技创新。对比我国汽车产业发展现实，可以认为，创新的国民经济生产研发体系和社会氛围尚未完全建立。

为什么中国汽车工业缺乏创新的传统？回顾中国的近现代工业发展，我们不得不面对一个苦涩而又难以面对的现实，即中国的近现代国工业都是借助“洋人”之手建立，生产和技术主导权都掌握在洋人手里，自主创新自然无从谈起。

20 世纪之初，“洋务运动”为中国带来了造船、冶铁、机械加工等工业项目，但那都是在洋人的设计、指挥、管理下进行的，中国人只是充当了出资和苦力的角色。20 世纪 30 年代，日本侵华前，中国国民经济曾经有一个短暂的发展阶段，但那也只是在“洋人”的帮助下，建立几个工业项目，更谈不上体系建设。而夹缝中的民营经济，也只有技术含量极低的纺织、面粉、火柴、肥皂等轻工业项目，而且本小利薄，弱不禁风。解放之初，毛泽东曾感叹：我们除了能磨面粉，能造桌子椅子茶碗茶壶火柴肥皂外，还能造什么呢？

解放后，也是在洋人（苏联）的帮助下，我们开始建立自己的基础工业体系，156 个工业项目的建设，使得我们终于初步建立了自己的重化工工业基础，在这个基础上，中国的汽车工业开始起步，经过艰苦努力，通过学习洋人的技术，我们制造出了解放牌、东风牌卡车、红旗牌轿车和北京吉普，但由于没有掌握核心技术，这些产品都是建立在模仿的基础上，技术水平大大落后于国际水平。改革开放几十年，国际汽车巨头纷纷进入中国，世界各大汽车厂商在中国都有合作伙伴，通过合资合作，中国汽车工业大发展，汽车产销量已经跃入世界第一，但我们仍然只是充当了代工者的角色，并未掌握整车设计创新的核心技术如整车设计开发流程，车身、底盘开发技术及整车、发动机、变速器的匹配技术和排气净化技术，突破碰撞安全性、NVH（振动、噪声、平顺性）等关键技术。据统计，在我国汽车电喷系统、发动机管理系统、ABS、微电机、安全气囊等核心零部件产量中，外资企业所占比例分别为 100%、100%、91%、97%和 69%。中高端车所需的自动变速器 78%为进口产品。汽车电控产品的核心技术几乎全部被跨国公司垄断，其中技术含量高、附加值高的汽车电控产品多由外方原配套厂商提供，2010 年日本对华零部件出口，电控产品占出口零部件总份额的 66%，这次日本地震造成中国很多车企产业供应链中断而停产就充分地说明了这个问题。

可以清楚地看出，与20世纪五六十年代相比，在汽车生产上，我们只是在数量和品种上有了提升，但在技术尤其是具有自主知识产权的核心技术的掌握和创新上，我们并没有取得多少值得骄傲的成就。主导中国汽车市场的仍然是洋人和洋品牌。

汽车产业是建立在电力、钢铁、石油、化工、机械、电子等各种现代基础工业的基础之上的，没有这些基础工业体系的现代化，发展现代化的汽车产业就是无源之水，无本之木。一辆汽车的身上集中了几乎所有的现代工业发展成就，汽车产业能够发展到今天的高度，就是建立在不断的发明和创新的基础上的。比如，蒸汽机的发明，推动了汽车的诞生；内燃机的发明，推动了汽车大规模生产，成为社会发展必不可少的工具；电子技术的发明，使得汽车更为快捷安全、更为节能环保，更为智能化，更符合人性特点；材料科学的发展，使得制造汽车的材料越来越轻，强度越来越高。眼下的新能源潮流，势必将汽车发展引领向新的更高的发展阶段。这些都生动地说明，创新对汽车产业的影响是革命性的。

一辆汽车由数万个零部件组成，如果将汽车形象地比喻为100这个整数，那么所有的这些创新都是一个个单独的“1”，只有这些“1”的相加，才能有完整的“100”。而在中国的“100”中，有很多的“1”都落后于发达国家，以基础材料工业为例。如钢材，一辆汽车所需钢材为其自身重量的80%，所用部位不同，对钢材的厚度、强度、材质的要求就不同。这就需要相应的生产、研发体系来满足汽车发展对材料不断更新的要求。

由于基础材料工业落后，虽然中国已是世界第一钢铁生产大国，但汽车、飞机、舰艇所需的特种钢材，相当部分自己不能生产，比如，冲压轿车车身所需的双面镀锌薄板，对钢板的延展性、镀锌层的厚度，钢板的幅宽、钢板在恶劣环境下的抗腐蚀能力等都有极高的技术要求。20世纪80年代，我国的钢铁工业生产技术与生产设备落后，轧制不出如此高条件的薄板，结果不得不长期进口。以后武钢、宝钢下大力气花高价进口先进轧制设备，才算部分解决问题，但产品在各项技术指标上，与国外先进产品至今仍存在差距。由于钢材材质和加工手段的落后，一台同样马力的发动机，我们自制的重量要大大超过发达国家产品，自重大导致发动机油耗增加，公斤输出马力比例低。

随着时代的发展，汽车上装备的现代电子科技产品越来越多，如电子技术推进了防侧滑、防抱死、导航、高级音响、视频、空调、测速、燃料优化等。发动机的创新带来了高压共轨、涡轮增压、顶置可变气门等。汽车电子技术更是中国汽车创新的短板。除了钢铁、电子技术外，石油、化工、精密加工、精密铸造等基础工业都存在类似的问题，这就是基础材料创新的差距。

基础理论创新的差距就更大了。基础理论创新是一切创新的基础，是解决“所以然”的重大问题。中国的发动机生产、研制“瓶颈”一直未能突破，飞机、舰艇、汽车一直患有“心脏病”，中国的特种材料研究总是卡壳，原因皆在于此。反观日本，现在在特殊材料的研究上已经达到材料寿命阶段，即这辆汽车上所用的各种材料均为20年左右寿命，寿命期内各种检测指标完全合格，但一到了设计寿命的时候，几乎所有的材料指标急速衰减，这辆汽车必须报废。这样就保证用户必须买新汽车。创新既节约了原材料，又保证了它的商业利益持续不断。

基础材料和基础理论以及与汽车设计、生产相关的所有创新研发分别涉及一个个相对独立又互相关联的“1”，每个“1”的研发、创新都需要专门的理论知识体系，都需要专门的研发人员，都需要投入巨额资金，都需要千百次的试验，并不断发展。

技术创新最大的特点是原创与继承。创新并非凭空而来，而是随着对事物认识的深化循序渐进。比如，汽车刚发明时，仅仅是在车架上安装一台发动机，人们在感受快捷时，对发动机爆炸般的噪声难以容忍，于是又发明了消声排气管；车轮与车身是刚性连接，行驶时震动大，乘坐极为不舒服，于是人们又发明了减震器和充气的橡胶轮胎；晚上行驶看不见，于是增添了车灯；发动机油耗高，于是发明了各种化油器和节油装置。发动机、底盘、传动、转向、车架、车身的配合如何做到最安全、最科学、效率最高，都是在一次次的观察、思考、总结、试验以及一次次失败的基础上，才有了今天意义上的汽车。将一辆汽车分解开，拿起一个个形状各异，设计精巧复杂的零部件，第一个要问的就是，它怎么长得这个样？它为什么长成这个样？答案很简单，这就是不断创新发展的结果，这就是认识深化的结果。有一个很有说服力的例子。中国的航空工业是在苏联的帮助下建立起来的，中苏关系恶化后，苏联断绝了对中方的所有技术援助，不得已，我们只能对人家的产品进行仿制。仿制就是依样画葫芦，你是圆的，我就画圆的，你是方的，我就画方的。你这儿有个洞，我就按照原尺寸在这儿打个洞。在测绘仿制某型飞机机身框架时，工程技术人员发现有一个洞是空着的，没有用处。没有用处，为什么要打这个洞呢？不明白这个洞是干什么的，但又不知道能不能省掉。基层的工程技术人员不敢擅自做主，于是层层汇报，层层反映，一些高级工程技术人员也来分析，他们根据自己的科学常识，有的认为是“配重”，即保证飞机平衡而减轻某一处的重量；有的认为是预留安装孔，讨论了很久没有定论。飞机是要上天的，安全为第一要素。仿制飞机时也一定要遵循这个要素。在没有搞清楚的情况下，不允许做任何改动。于是决定，依照原样，也在这里打个孔。中方的图纸上，这里也有一个相同尺寸的孔。多少年来，这个孔一直延续下来。多少年后，中苏关系解冻。一次，苏方原飞机设计者来华访问，双方闲谈时，中方技术人员提起此事，这位设计者回答：“这个洞是个废洞，没有任何作用，是当时机械操作人员错误操作造成的。”

听了他的话，中方的人员顿时无语。这个故事可以悟出很多道理：发明创新一定需要从头到尾的全过程，需要循序渐进。从中间接过人家的产品，不了解其所以然，创新也就失去了基础。中国有一位知名汽车企业的负责人曾有一句惊世骇俗的名言：“轿车有什么了不起？不就是一个发动机，四个轮子上放上两个沙发嘛。”如果是酒后豪言当然无所谓，如果是内心的真实想法，那真是令人无言了。

现在媒体上不断地有汽车企业购买某国知名品牌为自己所用的“新闻”。从消费者角度而言，这意味着消费者能够购买到品质更高的产品。但从制造者而言，你能够购买知名品牌，但能够购买来人家的核心技术吗？能够购买来人家工程技术人员创新的思维吗？能够知道这个品牌优势的“所以然”并加以改进吗？如果我们买一个品牌，人家再创造一个品牌，我们再买，人家再创造，我们能永远跟在后面买吗？这如同给人家奉献再创造的资金，这种引进又有何意义呢？改革开放初期，我们花巨资从国外买来磁带录音机技术，等到我们耗巨资建设生产企业，产品刚刚投放市场时，外方又推出新一代“VCD”光盘播放机。于是我们放弃磁带录音机转而进口“VCD”生产设备及技术，等到我们的“VCD”产品开始铺天盖地占领国内市场时，外方又推出改进的“DVD”。于是我们再跟进，引进“DVD”技术专利和设备，耗费巨资的“DVD”技术消化和生产布局完成后，市场上“DVD”取代“VCD”风靡一时。就在很多人对“DVD”的操作尚未完全掌握时，外方电子技术从模拟升级到数字技术，推出数字电子技术产品如“3G”手机、“3D”动画、“苹果ipaid”等新一代的电子技术产品又成为引领市场的先锋。我们怎么办？再买吗？轿车也是如此，由于缺乏原始创新又缺乏技术储备，我们始终无法掌握产品升级换代的核心技术，只能购买享用人家的产品，成为人家创新技术的资金提供者和产品销售市场。不断购买，不断落后，这种现状发人深思。正是在此意义上说，自主创新任重道远，需要从头做起，有的甚至要从基础研究做起，对引进技术一定要消化吃透，知其然还要知其所以然。

除了基础产业创新、基础理论创新和技术储备严重不足外，自主创新还面临不少困难。

资金短缺是创新的一大拦路虎。任何一件产品从设计到试验到改进定型到批量生产，研发过程需要大量的投资。一辆汽车有车身、发动机、变速箱三大核心部件，有近百个关键总成，有上万个零部件，每个零部件仅从模具而言，便需要极为高昂的资金投入。上海桑塔纳投产后，车门把手使用中出现质量问题，从李鹏总理到普通用户均对此提出疑问。上汽下决心进行改进。改进成功后，上汽董事长陆吉安称，仅仅对门把手的模具以及相关模具的改进，便耗资一个多亿。汽车行业的人都知道，模具与黄金等重，模具开发离不开数控三坐标测量仪、数控三坐标高精度铣、镗等精密设备和仪器，这些都意味着天价的投资。要解决车身、发动机、变速箱以及汽车电子等三大核心部件，仅靠各个企业自身投资远远不够。

自主创新的关键是人才，没有具有创新思维的人，一切创新都是镜花水月，看一看我们的教育和人力资源体系，离培养创新人才有着多大的差距呢？

创新需要能够容忍失败的社会环境和舆论氛围。在一切都以“GDP”作为考核硬指标的社会环境和用人体系下，又有多少人能够容忍花了钱而面对失败呢？

中国的“两弹一星”和军用航空工业都是在国外的严密封锁下发展起来的，航空和航天人在没有技术可买的情况下，坚持下大力气开展自主创新，艰苦奋斗几十年，硬是拿出了可以与美、俄相匹敌的高技术产品，如高速“银河计算机”、东风导弹、神舟飞船、歼十战机等，将日本、欧洲这样的技术强国抛在后面。今天，国家的尊严和安全就靠他们的产品来保卫。对照国防科研和航空航天人自主创新的精神，我们汽车人有何想法呢？

汽车产业是国家重要的战略支柱产业，要建立自己的不受制于人的汽车产业，我们可以借鉴吸收消化国外先进技术，但要从根本上解决问题，只有依靠自主创新。由于中央对自主创新的高度重视和大力提倡，创新已经成为一个时髦的用语，今天，几乎每一个企业都有自己的“技术中心”“研发中心”，都有自己的研发队伍，都投入了相当数量的研发资金。但凭心而论，至今为止，我们这么多的研发中心又解决了几个“核心技术”难题，掌握了几项“具有自主知识产权”的核心技术呢？

汽车是科技密集型产品，中国汽车产业要开展技术创新，面对基础理论和和基础材料产业落后，缺乏原创技术，缺少甚至没有技术储备的现实，这不是各个企业投入有限的资金各自为战就可以解决的，它需要集中巨额资金和大批具有聪明才智的工程技术人员选定课题集中攻关。但计划经济时代的组织结构已不复存在，各家企业都是市场上的“自由人”，谁能将他们统一组织起来，团结一心共同攻关呢？只有国家。

为了保障我国国民经济安全，使我们的庞大的汽车产业能够真正成为不依赖外人的支柱产业，面对自主创新遇到的重重困难，我们应当借鉴当年研发“两弹一星”的经验，发挥国家体制上的优势，充分依靠国家力量，由国家相关部委出面，组建国家控股企业参股的“研发中心”，集中产学研的科研工程技术人员，集中财力、物力，重点解决车身、模具、发动机、变速箱、汽车电子等汽车开发核心问题，实现国家主导，企业参与共同投资的创新研发体系，最终实现谁投资谁受益，谁参股谁受益。

自主创新需要有完备的国民经济体系和科研创新机构体系，需要大量团结协作、不畏艰苦、富有创意的创新人才队伍；需要有异想天开的创新思维；需要巨额创新资金投入；需要默默无闻的研究；需要坚忍不拔经受得起失败打击的创新意志；需要国家的创新政策支持；需要建立完整的国民创新体系和社会舆论氛围，需要社会对创新的理解与宽容。急功近利，巧取豪夺，投机钻营，唯书唯上都是自主创新的天敌。

自主创新是人类进步的起源，是一个国家发展的动力，是提高中国经济和中国汽车产业竞争力的关键，是从汽车大国走向汽车强国的必由之路。也是中华民族自立自强的最高精神境界。

自主创新是一个艰苦卓绝、艰难探索的过程，世上本无路，走的人多了便成了路，创新也是如此。

自主创新该从哪里做起

从诞生那一天起，汽车就是技术创新的产物。一辆汽车尤其是乘用车上集成了钢铁、机械加工、石油化工、电子、纺织等新兴工业革命带来的的大量技术。随着时代的发展和社会经济技术水平的不断提高，消费者对汽车提出更多、更高、更新的要求，使得新材料技术、先进底盘系统及其控制技术、先进传动系统及其控制技术、多元化洁净能源、先进节能技术、轻量化技术、智能化技术等不断创新和改进，创新的目的在于提升产品价值创造经济效益，不能转化为产品的技术对企业没有任何经济意义。正是在这个意义上说，创新是汽车产业持续发展的不绝动力。

今天，世界上几乎所有的跨国集团公司都在中国找到了自己的合资合作伙伴，建立了自己的生产销售据点。虽然中国汽车产业已经有了值得称道的1800万辆的总量，但这1800万辆中，轿车市场70%以上的份额为跨国集团所控制的合资品牌所占有，号称中国自主品牌的仅有30%且都集中在中低档车型。车身、发动机、变速箱、底盘、电子控制等关键核心技术几乎全部掌握在外资手中，由于没有掌握核心技术，合资企业实际成为外资品牌的装配厂，每年数万亿巨额利润流入跨国公司的钱袋，空心化严重威胁着中国汽车产业产业下一步发展。这种危险的局面如果不尽快改变，中国汽车工业会在跨国公司的全球战略中逐步沦为附庸，最终丧失自己独立存活的能力。

改变被动局面的唯一办法就是自主创新。中央“十二五”规划明确提出：“实施自主创新战略，建设创新型国家”，将“自主创新”写到了国家发展战略的旗帜上，今年5月30日下午，中央政治局就“培育发展战略性新兴产业研究”进行第29次集体学习。胡锦涛在主持学习时再次强调：

着力增强自主创新能力，完善以企业为主体、市场为导向、产学研相结合的技术创新体系，发挥国家科技重大专项核心引领作用，结合实施产业发展规划，强化企业技术创新能力建设，建设产业创新支撑体系，加快培养造就高素质人才，集中力量突破一批支撑战略性新兴产业发展的关键共性技术。

号令已发，千军涌动。中国汽车产业落实自主创新战略该从哪里做起呢？

汽车产业政策是政府指导和干预中国汽车产业发展的纲领性文件，汽车产业自主创新的精神一定要在汽车产业政策里得到充分的体现。

1994年、2004年国家一共出台了两部汽车产业政策，这两部汽车产业政策都有一个显著的共同特点：一是限制，一是扶持。从政策上限制不符合产业规模的小企业；从政策上扶持符合产业规模的大企业。为了治理散乱差，尽快形成“高起点、大批量、专业化”的目标，以达到相应的产业集中度，两个政策都在准入门槛上设置了严格的条件：

跨产品类别生产轿车类、其他乘用车类产品的汽车生产企业应具备批量生产汽车产品的业绩，近三年税后利润累计在10亿元以上（具有税务证明）；企业资产负债率在50%之内，银行信用等级AAA。

新建汽车生产企业的投资项目，项目投资总额不得低于20亿元人民币，其中自有资金不得低于8亿元人民币，要建立产品研究开发机构，且投资不得低于5亿元人民币。新建乘用车、重型载货车生产企业投资项目应包括为整车配套的发动机生产。新建车用发动机生产企业的投资项目，项目投资总额不得低于15亿元人民币，其中自有资金不得低于5亿元人民币，要建立研究开发机构，产品水平要满足不断提高的国家技术规范的强制性要求。

虽然在政策上支持大型企业集团，限制新的投资准入，但2005年，全国29家主要轿车生产企业年产量不过201.9万辆，尚不及国外跨国公司一个轿车厂的生产规模，这意味着，中国轿车生产企业远未达到经济规模。为此，国家发改委在2006年再一次出台调整政策。在《关于汽车工业结构调整意见的通知》中进一步提高乘用车的准入门槛：

现有汽车整车生产企业异地建设分厂，除满足产业政策要求外，上一年汽车销售量必须达到批准产能的80%以上；原建产能未经国家批准或备案的，上一年汽车销售量应不低于：轿车10万辆，运动型多用途乘用车（SUV）5万辆，多用途乘用车（MPV）5万辆，其他乘用车8万辆。

到2010年，中国汽车产量实现1800万辆，乘用车产销也实现了1389万辆，稳居世界第一，中国成为世界汽车第一大生产国和市场。我们所希望的产业规模终于上来了，但我们面对的是什么样的规模呢？

1800万辆车中，合资企业品牌轿车市场占有率高达70%，自主品牌轿车市场占有率仅占30%，且都集中在中低档车型。汽车产业发展成熟和成功的标志是拥有具有自主知识产权的核心技术，能自主开发具有市场竞争能力的产品。但面对1800万辆的产量，我们却尴尬地发现，经过50多年的努力，中国汽车企业仍旧缺乏核心技术，缺乏自主创新能力，市场大部分被占领。由于缺乏创新机制和创新压力，我们大力支持的国有大型企业合资后不仅没有掌握自主开发能力，甚至连原有的开发能力也丧失了。

原日产公司法籍总经理戈恩曾称："我们的中方合作伙伴在技术与管理上的贡献率基本为零"，狂妄的语言曾刺痛了多少中国人的心。但现实就是如此，由于自己技术能力的现状，在合资企业里，中方在技术上的话语权寥寥无几，为了维持并扩大本企业的市场份额，合资企业只能不断地引进与购买国外合作伙伴的技术与品牌，合资企业的中方没有也不被允许对其品牌或技术进行修改，由此导致其对外国的品牌和技术依赖程度日深，以至于外方一断奶，自己就闹饥荒。这次日本大地震造成核心零部件供应中断，中方企业出现困境就是鲜明的例证。

我们有相当部分人曾将中国的汽车工业发展寄希望于经济全球化，寄希望于“以市场换技术”。殊不知，跨国公司进入中国只是为了开发和占领中国市场，为了进入中国市场，它们可以拿出部分技术，但它们绝不会让出汽车研发的核心技术。原因很简单：“吃饭的本事给你了，我吃什么？”

事实教育我们，通过技术引进学习国外先进技术是必要的，但是如果不去学习消化而是将这种引进变成依靠和依赖，不光国内的市场会丢光，自己的创新思维和创新能力也会随之萎缩，抱着奶瓶的企业永远也不会长大。改变困局的唯一办法就是以我为主，依靠自己，在引进和购买外国技术与产品时，一定要强调自主创新，一定要掌握具有自主知识产权的的核心技术。当有了这个能力时，再回过头来引进与购买人家的先进技术与产品也有了讨价还价的条件。中国国防科研战线的科研技术人员为我们做出了榜样。当年，中国要购买美国先进的“克雷”计算机。但高速计算机事关国家安全，无论中国购买多少美国产品作为交换，美国人就是不卖。面对美国人卡脖子，中国国防科技人员自力更生，艰苦奋斗，在封锁的环境下，研制出自己的“银河”高速计算机。得知中国已经研制出高速计算机，美方立即表示，愿意卖给中方相同技术水准的计算机。他们这样做一石二鸟：一是中国已经掌握了这种级别的计算机生产技术，再封锁已无意义，卖了还有可观的经济收入；二是，中国虽然研发出来了，但尚未建成生产体系，研发成本很高，产品价格缺乏市场竞争能力。我抢先卖给你，立刻可以将你的市场控制。这就是市场与技术的“政治属性”。这也是中央反复强调自主创新，掌握具有自主知识产权核心技术，培育自己的知名品牌重要性的根本原因。

自主创新需要工程技术人员的创造性努力，更需要国家体制优势和国家政策的支持与保障。

改革开放前，中国实行的是完全的计划经济，企业的人、财、物、产、供、销全部由国家控制，企业没有任何自主权。改革开放后，经过艰难的过程，我们放弃了计划经济，转向市场经济，其结果是企业得到了自主权，成为市场上的“自由人”，一时间，市场经济风光无限，而计划经济则屡屡为人诟病。其实，计划与市场只是不同的经济调控手段，不能成为一成不变的模式，只要有利于经济发展，计划与市场均可使用。早在 1987 年 2 月 6 日，邓小平与中央负责同志谈话时说：“为什么一谈市场就说是资本主义，只有计划才是社会主义呢？计划和市场都是方法嘛。”1990 年 12 月 24 日，邓小平说：“资本主义与社会主义的区分不在于是计划还是市场这样的问题。社会主义也有市场经济，资本主义也有计划控制。”

日本、韩国都是典型的资本主义国家，但其在经济发展尤其在汽车产业发展上，将计划与市场运用得炉火纯青，利用美国和欧洲的技术建立了自己的汽车工业，同时利用国内政策成功地将美国和欧洲的汽车挡在国门外，最终先后双双走上了世界汽车先进大国的行列。新形势下，我们也要学习日、韩等国在汽车产业上成功的经验，利用我们国家集中力量办大事的体制优势，将计划与市场多种手段综合运用，为自主创新提供政策保障。

因为自主创新和自主开发比任何其他选择都更加关系到中国汽车产业的前途，更加关系到由这个产业的发展所涉及的重大国家利益。因此，国家应该从国策高度审视当前中国汽车市场的现状。当前，中国汽车产业面临因缺乏核心技术和产品开发能力造成中国汽车产业空心化、市场被外资控制的严峻局面，改变不利局面的根本办法是：

放弃旧有的追求产业规模和产业集中度的思维模式，大幅度修改有利于外资合资而不利于自主开发的汽车产业政策，尽快出台新的明确支持自主开发和自主创新的汽车产业政策以及相关政策；实行自主开发为主，引进为辅的两条腿走路的战略，形成新的开放竞争的格局，发展和壮大中国自主汽车产业。将支持的重点放到自主企业上；围绕着扶持自主企业思考问题；修改完善原有的汽车产业政策和出台新的有利于自主开发的汽车产业政策。

丛林生存法则告诉我们，生存来自于竞争。谁更强大，谁就能得到更多的生存空间和发展资源。世界汽车市场正是实践这一法则的猎场，中国汽车市场同样在践行这一法则。不看到我们是在“与狼共舞”这一严酷的现实，不看到“狼”吃人的本性，不准备几手对付“狼”的手段与策略，将会为“狼”所伤，甚至成为“狼”的口中食。正是因为如此，出台新的汽车产业政策就是对付“狼”的手段与策略。要做到这一点，必须要解决立场问题。

“政策和策略是党的生命”，明确了这个问题，就明确了政策方向。

产业政策不是经济问题，而是涉及国家发展与经济战略安全的重大政治问题。由于原来国家大力支持的国有企业集团现在已经全部合资，合资企业在技术、管理、市场上都受到外资的影响与控制，在利益上也与外资紧密相连，利益相关，在这种情况下，继续支持这些企业，实际上就是打压在困难环境下艰苦奋斗的中国自主企业。汽车产业是国家重要的战略支柱，战略支柱不可能建立在受外资左右的合资企业基础上而只能也必须建立在中国自主企业的基础上。

中国汽车企业集群中，中外合资企业和中国自主企业，一强一弱，泾渭分明。只有将“屁股”和“脑袋”实实在在地移到自主车企上来，才能解决“替谁着想，为谁说话，给谁帮忙”的立场问题。

新的汽车产业政策应该旗帜鲜明地宣布：国家大力鼓励和支持“中国汽车企业”自主开发，外国企业和合资企业中的外方不属于政策所指的“中国汽车工业”。这样做的目的是培养一个或几个能威胁到合资企业市场利益甚至生存的靠自主创新自主开发发展的中国自主品牌企业，通过生存法则和竞争压力，迫使更多的合资企业走上自主创新、自主开发道路，形成开放竞争的新格局。

技术是思想和劳动的结晶，有着原创和传承的特点。技术的载体是产品，产品的技术含量决定其使用价值和市场价值。事实说明，只有自主开发产品，才可能发展技术能力，自主开发的过程，就是创新的过程。合资、技术引进代替不了自主创新、自主开发。汽车产品关联度广，技术含量高，开发需要的周期长，投入资金量大，自主创新绝非易事，工信部部长苗圩在任东风汽车公司总经理时对自主创新打造中国自主品牌的汽车曾有过一个精辟的说明：

打造中国自主品牌汽车关键取决于中国汽车业在自主研发能力上的突破和创新。一个成熟的汽车自主品牌的研发，一般要求企业达到200万辆的生产规模，10亿美元的固定资产投入，10亿美元的运转费用，同时还需要8000到1万人的技术研发队伍，约30个实验室，且平均两年能开发一款新车等。从投入产出来讲，一个新车型的开发，必须要求产品达到一定规模才能收回研发成本。

中国汽车工业传统体制下的重点企业都是长期依赖国家保护的企业，多年来在国家的怀抱里生长，合资后又依靠“洋人”的品牌靠组装吃饭，生存压力小，惰性极重，很难有适应“丛林法则”的生存基因。这些企业的中方主要领导由国家任命，承担着为企业创效益，为国家缴利税的重担。如果在任期内为自主创新大规模投入，短期内不能见效，企业利润和效益大幅下滑，对内对外都无法交代。他们在任职期内，效益成为压倒一切的最高目标。由于中国汽车市场的高利润，组装洋品牌成为最好的选择，虽然外资方以品牌占用、技术转让为名拿走了利润的大部分，但合资企业的中方也能分一小杯羹，既轻松见效又快，不去自主创新也不用承担什么压力，更不用去冒产品开发的风险。这就是合资企业的中方对扩大产能津津乐道，而自今未能拿出真正打上自主标签产品的真正原因。中国汽车工业的大型国有企业就是在这样的环境中一步一步失去了自主开发的动力。这种情况下，要他们拿出“破釜沉舟”的决心投入巨资开展自主创新，他们因顾忌太多而畏首畏尾，同时还要顾及合资的外方而难以放开手脚。

相对于合资企业，国内的那些自主品牌企业都是从市场上的“野孩子”中成长起来的。发展初期，“姥姥不疼，舅舅不爱”，生死由命，成长靠天。吉利、奇瑞起步之初，贴人家牌子，当人家“小妾”，什么苦没吃过？什么头没磕过？靠着流血“打拼”一路成长起来。今天，它们已经成长为中国汽车产业的台柱之一，也有了自己的一片天地。与合资企业相比，虽然能力尚弱，但它们的血液里有着拼搏奋斗的基因，知道只有向前才能活，退后就是死的最基本道理。这些企业是百分百的中国企业，它们的利润、税收要全部交给中国政府而不像那些合资企业，还要分走一半甚至更多给那些海外洋人。支持这些企业就是在支持自己。在政策措施上明确支持这样的企业，如同给其施用“禾大壮”，不仅将使其发展更快、成长更茁壮，而且能对合资品牌企业形成强大的压力。

新产业政策第二点是改变游戏规则。明确将“自主创新和自主开发”替代原来的“投资规模和产业规模”作为新的准入门槛。

改革开放初期，为防止各地一哄而上浪费资源，为了尽快提高产业集中度，汽车产业政策将“投资规模和产业规模”作为准入门槛。在这道门槛前，外资财大气粗，合资的国企是共和国“特保儿”，长期由国家投资，它们的资金来源充足。相对而言，奇瑞、吉利等自主品牌企业几乎都是“穷小子”，靠借钱起家，由于资金和技术劣势，产品维持在中低档水平上，小本营生，慢慢积累。两相对比，强弱分明，与国企和外企拼资金拼规模，国内自主车企始终处于不平等竞争的劣势。在当时的情况下，这道政策有它的合理性，但在今天，这个政策已经成为有利于合资企业而不利于自主品牌企业发展的“壁垒”。这个“游戏规则”不改变，中国轿车市场的强弱格局将长时间无法改变，自主品牌企业就难以突破“壁垒”大步前进，开放竞争新格局也就难以形成。

新的环境下，在中国市场上制定新的竞争原则，就要有利于自主品牌企业。应将是否“自主开发”作为企业的准入标准。自主开发的认定标准可以讨论，但原则必须是“中国企业拥有对产品的设计确认权”。依据此标准，中国轿车市场任何新进入者都必须是自主品牌和自主开发（即使是委托设计也必须拥有设计确认权），从而形成全新的竞争格局，打破外资和独资企业一统天下独霸中国轿车市场的局面，也给了国内游资和民营资本一个新的投资热点。

政策的制定和落实需要人的努力，需要社会的理解和支持，需要市场要素的配合，更需要政府的权威。当年，为适应改革需要，国家撤销了汽车产业的相关政府机构；今天，为了适应新形势的需要，国家应该考虑通过相关机制，用国家的力量和政府的权威来保证“自主创新、自主开发”的政策落实。

大力开展自主创新，掌握具有自主知识产权的核心技术，是党中央“建设科技强国、制造强国”的重大战略部署，移动“屁股”，转变“脑袋”，改变“游戏规则”就是在汽车产业落实党中央的战略部署。这个问题解决了，其余如政府采购、税收优惠、资金倾斜、人才流动、地方的歧视性法规等一切问题都会迎刃而解。

或许有人会认为这样的政策过于偏激，是否会影响到外国投资。必须明确，当年中国改革开放，打开国门，让出市场，是当时开放政策的需要，中国汽车工业也从这个政策中获得收益。今天，这些外国投资者早已经赚得脑满肠肥，中国汽车市场的绝大部分已经为它们控制。世易时移，新形势下，中国的汽车产业政策做相应的调整理所当然。

市场有着鲜明的民族和国家属性。尽管国内外有些人不断提到在 WTO 的框架下，经济全球化已成为大趋势，但放眼美国、欧盟、日本、韩国等发达国家，它们的市场封闭程度远远超过了中国，为保护自己的市场份额，它们不断对中国产品如钢材、橡胶轮胎等发起“双反”调查。在它们眼里，我的市场是我的，你的市场也是我的。我的奶酪你是万万不能动的，你的奶酪我是一定要分享甚至独霸的。对此，我们一定要有清醒的认识。

必须明确，以自主创新为原则，改变“游戏规则”，并不是关闭市场，杜门谢客。我们的市场始终是开放的，现在是将来仍旧是欢迎外资和合资品牌进入。但我们的政策是明确的，一定要支持在外资合资品牌压力下，正在苦苦奋斗的靠自主创新和自主发展求生的自主企业。这样做也是符合世界各国通用的规则。看一看世界各地，无论是美国、日本、欧洲甚至是俄罗斯、印度，哪个国家的汽车产业政策不是支持自己的企业？中国的合资企业由于有外国人的限制，产品无法走出国门，走出去的都是中国自主品牌企业，这些自主汽车企业在走出国门的时候，哪个企业又没有尝过外国人对我们“关、卡、压”的滋味？

各国管各国的事，中国制定汽车产业政策是中国自己的事，是自己的“家事”，不需要去征求外国企业和合资企业中外方的意见，更不用去看人家的“脸色”。

自主品牌首次集体“亮相”

2010 年 7 月 15 日，北京，国家会议中心。

位于北四环的国家会议中心是一座八层楼高、近 400 米的长形建筑，整个建筑由主体项目以及两栋酒店和两栋写字楼的配套项目组成，总建筑面积约为 53.4 万平方米，是整个奥运建筑项目中单体建筑面积最大的。国家会议中心的外形奇特别致，从正面看去，建筑的屋顶部分采用四角微微上翘的结构，好似中国传统的屋檐，下方则形成一条向上拱起的弧线，形似中国传统的拱桥。国家会议中心与鸟巢和水立方毗邻，2008 年北京奥运会期间，国家会议中心是奥运会的临时场馆，奥运会历史上最大的国际广播中心就设在国家会议中心，来自全世界 16000 名广播记者在这里用不同的语言，向全世界各国介绍在奥运会上发生的每一件激动人心的事情。这里也曾是北京奥运会的临时场馆，来自世界各国的击剑、射击、现代五项的运动员们在这里拼搏竞技。

2010 年 7 月 15 日，由商务部中欧经济技术合作协会与中国汽车流通协会联合主办的“中国自主汽车技术与产品成果展”在这里拉开了帷幕。这是首次以拥有自主知识产权的汽车产品和技术为主题的全国性大型展会，目的是展示中国自主汽车技术与产品的发展过程与最新成果，以提升国产自主品牌汽车的影响力和在消费者中的认知度，推动自主汽车的进一步发展。参展企业包括北汽、上汽、广汽、东风、奇瑞、比亚迪等 16 家中国汽车厂商，展出车辆超过 150 辆，其中新能源、节能减排车型占 20%，展览面积约 22000 平方米。

自从 1986 年中汽协在北京展览馆举办中国第一届车展以来，中国车展已经有几十年的历史，但举行“自主技术与产品”车展在中国还是第一次。与以往的车展不同，这次专门展出中国人自己的自主技术与产品的组织过程竟是那样的坎坷，一些高叫要发展自主技术的厂商对待车展的态度，让人想起了“叶公好龙”的故事。

2008 年 7 月，徐秉金与陈光祖、中国汽车报社社长李庆文等一行到华晨汽车公司参加该公司第六代阁瑞斯面包车下线仪式。期间，徐秉金一行参观了华晨的中华骏捷等系列自主品牌产品，中华轿车是国内最早的自主品牌之一，最初生产时，质量不稳定，有很多小毛病，口碑不好，经过华晨人这么多年的不懈努力，中华汽车系列产品不光技术工艺成熟，产品的产量和销量也都同步增长，性价比很高，一辆两厢版的中华骏捷售价不过六七万元，很受消费者欢迎。

徐秉金等一行都是汽车专家，与汽车打了几乎一辈子交道，大家惊讶地发现，这些自主品牌轿车无论是外观还是内在质量都可以与国内合资轿车厂家的同类品牌一较高低，特别让人高兴的是发动机、车身、变速箱等核心部件全部是自己制造的。经过静态观看与动态驾驶，大家的结论是，经过多年努力，中国自主品牌产品已经逐步成熟了。

华晨的自主技术产品让参观者感到振奋，但面对国内自主汽车的现状大家又感到深深的忧虑。从20世纪中叶开始，中国开始与外国厂商合资制造轿车，当时的目的是，通过合资生产引进技术，逐步建立自己的轿车工业，从1985年到2008年，20多年过去了，中国汽车年产量已经达到一千万辆，在这过程中，国内一些企业的自主品牌汽车开始问世并逐步发展，技术和质量不断提升，有些自主品牌企业还具备了自主开发车身、发动机、变速箱等关键部件的能力，截至2008年，国产的小排量乘用车凭借其价格优势已经占据了市场绝对优势。但从整体看，中国汽车尤其是乘用车发展现状堪忧，乘用车中高端市场基本被合资轿车品牌占领，真正属于自主技术开发和制造的汽车满打满算还不足30%，产值不足15%。由于自主品牌乘用车的技术水平与质量明显低于进口和合资产品，消费者的口碑也较差。合资几十年，中国市场让出去了，核心技术却没有引进来，这种现状与当年的引进目的有很大的差距。

因为工作的关系，除了中国汽车企业外，徐秉金与国际上所有的汽车巨头如通用、福特、克莱斯勒、大众、雪铁龙、丰田、日产、本田等汽车企业的最高层都有过长期接触，其中有友好的交流，也有激烈的交锋。徐秉金认为，当前，中国汽车产业发展中最大最重要的问题是自主发展的问题没有解决好。这个问题不解决，中国汽车产业几十年的发展成果有可能沦为外国汽车巨头餐桌上的一道美味大餐。他在参观后的座谈会上忧心忡忡地说："加入WTO，中国与国际全面接轨，借助这个机会，世界汽车巨头长驱直入地进来了，在中国汽车市场，它们反客为主，而我们中国的汽车企业却变成了观众、二等公民，连话语权都没了。这种局面不改变，中国汽车产业下一步发展将面临严重困难。"

徐秉金认为，以前，我们自主技术产品尚有差距，今天，华晨的产品给了我们这样一份自信，我们的自主产品已经有了长足的发展，如同演员表演需要舞台一样，我们要搭建一个专供自主技术与产品表演的舞台，让中国汽车工业自主技术与产品通过这个舞台，让全国人民认识和了解中国汽车自主产品与技术发展的成就，向消费者展示中国自主技术与产品的实力。此议一出，立即获得与会者一致赞成。

回到北京，徐秉金立即投入展会的组织筹备工作。经过认真思考和与有关部门协商，决定由中国欧洲技术合作协会、中国汽车流通协会作为主办方，利用建国60

周年这一契机，于 2009 年夏，组织一次非营利性的中国汽车自主技术与产品成果汇报展。

2009 年 3 月 3 日，农历新年刚过，徐秉金和国机集团董事长任洪斌去看望原国务院副总理、原人大常委会副主任邹家华，当面向邹家华报告了自己的想法，并将两人联名起草的“关于举办‘继往开来，和谐共进——建国 60 周年中国自主品牌汽车技术与产品成果展览’”的建议送交邹家华。“建议”写道：

家华同志：

经过半个多世纪的发展，伴随新中国一起成长的中国汽车工业从无到有，从小到大，取得了巨大的成就，尤其是改革开放 30 年，通过引进国际先进设备、技术和资金，我国汽车工业迈上了新台阶，不仅国际知名汽车品牌纷纷进入中国市场。自主品牌汽车也有了长足的进步与发展。2008 年，我国汽车总产量已达到 934 万辆。

但不能不看到，在我国汽车工业高速发展时，自主品牌汽车发展乏力，产量及市场占有率都不高。据不完全统计，我国自主品牌乘用汽车大约仅占乘用车总产量的 25%，产值不足 15%。打造“国民车”，塑造自主品牌汽车形象，提高消费者对自主品牌汽车的认可度，已成为政府、企业和消费者共同关注的焦点……如何充分利用目前的机遇，提升自主品牌汽车的综合竞争力，已成为我国汽车界面临的重要任务。

为了回顾和总结我国自主品牌汽车及技术的发展历程和取得的成就，抓住机遇，推动我国自主品牌汽车及技术的进一步发展，提升自主品牌汽车的影响力及消费者的认知度，中国汽车流通协会、中国欧洲经济技术合作协会、中国机械工业集团及汽车行业有关单位拟在建国 60 周年之际，于 2009 年 9 ~ 10 月间，在北京联合举办“继往开来，和谐共进——建国 60 周年中国自主品牌汽车技术与产品成果展览”。

在与徐秉金、任洪斌的交谈中，邹家华称这个展览是一件很有意义的工作，希望他们努力做好，并在这份报告上批示：

请张德江副总理阅示。此建议似符合中央振兴十大产业和提倡自主创新的精神。

3 月 6 日，张德江副总理将报告批给工信部部长李毅中。李毅中批示：

可将建议内容纳入到国家 60 周年成就展里去。

在中国，举办任何一件全国性的工作必须要得到相关部委认可，审批和支持。早已退出领导岗位的徐秉金只是一个民间协会的负责人，要在几个相关部委中推动此事的进展殊属不易。为了促成此事，徐秉金使出了浑身解数，最终得到工信部、发改委、商务部等国家主管部委的批准。

2009 年是新中国 60 周年华诞，北京将隆重举行盛大阅兵仪式，各行业也早在一年前就安排了丰富多彩的庆祝和纪念活动。汽车展占地面积大，北京能够举办像汽车展这样的大型展览场所早就被各种纪念活动预订一空。年过 70 的徐秉金带领工作人员跑遍了北京每一个可以举办汽车展的大型场馆，最后只剩下位于丰台的北京汽车博物馆，但丰台汽车博物馆场地面积有限，总共不过两三千平方米，这点面积对于大型汽车展来说远远不够。最后选定国家会议中心，但国家会议中心2009年的活动内容已经安排满，只能提供2010年的时间。2009年9月，工信部、发改委、商务部三部委最后决定，“中国自主汽车技术与产品成果展”定于2010年7月15～19日在国家会议中心举办。

“舞台”敲定了，接下来就是参展的“演员”报名。

作为展会主要负责人，徐秉金表露了自己的心迹：“我鼓励大家一起做自主车展的目的，一方面，希望把自主汽车企业的领导、产品、技术以及关注自主企业和产品的用户、媒体都聚集在一起，解决自主汽车产品‘不好卖’、‘卖不出去’的问题；另一方面，要让大家进一步清醒地认识到，中国作为世界汽车大国和世界汽车强国的差距，把大家从急功近利的焦躁中拉出来。”

但组织过程中的重重困难说明，并没有多少企业理解他的“苦心”。

在展馆敲定之前，展览组织者就已经开始积极地与国内各自主品牌汽车生产厂商联系了。听说要举办自主汽车展，重庆力帆、沈阳华晨等企业积极报名，力帆公司董事长尹明绪第一个签订了参展协议，并办完了所有的参展手续，紧接着一汽、重汽也都相继明确参展。但并不是所有的自主汽车生产企业都是这样。客观地看，对于第一次举办的“中国自主汽车技术与产品”车展，很多厂家都是抱着一种观望的态度。时下国内各种展会实在是太多了，打着展会旗号圈钱的也不在少数，虽然是三部委下了批文，但作为主办方的“中欧经济技术合作协会”和“中国汽车流通协会”这两家单位听起来还是有些“生疏”。出于这种心态，对展会持观望态度居多，它们一是看这次展会究竟是不是“玩真的”；二是看有多少兄弟企业参展，几乎所有的厂家都问，都有哪些厂家参加了？一汽、二汽、上汽这些大厂家参加了吗？而一汽、二汽、上汽这些大厂家也在互相问，那两位弟兄参加了吗？第三条也是最重要的一条，有些汽车生产企业并不喜欢“自主品牌”这顶帽子，在一些人眼里，自主品牌意味着“低价位、低水平、低质量”，向国家要钱要政策时可以戴上，但在市场上销售时，却都想方设法回避自主品牌而往“洋品牌”上靠，用一些让人眼花缭乱的洋名字来忽悠消费者。基于这些原因，观望与犹豫的企业占了大多数。对组织方的问询，他们的表态耐人寻味：“我们正在走程序”。

一位业内资深人士道破这些厂家的心态：“眼下，厂家参展的目的在于品牌宣传，参展成功与否在于车的销售额是否有所增长，至于自主技术与产品那是虚的，真正要做起来也绝非一日之功，展不展没多大意思。”

随着展览推迟至2010年，庆祝建国60周年的理由也不再存在，组织工作变得更为困难，从2009年9月起到年底，自主车展的报名几乎没有任何进展，非但没有进展，除了力帆外，一些原来已经定下来要参展的企业也宣布要退展，参展企业的观望态度使主办方处于尴尬境地。非营利性的自主车展的本意是要让全国自主品牌汽车集体亮相，展示中国汽车自主技术与产品的进步，增加全国人民对自主品牌产品的认识，增强自主品牌产品生产企业的自信，谁料“剃头挑子一头热”，生产自主品牌汽车的企业对“自主车展”没有任何兴趣。负责联系参展企业的主办方工作人员述说了联系展会的遭遇：

建国60周年成果汇报展的光环去掉了以后，那些企业认为这个“自主技术与产品展”就没有意义了，我们无论是打电话联系还是直接去企业联系，遇到的几乎全是“白眼”和“闭门羹”，客气的说一声“我们在考虑”，不客气的直接说“7月份展览，北京天气太热，我们不参加。”一家知名自主品牌企业办公室负责人说：“你们给我们一份材料吧，我们研究研究。”材料交给他们半月后，再与他们联系，这位负责人却问：“你们有什么事情？”我的感觉是掉进冰窖里。

自从中央号召要大力发展自主知识产权以来，各企业以发展自主知识产权为名，向主管部门要政策，要资金，“跑步进京”，态度积极。现在要它们参加自主车展，展现自己的技术与产品，它们却态度冷漠，竞相回避，该如何看待这种“冷热”现象？自主车展遭到冷遇，这究竟是谁的悲哀？

一家知名的民营企业态度更为让人惊愕，这家企业的一位部门负责人说：“我们收购了沃尔沃，不再是民营企业，已经是国际品牌，我们不参加自主车展。”

这种说法真是令人吃惊。吃了两次西餐，就以为自己是外国人。购买了一个外国品牌，自身就成了国际知名品牌，就要赶紧脱离中国“自主车企”的队伍，这是何种心态？如果事情如此简单，我们还有什么必要大力发展自主知识产权？干脆将人家的品牌买回来就可以了。殊不知，品牌可以买来，但核心技术永远买不来。道理很简单，谁也不会将自己看家的本领奉送对手。

至此，仅靠具体业务部门已经很难推动车展组织工作进展。不得已，车展筹备工作不得不走另一条路，靠主要领导的个人关系来推动。

徐秉金在国家机关主管汽车工作多年，在汽车业界人脉丰富，为了推动自主车展，他开始对这些汽车企业的主要负责人做工作，或是写信，或是打电话，通过“个人路线”，最终有16个品牌的汽车厂商参展，它们是：

上汽、广汽、北汽、东风、奇瑞、比亚迪、长安、长城、华晨、华泰、力帆、双环、陕汽、永源、金龙礼宾车和奔腾经销商。

16家厂商共带来参展汽车154辆。其中，小排量汽车近百辆，达到了参展汽车总额的70%，新能源汽车9辆，包括电动车4辆（长安2辆、比亚迪1辆、双环1辆），混合动力车3辆（华晨、广汽、东风各1辆）。

据不完全统计，全国共有30多个企业数百款产品号称自主品牌，它们是：北汽、比亚迪、昌河汽车、长安、长城汽车、长丰汽车、长丰扬子、大迪、东风猛士、东风柳汽、东南汽车、福田、哈飞、海马汽车、红旗、华晨金杯、华晨中华、华泰汽车、吉利汽车、江淮汽车、江铃陆风、力帆、奇瑞、青年莲花、中国重汽、曙光汽车、双环汽车、天津一汽、天马汽车、金龙汽车、天汽美亚、一汽奔腾、中兴汽车、众泰、猎豹、上汽荣威等。2009年，号称自主品牌的汽车共销售258万辆，市场份额达到30.8%，虽然为数众多，但报名参展的不过16个品牌154款产品。

面对中国第一次自主技术与产品成果展，不少号称自主品牌的企业选择了回避，尤其是那家以收购“沃尔沃”为自豪的民营汽车公司最终拒绝参加，给观众留下大大的疑问和深深的遗憾。有意思的是，展出结束后，这家民营汽车企业的一位负责人却专程来向展会组织者道歉，并表示明年第二届自主车展时一定参加。

不光参展厂商和产品不多，参观者也有限。车展共进行了5天，据统计，观众只有5万余人，与火爆的北京上海车展相比，实在不值一提。中国汽车第一次自主技术与产品展示为何会遭到冷遇，这确实值得每一个中国人深思。业内资深人士一针见血：“合资品牌的汽车有着国外大公司的背景，这意味着合资品牌的汽车技术水平高，质量好，服务好，虽然价位较高，消费者仍旧愿意购买。于是一些自主品牌的汽车生产厂商从销售角度考虑，也有意无意地‘傍合资’，明明是自主品牌的汽车，在面对消费者时却含糊其辞，言语闪烁，称自己的品牌哪些关键部件是进口某国的，以此来提高自己的身价，似乎一提自主品牌就掉价。这其实是自主品牌的悲哀。”

虽然参展厂商和参观观众有限，但并不说明展览不成功，相反，中国自主技术与产品“第一次”集体亮相意义重大，它以事实说明，在中国汽车工业大发展的关键时刻，大力发展自主技术与自主产品是何等重要，让全国民众了解自主技术与自主产品发展的水平是何等及时。

与观众不多形成鲜明对比，中央高层对这个展览会给予了高度的重视。展览会一开幕，原人大常委会副主任邹家华就来到了展会现场，虽然年事已高，但邹老仍然精神矍铄，步履轻盈。当年，就是他身体力行，亲自组织、筹划、协调、指挥了中国汽车工业崛起大战略。

开幕第一天晚上，中共中央政治局常委全国政协主席贾庆林来到了会场。新华网报道：

7月15日，中共中央政治局常委、全国政协主席贾庆林来到北京国家会议中心，参观了正在这里举办的中国自主汽车技术与产品成果展。参观过程中，贾庆林仔细察看了我国自主研发的汽车，详细了解自主汽车的发展历史、生产和市场销售情况，对近年来我国汽车研发取得的自主创新成果给予充分肯定。他强调，要深入贯彻落实科学发展观，切实提高自主创新能力，加大自主汽车研发的投入和支持力度，加快实现自主品牌汽车在技术上的超越和产业上的跨越。要把增强自主创新能力作为贯穿汽车企业各项工作的主线，作为把握产业发展主动权的核心，大力开展原始创新、集成创新和引进消化吸收再创新，提升总体研发水平。全国政协副主席、科技部部长万钢一同参观。

贾庆林办公室通知，贾主席参观时间为半小时。谁知贾庆林兴味盎然，走进展馆后，对每一个展台前的每一个产品都不放过，仔细询问，认真查看。结果2个小时还没完，恰好邹家华也来到展馆，新老领导见面格外开心，两人并肩在自主产品的车阵中检阅。

第二天下午，中共中央政治局常委李长春来到车展。新华社 7 月 16 日报道：

中共中央政治局常委李长春 16 日参观了中国自主汽车技术与产品成果展。

下午 4 时许，李长春来到北京国家会议中心，兴致勃勃观看展览，认真听取新车型新产品介绍，详细询问技术研发和市场销售情况，对我国汽车自主研发取得的积极进展感到十分欣慰。他指出，提高自主创新能力、建设创新型国家，是国家发展战略的核心，是调整经济结构的中心环节，是转变经济发展方式的根本出路，是深入贯彻落实科学发展观的必然要求，是增强企业核心竞争力和发展后劲的关键所在。希望汽车行业努力打造更多拥有自主知识产权和自有知名品牌的骨干企业和产品，为建设创新型国家做出更大贡献。

李长春强调，宣传思想战线要加大对自主创新的支持力度，大力宣传自主创新的重大意义，积极宣传自主创新的新成果新经验，热情为创新企业和知名品牌的发展鼓呼，在全社会大力弘扬创新精神、培育创新文化、优化创新环境，营造尊重劳动、尊重知识、尊重人才、尊重创造的氛围，努力形成创新激情竞相迸发、创新成果不断涌现的生动局面。

李长春在参观时，语言风趣活泼，深深地感染着参展厂商和展会组织者，展会组织方对他的即席讲话做了翔实的记载：

去年我们成为了世界第一生产大国，但主要不是我们自己的车，主要是外国品牌汽车，我们一定要关注具有自主知识产权的车，在金融危机的情况下，我们的销量比美国好，这对刺激世界经济作出了巨大的贡献。但是有些人不识数，外国人把市场都占了还自豪。

我在韩国现代考察时，韩国人说，中国生产汽车 50 年没有成为世界轿车生产大国，这对我的触动很大。韩国从日本引进技术，到最后开发出具有自主知识产权的汽车，仅用了 10 年，中国用了 50 年。

生产别人的汽车不是本事，生产自主品牌汽车才是本事。

无志之人常立志，有志之人立长志。我们每个企业都不甘人后，都是要争第一的。

今后我们的援建项目，都要用我们中国的自主汽车，商务部要鼓励汽车走出去，但一定要加强规划，加强宏观指导，避免出现内战。媒体要大力宣传这一点：自主创新是自立于世界之林的必经之路。

根据李长春的要求，以中央电视台为首的国内主流媒体加大了对自主车展的宣传报道力度，中央电视台新闻联播节目接连两天播出自主车展的消息，“新闻联播”、“新闻 1+1”、“焦点访谈”、“经济半小时”、“对话”等栏目全方位、大深度连续播出，产生了重要的社会影响。

第四天，中央政治局委员中组部部长李源潮也从百忙中抽出时间赶到展会现场。李源潮在参观时，发表了很多重要观点：

我们要在合资过程中培养我们自己的技术人才，企业要做好人力资源的规划。

价格高低是影响汽车销售的一个重要因素，但是一定要保证每辆车的质量，要造合格的汽车。

华晨的车如果质量等各方面都达到要求，是可以作为公务车的。

看完这个展览，很受鼓舞。总的看来，我国汽车工业已经发展起来了，这是产业升级的表现。我们中国从做鞋、做伞和服装起，用了10年时间，现在到做机电产品，从生产小国成长为生产大国，用了10年。现在通过合资等方式，从汽车小国到汽车大国，又用了10年。

在今后的发展中，各个领域都要有先进技术含量的自主产品。我们要鼓励产业升级，鼓励自主研发和自主创新，现在正是自主汽车发展的时候。

现在我国的汽车工业群雄争霸，将来的竞争，是质量的竞争、人才的竞争、节约成本的竞争，要通过兼并、重组等方式，出现几个大企业。

北京举行的大型汽车展览会多得数不胜数，但如此多的中央领导密集光临，中央主流媒体全方位立体报道却是极为罕见的，对比参展企业的消极和观众反应冷淡，其中的意义难道还不够清楚吗？

自主车展是中国部分自主品牌第一次集体亮相，该如何看待和评价中国汽车在自主技术和产品上取得的成果呢？

参展的各自主品牌轿车旁，热心的参观者指指点点评头论足：“现在的自主品牌做工好多了，原来的做工很粗糙。”“车辆的各个指标越来越好了，无论从工艺上还是性能上，越来越给人信心了，成熟了。”“乍一看，与国外同型轿车看不出什么明显的差别，外观上就给人以自信。”

参观者的言论给人以信心，市场认可度如何呢？据最新统计，2010年上半年，号称自主品牌的乘用车市场占有率达到了30%。从数字上看，应该算一个不错的成绩，但是对这些自主品牌的汽车产品做一个分类就会发现，这些轿车90%以上属于售价在10万以下的紧凑级入门车型。除了技术水平处于低端外，在衡量汽车品牌价值的技术服务、企业利润、市场潜力等方面，与合资大品牌相比，自主品牌汽车都显不足。为什么呢？还是参观者的话：“这些车要是和国外的车比，那还是有差距的。比如，奇瑞的A3与国外同类的凯越、POLE等车型相比，就让人难以树立起信心。”

外形相同，跑起来感觉也不差，消费者为什么会难以建立信心？差距在哪里呢？英国TOPGEAR汽车节目曾经对民营的吉利汽车公司大加嘲讽，他们认为吉利公司的GE轿车“山寨”了他们的劳斯莱斯。无独有偶，当年也有外国汽车公司认为奇瑞的QQ仿制了他们的产品，并为此向法院提起诉讼。姑且不论吉利GE轿车是否“山寨”了英国人的劳斯莱斯幻影豪华轿车，但起码说明一点，部分中国自主品牌轿车目前还没有摆脱仿制的道路。

中国汽车工业尤其是轿车工业要取得真正意义上的发展，光靠模仿和购买人家的品牌是成不了大气候的，要在竞争激烈的国际汽车市场上占有一席之地，就需要拿出具有自己独特个性的属于自主技术的产品，还要敢于在各项技术性能指标上与国外同型轿车放手一搏，让质量说话，“是驴子是马，拉出来遛遛”。

中国自主品牌厂家更应该记住，一辆轿车是否被认可不取决于广告上动人的语言，不取决于专家的点评，也不决定于领导人的鼓励和表扬，自主品牌是否被社会认可，只能取决于市场，需要千百万消费者用手中的人民币来投票，这才是自主品牌发展的硬道理。

面对国际汽车巨头的步步紧逼和围剿包抄，中国自主汽车发展如同逆水行舟，不进则退，如果不在核心技术上下大工夫，一味打着“品牌战略”的幌子，将本来并无多大差别的产品包装上一个一个让人云里雾里看不清真相的名字忽悠消费者，光指望多卖点产品，赚点现钞，发展自主技术，创立自主品牌就是一句空话。

早在 2003 年，原一汽厂长耿昭杰在接受记者采访时，曾就自主品牌问题发表了真知灼见，在汽车产业界引起很大的反响，摘要如下：

合资前我们对造轿车可以说基本不懂，或者说只有书本知识。合资后，我们知道轿车厂应该怎么建，建起来后该怎么管，学会了生产轿车，从生产制造角度讲，我们跨入了“大学”的门槛。要不是合资，光靠自己摸索，不可能在这么短的时间里，取得这么大的进步，不合资甚至没有今天的中国轿车工业。

合资使中国轿车加入了国际化大循环，但是我们绝不能停留在这一步，这不是我们希望的最后结果。我们干了 50 年，干来干去还没有自己的品牌，什么都是人家的，等于说参加奥运会请的都是外国运动员。尤其是作为在汽车战线上干了 50 年的老兵，我对这样的结果是很不甘心的。

直接把外国的产品拿来生产，经济效益来得快，而且不需要巨大的投资，风险也小。搞产品开发需要有很大的投资，见效比较慢，还有很大风险，所以很多人就采取“拿来主义”。特别是大企业有这种条件，国家能给它批项目，资金方面还可以得到支持，因为企业名气比较大，也比较容易找到国外有名的企业合作，往往这条路很容易走成。而一旦尝到了甜头，就不愿意再走艰苦的路子，就放弃了自主开发。虽然在内心里也认识到应该搞开发，但是因为搞开发太辛苦，就不想干了。现在出现一种奇特情况，就是那些没有条件合资的企业，反而积极搞自主开发；尝到合资甜头，得到巨大现实利益的企业，反而不愿意搞自主开发。这是很危险的。

国家原来有一些政策，合资的第一个产品可以全部拿过来，但第二个产品要联合开发，否则要征收很高的开发费用。鼓励外国公司到中国联合成立研发机构，开始可以在国外开发，但联合的程度要不断地加深，产品要属地化，是双方的知识产权。引进奥迪 A6 时，我们提出联合开发，德国人开始不赞成，说他们已经开发完了，还开发什么？那时我们有一张牌很厉害，就是不联合开发，政府不批准，他只好同意。联合开发，把奥迪 A6 后排加宽了，外形更漂亮了，符合中国情况，市场很畅销。类似的例子还有捷达改型。当时我们引进的是第二代捷达，底盘很好，就是外形差，我们提出把外形改一改，德国人不赞成，说："老太太就是老太太，再化妆也是老太太，捷达A3、A4都出来了，直接用我们的新产品就行了，还改什么？"我们坚持要改，他说你们一汽会改吗？实在要搞就由我们搞吧。我们和他们谈到长春机场，临别达成协议，两家各搞一个方案，董事会上比较，谁的好用谁的。我们正儿八经干了，带着数据、照片到狼堡开会，他们还没有动手，没想到我们真能干起来。捷达改型后一直卖得挺不错，一汽大众这几年的效益主要来自捷达A2，如果不改形，早就灭火了。

没有自主开发能力的企业，搞合资也不一定能搞好。自己没有产品开发，只是生产别人的品牌，就只是一个装配厂，不是一个完整的汽车公司，这是很危险的，无论你的股比占多少，你对合资企业也没有控制力。你得成天跟人家讨饭吃，不给你新产品，你就活不下去。现在外国汽车公司在中国胃口越来越大，还要拿配套权，汽车配套件一般占整车比例的60%～70%，它控制了配套资源，合资企业就失去了配套权。过去我们有"等效替代"的政策，指望靠配套还有一块效益，以后就不行了。现在外国公司强调品牌是它的，配套零部件也必须是它的体系，我们的零部件企业也不得不改名换姓。说是什么国际融合，其实是利益驱动，全球采购不应该有这种观念。如果各家都把自己的零部件带来，各搞一套体系，中国零部件企业的规模就无法做大。

贸易同样如此，它强调要建立网络，是按照品牌建立的，必须卖它的品牌，品牌是知识产权，虽然是在中国生产的，也是它的知识产权。要是维护我们自己主权的话，就不应该合并，我们总不能不战而降。

品牌的核心是知识产权，如果只是几个中国字，像捷克的斯柯达，把品牌买过去，也变成了人家的品牌。如果企业所有的部门都和人家全面合资，就意味着放弃自主发展，产品开发部门和别人合资了，就很难保品牌还是自己的。双方共有品牌，世界上还没有先例。

当年一汽与奔驰合资谈判失败，就是因为一汽不愿意放弃解放品牌。这样做是对是错，由历史来评价，现在不能简单地做结论。必须看到，不搞自主开发的企业，没那么多事情可做，要那么多的老总干什么？最后是把自己搞下岗了，把企业搞下岗了，这是很悲惨的。这种模式发展的企业，赚钱快，工资拿得高，人也变得很娇气，没有产品开发功能了。相反像奇瑞、哈飞这样的企业，倒是热火朝天搞开发，尽管没有强大的产品研发机构，可以请别人弥补自己力量的不足，但越搞兴趣越浓，说不定这条路子在中国能成气候。

其实在国际化的今天，不是没有自主开发条件，而是有了更多更好的条件，就是靠别人的技术搞开发，这是所有大公司都走过的道路。意大利一些研发机构，就是专门给全世界汽车公司搞产品开发的。如果我们坚持走下去不动摇，这条路可能走得通。所谓开发不是说一下子就开发一个整车，可以先利用别人的平台开发一个车身，也可以买一个车身，请人帮你改进，再把做模具的、各种零部件的开发小公司引来，路子就越走越宽。

企业靠什么存在？靠品牌，如果没有解放、红旗，一汽在世界上就没有位置。一个企业不管你生产多少车，如果生产的都是别人品牌的车，这不是你的辉煌，是人家的辉煌，人家瞧不起你。所以我一辈子都在为“解放”、“红旗”奋斗，总希望这两个品牌不仅在中国，而且在全世界有自己的位置，如果这个事情没有实现的话，就是我们的事业没有成功。

徐秉金是自主技术与产品成果展的始作俑者，对于如何看待中国自主技术产品汽车，他有自己鲜明的观点：

首先，不要因为我们还较弱就否定自己，妄自菲薄。同时，也不要看到我们生产了一千多万辆车就盲目骄傲自大，迷失自我。组织这次自主车成果展，就是要集中展示中国自主品牌汽车企业的技术、产品，让消费者了解自主品牌的汽车产品相比以往已经有了质的飞跃；同时也要看到，尽管全球汽车产业格局正在发生变化，中国汽车产业显示出良好的成长性，但我们离汽车强国的标准还有较大差距，根本还在于自主品牌的核心技术与整体竞争力与发达国家汽车产业相比仍有差距。这个成果展也是一个放大镜，大家都来为汽车产业、各家企业找亮点，也找差距找问题。

徐秉金对自主品牌问题做了详尽透彻的说明：

所谓品牌，就是商品的牌子。自己打出一个牌子容易，但人家认不认你这个牌子就是另一回事了。一个品牌的创造凝聚了发明创造者几十年甚至数百年的心血。就连一个小小的北京王致和的腐乳，都是经过王致和家族数代人的努力，从选料到制作都有一套独特的技术和程式，经过市场几十上百年的考验，才被称之为知名品牌。品牌必须有一定的市场占有率，有一定的市场知名度，有相对稳定的用户群，有雄厚的科研开发做技术支撑，在用户那里建立了信任度、美誉度、忠诚度，这样的产品才能称为知名品牌。中国的北京烤鸭、贵州茅台、四川五粮液等都是中国自主知识产权的知名品牌。一个食品尚且如此，更遑论技术密集型的汽车了。

汽车不光是技术密集型的产品，也是关联度非常高的产品。汽车生产涉及机械、电子、轻工、纺织、石油、化工等基础行业，轿车工业的发展，对这些基础工业提出了很高的要求，这些基础工业技术水平落后，发展轿车就是一句空话。比如，轿车车身需要特殊的宽幅镀锌钢板，很长一段时间，我国自己不能生产，全靠进口。直到国内的武钢、宝钢引进了宽幅轧机，才解决了这个问题，但与日本、德国的同类产品相比，质量水准还有待进步；再比如发动机，一款输出功率相同的发动机，中国国产的重量就高于国外的，这涉及铸造和加工技术水平；再比如自动变速箱技术、发动机电子技术等，我们自己的产品与进口先进技术产品相比，都有相当的差距。还有油漆、内饰、电子元器件等，与世界先进技术水平相比，都存在着一定的差距。

一辆汽车上的零部件以万计，从复杂的发动机到最简单的雨刷，无不凝聚着技术的含量。外国大品牌公司生产的雨刷，在温度适应范围，使用频次上，远远超过国产雨刷，秘密就在人家的橡胶配方上，这就是核心技术。再比如发动机的电喷技术，它涉及到节能、排放等一系列精密复杂技术，它是从最早的机械化油器逐步演化而来，每一次技术进步都带来一次革命性变化。人家的排放标准从欧洲1号一直到4号、5号，每一次技术进步就带来一次排放指标的变化。相对而言，由于原来的基础太差，我们在汽车尤其在轿车方面的技术积累非常有限，没有技术储备。

一辆汽车上几百个总成，每一个里面都包含着研发者十几年、几十年的心血，一年一小改，几年一大改，技术逐步积累，数百个总成，上万个零件集合起来，就是产品的技术含量，就是品牌的价值。从这个意义上讲，我们即使能够模仿人家的外观，但在每个具体零部件的技术含量上也难以达到人家经过几十甚至近百年的技术积累。为保持技术领先，西方汽车列强在人力和资金上始终保持高强度的投入，不断地研发和改进新的更先进的技术和产品作为储备，以保持和我们的差距，日本丰田公司就公然声称，要和我们保持20年的技术差距。在市场经济条件下，差距就是市场占有率，差距就是经济效益，差距就是经济水平，说到底，差距就是政治。

中国发展汽车工业不过几十年，这几十年里，由于基础太差，基本上都是“拿来主义”，或是购买人家的技术，或是购买人家的散件组装，自己真正研发极为有限，现在有了部分汽车企业开始打出自己的自主品牌，但凭心而论，这些品牌的汽车离知名品牌的差距还不小，所以，现在我们还不能够自称这是真正的自主品牌而只能说这是我们的自主产品。这样说并不是抹杀我们的努力与成绩，我们现在自主技术轿车已经起步，用了较短的时间能够取得今天的成绩，这就是一个了不起的进步，今天的展览就是要让全国人民看到我们的进步；同时也要看到不足，“知耻而后勇”，这样才能继续努力。只有埋头苦干，契而不舍，从每一个零部件着手，在技术创新和产品质量上下工夫，中国自主品牌轿车就一定能发展并且能够从小到大，从弱到强，最终赢得市场和消费者的信心。

有人曾经幻想通过合资，让外国人将核心技术教给我们。几十年的实践证明，合资只是将国外现代轿车制造技术带进了中国，但核心技术却没有教给我们。西方的汽车巨头们只是希望用自己的产品来占领我们的市场，以求得到更多的利益回报，这符合资本趋利的本性，无可指责，谁也不会将自己花费无数心血和资金得到的技术拱手送人，更不会将这些技术用来武装自己潜在的竞争对手。市场竞争既激烈又残酷，国外汽车巨头只希望中国成为它们的销售市场而绝不希望中国成为它们的竞争对手，从美国欧盟不断向我们提起反倾销调查就可看出问题。

现在又出现一种新现象，即购买人家的品牌。有人认为，购买来了人家的品牌，就能获得人家的核心技术。作为企业，购买人家的品牌本身无可厚非，但我们必须牢记，即使买来人家一个品牌，核心技术也是买不来的。还是以发动机为例，在汽油发动机问世后的百年里，西方发达国家围绕着发动机的改进投入了数不清的资金和人力，才有了今天的技术积累，在这些技术积累的基础上，人家已经在研制2015年以后的新型发动机，它们会将这些新技术交给你吗？

能引进一些先进技术当然更好，但发展自主品牌只能也必须靠我们自己的努力，脚踏实地，逐步前进，中国的长征火箭和银河计算机给我们做出了榜样。自主品牌研发出来了还不算，还要提高水平，提高质量，降低价格，自主品牌的成败取决于市场，最终要看消费者是否购买。轿车是除了房产以外最贵的产品，消费者在购买时会精挑细选，反复比较，选取性价比最高的产品而不会看这款车是不是自主品牌。说到底，自主品牌需要消费者用人民币来投票，这是最严厉的也是最可靠的评比。

发展自主品牌，汽车行业主管部门重任在肩，要鼓励企业自主创新，为自主企业争取最为有利的政策环境。自主汽车企业应该摒弃急功近利的心态，有志者立长志，要有长远发展观，要在自主创新上下工夫，形成技术储备。与汽车发展紧密相连的钢材、燃料、电子、化工、机械加工等行业也要共同发展，为自主技术与产品生产提供优质材料，培养出成熟的队伍。国家相关部门应主动有所作为，积极抵制、应对国际大品牌的霸王条款，不能让自主品牌企业在自己的家里被动挨打。

现在中央提出技术创新，鼓励企业发展自主品牌，其意义非常深远，它可以带动我国的工业体系整体进步，汽车工业发展了，自主品牌创立了，意味着我国工业行业包括基础工业整体发展了，国民经济的总体实力和竞争力提升了。反过来，国民经济整体提升又可以促进自主品牌汽车进一步发展。这就是发展自主品牌与国民经济水平提升的辩证法。

自主品牌的困惑

1955年，美国贝尔实验室发明了晶体管，美国西方电子公司仅仅把这种晶体管用于助听器的生产。日本索尼公司创始人慧眼独具，他向自己的父亲借了20000美元，购买了贝尔实验室的专利用于研制半导体收音机，并于1957年生产出世界上第一台袖珍式晶体管收音机。为了让自己的新产品为全世界所认可，盛田昭夫和自己的合作伙伴井深大共同决定，用世界上不管哪个国家都能通用，不论哪个民族的人都不会读错而且易记的“SONY”命名。其含义是由拉丁文的“SONUS”（声音）和英语的“SONNY”（聪明可爱的小孩）两词合并而成，即“聪明可爱的孩子们组成的发声电器公司”。从此，盛田和井深大创办的“东京通讯工业公司”也正式更名为“SONY公司”，即“索尼株式会社”。

盛田昭夫立即带着新研制出的索尼半导体收音机来到美国推销，新奇小巧的半导体收音机当时就迷倒了美国人，经过谈判，美国的商业贸易公司同意订购10万台，但有一个条件，因为收音机使用的晶体管用的是美国的专利，所以要将产品贴上美国公司的商标。盛田昭夫认为，这对自己的品牌是极大的伤害，为了维持自己的品牌，盛田昭夫毅然放弃了这笔极具诱惑力的大单。

事实说明，盛田昭夫的做法是对的。虽然放弃了美国的10万台，但打着“SONY”商标首批生产的200万台袖珍式晶体管收音机一投放市场，就受到消费者的青睐，出现了爆发性销售的热潮，销售额高达250万美元，是购买专利所用资金的100倍。从此，“索尼”的名称也响遍了全世界。

从小处看，品牌是产品的生命；从大处看，品牌已成为国家的象征。日本前首相中曾根康弘曾说：索尼是我的左脸，三洋是我的右脸。岂止是索尼、三洋，日本还有松下、夏普、三菱、日产、丰田等一大批世界驰名的品牌，正是这些世界知名品牌，撑起了日本经济发展的天空。德国的宝马、奔驰走到哪里都意味着最顶级的水平。美国的波音、通用、可口可乐、苹果等品牌已成为国家的实力标志，连韩国的“三星”也在世界知名品牌中占了一席之地。

在汽车产业快速发展的今天，自主品牌已是一个常见的名词。北京、上海以及全国各地的车展上，自主品牌汽车（主要指乘用车）都是国人以及媒体关注的重点。由于国家大力提倡自主创新，相关部门出台了各种名目的奖励措施和优惠政策，如取消养路费、减免车辆购置税、汽车下乡等，自主品牌成为最大的受益者。面对真金白银的优惠政策，各家车企都争着给自己的产品戴上“自主品牌”的帽子，有的合资企业在西服外面套上马褂，将自己的产品起一个中国名字，以“合资自主”的名义混杂其间。面对自主品牌汽车李逵李鬼真假难分的现状，人们不禁要问，究竟什么是自主品牌汽车？国家权威部门有没有自主品牌汽车的界定标准？虽然早在2006年起，有关主管部门就在制定自主品牌界定的办法，但几年来，只听楼梯响，不见人下来。至目前为止，国家权威部门仍未出台自主品牌汽车的界定标准。一时间，自主品牌成为媒体和社会热议的对象。要认识自主品牌先得认识品牌。

何谓品牌？社会上解释颇多，大致意思是，商品的文字和图形标识。《辞海》对品牌的解释是：商品牌号，商标。《新华字典》对品牌的解释是：产品的牌子，特指著名产品的牌子。在现实生活中，品牌的概念涵盖了商品生产者和消费者，它既包含了商品的质量、技术水平、销售、售后服务以及生产企业的企业文化也包括消费者购买使用该品牌商品获得的情感认知，并形成消费经验和消费习惯。在消费者为主的买方市场环境下，消费者的信任度、美誉度和忠诚度是品牌生存的基础。没有消费者的认可，再好的品牌也是镜花水月，毫无意义。

随着改革开放的深入，市场繁荣，衣食住行各类商品浩如烟海，为了应对严酷的竞争以赢得更多的消费者，生产厂商不断利用最新的技术和管理理念开拓创新，争相向消费者提供价廉物美的商品和优质的服务，由此，商品品牌的内含也随之不断丰富和延伸。20世纪80年代以后，随着中国市场的逐步放开，电视机、电冰箱、照相机包括汽车在内的大量舶来品开始充斥我们的生活，人们开始逐渐认识了三洋、索尼、夏普、尼桑、通用等越来越多的洋品牌。这些洋品牌无论是设计式样制造工艺，产品质量，还是销售手段和售后服务比国内同类产品明显要高出一个甚至几个档次，但其价格较国内同类商品价格也要高出很多。很多国内企业生产的产品，用自己原来的品牌就卖不出好价钱，但贴上人家的品牌后，身价立刻倍增，如一些生产衬衣、领带、皮鞋的厂商，和“金利来”品牌拥有者合作，换成“金利来”品牌的商品不仅价格倍增，而且行销世界市场。活生生的例子教育我们，品牌是有价值的，一个好的品牌可以带来更多的利益和效益。

好的品牌不是天上掉下来的。品牌的形成需要企业经营和管理者投入巨大的人力、物力、财力长时期辛勤耕耘，要经受市场与消费者的长时间考验。为了扩大商品品牌的社会认知度和市场占有份额，除了在企业经营管理和企业文化建设方面努力外，厂商还从品质认知、形象认知等多方面对商品进行包装，在销售经营和售后服务上围绕顾客从每一个细节做起，使品牌的链条从企业延伸到消费者直到该商品寿命终结。经过这样的持续努力，这种品牌的商品逐渐赢得消费者的信任，直到非这种品牌的产品不买。品牌意味着质量和信任，这时的品牌已经成为一种无形资产，品牌知名度越高，消费群体越广，无形资产的价值越高。日本前首相中曾更康弘曾有一句名言：“索尼是我的左脸，三洋是我的右脸。”一国领导将商品品牌作为其在国际上的脸面，说明品牌的重要程度。

今天，中国经济全球化进程日益加快，在品牌大潮的冲击下，国内厂商品牌意识逐渐苏醒和增强，开始注重自己的品牌培养和宣传，为了自身的利益，消费者的品牌意识也日渐强烈。

汽车是除了房产外最贵的商品，在汽车市场竞争日趋白热化的今天，汽车品牌关系厂商的生死存亡。经过百年发展，汽车在欧洲美洲已经形成各具特色的品牌。如沃尔沃汽车以安全质量著称，同样是汽车，驾驶沃尔沃就能比驾驶别的汽车多一份安全感。经过百年精雕细琢，奔驰汽车凸显出其精致与品质，提到世界级的顶级汽车，人们脑海里立刻会想起大名鼎鼎的奔驰。

经过几十年的努力，中国汽车产业从小到大，从不会造车到年产1800万辆，已经成为名副其实的汽车生产大国。但这1800万辆汽车里，有多少是中国自主品牌呢?

由于时代的限制，《辞海》和《现代汉语大辞典》里都没有自主品牌的词条。《百度词条》对自主品牌的解释是：“自主品牌（Self-owned Brand）是指由企业自主开发，拥有自主知识产权的品牌。它有三个主要衡量因素：市场保有量、生产研发的历史及其在整个行业中的地位。企业自主品牌首先应强调自主，产权强调自我拥有、自我控制和自我决策，同时能对品牌所产生的经济利益进行自主支配和决策。主要有两方面：对品牌知识产权的控制权和所有权。如果对品牌只有使用权如进行贴牌生产的企业，而其处理权和最终的决策权在他人手中，就不是真正意义的自主品牌。”

这种解释过于概念和原则。一辆汽车由数万个零部件组成，其中发动机、车身、变速箱等核心总成又分别由众多零部件组成。今天，汽车产业国际化程度日益升高，很多零部件生产企业分散在中国和世界各地，全球采购已经成为整车生产中最常见的形式，在这种情况下，汽车自主品牌的界定变得极为复杂和不易。

奇瑞、吉利、比亚迪、华晨等企业的产品号称中国自主品牌，由于国内权威部门尚未发布自主品牌的界定标准，因此，但这种自主品牌在理解上也只是相对于洋品牌而言，算是一种约定俗成。品牌是商品的灵魂，品牌建设是企业发展的最终目的，也是建设创新型国家的需要。目的不明，如何发展？中国汽车自主品牌界定标准问题绝不容含糊。要建设和培育中国的自主品牌汽车，就一定要对自主品牌有一个基本定义。针对中国汽车产业大而不强的现状，自主创新，掌握具有自主知识产权的核心技术是中国自主品牌建设的核心。

“自主”的提法源于20世纪五六十年代，当时的中国处于资本主义国家的封锁包围之中，由于中国的经济基础差，国内经济困难，包括汽车在内的物资极度匮乏，人民生活极为艰苦。为了战胜困难，渡过难关，面对封锁，中国共产党人发出“独立自主，自力更生，艰苦奋斗，勤俭建国”的铿锵号召，毛泽东有一句名言：“封锁吧，封锁个十年八年，中国的一切问题都解决了。”有着极强政治内涵的“自主”概念由此而来。在那个时代，中国人民克服困难，依靠自己的力量，造出了“红旗轿车”、“东风汽车”、“北京吉普”等当时国内知名品牌汽车。这些汽车是中国汽车企业完全依靠自己力量生产的汽车，汽车上所有的零部件从头到脚都是“中国造”，从这个意义上讲，这些汽车都是中国“自主品牌”。但与国际汽车水平相比，这些自主品牌汽车无论是生产技术还是产品质量都存在几十年的差距。

改革开放后，为了适应汽车工业大发展的形势，面对资金和技术的困难局面，中国通过合资，以市场换技术，上汽、一汽、二汽、广汽、北汽等企业从20世纪80年代起，先后与国际汽车巨头洽谈并最终与德国、法国、美国等国外大汽车公司合资建立了中国的现代轿车工业。中方的意图是，引进外资和技术后，消化吸收并逐步建立自己的轿车工业。但事情发展并不像中方所希望的那样。虽然双方建起了中外合资企业，出于追逐利益的本性，外国汽车巨头与中国合资看重的是巨大的日益发展的中国市场，它们并不希望中国轿车工业发展起来后成为自己的竞争对手，于是在技术上对中方严厉控制。从20世纪80年代合资企业建立起到今天，国内几乎所有合资汽车企业的核心技术全部掌握在外方手中，外方给什么技术就用什么技术，外方给什么品牌就生产什么品牌，在涉及汽车开发的核心技术上，中方基本没有自己的话语权。大量的技术转让费，品牌使用费源源不断地流入外方口袋，中方让出了市场却没有得到技术，汽车发展仍旧受制于外方。从某种意义上讲，中国大量的合资企业不过是外方的“装配厂”，外方一有风吹草动，中方企业就闹“地震”，此次日本“3·11”大地震，由于核心技术产品全部在日方企业生产，中方合资企业的生产受到明显影响。长此以往，中国汽车工业将被人家扎住脖子，被外方牵着走，长期受制于人。正是因为如此，中央政治局常委李长春在2010年北京“中国汽车自主技术与产品展览会”上说：“去年我们成为了世界第一生产大国，但主要不是我们自己的车，主要是外国品牌汽车。有些人不识数，外国人把市场都占了还自豪。生产别人的汽车不是本事，生产自主品牌汽车才是本事。”

由于起步较晚，又是靠仿制起步，中国自主品牌汽车生产企业技术上先天不足，实力有限，产品在低水平、低质量、低价位徘徊，企业的研发、生产、市场和售后等环节都无法与合资品牌抗衡。多数自主品牌车企没有掌握发动机、变速箱、汽车电子控制等核心技术。近200个主要汽车零部件品种中，几乎100%的电喷系统、发动机管理系统和90%以上的ABS系统均依赖外资或合资零部件供应商提供。虽然奇瑞已经成为完全掌握底盘、发动机、变速箱和发动机电子管理系统四大关键技术的自主品牌企业，但与国外国际著名品牌的差距依然十分明显。

自主品牌汽车“三低”的现状使得消费者对自主品牌产品的认知度和容忍度较低，这又直接影响自主品牌的市场形象，即使有些自主品牌在技术上取得了一定突破，也无法获得品牌溢价。市场占有率低进一步限制了自主品牌的影响力。2009年自主品牌车企投放市场的产品为30余款，2010年大幅下降，投放市场的新车型仅有20款左右，与外资品牌差距巨大。这与自主品牌车企在新车研发及规划投入不足有关系，也与合资品牌在全国到处布点，将扩张的目标指向二三线城市，打压挤占自主品牌市场有关。

为了掌握核心技术，不受制于人，党中央大力提倡自主创新，“十一五”时期，我国经济社会发展的一个重要目标，就是要掌握核心技术，培育发展自主品牌。中共十六届五中全会强调：“形成一批拥有自主知识产权和知名品牌、国际竞争力较强的优势企业”。国家《“十一五”科学技术发展规划》指出：“掌握汽车设计与制造的核心技术，实现自主品牌产品产业化”。《国家中长期科学和技术发展规划纲要（2006 ~ 2020年）》指出：汽车产业应“重点研究开发混合动力汽车、替代燃料汽车和燃料电池汽车整车设计、集成和制造技术，动力系统集成与控制技术，汽车计算平台技术，高效低排放内燃机、燃料电池发动机、动力蓄电池、驱动电机等关键部件技术，新能源汽车实验测试及基础设施技术等。”

国际化大生产中，处于高端的是标准、核心技术和知识产权，处于低端的是加工、组装，而决定品牌价值的往往是技术含量。自主品牌的核心是掌握具有自主知识产权的核心技术，但核心技术最大的特点是原创和继承。国外的汽车企业经过百年发展，经历了从零部件到整车，技术水平从初级到高级的全过程，掌握着汽车开发的核心技术，在动力、车身、底盘、变速箱、汽车电子、新能源等核心总成的研发上具有深厚的技术储备，并不断改进和推陈出新。为适应技术的进步与发展，普遍建有庞大的技术研发机构，有着高素质的研发队伍，每年投入巨额研发资金。相对于外方，由于起步晚，中国自主品牌汽车企业基本上都是从仿制和装配起家，没有核心技术，自主研发力量薄弱，技术储备不足。很多企业虽然都相继建立了研发中心，但投资力度与技术人才双重缺乏，要在短时间内突破外方的技术封锁，依靠自己的力量掌握汽车开发核心技术，形成拥有自主知识产权的知名品牌，的确困难重重。

面对不利形势，要不要发展自主品牌汽车，业界认识也不是一致的。在“2005花都汽车论坛”上，全国政协常委原机械工业部部长何光远认为，“要使汽车产业更加健康、协调、可持续发展，必须发展中国汽车业的自主创新能力和民族品牌。”

但时任博鳌论坛秘书长的龙永图却有不同看法，他认为，“不必刻意追求中国自主的汽车品牌。要加大中国汽车工业的发展，必须加强和世界最优秀最强大的汽车产业合作。”“我长期有一个观点，一个外资企业进入中国，只要它给中国政府交税，雇用中国工人，它就是本土企业。”

龙永图的观点当场遭到何光远的反击：“没必要搞自己的品牌，这个观点没道理。这与保护知识产权是不相符的，知识产权代表知识上的控制权，这就是利益。我们应该通过跟国际汽车巨头的合作，学习先进技术和管理经验来壮大自己，逐渐把有自主知识产权的品牌发展起来，这样才能得到更好的利益。现在，在汽车合资企业中，本土企业基本没有发言权，这种状况长期下去，中国还有什么自主品牌？”何光远呼吁，要通过合作提高自身的管理水平、技术水平，一定要把自主开发能力，自主品牌搞上去。

这就是著名的“何龙之争”。何龙之争虽然是各执一词，但实际上代表了对于发展自主品牌的两种不同看法。

国家权威部门的观点也与龙永图的观点相左。2006年，国家统计局在中国汽车产业的一次新闻发布会上宣布：“中国本土汽车品牌迅速崛起也是今年初的一大特点。1～2月，奇瑞、吉利、哈飞、比亚迪等本土品牌的产销量增幅均实现翻番，轿车产销量前十大品牌中本土品牌已占据三席，奇瑞汽车产量超过众多外资品牌跃居第二，进入主流轿车品牌之列。”

国家统计局将自称为自主品牌的奇瑞、吉利等汽车品牌称为本土品牌，并在统计数据时将这些本土企业与外资品牌划分开。国家统计局的观点应该被认为是代表国家的权威意见。

但本土品牌的提法以后再未见到，从国家相关部门的文件尤其是国民经济“十二五”计划和中共十六届五中全会文件看，自主品牌的提法还是主流。2008年11月20日，国务院机关事务管理局和中共中央直属机关事务管理局联合发出通知，要求中央和国家机关各部门、各单位切实做好公务用车节能减排工作，“带头使用国产自主品牌、小排量、经济环保、手挡变速的汽车。”2009年月14日，国务院常务会议审议通过的《汽车产业调整和振兴规划》的规划目标中就有“实施自主品牌战略”一项。2010年2月20日，全国品牌委行业调查专业委员会发出《全国自主品牌创新示范基地暨入选评定通知》通知称："为贯彻落实国家关于提高自主品牌创新能力，建设创新型国家的政策方针和《国家中长期科学和技术发展规划纲要（2006 ~ 2020 年）》相关配套政策，国务院有关部门出台近 100 项包括税收激励、金融政策、创业投资和政府采购等支持政策，通过拉内需，促增长，保民生措施，中央和地方财政加大集中投入，鼓励企业自主品牌创新，大力推进自主品牌创新产品应用。"

这些都说明，国家对发展自主品牌的意见和态度是明确无误的。

国家强调发展自主品牌汽车已为时不短，遗憾的是，时至今日，自主品牌汽车只有概念而尚无官方认定的明确界定标准，这给培育和发展自主品牌带来概念混乱与困惑。综合当前种种关于自主品牌的疑问，大致有如下数种：

如果说中国独资企业生产的汽车品牌就叫自主品牌，拥有中国自主知识产权的汽车品牌也可以叫做自主品牌，那么该品牌是否所有零部件都必须是拥有自主知识产权的？如果不一定，那么多大比例才算是自主品牌？如果讲比例不一定科学，那么强调核心零部件可不可以？如果可以，拥有哪些核心零部件的自主知识产权，才算自主品牌？知识产权也是一种商品。中国的企业买断外国企业的知识产权，算不算中国的自主知识产权？如果不算，是不是所有的自主知识产权都要是中国的原创自主知识产权？中国企业收购国际汽车品牌，算不算是自主品牌？中外合资企业生产的汽车，如果起一个中国名字，这种品牌可不可以称为自主品牌？中外合资的汽车生产厂商中，绝大多数都是中国人，这类企业里中国人获得的知识产权，算不算中国的知识产权？反之，如果中国独资的汽车制造商引进外国技术人员，这些外国技术人员在中国独资或中国控股的汽车制造厂里所获得的知识产权是不是中国的自主知识产权？类似的问题还有很多，不管提问的初衷如何，它起码说明，自主品牌的界定存在相当多的不确定性。

今天的中国，汽车工业已成为国民经济重要的支柱产业，2010 年，中国汽车工业产销突破 1800 万辆。这样一个重大产业，自主品牌的界定将起到标准和导向的作用，意义极为重大。培育自主品牌对于发展国民经济基础产业和中国汽车产业，增强整体竞争实力，提升中国汽车产业的国际地位，有着举足轻重的作用。中国汽车产业要谋求在中国市场和国际市场长远发展的主动权，培育出过硬的自主品牌，就必须努力突破跨国公司的技术垄断与封锁，大力开展自主创新，掌握具有核心技术的知识产权，才能培育中国人自己的知名品牌，中国汽车才有可能在激烈的市场竞争中立于不败之地。在这一点上，当年日本与韩国依靠自主创新建立和发展自主汽车品牌的做法值得借鉴。

不得不承认，由于世界汽车工业的发展已到相当的高度，全球采购造成我中有你，你中有我，自主品牌的界定甄别的难度很大，但品牌界定事关中国汽车产业发展，关系到国家一系列优惠政策落实，关系到创新国家建设，正是如此，界定政策考验着当局者的智慧与良知，也考验着众多的专家与精英的智慧与良知。

让开大路，占领两厢

1946 年，中国全面内战爆发，中国共产党与国民党在战略重地东北展开激烈争夺，面对全部美式装备的国民党新一军、新五军等王牌部队疯狂进攻，经过殊死拼杀，中共领导的数十万东北民主联军遭受严重挫折，被逼步步后退。东北战场的严峻局面使中共中央和毛泽东意识到，与国民党争夺东北这场斗争的严重性和长期性，以我党我军现在的力量阻止国民党军队进入东北已无可能。为此中央决定，根据条件变化而改变战略，我军要从沈阳等大城市撤退，迅速在东满、北满、西满等地农村及中小城市建立巩固的后方根据地，依靠那里广大的人民群众来争取全面胜利。这就是著名的“让开大路，占领两厢”。

今天，中国汽车市场烽烟滚滚，自主品牌车企从小到大，正处在发展过程中。经过几十年的建设和发展，合资品牌车企已经控制了中国汽车市场的 70%以上，其中，中高端市场的占有率达到 90%以上，由于技术与实力以及品牌信誉的差距，自主品牌车企的市场占有率在 30%左右，其中，中低端市场占有率高达 70%以上。由于自主品牌乘用车主要集中在中低档次，车企利润极低。单车利润率普遍仅 2%到 5%，利润仅一两千元，甚至更低，有些低端市场的经济型自主品牌单车利润仅 200 元，20 辆吉利或者奇瑞轿车的利润还抵不上一辆宝马的。

巨大的利润差距使得一些自主品牌车企的决策者不由将眼光投向了中高端市场。为追求高利润，一些自主品牌车企不惜拿出人力、物力、财力，甚至借钱也要甩起膀子与外资和合资品牌较劲。但由于技术与实力的差距，这些车企拿出的中高端车型无论是市场知名度还是市场销售额都难令人满意。

市场上竞争的是产品，产品背后的竞争是技术。由于历史的原因，目前，中国自主品牌车企在技术上远远不是以外资跨国公司为背景的合资企业的对手，在技术实力不如人的情况下，如果要在中高端市场上硬拼，结果可想而知。自主品牌想要谋求中高端市场一杯羹，殊不知，已经取得中国 70%市场的合资企业并不以控制了中高端市场为满足，已经将发展的目光盯向了自主品牌的传统市场——二三线市场。2011 年 1 月 21 日中国汽车消费网报道：大众计划针对我国二三线市场开发一个全新的品牌，这个品牌将主打更小的车型，这款被称为合资自主品牌的车型售价在 10 万元以内。大众中国总监卡尔 · 纽曼在接受采访中称：“中国的自主品牌正在通过占有二三线城市场获得高速发展，我们也需要一个新的品牌进军这个细分市场。”2011 年 4 月上海车展上，大众汽车集团（中国）公司倪凯铭博士接受记者采访时称，中国发展自主品牌，“这将给我们带来发展的新机会，我们也将积极地探讨这种可能性”。完全可以将纽曼和倪凯铭的这番话看作合资企业进军二三线市场的进军号。岂止是大众，日本、美国、法国、韩国的汽车企业一个个都跃跃欲试。

据最新销售数据：

赛欧三厢 1.2 SL MT 手动温馨版 2010 款，手动商家报价：4.08 万 ~ 5.68 万。

赛欧三厢 1.4 SE MT 手动理想版 2010 款，手动商家报价：4.68 万 ~ 6.48 万。

这个价格与自主产品相似，有的还要低。如骏捷 FRV 1.3MT 舒适型 2010 款，手动商家报价：4.63 万 ~ 6.38 万。以合资品牌的品牌影响和技术实力，赛欧这样的产品在消费者心目中无疑占有优势。

4 万 ~ 5 万的价格，对同等档次的自主品牌轿车具有强大的冲击力。商场无情，在利益争夺上，从来没有任何脉脉温情可言。任何产品是否会为市场接受，关键是看消费者。消费者手里的每一分钱都来之不易，他们有理由有权利选择价廉物美，质量过硬的品牌，无论你是自主品牌还是合资品牌。在对合资品牌还是自主品牌的选择上，消费者是用人民币来投票的。

在这场新的竞争中，胜利者又该是谁呢？从技术与实力来推测，我们不难得出结论。进军中高端市场困难重重，自己的传统市场又要遭人觊觎，自主品牌车企将如何让应对呢？面对实力的差距，如何做一个竞争场上的智者呢？我们的忠告是："让开大路，占领两厢"。"大路"就是竞争激烈的北京、上海、深圳、广州等特大城市以及一些省会城市，"两厢"就是二三线市场，主要为全国各中等城市和县及乡镇，这些地方人口众多，这里的消费者收入水平与北京、上海、深圳以及一些省会城市相比有明显差距。收入水平决定购买能力，可以认为，相对于二三线市场而言，一线市场主要消费者需要的是中高档车型，二三线市场需要的主要是中低档车型。人口基数庞大，收入水平相对较低，这就为自主品牌车企提供了庞大的潜在市场，而合资车企面向二三线市场恰恰也是看中了这一块巨大的"奶酪"。

客观地看，自主品牌车企如果不能在中低端市场保持并逐步提高销量，在合资品牌挤压下丧失传统市场，那么将面临越来越严峻的生存环境。自主品牌车企在中低端的经济型轿车上具有传统优势，在实力与现实面前，应该冷静判断，有所为有所不为。不能急功近利，以己之短击人之长。面对气势汹汹的"来犯者"，而应该扬长避短，集中精力于经济型轿车，在质量、工艺上精益求精，扎扎实实地培养自己在中低端市场的品牌优势，依靠庞大的消费者群体，将经济型轿车做好做精，培养品牌信任度与美誉度，以实力迎接外资品牌的挑战。在经济技术实力明显逊于合资品牌的情况下，盲目追求大而全，高中低端车型都要，只会导致最终没有任何核心车型，如同伸开十个指头按跳蚤，最后一个都按不住。攻城略地失败而回，结果发现老巢都被人端了。从眼前利益与长远利益相比较，蹲下去是为了跳得更高。在这方面，我们不妨看一看世界汽车强国日本和韩国。无论是日本还是韩国，它们的国民绝大部分消费的都是排量在 1.5 升以下的小排量汽车。20 世纪 60 年代，小排量车成为日本家庭的第一辆"入门车"，以后，随着国民生活水准的提高等原因，小排量车曾经一度受到冷遇，但随着科技水平和意识的提高，小排量车节省能源，易于驾驶的特性受到社会的广泛重视，尤其是2005年汽油价格一路飞涨以来，普通排量汽车的销售不断萎缩，而小排量汽车的销售量则一路看好，为了支持国民使用小排量汽车，日本政府在税收上给以优惠，全社会形成了前所未有的小排量汽车热。2006年一年，小排量汽车销售总量首次突破200万辆，在日本国内的新车销售总量中，小排量汽车比例也超过了35%。日本的这些小排量车质量上乘，做工精致，外观考究，照样保持了自己产品的竞争力和合理的利润空间。韩国也是如此，为了保护本国市场，韩国对购买进口轿车设置了高高的门槛，如要购买进口高档轿车，首先需要先提供收入证明和纳税诚信证明，然后要缴纳轿车价格200% ~ 300%的特别消费税，如此一来，谁还愿意花这笔冤枉钱？当然，这些都是建立在国产小排量经济型轿车价廉物美，在质量上不输于进口轿车的基础之上。在这方面，中国自主品牌轿车还需要努力。

自主品牌车企的生存状况直接影响国家汽车产业发展。大力开展自主创新发展自主品牌汽车是国家的国策，为贯彻国策，国家应关注自主品牌汽车企业的生存状况和帮助其科学决策。除了政策引导外，还应在组织自主品牌车企团结应对外资合资品牌挑战上给以帮助。日本在这方面为我们树立了榜样。早在2003年10月初，由丰田、日产、本田等15家国际知名日本汽车企业组成的日本汽车工业协会北京代表处就落户北京国贸，负责为在华的日本汽车企业搜集情报，制定策略、统一规划、协调投资生产计划等，它意味着日本在华汽车产业的利益与权益有了组织保护，对日本在华企业的发展起到了保驾护航的作用。

外国企业在中国能够如此，中国的汽车行业协会呢？早在20世纪90年代，中国汽车工业总公司寿终正寝后，中国汽车生产企业便成了市场上的“自由人”，他们顶风冒雨，自己打拼，被人讥笑为“三只大狗，三只小狗，一群野狗”。就是这群“狗”，靠着顽强的求生意识，为中国汽车产业创下了1800万辆的产量，使得中国坐上了世界汽车产销第一大国的宝座。但面对跨国公司的“大举入侵”，在国外受到欺负，需要国家力量来组织协调甚至保护的时候，才发现四顾茫然，连个说话的人都没有，如同孤儿。由于多种原因，现存的中国汽车工业协会已经式微，几乎无力起到保护协调和组织中国自主车企应对挑战，共渡难关的能力。

今天，自主品牌车企面临严峻的发展形势，需要对市场发展做出重大抉择，是“让开大路，占领两厢”，还是“大路”、“两厢”都不放弃，已经容不得它们再犹豫彷徨。新的形势下，为了保证中国自主车企应对挑战的能力，除了自己选择科学合理的发展策略外，国家是否也应该像日本那样，由国家相关部门成立相关机构，采取某种形式来帮助和协助中国自主车企科学决策共渡难关呢？

结尾的话：振奋精神，重塑车魂

2011年7月8日，继2010年第一届自主品牌车展后，第二届“中国自主品牌汽车博览会”再次在北京开幕。

应组委会所请，邹家华同志挥毫泼墨，奋笔写下“自主创新——车魂”几个大字。这个题词充满他对自主创新的理解，对中国汽车产业发展的希望与祝福，也是对中国汽车人的耳提面命。

魂是什么？魂是精神。古人认为，人的肉体死亡后，精神会长存。所以屈原在《国殇》中歌颂为国战死的英雄“身既死兮神以灵，魂魄毅兮为鬼雄”。肉体虽死，英武不屈的精神长存。宋代著名女词人李清照虽为一柔弱女子，却高唱出令所有男人振聋发聩的豪言：“生当为人杰，死亦为鬼雄”，同样是歌颂不死的精神和刚毅的魂魄。

民族有民族魂，国有国魂，军有军魂。

国魂，是指一国特有的高贵精神与风尚。中华民族历经沧桑，饱受苦难，外寇欺凌，内忧重重。但在中国共产党的领导下，为了民族的独立，为了国家的解放，为了人民的自由，中国人民不惧一切艰难险阻，在困难面前不低头，在灾难面前不屈服，在危险面前不避让，无数仁人志士为了全民族的利益艰苦奋斗，不屈不挠，直至舍生取义，血荐轩辕。鲁迅先生说：“自古以来，我们就有埋头苦干的人，有拼命硬干的人，有为民请命的人，有舍身求法的人……这就是中国人的脊梁。”

鲁迅先生所称道的民族脊梁就是中华民族之魂，就是中国之魂。民族的魂魄为民族精神之精粹，需要经过时代烽火的千锤百炼。

《亮剑》这部电视剧之所以受到广泛好评，就是因为该剧形象地刻画了中国人民解放军的军魂是怎样产生和传承的。当我们看到李云龙每每在不利的环境下，身先士卒，不顾生死，率部与日寇拼杀，狭路相逢勇者胜的吼声振奋着全体八路军将士如同猛虎扑向敌人；当我们看到独立团骑兵连的连长拼杀到只剩下一支胳膊，仍然勇气不减，怒目圆睁，高声喊“杀”，率领全连仅剩的5名壮士扑向人多势众的日寇，最终为国壮烈捐躯。真正做到了“身既死兮神以灵，魂魄毅兮为鬼雄”。每一个中国人的灵魂都受到强烈震撼，都会情不自禁地从心底里向英烈们致以深深的敬意。

这种为了民族利益，不畏强敌，拼死亮剑的精神并非从天而降，而是在舍生忘死反抗敌人的侵略与压迫中；在克服困难从万死中求得生存的磨练中，点点滴滴积累而成。从红军初创至今，有成千上万的人不断牺牲，但又有更多的人像他们的前辈一样不屈不挠，英勇战斗，前赴后继，视死如归，几百万中国人民解放军将士就是在这种代代传承的精神下凝聚成为一个勇往直前，战无不胜，让人民热爱，让敌人生畏的战斗集体，这种精神就是军魂。

战争年代，我们依靠国魂、军魂战胜了国内外一切敌人，和平建设时期，国魂、军魂同样是我们须臾不可离开的宝贵精神财富。

人有魂，车也有魂。车是人造的，人的精神物化在车中，车也就有了“魂魄”。看一看世界上各种性能各异造型不同的著名品牌汽车，德国宝马、奔驰、日本丰田、美国卡迪拉克、瑞典沃尔沃等各种世界名车无不凝聚着设计和制造者的精神和智慧，由简到繁，代代传承，民族精神和独特的个性点点滴滴融汇其中。

由于历史的局限，中国汽车产业起步较晚。20世纪50年代末，中国汽车人在一穷二白极端困难的条件下，自力更生，奋发图强，自己动手造汽车。当时，美国为首的资本主义国家对中国实行全面封锁，连一颗螺丝钉也不让进口。面对艰难困苦的环境，中国汽车人不等不靠，白手起家，历尽千辛万苦建立了自己的汽车工业体系，完全依靠自己的力量生产出“解放牌”“东风牌”卡车，“红旗牌”“上海牌”轿车和“北京吉普”，充分体现出中国汽车人克服困难，吃苦耐劳，奋发进取的创新精神，这就是中国汽车人的“车魂”。

尤为值得称道的是红旗轿车。在完全不具备生产条件的环境下，中国汽车人硬是凭着一股顽强精神，自力更生，奋发图强，自己动手，克服千难万险，硬是从从车身到发动机，从底盘到每一颗螺丝全部由中国工人亲手制造，短短几个月的时间里，终于造出了中国第一辆红旗轿车开进中南海向毛主席党中央报喜，以后又不断改进提高，批量生产出红旗高级轿车和更高级的红旗防弹检阅车。由于红旗身上体现出庄重大方的中国特色和浓郁的民族风格，受到世界的广泛敬重，外国人称之为中国的“劳斯莱斯”。当时外国政要到北京有三大幸事：毛主席接见，游览长城，乘坐红旗轿车。

红旗轿车的生产，就是中国汽车人高扬自主创新精神打的一场翻身仗，充分体现出中国汽车人的“车魂”。时至今日，凝聚着中国车魂的红旗轿车一直受到中国人民的怀念与景仰。

经过几十年的努力，中国汽车产业取得了很大的进展，产销量均已登上世界第一的宝座。产量虽然世界第一，但都是谁的车呢？中国庞大的中国轿车市场中，70%的市场份额被外国品牌占领，核心技术基本掌握在“洋人”手中，汽车尤其是轿车的自主创新和自主品牌发展现状令人堪忧。

国外的汽车企业经过百年发展，经历了从零部件到整车，技术水平从初级到高级的全过程，掌握着汽车开发的核心技术，在动力、车身、底盘、变速箱、汽车电子、新能源等核心总成的研发上具有深厚的技术储备，并不断改进和推陈出新。为适应技术的进步与发展，这些企业普遍建有庞大的技术研发机构，依仗着技术优势和资金优势，它们始终占领着汽车发展的技术制高点并以此在中国汽车市场蚕食鲸吞，攻城略地。相对于外方，由于起步晚，中国轿车基本上是从仿制和装配起家，缺乏核心技术，自主研发力量薄弱，技术储备不足。要突破外方的技术封锁，依靠自己的力量掌握核心技术，形成拥有自主知识产权的知名品牌，的确困难重重。

要造出有魂的车，首先得要有魂的人，人没有魂，就不可能造出有魂的车。今天，我们的物质生活已经极大的丰富了，但我们不能迷失了方向丢了魂。

有些人对中国汽车产业发展面临的危机视而不见，躺在1800万辆的成绩上沾沾自喜，不思进取。装配人家的产品，产量再多又有什么意义呢？有些号称是自主研发的轿车身上却看不出中国特色，从外形到名称都透出浓浓的“洋味”，被人讥讽为“山寨”；有的为图省事，一掷千金，将外国的品牌一把买进。殊不知，买得进产品、买得进技术源流吗？买得进人家的智慧吗？买得进人家的创造精神吗？有的“西服外面套马褂”，打出“合资自主”的招牌替跨国公司来争夺国内市场份额，自己分得一杯残羹。种种怪象不一而足。

“自主创新，建设创新型国家”是党中央针对新时期中国经济发展和社会进步面临的机遇与挑战提出的号召。结合中国汽车产业发展，邹家华同志为中国自主车展题词“自主创新——车魂”，将“自主创新”升华为“车魂”，正是高屋建瓴，从精神层面强调自主创新是中国汽车人不可须臾离开的“魂魄”。

我们强调自主创新，并不是关闭市场，杜门谢客。中国的市场始终是开放的，现在是将来仍旧是欢迎外资和合资品牌进入。在经济全球化的今天，我们不可能什么东西都自己动手做，但对事关国计民生的战略支柱产业，我们决不能依靠外国人而丧失动手的能力。

振奋精神，重塑车魂，振兴中国的汽车产业，努力打造更多拥有自主知识产权和自有知名品牌的骨干企业和产品，有着光荣传统的中国汽车人任重道远。

徐秉金　欧阳敏

2011年8月28日第八次修改稿

参阅书目

《中国汽车产业发展报告（2008）》社会科学文献出版社；
《中国汽车史话》人民交通出版社；
《沧桑变迁—百年汽车品牌》机械工业出版社；
《饶斌传记》华文出版社；
《我的汽车生涯》人民出版社；
《艰难历程》新华出版社；
《中国汽车谁主沉浮》机械工业出版社；
《大众的力量》新华出版社；
《第一汽车 50 年大事记》第一汽车集团公司编；
《第二汽车制造厂志》第二汽车制造厂史志办公室编印；
《一汽创业五十年》中国第一汽车集团公司编；
《上海 1000 天—德国大众结缘中国传奇》中信出版社；
《走出困惑—中国汽车工业发展问题报告》沈阳出版社；
《中国大战略》浙江人民出版社；
《家庭轿车诱惑中国》作家出版社；
《WTO 与中国汽车工业发展对策研究》机械工业出版社；
《21 世纪中国汽车产业》北京理工大学出版社。